U0692732

国民革命军陆军沿革史

李宝明 著

中华书局

图书在版编目(CIP)数据

国民革命军陆军沿革史/李宝明著. —北京:中华书局,2018.1
(2022.1重印)
ISBN 978-7-101-11644-1

Ⅰ.国… Ⅱ.李… Ⅲ.国民革命军-陆军-军队史 Ⅳ.E296

中国版本图书馆 CIP 数据核字(2016)第 056449 号

书　　名	国民革命军陆军沿革史
著　　者	李宝明
责任编辑	欧阳红
出版发行	中华书局
	(北京市丰台区太平桥西里 38 号　100073)
	http://www.zhbc.com.cn
	E-mail:zhbc@zhbc.com.cn
印　　刷	北京市白帆印务有限公司
版　　次	2018 年 1 月北京第 1 版
	2022 年 1 月北京第 2 次印刷
规　　格	开本/787×1092 毫米　1/16
	印张 42½　插页 11　字数 600 千字
印　　数	1501-2500 册
国际书号	ISBN 978-7-101-11644-1
定　　价	168.00 元

蒋介石

何应钦

刘峙

顾祝同

蒋鼎文

朱绍良

陈继承

卫立煌

熊式辉

陈调元

陈　诚

汤恩伯

孙立人

罗广文

黄百韬

胡宗南

李默庵

黄　杰

黄 维

范汉杰

郑洞国

陈明仁

孙元良

宋希濂

杜聿明

邱清泉

王耀武

李　弥

张灵甫

廖耀湘

李济深

陈济棠

陈铭枢

余汉谋

薛　岳

张发奎

李宗仁

白崇禧

李品仙

王家烈

龙 云

卢 汉

朱培德

刘 湘

杨 森

刘文辉

邓锡侯

潘文华

王缵绪

唐生智

程 潜

何 键

马步芳

马鸿逵

马鸿宾

冯玉祥

韩复榘

孙连仲

宋哲元

张自忠

阎锡山

傅作义

杨虎城

孙蔚如

张学良

于学忠

目　　录

说　　明

一、关于本书结构

本书主要分三大部分。

1. 1925—1950 年的各军，包括 1946—1949 年的整编师。

北伐战争结束前，国民革命军以"军"为战略单位，"军"下设若干"师"。战争结束后，国民政府计划将各"军"缩编为"师"，以"师"为基本单位，全国保留 65 个师，但该计划在实际执行过程中未能贯彻。1929—1938 年间，为应对国内战争和对外战争，陆续设置若干"军"。1938 年 6 月，武汉行营会议决定以"军"为战略单位，每军辖三师，师辖三团。

在抗日战争胜利后的整军计划中，部分"军"改称"整编师"。1948 年 9 月后，大部分"整编师"恢复为"军"的番号，并将新编军、暂编军等番号，改用正式番号。由于在此前后的绝大多数序列号一一对应（如，第 1 军整编为整编第 1 师，1948 年又恢复为第 1 军），为保持部队沿革内容的连贯性，将"军"和"整编师"放在一起。对于前后序列号不一致的部队，则特别标出。如第 18 军整编为整编第 11 师，后恢复第 18 军番号。在目录上体现为，第 18 军（整编第 11 师），而在第 11 军前设置"整编第 11 师（见第 18 军）"，以方便读者快速查找。

2. 1928—1950 年的各师，包括 1946—1949 年的整编旅。

1928 年北伐战争结束前各"师"的沿革资料不单独列出，出于以下考虑：一，这一时期各军所辖部队较为固定，变动极少；二，部分"军"所辖各"师"的番号没有统一编排，相当多的"军"均下辖"第 1、第 2、第 3 师"等。

在抗日战争胜利后的整军计划中，国军部分"师"改称"整编旅"。1948 年 9 月后大部分"整编旅"恢复为"师"的番号。由于在此前后的绝大多数序列号一一对应（如，第 1 师整编为整编第 1 旅，1948 年又恢复为第 1 师）。为保持部队沿革内容的连贯性，将"师"和"整编旅"放在一起。

3. 1928—1945 年的各独立旅。

独立旅最早设于北伐战争结束后，1945 年底被裁撤。1946 年后成立的独立旅放入《各师（整编旅）》中。

二、沿革史的主要内容与资料来源

各部队沿革史的主要内容有：历史渊源、派系属性、建制变化、隶属关系、战斗历程、驻防变换、主官任免、番号变动、最终去向等。文中一般顺序是先介绍部队的派系属性及存续时间，再介绍历史渊源、建制变化、隶属关系、战斗历程、驻防变换、番号变动、最终去向。最后是历任主官的任免时间。

沿革史的主要资料来源于第二历史档案馆所藏《国防部史政局和战史编纂委员会》档案等文献，另以回忆录、报纸、杂志、战史资料作为补充和更正。其中最为重要的资料是：《陆军各部队成立沿革纪要（第 1 辑）》（全宗号 787，案卷号 16721）；《各部队各训练机关主官简历驻地与部队沿革手册》（全宗号 627，卷宗号 1117），《国防部本部隶属各部队主官简历驻地与部队沿革手册》（全宗号 783，卷宗号 393）等。

历史渊源。是指各部队被授予国民革命军番号前的经历。

派系属性及变化。根据各部队的历史渊源等因素，将国军分为中央军、东北军、西北军、晋绥军、马家军、湘军、粤军、新桂系军、滇军、川军、黔军以及河南、湖北、陕西、新疆地方部队等十几个派系。部分部队的派系属性发生过变化。主要通过考察各部队主官的籍贯、毕业院校、主要履历等因素，以此来观察派系属性是否变化及变化的时间。

建制变化：主要是指各"师"所辖步兵团的数量变化。

隶属关系变化。各"师"与各"军"之间的隶属变化较为频繁。文中考察各"军"（整编师）所辖各"师"（整编旅）调入、拨出、暂时配属的时间、地点。主要依据的史料有：《陆军兵力统计战斗序列表》（全宗号 787，卷宗号 2642）、《全国陆军各部队现有人马统计表》（全宗号 806，卷宗号 2810）等。

番号变动。因大多数番号曾被不同部队使用，文中以①②③④⑤⑥……等标识予以区别。

战斗历程。主要根据国共两军的战史、战斗详报等资料，由于数量巨大，文中不一一注明。战役名称，一般以国民革命军的习惯为主。

驻防调动。经过 20 余年的频繁调动，大部分部队已离开了原有地盘。本书逐一考察各部队的跨省调动。

最终去向。至 1949 年，大多数国军部队被歼灭或选择投诚、起义，只有占总数不足十分之一的师撤往台湾地区，此类部队在其属性后标注为（—1950）。

主官任免。部队主官的任免时间一般为命令发布的时间，并非主官实际到任或离任时间（除非主官因特殊原因离任，如阵亡、病故、自戕、处分、起义、投诚、被俘、投敌等）。主要依据的资料有《国民政府公报》《国防部人事命令》（全宗号 783，卷宗号 047、406、407、408、409、410、411、412、413、414、415、416）；《国防部人事命令》（全宗号 774，卷宗号 3126、3127、3128；全宗号 762，卷宗号 860、861、862）。由于数量巨大，文中不一一注明。

国民革命军陆军简史

一、国军的组建、扩军、整编

1. 组建国民革命军(1924 年至 1926 年 7 月)

1924 年 1 月 24 日,孙中山派蒋介石为陆军军官学校筹备委员会委员长。5 月 3 日,任命蒋为陆军军官学校校长。军官学校培养初级军官,因校址在广州黄埔岛,又称黄埔军校。10 月,孙中山将广东各军名目一律改称"建国军"。11 月 11 日,令黄埔军校新建军队改称"党军"。11 月 20 日,以黄埔军校第一期毕业生为骨干,组成教导团;12 月 26 日,成立教导第 2 团,改原教导团为教导第 1 团。

1925 年 4 月 13 日,廖仲恺提请国民党中央将教导第 1、第 2 团编成党军第 1 旅。4 月 29 日,中央执行委员会任命蒋介石为党军司令官节制该旅。6 月 1 日,中央执行委员会会议通过《整饬军队决议案》,并于 6 月 15 日决议将"建国军"和"党军"改称"国民革命军"。8 月 1 日,建国粤军总司令许崇智、建国湘军总司令谭延闿、建国滇军总司令朱培德、建国攻鄂军总司令程潜通电解除总司令职,将军权交军事委员会,各军改用国民革命军旗号。8 月 4 日,广州军事委员会讨论国民革命军编组,党军编为第 1 军,谭延闿的湘军编为第 2 军,朱培德的滇军编为第 3 军,许崇智的粤军编为第 4、第 5、第 6 军。9 月 17 日,蒋介石提议粤军由原编三个军改为两个军(即第 4、第 5 军),获得国民政府军事及财政委员会通过。1926 年 1 月初,军事委员会决定将程潜部和豫赣等省小股部队合编为第 6 军。在酝酿北伐的过程中,紧邻广东的广西和湖南两省的军队向国民政府靠拢,分编为第 7 军和第 8 军。从严格意义上说,国民革命军在北伐战争前,仅仅实现了名称的统一。在编制、军饷供应、人事任命等方面并没有实现统一。

2. 北伐扩军(1926 年 7 月至 1928 年 9 月)

1926 年 7 月,成立国民革命军总司令部,蒋介石任总司令,领导北伐。

北伐战争开始前,国内的军队派系极其众多:直系吴佩孚部(占据河南、湖北)、五省联军孙传芳部(占据江西、福建、安徽、浙江、江苏)、奉军张作霖部(占据东三省、河北等地)、直鲁联军张宗昌部(占据山东等地)、西北军冯玉祥部、晋绥军阎锡山部以及川军、黔军、滇军等。面对强大的对手,鉴于自身实力及内部矛盾,蒋介石欲图迅速实现全国统一和个人地位的巩固,一方面派出代表与孙传芳、张作霖、张宗昌等人谈判,一方面委任各种名义的招抚使、绥靖使、先遣司令、军事特派员、别动队司令、宣慰使,前往各地收编军队。

1926 年 7 月,国军开始第一期北伐。至 1927 年 3 月,北伐军由珠江流域进至长江流域,相继占领湖南、湖北、江西、福建、浙江、江苏、安徽等省,消灭直系吴佩孚部主力、五省联军孙传芳大部、直鲁联军一部,并授予黔军、川军等部番号。

1926年9月,冯玉祥率西北军在绥远五原誓师,响应北伐,南下陕西,同年11月占领西安。1927年4月6日,武汉国民政府取消国民革命军总司令,任命蒋介石、冯玉祥为第1、第2集团军总司令。

1927年4月18日,蒋介石主持建立南京国民政府,与汪精卫领导的武汉国民政府对峙。支持后者的军队主要为湘军唐生智部和粤军张发奎部。

6月初,由武汉国民政府派出的北伐军与冯玉祥部会师郑州,消灭直系吴佩孚部,击退奉军张作霖部;由南京国民政府派出的北伐军抵达徐州。冯玉祥与阎锡山向蒋介石靠拢。

8月初,唐生智率部沿长江东下讨伐蒋介石。8月13日,蒋介石下野,宁汉合流。10月29日,南京国民政府军事委员会决定西征讨唐(生智)。西征军进军两湖,唐生智被迫下野,所部被李宗仁的新桂系收编。

1928年初,蒋介石重新就任国民革命军总司令。2月29日,蒋介石、冯玉祥、阎锡山分任第1、第2、第3集团军总司令,开始第二期北伐。4月至5月,第2、第3集团军,先后将奉军和直鲁联军击溃于河南安阳、河北保定和京津地区。6月初,国军进入北京,奉军退入东北。

5月16日,国民政府任命李宗仁为第4集团军总司令。9月,该集团军在河北滦东地区消灭直鲁联军和五省联军残部。

12月29日,东三省保安总司令张学良宣布改旗易帜。国民政府在名义上统一了中国。此时,国军拥有93个军又40个独立旅。

中央军控制江苏、安徽、浙江、江西、福建等地。

西北军控制山东、河南、山西、甘肃、陕西等地。

晋绥军控制河北部分地区、察哈尔、绥远、山西等地。

新桂系军控制河北部分地区、湖北、湖南、广西等地。

粤军一分为三,李济深部控制广东,陈铭枢部和张发奎部隶属蒋介石指挥。

东北军张学良部控制黑龙江、吉林、辽宁、热河等地。

3. 军队编遣(1928年9月至1930年11月)

北伐战争结束后,蒋介石提出军队编遣。各集团军自1928年7月开始自行裁减。

1929年1月17日,国军编遣委员会通过《国军编遣委员会进行程序大纲》,规定自编遣委员会成立之日起,全国军队一切权力都收归中央;各部队在原地驻防,听候点编;各集团军无权自行调动和任免军官;除中央直辖各部队及海军各舰队由编遣委员会派员缩编外,其余军队分为6个编遣区;第1、第2、第3、第4编遣区分别负责第1、第2、第3、第4集团军部队,第5编遣区负责东北军,第6编遣区负责川滇黔部队;各编遣区及中央直辖部队最多不超过11个师;全国陆军保留步兵不超过65个师,骑兵8个旅,炮兵16个团,工兵8个团,兵额80

万人。

以裁军、军政军令统一于中央为目标的"编遣"遭到各军事集团的反对。1929年3月、5月，新桂系、西北军先后举兵。蒋介石设立"路军""军"等战时编制，统辖若干师；扶植唐生智东山再起，支持唐将将领何键占据湖南；以陈济棠取代李济深掌控粤军防止其联合新桂系；分化韩复榘、石友三、杨虎城、刘镇华、马鸿逵等部脱离西北军，最终取得两场内战的胜利。

8月1日，全国编遣实施会议召开，会议规定：各省政府主席不得兼军职，各师长不得兼任政务官。各编遣区以团为单位实施编遣，军队数量一律压缩到7—9个师。编遣分两期进行，第1、第2、第3编遣区及中央编遣区为第一期，11月30日前编遣完毕。第5、第6编遣区为第二期，次年3月底前编遣完毕。

9月起，粤军张发奎部、西北军、唐生智等先后举兵抵制。蒋介石着力拉拢阎锡山，授予其陆海空军副总司令，挫败各军事集团。

1930年5月至11月，西北军、晋绥军、新桂系军等联合反蒋。为取得战争的胜利，蒋介石拉拢东北军，许诺将原由晋绥军控制的河北、察哈尔等地转交东北军，将原由阎锡山出任的陆海空军副总司令一职交由张学良担任。战争结束后，退居山西境内的晋绥军和西北军残部均交张学良整编；山东、陕西分别转交韩复榘、杨虎城。

在1929年至1930年的内战中，蒋介石瓦解了西北军，削弱了晋绥军、新桂系军两大集团，夺得了湖北、河南两省。

然而，以战争方式进行的编遣背离设计者的初衷。由于军事实力并不占据绝对优势，蒋介石惯常采取的办法是分化对手，手段是增加番号、给予地盘、封官进爵。战争结束后，除东北军、川军、滇军、黔军外，经蒋介石核定的各师番号已经接近100个，远远超过了全国65个师的限额，这对国军编遣委员会而言无异是一个莫大的讽刺。1930年11月15日，国民党三届四中全会决定取消国军编遣委员会，所有陆军整理事宜由最高军事机关办理。

两年中，川军、滇军、黔军内战不止，龙云统一云南，刘文辉成为川军最大的实力派。

4. 内战与整军(1930年11月至1937年7月)

1931年"九一八"事变后，为共赴国难，10月19日国民党中央常务会议决定：凡自第二届第四次全体会议(1928年2月)以后因政治关系而被开除党籍者，一律恢复党籍。12月30日，李济深、唐生智分别被任命为训练总监、军事参议院院长。1932年3月6日，中央政治会议决议以蒋介石为军事委员会委员长，阎锡山、冯玉祥、张学良、李宗仁、陈铭枢、陈济棠、李烈钧为委员。1935年12月5日中央政治会议决议：特任朱培德代理参谋总长，唐生智为训练总监，陈调元为军事参议院院长。18日，国民政府发表冯玉祥、阎锡山为军事委员会副委员长，程潜出任参谋本部参谋总长。蒋介石昔日的军事对手均重登政治舞台。

中原大战结束后，蒋介石联合部分地方军事集团对中国工农红军进行大规模的"围剿"。1932年9月，占领湘鄂西苏区，10月占领鄂豫皖苏区。1934年8月占领湘鄂赣苏区、湘赣苏区，10月占领中央苏区。1935年1月，占领闽浙赣苏区，12月占领湘鄂川黔苏区。

1934年10月起,在尾追红军长征的过程中,中央军先后进入贵州、云南、四川、甘肃等地,完成了对黔军、川军的改编。1935年5月,黔军改编为5个师,分散驻防,作为军事集团的黔军宣告瓦解。10月,川军第一期裁军基本结束,保留26个师4个独立旅共166个团。蒋介石接受刘湘成为川军最大实力派的现实。

早在1931年1月28日,蒋介石因约法之争软禁胡汉民,引发国民党内部又一次分裂。粤军陈济棠联合新桂系在广州成立国民政府,宁、粤开始了长达5年的对峙。1936年5月12日,胡汉民去世,两广在政治上顿失依靠。蒋介石趁机提出整编军队,以余汉谋取代陈济棠掌控粤军,将16个师并编为10个师、两个旅共64个团,新桂系整编为7个师共28个团。

在北方,这一时期逐渐形成了阎锡山、韩复榘、宋哲元三足鼎立的局面。1931年8月6日,阎锡山从大连返回太原,重新控制晋绥军。"九一八"事变后,东北军放弃东三省,退集河北、察哈尔。1932年8月,张学良推荐西北军旧部、第29军军长宋哲元出任察哈尔省主席。同年底,韩复榘驱逐刘珍年,实现对山东的完全控制。1933年3月,因热河失守,张学良引咎辞职。1934年初,东北军过半部队南下河南、湖北参加"剿共"。1935年6月,宋哲元派兵进驻北平,逐步取代东北军掌控察哈尔、河北大部。

进入1937年,国军加快了整军速度。粤军余汉谋部裁减20个团,保留44个团。东北军由17个步兵师共57个团整编为10个师40个团。川军进行第二次整编,保留23个师9个独立旅113个团。

抗战前,中央军控制的地盘中新增加了贵州、陕西等地。

1931－1937年国民革命军各派系军队变化一览表

派系	1931年6月	1937年4月
中央军	9个师	35个师4个独立旅
西北军	13个师	15个师12个独立旅
晋绥军	10个师	13个师5个独立旅
新桂系军	(未整编)	7个师
湘军	13个师	14个师3个独立旅
小股派系	34个师	35个师12个独立旅
川军	5个师(未全部整编)	27个师9个独立旅
黔军	(未整编)	4个师1个独立旅
粤军	2个师(未全部整编)	12个师1个独立旅
滇军	3个师	2个师6个独立旅
马家军	2个师(未全部整编)	4个师1个独立旅
东北军	1个师(未全部整编)	21个师
合计	95个师	189个师53个独立旅

5. 抗战中的扩军与整编(1937 年 7 月至 1945 年)

全面抗战爆发后,为适应大规模作战需要,军事委员会下设行营、战区、兵团、集团军、军团等,连同抗战前已有的师、军、路军等,形成了多重指挥机构。1938 年 6 月,武汉行营会议决定取消各"路军",以军为战略单位。11 月,军委会在湖南南岳举行军事会议,决定废除军团、兵团。此后,国军保留行营、战区、集团军、军等指挥机构。

在蒋介石的多次命令下,所有地方军事集团均派兵开赴抗战前线。所有前线部队的兵饷、兵员补充,依赖军事委员会的调拨。国军在军队编制、兵员征募、后勤供应等方面逐渐实现了统一。随着山东、河北、山西、湖南、广西、广东等省全部或大部沦陷,东北军、湘军、西北军宋哲元和韩复榘部失去原有地盘,新桂系军、粤军、晋绥军等失去了大部分地盘。出于作战等需要,中央军进入了除了青海和宁夏之外所有地方军事集团占据的地盘。至抗战结束时,依然保持军事集团完整性的有:余汉谋的粤军、李宗仁的新桂系军、阎锡山的晋绥军。其中晋绥军中的傅作义部已独立发展。何键的湘军、龙云的滇军、东北军、川军、西北军等被分割使用。

中央军扩充迅速,由战前的 35 个师扩充到 1944 年底的 154 个师,所占比例由 18.5% 提高到 44.7%。其他部队扩充较少,由战前的 154 个师扩充到 190 个师,所占比例由 81.5% 下降到 55.3%。

1944 年豫湘桂大溃败后,蒋介石招收知识青年参军,编练 9 个师;组建陆军总司令部,整编西南地区的部队;同时进行大规模裁军。1944 年底国民革命军共有 119 个军,截至 1945 年底,裁撤 34 个,新建 4 个,共保留 89 个军的番号。原有 344 个师,裁撤 104 个,新建 13 个,共保留 253 个师。军事机构和军事学校与作战部队同时裁减,军队人数由 590 万减少到 490 万。

抗战时期国民革命军兵力变化一览表

时间	步兵师
1937 年 2 月	182
1937 年 6 月	191
1937 年 10 月	235
1938 年 1 月	210
1938 年 2 月	242
1938 年 10 月	228
1939 年 10 月	261
1940 年 6 月	277
1940 年 6 月	295
1941 年 2 月	296
1944 年年底	344
1945 年 12 月	253

抗战期间国民革命军各派系军队数量变化一览表(单位:师)

派系	1937 年 4 月	1944 年 12 月	1945 年 12 月
中央军	35	154	129
西北军	15	17	11
晋绥军	13	35	21
新桂系军	7	13	8
湘军	14	3	1
小股派系	35	31	19
川军	27	33	24
黔军	4	0	0
粤军	12	14	11
滇军	2	13	10
马家军	4	12	8
东北军	21	12	9
合计	189	344	253

6. 结局(1946 年至 1950 年)

1946 年 2 月 25 日,国、共、美"军事三人小组"达成协议,签署《关于军队整编及统编中共部队为国军之基本方案》。根据这一方案,国民革命军计划分两步整编:第一步将步兵 89个军 239 个师(青年军 3 个军 8 个师在内,中共 3 个师除外)缩编为 30 军 90 个师,骑兵 2个军 13 个师缩编为 10 个旅,在 1947 年 2 月前完成;第二步将步兵整编为 50 个师;骑兵缩编为 6 个旅。

1946 年 5 月,国军开始整编,方法是:"军"整编为"整编师","师"整编为"整编旅",旅下辖两团,以"整编师"为战略单位。

6 月,国军向中共军队展开全面进攻。在内战中,依然保持军事集团完整性的有李宗仁的新桂系军、阎锡山的晋绥军。引人注目的是傅作义部,成为唯一一个在内战中迅速壮大的地方军事集团。

截至 1947 年 2 月,国军已将步兵 57 个军整编为师,145 个师整编为旅;骑兵 10 个师整编为 8 个旅 1 个团,青年军 9 个师整编为 6 个师,共撤销 171 个团。尚未整编的部队有步兵27 个军 74 个师;骑兵 1 个军 3 个师 1 个旅。部分集团军改称整编军、绥靖区,下辖若干军或整编师。

1947 年 3 月,国军由全面进攻转变为重点进攻,蒋介石命令国防部不再缩编军队。

7 月,国军由重点进攻转入全面防御。国民政府颁布"戡乱"动员令停止军队复员,开始编组第二线兵团,并于当年编成 21 个旅。东北保安、交警等部队改编为暂编师,扩建新编第

3、第 5、第 7 军。美国陆军顾问组在台湾凤山设立陆军训练中心,于 11 月开始编练新军。12 月起,在各地设立"剿匪"总司令部,负责战役指挥。

1948 年 1 月,陆军训练会议决定于南京、徐州、郑州、汉口、西安、北平、沈阳、台湾等地轮流训练作战部队。5 月,国民政府下令撤销各地行辕,由"剿匪"总司令部指挥其辖区的一切军政机关。9 月,国军废除集团军、整编军番号,将"整编师""旅"恢复为"军""师",以若干"军"组成兵团;以"军"为战略单位。1949 年初,将各训练处改组为编练司令部,补充训练被歼灭的各军、师。5 月起,在华中、西南、西北、华南等地设立军政一体化的军政长官公署。

东北。1948 年 11 月,东北决战结束,除锦西、葫芦岛的十余万国军撤入关内,其余全军覆没。

华北。1949 年 1 月,北平国军 25 个师在傅作义率领下接受中共和平改编。4 月,晋绥军在山西全军覆没。

华东。1949 年 1 月,淮海地区决战结束,国军几乎被全歼。4 月,国军失守长江中下游防线,退守上海和福建。5 月,上海战败,余部退守台湾和舟山群岛。9 月,国军在福建战败,残部退守台湾。

西北。1949 年 5 月 20 日,中央军胡宗南部放弃西安。7 月下旬,胡部全部退至秦岭以南,固守陕南,与甘肃、青海、宁夏的马家军脱离战略支撑。9 月 19 日,宁夏马鸿宾和绥远傅作义部同时宣布起义。宁夏马鸿逵、青海马步芳部溃散。9 月 25 日,西北军政长官公署副长官陶峙岳率部在新疆起义。

西南。1949 年 8 月 24 日,蒋介石飞抵到重庆。先是命令鄂西宋希濂部向川鄂边界靠拢,从而与华中白崇禧部分离,继而命令陕南胡宗南部退入四川。11 月 30 日,重庆失守。蒋介石转赴成都提出川西决战。12 月 9 日,川军将领潘文华、刘文辉、邓锡侯与滇军将领卢汉同时宣布起义。12 月,在川国军除一部被歼灭外,大部起义,退入西康的残部于 1950 年 3 月被歼灭。

华南。1949 年 10 月中旬,新桂系军在湘南与解放军作战失利,退守广西。12 月,该军大部在广西被歼。1950 年 1 月,残部约两万人进入越南。

1949 年 10 月 7 日,国军失守广东曲江。8 日,防守粤东的中央军胡琏兵团转移至金门。13 日广州撤守,国军撤往粤西,中途大部被歼灭,残部退往海南岛。1950 年 5 月,海南岛国军残部海运台湾。

1949 年底至 1950 年初,国军约 60 万人分别由浙江舟山、福建、海南岛等地撤至台湾。

抗战胜利后国民革命军各派系所辖军队数量变化一览表(单位:师)

派系	1945 年 12 月所辖	1948 年 9 月所辖	1948 年 10 月后增编
中央军	129	171	47
西北军	11	11	1
晋绥军	21	28	7

续表

派系	1945 年 12 月所辖	1948 年 9 月所辖	1948 年 10 月后增编
新桂系军	8	8	8
湘军	1	2	
其他	19	26	
川军	24	22	
粤军	11	12	
滇军	10	8	6
马家军	8	7	5
东北军	9	5	
小计	253	301	73

二、国军编制

国民革命军创建之初,以"军"为战略单位,实施"三三制"原则,即军辖三师,师辖三团,但亦有例外者。收编部队大多仅接受"军"的番号,所辖各师数量和番号并未统一。

北伐战争结束后,国民革命军以"师"为战略单位。1929 年,国军编遣委员会制定陆军编制表,编制分甲、乙、丙三种。甲种师辖三旅六团,乙种师辖二旅六团,丙种师辖二旅四团。甲种师与乙种师均直辖骑兵、特务各一连,工兵、辎重兵、炮兵各一营。丙种师直辖骑兵一连或一团、特务、辎重各一连,炮兵一营或一团,工兵一营[①]。

1930 年冬中原大战结束,国军重启军队整理计划,陆海空军总司令部组织陆军整理会议,改订《(民国)十九年陆军暂行编制表》,将原编遣委员会所订之甲种师改为乙种师,将乙种师改为丙种师,令各部队施行[②]。

1932 年 3 月,军事委员会订定统一各师编制办法,规定全国陆军分为 48 个军共计 96 个师。同时,着手分期从中央直属各部队抽出若干素质优秀的师进行整理,并在 6 月颁布暂行编制表,即(民国)二十一年"整理师"编制,基干部队为步兵二旅四团,师属骑兵一连,炮兵一团,工兵、通信、辎重各一营,卫生队,特务一连[③]。与(民国)十九年丙种编制较为相似,而直属炮兵部队得到了加强,通信兵、辎重兵也得到了扩充。凡是列入整理之师,按照(民国)二

---

① 《陆军编制原则》(1929 年 8 月 3 日国军编遣实施会议第四次会议通过),《革命文献》第 24 辑,(台北)中国国民党中央委员会党史史料编纂委员会 1984 年再版,第 122 页。

② 《国民政府总报告》(1931 年 11 月),《中华民国重要史料初编——对日抗战时期》绪编(三),(台北)中国国民党中央委员会党史委员会 1981 年版,第 195 页。

③ 《军委会通令各军实行新编制》,《中央日报》,1932 年 6 月 6 日,第一张第二版。《军事委员会制订陆军师暂行编制表》(1932 年 6 月),《中华民国史档案资料汇编》第 5 辑第 1 编军事(1),江苏古籍出版社 1994 年版,第 143－147 页。

十一年编制改编;而未参加整理的师仍用(民国)十九年编制;不属上列两种编制的部队,原则上一律逐渐裁并,计划于1932年底整理完毕。但因"围剿"红军等缘故,此番整理草草收场。

1933年7月,军委会南昌行营订制《陆军步兵师编制表》,专供担任"剿匪"的步兵师改编使用,此即所谓(民国)二十二年"剿匪师"编制,取消了旅一级司令部,师辖五团、四团或三团;裁减了战术意义不大的炮兵,调归南昌集中训练;在野战后勤方面特意加强,师直属工兵、通信兵各一连,特务、输送各一营,卫生队①。

1934年12月,蒋介石提出整军计划,将全国军队在3—4年内分6—8期训练为60个教导师。将现有各个师的士兵按籍贯重新编排,同一籍贯的士兵编在一个师内,同时每个师划定固定的地域征兵;所有军官重新培训后,统一分配到部队②。此举旨在消除军队中的派系,又为推行征兵制。在未编成教导师以前,先行整编为整理师③。教导师和整理师的区别在于:教导师的人事、经理、教育、卫生、党政等,概由陆军整理处根据蒋的命令负责处理。整理师,除经理一项仍由原负责机关点名发饷而归陆军整理处监督外,其余与教导师相同。其他未整理各部队,凡在行营直辖之下的,亦应由陆军整理处会同训练总监部点验校阅,切实训练④。1935年2月,蒋介石再一次提出成立教导师和整理师⑤。(民国)二十四年"教导师"编制是一个全新的三团制师的设计。师直属特种兵科与(民国)二十一年"整理师"相同;在团一级编制内,将营属小炮排集中至团部成连,而团属迫击炮连分拆为三排,分别配属于各营。但事实上,此"教导师"编制并未得到推广,陆军各部队在编制上最接近(民国)二十四年"教导师"的,只有附设在中央军校内的教导总队。

1935年1月24日在南京举行全国军事整理会议,之后在南昌行营设立陆军整理处,陈诚兼任处长。陆军整理处最大的成就在于整编部分骑兵部队。7月,中央军和东北军骑兵合编为骑兵军,下辖骑兵第3、第4、第6、第7、第10师。

10月,陆军整理处推出了(民国)二十四年"整理师"编制,师仍为二旅四团,师直属部队为炮兵一营(连),工兵、通信兵、骑兵、特务各一连,辎重连"平时不设,于必要时,得呈请成立输送队";团直属部队为迫击炮、重机枪各一连,通信兵一排。当年整理10个师。

1936年3月,陆军整理处结束,整军工作由军政部军务司接管。军政部"乃就军费许

① 《陆军编制事项》,《革命文献》第27辑,第404—405页。

② 《蒋手定全国编成六十个师的整军计划》(1934年12月),《中华民国重要史料初编——对日抗战时期》绪编(三),第326页。

③ 中央直属32个整理师共135团先充实四团制整理师18个,其余63个团改为新编制师8个共32个团。东北军18个师54个团改为整理师10个师,新编制师2个师。中央直属原来整理部队尚有37个师共186个团,除"剿匪"部队外,一律改为四团制整理师。《蒋介石手书整军计划补充要点全国编成六十个师为标准等》(1934年12月),台北"国史馆"藏《蒋中正档案》之《革命文献(统一时期)》第24册,第39—65页。

④ 《蒋介石任命陈诚为陆军整理处长并将全国陆军编训为教导师与整理师的密令》(1934年12月22日),《中华民国史档案资料汇编》第5辑第1编,军事(1),第210页。

⑤ 蒋介石计划以第3、第6、第10、第11、第43、第79、第97、第98师及第67军编为六个教导师。将其嫡系部队编为11个整理师,将东北军为8—9个整理师。《蒋中正电新教导师之编成与驻地相关事宜》(1935年2月22日)、《蒋中正电有关整理师编配方法经费支配人事调配等问题》(1935年2月22日),台北"国史馆"藏《蒋中正档案》之《筹笔(统一部分)》第128册,第47—50页、第51—64页。

可,与造兵之能力",拟定整军方案,先调整 20 个师,采用(民国)二十五年"调整师"编制,师直辖骑兵、特务各一连,炮兵、工兵、通信兵、辎重兵各一营,卫生队。师属炮兵由团改为营,其他配置与(民国)二十一年"整理师"编制别无二致。

1937 年,军政部决定在国军既有装备和军费基础上调整编制。在(民国)二十一年陆军师编制上加以改善,名为(民国)二十六年调整师编制。具体为:两旅四团制,但辖三团者则不设旅部,师直属骑兵、特务各一连,炮兵、工兵、通信兵、辎重兵各一营,卫生队[1]。对(民国)二十四年整理师编制加以改善,名为(民国)二十六年整理师编制。至此,全国军队,除滇军、晋绥军等地方军队编制外,有(民国)十九年师编制、(民国)二十一年陆军师编制、(民国)二十二年"剿匪"师编制、(民国)二十四年教导师编制、(民国)二十四年整理师编制、(民国)二十五年调整师编制、(民国)二十六年整理师编制、(民国)二十六年调整师编制等。各师所辖步兵团的数量不一,有三、四、五、六团等。

1937 年初,军政部制定三年整军计划,拟于 1937 和 1938 年,每年调整 20 个师,整理 30 个师。连同 1936 年已经调整的 20 个师,共计调整 60 个师,以作国防军之基干;整理 60 个师作为预备队及守护地方之用。至抗战全面爆发前,中央军共调整 15 个师,整理 24 个师;调整东北军 10 个师,整理粤军 10 个师、川军 26 个师 9 个独立旅。

1937 年全面抗战爆发后,由于军队拥有重兵器过少、机动性差等弱点,蒋介石下令各师减少步兵,加强特种兵,并增设预备兵。军政部于 1938 年 5 月制定《(民国)廿七年陆军师编制表》,规定每师辖三个步兵团,由各预备师试行。同年 6 月,武汉行营会议决定以"军"为战略单位,将各师的经理、人事、卫生、训练等职能配属于军,扩大军部组织。12 月,重订《(民国)廿七年陆军甲种军暂行编制表》《(民国)廿七年陆军师暂行编制表》,以军为战略单位,辖三师者为甲种军,辖两师者为乙种军,各师逐渐统一为步兵三团制编制。

1941 年 11 月,国军重订《陆军各部队调整大纲》,规定军以三师,师以三团为编成原则,减缩师特种部队,加强军直属部队。同时订立《(民国)三十一年陆军军师编制表》。1942 年冬,西安军事会议制定《(民国)三十二年陆军各部队改进大纲》规定:将三师制之军,以一师作战,一师为预备队,一师调后方管区训练补充兵;两师制之军,后调两个团。

1943 年制定《(民国)三十二年军新编制表》,参照英美陆军编制制定,增加军的单位及特种兵数量,加强师属各步兵团输送能力。

在 1945 年裁军过程中,制定《(民国)三十四年甲乙两种军师编制表》,甲种编制使用美械,乙种编制使用国械。到 1945 年底美械装备的国军有 13 个军共 39 个师[2]。

1946 年 5 月,国军开始整编,方法是:"军"整编为"整编师","师"整编为"整编旅"。"整编师"下辖二旅或三旅,旅下辖两团。原为甲种编制者,仍暂用甲种编制,直属部队保留山炮营、通信连、特务连、输送连。原为乙种编制者,仍暂用乙种编制,保留炮兵营、战防炮连、通信连、特务连、输送连。

---

① 国民革命建军史编纂委员会:《国民革命建军史》第 3 部,台北"国防部"史政编译局,1992 年,第 243 页。

② 即:第 2、第 5、第 8、第 13、第 18、第 53、第 54、第 71、第 73、第 74、第 94、新编第 1、新编第 6 各军。

1947年,国军编制改进,增强整编师直属部队,集中炮兵成团,减少旅直属部队,加强运输能力;部分三旅六团制之"整编师",撤销一旅部,改为二旅六团制。

1948年9月,国军"整编师""旅"恢复为"军""师",军下辖步兵三师,师下辖步兵三团,同时将新编、暂编等番号,改用正规番号(但因战事频仍等原因,东北地区的新编军番号,新疆地区的整编师番号等都没有改动)。

三、国军统率机构

1. 建军初衷

1917年9月,孙中山在广州成立护法军政府,得到云南、广西、河南、湖南、江西等省部分军队的拥护。各省军队齐聚广东,却各据一方,军政无法统一,军令更难贯彻。孙中山深感有必要培养一支没有个人色彩的军队。

1924年11月11日,孙中山任命廖仲恺为党军及各军在广东举办的各类军官学校和讲武堂的党代表。11月黄埔军校教导团成立后,仿照当时苏联红军的政委制实行党代表制,团、营、连设立党代表。根据《教导团党代表之职权》规定:"党代表立于监督指导之地位,必要时得直接指挥军队,其效力不特便利于党务指导及政治训练,即于军权军令之统一亦甚有关系","党代表对于部队内之行政有随时监察之权","党代表对于部队同级主官所发之命令认为有明显之罪过或巨大错误时,有拒绝签字之权,但须即向上级机关陈述自己之意见"[1]。党代表"除实施政治训练外,凡军队一举一动、一兴一废,均须受其节制,以示党化云"[2]。5月23日,国民党一届三中全会作出决定:"(一)在军校及军队中,所有一切命令均由党代表副署,由校长或由应管长官执行;军中党的决议,其执行亦须遵照此程序;(二)所有一切军校及军队中之法令规则,经党代表副署者完全有效。"[3]

1925年7月3日,国民政府军事委员会成立,强调国民党掌控军队的原则。该会"受中国国民党之指导及监督管理,统率国民政府所辖境内海陆军、航空队及一切关于军事各机关"。军事委员会委员中,选举一人为主席,国民政府任命其中一名委员为军事部长。"军事委员会所决议之件,由主席署名,以军事委员会名义用命令式行之。其关于政治训练部及军需局者,除主席署名外,须有该管机关长官副署。关于国防计划、实施军事动员、军制改革、高级军官及同级官佐任免、陆海军移防、预算决算及高等军事裁判等,暨其他与国民政府之政策有关之事项,其文告及命令,应由军事委员会主席及军事部长之署名行之。"[4]7月27日,国民党政治会议通过设立军事委员会政治训练部。在随后成立的各军中,设置了党代表

① 陈训正:《国民革命军战史初稿》第1册,(台北)文海出版社1972年版,第95页。
② 中国第二历史档案馆编:《蒋介石年谱初稿》,档案出版社1992年版,第268页。
③ 《对于党军校及军队之训令决议案》,荣孟源主编:《中国国民党历次代表大会及中央全会资料》,光明日报出版社1985年版,第87页;中国第二历史档案馆编:《中国国民党第一、二次全国代表大会会议史料》上册,江苏古籍出版社1986年版,第118—119页。
④ 《中华民国国民政府军事委员会组织法》(1925年7月5日),《国民政府公报》第2号(1925年7月),第14—15页。

和各级政治机关。

1926 年 1 月,国民党中枢推选汪精卫为国民革命军总党代表兼各军党代表。2 月中旬,国民党中常会陆续通过《国民革命军党代表条例》《军事委员会政治训练部组织大纲》,将党代表的职权提升与军事指挥官相同,如果党代表认为指挥官命令有危及革命时,得自行阻止,并有副署命令权①。政治训练部是国民党以党控军的执行机构,上承国民革命军总党代表之指导;下辖各军及独立师党代表、海军局及航空局党代表;对团以下党代表,政治训练部有直接任免权;对师以上之党代表,有提名和副署权②。

7 月 5 日,国民党中央执行委员会常务委员会任命蒋介石为中央党部军人部部长,有任命所辖革命军和军事机关党代表、指挥各军之全权③。7 月 7 日,国民政府公布了《国民革命军总司令部组织大纲》:"出征动员令下后,即为战事状态,为图军事便利起见,凡国民政府所属军民财政各部机关,均须受总司令之指挥,秉承其意旨办理各事。"总司令部工作机构组成后,军事委员会所属工作机构遂移归总司令部,"参谋部则改组为参谋处,军需部则改组为军需处,其他军事委员会所辖各机关、如兵工厂、制弹厂等亦统移于总部之下,但秘书厅办理军事委员会会议文件,开会时须出席作会议记录者,故仍旧存在""秘书厅长一职,则以总部秘书处长兼充,不另委人"。"总司令部成立之后,军事委员会之下机关,只秘书厅仍在而已。"总司令部下设军事政务会议,由总司令部直属之各部处长、参事厅高等顾问、参事及国民政府之各部各厅长组成,所决议一切政务,由总司令部政务局执行④。总司令部实际上取代了军事委员会并凌驾于国民政府之上。

1927 年 3 月,国民党第二届中执委会第三次全体会议认为国民革命军"非有党之最高机关,以绝对的权威,统一指挥,决不能在名义上与实际上悉纳于革命军统系之下也"。全会重新制定了《军事委员会组织大纲》,力图避免军人专军,将国民革命军总司令部置于军事委员会领导之下,由中央执行委员会掌握着军队人事大权。同时制定的《军事委员会总政治部组织大纲》将原政治训练部改称总政治部,并脱离总司令部,改归军委会领导。同日,会议通过了吴玉章提出的裁撤中央党部军人部的提议。会议制定的《国民革命军总司令条例》则将总司令指挥军民财政各机关的范围限定在作战地域,从而大大缩减了国民革命军总司令的职权⑤。4 月 6 日,国民政府取消国民革命军总司令,任命蒋介石、冯玉祥为第 1、第 2 集团军总司令。

① 《中央执行委员会常务委员会第七次会议录》(1926 年 2 月 23 日),《中国国民党第一、二次全国代表大会会议史料》上册,第 488 页。

② 《国民政府军事委员会颁布政治训练部组织大纲及党代表条例令》,转引自吕芳上:《近代中国制度的移植与异化》,《一九二○年代的中国》,(台北)"中华民国"史料研究中心编辑,2002 年,第 153 页。

③ 《蒋介石年谱初稿》,第 605 页。此前,国民革命军中的党务工作归军事委员会政治训练部主持。见李云汉主编:《中国国民党党务发展史料(组织工作上)》,(台北)中国国民党中央党史委员会 1993 年,第 94 页。

④ 《国民革命军总司令部组织大纲》(1926 年 7 月 7 日),罗家伦:《革命文献》第 20 辑,中国国民党中央委员会党史史料编纂委员会 1984 年再版,第 1643－1644 页;《中华民国史档案资料汇编》第 4 辑(2),第 642－643 页。

⑤ 荣孟源主编:《中国国民党历次代表大会及中央全会资料》上,第 321－326 页;《中央执行委员会全体会议之第五日》,《汉口民国日报》,1927 年 3 月 16 日,第 2 张新闻第 2 页。

为减少国民党内部对其权力的掣肘,蒋介石开始进一步削弱军队中的政治工作和党代表制度。在阻止国民政府和国民党中央迁移武汉失败后,4月2日,蒋解散第1军所属第1、第2师政治部。5日,下令封闭由武汉迁到上海的国军总政治部。6日,下令解散各军政治部。5月4日,在南京召开的中央政治会议决议派吴稚晖为总政治部主任。新成立的总政治部强调各级政治部在国民革命军中属于附设机关,主要职责是:宣传国民党政策、指挥组织民众、参与新占领地区的党务和行政,与党代表脱离关系。6月,总政治部改称政治训练部,各军师政治部改为政治训练处,各级党代表取消[①]。

自此,国军建军初衷被彻底放弃。

2. 统率机构

1925年7月1日,广州国民政府成立,下设军事部,许崇智任部长。7月3日,国民政府军事委员会成立。7月5日,国民政府通过《中华民国国民政府军事委员会组织法》,规定军事委员会内设政治训练部、参谋团、海军局、航空局、军需局、秘书厅、兵工厂。军事部与军事委员会共同对国家重大军事问题负责。军事部长兼有国民政府委员及军事委员会委员双重身份,在对外军事关系中代表国民政府。在军事委员会中,有关军事文件及命令等,须由军事委员会主席及军事部部长共同署名行之。同年底,军事部即以军事委员会代之。

1926年1月上旬,随着广东革命根据地的巩固,为适应新形势,军事委员会成立常务委员会,以汪精卫、谭延闿、蒋介石为常务委员。3月1日,军委会参谋团、军需局分别改组为参谋部、军需部。

6月5日,国民政府任命蒋介石为国民革命军总司令,并授权蒋介石组织国民革命军总司令部。总司令部实际上取代军事委员会并凌驾于国民政府之上。

1927年3月10日至3月17日,国民党中央在汉口召开二届三中全会。全会决定,在国民党中央执行委员会下设军事委员会作为国民政府最高军事行政机构。军委会不设主席,而由军委会主席团执行国民党中央关于军事之决议及军委会全体会议之决议,并处理日常军事工作;国民革命军总司令,是军委会主席团成员之一,由军委会提出,国民党中央任免;部队将领任免和出征动员令,须由军委会决定,国民党中央通过,交总司令执行;总政治部不再隶属总司令部,改由军委会领导,负责部队的党务和政治工作;所有军事院校均改校长制为委员制。

8月13日,蒋介石宣布下野,国民革命军总司令部随即撤销,所属机构并入军事委员会。9月17日,宁汉合流之后的特委会举行第二次会议,改组军事委员会。军委会下设主席团,对国民革命军实行集体领导。

1928年初,蒋介石上台后,重新设立国民革命军总司令。2月6日国民党二届四中全会通过决议:军事委员会设立主席;国民政府设立国民革命军总司令,总司令对中国国民党中

[①] 《蒋介石取消军队内之党代表》,《晨报》,1927年6月7日,第2版。

央执行委员会及国民政府在军事上负其责任,指挥所有陆海空各军,同时总司令得兼任军事委员会主席。国民革命军总司令再一次架空军委会。2月7日会议推定蒋介石为军委会主席。

11月,国民革命军建立新的统率体制,撤销军事委员会,设立参谋本部掌管军队的作战;设立训练总监部负责军队的非战时训练;设立军事参议院,作为军事最高咨询建议机关;设立军政部掌管军队的行政事务。

1929年3月,国民革命军总司令部宣布撤销,另组陆海空军总司令部,统辖参谋总部、训练总监部、军事参议院;军政部隶属于行政院。国民政府主席蒋介石兼任总司令。

1931年11月7日,宁、粤(汪精卫和两广实力派成立国民党中央执监委非常会议)达成协议,将陆海空军总司令部改组为军事委员会。11月28日,蒋介石撤销陆海空军总司令部,总部事务移归参谋本部、军政部、训练总监部分别办理。

1932年1月29日,中央执行委员会政治会议通过决议设立军事委员会。3月6日,中央政治会议决议以蒋介石为军事委员会委员长。

1933年4月,蒋介石成立委员长南昌行营办公厅侍从高级参谋室[1]。1936年1月,改称委员长侍从室。侍从室只对蒋介石个人负责,对国民政府各个部门均有指挥权。尽管在军事委员会组织系统表中,侍从室与参事室、军事参议院等同为委员会直辖机构,对各军事机关、各部队并无指挥、指导关系[2]。但实际上,侍从室几乎管辖了军委会所有业务,其中的第一处第二组主管军政、军令、军训、国防设计、兵役、军需、军医、兵工、后勤补给、公路工程、交通、通信、空军、海军、军法等。

1946年5月30日,国防最高委员会决议,裁撤军事委员会及一切中央军事机构,在国民政府行政院下设立国防部,掌管军政、军令等事务。6月1日,国防部成立,军事委员会即告结束。国防部设参谋总长一人,掌理军事之一切计划准备及监督实施,并有关国防之各种建议;有关军令事宜,秉承国民政府主席之命令,关于军政事宜,经国防部长提呈行政院审定。白崇禧、陈诚分任国防部长、参谋总长。

9月30日,侍从室撤销。国民政府设参军处,该处下设军务局等单位。11月1日军务局正式办公,统掌原侍从室第一处及侍卫长业务,主要职责是:宣达军事命令;承转审拟军事文件;联系各军事机关,研究与建议国防作战整军建军等问题[3]。其业务分工比原侍从室各组更为细致:第一科,主管编制、装备、人事、战斗序列、兵役、训练等业务的考核;第二科,主管计划作战和作战情报业务的审核;第三科,主管国防、交通、补给、后勤、外事的研究和审核。蒋介石通过军务局等对国民革命军实施直接控制[4]。

---

①　孔庆泰:《国民党政府政治制度史》,安徽教育出版社1998年版,第317页。

②　《军事委员会抄发修正组织大纲及系统表密令》(1940年6月26日),《中华民国史档案资料汇编》第5辑第2编 军事(1),第19页。

③　《国民政府修正公布本府参军处组织法令》(1946年7月9日),《中华民国史档案资料汇编》第5辑第3编 军事(1),第17—18页。参军处最早成立于1928年10月,负责咨询及典礼事项。

④　秋宗鼎:《蒋介石的侍从室纪实》,《文史资料选辑》第81辑,第138—141页。

　　1947 年 5 月，整编第 74 师全军覆没后，蒋介石亲自指挥各地战事。参谋总长陈诚 7 月赴沈阳兼任东北行辕主任，国防部长白崇禧 11 月到汉口组织对大别山地区的"清剿"，国防部由蒋直接掌控。

　　1948 年 4 月，蒋介石当选总统后，在总统府内设置第三局，掌理有关军事命令的宣达、文件承转及其它有关军报事项①。

---

　　①　《中华民国总统府组织法》(1948 年 5 月 1 日)，《中华民国史档案资料汇编》第 5 辑第 3 编 政治(1)，第 38 页。

卷一　1925－1950 年各军
（含 1946－1949 年各整编师）

第 1 军（整编第 1 师）

①中央军（1925.8—1928.7）

1925 年 8 月，党军①在广东潮汕地区改称国民革命军第 1 军，下辖第 1、第 2 师。9 月 22 日，粤军第 4 师改编为第 3 师，隶属该军指挥。9 月，该军参加第二次东征，10 月 14 日攻克惠州。1926 年 1 月 4 日，黄埔军校教导团扩编为教导师（旋改称第 20 师），隶属该军。2 月 20 日，独立第 2 师（1925 年 11 月由粤军第 2 师改称）编入该军改称第 14 师。6 月，成立补充第 1 师。

第 1、第 2 师隶属北伐总预备队参加北伐。1926 年 8 月 7 日集中湖南株洲。8 月 17 日，第 1 师到长沙，8 月 26 日到岳阳，9 月 7 日由浏阳转向江西。8 月 28 日，第 2 师到湖北蒲圻（今赤壁），9 月 17 日从武昌转入江西。9 月 19 日，第 1 师进入南昌。9 月 27 日，第 1 师败弃南昌，师长王柏龄脱离部队，副师长王俊代理师长。

1926 年 9 月 17 日，军长何应钦率领第 3 师、第 14 师和张贞补充团由广东出发北上，经漳州、南靖、仙游、蒲田、永泰，12 月进驻福州。张贞补充团扩编为独立第 4 师。

1926 年 11 月，补充第 1 师改称第 21 师，增编补充第 2 师。12 月，补充第 2 师改称第 22 师，增编新编第 1 师。

1927 年 1 月中旬，第 1、第 2、第 21、第 22 师抵达浙江龙游、衢州。第 3、第 14、第 20 师所属第 58 团到达闽北建瓯、延平一带。3 月 20 日，第 1、第 2、第 21 师进攻淞沪。4 月 5 日，第 1、第 2 师由上海调南京。5 月 1 日，该军隶属第 1 路军参加北伐，占领清江浦、海州、徐州，军至鲁南。7 月撤回苏南，驻扬州、上海、镇江、南京等地。8 月底，第 1、第 2、第 3、第 14、第 21、第 22 师在龙潭与孙传芳部作战。

1927 年 9 月，该军下辖第 1、第 2、第 3、第 14、第 20、第 21、第 22、新编第 1 师。9 月 26 日，所辖 9 个师分编为第 1、第 9、第 32 军。以第 1 师、第 2 师、第 22 师编成第 1 军，以第 3、第 14、第 21 师编组为第 9 军，以第 20 师、新编第 1 师等编组为第 32 军。

1927 年 10 月，第 1 军奉命集中于江苏镇江、扬州、邵伯一带。11 月 16 日，占领安徽蚌埠。12 月进攻徐州。1928 年 4 月，隶属第 1 军团参加北伐，进攻山东曲阜、兖州。5 月 8 日，第 1 师驻守济南。7 月，该军缩编为第 1、第 9 师各一部。

历任军长：

蒋介石（1925.8.26—1926.1.20）

---

① 1924 年 11 月 20 日，以黄埔军校毕业生为骨干组成教导团，何应钦任团长。12 月 26 日成立教导第 2 团，王柏龄任团长，同时原教导团改称教导第 1 团。1925 年 4 月 13 日，廖仲恺提请国民党中央将教导第 1、第 2 团编成党军第 1 旅，何应钦为旅长。4 月 29 日，中央执行委员会任命蒋介石为党军司令，节制该旅。不久，该旅扩编为第 1 师。此后又编成第 2 师。

何应钦(1926.1.20—)

刘峙(1927.9.26—)

历任师长：

第1师师长：

何应钦(1925.4.29—1926.1.20)

钱大钧(1926.1.20—)

王柏龄

王俊

薛岳(1927.1—1927.4)

胡宗南(1927.4—1927.10.26)

邓振铨

蒋鼎文(1927.10.26—)

第2师师长：

王懋功(1925.4—1926.2.26)

刘峙(1926.2.26—1927.11.29)

徐庭瑶(1927.11.29—)

第3师师长：

谭曙卿(1925.9—1927.1)

顾祝同(1927.1—)

涂思宗

第14师师长：

冯轶裴(1926—1927.4)

卫立煌(1927.4—)

黄国梁

第20师师长：

王柏龄(1926.2—)

钱大钧

王文翰

蔡忠笏

第21师师长：

严重(1926.10—)

陈诚

陈继承

第22师师长：

陈继承

蒋光鼐(1927.5.16—1927.10)

涂思宗(1926.10—)

胡宗南(1927.10—)

新编第 1 师师长:

钱大钧

张兴仁

蔡熙盛

②西北军(1928)

1928 年初,第 2 集团军成立第 1 军,下辖第 29、第 30、第 31 师,师长杜光明、耿幼麟、安树德。4 月,在河北大名作战。10 月,缩编为第 31 师一部。

历任军长:

韩占元

③晋绥军(1927.7—1928.10)

1927 年 7 月 9 日,国民政府发表商震为北方国民革命军第 1 军军长,下辖第 1、第 3 师,骑兵第 2、第 11 师,师长李培基、杨士元、郭凤山、张砺生。1928 年 10 月,该军大部缩编为第 32 师,骑兵第 11 师于 12 月改称骑兵第 2 师,改隶第 1 集团军。

历任军长:

商震(1927.7.9—)

④1929 年—1931 年内战期间编组的第 1 军

1929 年 3 月 2 日,以第 1、第 2、第 9 组成第 1 军讨伐新桂系军,军长刘峙。

1929 年 6 月,以第 1、第 2、第 9 师组成第 1 军讨伐西北军,军长顾祝同。

1929 年 10 月 8 日,第 9、第 11、新编第 5 师编为第 1 军讨伐西北军,军长蒋鼎文。

1929 年 10 月 15 日,第 1、第 2 师和独立第 3 旅编组为第 1 军讨伐西北军,军长顾祝同。

1930 年 3 月 24 日,第 1、第 2、第 3 师编组为第 1 军参加中原大战,军长顾祝同。

1930 年 7 月,第 1、第 2、第 3 师、教导第 3 师组成第 1 军参加中原大战,军长顾祝同。

1931 年 7 月,第 1、第 2 师组成第 1 军讨伐石友三,军长陈继承。

⑤中央军(1936.4—1949.12)

1936 年 4 月,成立第 1 军,下辖第 1 师,驻甘肃。6 月,南下湖南长沙。9 月,在长沙成立军部,扩编第 78 师,开湘阴训练。10 月,开赴甘肃康县"进剿"红二方面军。21 日至 22 日,第 78 师大部在环县山城堡被歼灭。12 月上旬,进入宁夏同心、韦州、惠家堡等地。西安事变发生后,该军编入"讨逆军"第 2 纵队。年底,开关中凤翔。1937 年春,东开徐州、商邱(今商丘)。8 月,到上海,军部率第 1、第 32、第 78 师参加淞沪会战(1937 年 8 月 13 日至 11 月下旬)。1938 年,军部率第 1、第 78 师参加豫北豫东作战(1938 年 1 月上旬至 6 月下旬)。在河南信阳等地参加武汉会战(1938 年 6 月中旬至 11 月中旬)。战后调陕西大荔。

1939 年 1 月,增辖第 167 师,在韩城、大荔、颌阳(今合阳)整训。抗战期间,该军长期驻守潼关、大荔等地,担任黄河河防。1943 年 5 月 13 日,第 167 师由大荔、军直属队及第 78 师由华县开赴邠县,准备闪击陕甘宁边区。7 月 10 日,第 167 师从邠县向边区关中分区推进。12月,返回原防。1944年,第167师参加豫中会战(1944年4月中旬至6月中旬),在河南灵宝遭到日军重创。1945年,第167师参加豫西鄂北会战(1945年3月下旬至5月下旬)。抗战胜利后,第78、第167师进入晋南,进占运城、安邑。

1946年5月,整编为整编第1师。第78旅在陕南等地"追剿"中原解放区突围部队(1946年7月至8月)。8月初,由关中进入晋南运城,参加同蒲路南段作战(1946年8月7日至12月27日)。9月24日,第1旅在临汾、浮山之间被歼灭,旅长黄正诚被俘。11月上旬,第1、第167旅由临汾经禹门口西渡黄河,拟突袭延安,旋调回河东。年底,由晋南西移关中。1947年3月,从宜川出发,参加陕北作战(1947年2月下旬至7月下旬)。5月2日至4日,第167旅旅部及第499团在蟠龙被歼灭,旅长李崑岗被俘。7月,由鄜县(今富县)以西太白镇、黑水寺地区向吴旗、志丹地区进攻。8月初,由安塞、志丹地区救援榆林。8月15日,到达绥德,担任守备。旋由米脂、绥德南撤。9月20日,返回延安、鄜县地区整补。10月,南调潼关。1948年1月,渡河东进,进占山西运城。2月,返回豫西。3月,调往西安。4月23日,由富平、三原地区西进,参加泾渭河谷作战(1948年4月18日至5月8日),4月24日到达武功,28日占宝鸡。

1948年9月,恢复军、师番号。10月,由富平东进参加洛河下游作战(1948年7月30日至11月28日)。11月,驻守蒲城。1949年2月,退至泾阳以南。参加关中会战(1949年6月上旬至7月下旬),战后驻防陕甘边界徽县、凤县。11月中旬,经白龙江、略阳、康县进入四川。11月26日,第78、第167师进驻江津、綦江。30日,该军向璧山转移。12月5日到潼南,12月27日,在邛崃地区被歼灭,军长陈鞠旅、副军长兼第78师师长陈坚投诚。1950年1月,以第1师所属第2团为基础在西康西昌扩编第1师,3月12日至4月7日被歼灭。

历任军长(整编师师长):

胡宗南(1936.4.25－1938.5.12)

李铁军(1938.5.12－1938.7.28)

陶峙岳(1938.7.28－1940.6)

丁德隆(1940.6.15－1941.5)

韩锡侯(1941.5.6－1942.4)

张卓(1942.4.18－1945.1)

罗列(1945.1－1948.2.3)

陈鞠旅(1948.6.8－1948.12.1兼任－1949.12.27投诚)

整编第2师(见第23军)

第2军(整编第9师)

①湘军谭延闿部(1925.8－1928.9)

1925 年 8 月,湘军谭延闿部[①]在广东改编为国民革命军第 2 军,下辖第 4、第 5、第 6 师,师长分别为张辉瓒、谭道源、戴岳。1926 年春,增设教导师,陈嘉佑任师长。7 月,副军长鲁涤平率领第 4、第 6 师参加北伐。军长谭延闿率第 5 师和教导师留守广东南雄、始兴、马坝等地。

1926 年 7 月 24 日,第 4、第 6 师集中湖南茶陵,隶属右翼军。9 月 6 日转向江西,收复萍乡、宜春、分宜、安福、樟树等地。12 月 24 日,移上饶、余干。11 月下旬,第 6 师由赣东进入福建邵武。1927 年 1 月,该军在东路军编成内,由乐平、德兴进入浙江,经淳安、桐庐、富阳直趋杭州。2 月,编入江右第 2 纵队,经安徽广德、江苏溧水向南京进攻。3 月 24 日,进占南京。4 月向江北进攻,占安徽滁县。旋即经湖北撤入湖南,隶属武汉国民政府指挥。

1927 年 5 月,第 2 军留守广东的第 5 师、教导师等部进入湖南合编为第 13 军。第 2 军改辖第 4、第 6、第 13 师,师长王捷俊、戴岳、朱耀华。10 月,讨伐唐生智。1928 年 1 月 31 日,攻占湖北宜昌。2 月 18 日,进攻湖南津市、澧县。2 月 22 日,第 13 师改番号为第 23 师。9 月,该军缩编为第 18 师。

历任军长:

谭延闿(1925.8.26—1927.5.6)

鲁涤平(1927.5.6—)

②西北军(1927.5—1928.10)

1927 年 5 月,国民军联军第 2 军改称第 2 集团军第 2 军,下辖第 8、第 10 师,师长张麟祥、刘汝明(兼任)。1928 年 4 月,隶属第 9 方面军参加北伐,自河南禹县调豫北,在安阳方面作战。10 月,缩编为第 29 师。

历任军长:

刘汝明

③晋绥军(1927.7—1928.10)

1927 年 7 月 9 日,国民政府发表杨爱源为北方国民革命军第 2 军军长,下辖第 2、第 6、第 12 师,骑兵第 7 师,第 1、第 2 混成旅(师长赵承绶、孙楚、杨效欧、李德懋,旅长黄守清、齐用宏)。1928 年 5 月,下辖第 2、第 6、第 12、第 16、第 17 师,师长赵承绶、孙楚、杨效欧、高鸿文、孟富英。10 月,缩编为第 33、第 35、第 39 师。

历任军长:

杨爱源(1927.7.9—)

④1929 年—1930 年内战期间编组的第 2 军

1929 年 3 月 2 日,以第 8、第 13 师及独立第 1 旅组成第 2 军讨伐新桂系军,军长朱绍良。

1929 年 6 月 16 日,以第 8、第 48、新编第 1 师编成第 2 军讨伐西北军,军长朱绍良。

1929 年 10 月,以第 6、第 9、第 11 师及独立第 4 旅组成第 2 军,军长蒋鼎文,集中湖北樊

① 1923 年 7 月 16 日,孙中山任命谭延闿为湖南省省长兼湘军总司令,组织"北伐讨贼军湘军"。1924 年秋,谭部在北伐进军中受到赣军方本仁部的反击,损失较重。10 月,所部改称建国湘军。1925 年 1 月,谭在韶关成立湘军整理处,将全军缩编为 8 个步兵团、2 个独立营、5 个炮兵连、3 个工兵连。

城、襄阳、老河口,讨伐西北军。

1930年4月,以第6、第9师组成第2军,军长蒋鼎文,隶属第3军团参加中原大战。

⑤中央军(1937.8—1950.3)

1937年8月,在福建编组第2军,下辖第3、第9、第80师。9月,第80师脱离建制,军部率第3、第9师北上参加淞沪会战(1937年8月13日至11月下旬),战后开赴湖北。1938年5月,从汉口北上参加徐州会战后期作战(1938年5月3日至5月28日),在邳县(今邳州)以东、郯城西南掩护主力部队撤退。6月返回武汉。

1938年6月,第3师拨隶第8军,第57师编入,该军改辖第9、第57师。7月,该军开广济田家镇,隶属第9战区第2兵团第11军团参加武汉会战(1938年6月中旬至11月中旬)。9月,第57师脱离建制。11月,该军调湖南衡阳。年底,第103师拨入,该军改辖第9、第103师,开四川秀山等地整训。1939年11月,增辖第76师,军部率第9、第76师开赴广西宾阳,参加桂南会战(1939年11月15日至1940年2月8日),1940年1月,攻占昆仑关。2月3日,副军长兼第9师师长郑作民阵亡。2月,移驻湖北宜昌,隶属第6战区。军部率第9、第76、第103师参加枣宜会战(1940年5月1日至7月4日)。

1940年7月,第103师与新编第11军所辖新编第33师对调,该军改辖第9、第76、新编第33师。1940年冬,开赴重庆。1941年春,到泸州①。10月,进入鄂西建始、巴东反攻宜昌,策应第二次长沙会战(1941年9月7日至10月12日),10月10日克复宜昌。11月,调四川永川,荣昌,璧山。1942年3月,军部及第9师移驻乐山,第76、新编第33师移驻西昌、隆昌。9月,移驻贵州。1943年1月,进驻云南。1944年隶属远征军第11集团军,参加滇西方面作战(1944年5月11日至1945年1月27日)。

1945年1月,撤销新编第33师。2月,预备第2师拨入,该军改辖第9、第76、预备第2师,驻守大理、弥渡、保山、禄丰。11月,隶属云南警备总司令部。1946年5月整编为整编第9师,辖整编第9旅、整编第76旅、预备第2旅。1947年1月,集结昆明,3月经汉口开赴河南新乡,隶属陆总郑州指挥所参加豫北地区作战(1947年3月底至5月底)。4月,转运鲁南战场,主力驻宿迁新安镇,预备第2旅到临沂。4月24日,主力由新安镇车运滕县(今滕州),续开兖州。5月,主力在大汶口、南驿。6月底,主力在蒙阴以东。7月上旬,占沂水。

1947年7月,预备第2旅脱离建制。8月5日,该整编师占益都。8月底,在胶济路中段的昌乐、朱阳地区。9月,在潍县(今潍纺)与高密之间的峡山,隶属胶东兵团参加胶东作战(1947年9月上旬至12月中旬),9月8日占平度,9月18日到招远以南。

11月底,该整编师由山东城阳船运上海转赴武汉。12月1日,在汉口登岸,隶属国防部九江指挥部,自广济经浠水向北参加大别山"进剿"作战(1947年11月27日至1948年2月底),12月底从大别山回援平汉路,进攻信阳以北地区。1948年1月,第9旅在确山,主力由武汉经河南南阳到邓县,旋即驻守南阳。9月,恢复第2军番号,下辖第9、第76师。11月,

① 《各部队各训练机关主官简历驻地与部队沿革手册》,全宗号627,卷宗号1117(中国第二历史档案馆藏,以下档案资料除特别注明外,均来自该馆)。

放弃南阳开赴湖北襄阳。12 月,开赴荆沙。增辖第 164 师。1949 年 7 月 16 日,由宜昌向川鄂边境山区转进。10 月,驻防建始、恩施一线。11 月初,西撤入川。11 月 28 日,该军大部在南川以北山地被歼灭。12 月 24 日,第 9 师师长蒋治英在郫县起义。12 月 26 日,第 76 师残部在贵州省正安县起义。第 9 师副师长黄惜时、第 164 师师长李剑霜率残部至川黔滇边界,1950 年初就地起义。第 76 师一部撤往西康会理,1950 年 3 月 23 日被歼灭。

历任军长(整编师师长):

朱绍良(1929.3.2—1929.10)

蒋鼎文(1929.10—)

李延年(1937.8.2—1942.6)

王凌云(1942.6.25—1947.12)

张金廷(—1948.8.1)

陈克非(1948.8.1—1949.4.1 兼任—)

整编第 3 师(见第 10 军)

第 3 军(整编第 6 师)

①滇军朱培德部(1925.8—1928.8)

1925 年 8 月,滇军朱培德部①在广东改编为国民革命军第 3 军,下辖第 7、第 8、第 9 师,师长分别为王均、朱世贵、朱培德(兼)。1926 年 7 月,由翁源、佛冈出发参加北伐。8 月下旬,抵达湖南茶陵、醴陵一带,监视江西孙传芳部。9 月初,该军由醴陵出江西萍乡进攻宜春、万载。11 月 6 日,进占南昌。战后,留驻江西九江、南昌等地,增编独立第 16 师。

1927 年 5 月初,该军扩编为第 3、第 9 两个军。第 3 军下辖第 7、第 8、第 9 师,师长王均、朱世贵、曾万钟(后易杨池生)。8 月 1 日,该军军官教导团由团长朱德率领在南昌起义,脱离建制。10 月,该军驻九江、南浔路。1928 年 3 月,所属第 8、第 9 师与第 31 军第 28 师直隶于第 1 集团军进入山东参与北伐,5 月下旬到德州,旋即返回江西。5 月至 8 月,该军在永新等地"进剿"井冈山。8 月,缩编为第 7 师。

历任军长:

朱培德(1925.8.26—1928.5.6)

王均(1928.5.6—)

②西北军(1927.5—1928.10)

1927 年 5 月,成立第 2 集团军第 3 军,辖第 2、第 18、第 19 师,师长梁冠英、程心明、吉鸿昌。1928 年 4 月中上旬,由山东菏泽进攻巨野、嘉祥、郓城。5 月下旬,由津浦路以西北上,6

---

① 1916 年朱培德随护国军第 2 军进入广东,由营长递升为团长、梯团长、第 4 师师长。1923 年,所部受编为大本营拱卫军、中央直辖第 1 军。1925 年 6 月,升任建国滇军总司令,收编驻扎连县的朱世贵部,又收编被各军俘虏的杨希闵旧部。《国防部本部隶属各部队主官简历驻地与部队沿革手册》,全宗号 783,卷宗号 393。

月初到河北文安、河间。10 月,缩编为第 21、第 22 师。

历任军长:

孙良诚

③国民三军旧部(1927.7—1928.10)

1927 年 7 月 9 日,国民政府发表徐永昌为北方国民革命军第 3 军军长,下辖独立第 1、第 4、第 6 旅、骑兵第 2 旅,旅长黄胪初、王志祥、王凤飞、黄德新。1928 年 7 月至 9 月,作为右翼军参加滦河方面作战。10 月,缩编为第 34 师。

历任军长:

徐永昌(1927.7.9—)

④1929 年—1930 年编组的第 3 军

1929 年 3 月 2 日,编组第 3 军讨伐新桂系军,军长朱培德,下辖第 4、第 7、第 11、第 12、第 18 师。3 月 28 日变更战斗序列,改辖第 4、第 11、第 12 师及第 14、第 15 旅。3 月 31 日改辖第 4、第 7 师。

1929 年 6 月,以第 11 师、新编第 5 师、独立第 11 旅组成第 3 军讨伐西北军,军长曹万顺。

1929 年 10 月,以第 5、第 7 师组成第 3 军讨伐西北军,驻扎河南舞阳、西平、郾城,军长王均。

1930 年 3 月,组建第 3 军,下辖第 7、第 10 师,集中安徽宿县、涡阳,阻止孙殿英部南下。

历任军长:

朱培德

曹万顺

王均

⑤滇军,1945 年 1 月黄埔军校出身的罗历戎出任军长(1935.7—1947.11)

1935 年 7 月,第 3 军军长王均率第 7、第 12 师进入甘肃,军部在天水,各师驻扎天水、西和、礼县、成县等地。8 月 7 日,第 7 师在天水以南马跑泉与红二十五军作战。1936 年 8 月至 10 月,堵截红二、四方面军北进。10 月,经会宁向靖远攻击前进。西安事变后,由靖远、同心等地返回天水防区,编入"讨逆军"第 9 纵队。

1937 年 7 月 31 日,北上河北邢台、定县、涿县(今涿州)、房山,隶属第 1 战区第 2 集团军第 2 军团,参加平汉路北段作战(1937 年 8 月 21 日至 9 月 24 日)。10 月上旬,转隶第 2 战区第 2 集团军,在娘子关、阳泉等地参加太原会战(1937 年 9 月 12 日至 11 月 12 日),战后,转战晋东南的武乡、襄垣、长治、潞城、榆社。1938 年 5 月,转移至太行山。10 月,转入中条山区开展游击作战。

1941 年 4 月,增辖第 34 师。隶属第 1 战区第 5 集团军,参加晋南会战(1941 年 5 月 7 日至 6 月 15 日),军长唐淮源率部突围,部队伤亡惨重,唐自戕殉国,第 12 师师长寸性奇受伤后自尽,第 34 师因师长公秉藩被俘后投敌被撤销番号。该军调驻河南洛阳整补。1942 年春,调陕西汉中。

1943 年该军调甘肃。6 月,增辖新编第 3 师。1945 年初,新编第 3 师改隶第 91 军。4 月,新编第 34 师拨入。7 月,撤销新编第 34 师番号,第 12 师拨隶第 17 军,暂编第 25 师、第 165 师拨入,暂编第 25 师旋改称第 32 师。8 月,第 165 师脱离建制。该军改辖第 7、第 32 师。8 月,由甘肃定西开赴潼关。8 月 19 日经风陵渡北渡黄河进攻山西平陆县。10 月 18 日由第 1 战区改隶第 11 战区。10 月中旬经同蒲路、正太铁路到河北石门,先后接收平汉路北段及平绥路东段。1947 年 10 月 16 日,军部率第 7 师由石门北上保定,10 月 22 日在定县清风店被歼灭,军长罗历戎、副军长杨光钰、第 7 师师长李用章被俘。11 月 6—12 日,第 32 师在石门被歼灭,师长刘英被俘。该军番号取消。

历任军长:

王均(—1936.11.23 飞机失事身亡)

曾万钟(1936.11 代理—1937.8.27 实任—1939.7 免兼)

唐淮源(1939.7.1—1941.5.12 自戕)

周体仁(1941.7.1—)

李世龙(1944.4.15—)

罗历戎(1945.1—1947.10.22 被俘)

⑥中央军(1948.5—1950.3)

1948 年 5 月,在陕西编成整编第 6 师,下辖第 17 旅、暂编第 2 旅,驻守铜川、耀县地区。9 月,改称第 3 军,下辖第 17、第 254 师(原暂编第 2 旅)。第 17 师驻雒南(今洛南)至漫川关一线,主力在铜川。11 月 21 日至 22 日,第 17 师大部在铜川东南被歼灭,师长王作栋阵亡,23 日,第 254 师一部在铜川以东被歼灭。

1949 年 6 月,增辖第 335 师,驻守陕南黑龙口、山阳、漫川关。7 月 17 日,驰援安康。11 月中旬沿着汉(中)蓉(成都)公路进入四川。11 月 30 日开绵阳,12 月 5 日到成都担任城防。12 月 17 日,第 335 师长全教曾在乐山率部投诚,所属第 1004 团拒绝起义,撤往西昌重建第 335 师。12 月 24 日,该军由成都突围,26 日至 27 日在邛崃被歼灭,第 17、第 254 师师长邓宏义、陈岗陵先后被俘。1950 年 3 月 24 日,第 335 师被歼灭,师长王伯骅被俘。

历任军长(整编师师长):

许良玉(1948.5.21—)

盛文

第 4 军(整编第 4 师)

①粤军李济深部(1925.10—1929.9)

1925 年 10 月 1 日,国民革命军第 6 军李济深部改番号为第 4 军,下辖第 10、第 11、第 12 师,师长陈铭枢、陈济棠、梁鸿林,独立旅旅长张发奎。该军成立后参加第二次东征。10 月 18 日,第 12 师在江门兵变,被该军独立旅包围缴械。事后,以独立旅为基础扩编第 12 师,师长陈可钰。10 月下旬,该军参与南征,击溃邓本殷部八属联军,收复雷州半岛和海南岛。1926 年 1 月 6 日,由八属联军残部改编的第 13 师编入序列,师长徐景唐。同月,张发奎接任第 12 师师长。

1926 年 5 月下旬,该军所属叶挺独立团奉命作为先遣部队入湘,揭开北伐战争序幕。第 10、第 12 师由副军长陈可钰率领北伐,军长李济深率领第 11 师、第 13 师等留守广东。

(1)参加北伐的第 4 军

第 4 军所属第 10、第 12 师参加北伐。1926 年 7 月,到湖南安仁、永丰集中。8 月初,占领醴陵、浏阳。8 月下旬,激战湖北咸宁汀泗桥、贺胜桥。10 月 10 日,克武昌。10 月底,转赴江西武宁,加入赣北作战,11 月 2 日先克德安,继占马回岭、九江。

1926 年 11 月 27 日,该军所属第 10 师扩编成第 11 军,第 12 师一部扩编成第 25 师,第 4 军改辖第 12、第 25 师,师长黄琪翔、朱晖日。1927 年 1 月,该军移驻武汉。4 月 18 日,武汉中政会免李济深军长职,以张发奎继任。黄琪翔升任副军长兼任第 12 师师长。4 月,该军出师河南北伐奉军。5 月中旬,奉军第 11 军副军长兼第 12 旅旅长富双英率部在上蔡投降,改编为第 21 师,隶属该军指挥。6 月,该军返回武汉休整。6 月 15 日,张发奎升任第 2 方面军总指挥,黄琪翔接任军长,缪培南任副军长兼第 12 师师长,李汉魂继任第 25 师师长。7 月东征讨蒋,军至九江,第 21 师滞留湖北。8 月 1 日,第 25 师所属第 73、第 75 团等在南昌起义。8 月 9 日,该军南下返回广东,第 11 军第 26 师随行。9 月 21 日,第 21 师在芜湖缴械遣散。进入广东后,收编新编第 2、第 3 师薛岳、黄慕松部(旋改称教导第 2、第 4 师)[1]。11 月 17 日,该军驱逐第 15 军,反对李济深。12 月 11 日,该军参谋长叶剑英率教导团举行广州起义。12 月 15 日,广州政治分会将军长黄琪翔免职查办,以缪培南、薛岳分任军长、副军长,吴奇伟递升第 12 师师长,教导第 2、第 4 师分别改称教导第 1、第 2 师,邓龙光、黄镇球分任师长。1928 年 1 月 15 日,第 26 师师长许志锐阵亡,陈芝馨继任师长。1 月,该军退往江西安远、会昌地区,改隶南京国民政府指挥。3 月 16 日,抵达南京浦口,沿津浦路北进,隶属第 1 军团参加北伐。4 月,进攻山东曲阜、兖州,5 月下旬到德州。8 月移防泰安,缩编为第 4 师。

历任军长:

李济深

张发奎(1927.4.18—1927.6.15)

黄琪翔(1927.6.15—1927.12.15)

缪培南(1927.12.15—)

(2)留守广东的第 4 军

军长李济深率第 11、第 13 师等留守广东,增编新编第 2、第 3 师,师长薛岳、黄慕松。1927 年 8 月,张发奎、黄琪翔率第 4 军由江西返回广东。为避免番号混淆,10 月下旬,留粤的第 4 军改称新编第 4 军。不久,新编第 2、第 3 师投奔黄琪翔的第 4 军。1928 年 2 月 8 日,广州政治分会决议,新编第 4 军恢复第 4 军名称,陈济棠任军长。第 13 师改隶第 5 军。第 4 军下辖第 11、第 12、第 25 师,师长余汉谋、香翰屏、陈章甫。1929 年 9 月,缩编为第 59、

---

① 《第 4 军抗战纪实》,全宗号 787,案卷号 6742。

第 62、第 63 师。

历任军长：

李济深

陈济棠

②西北军（1927.5—1929.1）

1927 年 5 月,国民军联军第 4 路军①改称第 2 集团军第 4 军。1928 年 4 月隶属第 2 集团军第 1 方面军,下辖第 1 师、骑兵师（师长马腾蛟、马鸿逵）参加山东济宁地区作战。5 月,移驻高唐清平镇。由津浦路以西北上,6 月初驻河北大城。1929 年 1 月,缩编为第 2 编遣区暂编第 17 师。

历任军长：

马鸿逵

③晋绥军（1927.7—1928.10）

1927 年 7 月 9 日,国民政府发表傅存怀为北方国民革命军第 4 军军长,下辖第 7、第 10 师、独立骑兵第 2 旅（师长张会诏、卢丰年,旅长郭殿丞）。1928 年 10 月,缩编为第 41 师。

历任军长：

傅存怀（1927.7.9—）

④1929 年—1930 年内战中编组的第 4 军

1929 年 3 月 26 日,在湖南长沙编成第 4 军讨伐新桂系军,以何键为军长,下辖第 19、第 50、第 52 师。3 月 28 日,变更战斗序列,改辖第 19、第 50、第 52 师及独立第 2 旅张其雄部、湖南地方部队陈渠珍和陈汉章部。

1929 年 10 月,以第 6、第 44 师组成第 4 军讨伐西北军。10 月 15 日,阮玄武在安徽宿州就任该军军长。11 月初,阮玄武率第 44 师联合西北军反蒋（所部编为两个师,第 1、第 2 师师长王日新、冯华堂）。11 月 26 日,蒋介石任命詹旭初为第 4 军军长,收编王日新、冯华堂部。1930 年 1 月,冯华堂等部编组为第 23 军。

历任军长：

何键

阮玄武

詹旭初

⑤湘军（1932）

1932 年初,在江西组建第 4 军,下辖第 18、第 50 师及独立第 36 旅。2 月,改称第 22 军。

历任军长：

谭道源

⑥粤军张发奎部（1932.2—1950）

---

① 1912 年为甘肃昭武骑兵营,马鸿逵任营长。1920 年扩编为陆军第 5 混成旅,马任旅长。1925 年改编为西北陆军第 7 师,马任师长,1926 年 9 月改编为国民军联军第 4 路军,马任总司令。

1932年2月9日,张发奎部①在广西全县接受国民革命军第4军番号,下辖第90师。3月21日,开湖南衡阳。5月11日,抵达江西樟树。8月至9月,在宜黄、南丰作战。8月在吉水、永丰。12月,在崇仁隶属中路军第2纵队参加对中央苏区的第四次"围剿"(1933年1月1日至4月29日)。1933年3月26日,抵达乐安。

1934年3月,第90师一部扩编为第59师,隶属第4军。参加对中央苏区的第五次"围剿"(1933年10月至1934年10月)。6月14日,进攻潭头、东固。10月10日,攻占兴国古龙岗。10月,进入湖南,"追剿"红一方面军。12月底,进入贵州。1935年5月,经云南进入四川。11月,由川北向荣经、汉源堵截红四方面军。1936年2月,驻四川天全②。6月,返回贵州贵阳③。

1937年8月,该军从贵阳出发。9月17日,在南京集中。参加淞沪会战(1937年8月13日至11月下旬)。战后到皖南宁国。1938年4月,转赴湖北麻城福田河构筑工事。5月,调赣北,隶属第9战区第1兵团第9集团军,参加武汉会战(1938年6月中旬至11月中旬)。11月,调吉安、泰和一带。

1938年11月,第190师归建,该军下辖第59、第90、第190师。1939年7月,第190师拨隶第10军,第102师归建,该军改辖第59、第90、第102师。9月,开湖南长沙、衡阳、衡山参加第一次长沙会战(1939年9月1日至10月14日),战后担任湘北新墙河守备。1941年在湘北参加第二次长沙会战(1941年9月7日至10月12日)。9月,到平江整理,旋调广东准备援助香港,途至翁源,因英军投降遂回师湖南浏阳地区。在新墙河参加第三次长沙会战(1941年12月19日至1942年1月15日)。1942年1月开浏阳整训。5月,由浏阳东进江西宜黄、崇仁、临川,参加浙赣会战(1942年5月中旬至9月上旬)。8月,回防浏阳。1944年5月,调长沙参加长衡会战(1944年5月下旬至8月上旬)。战后,第59、第90、第102师师长林贤察、陈侃、陈伟光因指挥不力被撤职,军长张德能被枪决。8月,到郴州、桂阳整军,冬季参加湘赣粤边区作战(1945年1月中旬至2月中旬)。抗战胜利后军部由湖南汝城调江西泰和,驻守遂川、吉安、南昌、九江。1946年5月,整编为整编第4师,辖整编第59、第90、第102旅。下半年,调往苏中。1947年1月,在泰州、海安等地"清剿"。8月23日,由海安北进占领盐城。8月底,驻高邮、扬州、兴化、宝应等地区。

1947年8月,第102旅脱离建制,其所辖两个步兵团分别编入第59、第90旅。12月30日,第90旅旅部在盐城以南被歼灭。1948年9月恢复军、师番号,下辖第59、第90师。1949年1月,增编第286师,该师旋赴广东接收新兵。该军主力驻镇江担任江防。4月下旬,经丹阳南撤。26日,在溧阳被歼灭一部。28日至29日,在皖南郎溪、广德之间山区被歼灭大部,第59、第90师师长林方策、唐连被俘。

---

① 1928年8月,张发奎部第4军缩编为第4师。1929年9月,张率部反蒋。1930年1月,所部扩编为护党救国军第4军。12月,缩编为第12师。1931年6月,恢复第4军番号。《国防部本部隶属各部队主官简历驻地与部队沿革手册》,全宗号783,卷宗号393。

② 《第4军第59师作战报告摘要》,全宗号787,卷宗号6550。

③ 《第4军第90师抗战纪实》,全宗号787,案卷号6772。

1949 年秋,在广东海南岛重建第 4 军,下辖第 59、第 90、第 286 师,防守琼西地区,军部在那大。1950 年 5 月 1 日,第 286 师被全歼。该军由在榆林港登船,5 月 5 日到台湾高雄。

历任军长(整编师师长):

张发奎

吴奇伟

欧震(1938.6.24—1943.3 免兼)

张德能(1943.3.16 代理—1943.3.16 实任—被枪决)

欧震(1944.7.27 兼任—)

沈久成

王作华(1946.6 代理—1947.3 实任—)

薛仲述

第 5 军(整编第 5 师)

①粤军李福林部(1925.8—1929.5)

1925 年 8 月 26 日,建国粤军第 3 军①改编为国民革命军第 5 军,下辖第 15、第 16 师,师长李群、练炳章,驻广东广州、顺德、中山地区。1926 年 7 月,主力留守广东,第 16 师所属第 46 团随军北伐。1927 年 10 月 11 日,该军由东江回师广州,与第 4 军张发奎部发生冲突后被缴械。1928 年 2 月,徐景唐出任军长,扩编部队,下辖第 13、第 15、第 16、第 18 师,师长云瀛桥、邓彦华、李群、李务滋。11 月 30 日,第 15 师番号撤销。1929 年 5 月,该军缩编为第 58 师。

历任军长:

李福林

徐景唐

②西北军(1927.5—1928.10)

1927 年 5 月,国民联军第 5 路军改称第 2 集团军第 5 军,下辖6、第 7、第 9 师,师长丁汉民、孙光前、许长桂。1928 年 4 月,隶属第 2 集团军第 1 方面军,由河南兰封调江苏砀山,进攻丰县,攻克山东鱼台,4 月 22 日到济宁,旋调河南孝义、荥阳,29 日占巩县。10 月,缩编为第 24 师。

历任军长:

石友三

③晋绥军(1927.7—1928.10)

1927 年 7 月 9 日,国民政府发表傅汝钧为北方国民革命军第 5 军军长。1928 年 10 月,缩编为第 36 师。

---

① 1911 年,李福林在家乡番禺建立了 2000 余人的民军。1917 年,孙中山在广州组织护法军政府,任命李为亲军总司令。1920 年,所部称福军。1922 年 10 月,改编为东路讨贼第 3 军。1924 年更名为建国粤军第 3 军。

历任军长：

傅汝钧（1927.7.9—）

李生达

④1929 年编组的第 5 军

1929 年 3 月 2 日，编组第 5 军讨伐新桂系军，鲁涤平任军长，下辖第 7、第 18、第 48 师，隶属第 1 路军。3 月 28 日变更战斗序列，第 7、第 18 师组成第 5 军。3 月 30 日，下辖第 18、第 48 师，在江西樟树。

1929 年 6 月，以第 44、第 45 师、骑兵第 2 师编组第 5 军讨伐西北军，驻湖北襄阳、河南郾城，方振武任军长。

历任军长：

鲁涤平

方振武

⑤中央军（1932.2—1932.6）

1932 年 2 月，第 87 师、第 88 师在南京合编为第 5 军，开赴上海增援第 19 路军对日作战。3 月 4 日，撤军常熟。6 月，番号撤销。

历任军长：

张治中

⑥中央军（1933.2—1933.10）

1933 年 2 月，第 43、第 52、第 59 师在江西宜黄编成第 5 军。该军军部尚未组织完毕，2 月 27 日，第 52 师在黄陂被歼灭，师长李明阵亡。3 月 1 日，第 59 师在黄陂被歼灭大部，师长陈时骥被俘。战后在崇仁、乐安整补训练。

1933 年 6 月，薛岳任第 5 军军长。10 月，薛岳升任南昌行营北路军第 3 路军副总指挥兼第 7 纵队司令，第 5 军番号不再使用。

历任军长：

罗卓英

薛岳

⑦中央军（1939.2—1950）

1939 年 2 月，新编第 11 军在广西全县改称第 5 军，下辖第 200 师、新编第 22 师、荣誉第 1 师。第 5 军为全国唯一一支机械化军。11 月 16 日，由湖南衡山开赴广西永福，参加桂南会战（1939 年 11 月 15 日至 1940 年 2 月 8 日）。1940 年 1 月 26 日，移驻思陇。3 月，调湖南祁阳整训。

1940 年 4 月，荣誉第 1 师改隶新编第 11 军。5 月，第 96 师拨入，该军改辖第 96、第 200、新编第 22 师。7 月，在广西桂林、全县整训。10 月，移防贵州安顺、盘县。1940 年 11 月至 1941 年 3 月，在贵阳附近整训。1941 年 12 月，经云南昆明开滇西。1942 年 2 月进入缅甸，隶属远征军司令长官部参加滇缅路作战（1942 年 3 月 18 日至 9 月 16 日），5 月 26 日第 200 师师长戴安澜阵亡。第 96、第 200 师返回滇西。7 月 25 日，直属部队和新编第 22 师抵达印度雷多(Ledo),脱离建制。

1942年8月,新编第39师拨入该军。1943年1月,新编第39军与第6军所属第49师对调,该军改辖第49、第96、第200师。1944年1月,该军所有直属机械化团、营、连编入第48师,直隶于军事委员会。1944年8月,第200师空运保山,隶属第11集团军参加滇西方面作战(1944年5月11日至1945年1月27日),增援松山,转战龙陵、芒市、遮放、畹町,与驻印军会师。

1945年4月,第49师裁撤,增辖第45师,该军下辖第45、第96、第200师。同时,换装美械。抗战胜利时驻昆明、禄丰。10月2日,军长邱清泉指挥第45、第96师逼迫昆明行营主任龙云离职。

1946年6月下旬,该军(欠第200师留驻滇南开远)由昆明移驻南京浦口。7月17日,该军由靖江进攻如皋,7月23日攻占如皋。7月26日占天长,7月30日占盱眙。8月中旬,由浦镇经宿县北上抵达徐州以西砀山、夏邑,隶属徐州绥靖公署第32集团军参加第一次鲁西南战役(1946年8月上旬至11月上旬)。9月12日占定陶。9月29日由菏泽东进。10月18日攻占巨野、嘉祥。11月3日攻占鄄城。渡过黄河到达豫北,参加豫北冀南作战(1946年11月中旬至1947年1月中旬)。时第200师由云南北上归建。11月28日,该军由滑县地区北进。11月30日进占濮阳。12月8日占清丰。1947年1月2日占观城,1月13日撤离,旋到新乡。2月7日,全军到达江苏砀山参加第二次鲁西南战役(1946年12月26日至1947年2月25日),2月17日占山东定陶。2月下旬,转赴运河以东参加津浦路作战。3月在汶上、宁阳地区,隶属徐州司令部第2兵团,参加沂蒙山区作战(1947年3月下旬至7月下旬),进军鲁中。5月10日,克莱芜。

1947年7月,整编为整编第5师。7月12日,主力(欠守备莱芜的第96旅)由大汶口向泗水追击前进。8月7日,由汶上西进鲁西南作战。9月初,第96旅归建。11月,驻陇海路上的兰封、民权、朱集地区。

1947年11月16日,第96旅拨隶整编第70师,第46旅拨入,该军改辖第45、第46、第200旅。1948年上半年,在山东、河南、安徽交界处作战。6月22日,山东由单县出发,救援河南开封,26日抵达。28日奉命救援被围睢县西北的第7兵团,参加豫东作战(1948年6月16日至7月6日)。9月,恢复军、师番号。11月初在徐州以西砀山、黄口地区,隶属徐州"剿总"第2兵团,参加徐蚌会战(1948年11月6日至1949年1月10日),11月12日由徐州东援第7兵团黄百韬部,22日返回徐州。12月1日,撤离徐州。1949年1月10日在河南永城陈官庄地区被歼灭,第45、第46师师长崔贤文、郭方平投诚,第200师师长周朗被俘。

1949年2月,在江苏苏州木渎镇重建第5军,下辖第45、第46、第200师。3月中旬开往福建建瓯、南平整补,4月,途次浙江江山时裁撤第46师,官兵拨入第45、第200师。5月7日,第200师长叶芳率3000人在浙江温州起义。5月14日放弃福建南平,6月下旬到同安整训,隶属福州绥靖公署第22兵团。7月,该军在同安再次缩编,第45师缩编为第200师第599团。8月初,第121军所属第325、第350师拨入,该军下辖200、第325、第350师。

8月下旬移防金门,改番号为第25军。

1949年8月,在金门重新编成第5军,下辖第166、第200、第296师,隶属第22兵团,第166师留在厦门归福州绥靖公署直接指挥,军部率第200师守备烈屿。10月,第166师在厦门作战后仅剩千余人,撤回金门编为第200师第600团。12月,第13师拨入。1950年5月,第45师拨入,6月,第75师拨入。7月1日,第296师撤销,官兵拨入第13师为独立师,改隶金门防卫部指挥。8月,第45师与第19军所属第14师对调。第5军改辖第14、第75、第200师。

历任军长(整编师师长):

杜聿明(1939.2.7代理—)

俞济时(1939.6.5—)

杜聿明(代理—1939.11.19实任—1943.1)

邱清泉(1943.1.28—)

熊笑三(1948.10.1—)

彭璧生(1949.2.1—)

高吉人(1949.4.16—)

沈向奎(1949.8.1—)

李运成

整编第6师(见第3军)

第6军

①粤军李济深部(1925.8—1925.10)

1925年8月26日,粤军第1师李济深部编为国民革命军第6军。10月1日,改番号为第4军。

历任军长:

李济深

②湘军程潜部(1926.1—1927.8)

1926年4月,湘军程潜部①等在广州惠州编成第6军,下辖第17、第18、第19师。第17师由吴铁城指挥的广州国民政府警卫军编成②,师长姚观顺(后:邓彦华、欧阳驹、杨杰)。第18师由建国鄂军、建国豫军、建国赣军、潮梅军编成,师长胡谦。第19师由建国攻鄂军编

---

① 1919年10月,程潜收编湘南一带的民军,自称湖南护法军总司令,后弃职出走,带领不足千人的队伍投奔孙中山。1924年10月6日,被孙任命为建国军攻鄂军总司令。

② 1923年初广东沿海民军组成东路讨贼军第1路军,吴铁城任司令,讨伐陈炯明。1924年3月改称广东省警卫军。1925年9月2日,改编为国军独立第1师,10月1日,吴铁城就任师长。1926年4月24日,改称第17军。《吴铁城回忆录》,(台北)三民书局股份有限公司1981年第3版,第117、第119页;《吴铁城就国民军师长职》《吴铁城部改编之内容》,《广州民国日报》1925年10月1日第3版、1926年4月27日第3版。

成,师长杨源濬。7月,第18师戍守惠州,第17师、第19师参加北伐。8月8日,第17、第19师集中湖南攸县、醴陵间。9月6日由湖北通城经幕阜山向江西修水前进,11日占领修水。19日,第19师占领南昌。1927年1月12日,抵九江。在江右军编成内沿芜湖、当涂向南京进攻。3月23日进驻南京。4月28日,蒋介石下令将第19师缴械,以第17师师长杨杰代理军长。5月7日,独立第15师(由第19军所编而成)改称第19师拨隶该军,以余宪文为师长。5月,该军所属第17师渡江隶属第1路军参加北伐。8月,由鲁南退回江苏镇江。8月,该军改番号为第18军。

1927年10月16日,第6军所属第18师师长胡谦在广东惠州被第4军所属第25师师长李汉魂捕杀,苏世安接任师长,该师改隶新编第13军。

历任军长:

程潜

杨杰

③湘军程潜部(1927.4—1928.8)

1927年4月,程潜在湖北武汉重建第6军,下辖第17、第18、第19师,师长李明灏、张轸、胡文斗。8月,第17、第19师参与东征讨蒋,军至安徽休宁、芜湖。10月,西征讨伐唐生智。11月,沿长岳铁路进攻湖南岳州,军至长乐街。1928年2月18日,到达常德附近。6月16日,新编教导师,代理师长彭子国。6月22日,军长胡文斗、副军长张轸率该军离湘入赣,第17、第19师脱离建制,归附第35军。7月,军部率第18师、教导师占领江西永新。8月8日,占莲花、宁冈。8月27日,军长胡文斗在新喻(今新余)为部下所杀,所部大部回湘,该军番号撤销。

历任军长:

程潜

李明灏

胡文斗(—1928.8.27被害)

④西北军(1927.5—1928.10)

1927年5月,国民军联军第6路军改编为第2集团军第6军。1928年4月,由河南漯河、许昌驰援安阳,隶属第2集团军第3方面军参加北伐,下辖第1、第14、第15师,师长张凌云、曹福林、孙桐萱。5月8日攻占河北顺德(今邢台)。由深泽北上,经安国、蠡县、高阳、雄县北上。5月30日攻占蠡县。6月6日进占北京南苑。10月,缩编为第20师。

历任军长:

韩复榘

⑤晋绥军(1927.7—1928.10)

1927年7月9日,国民政府发表丰玉玺为北方国民革命军第6军军长。1928年10月,番号撤销。

历任军长:

丰玉玺(1927.7.9—)

⑥西北军(1929.3)

1929年3月,在河南编成第6军,下辖第20师等部,隶属第3路军,进至武胜关讨伐新桂系军。战后,第6军番号取消。

历任军长:

韩复榘

⑦中央军(1938.8－1945.2)

1938年8月,在湖北崇阳编组第6军,下辖第49、第93师,参加武汉会战(1938年6月中旬至11月中旬)。12月,增辖预备第2师①。1940年初,赴广西宾阳等地,参加桂南会战(1939年11月15日至1940年2月8日)。1月,改称第103军,旋恢复第6军番号。战后开武鸣防守。9月,开赴黔西南兴仁、安龙、兴义,预备第2师脱离建制,军政部第8补训处编入建制。12月,第8补训处改编为暂编第55师,该军改辖第49、第93师和暂编第55师。1941年6月,各师先后向云南移防,进驻保山、大理、开远等地。12月,军部及暂编第55师由开远经昆明向龙河、龙陵进军,第49师、第93师向芒市进军。1942年2月,进入缅甸,隶属远征军司令长官部,参加滇缅路作战(1942年3月18日至9月16日)。战后退回云南,取消暂编第55师番号,第49师保留基干,调昆明隶属昆明防守司令部整补,新编第28师拨入。1943年1月,第49师与第5军所属新编第39师对调。5月,新编第28师拨出,预备第2师调入。该军改辖第93、新编第39师、预备第2师。1944年4月,第93师脱离建制,该军隶属第11集团军参加滇西方面作战(1944年5月11日至1945年1月27日),配合第71军进攻龙陵。1945年2月3日,该军及所属新编第39师番号撤销,预备第2师改隶第2军。

历任军长:

甘丽初(1938.8.5－1943.1)

黄杰(1943.1.10－)

⑧中央军(1945.10－1946.8)

1945年10月,第201、第202、第204师组成第6军,军部驻重庆。年底,第201师与第9军所属第205师对调,改辖第202、第204、第205师。1946年8月,取消军部。

历任军长:

刘安祺

⑨中央军(1948.3－1950)

1948年3月,第207师、第195师在辽宁沈阳合编为第6军。10月,第195师拨隶第49军,第207师所属第1、第2旅隶属第8兵团留守沈阳,第3旅拨归西进兵团指挥。10月28日,第3旅在辽宁黑山、打虎山(今大虎山)以东地区被歼灭。11月2日,第1、第2旅在沈阳被歼灭。

1949年3月,在台湾重建第6军,下辖第207师。5月,增辖第339师。9月,增辖第

---

① 《各部队各训练机关主官简历驻地与部队沿革手册》,全宗号627,卷宗号1117。

363 师。

历任军长:

罗又伦

赵家骧

戴朴

第 7 军(整编第 7 师)

①新桂系军(1926.3—1928.9)

1926 年 3 月 26 日,国民党中央决定将广西第 1、第 2 军①改编为国民革命军第 7 军,下辖 9 个旅。第 1、第 2、第 7、第 8 旅参加北伐(留守广西的第 3、第 4、第 5、第 6、第 9 旅于 1927 年 9 月编成第 15 军)。8 月 24 日占湖北崇阳,激战贺胜桥,9 月 3 日占鄂城。9 月攻武昌不克。9 月下旬,集中阳新、大冶。25 日向江西瑞昌前进,30 日攻占箬溪。10 月 3 日占德安。11 月 4 日占马回岭,移师南下,进军建昌、涂家埠。旋北返九江,转武汉。1927 年 1 月,该军隶属江左军第 1 纵队,进攻长江下游。

1927 年 2 月,该军所辖各旅改编为第 1、第 2、第 3 师,师长夏威、胡宗铎、钟祖培。3 月 5 日,向芜湖、安庆、宣城集中。5 月,夏威升任副军长,李明瑞接任第 1 师师长,该军隶属第 3 路军参加北伐,兵至鲁南。7 月,由徐州撤回南京。8 月 29 日,参加龙潭战役。9 月,第 2 师拨隶第 19 军,第 3 师改称第 2 师,李朝芳升任师长。新建第 3 师,尹承纲任师长。11 月参加西征,占湖北广济、汉口,由通城进湖南平江。1928 年 1 月 27 日,抵达长沙。2 月,所属第 1、第 2、第 3 师改番号为第 33、第 34 和第 35 师,师长李明瑞、李朝芳、尹承纲。9 月,该军在湖北武汉缩编为第 4 集团军暂编第 2 师。9 月,改称第 15 师。

历任军长:

李宗仁

夏威

②西北军(1927.5—1928.10)

1927 年 5 月,国民军联军 7 路军改编为第 2 集团军第 7 军,驻防宁夏。1928 年 10 月,番号撤销。

历任军长:

门致中

③晋绥军(1927.7—1928.10)

1927 年 7 月 9 日,国民政府发表阎锡山为北方国民革命军第 7 军军长,下辖第 5、第 14、

---

① 1921 年,孙中山发动讨伐陆荣廷之战,李宗仁集聚 11 个连的兵力,被委为粤桂边防军第 3 路司令,屯驻玉林、十万大山一带。5 月,李自称广西自治军第 2 路总司令。不久,黄绍竑率军来归,被李委为第 3 支队司令。1923 年 4 月,黄率部随刘震寰入粤,7 月,孙中山委黄为广西讨贼军总指挥。为统一广西,李宗仁将所部改名为定桂军。1924 年 6 月,定桂军和黄绍竑部联合讨伐陆荣廷,会师南宁,遂联合成立"定桂讨贼联军总司令部"。11 月,孙中山明令将"定桂讨贼联军总指挥部"取消,改组为"广西全省绥靖督办公署",下辖第 1、第 2 军。

第 15 师,师长王靖国、李服膺、李生达。1928 年 5 月,第 15 师改隶第 5 军。10 月,该军缩编为第 37、第 38、第 42 师。

历任军长:

阎锡山(1927.7.9 兼任一)

张荫梧

④陕西地方部队(1929.12—1937.1)

1929 年 12 月,蒋介石任命杨虎城为第 7 军军长,下辖新编第 14 师,驻河南南阳。1930 年 1 月 1 日,该军占领驻马店,讨伐唐生智。2 月,新编第 14 师改称第 17 师。4 月,分驻南阳、内乡、新野、邓县①,隶属第 3 军团参加中原大战。5 月,到漯河等地作战。8 月,增编第 71 师。9 月 7 日,攻占鲁山。中原大战期间成立 5 个补充旅等,由其中两个补充旅组成新编第 18 师,旋即番号撤销。10 月初,占洛阳。10 月 25 日,占潼关,返回陕西。11 月,增编第 58 师。1931 年 4 月,第 71 师改称第 42 师,第 58 师改称陕西警备师。第 42 师大部驻防大荔、朝邑、韩城、华县、潼关;第 17 师主力驻防凤翔、宝鸡、武功,所属第 51 旅进驻汉中。11 月,第 17 师主力开赴甘肃参与平定"雷马事变"。12 月中旬,师部率第 50 旅进驻兰州,第 49 旅驻平凉。1932 年 4 月,第 17 师移防陇东。6 月,第 17 师所属第 49 旅脱离建制,扩编为新编第 5 师。

1932 年 9 月,第 17 师改隶第 38 军。第 7 军下辖第 42 师,隶属第 17 路军。1933 年初,第 42 师出潼关,开往河北顺义、怀柔。7 月 6 日,自沙城赴涿鹿。9 月,返回陕西三原、大荔。1934 年 12 月 8 日,第 42 师由潼关、华阴到雒南,阻止红二十五军入陕。1935 年 1 月,第 42 师所属第 126 旅在陕南雒南、商县、山阳、镇安"围剿"红二十五军,所属第 124 旅在陕北中部、宜君、宜川、延安、延川、甘泉、鄜县、安塞。3 月,第 42 师师部由蓝田大荔移驻三原,所属第 124 旅分驻大荔、潼关、华阳一带。1936 年 12 月 14 日,军长冯钦哉声明未参与西安事变。1937 年 1 月 5 日,国民政府行政院任命冯钦哉为第 27 路军总指挥,撤销第 7 军番号。3 月,第 27 路军扩编,下辖第 42、第 169 师。1939 年 1 月,所辖两师组成第 98 军。

历任军长:

杨虎城(—1932.6.13)

冯钦哉(1932.6.13—)

⑤新桂系军(1937.4—1949.12)

1937 年 4 月,新桂系第 7 军②改称国军第 7 军,下辖第 170、第 171、第 172 师。8 月下旬,北上抗日,第 170 师驻江苏东海,第 171 师开连云港接替税警总团,第 172 师驻防山东日照。10 月,该军开上海参加淞沪会战(1937 年 8 月 13 日至 11 月下旬)。11 月底转进开浙

---

① 《蒋介石关于制定讨伐阎冯部署与作战计划报告》(1930 年 4 月),《中华民国史档案资料汇编》第 5 辑第 1 编军事(2),第 232 页。

② 1929 年李宗仁、白崇禧相继回桂,重组第 7 军,杨腾辉任军长,廖磊为副军长。中原大战后,该军经过调整,辖第 19、第 21 师。1930 年冬,该军缩编为第 19 师。不久恢复第 7 军的番号。1932 年 3 月,增辖第 24 师。

江孝丰整编。12月,第170师开桐庐,第171、第172师开分水、新登,向杭州、富阳布防①。1938年2月,开安徽合肥,转入第5战区,隶属第21集团军参加徐州会战(1937年12月下旬至1938年6月中旬)。4月下旬开怀远以西,接防涡河西岸阵地。5月在淮北作战。6月,由淮北转进到河南商城整编,军长周祖晃,第171师师长杨俊昌被撤职查办,第170师返回广西,该军下辖第171、第172师。6月,接替安徽太湖防务,参加武汉会战(1938年6月中旬至11月中旬),在太湖、宿松、黄梅、广济等地作战。10月,转进湖北麻城三河口隘门关作战。11月,到罗田、浠水,控制大别山西部地区,隶属第5战区鄂豫皖边区游击司令部。1938年11月至1941年春,担任鄂东、豫南游击作战。

1939年,参加随枣会战(1939年5月1日至6月1日)。8至10月,在罗田整训。11至12月,进攻平汉南段广水以南花园至汉口间地区。1940年5月,出击平汉路南段,参加枣宜会战(1940年5月1日至7月4日)。7月在麻城整训。第172师开安徽六安清匪。参加豫南会战(1941年1月22日至2月11日)。1941年春,全军开皖西,担任皖西、豫南地区游击作战,第172师归建。同年夏向淮南线各处进攻。11月,进袭合肥。

1942年3月,第173师拨入,该军下辖第171、第172、第173师。5月,进攻合肥等地。1943年1月4日,在豫南潢川、光山作战,1月8日收复立煌(今金寨)、商城。1944年3月进攻正阳、确山、明港、泌阳,4月在安徽寿县、河南正阳关方面策应淮北作战,7月占领安徽含山县,8月向淮南路及津浦路南段推进。1945年,第173师参加豫西鄂北会战(1945年3月下旬至5月下旬)。抗战胜利时军部在安徽六安。10月,占领津浦路浦口、蚌埠一线。

1945年10月,第173师并入第171师,该军下辖第171、第172师。1946年7月18日,由固镇、蚌埠向五河、泗县进攻,22日占灵璧,23日占明光,26日占长沟,28日占泗县,30日占五河。8月21日由灵璧、泗县向北进攻。9月1日占洋河镇,12日占泗阳城,17日攻占淮阴。11月17日进攻涟水。12月13日,由淮阴进攻涟水。

1947年2月,由宿迁新安镇西开山东临城(今枣庄薛城),沿津浦路北上。3月在兖州、邹县、滕县地区向东进攻,隶属徐州司令部第3兵团,参加沂蒙山区作战(1947年3月下旬至7月下旬)。4月调往临沂、郯城,加入第1兵团作战。

1947年7月,整编为整编第7师。7月,由鲁中地区西调鲁西南的成武。8月,沿平汉路南下尾追刘邓大军。9月上旬,进至河南罗山、信阳地区。9月下旬沿(河南)新县——(湖北)麻城公路南下。11月在湖北浠水以东地区,隶属第3兵团参加大别山"进剿"作战(1947年11月27日至1948年2月底)。1948年1月在黄冈,担任武汉外围防务。

1948年9月,恢复军、师番号。增辖第224师。1949年4月,主力驻孝感,第171师驻花园。5月8日,该军向湘赣边境撤退,布防于江西萍乡、宜春、上高地区。5月15日,向湖南长沙、株洲地区转进。7月下旬向攸县、茶陵转进。参加衡阳地区作战(10月1日至6日)。10月11日,军部、第171、第172师在祁阳以北地区被歼灭,师长张瑞生、刘月鉴被俘。10月下旬,转移至广西桂林以南湘桂路上。广西保安团队补充第171、第172师。11月在

---

① 《陆军第7军抗战期间作战经过概要表》,全宗号787,案卷号6546。

贵港。11月25日,第224师在梧州溃散。11月28日,该军向北流转移。12月1日,大部在博白被歼灭。6日,军部在郁林以北被歼灭,军长李本一被俘。8日,第224师师长刘昆阳在上思被俘。13日,第172师师长刘维楷率部在百寿投诚。19日,军直属部队一部经水口关撤入越南。

历任军长(整编师师长):

廖磊

周祖晃(1937.10.19—)

张淦(1938.6.21—1943.7)

徐启明(1943.7.19—)

钟纪(1945.8.26—1948.1.14)

李本一(1949.2.1—1949.12.6被俘)

第8军(整编第8师,另见第39军)

①湘军唐生智部(1926.6—1928.10)

1926年6月,唐生智部①在湖南衡山、攸县、安仁地区改编为第8军,下辖第2、第3、第4师和教导师,师长何键、李品仙、刘兴、周斓。编成后即隶属北伐军序列,与拥护赵恒惕各军交战于衡山、宝庆、湘乡等地。湘军第2师所属第3旅旅长叶琪在衡山金兰寺战斗中率部反正,编为该军第5师,后又改称第1师。7月11日占领长沙。8月初到益阳。8月25日克湖北蒲圻。9月6日克汉阳,尔后以第2师协攻武昌,其余各师追击直军,克黄陂、孝感、广水。9月中旬占领武胜关。12月第1、第2师和教导师参加鄂西作战,克宜昌。

1927年2月2日,所属第2师扩编为第35军,以第4师和教导师扩编为第36军,以第3师扩编为第8军。扩编后的第8军下辖第1、第2、第3师,师长张国威、李云杰、吴尚。4月19日,一部由军长李品仙率领卫戍武汉,一部隶属刘兴第2纵队参加北伐。6月,北伐部队返回湖北,第1师回师湖南。10月,该军驻汉口、岳州。11月11日,第1师师长张国威接受南京国民政府委任的第8军军长职,密谋叛唐,被唐发觉后遭勒杀,师长一职由军长李品仙兼任。1928年1月,该军在西征军压迫下向湖南醴陵退却。2月,桂系收编该军,第1师改隶第17军,第2师拨隶第14军②。第3师与湖南省防军第1师重组第8军,下辖第1、第2、第3师,师长熊震、程泽润、阎仲儒。3月29日,该军到平江、浏阳、醴陵"剿共"。4月至8月,由酃县、茶陵多次进攻井冈山根据地。9月初驻守攸县、茶陵、酃县、桂东。10月,缩编为独立第1旅。

历任军长:

唐生智(1926.5.21—)

---

① 1916年,刘人熙督湘时,唐生智为警卫团第3营营长。是年秋,隶属湖南陆军第1师第3团。1918年春,唐升任第2旅第3团团长。1920年冬,升任第1师第2旅旅长,辖第3、第8团,团长刘兴、李品仙。1923年冬,升任第4师师长兼湖南善后督办,辖第2、第8、第9旅,旅长刘兴、李品仙、何键,警备司令周斓。

② 《前第8军第12、17、36各军沿革及作战经过概要》,全宗号787,案卷号16735。

李品仙

吴尚

②直系军队(1927.7—1928.10)

1927 年 7 月 9 日,国民政府发表谭庆林为北方国民革命军第 8 军军长。1928 年 10 月,番号撤销。

历任军长:

谭庆林(1927.7.9　)

③湘军唐生智部(1929.4—1930.1)

1929 年 4 月,在河北唐山成立第 8 军,下辖第 51、第 53 师等部。5 月,该军自平津转陇海路移驻河南,进攻西北军。第 53 师进占郑州,第 51 师进占洛阳[①]。12 月,唐生智率该军反蒋。1930 年 1 月 13 日,在郾城、漯河被缴械。

历任军长:

李品仙

刘兴

④中央军(1930.1—1931.1)

1930 年 1 月,骑兵第 2 师等在安徽合肥编成第 8 军。4 月,另以第 52 师、新编第 21 师组成第 8 军,围攻亳县(今亳州)。1931 年 1 月,该军番号撤销。

历任军长:

卫立煌

叶开鑫

⑥五省联军旧部(1931.6—1935.8)

1931 年 6 月,在江西成立第 8 军,下辖第 6 师。在兴国等地参加对中央苏区的第三次"围剿"(1931 年 7 月 1 日至 9 月 20 日)。9 月,调赣东北。1932 年 4 月,第 79 师编入该军。该军参加对赣东北苏区的"围剿"。11 月中旬,该军转赴金溪、资溪,隶属中路军第 3 纵队,参加对中央苏区的第四次"围剿"(1933 年 1 月 1 日至 4 月 29 日),战后第 6 师开赴南城、南丰。1933 年 6 月,第 6 师在黎川洵口作战。该军参加对中央苏区的第五次"围剿"(1933 年 10 月至 1934 年 10 月),战后隶属驻赣绥靖公署驻赣预备军第 1 纵队。1935 年 4 月,"围剿"湘鄂赣苏区。8 月,该军番号取消。

历任军长:

赵观涛(1931.6.17—1935.8.1)

⑦中央军(1937.8—1938.6)

1937 年 8 月,税警总团和第 166 师在江苏东海编成第 8 军。9 月 30 日,开赴上海,军部率第 61 师、税警总团参加淞沪会战(1937 年 8 月 13 日至 11 月下旬)。11 月,第 95、第 102 师列入建制,第 95 师旋即脱离。1938 年 2 月,第 166 师改隶第 91 军,税警总团改称第 40

---

①　《陆军第 7 军抗战期间作战经过概要表》,全宗号 787,案卷号 6546。

师。该军下辖第 40、第 102 师。5 月,由陕西大荔开河南灵宝,旋开豫东,隶属第 1 战区参加豫北豫东作战(1938 年 1 月上旬至 6 月下旬),在商邱作战失利后退守杞县、睢县。6 月 19日,军长黄杰因作战不力被撤职查办,该军番号取消。

历任军长:

黄杰(1937.8.9－1938.6.19)

⑧中央军(1938.6－1940.5)

1938 年 6 月,成立第 8 军,下辖第 3 师、预备第 2 师、预备第 11 师。隶属第 9 战区第 1兵团第 9 集团军,暂辖第 15 师在江西九江、瑞昌等地参加武汉会战(1938 年 6 月中旬至 11月中旬)。7 月,预备第 11 师因失守九江姑塘被撤销番号。9 月 13 日,该军开赴湖南平江整训,预备第 2 师解散①。年底,第 197 师编入,该军改辖第 3、第 197 师。1939 年 2 月,再开江西武宁。3 月 21 日,失守武宁。该军在修水河与日军对峙一年。隶属第 9 战区湘鄂赣边区游击总指挥,参加南昌会战(1939 年 3 月 17 日至 5 月 20 日),隶属第 9 战区湘鄂赣边区挺进军,参加第一次长沙会战(1939 年 9 月 1 日至 10 月 14 日)。1940 年 1 月,第 3 师移驻湖北通城,3 月再返修水。5 月,该军番号撤销,第 3、第 197 师分别改隶第 10、第 99 军。

历任军长:

李玉堂(1938.6.8－1940.5.6)

⑨中央军(1941.5－1950.2)

1941 年 5 月,新编第 11 军在湖北江陵改称第 8 军,下辖第 5、第 103 师、荣誉第 1 师,担任宜昌以西、宜都以北沿江一线的防务达两年之久。隶属第 6 战区长江上游江防军,策应第二次长沙会战(1941 年 9 月 7 日至 10 月 12 日)。

1942 年 10 月,第 5 师与第 32 军所属第 82 师对调,该军改辖第 82、第 103 师、荣誉第 1师②。1943 年春,由湖北江陵调驻滇东南的河口、马关。1944 年 4 月,调滇西接受美械,分驻保山、祥云、楚雄一线,直隶于远征军司令长官部参加滇西方面作战(1944 年 5 月 11 日至1945 年 1 月 27 日)。6 月 16 日,荣誉第 1 师增援第 71 军进攻龙陵。7 月至 9 月,进攻松山。9 月 8 日克松山。11 月,调滇东的陆良、路南、师宗休整③。

1945 年 1 月,第 82 师撤销,第 166 师拨入,该军改辖第 103、第 166 师和荣誉第 1 师。9月离开云南,经广西梧州,于 11 月到达广州,旋即赴香港海运青岛。1946 年 1 月,由青岛、高密出发,沿胶济线西进,接连占潍县、昌乐等地。7 月主力在胶济路上的昌乐、潍县,参加胶济路西、东段战役(1946 年 6 月下旬至 11 月中旬),荣誉第 1 师在济南隶属第 2 绥靖区直接指挥。9 月 30 日,由潍县东进,10 月 11 日与第 54 军在高密会合,打通胶济路。11 月 11日,攻占掖县(今莱州)县城,即守备掖县、昌邑、潍县公路沿线迄渤海南岸地区各要点。1947年 2 月,从掖县、昌邑间撤防西进,应援莱芜作战,到达潍县固守。

---

① 《国防部本部隶属各部队主官简历驻地与部队沿革手册》,全宗号 783,卷宗号 393。

② 《国防部本部隶属各部队主官简历驻地与部队沿革手册》,全宗号 783,卷宗号 393。

③ 《何应钦报告各部队作战部署密电》(1944 年 12 月 25 日),《中华民国史档案资料汇编》第 5 辑第 2 编军事(4),第442 页。

1947 年 5 月,该军整编为整编第 8 师,下辖第 103 旅、第 166 旅、第 42 旅(原荣誉第 1师)。7 月 23 日占领临朐。7 月 24 日至 30 日,坚守临朐。9 月,第 42 旅由济南调潍县归建。该整编师隶属胶东兵团,参加胶东作战(1947 年 9 月上旬至 12 月中旬)。9 月下旬,攻克龙口、蓬莱。10 月初,师部、第 42、第 103 旅在龙口镇,第 166 旅分驻黄县(今龙口市)、蓬莱。

1947 年 11 月,该整编师扩编为整编第 8 军,下辖整编第 8 师(由第 103、第 166 旅组成)、整编荣誉第 1 师(由整编第 43、第 42 旅组成)。1947 年 12 月底至 1948 年 3 月守备龙口、蓬莱、烟台、威海。1948 年 3 月 28 日,整编荣誉第 1 师由龙口撤往烟台,第 166 旅第 498团由蓬莱撤离到烟台。30 日至 31 日,第 166 旅主力撤离威海卫。

1948 年 5 月,第 166 旅与第 42 旅对调。整编第 8 师改辖第 103 旅、第 42 旅。整编荣誉第 1 师(旋改称第 9 军)改辖第 43、第 166 旅。7 月,整编第 8 师恢复第 8 军番号,改辖第 42、新编第 3、新编第 20 师(第 103 旅与新编第 2 旅在胶东重新编成整编第 8 师,于同年 9 月改称第 39 军)。

1948 年 7 月,第 8 军由胶东南调集结安徽蚌埠。8 月到固镇、灵璧、泗县"清剿"。9 月调徐州附近整顿,所辖新编第 3、第 20 师分别改称第 170、第 237 师。该军下辖第 42、第170、第 237 师。9 月中旬移驻丰县,10 月初驻扎邳县曹八集以西。隶属徐州"剿总"第 13 兵团,参加徐蚌会战(1948 年 11 月 6 日至 1949 年 1 月 10 日),11 月 8 日撤往徐州东郊,12 日东进救援第 7 兵团黄百韬部,22 日返回徐州。12 月 1 日,撤离徐州。1949 年 1 月 10 日,该军在河南永城陈官庄地区被歼灭,军长周开成、第 170 师师长杨绪钊被俘,第 42 师代理师长伍子敬率部投诚。

1949 年 2 月,重建第 8 军,隶属第 6 编练司令部,下辖第 42 师、第 170 师,赴江西瑞金补充。4 月,开赴湖南。5 月,第 3 师编入序列。7 月,移驻四川。12 月,由泸州开赴云南,军部及第 42 师驻宣威,第 3 师、教导师(旋改称第 237 师)驻曲靖、沾益,第 170 师驻昭通、巧家。12 月 9 日,军长李弥被云南省主席卢汉扣押。12 月 18 日至 19 日,该军进攻昆明。21 日向滇南转移。增辖第 370 师,12 月 25 日该师在沾益投诚。

1950 年 1 月,第 3、第 170 师另组第 9 军,第 8 军下辖第 42、第 237 师。1 月 15 日,该军主力在元江城被歼灭,1 月 24 日,一部在元江东岸的红土坡、二塘地区被歼灭。军长曹天戈被俘,第 42、第 237 师师长石建中、李彬甫阵亡。残部进入缅甸。

历任军长(整编师师长):

郑洞国(1941.9.9—1943.1)

何绍周(1943.1—1944.5 兼任—1945.1.23 免兼)

李弥(1945.1.23—1947.10 兼任—1948.12.1 免兼)

周开成(1948.12.1—1949.1.5 被俘)

陈铁(1949.1.25—1949.3.1 免兼)

李弥(1949.3.1 兼任—1949.12.9 免兼)

曹天戈(1949.12.10—1950.1.24 被俘)

整编第 9 师(见第 2 军)

第 9 军(整编荣誉第 1 师)

①黔军彭汉章部(1926.8－1927.2)

1926 年 8 月,黔军第 2 师等部被授予国民革命军第 9 军番号。8 月 6 日,军长彭汉章在湖南辰州就职。下辖第 1、第 2、第 3 师,师长贺龙、杨其昌、毛鸿翔。该军编成后,即隶属左翼军,由湘西进攻鄂西,策应北伐军攻击武汉。9 月 14 日,攻占湖北公安。12 月 17 日,击败川军杨森与直军卢金山、于学忠部组成的川鄂联军,攻占宜昌。1927 年 1 月,集中汉口。2 月 6 日,军长彭汉章被唐生智扣押,该军番号撤销。第 1 师改编为独立第 15 师,第 2 师大部改编为第 11 军第 26 师,第 3 师大部被暂编第 7 军收编。8 月 12 日,彭汉章被唐生智枪杀。

历任军长:

彭汉章

②滇军(1927.5－1928.1)

1927 年 5 月,独立第 16 师①在江西扩编为第 9 军,隶属第 5 路军,下辖第 28、第 29 师,师长韦杵、周志群。9 月初,增辖第 27 师,师长杨如轩。10 月,驻九江、南浔。西征时集中萍乡。1928 年 1 月,第 27 师一部由吉安进入泰和,"进剿"万安农民起义军。2 月,一部进攻井冈山根据地。1 月,该军改称 31 军②。

历任军长:

朱培德

金汉鼎

③中央军(1927.9－1928.7)

1927 年 9 月 26 日,第 1 军所辖第 3、第 14、第 21 师在江苏常州编成第 9 军,师长分别为顾祝同(后涂思宗)、卫立煌(后黄国梁)、陈继承。10 月,该军集中安徽滁县。11 月 16 日,占领蚌埠。12 月进攻徐州。1928 年 3 月 23 日,孙常钧代理第 21 师师长。4 月隶属第 1 军团,由江苏邳县曹八集北上参加北伐,进攻山东曲阜、兖州。5 月初,主力在济南及其东南地区。旋退驻安徽蚌埠等地。7 月,缩编为第 2、第 3 师各一部。

历任军长:

顾祝同

④晋绥军(1927.7－1927.10)

1927 年 7 月 9 日,国民政府发表郑泽生(原西北军将领,1926 年向阎锡山输诚)为北方国民革命军第 9 军军长,下辖第 9 师、骑兵第 6 师,师长吴藻华、杨兆林。10 月,军长郑泽生

---

① 金汉鼎原是顾品珍部下。1922 年,顾被唐继尧打败后,金汉鼎部退至湘黔边境,一度被彭汉章收编。1926 年,投靠朱培德后编为独立第 16 师。

② 《国防部本部隶属各部队主官简历驻地与部队沿革手册》,全宗号 783,卷宗号 393。

率部在古北口投靠奉军①。

历任军长：

郑泽生（1927.7.9—）

⑤西北军（1928）

1928 年，陕西地方部队井岳秀部②编为第 9 军，驻榆林。同年 11 月，缩编为第 2 集团军暂编第 18 师。

历任军长：

井岳秀

⑥1929 年内战中多次编组第 9 军

1929 年 4 月 1 日，第 14、第 54 师在北平组成第 9 军，军长何成濬。

1929 年 6 月，第 14、第 54 师再次在北平组成第 9 军，军长何成濬。

1929 年 10 月，第 14、第 48 师和新编第 4 师在河南登封、临汝组成第 9 军。

⑦五省联军旧部，1942 年 3 月黄埔军校出身的陈瑞河出任军长（1929.12—1945.2）

1929 年 12 月，在河南许昌成立第 9 军讨伐唐生智，下辖第 47、第 54 师和新编第 4 师等。1930 年 4 月，新编第 4 师脱离建制。该军隶属第 3 军团右翼军，在平汉路作战。6 月中旬调陇海路作战。第 54 师攻占亳县，移防柘城。8 月 21 日，第 47 师由宁陵重返平汉路，由漯河挺进郑州。10 月 6 日，攻克郑州。

1930 年 12 月，第 47 师扩编为第 43、第 47 师，仍与第 54 师同隶该军。1931 年 1 月，该军由豫北开赴赣西北，"清剿"湘鄂赣苏区。旋开吉水、吉安，参加对中央苏区的第二次"围剿"（1931 年 4 月 1 日至 5 月 30 日）。5 月 16 日，第 47 师所属第 139 旅大部在富田被歼灭，5 月 19 日，第 139 旅残部、第 43 师一部在吉水白沙被歼灭。参加对中央苏区的第三次"围剿"（1931 年 7 月 1 日至 9 月 20 日）。8 月 6 日，第 47 师所属第 141 旅在兴国莲塘被歼灭。8 月 7 日，第 54 师在兴国良村被歼灭，第 47 师残部调蚌埠补充。9 月 16 日，第 43 师攻占永新。

1931 年 11 月，第 43 师脱离该军建制。1932 年 3 月 9 日，第 47 师到达江苏常熟归第 5 军指挥。6 月，第 47 师经湖北汉口武穴，与第 54 师参加对鄂豫皖苏区的"围剿"（1932 年 6 月下旬至 10 月中旬）。8 月 25 日，第 54 师占罗山。9 月 6 日第 47 师移驻湖北广水，9 月 13 日占英山、霍山。1932 年 12 月至 1933 年 5 月，该军在河南商城、湖北罗田"清剿"。1934 年 3 月 12 日，第 54 师所属第 161 旅在安徽金寨以西的葛藤山被歼灭大部，旅长刘书春被俘。10 月，以第 47 师所属第 139 旅（欠第 278 团）及第 54 师所属第 160 旅编为第三支队追击红

---

① 《郑泽生部近状——现已投奉》，《世界日报》1927 年 10 月 30 日，第 3 版。

② 1911 年为陕西北路巡防军三大队，井岳秀任统领。旋改为陕北巡防军。1912 年为陕西北路安抚招讨使，10 月缩编为标，1914 年为陕西独立工兵营。1915 年为陕西陆军第 2 混成旅步兵第 4 团。1917 年为陕西陆军骑兵旅。1923 年为陕西陆军骑兵第 1 旅，1923 年为国民三军第 3 师，1924 年为陕西陆军第 1 师，1927 年为国民军联军第 9 路军。《国防部本部隶属各部队主官简历驻地与部队沿革手册》，全宗号 783，卷宗号 393。《陆军各部队成立沿革纪要》，全宗号 787，案卷号 16721。

二十五军。1935年1月,该军经重庆进入贵州,担任守备任务。

1937年8月,北上河北,第47师隶属第1战区第2集团军,参加平汉路北段作战(1937年8月21日至9月24日)。10月2日,该军转隶第2战区,在忻口隶属第14集团军参加太原会战(1937年9月12日至11月12日),10月16日军长郝梦龄、第54师师长刘家麒阵亡。战后,该军到晋南洪洞等地。

1938年8月,增辖独立第5旅[①]。1939年6月25日克复晋南垣曲。1940年初,独立第5旅直隶于第1战区司令长官部。5月,增辖新编第24师,该军下辖第47、第54、新编第24师。1941年转隶第1战区,在豫北参加晋南会战(1941年5月7日至6月15日),5月8日放弃济源、孟县。

1943年1月,第47师直隶于第1战区司令长官部。10月,该军移驻陕西宝鸡。1944年开赴河南参加豫中会战(1944年4月中旬至6月中旬),5月20日守卢氏。11月,该军调贵州,隶属黔湘桂边区,增辖第169师。1945年2月3日,该军及新编第24师番号撤销,第54、第169师分别改隶第13、第29军。

历任军长:

王金钰(1929.12.12—)

上官云相(1930.7.9—1930.10.18离职)

王金钰(兼任—1931.6)

上官云相

郝梦龄(—1937.10.16阵亡)

郭寄峤(1937.11.6—1940.6)

裴昌会(1940.6.6—1942.3)

陈瑞河(1942.3.30—1943.8.24)

韩锡侯(1943.10.23兼任—1944.6免兼)

陈金城(1944.6.5—)

⑧中央军(1945.10—1946.8)

1945年10月,第203、第205、第206师合编为第9军,军部驻四川泸县,各师分驻泸县、贵州修文、陕西汉中。年底,第205师与第6军所属第201师对调,该军改辖第201、第203、第206师。1946年8月,该军番号撤销。

⑨中央军(1947.11—1949.8)

1947年11月,整编第42、第43旅在胶东编成整编荣誉第1师。1948年初,驻扎黄县龙口的第43旅和驻扎威海、蓬莱的第166旅重新编成整编荣誉第1师。4月,海运辽宁葫芦岛,隶属东北行辕锦州指挥所兼冀热辽边区"剿匪"总部。5月,改称第9军,第43旅改称第3师,第166旅恢复第166师番号,分驻锦西、塔山、高桥一带。

1948年8月上旬,暂编第62师编入。8月21日,暂编第62师脱离建制,军部率两个师

---

① 《各部队各训练机关主官简历驻地与部队沿革手册》,全宗号627,卷宗号1117。

由葫芦岛南下。8月底，经上海集中蚌埠。11月，增辖第253师，该军下辖第3、第166、第253师。隶属徐州"剿总"第13兵团，参加徐蚌会战（1948年11月6日至1949年1月10日），11月初驻守徐州以东，12日东进救援第7兵团黄百韬部，22日返回徐州。12月1日，撤离徐州。1949年1月10日，在河南永城陈官庄地区被歼灭，军长黄淑、副军长兼第166师师长萧超伍、第253师师长王青云被俘，第3师师长周藩投诚。

1949年2月，以残部在浙江重新编组第9军，下辖第3、第166、第253师，隶属第13编练司令部。旋开福建接兵，列入福州绥靖公署第22兵团序列。5月，第3师改隶第8军，该军下辖第166、第253师驻守同安。8月，该军缩编为第166师，拨隶第5军。

历任军长（整编师师长）：

黄淑（1948.5.13—1949.1被俘）

徐志勖（1949.2.1—）

⑩中央军（1950.1—1950.2）

1950年1月，在云南蒙自组建第9军，下辖第3、第170师和独立旅。1月19日，第3师师长田仲达在石屏投诚。2月4日，第170师师长孙进贤率2400人在镇沅投诚。2月7日，残部在元江及镇源地区被歼灭。

历任军长：

孙进贤

整编第10师（见第14军）

第10军（整编第3师）

①黔军王天培部（1926.8—1927.8）

1926年8月，中央（北洋）陆军暂编第9师（原黔军第1师）王天培部在湘西洪江改编为国民革命军第10军，下辖第28、第29、第30师和教导师，师长王天锡、杨胜治、王天生、吴国梁。该军编成后，集中常德。9月底抵津市，进攻湖北松滋。12月10日占领公安。将收编的川鄂联军残部改编为教导第2、第3师，师长颜德基、潘善斋。

1927年1月，该军集中汉口，向鄂东罗田、浠水推进。3月，抵达安徽六安。3月下旬克安庆，5月克舒城，奔袭怀远，解合肥之围。5月中旬与第7军协同克蚌埠、宿州。6月2日，该军占领徐州，沿津浦路北进，攻山东临城，继克滕县，进逼兖州。此时该军收编直军章兢武部为新编第4师。7月下旬，撤军南下，遭直鲁联军反攻，该军损失甚巨。新编第4师被截击而全部丧失，教导第1师投靠唐生智，教导第2、第3师分别改隶第11、第33军。8月初，该军退守合肥。8月9日，军长王天培被扣押，11日被枪杀。

9月中旬，该军隶属左翼军，与孙传芳部相持于定远以南。部队整编为第28、第29、第30师及1个炮团、1个教导营。不久该军拨隶第2路总指挥白崇禧指挥。10月，白拟将该军缩编成两个师，编入第13军，遭到该军官兵反对。该军渡江分防当涂。12月，第28师在当涂哗变，后由该军军械处处长周志群率领赴南昌投奔第9军金汉鼎部，编为第9军第29

师。第 30 师在南京开往蚌埠的途中,副师长罗启疆率一部开至湖北,编为独立第 2 师。该军保留第 29、第 30 师,师长陈克逊、张锡海。

1927 年 12 月,该军隶属第 1 路军,渡江集中南京浦口参加北伐。1928 年 3 月 25 日,裴正鑫接任第 30 师长。3 月,该军编入第 1 集团军第 1 军团,由陇海路的运河镇北上,4 月,进攻山东曲阜、兖州。5 月,攻占济南。8 月,在苏北宿迁缩编为第 10 师第 29 旅①。

历任军长:

王天培(1926.7－1927.8.9)

杨胜治(1927.8.14－)

②陕西地方部队(1927.5－1928.11)

1927 年 5 月,国民军联军第 10 路军②改编为第 2 集团军第 10 军,下辖第 2、第 54、第 55 师,师长孙蔚如、冯钦哉、姬汇伯。1928 年 11 月,该军缩编为第 2 集团军暂编第 21 师③。

历任军长:

杨虎城

③晋绥军(1927.7－1928.10)

1927 年 7 月 9 日,国民政府发表李维新为北方国民革命军第 10 军军长,下辖骑兵第 4、第 10 师,师长李维新、李竟容。1928 年 10 月,番号撤销。

历任军长:

李维新(1927.7.9－)

④1929 年内战中多次编组第 10 军

1929 年 3 月 30 日,第 10、第 11 师编成第 10 军,军长方鼎英。该军在湖北讨伐新桂系军,旋即番号撤销。

1929 年 4 月 6 日,第 44、第 45 师在天津编成第 10 军,军长方振武。5 月,该军开赴山东德州、兖州驻防,旋移防江苏砀山、黄口、安徽蚌埠。6 月,分驻安徽合肥、舒城、安庆、大通。9 月 19 日,蒋介石拘押军长方振武,撤销该军番号。

1929 年 10 月 13 日,第 47、第 54 师等编成第 10 军,军长杨杰,驻河南禹州、邓县,隶属第 5 路军,参加讨伐西北军。11 月,该军番号撤销。

⑤直鲁联军旧部(1929.12－1939.1)

1929 年 12 月 12 日,以第 48 师等部在河南漯河编成第 10 军,讨伐唐生智。1930 年 1 月,增辖新编第 2 旅。4 月,由湖北樊城开河南驻马店,隶属第 3 军团参加中原大战,在平汉路作战。10 月,占领洛阳。旋复增辖新编第 3 旅徐德佐部④。11 月,开鄂东阳逻、团风,参

---

① 《国民革命军第 10 军战史》,全宗号 787,案卷号 16727。
② 杨虎城部源出陕西靖国军第 3 路,辖有步兵 5 个营。1924 年改属国民三军,编为第 3 师。1926 年与国民二军一部坚持西安守城,配合北伐。1927 年初,改编为国民军联军第 10 路军。
③ 《陆军各部队成立沿革纪要(第 1 辑)》,全宗号 787,案卷号 16721;《国防部本部隶属各部队主官简历与驻地与部队沿革手册》,全宗号 783,卷宗号 393。
④ 《第 48 师战史》,全宗号 787,案卷号 16744。

加对鄂豫皖苏区的"围剿"。1931 年 1 至 5 月在沙市、江陵等地参加对洪湖苏区的"围剿"。

1931 年 5 月，增辖第 41 师。5 月，第 41 师调湖南长沙、岳州等地。8 月，该军到鄂东浠水，参加对鄂豫皖苏区的"围剿"。9 月 1 日，第 41 师所属 3 个团大部在蕲水以东的洗马畈镇被歼灭。10 月，第 41 师、新编第 3 旅残部驻钟祥、京山、天门一带。1932 年 1 月，新编第 2 旅改称独立第 37 旅脱离建制。3 月至 4 月，第 41、第 48 师各一旅进攻皂市、天门一线以西的襄北地区。5 月驻鄂中的应城、皂市。9 月下旬，第 41 师驻襄阳一带，11 月下旬沿陇海路西进，进入关中追击红四方面军，12 月返回襄阳。1933 年，第 48 师"围剿"湘鄂西苏区。1934 年 12 月，第 48 师在宣恩。1935 年 1 月，该军离开宜昌、沙市，进攻湘鄂川黔苏区。5 月退守长阳、渔洋关、五峰、鹤峰一线。6 月 12 日至 14 日，第 41 师师部及第 121 旅在咸丰东南的忠堡被歼灭，师长张振汉被俘。8 月，第 48 师在宣恩等地。1936 年 2 月，新编第 3 旅并入第 94 师。第 41 师由来凤经黔江、彭水到涪陵，第 48 师由沙道沟经彭水到南川，警备川黔公路，并在遵义修建机场。驻防遵义 8 个月后调回湖北施南，时值西安事变爆发，第 48 师返回南川监视川军。1937 年 10 月，该军调湖北沙市集结。12 月 2 日，开赴南京，参加南京保卫战。1938 年，在安徽六安、合肥等地参加徐州会战后期作战（1938 年 5 月 3 日至 5 月 28 日）、武汉会战（1938 年 6 月中旬至 11 月中旬）。1939 年 1 月，该军及第 48 师取消番号，所属部队并编为第 41 师，调隶第 26 军。

历任军长：

徐源泉

⑥中央军（1939.7—1949.5）

1939 年 7 月，第 79、第 190 师在江西分宜编成第 10 军①。参加第 3 战区 1939 年冬季攻势作战（1939 年 12 月 16 日至 1940 年 2 月 25 日）。1940 年 1 月，该军由安徽池州灌口开赴浙江义乌，隶属第 10 集团军指挥。2 月，移驻金华。

1940 年 5 月，第 3 师拨入，第 79 师与第 86 军所属预备第 10 师对调，该军改辖第 3、第 190 师和预备第 10 师。8 月，由浙江调湖南沅陵、桃源、溆浦整训，列为战略预备军，直隶于军事委员会。1941 年 6 月，开衡山、石湾等地。同年夏改隶第 9 战区。参加第二次长沙会战（1941 年 9 月 7 日至 10 月 12 日），战后在衡阳以东整训。参加第三次长沙会战（1941 年 12 月 19 日至 1942 年 1 月 15 日）。1943 年驻扎衡山，参加常德会战（1943 年 11 月 2 日至 1944 年 1 月 5 日），12 月 1 日预备第 10 师师长孙明瑾阵亡。战后在衡山整补。1944 年夏改隶第 27 集团军，并指挥暂编第 54 师参加长衡会战（1944 年 5 月下旬至 8 月上旬），守衡阳 47 天。8 月 8 日，军长方先觉率第 3、第 190、预备第 10、暂编第 54 师师长周庆祥、容有略、葛先才、饶少伟投降日军。

1944 年 10 月，在陕南城固重建第 10 军，隶属第 1 战区第 28 集团军，下辖第 3、预备第 10 师。1945 年 4 月，增辖第 42 师。6 月，预备第 10 师改番号为第 190 师。9 月，第 42、第

---

① 《国防部本部隶属各部队主官简历驻地与部队沿革手册》，全宗号 783，卷宗号 393。

190 师番号撤销。10 月,第 20、新编第 1 师拨入,该军改辖第 3、第 20 师、新编第 1 师①。1946 年 5 月,整编为整编第 3 师。隶属郑州绥靖公署第 5 绥靖区,"堵剿"向豫西撤退的中原解放区部队(1946 年 6 月 30 日至 7 月 26 日),由河南罗山追击至淅川。8 月,新编第 1 旅改隶整编第 76 师。师部率第 3、第 20 旅由豫西调鲁西南,参加第一次鲁西南战役(1946 年 8 月上旬至 11 月上旬)。9 月 3 日至 6 日,师部及第 3、第 20 旅在定陶地区被歼灭,师长赵锡田、第 20 旅旅长谭乃大被俘。战后在豫北重建。1947 年 2 月到修武。3 月接防焦作。4 月集结于新乡,进攻豫北。7 月中旬由焦作调江苏砀山守备,参加鲁西南地区作战(1947 年 6 月下旬至 7 月下旬),8 月 1 日到羊山集,经砀山向安徽亳县追击刘邓大军(1947 年 8 月中旬至下旬)。8 月 23 日西援洛阳。11 月转赴平汉路,12 月 19 日由明港沿平汉路北上解围鄢城,20 日攻占确山,21 日占驻马店,22 日向遂平攻击前进。12 月 25 日至 27 日,师部和第 3、第 20 旅在西平以南的祝王寨、金刚寺地区被歼灭,旅长雷自修、谭嘉范阵亡。

1948 年 1 月,在河南漯河重建整编第 3 师,下辖第 3、第 18、第 49 旅,隶属整编第 18 军。8 月,第 49 旅改隶整编第 11 师。9 月,恢复第 10 军番号,下辖第 18、第 114 师(原第 3 旅)。第 75 师拨入,该军改辖第 18、第 75、第 114 师。11 月上旬,由豫西经确山开赴安徽阜阳、太和集结,隶属徐州"剿总"第 12 兵团,参加徐蚌会战(1948 年 11 月 6 日至 1949 年 1 月 10 日),11 月 26 日至 12 月 15 日,在安徽宿县西南双堆集被歼灭,军长覃道善、第 114 师师长夏建勋被俘。

1949 年 1 月,在赣东重建第 10 军,下辖第 18 师、第 75、第 114 师,隶属第 2 编练司令部。5 月,该军番号撤销,所辖第 18、第 75 师分别改隶第 67、第 18 军,第 114 师直隶于第 12 兵团。

历任军长(整编师师长):

梁华盛(1939.7.5—)

李玉堂(1940.5.6—1942.3 免兼)

钟彬(1941.11.30—未到任)

方先觉(1942.3.28 代理—1943.3 实任—1944.8 投敌)

李玉堂(未到任)

方先觉

赵锡田(—1946.9.6 被俘)

李楚瀛(—1948.1.18)

覃道善(1948.1.18—1948.12.15 被俘)

张世光(1949.1.16—)

整编第 11 师(见第 18 军)

第 11 军(整编第 18 师)

1926 年 8 月 10 日,蒋介石任命方本仁为第 11 军军长,收编江西军队。未成军。11 月,

---

① 《国防部本部隶属各部队主官简历驻地与部队沿革手册》,全宗号 783,卷宗号 393。

方本仁辞职。

①粤军陈铭枢部(1926.11—1929.4)

1926 年 11 月,第 4 军所属第 10 师在湖北武汉扩编为第 11 军,下辖第 10、第 24 师,师长蒋光鼐、戴戟。1927 年 3 月 10 日,军长陈铭枢与师长蒋光鼐、戴戟相继辞职他去,武汉国民政府任命张发奎兼任该军军长,蔡廷锴、叶挺分任师长。3 月,收编第 9 军第 2 师为该军第 26 师,杨其昌任师长。4 月,第 24 师留守卫戍武汉,其余两师隶属第 1 纵队开赴河南参加北伐。6 月 15 日,北伐部队由河南返回武汉。7 月,该军东征讨蒋,至九江转入南昌。8 月 1 日,参加南昌起义。8 月 9 日,第 26 师随第 4 军回粤,第 10 师脱离起义军入闽。第 24 师在南下潮汕途中溃散。

11 月,陈铭枢在福州复任军长。重新成立第 24 师,黄质胜任师长。12 月初,该军由福建进入广东。增辖新编第 5 师、新编第 6 师、第 26 师等。1928 年 2 月至 1929 年 4 月,"围剿"东江革命根据地。1928 年 3 月 19 日,第 10 师到海南岛,"围剿"琼崖革命根据地。1929 年 9 月,该军缩编为第 60、第 61 师。

历任军长:

陈铭枢(1927.11.30—)

张发奎(兼任)

朱晖日(1927.6.15—)

陈铭枢

②直鲁联军旧部(1928.7—1928.12)

1928 年 7 月,直鲁联军第 6 军徐源泉部等被阎锡山改编为第 3 集团军第 6 军团第 11 军,旋即改隶第 1 集团军。12 月,缩编为第 48 师。

历任军长:

徐源泉

③西北军(1928)

1928 年,第 2 集团军成立第 11 军。同年 10 月,缩编为第 30 师。

历任军长:

佟麟阁

④宁夏马鸿逵部(1929.6—1949.9)

1929 年 6 月,在河南郑州编成第 11 军,下辖第 64 师。1930 年 4 月,调山东泰安。9 月,增编第 72 师。1931 年 2 月,第 64 师与第 72 师合并为第 35 师。9 月,由泰安调防河南信阳。1932 年 5 月,增辖骑兵第 2 旅。第 35 师驻信阳、武胜关一带,隶属中路军第 3 纵队,参加对鄂豫皖苏区的"围剿"(1932 年 6 月下旬至 10 月中旬)。1933 年 3 月 4 日,第 35 师所属第 103 旅第 205 团、第 104 旅第 207 团在光山县郭家河被红二十五军歼灭。10 月,骑兵第 2 旅番号撤销。

1933 年 12 月,第 35 师改称新编第 7 师,调驻宁夏。1934 年初,阻止第 41 军入境。1935 年 1 月,第 35 师开赴陇东地区,先后在庆阳、合水、泾川等地作战。1936 年 7 月至 8

月,在甘肃盐池预旺堡与红十五军团作战。10月,担任中卫、中宁及其以东地段河防。

1937年1月,新编第7师改称第168师,该军增辖独立第10旅。11月,隶属第17集团军。1939年12月,独立第10旅取消番号,并入第168师,增辖骑兵第1、第2旅。该军除两个骑兵旅一度开赴绥远抗战外,主力长期驻守宁夏,并从西线围困陕甘宁边区。1941年3月,增辖暂编第31师。1945年抗战胜利时军部在宁夏新城,第168、暂编第9、暂编第31师分驻金积、灵武、平罗。10月,撤销暂编第31师和骑兵第1、第2旅番号。

1946年5月,整编为整编第18师,辖整编第168旅、暂编第9旅[①]。1947年初在银川,3月26日暂编第9旅进占盐池,4月占三边。7月,该整编师退守宁夏金积、灵武一线。11月8日,由盐池、定边出发,14日到达榆林30公里外的袁大滩,增援第二次榆林作战(1947年11月上中旬)。

1948年9月,恢复第11军番号,下辖第168、第256师(暂编第9旅改称)。1949年5月与第128、第81军等组成西北军政长官公署宁夏兵团,集结于平凉、固原地区,参加关中会战(1949年6月上旬至7月下旬)。7月底在固原东南被击溃,退回宁夏。8月,第256师改隶第128军,第189师编入。9月20日,军长马光宗通电要求停战、接受改编,9月21日,第256师在灵武投诚。22日,余部溃散。

历任军长(整编师师长):

马鸿逵(—1943.9免兼)

马敦静(1943.9.22代理—)

马光宗(—1949.9.20起义)

第12军(整编第12师)

①黔军袁祖铭部(1926.6—1927.1)

1926年6月,国民政府任命中央(北洋)陆军第34师师长袁祖铭为北伐军左翼总指挥兼第12军军长。袁将主力停留在湘黔边境和四川西阳、秀山一带,仅派一部到湘西,大肆收编湘滇黔等省军队,扩为5个路(相当于军)、1个后备军,共20个师[②]。9月,北伐军占领汉阳、汉口后,袁祖铭离开贵阳到铜仁,迟迟不配合北伐军行动并在湘西滥委官吏。11月,蒋介石升任袁部师长李燊为暂编第7军军长。12月3日,袁祖铭就任左翼总指挥。1927年1月30日,第8军教导师师长周斓捕杀袁祖铭。袁部退往湘西常德,被第25、第43军收编。

历任军长:

袁祖铭

②河南地方部队(1926.9—1928.12)

1926年9月,樊钟秀"建国豫军"所属旅长任应岐响应北伐军,被授予第12军番号。

---

① 《国防部本部隶属各部队主官简历驻地与部队沿革手册》,全宗号783,卷宗号393。

② 刘毅翔:《左翼总指挥袁祖铭》,《贵州文史资料选辑》第25辑,第132页;《袁祖铭自编二十师》,《晨报》1926年12月25日,第5版。

1927 年 4 月,武汉国民政府举师北伐,该军隶属第 3 纵队,下辖第 1、第 2、第 3、第 4 师及教导师,师长颜芝兰、赵青山、安荣昌、张成德、文清林,驻固始、潢川、商城、光山、麻城。另有混成第 1、第 2、第 3、第 4 旅,旅长张遇顺、杨鼎昌、戴民权、卢发,驻扎潢川等地[①]。1928 年 2 月 25 日,各师番号改为第 42、第 43、第 44 师及教导师,第 1、第 2、第 3、第 4、第 5 混成旅旅长分别为张遇顺、李茂森、戴民权、李振中、娄希道。3 月,主力由潢川到安徽阜阳参加北伐。12 月,缩编为第 49 师。

历任军长:

任应岐

③湘军唐生智部(1928.3—1928.10)

1928 年 3 月 16 日,第 18 军在湖南改称第 12 军,下辖独立第 4、第 7、第 21 师,师长门炳岳、何宣、危宿钟。3 月,由湘西进驻武昌,4 月到河南郾城、漯河,5 月挺进至河北新乐,6 月进至良乡琉璃河一带,8 月至 9 月至冀东肃清关内直鲁联军残敌。10 月,返回湖北。1929 年 1 月,缩编为第 52 师。

历任军长:

叶琪

④直鲁联军旧部(1928.7—1928.12)

1928 年 7 月,直鲁联军第 14 军孙殿英部改编为国民革命军第 3 集团军第 6 军团第 12 军,驻防冀东蓟县和遵化,旋改隶第 1 集团军。同年底,缩编为新编第 2 旅。

历任军长:

孙殿英

⑤晋绥军(1928)

1928 年,晋绥军成立第 12 军,下辖第 10、第 17 师,师长卢丰年、孟兴富。同年 10 月,番号撤销。

历任军长:

方玉晋

⑥陕西地方部队(1929.6—1931.4)

1929 年 6 月,第 2 集团军暂编第 18 师井岳秀部被授予第 12 军番号,下辖 3 个混成旅,旅长高双成、刘滋庶、何全升。1931 年 4 月,该部缩编为新编第 4 师[②]。

历任军长:

井岳秀

⑦镇嵩军旧部(1929.12—1930.3)

1929 年 12 月 25 日,阎锡山以陆海空军副总司令的名义,委任万选才为第 12 军军长。

---

① 夏重九:《与吉鸿昌同时被害的任应岐》,《河南文史资料选辑》第 12 辑,第 32—33 页。

② 《国军部队沿革》(一集);《国防部本部隶属各部队主官简历驻地与部队沿革手册》,全宗号 783,卷宗号 393。

1930 年初,蒋介石委任万为讨逆军第 12 军军长[1]。3 月,万部退出洛阳,蒋令其破坏黑石关铁桥,阻西北军东进。3 月 21 日,万部擅入郑州[2],举兵反蒋,被撤去军长职。9 月 25 日,张钫委任石振清为第 12 军军长[3],统领平汉路上万选才旧部。石拒绝并脱离部队。

历任军长:

万选才

⑧西北军韩复榘部(1930.3—1930.9,1937.9—1944.10)

1930 年 3 月,在山东成立第 12 军,下辖第 22 师等部,隶属第 3 路军。11 月,该军番号裁撤[4]。

1937 年 9 月,在山东成立第 12 军,下辖第 20、第 81 师,隶属第 3 路军,在德州等地参加津浦路北段作战(1937 年 9 月 11 日至 12 月 27 日)。1938 年 3 月,增辖第 22 师。隶属第 1 战区第 3 集团军,参加豫北豫东作战(1938 年 1 月上旬至 6 月下旬)。隶属第 5 战区第 3 集团军,在山东济宁、汶上等地参加徐州会战(1937 年 12 月下旬至 1938 年 6 月中旬)。战后调河南许昌整顿。7 月,转江西瑞昌隶属第 9 战区第 2 兵团第 3 集团军,参加武汉会战(1938 年 6 月中旬至 11 月中旬)。同年冬,接替河南郑州花园口至西华、周家口的黄泛区河防。1939 年 12 月 16 日,第 81 师攻入开封。隶属第 5 战区第 31 集团军,参加豫南会战(1941 年 1 月 22 日至 2 月 11 日)。

1944 年 3 月,第 20 师改隶第 89 军,暂编第 55 师拨入,该军改辖第 22、第 81、暂编第 55 师。隶属第 1 战区副司令长官(汤恩伯)部第 31 集团军,在襄城、叶县临泉参加豫中会战(1944 年 4 月中旬至 6 月中旬),5 月 4 日第 81 师弃守郏县。10 月,该军番号撤销,第 22、第 81 师转隶第 55 军,暂编第 55 师改隶第 85 军。

历任军长:

孙桐萱

贺粹之

⑨东北军,1948 年 8 月黄埔军校出身的霍守义出任军长(1944.10—1949.1)

1944 年 10 月,暂编第 9 军在安徽太和改称第 12 军,下辖第 111、第 112 师。1945 年隶属第 10 战区,参加豫西鄂北会战(1945 年 3 月下旬至 5 月下旬)。7 月,第 117 师拨入。抗战胜利后由河南项城,安徽太和、阜阳北上徐州。10 月,第 117 师改隶第 98 军。该军由徐州到达济南,改隶徐州绥靖公署第 2 绥靖区。新编第 36 师拨入,该军辖第 111、第 112、新编第 36 师。1947 年 1 月,由明水(章丘)、周村、博山一线南下,1 月 18 日占领莱芜。2 月 20 日至 23 日,新编第 36 师在莱芜被歼灭。主力撤守济南、长清。

1947 年 6 月,重建后的新编第 36 师脱离建制,该军整编为整编第 12 师。7 月至 11 月,

① 《蒋中正总统档案·事略稿本》(7),第 526 页。

② 《关于石友三反复无常变更津浦方面军等作战计划实录》(1930 年 3 月 1 日—26 日),《中华民国史档案资料汇编》第 5 辑第 1 编军事(2),第 458 页。

③ 《张钫复石振清函》(1930 年 9 月 25 日),《中华民国史档案资料汇编》第 5 辑第 1 编,军事(2),第 641 页。

④ 《国防部本部隶属各部队主官简历驻地与部队沿革手册》,全宗号 783,卷宗号 393。

该整编师担任东阿、平阴、长清一线的黄河防守。1948 年防守滕县、兖州、大汶口，隶属第 10 绥靖区。6 月 4 日，第 111 旅主力由曲阜撤回兖州。6 月 6 日，驻新泰的第 112 旅第 334 团、驻泗水的第 111 旅第 332 团撤到曲阜，第 112 旅（欠第 334 团）驻济宁。7 月 13 日，整编第 12 师师部及第 111 旅等在兖州被歼灭，师长霍守义、第 111 旅旅长刘书维被俘。7 月 16 日，第 112 旅由济宁抵达沛县。

1948 年 8 月，整编第 12 师取消番号，原师部及直属部队改编为第 12 军军部及直属部队，第 112 旅改称第 112 师，增辖新编第 21 旅（旋改称第 238 师），分别开赴徐州以西砀山、黄口整补①。11 月初主力在砀山、黄口，第 238 师在安徽灵璧，隶属徐州"剿总"第 2 兵团，参加徐蚌会战（1948 年 11 月 6 日至 1949 年 1 月 10 日），11 月 12 日第 112 师由徐州东救第 7 兵团黄百韬部，11 月 22 日返回徐州。11 月 25 日，第 238 师在灵璧被歼灭。12 月 1 日，撤离徐州。1949 年 1 月 10 日，军部和第 112 师在河南永城陈官庄地区被歼灭，师长于一凡被俘。

历任军长（整编师师长）：

霍守义（—1948.7.13 被俘）

舒荣（1948.8.1—1948.9.6）

⑩中央军（1949.2—1949.6）

1949 年 2 月，浙东重建第 12 军，隶属第 9 编练司令部，下辖第 203、第 324（该师未建成）、第 353 师，隶属京沪杭警备总司令部淞沪防卫司令部。4 月下旬，第 354 师到上海浦东参加淞沪作战（1949 年 4 月 23 日至 5 月 25 日），大部被歼灭。5 月上旬，第 203 师在景宁、永康、宣平等地被歼灭。5 月 26 日撤离上海，转移舟山。5 月 29 日撤往台湾。6 月，该军番号撤销，部队编散。

历任军长：

舒荣（1949.2.1—）

整编第 13 师（见第 69 军）

第 13 军

1926 年 7 月，蒋介石任命建国豫军总司令樊钟秀为第 13 军军长，樊未受命。

①湘军谭延闿部（1927.5—1928.1）

1927 年 5 月 10 日，第 2 军所属第 5 师、教导师（改番号为第 38 师）、新成立的第 39 师在湖南合编为第 13 军②，师长分别为成光耀、李韫珩、岳森。10 月，该军驻安徽泾县。11 月 8 日，由江西瑞昌出发，向湖北咸宁进军讨伐唐生智。1928 年 1 月，沿长岳铁路进攻湖南岳

---

① 《联合勤务总司令部抄发整编师旅恢复为军师番号等训令》（1948 年 9 月 19 日），《中华民国史档案资料汇编》第 5 辑编第 3 编军事（1），第 320 页。

② 《国防部本部隶属各部队主官简历驻地与部队沿革手册》，全宗号 783，卷宗号 393。

州。是月,改称第 14 军。

历任军长:

陈嘉佑(1927.5.12—)

②新桂系军(1927.10—1928.9)

1927 年 10 月,白崇禧出任第 13 军军长。10 月 13 日,独立第 1 师(1927 年 9 月由第 14 军缩编而成,熊式辉任师长)改称该军第 1 师。白崇禧拟将第 10 军的两个师编入第 13 军,以杨胜治、王天锡分任第 2、第 3 师长,因第 10 军官兵反对未果。白崇禧另以 5 个补充团编成第 2、第 3 师。该军分驻上海、安徽马鞍山慈湖、江苏江宁。旋即,3 个师改番号为第 37、第 38、第 39 师,师长为熊式辉、张定璠、吕焕炎。10 月,主力西征,第 37 师卫戍淞沪。1928 年 5 月,第 37 师脱离建制,该军参加北伐至河北。9 月,该军缩编为第 14 师。

历任军长:

白崇禧

③直鲁联军(1928.7—1928.12)

1928 年 7 月,阎锡山将分散在平、津一带的直鲁联军第 7 方面军残部编成第 13 军,隶属第 3 集团军第 6 军团,旋即改隶第 1 集团军。12 月,番号撤销。

历任军长:

张冠五

④西北军(1927.7—1928.10)

1927 年 7 月,国民军联军暂编第 13 师扩编为第 2 集团军第 13 军,不久该军入陕在大荔、凤翔等地作战。1928 年 4 月,自潼关调豫北,兵力一部到道口,一部中途返回平叛。10 月,缩编为第 27 师。

历任军长:

张维玺

⑤1929—1932 年多次编组的第 13 军

1929 年 12 月,第 9、第 11、第 13 师等部在河南编成第 13 军,军长夏斗寅,隶属第 2 路军,进攻唐生智部。

1930 年 4 月,以第 13 师组成第 13 军,军长夏斗寅,隶属第 3 军团,参加中原大战。5 月由平汉路南下,到长沙。6 月驻扎湖北黄陂。7 月由平汉路转津浦路作战,扼守山东曲阜。8 月 4 日下南驿,过大汶口,向泰安攻击前进。8 月,由齐河、长清调驻河南商邱。9 月,调平汉路西侧作战。10 月,由许昌回师武汉。自此,驻扎鄂东黄陂、黄冈、麻城一线,参加对鄂豫皖苏区的“围剿”。1932 年 4 月 19 日,军长夏斗寅辞职,该军番号撤销。

1932 年 5 月,成立第 13 军,下辖第 88、第 89 师,军长钱大钧。9 月,各师被分遣,该军番号撤销①。

⑥中央军(1935.5—1949.1)

---

① 《国防部本部隶属各部队主官简历驻地与部队沿革手册》,全宗号 783,卷宗号 393。

1935 年 5 月,第 4、第 89 师在湖北编成第 13 军,驻扎阳新、大冶。9 月,该军调湖南长沙、岳阳等地。11 月转芷江,"追剿"红二、六军团。1936 年 3 月,该军进入山西闻喜,隶属太原绥靖公署第 1 路第 7 纵队,阻止红一方面军东征。5 月,由晋西转战陕北绥德。11 月,在绥远作战。战后驻守集宁、丰镇。

1937 年 7 月,在集宁、丰镇、平地泉向张家口进军,在南口参加平绥路东段方面作战(1937 年 8 月 8 日至 9 月 11 日)。隶属第 1 战区第 20 军团,参加平汉路北段作战(1937 年 10 月至 1938 年 1 月),战后转河南安阳整补。11 月 1 日,开赴晋东南阻击日军沿同蒲路南下。11 月至 12 月在祁县子洪口作战。

1937 年 12 月,所辖两个师拨隶第 85 军,改辖第 23、第 110、新编第 35 师。1938 年,开赴鲁南参加徐州会战后期作战(1938 年 5 月 3 日至 5 月 28 日)。5 月 14 日,第 23 师师长李必藩在菏泽阵亡。军部率第 23、第 89、新编第 35 师,隶属第 31 集团军在鄂南、赣北参加武汉会战(1938 年 6 月中旬至 11 月中旬)。

1938 年 12 月,调湖南平江整补,第 23 师拨隶第 85 军,新编第 35 师改称第 128 师脱离该军建制。1939 年 1 月,第 193 师拨入,该军改辖第 89、第 110、第 193 师。调鄂北,参加随枣会战(1939 年 5 月 1 日至 6 月 1 日)。6 月,经豫西内乡、淅川、湖北郧阳进驻陕南城固。12 月,返回随枣地区。

1940 年 2 月,新编第 1 师拨入。4 月,第 193 师拨隶新编第 2 军,该军改辖第 89、第 110、新编第 1 师。参加枣宜会战(1940 年 5 月 1 日至 7 月 4 日)、豫南会战(1941 年 1 月 22 日至 2 月 11 日)。1941 年至 1942 年初,在新野、三合、舞阳三度击败日军,并一度追击日军至枣阳城下。

1942 年 7 月,所属第 110 师与第 85 军所属第 4 师对调,该军改辖第 4、第 89、新编第 1 师。1944 年 3 月,新编第 1 师与第 89 军所属第 117 师对调,该军改辖第 4、第 89、第 117 师。隶属第 1 战区副司令长官(汤恩伯)部第 31 集团军,在登封、临汝参加豫中会战(1944 年 4 月中旬至 6 月中旬)。

1944 年 9 月,第 117 师改隶暂编第 1 军,暂编第 16 师拨入,该军改辖第 4、第 89、暂编第 16 师。10 月,调往重庆,旋调防贵州,隶属黔桂边区总司令部。换装美械。年底驻扎贵筑县、贵阳、惠水整训。

1945 年初,暂编第 16 师番号撤销,第 54 师拨入,该军改辖第 4、第 54、第 89 师,隶属第 3 方面军。8 月,进入广西蒙江、藤县、平南、丹竹、梧州等地。9 月,进驻香港九龙附近。10 月,由香港海运秦皇岛,隶属东北保安司令长官部。11 月 13 日攻占山海关,11 月 26 日占锦州。1946 年 1 月 4 日,第 54 师攻占北票。2 月上旬,由阜新、彰武沿法库方向进攻。2 月 13 日至 14 日,第 89 师 4 个营在秀水河子被歼灭。8 月,由凌源、天义、八里罕向热河承德进攻,攻占宁城、平泉。8 月 28 日,占承德。

1946 年 9 月,策应张垣(张家口)会战(1946 年 9 月 20 日至 11 月 11 日),9 月 11 日攻占丰宁,9 月 20 日攻占兴隆,10 月 7 日占围场,12 日占多伦,17 日占沽源,进出独石口、赤城。11 月 5 日到察哈尔怀来,旋返回热河。

1947 年 3 月,第 4 师留守承德、隆化,第 54、第 89 师北上增援,进至吉林农安、德惠地区。4 月 3 日,第 89 师及第 54 师所属第 162 团共 7500 人在柳河县三源浦西南红石镇地区被歼灭,第 89 师代理师长张孝堂被俘,战后第 89 师返回热河整补。5 月,第 54 师在东丰、清泉,参加四平会战(1947 年 5 月上旬至 7 月上旬)。9 月,第 54 师拨隶新编第 3 军。

1947 年 8 月 1 日,该军改隶张垣绥靖公署,驻守承德、平泉、隆化、丰宁。10 月,增辖暂编第 63 师。1948 年 9 月,暂编第 63 师改称第 297 师。10 月,增辖第 155、第 299 师,该军下辖第 4、第 89、第 155、第 297 师、第 299 师。11 月 12 日,由承德撤向河北密云、通县(今北京通州)。12 月 5 日,第 155 师 2 个团、第 297 师 1 个团在密云被歼灭。1949 年 1 月 21 日,在北平接受和平改编,部分军官撤至南京。2 月 19 日,第 4、第 89、第 299、第 297 师改编为中国人民解放军独立第 47、第 46、第 48、第 50 师。2 月 26 日,分别并入解放军第 44、第 63、第 45、第 47 军,军部编入解放军第 44 军军部[①]。

历任军长:汤恩伯(1935.9.30—)、张轸(1938.5.11—1939.8)、张雪中(1938.7 代理—1940.1 实任—)、石觉(1942.7 代理—1943.5 实任—1948.5.19 兼任—1948.12.1 免兼)、骆振韶(1948.12.1 代理—)、郑邦捷(代理—1949.1.21 起义)

第 14 军(整编第 10 师)

①五省联军旧部(1926.8—1927.10)

1926 年 9 月中旬,独立第 1 师[②]扩编为第 14 军,吴建中、谢杰分任第 1、第 2 师师长,在江西瑞金、会昌担任赣粤闽边境之守备。9 月 6 日,攻克赣县。9 月 29 日占永丰。9 月底,主力转战赣东抚州、金溪,一部向瑞金集结。10 月初,第 1 师师长吴建中升任副军长,易简继任师长,20 日进攻抚州,易简阵亡,师长一职由该军党代表熊式辉兼任。10 月 2 日占宜黄、崇仁。10 月中旬,第 2 师由瑞金向福建汀州攻击前进。11 月下旬,第 1 师由赣东进占福建邵武、建阳、建瓯、顺昌、泰宁。

1927 年 1 月,该军由闽入浙。3 月抵苏南,分驻无锡、江阴、武进。5 月 24 日,全军由江阴渡江北上至海州,进攻山东郯城,进占临沂。6 月 28 日,占莒县。7 月由陇海路经宿迁、扬州返回江南。8 月主力驻无锡、江阴。9 月初隶属右翼军,自镇江附近渡江追击孙传芳部。9 月 14 日,军委会将军长赖世璜免职。10 月 1 日,该军缩编为独立第 1 师(熊式辉任师长,旋改称第 13 军第 37 师。后改称独立第 37 师。1928 年 8 月缩编为第 5 师一部)[③]。

历任军长:

赖世璜(1926.8.26—)

②西北军(1927.5—1928.10)

①　北京市档案馆编:《北平和平解放前后》,北京出版社 1988 年版,第 146—153 页。

②　1926 年 8 月,广州国民政府派熊式辉到江西改编江西陆军第 4 师为国军独立第 1 师,赖世璜任师长,辖吴建中、谢杰旅。成军后该师即在会昌集中,兵分左右纵队直取信丰,攻克赣县。《国民革命军陆军第 5 师战史》,全宗号 787,案卷号 16730。

③　《国民革命军陆军第 5 师战史》,全宗号 787,案卷号 16730。

1927 年 5 月,国民军联军第 14 路军①改称第 2 集团军第 14 军,下辖第 4、第 5、第 12 师,师长魏凤楼、韩德元、高树勋。由陕西经荆紫关进入河南南阳、湖北襄阳作战。1928 年 4 月,隶属第 2 集团军第 2 方面军参加北伐,在河南安阳作战。10 月,该军与第 23 军缩编成第 23 师。

历任军长:

孙连仲

冯治安

秦德纯

③直系吴佩孚旧部(1927)

1927 年 7 月 15 日,武汉国民政府任命张联陞(1926 年 10 月,中央(北洋)暂编陆军第 5 师师长兼襄郧镇守使张联陞接受国民革命军第 9 师番号)为第 14 军军长,驻湖北襄阳,旋被冯玉祥收编为第 38 军。

历任军长:

张联陞

④湘军谭延闿部(1928.1—1929.1)

1928 年 1 月,第 13 军(下辖第 5、第 38、第 39 师,师长成光耀、李韫珩、岳森)在湖南改称第 14 军(第 38 师改称第 45 师,第 39 师改称第 49 师②)。第 8 军所属第 2 师拨隶该军为教导师,师长李云杰。1929 年 1 月,缩编为第 50 师③。

历任军长:

陈嘉佑

⑤晋绥军

1929 年 6 月 16 日,以第 33 师、骑兵第 6 师编成第 14 军。旋番号撤销④。

历任军长:

孙楚

⑥直鲁联军旧部(1930.1—1930.3)

1930 年 1 月 7 日,阎锡山以陆海空军副总司令的名义,任命孙殿英为第 14 军军长。3 月,蒋介石任命孙为第 27 军军长。

历任军长:

孙殿英

⑦西北军韩复榘部(1930.4—1931.1)

---

① 1926 年 9 月西北边防督办署所属卫队旅、特务旅、第 12 旅与特种兵一团合编为国民联军第 4 师。1927 年 1 月,该师与第 6 师一部扩编为国民军联军第 14 路军。

② 《军委会关于调查各军师番号清单给国民政府呈》(1928 年 2 月 24 日),《中华民国史档案资料汇编》第 5 辑第 1 编军事(1),第 591 页。

③ 《第 15 师战史》,全宗号 787,案卷号 16741;《国防部本部隶属各部队主官简历驻地与部队沿革手册》,全宗号 783,卷宗号 393。

④ 《蒋介石颁发对冯玉祥西北军作战命令及计划》(1929 年 6 月 16 日),《中华民国史档案资料汇编》第 5 辑第 1 编军事(2),第 15 页。

1930 年 4 月 27 日,第 29 师等部在山东济南编成第 14 军,隶属第 3 路军。1931 年 1 月 5 日,番号撤销。

历任军长:

曹福林

⑧中央军(1931.6—1949.12)

1931 年 6 月,在江西成立第 14 军,下辖第 10 师。10 月,增辖第 83 师。1932 年初,第 83 师参加淞沪作战,第 10 师在浙江嘉兴待命。5 月,该军由嘉兴、乍浦、金山调湖北武穴。6 月,主力在孝感,一部在广水、花园,隶属中路军第 6 纵队参加对鄂豫皖苏区的"围剿"(1932 年 6 月下旬至 10 月中旬)。9 月 20 日,第 10 师攻占金家寨。9 月下旬,移驻枣阳地区整训。

1932 年 11 月,第 10 师由武汉到江西,1933 年春隶属中路军第 2 纵队,集中临川以南,参加对中央苏区的第四次"围剿"(1933 年 1 月 1 日至 4 月 29 日)。第 83 师留驻湖北,在黄安、经扶(今新县)等地"清剿"①。1933 年 2 月,第 83 师由花园、孝感调往河北密云,直隶于军委会北平分会参加长城抗战,同年秋调驻江西。

1933 年 12 月,该军经永丰、抚州、资溪进入福建光泽、邵武、顺昌,镇压福建事变。1934 年 1 月,进驻泉州,参加对中央苏区的第五次"围剿"(1933 年 10 月至 1934 年 10 月)。2—5 月第 10 师在闽北一带,进军泰宁、建宁。战后,担任闽西南"清剿"作战。

1936 年 2 月,第 10 师开赴皖西太湖"剿匪",4 月开赴信阳整训。6 月,集结广东四会、清远。7 月 7 日,调驻福建。9 月开赴武昌,调驻孝感、花园、武胜关。12 月西安事变发生后,该军编入"讨逆军"第 8 纵队,进驻华阴、潼关、华县。1937 年 5 月,第 10 师调驻郑州。

1937 年 7 月,该军进至河北石门。8 月,经易县向南口进军,参加平绥路东段方面作战(1937 年 8 月 8 日至 9 月 11 日)。9 月隶属第 14 集团军。10 月上旬转山西忻口等地参加太原会战(1937 年 9 月 12 日至 11 月 12 日)。战后驻赵城等地。1938 年 1 月移防闻喜、侯马。

1938 年 3 月,第 83 师调隶第 93 军,第 85 师转隶该军。6 月,驻防垣曲、阳城。1939 年 2 月,所属第 10 师与第 93 军所属第 83 师对调②,该军改辖第 83、第 85 师。5 月 21 日,第 83 师进攻翼城。该军参加第 2 战区 1939 年冬季攻势(1939 年 12 月 10 日至 1940 年 2 月 2 日)。1940 年 5 月,增辖第 94 师③。年底,该军渡过黄河驻河南临汝。1941 年初,第 85 师调驻渑池,第 94 师驻垣曲。第 83 师在黄河南岸参加晋南会战(1941 年 5 月 7 日至 6 月 15 日)。1942 年改隶第 4 集团军,1943 年初改隶第 36 集团军。1944 年 5 月,在洛阳参加豫中会战(1944 年 4 月中旬至 6 月中旬)。10 月,调驻四川南川、重庆、璧山,改隶重庆卫戍总司令部,12 月,第 94 师裁撤番号。1945 年 4 月,第 10 师拨入,该军改辖第 10、第 83、第 85 师。

1946 年 5 月,整编为整编第 10 师。7 月中旬至 8 月中旬"清剿"武当山。1946 年冬,第 83 旅由四川进入豫西,"堵剿"由大别山北撤的中原解放区部队,辗转入陕。1947 年春,该整

---

① 《第 83 师沿革略历》,全宗号 787,案卷号 16747。

② 《国防部本部隶属各部队主官简历驻地与部队沿革手册》,全宗号 783,卷宗号 393。

③ 《国防部本部隶属各部队主官简历驻地与部队沿革手册》,全宗号 783,卷宗号 393。

编师由四川万县调关中,控制在咸阳附近,保持机动,往返于晋南及豫西之间。4 月上旬,该师(欠第 85 旅及第 83 旅第 248 团)由耀县车运潼关,渡河北进。4 月 22 日进驻山西运城。4 月下旬,第 10 旅(欠第 29 团)开韩城至潼关间担任河防,投入陕北作战(1947 年 2 月下旬至 7 月下旬)。第 10 旅第 29 团及第 83 旅等留守晋南,在运城等地参加晋西南作战(1947 年 4 月上旬至 8 月中旬)。5 月下旬,第 85 旅进驻宜川。

1947 年 6 月,师部由运城开豫西,率第 85 旅及在陕县待命的第 10 旅东开鲁西南,第 83 旅脱离建制。隶属陆总郑州指挥所第 4 兵团,参加鲁西南地区作战(1947 年 6 月下旬至 7 月下旬),7 月 18 日到达柳河。20 日到曹县。"追剿"刘邓大军(1947 年 8 月中旬至下旬),沿陇海路经郑州转平汉路,到湖北黄安(今红安)、麻城进攻大别山。9 月初由信阳经郑州到民权,由大别山战场回援鲁西南。9 月 20 日,由民权向曹县进攻。在嘉祥、济宁一带担任机动。

1947 年 11 月返回大别山战场,在豫南潢川、罗山,隶属第 5 绥靖区参加大别山"进剿"作战(1947 年 11 月 27 日至 1948 年 2 月底)。12 月底从大别山回援平汉路,进攻信阳以北地区。1948 年 1 月 20 日由确山到泌阳,扫荡桐柏、江汉地区,旋返回确山。3 月在潢川。4 月驻守驻马店、确山,向西扫荡桐柏、江汉地区。5 月在桐柏。5 月底由南阳东进。改隶第 12 兵团。

1948 年 9 月,恢复第 14 军的番号,下辖第 10、第 85 师。11 月上旬,由豫西经确山东进,参加徐蚌会战(1948 年 11 月 6 日至 1949 年 1 月 10 日),11 月 26 日至 12 月 15 日该军在安徽宿县西南双堆集被歼灭,军长熊绶春阵亡,第 10 师代理师长潘琦、第 85 师代理师长吴宗远被俘。

1949 年 1 月,在湖南重建第 14 军,下辖第 10、第 85 师。5 月 15 日,由长沙、宁乡、安华、湘乡地区转进邵阳。6 月,第 85 师番号撤销,增辖第 62、第 63 师。8 月 4 日,起义。(11 月,第 63 师大部改编为中国人民解放军第 53 军第 217 师。)8 月 7 日,军长成刚率军部、第 10、第 62 师和第 63 师 1 个团重新加入国军。9 月 28 日至 10 月 6 日,在邵阳地区作战。10 月下旬转进至广西全县。11 月初到达桂林,奉命驰援黔中。11 月 21 日中止援黔,集结柳州、柳城、大埔。11 月 25 日,第 62 师在柳州被歼灭。12 月初到南宁。12 月 9 日,第 63 师一部在灵山县那隆镇、宁明县思乐镇附近被歼灭。13 日,一部进入越南。

历任军长(整编师师长):

卫立煌

李默庵(1937.9.7—)

陈铁(1938.6.21—1943.3 免兼)

张际鹏(1943.3 代理—1945.2)

余锦源(1945.2—)

罗广文(—1948.2.12 免兼)

熊绶春(1948.2.12—1948.12.11 阵亡)

张际鹏(1949.1.10—)

傅正模(1949.6.10—)

成刚(1949.6.25—)

第 15 军(整编第 15 师)

①直系吴佩孚部(1926.9－1927.8)

1926 年 9 月,独立第 3 师①在湖北扩编为第 15 军,下辖第 2、第 3、第 4 师,师长陈克鉴、刘鼎甲、程汝怀,独立旅旅长严敬。1927 年春,第 2 师及独立旅随江左军东下安徽,其余留驻湖北。5 月 9 日,武汉国民政府任命耿丹为该军副军长兼政治部主任。不久,该军隶属第 3 纵队进入河南参加北伐。8 月,增编第 1 师。同月 11 日,军长刘佐龙擅杀耿丹。12 日,武汉国民政府将刘免职查办。当月,该军番号撤销,所属第 3、第 4 师改编为湖北省防军第 1、第 2 师(1928 年 1 月编入第 18 军)。9 月,第 1、第 2 师改隶第 19 军。

历任军长:

刘佐龙

②新桂系军(1927.9－1929.4)

1927 年 9 月,第 7 军留守广西的第 3、第 4、第 5、第 6、第 9 旅编成第 15 军,下辖第 1、第 2、第 3 师,师长黄旭初、伍廷飏、吕焕炎。1929 年 4 月,番号撤销。

历任军长:

黄绍竑

③镇嵩军旧部(1929.6)

1929 年 6 月 16 日,暂编第 3、第 4 师和新编第 14 师编成第 15 军,军长刘镇华,驻河北。旋撤销番号。

历作军长:

刘镇华

④镇嵩军旧部,1948 年 5 月改造为中央军(1930.5－1949.12)

1930 年 5 月,镇嵩军刘镇华部在河南改编为第 15 军,下辖第 65、第 66、第 67 师。9 月 4 日由漯河出发,攻击襄城。9 月 15 日,攻占密县。10 月,攻占巩县和汜水。11 月,驻防新乡。

1931 年 4 月,第 66、第 67 师合并改用第 64 师番号。7 月,驻防荥阳、陕县、阌乡、洛阳、宜阳等地。1932 年 5 月,移驻南阳。10 月,第 65 师在湖北襄阳、枣阳、宜城地区堵击红四方面军。10 中旬至 11 月下旬,第 65 师经淅川等地向紫荆关追击,至关中。12 月,第 65 师调往汉中安康地区,一部进入四川万源。后返回南阳。1933 年 5 月,该军由南阳移驻潢川、安徽六安,"清剿"鄂豫皖苏区。1934 年秋,赴皖南屯溪阻截红七、红十军团北进。1934 年 12 月至 1935 年 6 月在鄂豫皖苏区与红二十八军作战。两师各抽调三团编为第 4、第 5 支队,"追剿"红二十五军,12 月 3 日至豫西陕县、灵宝一带时,奉令东开,归还建制。

1937 年 7 月,该军由安徽六安北上,经河北正定、平山,于 9 月入山西,隶属第 2 战区第 13 军团,在忻口等地参加太原会战(1937 年 9 月 12 日至 11 月 12 日),损失三分之二兵员。

---

① 1926 年 9 月 6 日,北伐军兵临城汉阳,湖北陆军第 2 师师长刘佐龙献城投降,被委任为武阳夏公安总司令兼独立第 3 师师长。

冬,移驻山西霍县。1938 年秋,转入中条山区,隶属第 5 集团军,在安泽、浮山、晋城、阳城一带作战。12 月军部驻山西翼城。1939 年下半年转隶属第 14 集团军。参加第 2 战区 1939 年冬季攻势(1939 年 12 月 10 日至 1940 年 2 月 2 日)、晋南会战(1941 年 5 月 7 日至 6 月 15 日)。1941 年 5 月 13 日从中条山突围,退豫西转隶第 1 战区担任河防守备。1944 年参加豫中会战(1944 年 4 月中旬至 6 月中旬),守备洛阳。战后到卢氏、淅川休整。7 月,改隶豫西警备总司令部,开赴内乡县。1945 年 3 月,进驻伏牛山,参加豫西鄂北会战(1945 年 3 月下旬至 5 月下旬)。抗战胜利时军部在嵩县,第 64、第 65 师分别进驻登封、临汝。9 月底由第 1 战区改隶第 5 战区。10 月 26 日,奉命"围剿"豫西八路军。

1945 年底,撤销第 65 师。1946 年 1 月,第 144 师拨入该军。5 月整编为整编师,第 144 旅与整编第 76 师所辖第 135 旅对调,但第 135 旅一直由整编第 76 师代管,未曾归建。该整编师在豫西参与围追中原解放区突围部队。1947 年,"追剿"刘邓大军(1947 年 8 月中旬至下旬)。8 月 23 日,西援助洛阳。10 月 1 日至 2 日,师部及第 64 旅在新安以西的铁门被歼灭。11 月 3 日至 4 日,师部及第 64 旅第 190、第 191 团残部 3000 人在郏县被歼灭,师长武庭麟被俘。1948 年 4 月 1 日,所属部队奉令改编为河南省保安第 7、第 8、第 9、第 10 团[①]。

1948 年 5 月,在河南南阳重建整编第 15 师,下辖第 64 旅、新编第 25 旅,军官由整编第 9 师抽调,士兵来自于豫西地方团队[②]。隶属郑州指挥所第 13 绥靖区。9 月,改称第 15 军,下辖第 64、第 243 师(由新编第 25 旅改称)。11 月,撤离南阳移驻湖北襄阳。1949 年初,增辖第 169 师。4 月,撤至宜昌附近,改隶华中军政长官公署第 14 兵团。7 月 16 日起向川鄂边境山区转进。7 月下旬驻鹤峰。11 月初西撤。11 月 19 日,在咸丰东北地区被歼灭大部。副军长廖剑文、第 64 师师长邱健率所属第 191、第 192 团退至川黔滇边界(1950 年初就地起义)。12 月 24 日,军长刘平率第 243 师等在四川郫县起义。

历任军长(整编师师长):

刘茂恩

武庭麟(1939.10.26—1947.11.4 被俘)

刘献捷(1947.12—1948.10.11)

刘平(1948.10.11 代理—1949.9.16 兼任—)

第 16 军

①滇军范石生部(1926.11—1929.3)

1926 年 11 月,滇军范石生部[③]改编为第 16 军。1927 年 5 月 22 日,驻粤桂边境。7 月,该军沿珠江东下进驻三水,不久开赴韶关。8 月,入湖南汝城,参加"剿共"。10 月,所属两个

---

① 刘茂恩口述、程玉凤撰著:《刘茂恩回忆录》,(台北)台湾学生书局,1996 年,第 816 页。

② 陈克非:《我从鄂西溃退入川到起义的经过》,《文史资料选辑》第 23 辑,第 52 页、第 62 页。

③ 1922 年范石生部为滇军顾品珍所部北伐军先遣军。1923 年 2 月,为驻粤滇军第 3 军。6 月,奉孙中山之命改编为中央直辖滇军第 2 军。1925 年 2 月,改称定滇军。《第 51 师战斗略史》,全宗号 787,案卷号 16742;《陆军各部队成立沿革纪要(第 1 辑)》,全宗号 787,案卷号 16721。

师由乐昌、仁化向湘边开拔。1928年初,该军返粤。下辖第46、第47、第48师(前身为独立第3师)和教导师,师长范石生(兼任)、曾日唯、许克祥、胡凤璋。3月26日,到湘南郴州、宜章"剿共"。7月,第46师在郴州被红军歼灭大部。1929年3月,该军改编为广东编遣区第5师。1930年2月,改称第51师[①]。

历任军长:

范石生(1926.11.27—)

②皖系军队(1928—1929.1)

1927年初,驻扎陕南的中央(北洋)陆军第7师吴新田部(皖系军队)被冯玉祥授予国民军联军第16路军的番号。1928年初,改称第2集团军第16军。10月,该军遭冯玉祥部进攻,退驻湖北。1929年1月,一部编入第56师,其余遣散。

历任军长:

吴新田

③晋绥军(1929.6)

1929年6月16日,第36、第43师编成第16军。旋撤销番号。

历任军长:

关福安

④湘军(1930.8—1938.8)

1930年8月5日,以第53师编成第16军,在青岛登陆,反攻济南[②]。12月移河南道口。1931年3月,由湖北襄阳南进,"清剿"鄂西。4月初在河南光山,参加对鄂豫皖苏区的"围剿"(1931年3月下旬至6月中旬)。7月,主力经江西南昌(欠两个团到安庆)到东固,隶属右翼集团军第1军团,在赣南参加对中央苏区的第三次"围剿"(1931年7月1日至9月20日)。12月,开赣西安福,参与对湘赣苏区的"清剿"。1932年2月,移防赣东北作战。11月中旬,撤出赣东北,赴乐安参加对中央苏区的第四次"围剿"(1933年1月1日至4月29日),战后驻东乡。1933年5月,"围剿"赣东北苏区。参加对中央苏区的第五次"围剿"(1933年10月至1934年10月)。1934年11月,进入湖南"追剿"红一方面军。1935年1月驻贵州镇远、玉屏和湖南晃县、芷江,维护交通。3月下旬由乌江南岸转移遵义。4月28日到云南沾益、曲靖。7月,守备四川泸定至康定一线。10月11日在靖华(今全州)以北与红四方面军作战。1936年3月开遵义,6月调雅安。1937年参加淞沪会战(1937年8月13日至11月下旬)。1938年6月,增辖第167师,防守马当、湖口。6月30日,失守马当要塞。8月,军与所属第53、第167师番号撤销。

历任军长:

李韫珩

⑤中央军(1938.8—1949.1)

---

① 《陆军各部队成立沿革纪要(第1辑)》,全宗号787,案卷号16721。

② 《第16军历史概况》,全宗号787,案卷号16783。

1938 年 8 月成立第 16 军,下辖第 28 师。10 月到豫南罗山、信阳,隶属第 9 战区第 2 兵团,参加武汉会战(1938 年 6 月中旬至 11 月中旬)。11 月,调驻陕西西安,完成军部和直属部队的组建。后军部移驻铜川,第 28 师担任黄河河防。

1939 年 1 月,增辖预备第 1、预备第 3 师。1940 年 1 月,军部移驻三原。7 月在西安、韩城、邠县整训。1940 年底,所属第 28 师与第 90 军所属第 109 师对调①,该军改辖第 109、预备第 1、预备第 3 师,隶属第 34 集团军,驻防韩城、颌阳,担任陕东河防。1940 年、1941 年,预备第 1 师到山西乡宁、禹门作战。1944 年,军部率预备第 3 师、第 109 师参加豫中会战(1944 年 4 月中旬至 6 月中旬)。6 月 15 日,克豫西灵宝。抗战胜利时军部驻陕西大荔。

1945 年 7 月,预备第 1 师改隶第 16 军,预备第 3 师改称第 94 师。此时该军下辖第 94、第 109 师。8 月,经风陵渡北渡黄河进攻山西平陆。10 月,增辖第 22 师。经同蒲铁路、石太铁路到石门,接收平汉铁路北段。11 月进至北平、昌平、南口等地,接收平绥路东段,隶属第 11 战区。1946 年 1 月 13 日进攻古北口。参加张垣(张家口)会战(1946 年 9 月 20 日至 11 月 11 日),9 月 27 日在南口、昌平地区集结,经延庆向察哈尔怀来进攻。10 月 13 日,占怀来。14 日,占下花园。11 月 4 日,占蔚县。1947 年参加平汉路北段作战(1947 年 4 月至 1948 年 1 月)。长期驻防北平、天津、保定三角地区。10 月 22 日,第 22 师所属第 66 团在定县清风店被歼灭。1948 年 5 月,活动于平西地区,驻守昌平、南口、八达岭一线。6 月中旬开往冀东。8 月,由唐山、滦县间进攻滦河以西地区。9 月 14 日,进军平北山区。9 月 30 日,由唐山铁路运输至南口。10 月 3 日,西移康庄、怀来。12 日,主力由康庄沿平绥路东进。10 月 27 日,调至平汉路策应第 94 军进攻石家庄。11 月 30 日,第 22、第 109 师由涿县移驻昌平南口。12 月初,增援新保安。10 日,军部、第 109 师、第 22 师大部 6800 人在康庄东南被歼灭。后在北平重建第 22、第 109 师。1949 年 1 月 21 日,接受和平改编。2 月 19 日,第 22 师、第 94 师、第 109 师改编为中国人民解放军独立第 25、第 31、第 34 师,并于 2 月 26 日分别并入解放军第 68、第 65、第 69 军,军部编入解放军第 65 军军部②。

历任军长:

董钊(1938.8.5—1943.6 免兼)

李正先(1943.6.30—1946.12)

袁朴(1946.12—1948.12.1 兼任一)

第 17 军(整编第 17 师)

①五省联军(1926.10—1928.7)

1926 年 10 月 8 日,福建陆军第 3 师李凤翔所部曹万顺、杜起云两旅在广东蕉岭通电投靠国民革命军,改编为第 17 军。军长曹万顺兼任第 1 师师长,杜起云为第 2 师师长。10 月 17、18 日抵达上杭。10 月 27 日,到达长汀。12 月 20 日,收编中央(北洋)陆军第 12 师李生

---

① 《国防部本部隶属各部队主官简历驻地与部队沿革手册》,全宗号 783,卷宗号 393。
② 《北平和平解放前后》,第 146—153 页。

春旅为该军第 3 师,李生春任副军长,王成芳为第 3 师师长。1927 年 1 月上旬,该军由福州向浙江温州进军。2 月,第 3 师因军纪败坏且阴谋异动(擅自由福州出发,经古田到建瓯),在建瓯被缴械。第 17 军复辖两个师。4 月,该军先占江苏扬州,后调镇江。5 月,渡江北上,至海州。7 月初,收编福建陆军陈以燊部为第 3 师,以李德铭为师长。7 月,该军由江苏赣榆青口镇、山东日照调回江南。8 月驻常熟、太仓。9 月,隶属第 1 路军,参加对孙传芳部的作战。10 月驻昆山。旋奉命与独立第 1 师李明扬部集中阜宁。11 月,进攻灌云、海州。第 2 师师长杜起云升任副军长,邓振铨继任师长。12 月驻海州、赣榆等地。

1928 年 2 月,所辖 3 个师改番号为第 53、第 54、第 55 师,师长为余仲麒、邓振铨、李德铭。4 月,隶属第 2 军团参加北伐,由海州到临沂。7 月,驻河北宝坻。7 月,第 54 师缩编为第 2 师第 6 旅,第 53、第 55 师与国民革命军总司令部警卫师合编为第 11 师一部。

历任军长:

曹万顺

②湘军唐生智部(1928.2－1928.11)

1928 年 2 月,第 4 集团军独立第 2 旅罗霖部、第 8 军所属第 1 师合编为第 17 军,下辖第 1、第 2、第 3 师,师长王锡焘、罗霖、魏镇藩。5 月,第 1、第 2 师分驻湖北黄陂、孝感一带。第 3 师参加北伐,军至冀东,后归建[①]。彭位仁接任第 1 师师长。11 月,第 1、第 2、第 3 师分别缩编为第 52、第 53、第 51 师各一部。

历任军长:

周斓

③晋绥军(1929.6)

1929 年 6 月 16 日,第 35、第 43 师等编成第 17 军。旋撤销。

历任军长:

杨效欧

④直鲁联军旧部(1930.5－1931.1)

1930 年 5 月,在山东烟台成立第 17 军,下辖第 21 师。1931 年 1 月 5 日,番号撤销。

历任军长:

刘珍年

⑤西北军(1931.6－1933.10)

1931 年 6 月,原西北军一部在赣南编成第 17 军,下辖第 25、第 27 师,隶属第 26 路军。12 月 14 日,第 25 师一部和第 27 师在宁都起义(编为中国工农红军第 5 军团)。1932 年 5 月,该军驻宜黄。8 月 17 日,第 27 师所属第 79 旅在乐安被红军歼灭。20 日,第 27 师所属第 80、第 81 旅在宜黄被红军击溃。10 月,该军及第 25 师番号取消。

历任军长:

高树勋(－1932.10.22)

---

① 《陆军第 7 军抗战期间作战经过概要表》,全宗号 787,案卷号 6546。

⑥中央军（1933.1—1935.5）

1933 年 1 月，在江苏徐州编成第 17 军，下辖第 2、第 25 师和骑兵第 1 旅、炮兵第 4 团。2 月至 3 月间，各师分别由洛阳、徐州、郑州开赴河北通县、密云，参加长城抗战。战后，驻北平、保定。1934 年春，第 2 师所属第 4 旅和第 25 师所属第 75 旅编组为"追剿"军第 2 兵团第 2 路第 1 支队，由第 2 师副师长惠济指挥，开江西永丰，在对中央苏区的第五次"围剿"（1933 年 10 月至 1934 年 10 月）中担任守备。1934 年 10 月，尾追红一方面军到湖南芷江。1935 年初，该支队归建。5 月，该军番号撤销。

历任军长：

徐庭瑶（1933.3.13—1935.5.1）

⑦中央军（1937.8—1949.12）

1937 年 8 月，第 84、第 21 师编组第 17 军，在察哈尔怀来居庸关、横岭城和赤城独石口参加平绥路东段方面作战（1937 年 8 月 8 日至 9 月 11 日）。战后到晋北隶属第 2 战区第 7 集团军参加太原会战（1937 年 9 月 12 日至 11 月 12 日）。太原会战后到离石整补。

1938 年 2 月，第 21 师改隶第 92 军。2 月，该军到沁源，在太岳山区游击。1939 年 3 月，改任中条山防务。12 月，驻绛县，参加 1939 年冬季攻势（1939 年 12 月 10 日至 1940 年 2 月 2 日）。

1940 年 6 月，新编第 2 师归建①，该军辖第 84 师、新编第 2 师。1941 年参加晋南会战（1941 年 5 月 7 日至 6 月 15 日）。10 月，移防河南渑池。1943 年 10 月，到甘肃固原整补。1945 年，新编第 2 师配属第 85 军参加豫西鄂北会战（1945 年 3 月下旬至 5 月下旬）。7 月，撤销新编第 2 师番号。第 12 师、暂编第 52 师拨入，旋暂编第 52 师改称第 48 师，该军改辖第 12、第 48、第 84 师。11 月，由固原移驻定西、榆中，又开武威、民勤。

1946 年 5 月，整编为整编第 17 师。第 12、第 84 旅调陕南等地"追剿"中原解放区突围部队（1946 年 7 月至 8 月）。1947 年初，该整编师由武威调驻陕西，转隶第 1 战区整编第 29 军。3 月 5 日，第 48 旅在合水西华池被歼灭 1500 人，旅长何奇阵亡。3 月第 12、第 84 旅由洛川、旧县地区出发参加陕北作战（1947 年 2 月下旬至 7 月下旬）。4 月，第 84 旅所属第 250 团隶属第 1 战区汾南兵团，暂辖整编第 10 师，在运城参加晋西南作战（1947 年 4 月上旬至 8 月中旬）。7 月，第 12、第 48 旅由郿县以西太白镇、黑水寺地区向吴旗、志丹地区进攻。7 月，第 84 旅脱离建制。8 月初，第 12 旅由安塞、志丹地区增援榆林。9 月 20 日返回延安、郿县地区整补。

1948 年 4 月 21 日，该整编师放弃延安。23 日，占洛川。26 日至 29 日，师部、第 48 旅第 144 团各一部在洛川以南被歼灭。5 月，驻蒲城以东永丰。7 月底，由颌阳进攻韩城，占领禹门口。参加洛河下游作战（1948 年 7 月 30 日至 11 月 28 日）。10 月 6 日，第 48 旅在大荔被歼灭，旅长万又麟被俘。10 月，恢复军、师番号，下辖第 12、第 48 师。11 月，调临潼整补。1949 年初，增辖第 295 师。该军（欠第 12 师）集结于鄠县（今户县）、西安、临潼。2 月 19 日，

---

① 《国防部本部隶属各部队主官简历驻地与部队沿革手册》，全宗号 783，卷宗号 393。

第 12 师由蒲城西撤归建。6 月中旬,进至西安外围王曲、灞桥等地,参加关中会战(1949 年 6 月上旬至 7 月下旬)。6 月 14 日,围攻鄠县。8 月驻汉中城固、洋县。10 月驻镇安、佛坪。11 月中旬由佛坪、东江口分别经洋县、宁陕、南江、巴中进入四川。12 月 25 日,第 12 师大部、第 48 师在德阳起义。29 日,军部、第 295 师在三台被歼灭,军长周文韬被俘。

历任军长(整编师师长):

高桂滋(1937.8.7—)

何文鼎(—1948.7.15)

康庄(1948.7.21—1948.12.1)

杨德亮(1948.12.1—)

周文韬(—1949.12.29 被俘)

整编第 18 师(见第 11 军)

第 18 军(整编第 11 师)

1927 年 4 月 4 日,蒋介石任命孙传芳部将李宝璋为第 18 军军长。李未受命。

①五省联军(1926.10)

1926 年 10 月 7 日,浙江省省长夏超投向国民革命军,被任命为第 18 军军长,所属部队为浙江保安总队 3 个团。10 月 22 日,所部由嘉兴败退杭州,夏超被捕。该军番号撤销。

历任军长:

夏超

②湘军程潜部(1927.8—1927.10)

1927 年 8 月 16 日,第 6 军番号改为第 18 军,下辖第 17、第 19 师(由第 19 军陈仪部所编而成),师长文鸿恩、余宪文。8 月,主力在丹阳陵口镇,一部在扬中。8 月下旬参加龙潭战役。9 月初隶属右翼军,自镇江附近渡江追击孙传芳部,经扬州、高邮、宝应、淮安,9 月 12 日到淮阴。10 月,该军番号撤销,第 17 师改隶第 26 军。

历任军长:

杨杰

③西北军(1927.8—1928.10)

1927 年 8 月,第 2 集团军一部编成第 18 军,下辖第 68、第 69、第 89 师,师长程希贤、葛运隆(云龙)、沈克。1928 年 4 月至 5 月,在豫北安阳方面作战。10 月,缩编成第 26 师。

历任军长:

鹿钟麟

④湘军唐生智部(1927.10—1928.3)

1927 年 10 月 20 日,第 8、第 35 军各一部在湖南组建第 18 军,下辖独立第 4、第 7、第 21 师,师长门炳岳、何宣、危宿钟,分驻常德、澧县、岳州。1928 年 3 月 16 日,改称第 12 军。

历任军长:

叶琪

⑤新桂系军(1928.1—1928.9)

1928 年 1 月 5 日,湖北省防军第 1、第 2 师(原第 15 军)及独立第 1、第 2 团和武汉卫戍第 1 旅在武汉编组第 18 军,下辖第 1、第 2、第 3 师,师长林逸圣、严敬、李石樵。2 月,所辖 3 个师分别改称第 56、第 57、第 58 师。9 月,该军缩编为第 17 师。

历任军长:

陶钧

⑥晋绥军(1929.6)

1929 年 6 月 16 日,第 37、第 39 师编成第 18 军。旋撤销①。

历任军长:

王靖国

⑦中央军(1930.8—1950)

1930 年 8 月,陈诚被任命为第 18 军军长,下辖第 11 师。8 月 19 日由济南南下,开河南商邱。10 月 5 日,占郑州②。11 月,开赴武汉,增辖第 14 师。1931 年 4 月 7 日,在武汉成立军部,部队分别驻扎鄂南、鄂东、平汉路南段。5 月,开江西抚州。隶属左翼集团军第 2 路进击军,在赣南地区参加对中央苏区的第三次"围剿"(1931 年 7 月 1 日至 9 月 20 日),先后占黎川、南丰、广昌、石城、宁都、东固、龙冈等地。战后集结吉安、泰和。

1931 年 10 月,增辖第 52 师。11 月,增辖第 43 师。1932 年,该军隶属第 2 路军。3 月,驰援赣州。5 月至 7 月"清剿"赣西。秋,东援乐安、宜黄。8 月,增辖第 59 师。12 月,第 14 师集中临川以南,第 11、第 59 师集中宜黄以南地区,参加对中央苏区的第四次"围剿"(1933 年 1 月 1 日至 4 月 29 日)。1933 年 2 月,所辖第 43、第 52、第 59 师在宜黄编成第 5 军。3 月 21 日,第 11 师大部在宜黄东陂草台岗地区被歼灭。战后,第 11、第 14 师驻崇仁、乐安。

1933 年 8 月,第 11、第 14 师拨出 3 个团成立第 67、第 94 师。10 月,增辖第 98 师,该军辖第 11、第 14、第 67、第 94、第 98 师。1933 年 9 月至 1934 年 9 月隶属北路军第 3 路军第 5 纵队,参加对中央苏区的第五次"围剿"(1933 年 10 月至 1934 年 10 月)。1934 年 1 月在黎川,4 月进占广昌。10 月 6 日进攻石城。战后,隶属驻赣绥靖公署驻赣预备军第 2 纵队。1935 年夏,集结樟树、吉安一带。7 月,第 98 师脱离建制。9 月,该军由樟树、清江进驻浙江龙泉、云和、遂昌、丽水、松阳、江山。10 月,围攻闽浙边区红军。

1936 年 1 月,第 67、第 94 师合编为第 67 师,该军改辖第 11、第 14、第 67 师。年初,军部在衢州,各师驻丽水、常山、江山。6 月,该军调广东广州。7 月下旬驻扎粤汉路南段及广州石龙虎门线上。12 月西安事变爆发后,第 14 师开赴华阴、潼关、华县。1937 年 8 月,该军担任粤汉路沿线警备。8 月 4 日,奉命参加保定方面作战。11 日,先头部队越过郑州,旋奉

① 《蒋介石颁发对冯玉祥西北军作战命令及计划》(1929 年 6 月 16 日),《中华民国史档案资料汇编》第 5 辑第 1 编军事(2),第 15 页。

② "国防部"军务局史政处编纂:《国民革命军陆军第十八军军史》,"国防部"军务局史政处,1998 年。

命改向苏州集结。22日,军部到达无锡。

1937年8月,第14师改隶第54军。该军下辖第11、第67师,并指挥第13、第44、第60师等参加淞沪会战(1937年8月13日至11月下旬)。战后撤至皖南徽州、宁国,第67师脱离建制。隶属第9战区第1兵团第20集团军。军部率第11、第16、第60师,在江西彭泽、湖口、马当以及瑞昌、武宁一带昌参加武汉会战(1938年6月中旬至11月中旬)。战后到湖南长沙、衡阳地区,第43、新编第23师拨入,该军改辖第11、第43师和新编第23师。1939年3月,第43师拨隶第87军。7月,新编第23师与第54军所属第18师对调,第199师归建,该军改辖第11、第18、第199师[①]。

1939年7月,该军率第18、第199师(欠第11师)由湖南开赴湖北宜昌,船运入川,主力驻重庆、万县整训,一部驻黔东。第11师暂留湖南隶属第87军指挥,在第9战区参加第一次长沙会战(1939年9月1日至10月14日)。1940年6月,第11师归建。该军由重庆、万县开赴湖北宜昌,隶属长江上游江防军,参加枣宜会战(1940年5月1日至7月4日)。7月,由巴(县)万(县)要塞调回重庆、万县。1941年12月,进驻湖北石牌要塞、三斗坪。

1943年1月,第199师与暂编第9军所属暂编第34师对调,该军改辖第11、第18和暂编第34师。隶属第6战区长江上游江防军,参加鄂西会战(1943年5月上旬至6月中旬)。

1943年9月,暂编第34师改隶第32军,第55师拨入。该军改辖第11、第18、第55师,仍驻三斗坪、石牌。11月,驰援湖南参加常德会战(1943年11月2日至1944年1月5日)。战后,驻扎湖南澧县、临澧与湖北公安。1944年春,南移常德、桃源。冬,更换美械。

1945年4月,第55师裁撤,第118师拨入。该军改辖第11、第18、第118师,改隶陆军总司令部第4方面军,在邵阳、武冈参加湘西会战(1945年4月上旬至6月上旬)。战后,驻守沅陵。8月下旬,改隶第6战区,在长沙、岳阳受降。10月,调武汉。1946年4月,隶属武汉行营武汉警备司令部,一部"堵剿"中原解放区部队突围(1946年6月)。

1946年5月,整编为整编第11师。8月,调江苏徐州附近集结,隶属徐州绥靖公署第32集团军(该集团军9月下旬改称整编第27军),参加第一次鲁西南战役(1946年8月上旬至11月上旬)(第18旅部及所属第53团未参战)。8月19日,由黄口攻占砀山。8月26日,占丰县。9月4日占单县,6日占城武(今成武),12日攻占定陶,20日占菏泽,29日由菏泽进攻巨野。10月7日,第11旅所属第32团及附属特种兵3000余人在巨野张凤集被歼灭。10月18日,攻占巨野、嘉祥。

1946年11月,由鲁西南调苏北。12月13日,由宿迁向苏北沭阳、新安镇进军。1947年1月,由苏北调鲁南战场,由运河集、邳县向临沂进攻,参加鲁南作战(1947年1月14至2月15日)。2月,西开临城,沿津浦路北上。3月,由邹县、兖州、滕县地区东进,隶属徐州司令部第3兵团,参加沂蒙山区作战(1947年3月下旬至7月下旬)。4月22日占白马关。4月30日占新泰。6月29日占南麻。8月底,驻莱芜、新泰地区。9月初,由鲁中增援鲁西南。9月20日,由商邱(今商丘)向曹县进攻。9月21日占土山集。10月,隶属整编第18

---

① 《国防部本部隶属各部队主官简历驻地与部队沿革手册》,全宗号783,卷宗号393。

军,由鲁西南调赴河南信阳。11 月,隶属第 5 绥靖区参加大别山"进剿"作战(1947 年 11 月 27 日至 1948 年 2 月底)。12 月底,回援平汉路,进攻信阳以北地区。

1948 年 1 月,第 18 旅拨隶整编第 3 师。该整编师辖整编第 11 旅、整编第 118 旅。3 月,由许昌增援洛阳,18 日到洛阳附近。旋调驻长葛整补。4 月 3 日,奉命东进增援阜阳,7 日到周家口停止前进。6 月,东进上蔡,旋返回确山整训。8 月,增辖第 49 旅。9 月,恢复军、师番号。11 月,改隶第 12 兵团(整编第 18 军改称)。11 月上旬,由豫西经确山开赴安徽阜阳、太和集结,参加徐蚌会战(1948 年 11 月 6 日至 1949 年 1 月 10 日)。11 月 24 日,第 49 师在固镇以西大营集被歼灭。11 月 26 日至 12 月 15 日,主力在宿县西南双堆集被歼灭,军长杨伯涛和第 11、第 118 师师长王元直、尹钟岳被俘。

1949 年 1 月,在南京重新成立军部,下辖第 11、第 14、第 118 师。第 11 师开赴浙江丽水整补,军部与第 14、第 118 师分赴江西南昌、临川、黎川、南城、金溪、贵溪等地,隶属第 2 编练司令部整补。5 月,增辖第 75 师。6 月上旬,撤往江西连城、福建长汀间整训。9 月初,调驻广东潮汕地区,增辖第 43 师。第 14、第 75 师分别改隶第 19、第 67 军,该军下辖第 11、第 43、第 118 师。10 月 8 日,第 11、第 118 师由汕头增援金门。1950 年 11 月,该军到台湾。

历任军长(整编师师长):

陈诚(1930.8—)

罗卓英(1935.9.23—)

黄维(1938.5.30—)

彭善(1939.5.26—)

方天(1940.12.12—1943.8)

罗广文(1943.8.3—)

胡琏(1944.8.13—)

杨伯涛(1948.9—1948.12.15 被俘)

郭汝瑰(1949.1—)

高魁元

第 19 军

①五省联军(1926.12—1927.3)

1926 年 12 月 17 日,北伐军总司令部任命浙江陆军第 1 师师长陈仪为第 19 军军长,下辖第 1、第 2 师,石铎、余宪文分任师长,驻扎杭州、绍兴、宁波一带。12 月 22 日,陈仪被孙传芳拘押在南京,军长职由石铎代理。该军转战浙东,损失惨重。1927 年 3 月中旬,该军番号撤销,缩编成独立第 15 师(5 月 7 日,独立第 15 师改称第 19 师,拨属第 6 军杨杰部)。

历任军长:

陈仪(1926.12.17—)

②新桂系军(1927.9—1928.9)

1927 年 9 月,第 7 军所属第 2 师、第 15 军所属第 1、第 2 师在南京编成第 19 军,下辖第

1、第 2、第 3 师,师长李思炽、李宜煊、郑重。10 月,西征讨伐唐生智。11 月,占领湖北蕲水、广济、汉口。1928 年 1 月 27 日,攻占长沙。2 月 25 日,所属 3 个师番号改为第 59、第 60、第 61 师。9 月,缩编为第 16 师。

历任军长:

胡宗铎

③国民二军旧部(1928.3—1929.2)

1928 年 3 月,暂编第 2 军在湖北襄阳一带被第 2 集团军收编为第 19 军。同年又被第 4 集团军收编。1929 年 2 月,缩编为湖北警备第 1 旅(5 月扩编为新编第 5 师)。

历任军长:

李纪才

④晋绥军(1929.6)

1929 年 6 月 16 日,骑兵第 2、第 4、第 5 师编成第 19 军,师长分别为郭凤山、王英、原屏藩。旋撤销番号。

历任军长:

赵承绶

⑤粤军陈铭枢部(1930.8—1933.12)

1930 年 8 月,在山东成立第 19 军,下辖第 60、第 61 师,隶属第 19 路军。10 月 9 日,由河南郑州、新郑开赴湖北汉口[①]。12 月,由武汉经江西萍乡、莲花、永新集中于万安、泰和,参加对中央苏区的第一次"围剿"(1930 年 12 月 19 日至 1931 年 1 月 3 日)。1931 年 1 月,由兴国向龙冈、宁都方向进攻,参加对中央苏区的第二次"围剿"(1931 年 4 月 1 日至 5 月 30 日)。战后到吉安。

1931 年 7 月,增编第 78 师。隶属右翼集团军第 1 军团,参加对中央苏区的第三次"围剿"(1931 年 7 月 1 日至 9 月 20 日)。年底调京沪地区担任警备。1932 年 1 月,参加淞沪抗战。6 月,由上海海运福建厦门登陆,隶属第 4 路军"清剿"闽西南地区。12 月,第 61 师一部在邵武,主力在漳平,第 60 师在龙岩、梅村,隶属左路军参加对中央苏区的第四次"围剿"(1933 年 1 月 1 日至 4 月 29 日)、第五次"围剿"。11 月,以该军为骨干扩编成立福建政府人民革命军。12 月 15 日,国民政府下令免去蔡廷锴军长职,该军番号撤销。

历任军长:

蔡廷锴(1930.8.16—1933.12.15)

⑥晋绥军(1934.10—1949.4)

1934 年 10 月,在山西平定编成第 19 军,下辖第 72 师及独立第 2 旅[②],隶属太原绥靖公署。旋开赴江西泰和、万安,隶属驻赣绥靖公署第 2 绥靖区。1935 年初,调回山西。12 月,第 72 师所属第 209 旅 1 个团担任山西永和及其以西河防。

---

① 《第 60 师陈沛部抗敌经过》,全宗号 787,卷宗号 6555。

② 《第 2 战区各部队沿革史》,全宗号 787,案卷号 16766。

1937 年 9 月隶属第 2 战区,军部率第 70、第 72 师和独立第 2 旅,在忻口等地参加太原会战(1937 年 9 月 12 日至 11 月 12 日)。12 月,第 68 师大部和独立第 1、第 2、第 3 旅各一部,连同第 70 师在隰县编为第 19 军,下辖第 68、第 70 师。转进晋西中阳、离石一带游击。1938 年 5 月,增辖第 210 旅。1939 年 2 月,隶属 13 集团军,移临县。7 月,第 70 师缩编为第 217 旅[①],该军改辖第 68 师和第 210、第 217 旅。12 月,该军到永和、石楼、大宁一带,参加 1939 年冬季攻势(1939 年 12 月 10 日至 1940 年 2 月 2 日)。

1941 年初,第 210、第 217 旅分别扩为暂编第 37、第 38 师,该军改辖第 68 师和暂编第 37、暂编第 38 师,改隶第 6 集团军。12 月 28 日,第 68 师在赵城。1943 年,该军在浮山一带开辟"汾东政权"。

1945 年初,暂编第 38 师与第 33 军所属暂编第 42 师对调,该军改辖第 68 师和暂编第 37、暂编第 42 师。8 月 11 日,军部率第 68 师、暂编第 37 师由浮山出发参加晋东南的上党战役(1945 年 8 月 30 日至 10 月 17 日),8 月 21 日占长子县,23 日占长治、屯留,25 日占壶关、潞城、襄垣。9 月 10 日至 10 月 12 日,军部及第 68、暂编第 37 师在沁河以东的将军岭及桃川地区被歼灭,军长史泽波、师长郭天辛、杨文彩被俘。

后该军残部与第 23 军合并编成第 19 军,下辖第 68、暂编第 37、暂编第 40 师。1946 年 1 月,军部驻阳曲。第 68 师在忻州参加同蒲路作战(1946 年 6 月 7 日至 1947 年 1 月 24 日),8 月 15 日被歼灭 2 个团。1948 年 6 月 24 日,军部和暂编第 40 师由平遥开往祁县途中大部被歼灭。7 月 7 日,暂编第 37 师(欠一个团在平遥、介休)在祁县被歼灭,师长雷仰汤被俘。9 月,暂编第 37、暂编第 40 师分别改称第 274、第 277 师。参加太原战役(1948 年 7 月 16 日至 1949 年 4 月 24 日)。11 月 13 日,第 68 师在太原外围被歼灭。1949 年 4 月 21 日,军长曹国忠与第 68、第 277 师师长武世权、许森率部在太原起义。

历任军长:

李生达(1934.10.27—1936.5)

王靖国(1936.7.30—1939.8)

孟宪吉(1939.8—1940.3 因病辞职)

梁培璜(1940.3—1941.1)

刘召棠(1941.3.28 代理—1943.12)

史泽波(1944.1.18—1945.10.12 被俘)

许鸿林(—1946.3.24)

杨爱源(1946.3.24 兼任—)

于镇河(—1948.4.18)

温怀光(1948.4.18—1948.12.1)

曹国忠(1948.12.1—1949.4.21 起义)

⑦中央军(1949.10—1950)

① 《第 2 战区各部队沿革史》,全宗号 787,案卷号 16766。

1949 年 10 月,在广东潮汕地区成立第 19 军,下辖第 13、第 14、第 18 师,隶属第 12 兵团。10 月 19 日,开赴金门作战。12 月,增辖第 196 师,第 13 师改隶第 5 军。增防舟山群岛。1950 年 5 月 16 日,由舟山撤军台湾。8 月,第 14 师与第 5 军所属第 45 师对调。

历任军长:

刘云瀚

第 20 军(整编第 20 师)

①川军杨森部(1926.10—1949.12)

1926 年 10 月 23 日,蒋介石任命川军将领杨森为第 20 军军长。杨部[①]占据下川东各县。11 月 28 日,杨森在湖北宜昌就职[②]。12 月 17 日,该军退出宜昌,返回四川。1927 年 5 月 6 日,该军一部再入宜昌[③]。6 月 6 日,该军攻占仙桃镇,10 日兵败。11 月,出兵湖北荆州、宜昌,讨伐唐生智。1928 年 1 月 7 日,国民政府明令免去杨森本兼各职(因其容留吴佩孚)。1 月底,杨部退回四川万县,下辖何金鳌、白驹、包晓南等师。6 月 27 日,杨森自行宣布恢复第 20 军军长职。11 月 6 日,国民政府发布对杨森"免予查办"的明令。是时,杨部拥有川东 16 县。不久,所部编为第 1、第 2、第 3 师,师长杨森、何金鳌、王仲明。1929 年 1 月,该军在第二次下川东战役中失败,退据渠县。1 月 15 日,国民政府免去杨森本兼各职。10 月 11 日,撤销对杨森的查办令。1930 年 4 月 18 日,蒋介石任命杨森为川陕边防司令。1931 年 1 月,该军扩占广安、岳池、顺庆等县,兵力编为 6 个混成旅,旅长杨汉忠、李君实、杨汉域、高德周、夏炯、刘治国。1932 年 10 月,杨部驻蓬安、岳池、广安、渠县四县,下辖 3 个师又 8 个旅,师长喻孟群、白驹、乔德寿,旅长杨汉忠、李君实、杨汉域、高德周、夏炯、刘治国、杨淑身、税古,约 2 万人。1933 年 2 月,一部由渠县、营山地区进攻川陕根据地。11 月,由蓬安向鼎山场、通江方向"围剿"川陕根据地(至 1934 年 9 月 22 日)。

1935 年 10 月,在四川洪雅防次整编为第 133、第 134、第 135 师。1936 年 1 月开赴赤水。2 月,经川南调贵州安顺、毕节、黔西。1937 年 8 月,在黔西大定整编,撤销第 135 师番号[④]。9 月 1 日,由贵阳出发。10 月 8 日到上海,参加淞沪会战(1937 年 8 月 13 日至 11 月下旬)。11 月到江苏常熟,战后到南京。12 月到安徽安庆,担任长江北岸枞阳、舒城、庐江、无为地区防务。在淮南参加徐州会战(1937 年 12 月下旬至 1938 年 6 月中旬)。在大别山南麓参加武汉会战(1938 年 6 月中旬至 11 月中旬),7 月赴湖南平江、浏阳。

1939 至 1944 年长期驻防湘北。隶属第 9 战区,参加第一次长沙会战(1939 年 9 月 1 日

---

① 1916 年靖国滇军第 2 军成立独立团,团长杨森,1919 年扩编为靖国滇军第 2 军独立旅。1920 年改称四川暂编陆军第 1 混成旅,同年扩编为四川暂编陆军第 9 师。1921 年扩编为四川暂编陆军第 2 军,辖第 2、第 4、第 9 师及第 1、第 3、第 4、第 6 混成旅。

② 《第 20 军历史概要》,全宗号 787,案卷号 16784;《国防部本部隶属各部队主官简历驻地与部队沿革手册》,全宗号 783,卷宗号 393。

③ 1927 年 5 月 10 日,武汉国民政府免去杨森军长职,任命郭汝栋为第 20 军军长。杨森未予理会,郭汝栋亦未就职。

④ 《第 20 军抗战史料》,全宗号 787,案卷号 6773。

至 10 月 14 日),战前担任通城、通山以南防务。1940 年 1 月驻崇阳,6 月驻通城。

1941 年 6 月,暂编第 54 师归建,该军改辖第 133、第 134 和暂编第 54 师。参加第二次长沙会战(1941 年 9 月 7 日至 10 月 12 日),战后担任新墙河南岸防守。参加第三次长沙会战(1941 年 12 月 19 日至 1942 年 1 月 15 日)。

1942 年 11 月,暂编第 54 师改由第 9 战区长官部直辖,新编第 20 师归建,该军改辖第 133、第 134 和新编第 20 师[1]。1943 年,驻岳阳[2]。参加常德会战(1943 年 11 月 2 日至 1944 年 1 月 5 日)。1944 年 3 月,防守汨罗江。参加长衡会战(1944 年 5 月下旬至 8 月上旬),5 月 27 日在新墙河阻敌。5 月 28 日失守长寿街,5 月 30 日在平江被包围,新编第 20 师突围,第 133 师几乎被全歼。

1944 年 9 月,新编第 20 师直隶于第 9 战区,军部率第 133、第 134 师撤离道县,10 月 10 日到达广西平乐、荔浦集结,参加桂柳战役(1944 年 9 月 8 日至 12 月 4 日),11 月 8 日收复贵州独山。12 月开赴贵州榕江、黎平、锦屏等地整训。1945 年参加湘西会战(1945 年 4 月上旬至 6 月上旬)。5 月,由黔东进攻广西桂林,参加桂柳反攻(1945 年 5 月下旬至 8 月中旬)。7 月 23 日,第 133 师克百寿(今永福县)。7 月 28 日,克复桂林。8 月 7 日克复兴安,17 日克全县。8 月 21 日,攻占湖南零陵。

1945 年 10 月,第 29 军直属部队及预备第 11 师所属官兵并入第 20 军,仍辖第 133、第 134 师。抗战胜利后,军部驻衡阳,部队分驻株洲、长沙、湘潭。1946 年 5 月,整编为整编第 20 师。10 月,调驻山东临城,担任滕县以南铁路守护。1947 年 5 月,驻兖州、新泰附近。7 月初,第 133 旅守备蒙阴。9 月,增援豫西宝丰、鲁山、南召。10 月驻洛阳。11 月,调信阳,隶属国防部九江指挥部,参加大别山"进剿"作战(1947 年 11 月 27 日至 1948 年 2 月底)。12 月底,调确山。1948 年初,扫荡桐柏、江汉地区。3 月,驻信阳、罗山。7 月,接防湖北襄阳。9 月,恢复军、师番号。12 月初,由襄阳经武汉船运南京,中旬转赴安徽蚌埠。1949 年 1 月上旬,担任津浦路明光到滁县段的护路任务。3 月上旬由江苏龙潭、下蜀开赴安徽芜湖、鲁港,担任江防,隶属京沪杭警备总司令部第 7 绥靖区。4 月 23 日,南撤,在宣城湾沚镇被包围,大部被歼灭,第 134 师师长李介立被俘,军长杨干才阵亡。

该军残部千余人到福建与第 7 绥靖区编成 1 个独立团,后开回四川重庆,重组第 20 军。隶属西南军政长官公署重庆卫戍司令部,下辖第 79、第 133、第 134 师和独立师。12 月 26 日,军长杨汉烈率独立师在金堂、第 79 师在广汉县起义。1950 年 1 月 26 日,代军长景嘉谟、第 133 师师长何学植率部在北川片口投诚。2 月 9 日,第 134 师残部在松潘被歼灭,师长萧传伦阵亡。

历任军长(整编师师长):

杨森(1926.10.23—)

杨汉域(1939.1.23—)

---

① 《第 20 军历史概要》,全宗号 787,案卷号 16784。

② 《第 26 军 32、41、134 师在赣、湘行动概见图表》,全宗号 787,卷宗号 6649。

杨干才（—1948.5.6 兼任—1949.1.16 兼任—1949.4.23 阵亡）

杨森

杨汉烈（—1949.12.26 起义）

②川军郭汝栋部（1928.1—1934.9）

1928 年 1 月 27 日，国民政府明令免去杨森本兼各职，第 20 军军长职由该军第 5 师师长郭汝栋升任。郭部改编为第 3、第 5 师和独立旅，师长：郭汝栋（兼任）、廖海涛，独立旅旅长李逢春。年底，占据酉阳、秀山、黔江等县，增编 1 个师，以陈兰亭为师长。1930 年，陈兰亭、廖海涛两师编入第 21 军。郭汝栋率其余部队调驻湖北宜昌，后到鄂东黄冈、广济[①]。部队改编为 3 个混成旅和 1 个独立旅，旅长为王靖澄、刘公笃、萧毅肃、朱宗憲[②]。9 月，缩编为第 26 师。1930 年 12 月至 1934 年，长期驻防鄂南大冶、阳新等地"围剿"湘鄂赣苏区。1934 年 9 月 24 日，该军改称第 43 军。

历任军长：

郭汝栋

③国民三军旧部（1927.6—1928.11）

1927 年 6 月，暂编第 5 军隶属第 2 集团军，改番号为第 20 军，下辖第 58、第 59 师，师长谭炳衡、马法五。10 月至 11 月，与直鲁联军在豫东马牧集作战。1928 年 2 月，赴林县"进剿"天门会。4 月，在安阳作战。11 月，缩编为第 2 集团军暂编第 14 师。

历任军长：

庞炳勋

第 21 军（整编第 21 师）

①川军刘湘部（1926.12—1949.12）

1926 年 11 月，四川军务督办刘湘所属部队[③]被授予第 21 军番号，下辖 7 个师 1 个混成旅，驻防川东（1927 年 5 月，武汉国民政府任命该军第 5 师师长向成杰为第 21 军军长）。1928 年 9 月，缩编为 3 个师，师长唐式遵、王缵绪、刘湘。不久，王陵基接任第 3 师师长。1929 年 1 月，击败第 20 军杨森部，获取川东二十余县，收编范绍增部，改编为第 21 军第 4 师。3 月，唐式遵师出师湖北宜昌，讨伐新桂系军。1930 年，收编第 20 军（郭汝栋部）陈兰亭、廖海涛两师。1931 年 6 月，王陵基率该军一部到鄂西"进剿"红军（1932 年底撤回四川）。

1932 年 10 月，该军占据重庆周边 27 县，下辖第 1、第 2、第 3、第 4 师和教导师、模范师［师长唐式遵、王缵绪、王陵基、范绍增、潘文华、刘湘（兼任）］以及川东边防军第 1、2、3 路（司

---

① 《第 49 军 26 师行动概见图表》，全宗号 787，卷宗号 6648。

② 《国民党军第二十军郭汝栋等关于拟具鄂东反共计划及蒋介石指令》（1930 年 6 月），《中华民国史档案资料汇编》第 5 辑第 1 编军事（3），第 172 页。

③ 1907 年为第 33 混成旅朱庆澜部。1909 年扩编为第 17 军（镇）。1912 年改称川军第 1 师，1914 年刘湘任师长。1915 年改称第 15 师。1916 年仍称川军第 1 师。1918 年改称川军第 2 师。1920 年扩编为川军第 2 军，刘湘任军长。《国防部本部隶属各部队主官简历驻地与部队沿革手册》，全宗号 783，卷宗号 393；《第 21 军战史资料》，全宗号 787，卷宗号 6774。

令陈兰亭、魏瀛洲、魏楷),约 10 万人。1932 年 10 月至 1933 年 9 月,与第 24 军刘文辉部交战。1933 年 1 月,成立第 5 师。1933 年 11 月 1 日至 1934 年 9 月 22 日,"围剿"川陕根据地,由开江、开县向宣汉、达县、万源进攻。1935 年 1 月至 3 月在川黔边境追堵中央红军。4 月,控制嘉陵江以东地区。7 月,守备名山至雅安一线。

1935 年 10 月,该军整编,因所辖部队较多,分编为第 21、第 23、第 44 军。第 21 军下辖第 1、第 4 师和暂编第 2 师,师长饶国华、范绍增、彭诚孚。11 月进出名山、雅安。

1937 年 1 月,3 个师分别改称第 145、第 146、第 162 师。第 162 师留驻成都(1938 年 2 月编入第 67 军)。第 145、第 146 师出川抗战,经徐州,于 11 月中旬到达南京浦镇。25 日前后到达宜兴、长兴。第 145 师戍守安徽广德正面。第 146 师侧击泗安之敌,掩护淞沪会战大军转进。30 日后,向黄山方向撤退。12 月,戍守皖南繁昌、荻港、铜陵、贵池、东流一线,隶属第 23 集团军。1938 年 4 月,军部驻青阳。5 月,该军北渡安庆,增援合肥。6 月,回师皖南。10 月,军部移驻江西浮梁,部队驻扎皖赣边界。

1939 年 3 月,第 145 师改隶第 50 军,第 23 军所属第 147、第 148 师拨入,该军改辖第 146、第 147、第 148 师。3 月,部队北移,守备湖口到贵池殷家汇段江防。参加第 3 战区 1939 年冬季攻势作战(1939 年 12 月 16 日至 1940 年 2 月 25 日)。策应第二次长沙会战(1941 年 9 月 7 日至 10 月 12 日)。1942 年,调浙江龙游、兰溪、汤溪,参加浙赣会战(1942 年 5 月中旬至 9 月上旬)。8 月,协同第 49 军攻略衢州,进出金兰,集结金华以西。12 月开往浙西常山、开化整训。

1942 年 12 月,第 148 师与第 50 军所属第 145 师对调①。1945 年 7 月,第 147 师番号撤销,新编第 7 师拨入,该军改辖第 145、第 146 和新编第 7 师。抗战胜利后,由江西贵溪移驻苏南昆山,隶属徐州绥靖公署第 1 绥靖区。1946 年 5 月,整编为整编第 21 师。7 月,第 145 旅和新编第 7 旅调南通、如皋、海安。新编第 7 旅隶参加江北地区作战(1946 年 7 月上旬至 12 月底),8 月 11 日在海安李堡镇被歼灭。1947 年 3 月,军部驻昆山,第 146 师驻上海,第 145 师驻盐城、东台,新编第 7 旅番号撤销。当月,调台湾,隶属台湾警备总司令部。8 月,返回苏中战场。11 月,第 145 旅开安徽黄梅,隶属国防部九江指挥部,参加大别山"进剿"作战(1947 年 11 月 27 日至 1948 年 2 月底)。12 月 10 日,第 146 旅在江苏海安李堡镇等地被歼灭。1948 年上半年,驻防海安、如皋、南通等地。

1948 年 9 月,恢复军、师番号,驻守淮阴、扬州。12 月,增辖第 230 师。1949 年 2 月,驻守江阴、扬中,隶属京沪杭警备总司令部第 1 绥靖区。4 月 21 日,经无锡、苏州、昆山向上海转移,参加淞沪作战(1949 年 4 月 23 日至 5 月 25 日)。5 月 26 日,军长王克俊率第 145、第 146 师师长李志熙、李前荣及团长等人先行撤离转移舟山,部队仍在第一线作战。26 日,部分官兵在淞沪警备副司令官刘昌义率领下接受和平改编。27 日,第 230 师 8000 余人投诚。6 月,第 45、第 21 军合并为第 21 军,下辖第 145 师(由第 21 军残部并编而成)、第 102 师(由第 45 军并编而成)。8 月,撤销该军番号,第 145 师约 2000 人拨补第 75 军,第 102 师番

---

① 《第 21 军战史资料》,全宗号 787,卷宗号 6774。

号撤销。

1949 年 10 月,以残部为基干在四川乐山、新津重新编成第 21 军,下辖第 26、第 145、第 365 师,隶属西南军政长官公署。12 月 21 日,军长王克俊、第 26 师师长李志熙率第 26、第 145 师在大邑起义。12 月 25 日,第 365 师在郫县起义。

历任军长(整编师师长):

刘湘(1926.11.27—)

唐式遵(1935.10.3—)

陈万仞(1939.2.4—)

刘雨卿(1942.1.24—1948.4.19)

王克俊(1948.4.19—1949.12.21 起义)

②川军(1927.5—1928.8)

1927 年 5 月,第 21 军第 5 师师长向成杰被武汉国民政府任命为第 21 军军长。1928 年 2 月 2 日,该军开湘潭、湘乡。4 月,"进剿"井冈山根据地。8 月 15 日,该军在湖南长沙被第 2、第 19 军包围缴械、遣散(1930 年 5 月,改编为第 22 军第 5 师)。

历任军长:

向成杰

③国民五军旧部(1927—1928.10)

1927 年,原国民五军军长吕秀文召集旧部在河南成立第 21 军,下辖第 1、第 64、第 85 师,师长丁省庠、张兴科、吕秀文(兼任)。1928 年 4 月,隶属第 2 集团军第 1 方面军,在山东微山湖以西与孙传芳部作战,由菏泽进攻巨野、嘉祥、郓城,4 月中下旬在济宁地区作战。5 月,由平阴经茌平、高唐北上。6 月初到河北霸县。北伐战争结束后,番号撤销。

历任军长:

吕秀文

第 22 军

①川军赖心辉部(1926.12—1930.6)

1926 年 11 月,四川边防军赖心辉部①被授予国民革命军第 22 军番号,下辖 5 个师②,防区为川南泸州、合江、永川、纳溪、古蔺等县。12 月 1 日,该军袁品文、陈兰亭等部参加泸州起义。1927 年 12 月,该军被第 24 军击败,退守川黔边界。

1930 年 5 月,该军出川驻防鄂西松滋,收编原第 51 师罗启疆部为该军第 4 师,原第 21 军向成杰部为该军第 5 师。6 月,该军番号撤销,所辖第 1、第 2、第 3 师缩编为新编第 11 师,第 4、第 5 师分别改编为暂编第 19 旅、新编第 7 旅。

---

① 最初为四川陆军第 17 镇第 34 协第 68 标。1912 年改称为四川陆军第 4 师炮兵第 4 团。1915 年,赖心辉任团长。1919 年扩编为第 21 师。1922 年扩编为四川边防军。

② 《陆军各部队成立沿革纪要》,全宗号 787,案卷号 16721;《陆军第 99 师沿革史略》,全宗号 787,案卷号 16750。又见《国防部本部隶属各部队主官简历驻地与部队沿革手册》,全宗号 783,卷宗号 393。

历任军长：

赖心辉（1926.11.27—）

②湘军谭延闿部（1932.2—1938.7）

1932 年 2 月，第 4 军谭道源部在江西改称第 22 军，下辖第 18、第 50 师等。该军常驻赣西北地区。5 月，第 18、第 50 师分驻宜春、武宁，参加对湘鄂赣苏区的"清剿"作战。10 月，在铜鼓等地作战。1933 年初，第 18 师转驻安福。10 月，调新喻、上高。1934 年 1 月，第 18 师所属第 52 旅由万载出发堵截红十七师进入湘鄂赣苏区。2 月，第 18、第 50 师分驻上高、铜鼓。11 月，隶属驻赣绥靖公署第 5 绥靖区，驻防万载、高安等地。

1937 年，第 18 师参加淞沪会战（1937 年 8 月 13 日至 11 月下旬）。1938 年，第 50 师参加徐州会战后期作战（1938 年 5 月 3 日至 5 月 28 日）。7 月，该军番号撤销，第 18、第 50 师分别改隶第 54、第 37 军。

历任军长：

谭道源

③陕西地方部队（1938.7—1949.12）

1938 年 7 月，以第 86 师为基干在陕西榆林编成第 22 军，辖第 86 师及两个支队①。长期驻守榆林，扼守伊克昭盟、神木、府谷河防。1939 年 4 月 22 日，第 86 师进攻绥远托克托双龙镇。隶属第 2 战区晋陕绥边区，参加 1939 年冬季攻势（1939 年 12 月 10 日至 1940 年 2 月 2 日）。

1940 年 5 月，一度增辖新编第 11 旅。1941 年 11 月，该军所属 5 个骑兵支队改编为骑兵第 6 师，仍隶属该军。1944 年底，骑兵第 6 师脱离建制。1945 年底，新编第 11 旅拨入，该军改辖第 86 师、新编第 11 旅。1946 年 10 月 13 日，陕北保安副司令胡景铎率第 86 师、新编第 11 旅部分官兵等在横山起义（起义部队改编为西北民主联军骑兵第 6 师）。10 月 16 日，驻扎横山的新编第 11 旅第 1 团团部及 1 个营 300 余人投诚。10 月 25 日，新编第 11 旅第 1 团在安边起义，第 2 团被歼灭。第 86 师参加第一次榆林作战（1947 年 8 月 3 日至 14 日）。8 月 6 日至 12 日，2 个团被歼灭。参加第二次榆林作战（1947 年 11 月上中旬）。

1948 年 8 月，新编第 11 旅改称新编第 11 师，调驻绥远包头。10 月 22 日，新编第 11 师放弃包头。30 日，在包头以西被歼灭一团。10 月，新编第 11 师改称第 228 师。1949 年 6 月 1 日，军长左世允率领军直属队及第 86 师共 4695 人在榆林起义（改编为中国人民解放军西北军区独立第 2 师）。

重建该军，隶属西北军政长官公署晋绥边区总部，驻东胜、包头。9 月 19 日，接受和平改编。

历任军长：

高双成（1938.7.18—1943.9 兼任—1945.1.31 病故）

左世允（1945.2—1949.6.1 起义）

俞方皋（—1949.9.19 起义）

---

① 《国防部本部隶属各部队主官简历驻地与部队沿革手册》，全宗号 783，卷宗号 393。

整编第 23 师(见第 91 军)

第 23 军(整编第 2 师)

①川军刘成勋部(1926.12—1927.6)

1926 年 11 月,西康屯垦使刘成勋所部被授予国民革命军第 23 军番号。1927 年初,所部改编为 4 个师,师长刘国孝、孙涵、陈鸣谦、刘成勋(兼任)。6 月,第 24 军发起川南之战,兼并该军。6 月 29 日,军长刘成勋通电下野。

历任军长:

刘成勋(1926.11.17—1927.6.29)

②直系吴佩孚部(1927.6—1928.10)

1927 年 6 月,中央(北洋)陆军第 27 师秦德纯部在河南改编为第 2 集团军第 23 军,下辖第 32、第 36 师,师长田种玉、董振堂。1928 年 4 月至 5 月,在豫北安阳方面作战。10 月,该军与第 14 军合并缩编成第 23 师。

历任军长:

秦德纯

冯治安

③镇嵩军旧部(1927.5—1928.11)

1927 年 5 月,镇嵩军一部改编为第 2 集团军第 8 方面军第 23 军,下辖第 76 师和第 8、第 9、第 10 混成旅(师长徐鹏云,旅长贺有德、李相青、姚北辰)。1928 年 4 月,在河北大名作战。5 月底至 6 月初,经高阳、雄县北上。11 月,缩编为第 2 集团军暂编第 19、第 20 师各一部。

历任军长:

刘镇华

④国民五军旧部(1930.1—1930.2)

1930 年 1 月 12 日,蒋介石委任冯华堂为第 23 军军长,收编起兵反蒋的第 44 师。2 月 22 日,该军缩编,使用第 44 师番号。

历任军长:

冯华堂

⑥川军刘存厚部(1933.5—1935.10)

1933 年 5 月,新编第 15 师刘存厚部扩编为第 23 军,下辖第 1、第 2 师,师长刘邦俊、廖震,防区为川东北宣汉、达县、城口、万源四县,兵力约万人。参加对川陕苏区的围攻。10 月,6 个团大部在宣汉、达县被歼灭,失守宣汉、达县、万源三座县城。10 月 26 日,蒋介石将刘存厚革职查办。1935 年 10 月,该军缩编为第 44 军第 1 师。

历任军长:

刘存厚(1933.5.8—1933.10.26)

刘邦俊(1933.11.28 代理一)①

⑦川军刘湘部(1935.10—1939.3)

1935 年 10 月,第 21 军一部编成第 23 军,下辖教导师(师长杨国桢,所属第 1、第 2、第 3 旅,旅长为章安平,石照益、蒋尚朴)、第 5 师(师长陈万仞,下辖第 13、第 14 旅,旅长为达风岗、潘左)、边防第 2 路(司令穆肃中)。11 月进出名山、雅安。

1937 年 1 月,该军整编,下辖第 147、第 148 师。8 月,增辖第 164 师。10 月,该军主力(欠第 164 师)由重庆到汉口,转赴河南淇县、卫辉,隶属第 1 战区指挥。11 月,调南京外围溧水、溧阳,旋在广德、泗安作战。1938 年 1 月,第 147 师驻皖南繁昌。3 月,第 164 师改隶第 56 军。1939 年 3 月,该军番号撤销,第 147、第 148 师均改隶第 21 军。

历任军长:

潘文华(1935.10.3—)

陈万仞(代理)②

⑧晋绥军(1939.7—1945.12)

1939 年 7 月,在山西成立第 23 军,下辖第 73 师、暂编第 1 师、独立第 2 旅,驻防大宁、吉县、灵石。参加 1939 年冬季攻势(1939 年 12 月 10 日至 1940 年 2 月 2 日)。12 月,暂编第 1 师番号撤销。1940 年 9 月,第 73 师、第 196 旅、独立第 2 旅组成第 23 军,隶属第 7 集团军。10 月,改隶第 6 集团军。1941 年 1 月,所属两个旅扩为暂编第 39、暂编第 40 师,仍隶属该军。1944 年下半年,进驻汾西县。1945 年初,第 73、暂编第 39 师分别改隶第 34、第 43 军,暂编第 46、暂编第 47 师编入,该军改辖暂编第 40、暂编第 46、暂编第 47 师。抗战胜利时军部在隰县。9 月 15 日,军部率 3 个师由祁县东关镇出发赴晋东南。10 月 6 日,全军在襄垣县虒亭附近被八路军歼灭,暂编第 46 师师长郭溶被俘。12 月,各师官兵分别缩为第 68 师第 202、第 203、第 204 旅,该军及暂编第 47 师番号撤销。暂编第 40、暂编第 46 师番号拨归第 19、第 33 军使用。

历任军长:

刘奉滨

梁春溥(1941.3.28—1942.11)

许鸿林(1942.11.11—)

⑨中央军(1947.12—1950)

1947 年 12 月,第 213 旅及第 57 旅在山东济南合编成立整编第 2 师,隶属第 2 绥靖区。1948 年 4 月,第 57 旅拨出。3 月 20 日至 5 月初,第 213 旅救援昌乐、潍县。5 月,第 211 旅拨入,该整编师改辖第 211、第 213 旅。7 月 2 日,第 211 旅由济南南下救援兖州,占领界首、肥城、泰安。11 日,占大汶口。8 月,增辖第 19 旅。9 月 16 日至 24 日,该整编师在济南被歼灭,师长晏子风、第 19 旅旅长赵尧被俘。

① 周开庆编著:《民国川事纪要(1912 年—1936 年)》,(台北)四川文献研究社 1974 年版,第 526—529 页。

② 《第 21 军战史资料》,全宗号 787,卷宗号 6774。

1948年11月,在江西吉安、泰和组建第23军,隶属第3编练司令部,下辖第211、第213、第315师。1949初,改隶第13兵团。1949年7月,由吉安、泰和南撤。8月2日撤离遂川,14日撤离赣县,19日到龙南。8月下旬,进入广东,撤销第315师番号,官兵补充其他两个师。9月下旬,移驻增城以南石龙。10月24日至26日,在阳春、阳江地区被歼灭一部。12月1日,在廉江被歼灭一部。12月18日,由湛江海运台湾。

历任军长(整编师师长):

聂松溪(—1948.6.14)

晏子风(1948.6.14—1948.9.24被俘)

熊新民

李志鹏(1948.12.1—)

刘仲荻

第24军(整编第24师)

①川军刘文辉部(1926.11—1949.12)

1926年11月27日,广州国民政府任命四川军务帮办刘文辉①为第24军军长,下辖4路又10个混成旅,占据川南眉山、青神、仁寿、宜宾、南溪、屏山、资阳、威远、容县等20余县。1927年6月,收编第23军大部,扩编为7路又13个混成旅,占西康、邛崃、雅安地区。12月,击败第22军,占泸州、合江、永川、纳溪、古蔺等地。1928年,因在内战中助刘湘,获得资中、内江、隆昌、荣昌等县。1929年,战败李家珏、罗泽洲等部,占据遂宁、南充、顺庆等县。1932年10月,驻防西康,上、下川南,川东永川、江津,川北遂宁、南充,川西温江、华阳等81县,直辖第1、第2、第3师,师长张志和、林云根、夏首勋,川康边防司令部下辖第1、第2师,师长冷寅东、陈光藻;第1、第2、第3路,司令张熙民、傅渊希、刘莅冰,兵力达12万之众。1932年10月到1933年9月,该军与第21军刘湘部交战,败退西康,所剩兵力不过2万人,缩编为两个师。1934年,追堵进入西康的红一方面军。1935年10月,该军整编,下辖第136、第137、第138师和直属旅(旅长为余松琳)。10月至12月,阻止红四方面军南下川康边。1937年7月,第138师番号撤销,保留第136、第137师。1940年6月,第137师师长刘元瑭率两团成立新编第12军。1946年5月,整编为整编第24师。1948年9月,恢复军、师番号。1949年12月9日,军长刘元瑄率第137师在雅安起义,第136师在西昌起义②。

历任军长(整编师师长):

刘文辉(1926.11.27—)

① 始于陆军第15师补充团,1916年兴于护国之役事定,编入川军第2师第4旅27团,是为该军建制之始。1917年为第1混成旅第1团,8月改称第8师第15旅第29团。1920年9月军次眉州,扩编为第8师独立旅。1920年11月,改编为川军第1混成旅,旅长刘文辉。1923年扩编为川军第9师。1924年5月,以第9师第19旅全部,改编为川军第6混成旅。1925年,刘文辉受任帮办四川军务善后事宜,逐由一师一旅扩为四师六混成旅、一宪兵大队、一屯殖军、一独立营。《国防部本部隶属各部队主官简历驻地与部队沿革手册》,全宗号783,卷宗号393;《国民革命军第24军史略》,全宗号787,案卷号16728。

② 刘忠:《进军解放西康改造二十四军起义部队》,《成都文史资料》第22辑,第163页。

刘元瑄(—1949.12.9 起义)

②宁夏马鸿宾部(1927.9—1928.11)

1927 年 9 月,马鸿宾部①改编为第 2 集团军第 24 军。1928 年 11 月,缩编为第 2 集团军暂编第 22 师。

历任军长:

马鸿宾

第 25 军(整编第 25 师)

①黔军周西成部(1926.8—1935.5)

1926 年 8 月,中央(北洋)陆军暂编第 11 师(原黔军第 3 师)周西成部被授予国民革命军第 25 军番号,下辖 6 个师,毛光翔(兼任)、王家烈、犹国才、廖怀忠、黄道彬、刘成钧分任师长。1929 年 5 月 27 日,滇军龙云部和第 43 军李燊部攻入贵阳。7 月 4 日,副军长毛光翔率部攻入贵阳,驱逐李燊。10 月 11 日毛光翔就任军长,下辖 5 个师和川黔边司令侯之担部,师长王家烈、犹国才、蒋在珍、廖怀忠、江国藩。1931 年 8 月,毛光翔兼任第 18 路总指挥。1932 年 2 月王家烈率部由湘西回黔,出任第 25 军军长,毛光翔专任第 18 路总指挥,犹国才出任副军长兼第 2 师师长,毛光翔所兼教导师师长职由江国藩接任,不久,车鸣翼接任师长。11 月,毛光翔联合犹国才进攻贵阳,王家烈败走。1933 年 1 月 1 日,犹国才接任第 25 军军长职。是月,王家烈率部反攻,占领贵阳,毛光翔、犹国才败逃,车鸣翼脱离军队下野,侯之担接任教导师师长。犹国才率残部退至云南,投靠龙云。王家烈撤销犹国才第 2 师番号,将第 1 师扩编为两个师,以何知重、柏辉章分任第 1、第 2 师长

1935 年 5 月,第 25 军各部改编为 5 个师,第 1 师集中在安顺改编为第 103 师,第 2 师在威宁改编为第 102 师,第 3 师在湄潭改编为新编第 8 师,犹国才部在安顺改编为第 121 师,教导师在赤水改编为新编第 25 师。王家烈被免去军长职,该军番号取消。

历任军长:

周西成(—1929.5.27 阵亡)

毛光翔

王家烈

犹国才

王家烈

②湖北地方部队等(1935.10—1938.3)

1935 年 10 月,第 13、第 140 师在陕西汉中编成第 25 军。1936 年 1 月,第 13 师由南郑开赴四川綦江。第 140 师未随军行动,脱离建制。第 13 师经贵州遵义、毕节"追剿"红二、六

---

①　1926 年 9 月,国民军联军进入甘肃,将驻宁夏的巡防军、昭武军、新军及补充团与骑兵一旅、炮兵一营合编为第 22 师,下辖步兵两旅四团、骑兵一旅二团,马鸿宾为师长。《陆军各部队成立沿革纪要》,全宗号 787,案卷号 16721;《国防部本部隶属各部队主官简历驻地与部队沿革手册》,全宗号 783,卷宗号 393。

军团，入云南镇雄。7月下旬，调广东。10月，调驻河南洛阳。12月23日，由咸阳向西安进军，编入"讨逆军"第10纵队。

1937年初，增辖第165师。8月，第165师留守陇东，脱离建制。军部率第13师由汉中开赴上海，隶属第3战区第19集团军参加淞沪会战（1937年8月13日至11月下旬）。1938年3月，该军番号撤销，第13师改隶第75军。

历任军长：

万耀煌（1935.10.19—）

③中央军（1938.6—1949.8）

1938年6月，在湖北武昌成立第25军，下辖第52、第190师①。该军隶属第9战区第1兵团第9集团军第37军团，在赣北参加武汉会战（1938年6月中旬至11月中旬）。10月28日，第190师弃守德安。战后，第190师改隶第4军，第40、第108师拨入，该军改辖第40、第52、第108师。1939年1月，第52师开赴鹰潭，2月开驻浙江昌化，3月继开苏南，守备溧阳、高淳一带。3月，第40师开赴南昌。12月，第40师在皖南青阳参战，第52师到宁国。该军参加第3战区1939年冬季攻势作战（1939年12月16日至1940年2月25日）。1940年春，第52师调宣城的青弋江和南陵之间担任守备，3月接替第144师南陵、繁昌间防务②，10月4日弃守泾县。1941年1月，第40、第52师进攻皖南新四军。

1941年下半年，第63师拨入。1942年3月，第63师改隶第100军。1942年起，第108师活动于浙江寿昌、常山和江西玉山、弋阳、鹰潭、进贤等地。该军参加浙赣会战（1942年5月中旬至9月上旬），8月19日克江西贵溪，8月29日克进贤。9月，第40师移临川。

1942年10月，第52师改隶第28军，暂编第13师拨入，该军改辖第40、第108和暂编第13师。1943年1月至6月，第40师在临川整补，7月至11月在崇仁、宜黄、南城构筑工事③。

1945年6月，暂编第13师改称第75师。7月，第148师拨入。8月，第75师拨隶第70军，该军改辖第40、第108、第148师。抗战胜利时军部在江西雩都。10月，守备江苏泰县、扬州，隶属徐州绥靖公署第1绥靖区。1946年1月11日，进攻扬州城东北的邵伯。3月7日，扫荡苏中江都地区。5月，整编为整编第25师。6月9日，第108旅由仪征进攻淮南路。7月，主力在扬州，第148旅在泰县，参加江北地区作战（1946年7月上旬至12月底）。7月18日至23日，第148旅策应进攻如皋。10月8日占高邮，14日占宝应，19日占平桥，29日占临泽，30日占兴化。11月初占淮宁。12月13日由东台进攻盐城、阜宁。12月27日占阜宁。

1947年2月，北调。由赣榆城头镇向临沂进攻，隶属徐州司令部第1兵团，参加沂蒙山区作战（1947年3月下旬至7月下旬）。5月，主力在蒙阴，第148旅在费县。6月，进驻新

---

① 《国防部本部隶属各部队主官简历驻地与部队沿革手册》，全宗号783，卷宗号393。
② 《第52师沿革略历》，全宗号787，案卷号16802。
③ 《整编第70师139旅及277、278团沿革史》，全宗号787，案卷号16810。

泰。7 月,在沂水以北地区。8 月底,在胶济路东段的高密、胶县地区。隶属胶东兵团,参加胶东作战(1947 年 9 月上旬至 12 月中旬),9 月 8 日占平度,18 日占莱阳,27 日占栖霞。10 月,接防烟台。

1947 年 11 月,由烟台海运上海转赴安徽安庆登陆,隶属第 8 绥靖区,自潜山向岳西进发,参加大别山"进剿"作战(1947 年 11 月 27 日至 1948 年 2 月底)。

1948 年 3 月,由大别山战场调苏北战场,进攻盐城。6 月,经淮安集结新安镇车运徐州,隶属第 7 兵团沿津浦路北上,策应山东滋阳方面战斗。6 月 27 日,改向豫东商邱地区集结,救援受困于睢县西北地区的第 7 兵团,参加豫东作战(1948 年 6 月 16 日至 7 月 6 日)。7 月 7 日,与第 72 军会师。战后,第 148 旅脱离建制。9 月,恢复原军、师番号。11 月初,驻江苏宿迁新安镇,隶属徐州"剿总"第 7 兵团,参加徐蚌会战(1948 年 11 月 6 日至 1949 年 1 月 10 日)。1948 年 11 月 11 日至 20 日,在邳县碾庄被歼灭。

1949 年 1 月,在赣东重新编成第 25 军,隶属第 1 编练司令部,下辖第 40、第 108、第 148 师。4 月,退入福建闽清、福州,隶属福州绥靖公署第 6 兵团。7 月,第 148 师番号撤销。8 月 11 日至 23 日,该军大部在永泰以北地区被歼灭,军长陈士章被俘。

历任军长(整编师师长):

王敬久(1938.6.16—1939.9.8 免兼)

张文清(1939.8.16—1943.10)

黄百韬(1943.10.5—1948.)

陈士章(1948.7.8—1949.8.17 被俘)

④中央军(1949.8—1950.5)

1949 年 8 月下旬,第 5 军在金门改番号为第 25 军,撤销第 325 师,下辖第 200、第 350 师。旋即,第 200 师拨出另成立第 5 军,以空军警卫部队成立第 40、第 45 师。该军改辖第 40、第 45、第 350 师。10 月,第 40、第 45 师参加金门作战。1950 年 2 月,第 40 师拨隶第 52 军。5 月,该军及所属第 350 师番号撤销,第 45 师改隶第 5 军。

历任军长:

沈向奎

第 26 军(整编第 26 师)

①五省联军(1926.12—1928.8)

1926 年 12 月,浙江陆军第 3 师在浙江衢县扩编为第 26 军,伍崇仁、斯烈分任第 1、第 2 师师长。该军成立后隶属东路军参加北伐。12 月中旬,由衢县向桐庐、富阳进军。1927 年 2 月 28 日,占萧山。2 月,第 1 师师长伍崇仁去职,伍文渊继任。3 月,中央(北洋)陆军第 12 混成旅扩编为该军第 3 师,张国威任师长,不久即被裁并。4 月 5 日,接管上海防务。5 月,隶属第 1 路军参加第三期北伐,军至南通、海门、如皋、东台、盐城、阜宁一带。7 月,渡江南返,驻淳安等地,未几调回上海①。9月,隶属第1路军。9月30日,军长周凤岐辞职,陈焯升任副军长、代理军长,赵观涛、张骥接任两师师长。10月,该军集中淮阴,第18军所辖第17师(师长文鸿恩)拨隶该军。11月27日,占领宿迁。12月16日,二度占领宿迁。

1928年2月,第17师改称第31师,第1、2师分别改称62、第63师。3月19日,邢震南接任第63师师长职。4月,隶属第2军团,由宿迁新安镇北上,经郯城、临沂、费县、新泰,4月25日到达颜庄附近,先头部队进至莱芜城。6月初,进入河北沧州以北地区。7月,驻河北宝坻。8月,在山东缩编为第6师。

历任军长:

周凤岐(—1928.10.8)

陈焯(1928.10.8代理—1928.1.21实任—)

②镇嵩军旧部(1927.5—1928.11)

1927年5月,镇嵩军一部改编为第2集团军第8方面军第26军,下辖第75、第76师,师长武庭麟、刘茂恩。1928年4月,在河北大名作战。后由献县附近北上,5月31日攻克高阳,6月1日占肃宁。11月,缩编为第2集团军暂编第20师。

历任军长:

刘茂恩

③五省联军旧部(1930.4—1932.12)

1930年4月,第46师、第55师组成第26军②,隶属第1军团,在鲁西南菏泽等地与石友三部作战。9月30日,占兰封③。10月,第46师调安徽六安、霍山,参加对鄂豫皖苏区的"围剿"(1931年1月至1932年6月)。第55师调江西乐平、德兴等地,参加对赣东北苏区的"围剿"。1932年初,第55师主力调安徽合肥,与第46师一同参加对鄂豫皖苏区的"围剿"。3月22日至5月8日,两师在六安苏家埠附近被歼灭大部。12月,该军番号撤销。

历任军长:

范熙绩

④国民五军旧部(1933.3—1947.1)

1933年3月,独立第4旅和第44师在河北编组为第26军,参加长城和冀东抗战。战后,开湖北,担任平汉路南段护路任务。1934年11月,第44师驻老河口一带,堵截红二十五军。1935年1月,移驻陕南,"围剿"红二十五军。

1937年,军部率第44、第76师,隶属第3战区第15集团军,参加淞沪会战(1937年8月13日至11月下旬)。1938年夏,第32师拨入该军,与第44师及独立第4旅整编为两个整

---

① 《国民革命军第6师战史(第1,2册)》,全宗号787,案卷号16731;《陆军各部队成立沿革纪要(第1辑)》,全宗号787,案卷号16721。

② 《蒋介石关于制定讨伐阎冯部署与作战计划报告》(1930年4月),《中华民国史档案资料汇编》第5辑第1编军事(2),第228页。

③ 《陆军第55师沿革编制及战史编纂概要书》,全宗号787,案卷号1210。

理师①,撤销独立第 4 旅番号,该军下辖第 32、第 44 师。隶属第 5 战区第 3 兵团,在大别山北麓参加武汉会战(1938 年 6 月中旬至 11 月中旬)。战后,驻湖北。

1939 年 1 月,第 41 师拨入,该军下辖第 32、第 41、第 44 师。隶属第 5 战区长江上游江防军,参加随枣会战(1939 年 5 月 1 日至 6 月 1 日)、枣宜会战(1940 年 5 月 1 日至 7 月 4 日)。1940 年 7 月,改隶第 6 战区。1941 年 5 月,改隶军事委员会,旋改隶第 9 战区,集结湖南浏阳、普迹市及金井一带,参加第二次长沙会战(1941 年 9 月 7 日至 10 月 12 日)。战后,军长萧之楚及第 32、第 41、第 44 师师长王修身、丁治磐、陈永因行动迟缓,各记大过一次②。参加第三次长沙会战(1941 年 12 月 19 日至 1942 年 1 月 15 日)。

1942 年 5 月,由湖南平江调浙赣交界地区的江山、玉山,隶属第 3 战区,参加浙赣会战(1942 年 5 月中旬至 9 月上旬)。战后,该军驻江西上饶等地整补③。1943 年 1 月至 3 月,第 32 师驻广丰、洋口一带整训④。1944 年 3 月,第 41 师在闽北、江山"剿匪"⑤。

1944 年 5 月上旬,调湖南攸县,增援长衡会战(1944 年 5 月下旬至 8 月上旬)。9 月 24 日,撤离湖南道县。第 32 师脱离建制。10 月 10 日,军部率第 41、第 44 师到达广西平乐、荔浦集结,改隶第 27 集团军,参加桂柳战役(1944 年 9 月 8 日至 12 月 4 日),11 月 7 日到柳州。12 月中旬,该军到贵州黄平集结整补。1945 年初,增辖第 149 师。3 月,移驻锦屏、天柱。4 月,第 149 师番号撤销。该军隶属陆军总司令部第 3 方面军第 27 集团军,参加湘西会战(1945 年 4 月上旬至 6 月上旬)。5 月 6 日,第 44 师克新宁,5 月 7 日解围武冈。8 月 21 日,该军克湘南东安。抗战胜利后进驻芷江、衡阳。

1945 年 10 月,增辖第 169 师,该军改辖第 41、第 44、第 169 师。1946 年 5 月,整编为整编第 26 师。7 月前,主力驻长沙、岳阳县等地整训,一部参加"堵剿"中原解放区突围部队(1946 年 6 月 26 日至 7 月下旬)。7 月底,由武昌船运南京浦镇,隶属徐州绥靖公署。8 月初,进占淮南,驻防六合、盱眙、天长、来安。8 月,第 41 旅调淮北战场,9 月配属整编第 69 师守备睢宁、宿迁,12 月 13 日由宿迁向沭阳、新安镇进军,12 月 19 日在宿迁被歼灭。

1946 年 8 月,师部率第 44、第 169 旅调鲁南峄县(今枣庄)。12 月由峄县进攻傅山口、向城。1947 年 1 月 3 日至 1 月 11 日,该师师部及第 44、第 169 旅在苍山、峄县等地被歼灭,师长马励武被俘。

历任军长(整编师师长):

萧之楚(1933.5.8—)

丁治磐(1942.1.16—)

马励武(—1947.1.10 被俘)

⑤中央军(1947.7—1950.1)

① 《各部队各训练机关主官简历驻地与部队沿革手册》,全宗号 627,卷宗号 1117。

② 《总统蒋公大事长编初稿》卷 4(下),739 页。

③ 《各部队各训练机关主官简历驻地与部队沿革手册》,全宗号 627,卷宗号 1117。

④ 《第 26 军 32、41、134 师在赣、湘行动概见图表》,全宗号 787,卷宗号 6649。

⑤ 《第 26 军 41 师黄继陶部行动概见表即战绩表》,全宗号 787,卷宗号 6652。

1947 年 7 月,在云南编成整编第 26 师,下辖整编第 93 旅、第 193 旅,隶属云南警备总司令部。1948 年 9 月,改称第 26 军,下辖第 93、第 193 师。10 月,增辖第 161 师。1949 年 12 月,军部及第 161 师驻开远,第 93 师驻建水,第 193 师开赴曲靖,增辖第 368 师。12 月 18 日至 19 日,进攻昆明。12 月 21 日,该军向宜良、呈贡集结,转移滇南。1950 年 1 月 1 日,抵达蒙自、开远地区。1 月 15 日,第 368 师所属第 1102 团、第 1104 团一部由蒙自空运海南岛。16 日,开始撤离蒙自。17 日,大部在蒙自、个旧被歼灭。18、19 日,残部在元阳蛮板、宜得地区被歼灭。

历任军长(整编师师长):

刘劲持

钟彬(1947.9－1948.1.20)

余程万(1948.2.17－1949.12.9)

彭佐熙(1949.12－)

第 27 军(整编第 27 师)

①五省联军(1927.3－1927.10)

1927 年 3 月,安徽陆军第 3 混成旅改编为第 27 军。隶属第 3 路军参加北伐作战。7 月 13 日,驻浦镇。10 月 1 日,该军被裁并,缩编为独立第 3 师(以徐珽为师长。10 月 5 日,该师在南京下关被第 7 军缴械)。

历任军长:

王晋(1927.3.4－)

②西北军(1927－1928)

1927 年,第 2 集团军成立第 27 军,下辖第 53、第 57 师,师长王鸿恩(兼任)、萧之楚。1928 年番号撤销。

历任军长:

王鸿恩

③湖北地方部队(1928.1－1928.9)

1928 年 1 月,新编第 10 军在徐州改称第 27 军,下辖第 65、第 66 师,师长万耀煌、张森。4 月,隶属第 3 军团参加北伐,暂辖独立第 3 师陈耀汉部。4 月中下旬,在微山湖以西沛县、丰县地区作战。6 月初,进入河北沧州以北、静海以南地区。8 月,南下。9 月,至山东兖州,缩编为第 13 师[1]。

历任军长:

夏斗寅

④直鲁联军旧部(1930.3)

---

[1] 《第 13 师作战史略》,全宗号 787,案卷号 16736;《陆军各部队成立沿革纪要(第 1 辑)》,全宗号 787,案卷号 16721;《第 6 战区各军师沿革简史》,全宗号 787,案卷号 16768。

1930 年 3 月 6 日,蒋介石任命孙殿英为第 27 军军长,下辖新编第 18 师,驻安徽亳县。当月,孙殿英跟随阎锡山反蒋,番号撤销。

历任军长：

孙殿英(1930.3.6—)

⑤河南地方部队(1930.9)

1930 年 9 月初,河南地方部队王振部编为第 27 军,下辖两个师,驻防鄢陵、扶沟一带。9 月 18 日,第 44 师萧之楚部在鄢陵将该军缴械,并俘获军长王振,该军番号撤销。

历任军长：

王振

⑥河南地方部队(1930.9—1930.12)

1930 年 9 月,蒋介石任命王翰鸣为第 27 军军长,下辖暂编第 15 师、第 17 师、第 68 师,驻信阳、上蔡等地。12 月底,部队缩编为第 68 师一部及独立第 3 旅。

历任军长：

王翰鸣

⑦湘军(1931.6—1936.1)

1931 年 6 月,第 23 师等部在江西编成第 27 军。在赣南参加对中央苏区的第三次"围剿"(1931 年 7 月 1 日至 9 月 20 日)。1932 年 8 月,驻南城。11 月中旬,驻吉安、吉水。11 月 20 日,退守南城。参加对中央苏区的第四次"围剿"(1933 年 1 月 1 日至 4 月 29 日),战后驻吉安、泰和。参加对中央苏区的第五次"围剿"(1933 年 10 月至 1934 年 10 月)。1934 年 11 月,进入湖南"追剿"红一方面军。1935 年 1 月,由会同经芷江、麻阳进军贵州铜仁、松桃,"围剿"湘鄂川黔苏区。3 月,到贵阳、龙里。5 月,到毕节。1936 年 1 月,守备石阡、镇远、施洞口一线。年初,该军番号撤销。

历任军长：

李云杰(—1936.1 病故)

刘兴(1936.1.14—未到任)

⑧中央军(1938.5—1944.12)

1938 年 5 月,在河南成立第 27 军,下辖第 36、第 46 师。隶属第 1 战区,参加豫北豫东作战(1938 年 1 月上旬至 6 月下旬),5 月 18 日由兰封东进,军长桂永清旋因作战不力被撤职。6 月,第 36 师改隶第 71 军,增辖第 45 师。8 月,增辖预备第 8 师,该军下辖第 45、第 46、预备第 8 师①。第 45 师担任巩县、洛阳间河防。12 月,第 46 师开赴陕西大荔,担任陕东河防。1939 年 1 月至 4 月,第 45 师担任韩城、宜川间河防,后担任大荔附近河防。6 月,全军从韩城、朝邑经河南灵宝、渑池进入晋东南长子、屯留、壶关、陵川、高平地区。参加第 2 战区 1939 年冬季攻势(1939 年 12 月 10 日至 1940 年 2 月 2 日)。1940 年 1 月 28 日,进攻安泽、屯留地区八路军。1941 年,在陵川一带参加晋南会战(1941 年 5 月 7 日至 6 月 15 日)。

---

① 《国防部本部隶属各部队主官简历驻地与部队沿革手册》,全宗号 783,卷宗号 393。

1942年,在太行山地区的林县、临淇、陵川作战。1943年5月,军长刘进被庞炳勋、孙殿英裹挟投日,只身逃回。7月8日,预备第8师师长陈孝强被俘,投降日军。8月,该军转进至黄河南岸济源以西,退出太行山区。1944年,军部率预备第8师参加豫中会战(1944年4月中旬至6月中旬)。年底,该军及第46师番号撤销,第45师、预备第8师分别改隶第5军、暂编第5军。

历任军长:

桂永清(1938.4.13—)

王敬久

胡宗南(1939.6.18 兼任—)

范汉杰(1938.9.1—)

刘进(1942.1.31—1943.10)

周士冕(1943.10—)

⑨中央军(1945.1—1950.3)

1945年1月,暂编第4军(下辖第47师、暂编第4师)在陕西改称第27军,增辖暂编第64师,该军下辖第47师、暂编第4师、暂编第64师。4月,开赴河南淅川。隶属第1战区,参加豫西鄂北会战(1945年3月下旬至5月下旬)。7月,暂编第4、暂编第64师撤销,暂编第15、暂编第55师拨入,分别改称第31、49师,该军改辖第31、第47、第49师。抗战胜利后由淅川进驻荥阳。

1946年5月,整编成整编第27师。第49旅加强炮兵、装甲兵和工兵等分队,编为第2快速纵队,留在豫北战场,脱离建制。7月,该整编师西调晋南。7月13日至14日,第31旅在夏县被歼灭。隶属第1战区整编第1军,参加同蒲路南段作战(1946年8月7日至12月27日)。

1947年初,由晋南调关中。3月,隶属整编第1军,从宜川、龙泉镇地区出发进攻延安,参加陕北作战(1947年2月下旬至7月下旬)。3月25日,第31旅旅部和所属第92团在延安青化砭被歼灭,旅长李纪云被俘。6月,第31旅驻甘肃平凉。10月初,第47旅由延安增援清涧,19日返回延安,22日由延安、甘泉向宜川增援。1948年1月,该整编师驻鄜县、洛川,隶属整编第29军,2月26日由黄陵、洛川地区出发救援宜川。3月1日,在宜川瓦子街以北被歼灭,师长王应尊被俘逃脱,第31、第47旅旅长周由之、李达阵亡。

1948年4月,在蒲城补充重建。5月,调往豫陕边境,守备商县、洛南。10月,恢复军、师番号,驻扎平利、竹豀。1949年4月,增辖第336师。5月上旬,驻扎漫川关、洵阳(今旬阳)。参加关中会战(1949年6月上旬至7月下旬)。8月上旬,第47师守备洵阳,主力开南郑集结。8月,第336师改隶第76军,增辖第135师。11月25日,向四川撤退。12月17日,第135师大部在丹棱、眉山投诚。27日,其余部队在新津地区被歼灭。第135师残部退往西康泸定,1950年3月24日被歼灭。

历任军长(整编师师长):

谢辅三(1945.6—)

王应尊(—1948.4.17)

刘超寰(1948.4.17—1949.2.1)

李正先(1949.3.16 兼任—)

刘孟廉

第 28 军(整编第 28 师)

①川军邓锡侯部(1927.3—1935.5)

1927 年 3 月,四川清乡督办公署邓锡侯部被授予第 28 军番号,编为 5 路,各路司令分别为李家钰、黄隐、陈鼎勋、罗泽洲、马毓智,路下辖混成旅。1928 年,第 1 路司令李家钰被任命为四川边防军总司令。1929 年 6 月 29 日,第 7 混成旅旅长旷继勋在遂宁、蓬溪边界起义,打出了"中国共产党四川红军第一路"的旗帜。1930 年 12 月,出兵入陕,旋退回四川。1931 年,李家钰、罗泽洲分别接受国民政府新编第 6、新编第 23 师师长的委任,脱离该军。该军整理为第 1、第 2、第 3、第 4、第 7 师(师长分别是:杨秀春、黄隐、陈鼎勋、陈离、马毓智)及独立旅(旅长谢无圻)。1932 年 10 月,该军占有川西、甘南 16 县。1933 年 11 月 1 日,隶属四川"剿共"军第 1 路军,由广元、昭化向木门、南江方向进攻,"围剿"川陕根据地(至 1934 年 9 月 22 日)。1935 年 4 月初,失守嘉陵江,主力退缩广元及其以北地区。5 月,改称第 45 军。

历任军长:

邓锡侯

②镇嵩军旧部(1927.5—1928.11)

1927 年 5 月,镇嵩军一部编为第 2 集团军第 8 方面第 28 军,下辖第 73、第 74 师和补充旅(师长石振清、薛传峰,旅长万品一)。1928 年 4 月,由河南开封、兰考渡黄河克濮阳,经清丰、南乐攻克河北大名。5 月 28 日,攻占饶阳。6 月 1 日,占肃宁。11 月,缩编为第 2 集团军暂编第 19 师。

历任军长:

万选才

③湘军,1945 年黄埔军校出身的李良荣出任军长(1930.9—1949.6)

1930 年 9 月,在湖南组建第 28 军,下辖第 15、第 16、第 19 师和新编第 31 师等部。11 月,增编新编第 32 师。1931 年 9 月,新编第 31、新编第 32 师分别改称第 62、第 63 师。1935 年底,军部率第 16、第 19、第 63 师等追击红二、六军团,由湘西经贵州进入云南。1936 年 8 月,军部率第 16、第 19、第 63 师由云南开往浙江。

1937 年 8 月,以第 15 师、第 19 师为基干分别组建第 73、第 70 军,第 16 师脱离建制。军部率第 62、第 63 师参加淞沪会战(1937 年 8 月 13 日至 11 月下旬)。抗战期间,该军长驻浙江,初隶第 10 集团军。1938 年,军部驻绍兴,各师驻守上虞至萧山地域,4 月移驻临山卫、曹娥江、嵊县。

1938 年底,第 63 师拨出,第 16 师、第 192 师拨入,该军改辖第 16、第 62、第 192 师。

1939 年 7 月,第 16、第 192 师分别改隶第 86、第 91 军。1940 年 5 月,第 192 师拨入。1941 年 1 月,第 62 师参加围攻皖南新四军。1941 年 11 月,第 192 师接替钱塘江北岸防务。12 月 10 日,该军转隶第 32 集团军。

　　1942 年初,增辖预备第 5 师。3 月,军部驻孝丰(后驻昌化),所辖各师驻余杭、武康。5 月,驻防富春江南岸地区。5 月 18 日,移至金华、兰溪,军部率第 62、第 192 和预备第 5 师参加浙赣会战(1942 年 5 月中旬至 9 月上旬)。10 月,预备第 5 师拨出,第 52 师拨入,该军改辖第 52、第 62、第 192 师,改隶第 23 集团军。1943 年 3 月,第 192 师进入苏南,驻扎梅渚、社渚一线。4 月 12 日,第 192 师进攻溧阳、溧水地区新四军。1945 年 5 月 23 日,第 52 师攻击苏浙边区新四军。

　　1945 年 8 月,第 62 师改隶第 88 军,第 80 师拨入,该军改辖第 52、第 80、第 192 师。抗战胜利后进驻德清、杭州,旋由杭州调江苏徐州,隶属徐州绥靖公署。1946 年 5 月整编为整编第 28 师。7 月 18 日,该整编师(欠第 80 旅,9 月该旅改编为第 1 快速纵队,脱离建制)由徐州以东向东进攻,21 日攻占曹八集,22 日占碾庄。11 月 1 日,第 192 旅在涟水以南被歼灭大部。12 月 13 日由淮阴进攻涟水。1947 年初,第 80 旅归建。2 月,该整编师驻淮阴、淮安。3 月,开赴新浦驻防,隶属徐州司令部第 1 兵团,作为沂蒙山区作战(1947 年 3 月下旬至 7 月下旬)的预备队。

　　1947 年 5 月,整编师照二旅六团制改编,撤销第 192 旅,保留第 52、第 80 旅。8 月底驻临沂、沂水地区。11 月,集结阿湖、新安镇,调湖北武穴、广济,隶属第 3 兵团,参加大别山"进剿"作战(1947 年 11 月 27 日至 1948 年 2 月底)。1948 年上半年,进驻河南确山、信阳地区。10 月恢复军、师番号。驻守湖北荆门、当阳等地。11 月,军部等 4000 人在应城、安陆被歼灭,代理军长顾心恒被俘。调鄂东蕲黄整补,增辖第 195 师。12 月 5 日,主力(欠第 195 师,该师于 1949 年 3 月改隶第 103 军)由武汉登船东运南京浦口、浦镇。1949 年 1 月,增辖暂编第 7 师。4 月 23 日,暂编第 7 师副师长张少武率 1 个团在南京郊外汤山起义。29 日,在皖南郎溪、广德之间山区被全歼,第 80 师师长李西开被俘,暂编第 7 师师长袁英投诚。6 月,第 28 军及所辖各师番号撤销。

　　历任军长(整编师师长):

　　刘建绪

　　陶广(1935.7.24—1943.3 免兼)

　　陶柳(1943.3—)

　　李良荣(—1946.5)

　　李浡(—1948.12.1)

　　刘秉哲(1948.12.1—1949.6.10 被俘)

第 29 军

　　①川军田颂尧部(1927.3—1935.5)

1927 年 3 月，四川西北屯殖军①在四川三台改称第 29 军。该军编为 3 个路 8 个混成旅。孙震、田颂尧、王思忠分别兼任第 1、第 2、第 3 路司令。1928 年该军再度扩编，副军长孙震兼川西北屯殖司令，董宋珩、王铭章、罗乃琼、曾宪栋、黄正贵为第 1 至 5 路司令，王思忠为教导师师长。各路按两旅 4 团制编成，全部人枪在 3 万以上。1930 年 12 月，出兵入甘，旋即撤回。1931 年，该军扩编为 5 个师（师长：董宋珩、曾宪栋、罗乃琼、王铭章、黄正贵），3 路（司令：李炜如、刘汉雄、何德隅）②，共约 50 个团，占据川北和川西的阆中、通江、南江、巴中 26 个县。1933 年 1 月 27 日，第 3 混成旅旅长任玮璋率 2000 人在南江县桃园寺起义，加入红四方面军。2 月中旬至 6 月中旬，军长田颂尧兼任川陕边区"剿匪"督办，动用 38 个团，由广元昭华、苍溪阆中、南部分三路"进剿"川陕革命根据地的红四方面军，伤亡 1.4 万余人，被俘 1 万余人。1933 年 11 月 1 日，隶属四川"剿共"军第 2 路军，由阆中向巴中方向"围剿"川陕根据地（至 1934 年 9 月 22 日）。1935 年 4 月初，失守嘉陵江，残部到射洪、盐亭、三台。4 月，主力由川北移驻川西。5 月，改称第 41 军③。

历任军长：

田颂尧（1926.12.12—1935.4.2）

孙震（1935.4.19—）

②直系吴佩孚部（1927.2—1927.5）

1927 年 2 月 12 日，武汉国民政府任命吴佩孚部将领靳云鹗为第 29 军军长兼豫鄂边防督办，下辖 4 个师，师长高汝桐、阎得胜、徐寿椿、马吉第。5 月，该军改隶冯玉祥部，编为第 2 集团军第 2 方面军（9 月 6 日，冯玉祥将靳云鹗免职，当月将其部击溃）。

历任军长：

靳云鹗

③河南地方部队（1930.9—1930.12）

1930 年 9 月，豫西地方部队张治公部④被第 20 路军总指挥张钫收编为第 29 军，下辖第 75、第 76 师，师长王凌云、李万林，驻守宝丰等地。12 月底，两个师分别缩编为第 75 师第 225 旅、独立第 2 旅⑤。

历任军长：

张治公（1930.9.20—）

④西北军宋哲元部（1931.6—1937.9）

---

① 1915 年，田颂尧随同四川第 2 师讨伐袁世凯，任护国川军第 2 支队长。1916 年所部改编为川军第 2 师骑兵团。1917 年编成川军第 3 混成旅。1918 年改编步兵第 41 旅。1920 年改为靖川军第 1 师。1922 年改称陆军第 21 军。1925 年改称川军第 13 师。1926 年收编川军第 8 师、第 5 师等。1926 年，田颂尧任四川军务帮办兼川西北屯垦使。《陆军各部队成立沿革纪要》，全宗号 787，案卷号 16721。
② 何煌荣：《四川防区制时期第二十九军的形成和发展》，《四川文史资料选辑》第 5 辑，第 182—183 页。
③ 《国军部队沿革》（一集）；《国防部本部隶属各部队主官简历驻地与部队沿革手册》，全宗号 783，卷宗号 393。
④ 1930 年中原大战开始后，冯玉祥委任张治公为豫西"剿匪"司令，驻河南宜阳、临汝一带。
⑤ 《张钫等请求收编信阳及驻马店民团给蒋介石呈文》（1930 年 9 月 11 日），《中华民国史档案资料汇编》第 5 辑第 1 编军事（2），第 631 页。

1931年1月16日,西北军一部在山西改编为东北边防军第3军。6月17日,依国民革命军番号顺序改称第29军,下辖第37、第38师。8月,由晋南移驻晋东地区。9月,设立军部于阳泉。1932年8月,第38师所属第112旅、第37师所属第109旅移防察哈尔省。1933年1月,该军由山西、察哈尔移驻河北三河、香河、玉田、蓟县、宝坻一带。3月,在喜峰口和罗文峪抗击日军。战后返回山西、察哈尔,收编察哈尔民众抗日同盟军。4月,增编暂编2师。6月,增辖第132师。12月,第38师移防察哈尔宣化。

1935年6月28日,第37师由张家口开赴北平。10月,军部由张家口移驻北平。该军(欠暂编第2师)驻防北平、天津以及固安、任邱(今任丘)、河间地区。1936年3月,暂编第2师改称第143师。12月,增编骑兵第9师、独立第25、第26、第27、第28、第29、第39、第40旅、特务旅、骑兵第13旅,1937年1月,增辖独立第31旅,总兵力约10万人。第37、第38、第132师参加平津作战(1937年7月28日至8月4日),第143师在察哈尔作战。9月,所属师及独立旅扩充为第59、第68、第77、骑兵第3军。

历任军长:

宋哲元

⑤国民二军旧部(1938.7—1940.5)

1938年7月,以第79师为基干在江西编成第29军。8月,第40师拨入,该军下辖第40、第79师,隶属第9战区第1兵团,在江西参加武汉会战(1938年6月中旬至11月中旬)。战后,第40师改隶第25军,第26、第102师拨入。1939年初,预备第5师拨入。4月下旬,隶属第32集团军,参加反攻南昌作战。5月6日,军长陈安宝在南昌阵亡。7月,第79、第102师分别改隶第10、第4军。1940年5月,该军番号撤销,第26师、预备第5师分别改隶第49、第70军。

历任军长:

陈安宝(1938.8.5—1939.5.6阵亡)

刘雨卿(1939.5.14—1940.5.6)

⑥中央军(1940—1945.10)

1941年2月,新编第2军在河南改称第29军[①],下辖第91师、第193师和暂编第16师。隶属第31集团军,参加第5战区豫南会战(1941年1月22日至2月11日),策应第二次长沙会战(1941年9月7日至10月12日)。1943年12月,第193师担任灵宝至阌乡的黄河守备。隶属第1战区副司令长官(汤恩伯)部第31集团军,参加豫中会战(1944年4月中旬至6月中旬)。战后,由灵宝、陕县调舞阳及其以南地区[②]。

1944年6月,暂编第16师改隶新编第8军,预备第11师拨入,该军改辖第91、第193师和预备第11师。6月27日,由河南内乡出发,7月到陕西汉中汉阴、西乡整补。9月,开赴四川合川。11月,调赴贵州,隶属黔桂湘边区司令部,军部率第91师和预备第11师参加

---

① 《各部队各训练机关主官简历驻地与部队沿革手册》,全宗号627,卷宗号1117。

② 《蒋鼎文拟中原大战经过概要》(1944年6月),《中华民国史档案资料汇编》第5辑第2编军事(4),第64页。

桂柳战役（1944 年 9 月 8 日至 12 月 4 日）。12 月 8 日，收复独山、丹塞。

1945 年 1 月，第 91、第 193 师分别改隶第 71、第 73 军，第 169 师拨入，该军改辖第 169 师、预备第 11 师，隶属第 3 方面军参加桂柳反攻（1945 年 5 月下旬至 8 月中旬）。5 月 20 日，收复河池，23 日克德胜，27 日克复南宁。6 月 14 日，克复宜山。6 月 30 日，攻克柳州。7 月 7 日，克永福。7 月 26 日，克罗锦。7 月 28 日，克复桂林。10 月，该军及预备第 11 师番号撤销，第 169 师改隶第 26 军。

历任军长：

陈大庆（1941.2.26—）

马励武（1943.2.18—1944.7）

孙元良（1944.7.10 兼任—1945.5）

陈金城（1945.5—）

⑦中央军（1948.10—1949.6）

1948 年 10 月，在湖北汉口编成第 29 军，下辖第 197、第 234 师，隶属华中军政长官公署第 1 兵团。12 月，增辖第 307 师。1949 年 2 月 28 日，该军调赴湖南编训。6 月，该军番号撤销，第 234 师拨隶第 103 军，第 197、第 307 师拨隶第 100 军。

历任军长：

陈明仁（1948.10.18—1949.2 兼任—）

彭锷（1949.6.16—）

第 30 军（整编第 30 师）

①国民四军旧部（1926.12—1929.1）

1926 年 12 月，原国民四军魏益三部①接受国民政府授予的第 30 军番号，下辖 3 个师。1927 年 4 月，隶属左翼军参加北伐，第 2 师参加河南遂平之战，余部在信阳、广水、应山一带维护后方安全。7 月，该军驻守鄂北武胜关、广水、黄陂一带。8 月，该军内讧，副军长彭振国在唐生智支持下夺权。8 月 14 日，武汉国民政府免去军长魏益三职务，副军长彭振国代理军长。魏益三率两个师投奔南京国民政府，驻安徽六安。10 月，该军由六安经霍山向太湖前进，西征讨唐，魏益三恢复军长职务，是时所辖第 1、第 2、第 3 师，师长闻捷、郝梦龄、薛毓滨，骑兵旅旅长刘凤池。1928 年 1 月，由湖北黄陂驻地出发，参加荆门作战②。1 月 31 日，攻占宜昌，驱逐川军杨森。

1928 年 2 月，所辖 3 个师分别改番号为第 103、第 104、第 105 师。4 月 11 日，该军由宜昌经许昌、郑州北上参加北伐。6 月上旬，集中河北藁城。6 月 12 日，骑兵旅扩编为教导师，

---

① 原为奉军，1926 年 1 月因参加郭松龄军事政变失败，进入关内与冯玉祥合作。由郭松龄所部第 5 军所属卫队一营，第 9、第 10 师所属骑兵炮兵各一团，工兵、辎重各一营编为国民军四军。3 月改称"正义军"，5 月改投吴佩孚。《国防部本部隶属各部队主官简历驻地与部队沿革手册》，全宗号 783，卷宗号 393；《各部队各训练机关主官简历驻地与部队沿革手册》，全宗号 627，卷宗号 1117；魏益三：《我由反奉到投冯投吴投蒋的经过》，《文史资料选辑》，第 51 辑，第 215—251 页。

② 《第 54 师战史》，全宗号 787，案卷号 16745。

以刘凤池为师长。8月至9月,在滦河肃清关内直鲁联军残敌。10月,调唐山古冶附近训练。11月,缩编为第4集团军第11师。12月,调北平。1929年1月,改称第54师。

历任军长:

魏益三(1926.12.28—)

②西北军(1927.5—1928.10)

1927年5月,第2集团军成立第9方面军第30军,下辖第23、第35、第60师,师长童玉振、赵廷选、张汝奎。1928年4月,自洛阳调豫北安阳参加北伐。5月底至6月初,经高阳、雄县北上。10月,缩编为第25师。

历任军长:

刘骥

③西北军(1930.10—1949.12)

1930年10月,在河南罗山成立第30军[①],下辖第31师。1930年11月至1931年9月,该军在罗山等地参加对鄂豫皖苏区的"围剿"。1931年9月,调防湖北广水、花园。年底,增辖第30师。1931年11月至1933年底,该军在鄂东麻城等地参加对鄂豫皖苏区的"围剿"。1932年7月7日至8日,第31师所属第93旅在麻城红石堰、七里桥被全歼,旅长章祖卿被俘。7月24日,第30师所属第88旅被击溃、第90旅被歼灭一部。1933年3月18日,第30师在麻城杨泗寨被歼灭一部。

1934年初,该军由麻城移驻江西滕田。隶属南昌行营北路军第26路军,参加对中央苏区的第五次"围剿"(1933年10月至1934年10月)。战后,隶属驻赣绥靖公署第1绥靖区,"清剿"赣西南。1935年夏,该军调至鄂西,隶属宜昌行辕。9月,调湖南五峰、澧州等地进攻湘鄂川黔苏区。1936年,调驻江苏淮阴、南通、靖江等地。1937年,调驻河南信阳,构筑武胜关一带的国防工事。7月8日,开河北石门、保定。9月驻涿县,隶属第2集团军第1军团参加第1战区平汉路北段作战(1937年8月21日至9月24日)。9月29日,奉命到山西作战。在娘子关参加第2战区太原会战(1937年9月12日至11月12日)。11月初,开临汾整补。1938年1月,调河南信阳、罗山整补。3月开徐州,在台儿庄参加第5战区徐州会战后期作战(1938年5月3日至5月28日)。战后到河南舞阳以西整补。8月,到湖北麻城、黄陂布防。9月至10月,在大别山北麓参加武汉会战(1938年6月中旬至11月中旬)。

1939年2月,北调河南荥阳、汜水担负黄河河防。3月,第42军并入该军,在汜水整编,下辖第27、第30、第31师。5月,南下唐河参加随枣会战(1939年5月1日至6月1日),战后开舞阳休整。参加第5战区1939年冬季攻势,突入信阳。战后长期在豫鄂边境作战。参加枣宜会战(1940年5月1日至7月4日)、豫南会战(1941年1月22日至2月11日)。

1941年5月,驻新野的第30师与第68军暂编第36师对调。冬,进攻湖北应山、广水。1942年3月,暂编第36师拨隶第68军,第30师归建。该军改辖第27、第30、第31师。8

---

① 《第六战区抗战纪实附录二:战区及各集团军、军、师沿革及简史》,全宗号787,案卷号6714;《第6战区各军师沿革简史》,全宗号787,案卷号16768。

月至 10 月,担任京(山)钟(祥)路防务,11 月,担任襄(阳)花(园)路北侧防务。

　　1943 年 5 月,该军开鄂西接任长(阳)宜(昌)及石牌要塞守备任务,隶属第 6 战区序列,参加鄂西会战(1943 年 5 月上旬至 6 月中旬)、常德会战(1943 年 11 月 2 日至 1944 年 1 月 5 日)。

　　1945 年 6 月,第 31 师裁撤,第 67 师拨入,该军改辖第 27、第 30、第 67 师。8 月初,由第 6 战区改隶第 11 战区。9 月,由湖北石牌进驻河南新乡,参加冀南作战(1945 年 10 月 14 日至 11 月 4 日)。10 月 15 日占汤阴,18 日抵达安阳。10 月 24 日至 11 月 2 日,军部及第 27、第 30 师在邯郸以南被八路军歼灭[①],第 30 师师长王震被俘。战后到汲县(今卫辉)整补。

　　1946 年 5 月,整编为整编第 30 师。8 月初,由豫北向晋南闻喜开进,隶属第 1 战区整编第 1 军,参加同蒲路南段作战(1946 年 8 月 7 日至 12 月 27 日)。12 月 29 日,第 67 旅自大宁撤向蒲县,途中大部被歼灭。1947 年春,该整编师固守临汾、洪洞、赵城、霍县、蒲县、大宁、吉县。7 月,第 67 旅脱离建制。该整编师参加晋西南作战(1947 年 4 月上旬至 8 月中旬)。8 月,第 27 旅参加陕东兵团,向潼关方向进军,9 月 17 日在潼关东南被歼灭 1 个团。1948 年 3 月,第 27 旅、第 30 旅第 89 团由临汾空运西安,车运醴泉、乾县,参加泾渭河谷作战(1948 年 4 月 18 日至 5 月 8 日)。5 月 17 日留守在临汾、吉县的第 30 旅(欠第 89 团)被歼灭。7 月 17 日至 8 月 2 日,副师长黄樵松率第 27 旅、第 30 旅第 89 团由西安空运太原。10 月,恢复军、师番号,辖第 27、第 30 师。11 月初,军长黄樵松秘密与解放军联系,被第 27 师师长戴炳南告发,黄被捕。第 27 师、第 30 师所属第 89 团参加太原战役(1948 年 7 月 16 日至 1949 年 4 月 24 日),被歼灭,军长戴炳南被俘。5 月 22 日,第 30 师主力在陕西凤翔以北姚家沟地区被歼灭。

　　1949 年 6 月,第 113 军改称第 30 军,下辖第 27、第 30 师,隶属西安绥靖公署。第 30 师守备陕西汧阳(今千阳)、凤翔、麟游地区,其余部队已经进入四川。第 30 师参加关中会战(1949 年 6 月上旬至 7 月下旬),战后入川。12 月 25 日,军长鲁崇义率军部和第 30 师在成都市起义,第 27 师在广元起义。

　　历任军长(整编师师长):

　　张印湘

　　彭振山

　　孙连仲(兼任)

　　田镇南

　　池峰城(1939.3.25—1944.11)

　　鲁崇义(1944.11—1948.4.3 兼任—1948.8.16 免兼)

　　黄樵松(1948.8.16—1948.11.3 被捕)

　　戴炳南(—1949.4.24 被俘)

　　鲁崇义(兼任—1949.12.25 起义)

---

① 《第 30 军抗战纪实》,全宗号 787,案卷号 6745。

整编第 31 师(见第 45 军)

第 31 军

①五省联军(1927.6—1927.9)

1927 年 3 月,中央(北洋)陆军第 8 师第 16 旅张中立部在泰州投诚,被改编为第 92 师,张中立任师长。6 月初,中央(北洋)陆军第 5 师白宝山一部在海州投诚,编成第 91、第 93 师,李奇峰、蒋毅分任师长,组成第 31 军。9 月 20 日,第 91、第 93 师等在无锡、松江、杭州被缴械,改编为独立第 1 师(李明扬任师长。1928 年 2 月,独立第 1 师改称第 17 军第 2 师)。

历任军长:

郑绍虞(1927.7.19—)

②滇军朱培德部(1928.1—1928.8)

1928 年 1 月,第 9 军在江西改称第 31 军,下辖第 27、第 28、第 29 师,师长杨如轩、韦杵、周志群。第 29 师是由第 10 军哗变后的部队(由南京到江西)改编而成。1928 年春,第 28 师与第 3 军所属第 8、第 9 师参加北伐,军至河北青县。同年秋,返回江西参加"剿共"。1928 年 4 月至 8 月,第 27 师在江西永新、湖南酃县等地,进攻井冈山根据地。8 月,该军缩编为第 12 师。

历任军长:

金汉鼎

③西北军(1930.9—1936.5)

1930 年 9 月,西北军将领梁冠英率部投靠蒋介石,被任命为第 31 军军长,下辖第 32 师、独立第 5 旅,隶属第 25 路军,集中于河南荥阳。12 月集中商邱,旋开赴江苏海州、扬州、南通、江阴。1931 年 4 月,独立第 5 旅调安徽霍邱,参加对鄂豫皖苏区的"围剿"。1932 年 2 月,返回海州。1933 年 3 月,该军调至豫南光山、罗山,参加对鄂豫皖苏区的"围剿"。1934 年 12 月至 1935 年 12 月,与红二十八军作战。1936 年 5 月,梁冠英调任军事委员会高参,该军番号撤销。

历任军长:

梁冠英

④新桂系军(1937.9—1945.1)

1937 年 9 月 25 日,在广西成立第 31 军,下辖第 131、第 135、第 138 师[①]。第 135 师隶属第 3 战区第 19 集团军,参加淞沪会战(1937 年 8 月 13 日至 11 月下旬)。11 月,该军开赴安徽,驻淮南凤阳、明光、定远及淮北怀远、宿县等地,隶属第 5 战区参加徐州会战(1937 年 12 月下旬至 1938 年 6 月中旬),战后至阜阳。隶属第 5 战区第 21 集团军,参加武汉会战(1938 年 6 月中旬至 11 月中旬)。7 月 26 日,失守太湖。

---

① 《各部队各训练机关主官简历驻地与部队沿革手册》,全宗号 627,卷宗号 1117。

1938 年 8 月末，第 138 师拨隶第 48 军，第 31 军调鄂东英山整理，将两个师各缩编成 5 个营参加广济作战。9 月下旬调浠水。10 月，第 131 师军官开回广西，第 173、第 174 师拨入，该军改辖第 135、第 173、第 174 师。10 月末移随县布防。11 月中旬，第 135 师大部官兵拨补第 173、第 174、第 189 师，并将 173、174 师拨隶第 84 军。军部率第 135 师余部及第 84 军所属第 188 师回广西整理。12 月 27 日抵桂林，隶属第 16 集团军，第 131 师归建。该军下辖第 131、第 135、第 188 师。1939 年 1 月，由桂林开赴柳江。4 月，移驻桂平。隶属第 4 战区参加桂南会战（1939 年 11 月 15 日至 1940 年 2 月 8 日）。11 月，第 135 师战于南宁，另两个师增援邕宾（南宁至宾阳）路①。1940 年 1 月，驻绥渌、南宁、武鸣。桂南会战结束后，驻守邕钦（南宁至钦州）路。1944 年，主力在桂林、平南、南宁参加桂柳会战（1944 年 9 月 8 至 12 月 4 日），第 135 师为后调师。1945 年 1 月，该军及第 131、第 135 师裁撤，第 188 师改隶第 46 军。

历任军长：

刘士毅（1937.9.30—）

韦云淞（1938.6.16—1941.7）

贺维珍

⑤中央军（1945.11—1946.9）

1945 年 11 月 1 日，第 208、第 209 师合编为第 31 军，军部在浙江杭州，第 209 师驻福建上杭。第 208 师由江西黎川调驻福建福州。1946 年初，第 208、第 209 师由福州、上杭集中浙江杭州，隶属衢州绥靖公署。8 月，该军与第 209 师番号取消。

历任军长：

黄维

⑥中央军（1948.4—1949.1）

1948 年 4 月，第 205 师在台湾扩编为第 31 军，师部改称军部，所属第 1、第 2 旅分别扩编为第 205、第 204 师。10 月，第 204 师调青岛隶属第 11 绥靖区，军部和第 205 师调北平隶属华北"剿总"第 9 兵团。1949 年 1 月 21 日，军部和第 205 师接受和平改编，该军团以上军官空运南京。2 月 19 日，第 205 师改编为中国人民解放军独立第 62 师。2 月 26 日，军部编入解放军第 39 军军部②。4 月，第 204 师由青岛调南京，旋到上海，改隶第 37 军。

历任军长：

廖慷（1948.4.13—1949.1）

第 32 军（整编第 32 师）

①中央军（1927.9—1928.7）

1927 年 9 月，第 1 军留粤部队在广东梅县编成第 32 军，下辖第 20 师、新编第 1 师、暂编

① 《第 4 战区司令长官部及各部队简略沿革》，全宗号 787，案卷号 16767。

② 《北平和平解放前后》，第 146—153 页。

第3师,师长王文翰、蔡熙盛、钱大钧,"围剿"东江革命根据地。1928年1月,王文翰辞职,蔡忠笏继任第20师师长。2月4日,由广东普宁入江西,追击第4军张发奎部。2月,新编第1师改称第69师。3月22日,经浙江开上海。7月,该军与第9军所属第21师合并缩编为第3师。

历任军长:

钱大钧(1927.9.26—)

②镇嵩军旧部(1930.9—1930.12)

1930年9月,万选才一部在河南许昌改编为第32军,下属第1、第2师,师长韩文英、史克勤。12月,该军两个师与第29军第75师合并改编为第75师。

历任军长:

宋天才

③晋绥军,1947年10月黄埔军校出身的周庆祥出任整编师师长(1931.6—1950)

1931年1月16日,晋绥军一部在山西编为东北边防军第4军,6月17日依国民革命军的番号顺序改称第32军,下辖第66、第67师。7月,军长商震率第67师进入河北获鹿、石门、正定地区,讨伐石友三,第66师留驻山西脱离建制。8月,该军驻邢台、邯郸、大名地区。1932年4月,该部扩编,下辖独立第39、独立第41、独立第42旅。年底到北平、保定备战。

1933年2月,所辖三个旅在滦东扩编为第139、第141、第142师[1]。该军参加长城和冀东抗战,战后移驻平津地区。1935年11月,军部及第139师移驻顺德、邯郸,第141、第142师调驻河间等地。1936年3月,第141、第142师开赴晋南灵石,隶属太原绥靖公署第1路第6纵队,阻止红一方面军东征。

1937年7月,由豫北安阳、冀南肥乡等地开赴束鹿、武强、深县、晋县。10月,转赴正定,隶属第1战区第20集团军参加平汉路北段作战(1937年10月至1938年1月)。10月,退往河南安阳。1938年1月,转赴许昌。2月,担任黄河南岸汜水到考城的守备,并在菏泽、考城、兰封一带作战,暂辖税警旅、第23师,参加豫北豫东作战(1938年1月上旬至6月下旬)。第139师配属第20军团在台儿庄、兰陵参加徐州会战后期作战(1938年5月3日至5月28日)。6月6日,弃守兰封,开赴湖南长沙休整。7月,转调江西南昌。隶属第9战区第1兵团第20集团军,在赣北德安、武宁参加武汉会战(1938年6月中旬至11月中旬)。10月28日,弃守德安,开南昌、乐化地区整补。1939年,隶属第19集团军。2月,到临川休整。4月,转湖南,旋又回江西,暂辖预备第5师,在永修参加南昌会战(1939年3月17日至5月20日),3月22日开宜春整补。6月,第142师到湖南茶陵整训。

1939年7月,第142师改隶第92军,该军下辖第139、第141师。在赣北参加第一次长沙会战(1939年9月1日至10月14日)[2]。11月,该军在安义、靖安地区开展游击作战。1940年8月,由赣北开赴湖南浏阳。9月移驻桃源,旋移驻四川奉节、巫山整训,改隶第6战

① 《第6战区各军师沿革简史》,全宗号787,案卷号16768。
② 《国防部本部隶属各部队主官简历驻地与部队沿革手册》,全宗号783,卷宗号393。

区长江上游江防司令部,担任巴万要塞守备①。1941年夏,转隶第26集团军。8月,调驻湖北宜昌,直到抗战结束。策应第二次长沙会战(1941年9月7日至10月12日),反攻宜昌。

1942年2月,第82师拨入。10月,第82师与第8军所属第5师对调,该军改辖第5、第139、第141师。参加鄂西会战(1943年5月上旬至6月中旬)。7月,第5师驻建始附近,一部驻恩施。

1943年9月,第5师改隶第94军,暂编第34师拨入,该军改辖第139、第141和暂编第34师。参加常德会战(1943年11月2日至1944年1月5日)。暂编第34师作为后调师移驻涪陵。1944年底,暂编第34师番号撤销,该军改辖第139、第141师。1945年8月初,由第6战区改隶第11战区。10月,沿平汉路进入豫北。10月26日,驻安阳。10月30日,到漳河南岸。1946年4月驻河南辉县,隶属郑州绥靖公署第1战区第31集团军(1946年9月下旬该集团军改称整编第26军)。

1946年5月,整编为整编第32师,在新乡以西的修武,参加豫北地区扫荡作战(1946年9月辖下旬至11月中旬)。10月13日,占焦作。在汲县参加豫北冀南作战(1946年11月中旬至1947年1月中旬),12月12日驻濮阳,12月18日接管内黄、清丰。1947年1月11日,接管河北大名防务,不久南移新乡。隶属陆总郑州指挥所第6绥靖区,参加豫北地区作战(1947年3月底至5月底),3月底由新乡增援汲县。4月驻淇县。

1947年6月,由豫北战场调往豫东商邱。隶属陆总郑州指挥所第2兵团,参加鲁西南地区作战(1947年6月下旬至7月下旬)。7月14日至15日,师部及所属两个旅在巨野六营集被歼灭,第139旅旅长周树棠阵亡,残部逃到济宁,师长唐永良被撤职。重建,改辖第141、新编第36旅,隶属第2绥靖区,防守滕县、兖州、大汶口等地。1948年2月,师部及第141旅由兖州调周村。3月11日至22日,师部、第141旅、新编第36旅在胶济西段张店、周村、淄川被歼灭,新编第36旅旅长张汉铎被俘。师长周庆祥因"救援潍县,贻误战机"被扣押南京,7月10日被枪毙。

1948年4月下旬,第57旅、新编第36旅在山东青岛组建整编第32师,隶属第11绥靖区。4月,在莱阳、即墨作战。8月中旬,第57旅由青岛空运济南,旋即被歼灭。该整编师旋增辖第255旅。9月,改用军、师番号,辖第252(原新编第36旅)、第255师。1949年1月27日,第252师所属第154团团长方本壮在即墨起义。该军旋增辖第266师。6月2日,该军由青岛南撤海南岛。10月,第266师移驻广州周边。10月26日,第266师在阳春、阳江地区被歼灭,残部由阳江以南海陵岛海运海南岛榆林。该军指挥第252、第255、第266师担任海南岛东部琼山、文昌、琼东、乐会、万宁、琼中地区防务,军部在加积。1950年5月3日,由海南岛榆林撤军台湾基隆。

历任军长(整编师师长):

商震

宋肯堂(1939.1.11—1944.5)

---

① 《第42军略史》,全宗号787,案卷号16786。

唐永良(1944.5.8—)

周庆祥(—1948.3)

施中诚(兼任)

赵琳

李玉堂

第 33 军

①安徽地方部队(1927.2—1928.7)

1927 年 1 月,河南暂编第 1 混成旅和直鲁联军第 67 师张克瑶部在湖北编成第 33 军,下辖第 1、第 2 师和两个独立旅,师长袁家声(兼任)、张克瑶,旅长岳盛宣、陈雷。3 月,向安徽芜湖、安庆、宣城集中。4 月 7 日,与新编第 5 军联合攻克寿县正阳关。7 月,该军收容第 10 军教导第 3 师。9 月中旬,隶属左翼军,与孙传芳军相持与定远一带。10 月,驻寿州。11 月,进攻蚌埠、怀远。12 月,进攻徐州。

1928 年 2 月,所辖第 1、第 2、第 3 师改番号为第 70、第 71、第 72 师,师长袁家声、张克瑶、岳相如,教导师师长潘善斋。3 月 11 日,张克瑶升任军长,仍兼任第 71 师师长。4 月,隶属第 3 军团,进入鲁西南丰沛地区参加北伐。5 月,主力集结泰安。7 月,第 70 师缩编为新编第 3 旅,第 71、第 72 师分别缩编为第 1 师、第 9 师各一部。

历任军长:

柏文蔚(1927.1.27—)

张克瑶

②晋绥军(1931.6—1949.4)

1931 年 1 月,晋绥军一部在山西改编为东北边防军第 5 军(下辖第 5、第 6 师),6 月 17 日依国民革命军的番号顺序改称第 33 军,下辖第 68 师、第 69 师。1935 年 8 月,赴陕北吴堡、绥德。11 月中旬,该部在绥德东南三十里堡、吴堡构筑碉堡线,"围剿"徐海东、刘志丹部。12 月,第 68 师所属第 203 旅担任大宁、吉县、乡宁河防。1936 年 2 月,由离石东渡山西,参加对东征红军的"进剿"。1937 年 9 月,军部率第 73、独立第 3、独立第 8 旅,隶属第 2 战区第 6 集团军参加太原会战(1937 年 9 月 12 日至 11 月 12 日)。战后,该军所属部队他调。

1939 年 7 月,该军改辖第 71 师和第 200、第 202 旅①,隶属第 13 集团军,分驻临县、交城。在离石、中阳等地参加 1939 年冬季攻势(1939 年 12 月 10 日至 1940 年 2 月 2 日)。

1941 年初,第 200、第 202 旅分别改称暂编第 41、暂编第 42 师,该军下辖第 71 师、暂编第 41 师、暂编第 42 师,改隶第 7 集团军,驻防汾阳、离石、中阳等地。1943 年 7 月至 12 月,在永和、石楼作战。1944 年,驻汾阳、中阳。

1945 年初,暂编第 42 师与第 19 军所属暂编第 38 师对调,该军改辖第 71 师、暂编第 38

---

① 《国防部本部隶属各部队主官简历驻地与部队沿革手册》,全宗号 783,卷宗号 393。

师、暂编第 41 师。抗战胜利时军部在隰县，各师进驻孝义、榆次。暂编第 38 师进驻晋东南屯留，9 月 12 日被八路军歼灭一部。

1945 年 12 月，暂编第 41 师番号撤销，暂编第 46 师拨入，骑兵第 1 军军部及所属骑兵第 1、第 2、第 4 师官兵分别并入第 33 军军部和第 71、暂编第 46、暂编第 38 师。1946 年 4 月 20 日，第 71 师在阳泉作战。7 月，该军主力在平遥、太谷参加同蒲路作战（1946 年 6 月 7 日至 1947 年 1 月 24 日）。8 月 2 日，暂编第 38 师进入大同，长期驻守。1947 年 1 月，军部率第 71、暂编第 46 师由平遥进攻孝义、汾阳。4 月下旬，第 71、暂编第 46 师由太原、祁县东援，4 月 25 日进入阳泉，5 月 3 日在平定测石驿地区被歼灭。1948 年上半年，第 71、暂编第 46 师驻榆次、太谷、祁县一线。7 月 16 日，暂编第 46 师在太谷以北西范村被歼灭，师长卢鸿恩阵亡，军部及第 71 师在太谷以北小常村被歼灭，军长沈瑞投诚。旋重建。9 月，暂编第 38 师、暂编第 46 师分别改称第 275、第 280 师，仍隶属该军。军部率第 71、第 280 师，参加太原战役（1948 年 7 月 16 日至 1949 年 4 月 24 日）。10 月 6 日，第 280 师在太原外围被歼灭。1949 年 4 月 20 日，第 71 师副师长尤世定率两个团在太原城北起义，其余被歼灭，师长张忠被俘。第 280 师师长率部投诚。4 月 29 日，第 275 师在大同接受和平改编。

历任军长：

徐永昌（—1936.7.30）

孙楚（1936.7.30—）

郭宗汾（1939.7.1—）

于镇河（1941.3.28—）

赵承绶（1946.3.24 兼任—）

沈瑞（—1948.7.16 投诚）

韩步洲（1948.9.1—1949.4.24 被俘）

第 34 军

①国民五军旧部（1928.3—1928.12）

1928 年 3 月，在湖北成立第 34 军，下辖第 88、第 89、第 90 师，师长王日新、袁秉道、徐岱东①。4 月，由襄阳、樊城经河南商邱进入鲁西南，配合第 2 集团军第 1 方面军孙良诚部作战。5 月 1 日，攻入济南。6 月，进驻河北通县、怀柔、密云古北口。8 月，进兵滦东，参加对奉军作战。12 月，缩编为第 44 师。

历任军长：

阮玄武（1928.3.22—）

②晋绥军（1931.6—1949.4）

---

① 《军委会关于调查各军师番号清单给国民政府呈》（1928 年 2 月 24 日），《中华民国史档案资料汇编》第 5 辑第 1 编军事(1)，第 594 页。

1931 年 1 月,晋绥军一部改编为东北边防军第 6 军(下辖第 7、第 8 师),6 月 17 日依国民革命军的番号顺序改称第 34 军,下辖第 70、第 71 师。该军一直活动于山西境内。1937 年 9 月,军部率第 71 师、第 196 旅、第 203 旅,隶属第 2 战区第 6 集团军在晋北参加太原会战(1937 年 9 月 12 日至 11 月 12 日)。冬季临汾整军后改辖第 201、第 205、第 218 旅[①]。此后在晋西南稷山、新绛、河津等地驻防和作战。隶属第 8 集团军参加 1939 年冬季攻势(1939 年 12 月 10 日至 1940 年 2 月 2 日)。

1941 年初,所属 3 个旅分别扩编为暂编第 43、暂编第 44、暂编第 45 师,驻汾南、闻喜等地,改隶第 7 集团军。1942 年 6 月 17 日,暂编第 45 师师长王凤山在辽县阵亡。

1945 年初,暂编第 43 师转隶第 43 军,第 73 师拨入,该军改辖第 73 师和暂编第 44、暂编第 45 师。抗战胜利时军部在乡宁,各师进驻同蒲路南段安邑、闻喜、浮山、夏县。1946 年 1 月 13 日,在侯马和曲沃蒙城作战。7 月主力在霍州、赵城,参加同蒲路作战(1946 年 6 月 7 日至 1947 年 1 月 24 日)。11 月 28 日,军长杨澄源在隰县被俘。1947 年 1 月,该军由介休增援汾阳、孝义,所属 3 个师被击溃。1948 年防守祁县、平遥、介休、灵石。7 月初,由太谷北进。12 日,军部及第 73 师、暂编第 44 师全部、暂编第 45 师一部在榆次西南、太谷以北的大常镇、小常村、西范村、南庄地区被歼灭,暂编第 44 师师长杨栖凤阵亡。战后该军退守太原。参加太原战役(1948 年 7 月 16 日至 1949 年 4 月 24 日)。9 月,两个暂编师分别改称第 278、第 279 师。10 月 6 日,第 278 师全部、第 279 师一部在太原外围被歼灭,师长李子法、郑继周被俘,第 278 师番号撤销。1949 年 4 月 24 日,该军被歼灭,军长高倬之、第 73 师师长祁国朝被俘。

历任军长:

张万信(1933.5.13—)

杨爱源(—1936.7.30)

杨效欧(1936.7.30—1937.5.31 意外身亡)

杨澄源(1937.7.19 兼任—)

彭毓斌(1939.6.1—)

王干元(1941.1.1 代理—)

张翼(1942.8.11 代理—1944.1)

高倬之(1943.12.21—1946.3.24)

孙楚(1946.3.24 兼任—)

杨澄源(—1946.11.28 被俘)

高倬之(—1949.4.24 被俘)

整编第 35 师(见第 50、第 54 军)

---

① 《第 2 战区各部队沿革史》,全宗号 787,案卷号 16766。

第 35 军

①湘军唐生智部(1927.2—1928.9)

1927 年 2 月 2 日,第 8 军所属第 2 师在湖北扩编为第 35 军①,下辖第 1、第 2、第 3 师,师长叶琪、刘建绪、陶广②。2 月,该军由鄂西开赴湘西。4 月,一部留守湖南,主力进入河南北伐。5 月 21 日,留守湖南的该军所属第 33 团团长许克祥部发动"马日事变"。7 月,主力返回湖北,驻扎阳逻、团风、武穴。7 月,东征讨伐蒋介石,进驻安徽安庆。10 月,西撤。11 月 21 日,退湖南。1928 年 1 月,由湘阴、靖港、长沙等处经宁乡向湘西退却。3 月,叶琪升任第 12 军军长,周磐继任第 1 师师长,后该师改编为独立第 5 师。独立第 10 师戴斗垣部改编为该军第 1 师,王东原部改编为该军教导师。6 月,第 6 军一部编为独立第 17、独立第 19 师,以周希武、张其雄为师长。是时,第 35 军共辖 6 个师,第 1、第 2、第 3 师以及教导师、独立第 17 师、独立第 19 师。9 月,该军缩编为第 19 师。

历任军长:

何键

②晋绥军(1931.6—1949.2)

1931 年 1 月,晋绥军一部改编为东北边防军第 7 军,6 月 17 日依国民革命军的番号顺序改称第 35 军,下辖第 72、第 73 师③。军部率第 73 师驻防绥远。第 72 师驻防山西,不受军部指挥(1934 年 10 月,第 72 师改隶第 19 军)。1933 年 3 月,第 73 师所辖第 210、第 211、第 218 旅编成第 59 军,在河北顺义等地抗击日军。6 月,第 59 军番号撤销。1936 年,第 73 师番号拨归山西另行成立部队,所属三旅六团缩编为第 211、218 旅,改由第 35 军直辖。11 月至 12 月,该军在绥远参加百灵庙战役。

1937 年 9 月,该军隶属第 2 战区第 7 集团军,率第 211、第 218 旅参加太原会战(1937 年 9 月 12 日至 11 月 12 日)的忻口战役、太原防御作战。11 月中旬绕道晋中中阳,进入晋西石楼、柳林休整。12 月,改辖第 73、第 101 师。

1939 年 3 月,军部率第 101 师、第 211 旅、第 73 师所属第 422 团进入绥西,隶属第 8 战区副司令长官(傅作义)部,直至抗战结束。1939 年 7 月,改辖第 101 师、新编第 31 师、新编第 32 师④。该军暂辖新编第 6 旅、五临警备旅参加绥西地区作战(1939 年 12 月 10 日至 1940 年 4 月 3 日),一度攻入包头。1945 年抗战胜利时军部在五原。参加绥包战役(1945 年 10 月 18 日至 12 月 7 日),10 月 25 日在卓资山战败。1946 年 8 月,主力驻包头,新编第 31 师驻归绥。参加大同、集宁作战(1946 年 8 月 3 日至 9 月 20 日),9 月 19 日进抵丰镇、集宁。10 月初,第 101、新编第 31 师从集宁向张家口进逼,参加张垣(张家口)会战(1946 年 9

---

①　《国防部本部隶属各部队主官简历驻地与部队沿革手册》,全宗号 783,卷宗号 393。又见《陆军各部队成立沿革纪要(第 1 辑)》,全宗号 787,案卷号 16721。

②　《陆军第 7 军抗战期间作战经过概要表》,全宗号 787,案卷号 6546。

③　《陆军第 35 军战史》,全宗号,案卷号 16729。

④　《国防部本部隶属各部队主官简历驻地与部队沿革手册》,全宗号 783,卷宗号 393。

月 20 日至 11 月 11 日)。11 月,进驻察哈尔的张家口、宣化、怀来、蔚县地区。

1947 年初,新编第 31 师与暂编第 3 军所属暂编第 17 师对调,该军改辖第 101、新编第 32、暂编第 17 师。2 月在延庆、康庄,开赴平汉路徐水以西地区作战(1947 年 2 月 12 日至 3 月 4 日)。3 月初,该军返回察哈尔。3 月 8 日,第 101 师进攻雁北地区。5 月,该军驻阳高至怀来一线。11 月 6 日,暂编第 17 师由包头出发增援榆林,20 日到达榆林。12 月,该军由察哈尔移驻北平周边通县、黄村。第 101、新编第 32 师参加平汉路北段以西地区作战(1947 年 12 月至 1948 年 1 月)。1948 年 1 月 13 日,军部、新编第 32 师在涞水以东被歼灭大部,新编第 32 师师长李铭鼎阵亡,军长鲁英麐自戕。战后调察哈尔怀来、康庄一带休整。

1948 年 2 月,新编第 32 师与暂编第 4 军所属暂编第 26 师对调,该军改辖第 101 师、暂编第 17 师、暂编第 26 师。3 月下旬进至宣化、下花园。4 月上旬,暂编第 26 师在归绥,第 101 师、暂编第 17 师抵兴和。5 月 22 日,一部由大同驰援应县。7 月驻通县。9 月 25 日,由通县出动增援绥远,29 日到达集宁以东。30 日,第 101 师占领集宁。10 月 3 日,由绥东回援张家口、柴沟堡、宣化。10 月,所辖暂编第 17、暂编第 26 师分别改称第 262、第 267 师。10 月 27 日,调平汉路策应第 94 军进攻石家庄。11 月 2 日,开北平郊区。11 月 17 日,南下解保定之围。11 月 30 日,第 101、第 267 师由丰台增援张家口。12 月 5 日,由张家口撤回北平,9 日在怀来新保安被包围,22 日被全歼,第 101、第 267 师师长冯梓、温汉民被俘,军长郭景云阵亡。以第 262 师及河北省保安旅在北平城内重建该军。1949 年 1 月 21 日,接受和平改编。2 月 19 日,该军所属第 101、第 262、第 267 师改编为中国人民解放军独立第 87、独立第 90、独立第 99 师,2 月 26 日,分别并入解放军第 44、第 47、第 49 军,军部编入解放军第 49 军军部[1]。

历任军长:

傅作义(1933.3.9—)

董其武(1944.1.18—)

鲁英麐(1945.5.24—1948.1.13 自戕)

郭景云(1948.4.18—1948.12.22 阵亡)

朱大纯(—1949.1.21 起义)

第 36 军(整编第 36 师)

①湘军唐生智部(1927.2—1929.1)

1927 年 2 月 2 日,第 8 军所属第 4 师和教导师在湖北编成第 36 军,下辖 3 个师,师长分别为廖磊、唐哲明、周维寅[2]。4 月,进入河南参加北伐。6 月,返回湖北广水、汉口。7 月,东征讨蒋,军至芜湖。10 月,自芜湖西撤。11 月中旬,经武长铁路退长沙。1928 年 1 月,由长沙向株洲、衡阳退却。5 月,北上河北参加北伐,至冀东。8 月至 9 月,参加滦河作战,肃清关

---

① 《北平和平解放前后》,第 146—153 页。

② 《陆军第 7 军抗战期间作战经过概要表》,全宗号 787,案卷号 6546。

内直鲁联军残部。11 月 19 日,该军所属第 1、第 3 师与第 17 军所属第 3 师合并缩编为第 4 集团军第 10 师,1929 年 1 月 20 日,改称第 53 师。第 2 师编入第 50 师。

历任军长:

刘兴

廖磊

②陕西地方部队(1931.10—1932.4)

1931 年 10 月,以第 79 师为基干在赣东编成第 36 军[①]。参加对中央苏区的第三次"围剿"(1931.7.1—9.20)。1932 年 4 月,番号撤销。

历任军长:

路孝忱

③五省联军旧部(1933.9—1940.2)

1933 年 9 月,第 5、第 96 师在江西编成第 36 军。隶属南昌行营北路军第 8 纵队,参加对中央苏区的第五次"围剿"(1933 年 10 月至 1934 年 10 月)。10 月 7 日,第 96 师两个团在黎川洵口被歼灭大部。1934 年 11 月,隶属"追剿"第 3 路军第 8 纵队,在湖南"追剿"红一方面军。12 月,隶属"追剿"军第 2 兵团第 3 路军,在湖南、黔北"追剿"红一方面军。1935 年 2 月,改隶重庆行营第 2 路军第 2 纵队,在黔西、滇北、川南地区追堵中央红军。3 月,驻贵州仁怀鲁班场。4 月,到云南沾益。5 月,入川。10 月,由川北到陇南武都、文县一带,隶属西北"剿匪"总司令部第 1 预备军预备队。11 月,由川北南下荣经、汉源堵截红四方面军。战后驻扎重庆。

1939 年 6 月,第 5 师开赴鄂西当阳。11 月,该军由重庆、湖北当阳移向广西宜山。隶属第 4 战区,参加桂南会战(1939 年 11 月 15 日至 1940 年 2 月 8 日)。1940 年 2 月,军长姚纯被撤职查办,所辖第 96 师直隶于第 6 战区司令长官部,第 5 师改隶新编第 11 军。

历任军长:

周浑元(1933.9.4—1938.1.18 病故)

姚纯

④中央军(1940.5—1949.12)

1940 年 5 月,新编第 34 师、暂编第 15 师、军政部第 14 补训处在河南灵宝编成第 36 军,隶属第 34 集团军。11 月,第 14 补训处改称暂编第 52 师,仍隶属该军[②]。1941 年 6 月,新编第 34 师拨隶第 57 军。8 月,暂编第 59 师隶属该军。1942 年,调陕西,改隶第 37 集团军。

1945 年 7 月,第 28 师拨入,预备第 1 师拨入改称第 22 师,暂编第 59 师改称 123 师,暂编第 15、暂编第 52 师分别改隶第 27、第 17 军。该军改辖第 22、第 28、第 123 师。抗战胜利时军部在陕西邠县,第 123 师驻淳化。9 月,第 22 师进驻山西闻喜,10 月改隶第 16 军。年

---

① 《陆军各部队成立沿革纪要(第 2 辑)》。

② 《国防部本部隶属各部队主官简历驻地与部队沿革手册》,全宗号 783,卷宗号 393;《第 36 军赵锡光部编成及行动图表》,全宗号 787,案卷号 6629。

底,第165师拨入,该军改辖第28、第123、第165师。1946年5月,整编为整编第36师。第28旅在陕南、第123旅在凤翔以北地区等地"追剿"中原解放区突围部队(1946年7月至8月)。11月,第28旅所属第83团空运榆林。1947年3月,主力隶属整编第29军,由洛川、旧县地区出发参加陕北作战(1947年2月下旬至7月下旬)。4月3日,第28旅所属第82团空运榆林。4月底,第28旅南下米脂。7月,主力(欠第28旅)由鄜县以西太白镇、黑水寺地区向吴旗、志丹地区进攻。8月9日,师部率第123旅[①]、第165旅从保安出发沿着安塞、横山增援榆林。8月13日进入榆林。14日,师部率第123、第165旅由榆林南下,20日在米脂沙家店被歼灭,第123旅旅长刘子奇被俘。8月杪,第28旅由榆林空运西安。

1947年10月,主力南调潼关地区集结。1948年1月杪,进入河南,隶属第5兵团,防守陇海路潼关至洛阳段。3月,调回陕西。4月24日,到达三原,旋转向武功,参加泾渭河谷作战(1948年4月18日至5月8日),战后东移白水。7月底,由澄城、颌阳之线向黄龙山南麓进攻,参加洛河下游作战(1948年7月30日至11月28日)。8月9日,师部、第123旅全部、第165旅大部在澄城冯原镇被歼灭。旋重建。10月,恢复军、师番号。主力在大荔整补,第165师驻澄城。1949年初集结于临潼、渭南、华县。5月17日,退守乾县。参加关中会战(1949年6月上旬至7月下旬)。6月12日至13日,该军(欠第123师)沿秦岭北麓进至郿县(今眉县)东南宁堡、金渠镇,军部、第165师被歼灭,师长孙铁英被俘。8月残部驻川陕公路以东咀头镇、江口镇、旧佛坪地区,防守斜谷、骆谷古道。10月退至陕南留坝。11月25日,向四川撤退。12月15日,到达成都地区。12月26日在新津地区被歼灭。12月27日,第123师所属第369团在成都起义。

历任军长(整编师师长):

赵锡光(1940.5.12—)

刘元瑭(1942.6.25—1942.10)

罗历戎(1942.10.15—1945.1)

李世龙(1945.1.9—)

钟松(1945.7.9—1948.4.3兼任—1949.1.22免兼)

刘超寰(1949.2.1—)

朱光墀

第37军

①五省联军(1927.3—1928.12)

1927年3月,中央(北洋)陆军第6师与安徽陆军第2混成旅、第4混成旅及第1混成旅一部在安徽芜湖改编为第37军,下辖第1、第2、第3师,师长岳盛宣、丁翰东、安树珊,驻守大通、贵池、安庆。5月11日,北渡长江占领和县,参加北伐。7月13日,驻鲁南青驼寺、蒙

---

① 欠第369团。6月,该团由西安空运山西运城,归整编第10师所属第83旅指挥。12月28日,该团在运城被歼灭。

阴,当月退回芜湖。10月,参加西征讨伐唐生智。11月,调回皖北。

1928年2月24日,增编教导师,副军长范熙绩兼任师长,所属3个师番号改为第79、第80、第81师,师长分别为岳盛宣、丁翰东、谈经国。3月,李梅继任参谋长兼任教导师师长。4月,隶属第2军团参加北伐。由运河镇北上,经临沂向西转进,4月19日到邹县。6月初进入河北。7月驻宝坻、杨村间。7月至9月参加滦河方面作战。年底,该军第2、第3师及教导师缩编为第46师,第1师缩编为新编第1旅①。

历任军长:

陈调元

②湘军(1932.8—1937.11)

1932年8月,第8、第24师在江西编成第37军,分驻南丰、南城。10月,策应闽北作战。12月,在南丰、南城参加对中央苏区的第四次"围剿"(1933年1月1日至4月29日),战后守备南丰、南城、硝石。在对中央苏区的第五次"围剿"(1933年10月至1934年10月)中担任守备任务。1934年11月,隶属驻赣绥靖公署第3绥靖区,在瑞金、会昌担任"清剿"任务。1935年秋,调驻甘肃平凉、静宁、定西、陇西,隶属西北"剿匪"总司令部第1路军第3纵队。1936年8月,在陇西、定西,阻止红二、四方面军北进。10月,经会宁向靖远攻击,阻止三大主力红军会师。1937年春,大部调入陕西。第8师赴上海参加淞沪会战(1937年8月13日至11月下旬)。11月,该军改番号为第76军。

历任军长:

毛炳文

陶峙岳

③中央军(1938.9—1945.4)

1938年9月,在湖北汉阳成立第37军,下辖第50、第92、第197师。隶属第9战区第2兵团在黄石、阳新参加武汉会战(1938年6月中旬至11月中旬)。战后,第50、第197师分别改隶第54、第8军,第92师与第92军所辖第95师对调,该军改辖第60、第95、第140师,隶属第31集团军②。1939年7月,第140师改隶第79军。隶属第9战区第15集团军,参加第一次长沙会战(1939年9月1日至10月14日)。

1940年初,第140师归还建制,该军下辖第60、第95、第140师。7月,在湖南湘阴整训。在湘北参加第二次长沙会战(1941年9月7日至10月12日)。战后作为战区战略预备队,驻扎长沙东北地区。参加第三次长沙会战(1941年12月19日至1942年1月15日)。1944年参加长衡会战(1944年5月下旬至8月上旬)③,转战浏阳河、醴陵、安仁、耒阳、常宁、零陵、道县。9月24日,军部及第95师撤离道县,由第27集团军指挥转赴第4战区,第60、第140师在常宁归第9战区司令长官部指挥,脱离建制。10月10日,军部率第95师到

---

① 《陆军各部队成立沿革纪要》,全宗号787,案卷号16721。
② 《各部队各训练机关主官简历驻地与部队沿革手册》,全宗号627,卷宗号1117。
③ 《军令部拟长衡会战经过战斗要报》(1944年8月26日),《中华民国史档案资料汇编》第5辑第2编军事(4),第145页。

达广西平乐、荔浦集结,参加桂柳战役(1944 年 9 月 8 日至 12 月 4 日)。11 月 27 日,军部率第 95 师到东兰。1945 年 1 月,该军番号撤销,第 95 师改隶第 62 军。

历任军长:

黄国梁(1938.8.5－1939.1.11 兼任－)

陈沛(1939.5.30－1943.4)

罗奇(1943.4.8－)

④中央军(1948.9－1949.6)

1948 年 9 月,第 202 师在江苏昆山扩编为第 37 军,下辖第 202、第 209 师。1949 年初,增辖第 208 师,隶属京沪杭警备总司令部淞沪防卫司令部。配属第 204 师在浦东参加淞沪作战(1949 年 4 月 23 日至 5 月 25 日)。5 月 27 日,第 202、第 204、第 209 师被歼灭[①]。未参战的第 208 师撤往舟山。6 月,该军及所属第 202、第 209 师番号撤销。

历任军长:

李天霞(1948.12.1－1948.12.20)

唐守治(1948.12.20－1949.1.10)

罗泽闿(1949.1.10－)

第 38 军(整编第 38 师)

①滇军龙云部(1927.6－1931.4)

1927 年 6 月 14 日,国民政府任命龙云为第 38 军军长。同日,胡若愚、张汝骥囚禁龙云,卢汉、孟坤在滇西重组第 38 军,胡瑛代理军长,下辖第 97、第 98、第 99 师,师长孟坤、朱旭、卢汉。1928 年 1 月 21 日,国民政府任命龙云为第 13 路军总指挥,任命胡瑛为第 38 军军长,卢汉为副军长,胡瑛、卢汉、朱旭分任第 97、第 98、第 99 师师长[②]。4 月 2 日,免胡瑛、卢汉军长、副军长职,龙云兼任军长,云南省内各军统归第 38 军统辖,下辖第 97、第 98、第 99、第 100、第 101、新编第 7 师,约 3 万人,师长分别为孟坤、卢汉、朱旭、张凤春、张冲、唐继麟。不久之后,唐继麟调任讲武学校副校长。1929 年 3 月,第 97 师师长孟坤投奔胡若愚,第 38 军改辖 4 个师。1931 年 4 月,龙云撤销 4 个师长的职务,第 98、第 99、第 100、第 101 师分别改编为云南陆军第 3、第 5、第 7、第 9 旅。

历任军长:

龙云(1927.6.14－)

胡瑛(1928.1.21－1928.4.2)

龙云(1928.4.2－)

②直系吴佩孚部(1927)

1927 年,冯玉祥收编直系第 14 军张联陞部为第 38 军,下辖第 1、第 2、第 3 师,师长刘文

---

① 陈廷祺:《青年军三十七军在上海战役中的被歼》,《文史资料选辑》第 66 辑,第 212 页。

② 《令》,《国民政府公报》1928 年第 26 期(1928 年 1 月),第 1－3 页。

瑞、王宗荃、葛润琴,隶属第2集团军第3方面军。同年番号撤销。

历任军长:张联陞

③陕西地方部队,1944年2月黄埔军校出身的张耀明出任军长(1932.9—1950.1)

1932年10月,在陇东成立第38军,下辖第17师、陕西警备第1旅及两个补充旅[①]。11月至12月,第17师所属第51旅在陕西汉中堵截红四方面军。1933年春,第17师主力由甘肃天水调往陕西汉中。1934年6月,第17师所属第49旅扩编为新编第5师,脱离该军。第17师另成立第49旅。1935年上半年,在陕南宁羌至镇巴地区"围剿"红二十五军。2月,第17师所属第49旅、警备第1旅所属第1团在沔县附近被歼灭大部。1935年秋,该军进驻三原、耀县、洛川。11月中旬,第17师在洛川、鄜县构筑碉堡,"围剿"红十五军团。

1937年初,第17师所属第49旅改编为独立第20旅,脱离建制。6月,以西安绥靖公署及第17路军所属各部队编入该军,下辖第17、第177师和陕西警备第1、第2、第3旅。7月,第17师由三原开赴河北石门以东地区。8月,第177师所属第529旅和军直属教导团开紫荆关(河北易县西北)布防,第177师主力驻防韩城、颌阳。第17师隶属第1战区第2集团军,参加平汉路北段作战(1937年8月21日至9月24日)。10月上旬,第17师转隶第2战区,在娘子关参加太原会战(1937年9月12日至11月12日),第177师所属第529旅参加忻口战役。1938年1月起,第17师和第529旅在晋东地区开展游击作战。

1938年6月,第177师扩编为第96军,第17师和独立第46旅组成第38军,隶属第4集团军。7月,进驻中条山。参加第2战区1939年冬季攻势(1939年12月10日至1940年2月2日)。

1940年6月,独立第46旅与新编第35师并编,使用新编第35师的番号,该军改辖第17、新编第35师。10月,南调河南,担任洛阳到郑州之间的黄河河防,改隶第1战区。1943年10月,撤离郑州、广武,调巩县、偃师集中整训。1944年参加豫中会战(1944年4月中旬至6月中旬)。6月起,在洛宁、卢氏地区与日军对峙一年有余。1945年参加豫西鄂北会战(1945年3月下旬至5月下旬)。

1945年6月,第177师拨入,新编第35师改称第55师,该军改辖第17、第55、第177师。7月17日,第17师在洛宁起义。重建第17师。抗战胜利后进驻开封、郑州。1946年5月15日,第55师师长孔从洲率该军第17、第55师在巩县起义。

1946年5月,补充兵员后整编为整编第38师,下辖第17、第55、第177旅。第17、第55旅(第177旅配属整编第32师)参加豫北地区扫荡作战(1946年9月下旬至11月中旬),10月17日接任沁阳、博爱、焦作防务,18日占孟县,19日占济源。战后驻防豫北,期间第17旅、第55旅分别增援晋南和陕北战场。

1947年初,第17旅所属第47团在临汾以南、侯马、东镇、闻喜。4月,第49团在夏县隶属第1战区汾南兵团参加晋西南作战(1947年4月上旬至8月中旬)。

1947年3月,第55旅直隶于整编第29军,由洛川、旧县地区出发进攻延安,并担任延

[①] 《国防部本部隶属各部队主官简历驻地与部队沿革手册》,全宗号783,卷宗号393。

安及其以南地区守备。7月,该旅由鄜县以西太白镇、黑水寺地区向吴旗、志丹地区进攻。8月初,该旅由安塞、志丹地区救援榆林。9月20日返回延安、鄜县地区整补。

1948年初,师部及177旅驻焦作、获嘉、武陟、修武,第55旅守备陕县。3月,由郑州车运黑石关增援洛阳。4月,由开封空运西安,隶属西安绥靖公署。4月24日,到达乾县,参加泾渭河谷作战(1948年4月18日至5月8日),战后东移颌阳。

1948年5月,第17旅拨隶整编第6师。7月底,该整编师由颌阳进攻韩城,占领禹门口。参加洛河下游作战(1948年7月30日至11月28日)。8月底,驻大荔以北。10月5日至14日在大荔以北被歼灭大部。10月,恢复军、师番号,下辖第55、第177师。11月,调三原整补。1949年5月,由咸阳、兴平转移宝鸡。6月14日,沿着渭河南岸东进,参加关中会战(1949年6月上旬至7月下旬)。7月11日至14日,军部、第55师、第177师所属第530团在扶风、郿县被歼灭。旋重建。8月上旬,主力在两当,第177师在凤县西北的两河街接受第1军指挥,于川陕公路两侧沿秦岭山脉组织防御。12月上旬,该军退守大巴山区阳平关,进入四川。12月25日,第55师在德阳起义。12月27日,第177师在成都以东地区起义。1950年1月21日,军长李振西率一部在茂县投诚。第55师所属第163团于1949年12月15日由广元经松潘转进到泸定,1950年3月在西康被歼灭。

历任军长(整编师师长):

孙蔚如(1932.9.30—)

赵寿山(1938.6.21兼任—1944.2)

张耀明(1944.2.11—1948.7.22)

姚国俊(1948.7.22—)

李振西(1949.6.1—1950.1.21投诚)

整编第39师(见第95军)

第39军

①滇军胡若愚部(1927.6—1928.4)

1927年6月14日,国民政府任命胡若愚为第39军军长。1928年1月,孟坤、张凤春、张冲分任第100、第101、第102师师长。4月,该军撤销番号,各师统归第38军指挥①。

历任军长:

胡若愚(1927.6.14—1928.1.21)

孟坤(1928.1.21—1928.4.2)

②安徽地方部队和河南地方部队合编(1933.12—1945.6)

---

① 1929年3月,第38军第97师师长孟坤率部投奔胡若愚,重新恢复第39军,编两个师。1930年1月,孟坤溺死,胡若愚率残部投靠四川刘文辉。

1933 年 12 月底，第 39 军在闽北成军，下辖第 56 师、新编第 11 师①。该军编成后即配合赣粤闽湘鄂"剿匪"北路军镇压福建事变。隶属南昌行营东路军第 5 路军第 9 纵队，在建瓯、建阳、沙县、永安等地参加对中央苏区的第五次"围剿"（1933 年 10 月至 1934 年 10 月）。1935 年 7 月至 10 月，第 56 师在浙南"围剿"红军。

1936 年 5 月，新编第 11 师缩编为独立第 6 旅，脱离建制。1937 年 8 月，该军由浙江平湖调上海，暂辖独立第 34 旅参加淞沪会战（1937 年 8 月 13 日至 11 月下旬）。

1938 年初，第 34 师拨入，该军转进至河南郑州，隶属第 1 战区防守黄河，参加豫北豫东作战（1938 年 1 月上旬至 6 月下旬）。5 月 31 日，在开封、中牟。10 月 24 日，撤至湖北大洪山，改隶第 5 战区第 11 集团军。1939 年参加随枣会战（1939 年 5 月 1 日至 6 月 1 日）。

1940 年 6 月，第 34 师改隶新编第 12 军，军政部第 38 补充训练处拨入。该军开赴宜昌参加枣宜会战（1940 年 5 月 1 日至 7 月 4 日）。7 月，开赴陕南安康、白河整训。9 月，第 11 集团军撤销，该军直隶于第 5 战区司令长官部。11 月，第 38 补充处改称暂编 51 师。后该军先后隶属第 5 战区第 33 集团军，参加豫南会战（1941 年 1 月 22 日至 2 月 11 日）。隶属第 6 战区第 33 集团军，策应第二次长沙会战（1941 年 9 月 7 日至 10 月 12 日）。1942 年 12 月 24 日，暂编第 51 师在鄂东麻城、黄土岗作战。1943 年，该军转隶第 21 集团军。5 月至 6 月，暂编第 51 师在黄安、麻城进攻新四军。1944 年该军参加豫中会战（1944 年 4 月中旬至 6 月中旬）。暂编第 51 师配属第 92 军参加湘西会战（1945 年 4 月上旬至 6 月上旬）。1945 年 6 月 23 日，该军及暂编第 51 师在宜昌被撤销番号，第 56 师改隶第 92 军。

历任军长：

刘和鼎

刘尚志

③中央军（1948.9—1949.10）

1948 年 9 月，整编第 8 师在山东烟台改称第 39 军，下辖第 103、第 147 师（原新编第 2 旅）。10 月 21 日，海运至辽宁葫芦岛，进攻塔山，救援锦州。11 月，海运浦口转至安徽蚌埠，参加徐蚌会战（1948 年 11 月 6 日至 1949 年 1 月 10 日），11 月 17 至 27 日北攻宿县，12 月 3 至 17 日向西策应第 12 兵团。年底由上海海运广东，防守以曲江为中心的粤北地区。

1949 年初，增辖第 91 师，该师在从化、花县、增城一带担任广州外围警备，9 月北上韶关。10 月，该军南撤。11 日，第 103 师所属第 307 团在佛冈被歼灭。16 日，第 103 师师长曾元三率 4000 余人在三水接受和平改编。17 日，第 147 师所属第 441 团在高明县松柏坑被歼灭。19 日，第 91 师师长刘体仁率 2700 余人在鹤山县宅梧圩投诚。24 日至 26 日，残部在阳春、阳江地区被歼灭，1000 余人逃至海南岛②。

历任军长：

王伯勋

---

① 《各部队各训练机关主官简历驻地与部队沿革手册》，全宗号 627，卷宗号 1117。
② 吕永祯：《关于国民党 39 军 103、91 师起义、投诚的经过》，《昆明文史资料选辑》第 4 辑，第 43 页。

程鹏(1949.6.16—)

第 40 军(整编第 40 师)

①湘军贺耀祖部(1927.3—1928.8)

1927年3月22日,独立第2师①在安徽芜湖扩编为第40军,下辖第1、第2、第3师,师长谷正伦、杨永清、毛炳文。该军编成后,隶属江右军进攻南京。5月,渡江北伐。8月,由鲁南退回南京。9月初,隶属中央军,自浦口渡江追击孙传芳部,经滁县到明光。11月,进攻蚌埠。12月,进攻徐州。1928年2月,所辖第1、第2、第3师改番号为第82、第83、第84师,并另组建教导师,龚宪任师长。3月,谷正伦调南京戒严司令,毛炳文升任副军长,李益滋、陶峙岳分别接任第82、第84师师长。4月,在江苏丰县、沛县地区隶属第3军团参加北伐。4月15日,教导师师长龚宪在山东鱼台阵亡,副师长向超中代理师长,不久,又由副军长毛炳文代理教导师师长。5月1日,该军进驻山东济南。6月初到河北沧州。7月,教导师裁撤。8月,该军缩编为第8师。

历任军长:

贺耀祖(1927.3.22—)

②国民三军旧部(1931.6—1949.5)

1931年8月,在河北河间成立第40军,下辖第39师、新编第1师。1932年夏,移驻永年、大名"剿匪"。1933年2月,新编第1师改称第106师后,脱离建制。2月,军部率第39师在冀东罗文峪等地参加长城抗战,战后移驻怀来、保定。12月,骑兵第25旅缩编为该军骑兵团。1934年8月,东北义勇军唐聚五部编为该军补充团。同年,移防河南南阳、泌阳、方城、叶县地区。12月,追堵退出鄂豫皖苏区的红二十五军。1935年1月,进驻陕南,围攻鄂豫陕根据地。

1937年初,调山西运城。7月,由运城调河北沧州。8月,骑兵团并入补充团改隶第39师。隶属第1战区第1集团军第3军团,参加津浦路北段作战(1937年9月11日至12月27日)。10月初,由山东济阳渡过黄河,经济南、台儿庄、枣庄到江苏海州,在连云港到盐城设防。1938年2月7日,由海州移防临沂,隶属第5战区第3军团参加徐州会战(1937年12月下旬至1938年6月中旬),重创日军板垣师团。4月底,调江苏沛县休整。5月下旬,开河南漯河、舞阳一带整补。

1938年底,第106师、骑兵第14旅拨入,该军改辖第39、第106师和骑兵第14旅。1939年初,调黄泛区游击,一度增辖暂编骑兵第1师。旋移防晋东南,进入太行山地区隶属冀察战区作战,暂编骑兵第1师改隶第3集团军。10月,该军隶属第24集团军。参加第2战区1939年冬季攻势(1939年12月10日至1940年2月2日)。1940年1月,攻击长治壶

---

① 1926年9月,湖南陆军第1师及第2师一部改编为国民革命军独立第2师,贺耀祖为师长。8月,国民革命军曾任命贺耀祖为第9军军长,贺未就任。10月,该师进攻江西南昌。11月6日,攻克九江。1927年3月,与第6、第2军由九江出发,占安徽芜湖。

关。1月28日,进攻高平地区八路军。同年春,进驻豫北林县。5月、11月,在安阳作战。

1941年初,骑兵第14旅脱离建制,该军改辖第39、第106师,在林县、涉县一带参加晋南会战(1941年5月7日至6月15日)。1942年6月,所辖独立第1、第2团编并为独立第46旅。1943年4月,在林县、临淇、陵川地区作战。5月5日,第24集团军总司令兼该军军长庞炳勋被俘。5月14日,庞炳勋、第106师师长李震汾等人投敌。6月初,该军退出太行山区,南渡黄河,改隶第1战区。

1943年6月,独立第46旅与军补充团合编为新编第40师,该军改辖第39、第106、新编第40师。1944年在河南陕县、灵宝、宜阳参加豫中会战(1944年4月中旬至6月中旬),克复灵宝、阌乡虢略镇。1945年参加豫西鄂北会战(1945年3月下旬至5月下旬)。

1945年7月,新编第40师裁撤,官兵并于第39、第106师,新编第42师拨入(该师旋改称第144师,未曾归建,1946年1月改隶第15军)。8月,该军由第1战区改隶第11战区。10月18日,由阌乡抵达安阳,参加冀南作战(1945年10月14日至11月4日)。10月24日至11月2日,军部和第39、第106师在河南汤阴、河北磁县被歼灭,第11战区副司令长官兼该军军长马法五被俘。残部到安阳重建,已由伪军改称国军新编第1路军的庞炳勋所属部队编入该军。1946年5月,整编为整编第40师,下辖整编第39、第106旅。隶属郑州绥靖公署第31集团军(该集团军9月下旬改称整编第26军),参加豫北地区扫荡作战(1946年9月下旬至11月中旬)、豫北冀南作战(1946年11月中旬至1947年1月中旬),1947年1月2日占临漳。后隶属陆总郑州指挥所第6绥靖区,参加豫北地区作战(1947年3月底至5月底)。5月9日至25日,两个团在安阳被歼灭。

1947年7月,第106旅及第39旅所属第115团由安阳空运开封,驰援鲁西南地区作战(1947年6月下旬至7月下旬),7月21日到曹县。沿陇海路经郑州转平汉路"追剿"刘邓大军(1947年8月中旬至下旬)。9月,在鄂东参加大别山"进剿"作战。10月26日至27日,在蕲春高山铺被歼灭。战后返回安阳整补。1948年3月,增援洛阳。是月,师部和第106旅、第39旅一部接防新乡,第39旅主力留驻安阳。

1948年9月,恢复军、师番号。10月,军部及第106师由新乡南下郑州。10月22日,第106师师部及所属一团在郑州以北30里的老鸦陈地区被歼灭。10月底,第39师由安阳空运徐州编入第13兵团,后转隶第115军。11月,增辖第337师,驻防安阳。1949年2月,增辖第264师。军部及第106、第264师驻新乡。2月下旬,第106师所属第316团团长庞庆振在汲县率部起义。3月初,第106师等部抽调近千名军官空运武汉,拟重建第39师(未果)。5月5日,副军长李辰熙投诚,军部及第264、第106师2万人在新乡接受和平改编(改编为第四野战军独立旅)。5月6日,第337师在安阳被歼灭。

历任军长(整编师师长):

庞炳勋(—1942.5.14 投敌)

马法五(1942.5.30—1945.11.2 被俘)

李振清

第 41 军(整编第 41 师)

1927 年 3 月,蒋介石任命在上海的直鲁联军第 8 军军长毕庶澄为第 41 军军长。4 月,蒋介石任命陕潼护军使兼第 2 师师长张治公为第 41 军军长。1928 年 3 月,蒋介石委任毕庶澄的参谋长冯志洵为第 41 军军长。均未成军。

①直系吴佩孚部(1927.5)

1927 年 5 月 12 日,武汉国民政府任命吴佩孚部将领段国璋为第 41 军军长。当月,北伐军从河南汝南城外通过时,城上该军开枪,第 4 军军长张发奎下令将其缴械。

历任军长:

段国璋

②国民五军旧部(1928.3—1928.12)

1928 年 3 月,第 2 集团军第 3 方面军第 1 军第 2 师与第 2 军在湖北合编成立第 41 军,下辖第 91、第 92、第 93 师,师长王占林、冯华堂、石斗川。3 月 30 日,石被免职,由军长鲍刚兼任师长职,旋由萧之楚接任。4 月,该军隶属第 1 集团军第 4 军团参加北伐,由孝感、花园北上,经河南商邱、山东曹县、定陶进占金乡,配合第 2 集团军第 1 方面军孙良诚部,占济宁、肥城。5 月初,进驻济南,旋退出。6 月,进驻河北通县、怀柔、密云、古北口。8 月,进兵滦东。12 月,该军第 91、第 92 师缩编为第 45 师第 134、第 135 旅,第 93 师缩编为第 44 师第 132 旅[①]。

历任军长:

鲍刚(1928.3.22—)

③直鲁联军旧部(1931.9—1934.2)

1931 年 9 月,在山西成立第 41 军,下辖第 40 师。1933 年 2 月,在热河赤峰一带抗战。5 月 29 日开赴察哈尔怀来、康庄。6 月 27 日,国民政府任命军长孙殿英为青海屯垦督办。8 月 9 日,该军由沙城开往宣化。进军宁夏途中,部队扩编为 1 个步兵军和 1 个骑兵军,人数近 5 万。1934 年初,进攻宁夏失利。2 月 7 日,孙被撤去军长职,该军番号取消,余部编为第 117、第 118 旅和骑兵第 24 旅。

历任军长:

孙殿英(1931.9.22—1934.2.7)

⑥川军孙震部(1935.5—1949.12)

1935 年 5 月,第 29 军在四川改称第 41 军。8 月,整编为 3 个师共 19 个团,下辖第 122、第 123、第 124 师。11 月,3 个团留驻绵阳、江油、安县,其余 16 个团开新津转洪雅布防,阻止红四方面军南下川康边。1936 年初,赴川南作战。2 月,转移川西防守岷江。9 月,由绵阳、碧口向北推进至甘肃武都、西固、康县。

1937 年 8 月,军部率第 122、第 124 师隶属第 22 集团军出川抗战,第 123 师留驻绵阳。

---

① 《陆军各部队成立沿革纪要(第 1 辑)》,全宗号 787,案卷号 16721。

10月,该军在山西娘子关参加太原会战(1937 年 9 月 12 日至 11 月 12 日)。12 月,集结江苏砀山①,参加徐州会战(1937 年 12 月下旬至 1938 年 6 月中旬)。3 月 17 日,第 122 师师长王铭章在山东滕县阵亡。4 月 18 日,一度攻克韩庄。6 月 1 日,由徐州突围至安徽泗县。7 月,在湖北襄阳整训。此后直至抗战结束,该军在大洪山周边地区作战。

1939 年初,增辖新编第 5 师。同年,第 123 师出川作战,新编第 5 师取消番号,官兵并入第 123 师②。5 月,在宜城、唐白河两岸地区,暂辖第 125 师参加随枣会战(1939 年 5 月 1 日至 6 月 1 日)。1940 年参加枣宜会战(1940 年 5 月 1 日至 7 月 4 日),6 月 3 日攻入襄阳,6 月 4 日进攻南漳。1941 年 1 月,在随县策应豫南会战(1941 年 1 月 22 日至 2 月 11 日)。5 月在枣阳作战。9 月,军部率 124 师,暂辖暂编第 1 师在钟祥等地策应第二次长沙会战(1941 年 9 月 7 日至 10 月 12 日)。后军部率第 124 师参加常德会战(1943 年 11 月 2 日至 1944 年 1 月 5 日)。该军参加豫西鄂北会战(1945 年 3 月下旬至 5 月下旬)。1945 年 4 月,驻老河口等地。

1945 年 7 月,第 104 师编入,第 123 师裁撤,该军改辖第 104、第 122、第 124 师。抗战胜利后由湖北谷城进占河南许昌、确山。1946 年 5 月,整编为整编第 41 师,隶属郑州绥靖公署第 5 绥靖区。6 月,在罗山参与包围中原解放区,"堵剿"向豫西撤退的中原解放区部队(1946 年 6 月 30 日至 7 月 26 日),第 122 旅由罗山地区追击到唐河地区。

1946 年 8 月,由豫西调鲁西南,参加第一次鲁西南战役(1946 年 8 月上旬至 11 月上旬)。9 月,由考城进攻东明及菏泽西南地区。战后守备豫北浚县、滑县、封丘地区。10 月中旬,由滑县北攻濮阳,参加豫北冀南作战(1946 年 11 月中旬至 1947 年 1 月中旬),11 月 18 日至 22 日,第 104 旅在滑县被歼灭,旅长杨显名被俘。12 月 18 日,进驻濮阳。该整编师隶属陆总郑州指挥所第 5 绥靖区,第 122、第 124 旅参加豫北地区作战(1947 年 3 月底至 5 月底)。

1947 年 7 月,第 104 旅脱离建制。8 月底,该整编师驻郑州、开封。1948 年 3 月,第 124 旅由新乡南调郑州。3 月,增援洛阳。3 月 17 日主力返回郑州,第 124 旅主力开偃师,仅留第 371 团驻守洛阳。4 月 5 日,第 371 团在洛阳被歼灭。6 月,在郑州参加豫东作战(1948 年 6 月 16 日至 7 月 6 日)。9 月上旬,第 124 旅南调新安县,师部和第 122 旅驻豫北。

1948 年 9 月,恢复军、师番号。10 月初,改隶徐州"剿总"第 16 兵团,由郑州撤往蒙城。11 月 10 日北开徐州,参加徐蚌会战(1948 年 11 月 6 日至 1949 年 1 月 10 日)。11 月 12 日,军部及第 122 师一部在宿县夹沟地区被歼灭。12 月 7 日,由徐州撤出的该军在河南永城东北地区被歼灭。军长胡临聪、第 124 师师长严翊被俘,残部编为第 122 师(拨隶第 72 军指挥,于 1949 年 1 月 10 日被歼灭)。

1949 年 2 月,在川东重建第 41 军,下辖第 122、第 124、第 301 师,隶属第 10 编练司令部,驻防巫山、奉节。11 月 15 日,向万县集中。12 月 3 日,经南充向三台前进。12 月 21

---

① 《第 41 军抗战纪实》,全宗号,案卷号 6746。
② 《国防部本部隶属各部队主官简历驻地与部队沿革手册》,全宗号 783,卷宗号 393。

日,在什邡起义。

历任军长(整编师师长):

孙震(1935.5.15—1943.10 免兼)

曾甦元(1943.4.10—)

陈宗进(代理)

胡临聪(1947.5—1948.12.11 被俘)

孙元良(兼任)

张宣武(—1949.12.21 起义)

第 42 军(整编第 42 师)

①河南地方部队(1927.4—1927.5)

1926 年 12 月,蒋介石任命吴佩孚部将田维勤为第 42 军军长,田未就任,由段国璋代理①。1927 年 5 月 12 日,武汉国民政府任命段国璋为第 41 军军长。

历任军长:

段国璋

②河南地方部队(1928.3—1928.12)

1928 年 3 月,第 2 集团军第 3 方面军第 3 军马文德部改编为第 1 集团军第 4 军团第 42 军,下辖第 94、第 95、第 96 师,师长傅丹墀、余亚农、袁秉道。4 月,第 95 师与骑兵旅随第 4 军团参加北伐。8 月,驻湖北樊城。12 月初,缩编为第 4 集团军第 13 师一部,旋改为第 56 师一部。

历任军长:

马文德(1928.3.22—)

③直鲁联军(1928.7—1928.11)

1928 年 7 月,第 41 军军长鲍刚在山东惠民收编直鲁联军第 3 军(军长程国瑞)第 46 师(师长吴杰)、第 7 军(军长许琨)刘子彬部合编为第 42 军②。11 月 23 日,该军在北平因反对编遣而溃变。

历任军长:

吴杰

④西北军(1933.6—1939.3)

1933 年 6 月,第 26 路军所属第 27 师、独立第 44 旅编成第 42 军,第 27 师驻江西奉新,独立第 44 旅驻江苏邳县碾庄。军长张印湘拒不受命,7 月 24 日被免职并关押。7 月,独立第 44 旅开赴鄂东宋埠,参加对鄂豫皖苏区的"围剿"。9 月,第 27 师在江西乐安,参加对中央苏区的第五次"围剿"(1933 年 10 月至 1934 年 10 月)。

---

① 《段国璋就四十二军军长职电》,《广州民国日报》1927 年 4 月 11 日,第 4 版。

② 阮玄武:《方振武生平》,《安徽文史资料》第 20 辑,第 54 页。

1935 年夏,该军调至鄂西。9 月,调湖南五峰、澧州等地进攻湘鄂川黔苏区。10 月,调苏北。1937 年初,调河南信阳、确山。隶属第 2 战区第 2 集团军第 1 军团,在晋东娘子关参加太原会战(1937 年 9 月 12 日至 11 月 12 日)。1938 年 3 月 18 日,由河南巩县、洛阳开商邱,隶属第 5 战区第 2 集团军参加徐州会战后期作战(1938 年 5 月 3 日至 5 月 28 日),坚守台儿庄。在大别山北麓参加武汉会战(1938 年 6 月中旬至 11 月中旬)。11 月 3 日,军长冯安邦在湖北襄阳遭日军空袭遇难。1939 年 3 月,该军在河南洛阳被撤销番号,所辖第 27 师改隶第 30 军,独立第 44 旅直隶于第 2 集团军。

历任军长:

张印湘(1933.6.22—1933.7.24)

孙连仲(1933.8.23—)

冯安邦(1937.8.25—1938.11.3 阵亡)

⑤中央军(1939.8—1949.9)

1939 年 8 月,在甘肃兰州成立第 42 军军部,下辖第 42、第 191、预备第 7 师,分驻甘肃天水、兰州、陕西武功①,隶属第 8 战区。1940 年 7 月,军部移驻平凉,第 191 师所属第 572 团扩为新编第 18 旅,仍隶属该军。1941 年,新编第 18 旅直隶于第 8 战区司令长官部。1942 年 9 月 23 日,该军移驻酒泉、玉门一带,改隶第 38 集团军。

1943 年夏,第 48 师番号撤销。7 月,预备第 7 师开赴新疆。10 月,新编第 41 师拨入,该军改辖第 191 师、预备第 7 师、新编第 41 师。1944 年该军主力移防酒泉。4 月,改隶第 29 集团军。9 月,预备第 7 师开赴伊犁平乱。10 月,该军主力进入新疆,戍守天山南路。1945 年 1 月,苏联红军及哈萨克军攻陷伊犁,预备第 7 师副师长杜德孚等官兵 4000 人阵亡。

1944 年底,新编第 41 师改隶暂编第 5 军。1945 年 4 月,第 191 师与第 91 军所属暂编第 58 师对调,该军改辖暂编第 58 师、预备第 7 师。1946 年上半年,暂编第 58 师改隶新编第 2 军,第 128 师和骑兵第 12 师拨入,该军改辖第 128 师、预备第 7 师、骑兵第 12 师。8 月,骑兵第 12 师脱离建制。1947 年初,整编为整编第 42 师,下辖第 65(原预备第 7 旅)、第 128、第 231 旅(新建)。1949 年夏,第 231 旅到甘肃驻防,改称 231 师,拨隶第 91 军。9 月 25 日,该整编师在疏勒、阿克苏、焉耆起义。12 月 29 日,改编为中国人民解放军第 9 军第 27 师。

历任军长(整编师师长):

杨德亮(1939.8.5—1946.10)

赵锡光(—1949.9.25 起义)

第 43 军

①黔军李燊部(1927.4—1929.7)

---

① 《第 42 军略史》,全宗号 787,案卷号 16786。

1927 年 4 月 13 日,暂编第 7 军改称第 43 军,下辖 6 个师,驻防鄂西、川东。1928 年 1 月 31 日,进占宜昌。2 月,进入湖南澧州。1928 年初,缩编为 4 个师,第 1、第 2、第 3 师师长杨光琛、张廷光、雷世光,教导师(年初收编的原第 9 军第 3 师)师长谢沛生(后为杨其昌)。3 月 19 日,赴桑植、石门"进剿"红军。11 月 13 日,由鄂西经西阳、秀山进攻驻黔第 25 军,失利后大部转入云南。12 月 11 日,蒋介石命令军长李燊退回原防,听候查办。后又以李燊擅自移师构成战祸为由,将其免职。1929 年 2 月,蒋介石免去对李燊的查办处分,任命其为第 10 路军前敌总指挥。该军进攻贵州,5 月 23 日进占安顺,27 日占领贵阳。国民政府宣布李复职第 43 军军长,撤销从前处分[①]。7 月,该军被第 25 军战败。9 月,其残部被贵州东南清乡司令谢彬收编为新编第 10 师。

历任军长:

李燊

②川军郭汝栋部(1934.9－1938.9)

1934 年 9 月 24 日,第 20 军郭汝栋部在鄂东南改称第 43 军,下辖第 26 师。12 月,由崇阳、通山驰援湖南,经通道、会同、洪江、黔阳开赴沅陵,隶属川鄂湘边区"剿匪"军,"围剿"红二、六军团。1935 年,在慈利、大庸(今张家界永定区)、桑植等地作战。1936 年 3 月,转战贵州都匀、独山围堵红军。5 月,驻守云南华坪、永北至丽江以东的金沙江左岸。6 月,到贵州盘县。7 月到榕江。1937 年,由榕江开赴上海参加淞沪会战(1937 年 8 月 13 日至 11 月下旬)。战后调江西彭泽整编,担任九江守备,参加武汉会战(1938 年 6 月中旬至 11 月中旬)。9 月,该军番号撤销,第 26 师改隶第 29 军。

历任军长:

郭汝栋

③山东地方部队(1938.9－1939.1)

1938 年 9 月,成立第 43 军,下辖第 106 师,隶属第 1 战区。1939 年 1 月,该军番号撤销,第 106 师转隶第 40 军。

历任军长:

沈克

④晋绥军(1939.7－1949.4)

1939 年 7 月,第 203 旅和独立第 3、独立第 7 旅在晋西南编成第 43 军,直隶于第 2 战区司令长官部。1941 年 2 月,暂编第 47 师拨入,独立第 3、独立第 7 旅分别扩编为第 70 师、暂编第 46 师[②],该军辖第 70、暂编第 46、暂编第 47 师,改隶第 8 集团军,驻防山西乡宁、陕西宜川。3 月,东进,在豫北济源整训。军部率第 70、暂编第 47 师参加晋南会战(1941 年 5 月 7 日至 6 月 15 日)。9 月 6 日,第 70 师在绛县作战,师长石作衡殉国。冬,该军西撤蒲县、汾西。

---

① 《令》,《国民政府公报》第 199 号(1929 年 6 月 24 日),第 1 页。

② 《第 2 战区各部队沿革史》,全宗号 787,案卷号 16766。

1945 年初,暂编第 46、暂编第 47 师改隶第 23 军,暂编第 39 师、暂编第 43 师拨入[①],该军改辖第 70、暂编第 39、暂编第 43 师。1945 年 12 月,暂编第 43 师裁撤,暂编第 49 师拨入,该军改辖第 70、暂编第 39、暂编第 49 师。1946 年 7 月,主力在介休,暂编第 39 师在临汾参加同蒲路作战(1946 年 6 月 7 日至 1947 年 1 月 24 日)。8 月 17 日,暂编第 39 师在赵城被歼灭大部。1947 年 1 月主力驻介休,第 70 师驻平遥。1948 年 5 月 10 日,暂编第 49 师在寿阳以东被歼灭大部,副军长兼该师师长张翼被俘。5 月下旬军部率第 70 师驻汾阳、孝义,暂编第 39 师驻忻县,暂编第 49 师驻太原。6 月 14 日,第 70 师在祁县神堂头地区受到重创,师长侯福俊阵亡。7 月 14 日,军部、第 70 师在太原、交城之间被击溃。7 月 20 日,暂编第 39 师弃守忻县,21 日被歼灭。7 月 24 日,该军退守太原。9 月,暂编第 39、暂编第 49 师分别改称第 276、第 283 师。该军参加太原战役(1948 年 7 月 16 日至 1949 年 4 月 24 日)被歼灭,军长刘孝曾、第 283 师师长王永寿被俘。

历任军长:

郭宗汾

梁春溥

赵世铃(1941.12 代理—1942.9 免代)

刘效曾(1942.9—1946.3.24)

楚溪春(1946.3.24 兼任—1947.4 免兼)

刘效曾(1947.4—)

赵世铃(—1949.3.24 免代)

刘效曾(—1949.4.24 被俘)

第 44 军(整编第 44 师)

①湘军叶开鑫部(1927.4—1928.7)

1927 年 4 月,新编第 5 军改称第 44 军,下辖两个师,师长邹鹏振、蒋锄欧。5 月 22 日至 6 月 12 日,由江苏仪征到海州。7 月,驻山东郯城、临沂,旋南返。10 月,在安徽合肥隶属第 4 路军西征讨伐唐生智。11 月 14 日,进入湖北武昌,沿长岳铁路进攻湖南岳阳。1928 年 1 月,与第 6 军发生冲突,一部在岳阳被包围缴械,军长叶开鑫被免职。主力由湘阴、靖港、长沙等地经宁乡向湘西退却。4 月,该军在安徽安庆整补,邹鹏振代理军长,下辖第 1、第 2、第 3 师和教导师,师长王堉、龚仁杰、林拔萃、李亚平。7 月 18 日,该军在湖北武汉被第 7、第 19 军缴械遣散。

历任军长:

叶开鑫

邹鹏振

②直鲁联军(1928.6—1928.9)

---

① 《第 2 战区各部队沿革史》,全宗号 787,案卷号 16766。

1928 年 6 月,直鲁联军第 12 军在河北改编为第 44 军。9 月,奉命由马厂南下皖北。25 日,在津浦路泰安、徐州、蚌埠等地被中央军第 1 师刘峙、第 2 师顾祝同等部缴械。

历任军长:

寇英杰

③川军刘湘部,1949 年初黄埔军校出身的陈春霖出任军长(1935.10－1949.12)

1935 年 10 月,四川"剿匪"军第 6 路总指挥王缵绪所属部 13 个旅改编为第 44 军,下辖第 1 师、第 2 师、暂编第 1 师。11 月,进出名山、雅安。1937 年 1 月,各师分别改称第 150、149、第 163 师①。1938 年 1 月,隶属第 29 集团军。3 月,第 163 师拨隶第 56 军,该军改辖149、第 150 师。5 月,由四川万县开赴安徽太湖、宿松,在大别山南麓隶属第 5 战区第 4 兵团参加武汉会战(1938 年 6 月中旬至 11 月中旬)。10 月,退守湖北当阳。1939 年参加随枣会战(1939 年 5 月 1 日至 6 月 1 日)。1940 年参加枣宜会战(1940 年 5 月 1 日至 7 月 4 日)。1940 年 9 月至 1941 年底,守备大洪山。

1940 年 12 月,第 149 师改称第 162 师,拨隶第 67 军。第 162 师改称第 149 师,隶属该军②。参加豫南会战(1941 年 1 月 22 日至 2 月 11 日),策应第二次长沙会战(1941 年 9 月 7 日至 10 月 12 日)。1941 年 12 月,开赴河南内乡。1942 年 4 月,随第 29 集团军由内乡经老河口、兴山、长阳转赴湖南桃源、常德,改隶第 6 战区,担任洞庭湖西岸和长江南岸守备。

1943 年 4 月,第 67 军番号撤销,所辖第 161、第 162 师转隶该军。该军改辖第 149、150、第 161、第 162 师。参加鄂西会战(1943 年 5 月上旬至 6 月中旬)。8 月,第 162 师调湖北松滋、枝江担任长江南岸防守。11 月 15 日,该军转湖南慈利以北参加常德会战(1943 年 11 月 2 日至 1944 年 1 月 5 日),11 月 21 日第 150 师师长许国璋在桃源的陬市受伤自戕。1944 年 1 月,开宁乡,改隶第 9 战区。3 月,驻扎浏阳。在通城、平江、浏阳参加长衡会战(1944 年 5 月下旬至 8 月上旬),战后在茶陵、安仁地区担任守备任务,直至抗战结束。

1945 年初,第 149 师拨隶第 26 军。8 月 21 日,该军克湘南东安。9 月,第 161 师在醴陵被撤销番号,官兵分补入第 150、第 162 师。1946 年初,该军在安徽贵池,隶属衢州绥靖公署。5 月,整编为整编第 44 师。下半年调到苏中,改隶徐州绥靖公署。12 月,由东台进攻盐城。1947 年 2 月,"清剿"苏北淮海地区。自此,该整编师长期驻守苏北海州、阜宁等地,隶属第 9 绥靖区。

1948 年 9 月,恢复军、师番号。11 月 6 日,由东海西撤,隶属徐州"剿总"第 7 兵团参加徐蚌会战(1948 年 11 月 6 日至 1949 年 1 月 10 日),11 月 10 日在邳县碾庄被包围,18 日被歼灭,军长王泽浚、第 162 师师长杨自立被俘,第 150 师师长赵璧光投诚。残兵撤退徐州,第 72 军军长余锦源收揽若干山东保安团及徐州"剿总"警卫团,重建第 44 军,下辖第 150 师、第 162 师,旋改称第 116 军。

1949 年 1 月,在川南重建第 44 军,隶属第 7 编练司令部,下辖第 150、第 162、第 349 师,

---

① 《第 44 军沿革史略》,全宗号、案卷号 16787。
② 《国防部本部隶属各部队主官简历驻地与部队沿革手册》,全宗号 783,卷宗号 393。

驻防宜宾、泸州、綦江、南川。10 月,改隶第 22 兵团。11 月中旬,由泸州南下,在贵州省遵义娄山关被歼灭。12 月初,残部向成都进军。12 月 6 日,第 150 师师长周子冉率师直属队和第 449 团、第 450 团共 1000 人在隆昌投诚,第 448 团宣布起义。12 月 22 日,代理军长周青廷率第 150、第 162 师残部在成都起义。12 月 26 日,第 349 师残部在金堂随第 20 军起义。

历任军长(整编师师长):

王缵绪(1935.10.3—)

廖震(1938.10.8—1940.11)

王泽浚(1940.11.29 代理—1941.5.26 实任—1947.7 兼任—1948.11.18 被俘)

谭心

陈春霖

周青廷(代理—1949.12.22 起义)

整编第 45 师(见第 96 军)

第 45 军(整编第 31 师)

①河南地方部队(1927.6—1927.12)

1927 年 6 月 20 日,蒋介石任命樊钟秀为第 45 军军长[①]。1928 年 4 月,该军连占河南鲁山、郏县、密县、临汝等县,在偃师截断陇海路,攻击第 2 集团军。10 月初,该军退入皖北蒙城一带,樊钟秀通电下野。12 月 8 日,该军在涡阳、蒙城溃散。

历任军长:

樊钟秀(1927.6.20—)

②川军邓锡侯部(1935.5—1945.7)

1935 年 5 月,第 28 军在四川改称第 45 军,下辖 5 个师。8 月,所辖各师改称第 125、第 126、第 127、第 128、第 131 师等。7 月,守备新津、名山。10 月下旬,防守宝兴以东大川场至水磨沟一带。10 月至 12 月,阻止红四方面军南下川康边。

1937 年 8 月,该军缩编为第 125、第 126、第 127 师及独立第 18、独立第 19 旅,裁撤第 128、第 131 师[②]。军部率第 125、第 127 师,隶属第 22 集团军出川作战(留川的第 126 师和独立第 18、独立第 19 旅于 1938 年 5 月编组第 95 军)。第 127 师到晋东娘子关参加太原会战(1937 年 9 月 12 日至 11 月 12 日)。12 月,退往长治。1938 年 1 月,转山东临城、韩庄,隶属第 5 战区参加徐州会战(1937 年 12 月下旬至 1938 年 6 月中旬),战后由徐州撤至湖北襄阳、樊城整补。9 月,到河南信阳、罗山参加武汉会战(1938 年 6 月中旬至 11 月中旬)。9 月底撤入桐柏山区,随即返回襄阳。该军长期在湖北作战。1939 年 2 月进驻枣阳。参加随枣会战(1939 年 5 月 1 日至 6 月 1 日)、枣宜会战(1940 年 5 月 1 日至 7 月 4 日)、豫南会战

---

① 《蒋介石任命樊钟秀等为军长》,《时报》1927 年 6 月 22 日,第 1 张(2)。

② 《各部队各训练机关主官简历驻地与部队沿革手册》,全宗号 627,卷宗号 1117。

（1941年1月22日至2月11日）。1943年参加常德会战（1943年11月2日至1944年1月5日）。1945年参加豫西鄂北会战（1945年3月下旬至5月下旬）。7月，该军军部改组为第47军军部，所属两个师缩编为第125师，改隶第47军。

历任军长：

邓锡侯

陈鼎勋（1938.4.26—）

③中央军（1948.8—1949.6）

1948年8月，在南京成立整编第31师，下辖第97、第102旅。9月，改称第45军，下辖第97、第102师。12月，增辖第312师。1949年3月23日，第97师师长王晏清率两个团在江宁镇起义，部队溃散。4月下旬，该军南下。4月29日在皖南郎溪、广德之间山区被歼灭。5月，残部到浙江舟山金塘岛整编。6月，该军番号撤销，部队并编为第102师，拨隶第21军。

历任军长（整编师师长）：

赵霞（1948.8.1—1949.3.16）

陈沛

第46军（整编第46师）

1927年6月24日，国民革命军总司令部密委直鲁联军将领许琨为第46军军长，许未呈报就职。

①中央军（1928.1—1928.7）

1928年1月，新编第13军在江西改称第46军，辖新编第4、第5、第6师，师长唐星、张春浦、高霁。由江西进驻杭州、嘉兴、桐庐、建德、兰溪。3月，该军在津浦路担任北伐军的后方警卫。8月，该军与第10军合并缩编为第10师。

历任军长：

方鼎英

②陕西地方部队（1935.12—1938.5）

1935年12月，第28、第79师在湖南洞口编成第46军。1936年1月30日，该军由四川綦江出发，进入贵州"追剿"红二、六军团，历经遵义、金沙、黔西、毕节等地。5月15日，到达西康的盐源、盐边，守备雅砻江右岸。6月，转赴贵州普安。7月，调赴云南宣威、会泽，旋开赴贵阳转独山。10月下旬，北调湖北黄陂、孝感。11月，开赴河南灵宝整训。12月初调河南洛阳，隶属豫皖绥靖公署节制。西安事变发生后，该军于12月17日抢占领陕西潼关，12月20日包围华县。抗战爆发后开新乡，旋第79师奉命脱离建制南下参加淞沪会战，第28师返回潼关。1938年4月，该军由潼关开赴鲁南，隶属第5战区第20军团，暂辖第49、第92师参加徐州会战后期作战（1938年5月3日至5月28日）。战后到苏北宿迁，后集中淮阴。

5 月 5 日,军长樊崧甫因拒不奉命北进被查办①,该军番号撤销。

历任军长:

樊崧甫

③新桂系军(1939.1—1949.12)

1939 年 1 月,第 170、第 175 师和新编第 19 师在广西编成第 46 军②,隶属第 4 战区第 16 集团军。抗战期间长期驻守广西。1939 年年底,该军在南宁附近参加桂南会战(1939 年 11 月 15 日至 1940 年 2 月 8 日)。1944 年 7 月,军部率第 175 师、新编第 19 师增援湖南衡阳,在第 9 战区参加长衡会战(1944 年 5 月下旬至 8 月上旬)。战后返回广西,该军(欠第 170 师)隶属第 27 集团军参加桂柳战役(1944 年 9 月 8 日至 12 月 4 日)。

1945 年初,第 170 师裁撤,第 31 军所属第 188 师拨入,该军改辖第 175、第 188、新编第 19 师,隶属第 2 方面军。4 月 27 日,第 175 师攻占都安。该军参加桂柳反攻(1945 年 5 月下旬至 8 月中旬),5 月 27 日攻占南宁,5 月 30 日占宾阳,6 月 1 日占迁江,6 月 30 日协助第 29 军攻克柳州。8 月,进驻雷州半岛。10 月中旬,该军到海南接受日军投降,军部驻海口,隶属广州行营。

1946 年 5 月,整编为整编第 46 师。9 月,北调南京、上海,旋开赴胶济路中段作战,改隶徐州绥靖公署第 2 绥靖区。10 月,驻益都、胶县。11 月,第 175 旅到达青岛,第 188 旅由益都东进。12 月,驻防益都、潍县。1947 年 1 月,由周村、博山一线南下莱芜。2 月 20 日至 23 日,师部及所属 3 个旅被歼灭,第 175、第 188 旅旅长甘成城、海竞强被俘。

在安徽蚌埠重建该整编师,下辖第 188、新编第 19 旅,隶属华中“剿总”第 8 绥靖区。8 月,到涡阳截堵刘邓大军南下(1947 年 8 月中旬至下旬)。9 月,进至六安、霍山地区。11 月在六安、舒城、桐城参加大别山“进剿”作战(1947 年 11 月 27 日至 1948 年 2 月底),战后进驻明光、滁县、合肥、定远。

1948 年 9 月,恢复军、师番号,下辖第 188、第 236 师(由新编第 19 旅改称),隶属华中军政长官公署第 8 绥靖区。12 月,增辖第 174 师。主力担任湖口到鄂城江防,第 174 师担任安庆江防。1949 年 4 月 22 日,该军南撤。5 月 1 日,第 174 师在安徽屯溪,江西婺源、乐平一线被歼灭,5 月 2 日师长吴中坚被俘。5 月,该军布防于江西萍乡、宜春、上高地区。6 月 18 日到新喻。7 月下旬向莲花、永新转进。8 月在湖南双峰的永丰镇附近,参加青树坪战斗。后参加衡阳地区作战(1949 年 10 月 1 日至 6 日)。10 月 24 日,放弃湘南零陵南下,转移至广西兴安以东地区。11 月 22 日放弃桂北,由灌阳沿恭城退守蒙江、南平。11 月 30 日,退守浔江南岸,旋向西南转移。12 月 5 日到达陆屋。12 月 5 日,第 138 师在灵山以北百合地区被歼灭。12 月 7 日,一部在钦州以北被歼灭。12 月 14 日,该军残部近两千人由蒙包撤入越南。

历任军长(整编师师长):

夏威(1939.1.26 兼任—1939.11)

①　《徐永昌日记》第 4 册,1938 年 5 月 5 日,台北“中研院”近代史研究所 1990 年版,第 286 页。

②　《国防部本部隶属各部队主官简历驻地与部队沿革手册》,全宗号 783,卷宗号 393。

何宣(1939.11.5—1940.5)

周祖晃(1940.5—)

黎行恕(—1945.5)

韩练成(1945.5.24—)

谭何易(1947.6—1949.8.1 兼任—)

第 47 军(整编第 47 师)

①陕西地方部队(1928.1—1928.12)

1928 年 1 月,暂编第 19 军改称第 47 军,所辖第 1、第 2、第 3 师同时改番号为第 107、第 108、第 109 师,师长王守义、邢肇棠、刘天禄①。4 月,由湖北襄阳、樊城经河南商邱,进入鲁西南曹县、定陶、金乡,拨隶第 1 集团军第 4 军团,配合第 2 集团军第 1 方面军孙良诚部参加北伐作战。沿津浦以西北上,6 月初到通州。9 月 9 日,进占喜峰口。12 月,缩编为第 45 师第 133 旅②。

历任军长:

高桂滋

②川军李家钰部,1949 年 2 月黄埔军校出身的杨熙宇出任军长(1937.9—1949.12)

1937 年 9 月,第 104 师在西康省西昌扩充为第 47 军,下辖第 104、第 178 师③,隶属第 22 集团军,出师参加抗战。12 月,师次陕西潼关,经郑州、新乡、道清路转赴山西长治。1938 年 2 月,失守长治。2 月 17 日,失守黎城东阳关。3 月,调中条山东部地区。5 月,调中条山西段绛县、翼城、安邑(今夏县)等地展开游击战④。1939 年 1 月,隶属第 4 集团军,10 月转隶第 36 集团军,东调晋城,防守太行山南麓获嘉、焦作、博爱以北地区。12 月 1 日,攻击武陟、沁阳。1940 年,由晋城南渡黄河,接任河南渑池、陕县、灵宝、阌乡一线河防。1941 年 12 月,转任孟津、新安、渑池河防。1944 年隶属第 1 战区第 36 集团军参加豫中会战(1944 年 4 月中旬至 6 月中旬)。战后调邓县整补,改隶第 5 战区第 22 集团军。1945 年 3 月,调湖北均县参加豫西鄂北会战(1945 年 3 月下旬至 5 月下旬),4 月 12 日驻老河口等地。

1945 年 7 月,该军军部撤销,第 104 师改隶第 41 军,第 45 军军部改称该军军部。该军改辖第 125 师(第 45 军所属两个师缩编为第 125 师)、第 127 师(第 178 师改称第 127 师)。抗战胜利后,该军由湖北随县、枣阳调赴河南郑县、许昌、漯河受降,隶属郑州绥靖公署第 5 绥靖区。1946 年 1 月,转赴豫南罗山整训。5 月,整编为整编第 47 师。6 月,在潢川进攻中原解放区,"堵剿"向豫西撤退的中原解放区部队(1946 年 6 月 30 日至 7 月 26 日),第 125 旅由罗山追击至内乡。8 月,调鲁西南参加第一次鲁西南战役(1946 年 8 月上旬至 11 月上

---

① 《军委会关于调查各军师番号清单给国民政府呈》(1928 年 2 月 24 日),《中华民国史档案资料汇编》第 5 辑第 1 编军事(1),第 595 页。

② 《陆军各部队成立沿革纪要(第 1 辑)》,全宗号 787,案卷号 16721。

③ 《国防部本部隶属各部队主官简历驻地与部队沿革手册》,全宗号 783,卷宗号 393。

④ 《陆军第 47 师抗战第一期各重要战役报告书》,全宗号 787,卷宗号 6547。

旬)。9 月 3 至 7 日,两个旅在定陶被歼灭。重建后转守豫北滑县、长垣,参加豫北冀南作战(1946 年 11 月中旬至 1947 年 1 月中旬)。11 月 18 至 22 日,第 125 旅在滑县被歼灭大部。1947 年 1 月,第 127 旅配属第 41 师进驻濮阳。3 月,退守封丘,屏障黄河北岸。8 月底驻郑州、开封。1948 年 2 月,隶属整编第 47 军,主力部署在新郑、郑县。3 月,第 125 旅由新乡南调郑州。3 月 7 日,该整编师奉命增援洛阳。5 月 17 日,第 127 旅在登封、荥阳、密县被歼灭大部。6 月,在郑州参加豫东作战(1948 年 6 月 16 至 7 月 6 日)。

1948 年 9 月,恢复军、师番号。10 月,由郑州南撤蚌埠、蒙城。11 月 10 日北开徐州,隶属第 16 兵团参加徐蚌会战(1948 年 11 月 6 日至 1949 年 1 月 10 日)。12 月 1 日由徐州南撤,7 日在河南永城东北地区被歼灭,军长汪匣锋、师长陈仕俊、张光汉被俘,残部编入第 122 师。

1949 年 2 月,在川东重建第 47 军,隶属第 10 编练司令部,下辖第 125、第 127、第 302 师。11 月 15 日,由巫山、奉节、巫溪西撤,12 月 3 日到大竹,经南充向三台前进。12 月 9 日,第 125 师所属第 375 团团长率 1500 人在澧都投诚。12 月 21 日,该军在什邡起义。1950 年 3 月 12 日,第 302 师在安县重新加入国军,14 日被歼灭。

历任军长(整编师师长):

李家钰(—1943.11)

李宗昉(1943.11.15—)

陈鼎勋(1945.8—1948.2.4)

孙元良(1948.2.11—)

汪匣锋(1948.3.23—1948.12.7 被俘)

杨熙宇(1949.2.1 代理—)

严翊(—1949.12.21 起义)

第 48 军(整编第 48 师)

1928 年 3 月 18 日,蒋介石委任五省联军将领苏桂荣、梁春溥、徐松林为第 48 军第 1、第 2、第 3 师师长,李宝璋为军长[①]。李未就任。

新桂系军(1937.4—1949.12)

1937 年 4 月,新桂系军第 15 军在广西改称第 48 军,下辖第 173、第 174、第 176 师。9 月,该军北上抗战。10 月,由徐州南下,隶属第 21 集团军在第 3 战区参加淞沪会战(1937 年 8 月 13 日至 11 月下旬)。战后到浙江孝丰整补。1938 年 2 月 6 日,由浙江桐庐等地开安徽合肥,在第 5 战区参加徐州会战(1937 年 12 月下旬至 1938 年 6 月中旬)。在大别山南麓的黄梅、广济等地参加武汉会战(1938 年 6 月中旬至 11 月中旬)。战后,该军驻岳西、霍山,控制大别山东部地区。

1938 年 10 月,第 173、第 174 师拨隶第 31 军,第 138 师归建,该军改辖第 138、第 176

---

① 《蒋中正总统档案·事略稿本》(2),第 542—542 页。

师,隶属第5战区豫鄂皖边区游击司令部。1939年,策应随枣会战(1939年5月1日至6月1日)。1939年4月至1940年6月,第138师在合肥。1940年,该军策应枣宜会战(1940年5月1日至7月4日)。1941年,策应豫南会战(1941年1月22日至2月11日)。1941年至1945年,该军驻防大别山南麓桐城、庐江、怀宁、潜山、岳西、太湖、宿松。

1941年5月,第173师拨隶该军。该军策应第二次长沙会战(1941年9月7日至10月12日)。1942年3月,第173师改隶第7军。1943年12月24日,在太湖、潜山作战,策应常德会战(1943年11月2日至1944年1月5日)。1945年抗战胜利后,该军由岳西移驻安庆、津浦路浦口至蚌埠段。

1945年8月,第174师编入,该军改辖第138、第174、第176师。1946年5月,整编为整编第48师。第174旅由安庆调商城"围剿"中原解放区,继在商城、立煌、霍山等地参加对皮定均部的"堵剿"(1946年7月),"清剿"大别山北麓(1946年7月至8月)。

1947年1月,该整编师调鲁南。3月在临城以南,隶属徐州司令部第3兵团参加沂蒙山区作战(1947年3月下旬至7月下旬)。4月中旬,转赴陇海路东段北侧临沂、郯城地区,加入第1兵团作战。7月15日,该整编师由临沂回师临城。

1947年7月,第174旅脱离建制。8月,该整编师由临城铁路运输至民权,向菏泽进攻。旋经柘城南下,"追剿"刘邓大军(1947年8月中旬至下旬)。11月,在安徽霍山改隶第8绥靖区,参加大别山"进剿"作战(1947年11月27日至1948年2月底)。1948年3月7日,该整编师增援洛阳。战后返回河南信阳。

1948年9月,恢复军、师番号。12月,增辖第175师,该军改辖第138、第175、第176师。1949年初,驻防湖北黄陂、孝感等地,隶属华中军政长官公署第3兵团。5月7日转移至江西宜春、新喻。7月下旬,继向湖南攸县、茶陵转进。9月初主力在耒阳,一部在安仁。参加衡阳地区作战(1949年10月1日至6日)。10月9日至11日,第138师一部、第176师全部在祁阳以北地区被歼灭,第176师长李祖霖被俘。第175师担任掩护任务,在祁阳西北黄土铺损失惨重。10月下旬,该军转移至广西桂林以南。11月在贵港。11月21日奉命向化县(今广东化州市)进攻,参加广西南路作战(1949年11月23日至12月1日)。11月27日,第175师所属1个团在陆川以南被歼灭。28日,该军向北流转移。12月1日,在博白被歼灭。12月9日,军长张文鸿、第175师师长李映被俘。各师残部在龙津并编为第176师。12月19日,残部800余人经水口关撤入越南。

历任军长(整编师师长):

夏威(—1937.9.29)

韦云淞(1937.9.20—)

廖磊(1938.2.7兼任—)

张义纯(1938.7.7—1939.11)

区寿年(1939.11.19—1940.7)

苏祖馨(1940.7.1代理—1942.3实任—1945.8)

张光玮(—1948.1.14兼任—1948.9.16)

张文鸿(1948.9.16—1949.12.9被俘)

第49军(整编第49师)

①广东地方部队(1928)

1928年,原广东地方部队刘志陆部(时为直鲁联军第13、第17、第18军)在胶东编为第49军,下辖两师,师长谢文炳、陈修爵。年底番号撤销,缩编为新编第2师。

历任军长:

刘志陆

②东北军,1948年2月黄埔军校出身的郑庭笈出任军长(1937.2—1948.10)

1937年2月,以第105师为基干在河南南阳成立第49军,隶属豫皖绥靖公署。7月,增辖第109师。8月,进驻河北沧县、静海,隶属第1战区第1集团军第3军团参加津浦路北段作战(1937年9月11日至12月27日)。10月24日,第105师转赴山东长清守备黄河南岸。10月底,该军调赴江苏无锡等地参加淞沪会战(1937年8月13日至11月下旬)。11月,第109师官兵并入第105师①。1938年4月,第105师在宣城作战,6月至7月在黄山作战②。

1938年6月,第109师改隶第90军。10月,该军到赣北修水作战,第118师拨入。1939年2月,预备第9师拨入,第118师转隶第79军,该军改辖第105、预备第9师。隶属第9战区第19集团军参加南昌会战(1939年3月17日至5月20日),在修水作战失利③。后在赣北参加第一次长沙会战(1939年9月1日至10月14日)。战后,调浙江金华、诸暨、兰溪,改隶第3战区第32集团军。

1940年5月,第26师拨入。该军旋返回江西。8月,预备第9师与第70军所辖预备第5师对调,该军改辖第26、第105、预备第5师。1941年隶属第9战区第19集团军参加上高会战(1941年3月中旬至4月上旬)。5月,预备第5师改隶第19集团军,该军返回浙江,增辖暂编第13师,改辖第26、第105、暂编第13师。隶属第3战区第10集团军,暂辖新编第30师,在浙江东部策应第二次长沙会战(1941年9月7日至10月12日)。1941年10月至1942年3月,暂编第13师守备绍兴,4月至5月转义乌。该军在金华至江山间参加浙赣会战(1942年5月中旬至9月上旬)。

1942年10月,暂编第13师改隶第25军,预备第5师拨入,该军改辖第26、第105、预备第5师。1943年守备金华、衢江西岸。1945年1月,第79师编入。4月,预备第5师直隶于第3战区司令长官部,该军改辖第26、第79、第105师。5月23日,第79师进攻苏浙边区新四军。抗战胜利后,该军由江西上饶进驻浙江余杭、德清。1946年初,调赴江苏无锡、常州、丹阳休整,隶属徐州绥靖公署第1绥靖区。

---

① 《各部队各训练机关主官简历驻地与部队沿革手册》,全宗号627,卷宗号1117。

② 《105师在沧州、上海、无锡、宣城战役》,全宗号,案卷号6556。

③ 《各部队各训练机关主官简历驻地与部队沿革手册》,全宗号627,卷宗号1117。

1946 年 5 月,整编为整编第 49 师,由武进北调南通、海门、白蒲。参加江北地区作战(1946 年 7 月上旬至 12 月底),7 月 16 日由白蒲向如皋进攻。7 月 19 日,师部、第 26 旅大部在如皋以南被歼灭,旅长胡琨被俘。20 日,第 79 旅大部在如皋以南被歼灭,师长王铁汉被俘后逃出。7 月 23 日,占如皋。8 月 10 日,第 105 旅旅部及所属第 314 团在海安李堡镇被歼灭,旅长金亚安被俘。8 月 27 日,第 79 旅所属一个团在如皋加力地区被歼灭。11 月底驻如皋。1947 年 1 月,在泰州、海安等地"清剿"苏中解放区。

1947 年 8 月上旬,该整编师由苏中船运辽宁葫芦岛,在锦州集结,隶属东北行辕,恢复军、师番号。9 月 19 日,由锦州援助建昌,9 月 19 日至 23 日,军部、第 79 师、第 105 师(各欠 1 个团)共 4 个团在建昌杨家杖子被歼灭,第 105 师师长于泽霖被俘。12 月 28 日,第 79 师在彰武被歼灭。1948 年 1 月 24 日至 26 日,第 26 师在新立屯被歼灭。8 月上旬,第 26 师干部由沈阳空运锦州,改隶新编第 5 军。9 月 27、28 日,第 79 师(欠第 237 团)由沈阳空运锦州。10 月初,第 195 师编入,军部率第 105、第 195 师由沈阳出发增援锦州,隶属西进兵团。10 月 28 日,在辽宁黑山、打虎山以东地区被歼灭,军长郑庭笈、第 195 师师长罗莘求被俘。

历任军长(整编师师长):

刘多荃

沈克

王铁汉(1941.12.17－1948.2.20)

郑庭笈(1948.2.20 代理－1948.10.28 被俘)

③中央军(1949.1－1949.12)

1949 年 1 月,在云南组建第 49 军,下辖第 249、第 327 师。3 月,由昆明开赴贵州贵阳,第 249、第 327 师分驻盘县、三穗。7 月中旬,驻黔东三穗、都匀整训。9 月东进晃县,增辖第 275 师。10 月 21 日占湖南黔阳,22 日到达芷江外围后返回原防。11 月初,该军向黔西地区撤退。11 月 9 日,第 249 师主力在镇远被歼灭。11 月 11 日,军部及第 249 师一个团沿黄平及台江、炉山经贵定、贵阳、清镇西撤,22 日到达鸭池河西岸。11 月 21 日,第 327 师在遵义东南被歼灭。11 月 21 日,第 275 师师长陈德明率部脱离该军,23 日在金沙县安底镇起义。12 月 10 日,军长王景渊、第 249 师师长陈永思率残部在水城起义(1950 年 6 月 5 日,该军编入贵州军区部队)。

历任军长:

何绍周

王景渊

第 50 军(整编第 35 师、整编第 54 师)

①陕西地方部队(1937.9－1937.12)

1937 年 9 月,第 167 师、新编第 35 师在安徽编成第 50 军。12 月,该军番号撤销。

历任军长:

杨渠统

②川军刘湘部(1938.2—1945)

1938 年 2 月,在皖南编组第 50 军,下辖第 144 师和独立第 13、第 14 旅,隶属第 23 集团军,驻防南陵、繁昌、铜陵。5 月,独立第 13、第 14 旅合编为新编第 7 师,仍隶属该军。抗战期间,该军一直驻扎皖南地区。1939 年 3 月,第 145 师拨入,该军改辖第 144、第 145、新编第 7 师。参加第 3 战区 1939 年冬季攻势作战(1939 年 12 月 16 日至 1940 年 2 月 25 日)。1941 年 1 月 7 日,第 144 师、新编第 7 师进攻皖南新四军。新编第 7 师在青阳整编后,开浙西长兴,隶属第 32 集团军第 2 游击区指挥部。军部率第 144、第 145 师,暂辖第 52 师策应第二次长沙会战(1941 年 9 月 7 日至 10 月 12 日)[①]。1942 年,新编第 7 师归还建制,开回泾县、南陵、宣城。该军参加浙赣会战(1942 年 5 月中旬至 9 月上旬)。

1942 年 12 月,第 145 师与第 21 军所属第 148 师对调,该军改辖第 144、第 148、新编第 7 师。1944 年 3 月 29 日,第 144 师大部由代理师长、第 430 团团长张昌德率领在南陵降日。年底,第 144 师脱离建制。1945 年 7 月,该军番号撤销,第 148 师、新编第 7 师分别改隶第 25、第 21 军。

历任军长:

郭勋祺(1938.2.5 兼任—)

佟毅(1939.12.8 代理—)

范子英(1940.1—1943.1)

佟毅(1943.1.9—)

田钟毅(1943.9.7—)

③中央军(1948.1—1950.6)

1948 年初,第 36 旅在山东青岛合并地方保安部队编成整编第 35 师,旋改称整编第 54 师,下辖第 7、第 36 旅,隶属第 11 绥靖区。9 月,整编第 54 师改称第 50 军,下辖 36、第 107 师(由第 7 旅改称)。9 月,第 107 师所属一团接防烟台。1949 年初,增辖第 270 师。6 月 2 日,南撤海南岛,旋调广州。10 月初,经新会、开平、恩平,于 24 日到达阳江,24 日至 26 日在阳春、阳江地区被歼灭大部,第 36 师师长李成忠被俘。26 日,残部由阳江以南海陵岛海运海南榆林。1950 年 5 月,由榆林经海运撤至台湾,缩编为第 36 师。

历任军长(整编师师长):

整编第 35 师师长叶佩高(—1948.1.20)

整编第 54 师师长叶佩高(1948.1.20—)

第 50 军军长叶佩高(—1948.12.16)

胡家骥(1948.12.16—)

第 51 军(整编第 51 师)

东北军,1947 年初黄埔军校出身的王严担任整编师师长(1933.3—1949.5)

① 《各部队各训练机关主官简历驻地与部队沿革手册》,全宗号 627,卷宗号 1117。

1933 年 3 月,以第 111、第 113、第 114、第 118 师等在河北编成第 51 军,参加长城和冀东抗战。战后开赴天津、塘沽、大沽、马厂、杨柳青布防。1934 年春,第 111 师调归第 57 军南下鄂东。该军改辖第 113、第 114、第 118 师。1935 年 6 月,军部迁驻保定。6 月 10 日,该军开赴陕西。9 月,进入陕西凤翔、西安,旋开赴甘肃,第 113 师师部及两团驻天水,一团驻甘谷、礼县;第 114 师调陇西、武山,主力驻武山;第 118 师驻徽县至略阳间、娘娘坝、高桥[①]。11 月中旬,该军一部在黑城镇、固原、化平一线构筑碉堡,主力在天水、徽县、略阳之线构筑碉堡封锁线。1936 年 8 月,调驻兰州、陇西、临洮、定西。11 月至 12 月,在陇东、环县进攻红一方面军。

1937 年 4 月,该军离开甘肃东下。5 月经安徽到江苏。7 月,在淮阴缩编为第 113、第 114 师。9 月,第 113 师调驻山东即墨至潍县一带,守备胶济路东段,第 114 师驻日照、诸城、莒县一带。1938 年初,调赴安徽蚌埠临淮关,担任淮河北岸防务,隶属第 5 战区参加徐州会战(1937 年 12 月下旬至 1938 年 6 月中旬),4 月防守山东兰陵。6 月 15 日,抵达河南信阳明港,后开赴唐河、南阳整补。隶属第 5 集团军,在大别山北麓商城、六安等地参加武汉会战(1938 年 6 月中旬至 11 月中旬),9 月,调赴安徽立煌守备大别山。

1939 年 3 月,调赴鲁南改隶鲁苏战区。1941 年,暂编第 12 师一度隶属该军[②]。1942 年 9 月和 1943 年 2 月,该军在日伪军进攻中遭到重大损失。

1943 年 7 月,调赴安徽阜阳,直隶于军事委员会。1944 年 2 月,调赴河南潢川整补,并担任罗山一带防务。12 月,调赴商城。1945 年隶属第 10 战区第 15 集团军,参加豫西鄂北会战(1945 年 3 月下旬至 5 月下旬)。10 月,开赴徐州,驻防韩庄、台儿庄一线,隶属徐州绥靖公署。

1946 年 5 月,整编为整编第 51 师。1947 年 1 月 9 日至 20 日,师部及两个旅在峄县(今枣庄峄城区)、枣庄被歼灭,师长周毓英、旅长李玉唐、李步青被俘。

重建,改辖第 41、第 113 旅。1947 年 5 月,第 113 旅开赴苏北担任陇海路曹八集至新安镇一线防务。8 月底,驻苏北宿迁、淮阴。12 月 30 日,第 113 旅旅部及所辖一个团大部在盐南以南被歼灭。1948 年 3 月 19 日,第 113 旅(欠 1 个团)在阜宁益林被歼灭,旅长王匡被俘。3 月至 8 月主力驻阜宁,第 41 旅驻兴化、宝应。9 月,恢复军、师番号。年底,驻守镇江至江阴长江沿岸。1949 年 4 月 22 日经宜兴、长兴、嘉兴、松江向上海转移。4 月 28 日至 29 日,在皖南郎溪、广德之间山区被歼灭一部。参加淞沪作战(1949 年 4 月 23 日至 5 月 25 日)。5 月 26 日,淞沪卫戍区副司令兼北区兵团司令兼该军军长刘昌义率残部在上海投诚。

历任军长(整编师师长):

于学忠(1933.3.10—)

牟中珩(1939.3.18—1942.3)

---

① 《国民党军第一一四师牟中珩部与长征红军在甘肃武山陇西战斗详报》(1935 年 9 月),《中华民国史档案资料汇编》第 5 辑第 1 编军事(5),第 115 页。

② 《国防部本部隶属各部队主官简历驻地与部队沿革手册》,全宗号 783,卷宗号 393。

周毓英(1942.3.26—1947.1.20 被俘)

王 严(—1948.12.1)

王秉钺(1948.12.1—1949.5.16 被俘)

刘昌义(—1949.5.26 投诚)

整编第 52 师(见第 97 军)

第 52 军

中央军(1937.8—1950)

1937 年 8 月,第 2、第 25 师在陕西咸阳编成第 52 军。成军后北上河北。9 月 19 日至 10 月 20 日在保定附近隶属第 1 战区第 2 集团军,参加平汉路北段作战。10 月 26 日至 11 月 17 日在河北大名、河南安阳作战。11 月开赴新乡、洛阳,12 月开赴漯河休整[①]。1938 年 3 月中旬,经亳县、徐州开赴台儿庄、峄县东南地区,隶属第 5 战区第 20 军团参加徐州会战。4 月 17 日向邳县以北转移。5 月中旬开赴河南商邱附近整补。6 月,调赴湖北枣阳、随县,7 月到咸宁汀泗桥。8 月由阳新开江西瑞昌。隶属第 9 战区第 2 兵团第 32 军团参加武汉会战(1938 年 6 月中旬至 11 月中旬)。9 月 11 日,奉命开赴咸宁整补。战后到鄂南蒲圻整训。

1938 年 10 月,第 195 师拨入,该军改辖第 2、第 25、第 195 师。11 月,该军归入第 9 战区,移防湘北新墙河一线与日军对持长达 9 个月。参加第一次长沙会战(1939 年 9 月 1 日至 10 月 14 日)。10 月,调长沙附近整补。1940 年 5 月,第 2 师开赴湖北通城接替第 79 军在九岭附近的守备。6 月为策应宜昌作战,该军(欠第 2 师)攻击湘北的羊楼。1940 年 8 月,该军移驻广西柳州,隶属第 9 集团军。秋,移防靖西守备。1941 年 1 月,移防滇南[②]。1943 年 2 月,所辖 3 个师的团级单位对调。

1945 年 1 月,荣誉第 2 师拨入,该军改隶远征军。3 月,改隶第 1 方面军。4 月,荣誉第 2 师改隶第 53 军。8 月 27 日,该军由滇南文山等地开赴越南,接收河内、海防日军武装。10 月底,由海防海运河北秦皇岛。11 月 13 日,攻占山海关。11 月 26 日,占辽宁锦州。1946 年 2 月上旬,该军(欠第 195 师)由北镇、黑山沿北宁路向沈阳进攻,3 月 15 日进驻沈阳,22 日占抚顺,5 月 3 日占本溪(4 月,第 195 师配属第 71 军进攻四平,5 月 25 日奉命由梅河口向南进攻金川、柳河)。

1946 年 9 月,主力驻本溪、辽阳,第 195 师驻抚顺营盘。参加辽东扫荡作战(1946 年 10 月上旬至 12 月下旬)。11 月 2 日,第 25 师在宽甸县西北新开岭被全歼,师长李正谊被俘。1947 年 2 月 25 日,第 195 师代理师长何士雄在安东(今丹东)长春沟阵亡。4 月,第 2 师到本溪整训。5 月 6 日,第 2 师(欠第 6 团)由本溪增援四平,20 日返回沈阳。5 月,第 25 师弃守宽甸接替新编第 6 军在辽南普兰店、鞍山、盖平(今盖州)等地防务。5 月 21 日,第 195 师

[①] 《第 52 军抗战期间行动概见图表及历次作战经过一览表》,全宗号 787,案卷号 6633。

[②] 《第 52 军略史》,全宗号 787,案卷号 16788。

放弃通化。6月18日,第195师配属第53军占领本溪,下旬返回沈阳,23日北上四平,配属第93军作为北进兵团参加四平会战(1947年5月上旬至7月上旬)。

1947年8月,担任营口守备的暂编第58师拨入该军建制。10月,第25师所属第74团由营口返回鞍山归建途中被歼灭。11月末至12月初,第2师及驻守营口暂编第58师与第195师攻打海城、大石桥。12月4日,第195师开赴沟帮子,归入新编第5军编制。该军改辖第2、第25、暂编58师,守备营口大石桥、辽阳、鞍山、本溪。12月20日,第2师由辽南北上铁岭、沈阳。1948年1月31日,配属该军的暂编第54师在辽阳被围,2月6日被歼灭。2月12日至19日,第25师所属第74、第75团在鞍山被歼灭,师长胡晋生被俘。2月25日,暂编第58师师长王家善率部下1万多人在营口起义,番号取消。

1948年3月,第25师重新编成,增辖暂编第54师,但后者始终未归建。7月15日,该军进占辽阳。8月上旬,暂编第54师干部由沈阳空运锦州,改隶新编第8军。10月6日,该军占鞍山,22日由辽阳、鞍山地区南进,24日占营口。11月2日,第2师全部、第25师一部在营口被歼灭,军部及第25师海运葫芦岛。

1948年11月,第296师拨入,该军改辖第2、第25、第296师。11月中旬,海运上海移防江苏常州,分驻常州、丹阳、无锡、苏州一带整训。11月底,第25、第296师北上,参与救援在安徽宿县西南双堆集的黄维兵团。1949年2月,该军移防上海,隶属京沪杭警备总司令部淞沪防卫司令部,参加淞沪作战(1949年4月23日至5月25日)。5月26日,撤离上海转移舟山。5月29日,撤往台湾澎湖。6月,第52、第54、第99、第12军残部合编为两个军5个师,保留第52、第54军的番号。7月,该军调往台湾新竹,第296师编为干部师,开往金门拨隶第5军。9月底,第73军所部4300人拨补第52军。11月,该军移防舟山。1950年2月,第40师拨入。5月,由舟山岛移驻台湾中坜地区。

历任军长:

关麟徵(1937.8.9—)

张耀明(1938.9.27—1943.2)

赵公武(1943.2.18—1947.8)

梁恺(1947.8—1947.9)

覃异之(1947.9—1948.3.1兼任—1948.5.26免兼)

刘玉章

第53军

东北军(1933.3—1948.11)

1933年3月,第108、第116、第119、第129、第130师和骑兵2师合编为第53军。军部始驻热河凌源,后驻扎冷口、平西、唐山等地。暂辖第106师参加长城抗战,战后驻北平。

1934年春,第108、第129师开赴河南、湖北参加围攻红军,分别拨隶第57、第67军指挥①。

1935年6月,第116师留驻北平,该军主力移驻保定,驻扎平保沿线,防守永定河及大清河。7月,骑兵2师脱离建制。1936年4月,第91师编入。1937年6月,按照整理师整编,保留第91、第116、第130师番号。参加平汉路北段作战(1937年8月21日至9月24日)、(1937年10月至1938年1月)。保定作战失利后,该军南撤至河南辉县、百泉地区。10月14日,第116师所属第346旅第691团在团长、共产党员吕正操的带领下,于晋县小樵镇改编为人民自卫军,脱离建制。1938年初,该军回师进攻汤阴,掩护平汉路国军主力向黄河以南撤退。2月13日,弃守淇县,进入山西晋城、高平、陵川一带游击,暂隶第18集团军指挥。2月25日,弃守晋城、济源。5月,渡过黄河,进驻河南郑州、汜水,担负黄河南岸的警戒任务。6月,移驻湖北麻城、黄陂。

1938年6月,第91师转隶第85军。该军改辖第116、第130师,隶属第9战区第26军团,在湖北大冶、阳新参加武汉会战(1938年6月中旬至11月中旬)。10月17日,失守阳新东北三溪口,退往江西永修、湖南岳阳。武汉会战结束后,调赴湖南沅陵整训。1939年1月,调往洞庭湖西岸的安乡、南县、华容、石首担任沿江警备。9月,渡过长江,在武汉外围隶属第9战区第20集团军参加第一次长沙会战(1939年9月1日至10月14日),全军牺牲四分之三,缩编为1个旅及1个营,配属第75军作战②。12月,驻湖南岳阳、临湘。1940年12月,驻湖北沙市③。隶属第6战区第20集团军,策应第二次长沙会战(1941年9月7日至10月12日)④。7月,该军结束在洞庭湖、长江一线防务,开赴常德集结待命。

1943年2月,进入云南,编入远征军序列,隶属第20集团军。10月,在云南弥渡、蒙化(今巍山)改换美械。1944年参加滇西方面作战(1944年5月11日至1945年1月27日)。5月,渡过怒江,参加腾冲、龙陵、芒市等地作战。1945年1月,与新编第1军在芒友、碗町会师,打通中印公路。

1945年4月,荣誉第2师拨入,该军改辖第116、第130师和荣誉第2师,驻守云南弥渡、安宁、楚雄、弥勒。8月,进入越南。

1946年5月,荣誉第2师脱离建制,该军改辖第116、第130师。6月,该军由越南海防北上。8月,在辽宁秦皇岛登陆,隶属东北保安司令长官部。8月21日,由秦皇岛、绥中向青龙进攻。9月2日,第116师占长城冷口。9月8日,攻占热河迁安。9月9日,攻占古北口,9月11日,攻占河北遵化。9月20日,攻占兴隆。10月经古北口入关。隶属第34集团军,参加张垣(张家口)会战(1946年9月20日至11月11日),10月3日由河北怀柔向延庆进攻。10月中旬,转用于保定方面。12月中旬,向保定以北进攻,21日第130师所属第388

① 《第53军沿革史》,全宗号787,案卷号16789;《第六战区抗战纪实附录二:战区及各集团军、军、师沿革及简史》,全宗号787,案卷号6714。

② 《国防部本部隶属各部队主官简历驻地与部队沿革手册》,全宗号783,卷宗号393。

③ 《第六战区抗战纪实附录二:战区及各集团军、军、师沿革及简史》,全宗号787,案卷号6714。

④ 《第53军沿革史》,全宗号787,案卷号16789;《第六战区抗战纪实附录二:战区及各集团军、军、师沿革及简史》,全宗号787,案卷号6714。

团被歼灭。1947 年 2 月,在河北高碑店、定兴、固城参加平汉路徐水以西地区作战(1947 年 2 月 12 日至 3 月 4 日)。5 月中旬,由保定地区调赴东北。6 月 17 日,第 130 师一部进攻本溪。6 月 27 日,该军由沈阳北上参加四平会战(1947 年 6 月中旬至 7 月上旬)。战后调驻昌图、西丰、开原。

1947 年 8 月,增辖暂编第 30 师,该军改辖第 116、第 130、暂编第 30 师。10 月 1 日至 2 日,第 116 师和第 130 师所属第 390 团共约万人在四平以南、铁岭以北的威远堡门和貂皮屯被歼灭,第 116 师师长刘润川被俘。12 月 20 日,第 130 师、暂编第 30 师(欠 1 个团)由开原南下铁岭、沈阳。1948 年 2 月 27 日,第 130 师所属第 390 团在开原被歼灭。2 月,暂编第 30 师改称第 116 师。4 月,重新成立暂编第 30 师,仍隶属该军。10 月 27 日,军部及第 116 师在铁岭、新城子被歼灭,11 月 1 日,第 116、第 130、暂编第 30 师师长刘德裕、王理寰、张儒彬率残部在沈阳投诚。

历任军长:

万福麟(1933.3.10－1938.12.21)

周福成(1938.12.21－1948.11.2 被俘)

第 54 军(整编第 54 师、整编第 35 师)

中央军(1937.10－1950)

1937 年 10 月 17 日,在上海嘉定成立第 54 军[①],下辖第 14 师,参加淞沪会战(1937 年 8 月 13 日至 11 月下旬)。1938 年 2 月调往武昌整补,第 55 师归建。6 月,第 55 师拨隶第 94 军,第 18 师归建,该军改辖第 14、第 18 师。隶属第 9 战区第 2 兵团,在湖北阳新、武穴、通山和江西瑞昌等地参加武汉会战(1938 年 6 月中旬至 11 月中旬)。战后,退守湖南常德、汉寿、益阳,守备洞庭湖。

1938 年 10 月,第 50 师归建。1939 年 7 月,第 18 师与第 18 军所属新编第 23 师对调,该军改辖第 14、第 50、新编第 23 师。隶属第 9 战区第 20 集团军,参加第一次长沙会战(1939 年 9 月 1 日至 10 月 14 日)。

1939 年 10 月,新编第 23 师与第 87 军所属第 198 师对调,该军改辖第 14、第 50、第 198 师。12 月,该军开赴粤北,参加第 4 战区 1939 年冬季攻势作战(1939 年 12 月 8 日至 1940 年 1 月 16 日),连占翁源、花县、从化。1940 年隶属第 9 集团军。1 月驻佛冈。2 月赴广西柳州。6 月,移驻天保(今德保)、靖西。9 月,进驻云南省广南、富宁、马关至河口以东的滇越边境,隶属第 15 集团军。1943 年 7 月,进驻滇西祥云。9 月,进驻弥渡,隶属第 20 集团军。

1944 年春,隶属远征军。4 月,第 14、第 50 师由云南祥云空运印度改隶新编第 6 军,第 36 师拨入,该军改辖第 36、第 198 师。暂辖预备第 2 师参加滇西方面作战(1944 年 5 月 11 日至 1945 年 1 月 27 日),5 月 12 日渡过怒江。8 月 19 日占腾冲,11 月克龙陵。1945 年 1 月,第 36 师克芒友。3 月,该军由保山空运至陆良转黔西南兴仁、安龙、贞丰、兴义整补,改由陆军总司令部直辖①。

1945 年 4 月,第 8 师拨入,该军改辖第 8、第 36、第 198 师。7 月,移防广西百色。抗战胜利后进驻梧州。10 月 15 日,由梧州抵达广州,隶属广州行营。1946 年 6 月 18 日,经海运到达青岛。6 月下旬,由青岛西进,参加胶济路东段战役(1946 年 6 月下旬至 11 月中旬)。7 月 2 日占即墨县城,9 日占蓝村,12 日占胶县。9 月 30 日,由蓝村向西进攻。10 月 11 日,与第 8 军在高密会师。11 月 3 日,占平度。11 月 11 日,占掖县(今莱州)。12 月驻青岛、胶县。

1947 年 7 月,整编为整编第 54 师。隶属胶东兵团,参加胶东作战(1947 年 9 月上旬至 12 月中旬),12 月 1 日由海阳经海运撤回青岛,旋北上救援莱阳。11 日,该军(欠第 198 旅)由海阳海运青岛。1948 年 1 月,第 36 旅脱离建制另组整编第 35 师。旋即,整编第 54 师与整编第 35 师互换番号。暂编第 35 师师部率第 8 旅、第 198 旅海运辽宁葫芦岛。隶属东北行辕锦州指挥所兼冀热辽边区"剿匪"总部,进驻锦州。3 月,恢复第 54 军番号。8 月,移防锦西,暂编第 57 师编入。10 月,参加塔山战斗,救援锦州。11 月 8 日,由锦西、葫芦岛撤往上海。暂编第 57 师南撤后改称第 291 师。11 月中旬,转赴安徽蚌埠、临淮关,隶属徐州"剿总"第 6 兵团参加徐蚌会战(1948 年 11 月 6 日至 1949 年 1 月 10 日),12 月 3 日至 17 日西进策应第 12 兵团。12 月,调往江苏句容、南京,旋移驻丹阳、常州、无锡,隶属京沪杭警备总司令部。1949 年 4 月 19 日,第 8 师接替江阴以西防线,主力控制在常州以北地区。4 月 21 日,第 291 师师长廖定藩阵亡,该军向上海转移,参加淞沪作战(1949 年 4 月 23 日至 5 月 25 日)。5 月 26 日撤离上海,转移舟山。5 月 29 日,撤往台湾台中地区。第 291 师番号撤销,残部编入第 8、第 198 师。6 月,第 52、第 54、第 99、第 12 军各军残部合编为两个军 5 个师,保留第 52、第 54 军的番号。

历任军长(整编师师长):

霍揆彰(1937.8.9—)

陈烈(1939.7.5—1940.10.31 病故)

黄维(1940.11.11—1943.4)

张耀明(1943.4.8—1943.8 免兼)

方天(1943.8.3—1944.7 免兼)

阙汉骞(1944.7.20—)

整编第 54 师师长阙汉骞(—1948.1.20 免兼)

整编 35 师师长阙汉骞(1948.1.20 兼任—1948.3.6)

第 54 军军长阙汉骞(1948.3.6—1949.1.1 兼任—)

第 55 军(整编第 55 师)

①东北军汤玉麟部(1933.2—1933.8)

1933年初,在热河成立第55军,下辖第36师、独立第31旅、骑兵第9旅、骑兵第10旅等。2月,骑兵9旅改隶骑兵第3军。3月3日,军长汤玉麟放弃承德。军委会北平分会将汤撤职,以何遂为副军长,代军长。该军一部随第41军孙殿英部西行,一部留察哈尔由第29军宋哲元部改编。8月26日,北平军分会取消该军番号。

历任军长:

汤玉麟

何遂

②西北军韩复榘部(1937.8－1949.10)

1937年8月,第3路军所属第29师、手枪旅在山东潍县编成第55军,隶属第3集团军。该军由济南北渡黄河,在德州作战。年底,撤至河南。1938年初,手枪旅脱离该军建制,第74师拨入,该军改辖第29、第74师。在第5战区参加徐州会战(1937年12月下旬至1938年6月中旬),1938年2月12日进攻山东济宁,3月至4月在台儿庄作战。战后,在鲁西游击。在河南兰封等地参加豫北豫东作战(1938年1月上旬至6月下旬)。在湖北浠水、广济等地参加武汉会战(1938年6月中旬至11月中旬)。10月,隶属第33集团军。1939年3月至5月,在襄河沿岸防御,参加随枣会战(1939年5月1日至6月1日)。9月至11月,在襄阳以东作战,12月至1940年2月参加第5战区冬季攻势。在荆门等地参加枣宜会战(1940年5月1日至7月4日)。1940年7月,在河南邓县整训。1941年改隶第2集团军,参加豫南会战(1941年1月22日至2月11日)。2月,在信阳外围作战。策应第二次长沙会战(1941年9月7日至10月12日)。1942年9月至1943年12月,守备湖北襄(阳)花(园)路。策应常德会战(1943年11月2日至1944年1月5日)。1944年参加豫中会战(1944年4月中旬至6月中旬),克河南漯河、西平、遂平、上蔡。

1944年10月,第12军所属第22、第81师调隶该军。1945年初,第22师脱离建制,该军改辖第29、第74、第81师。在河南南阳参加豫西鄂北会战(1945年3月下旬至5月下旬)。战后移驻湖北均县。抗战胜利后进驻河南许昌、郑州,旋调防商邱,隶属郑州绥靖公署第4绥靖区。

1945年10月,第81师改隶第68军,第181师编入,该军改辖第29、第74、第181师[①]。1946年5月,整编为整编第55师。参加第一次鲁西南战役(1946年8月上旬至11月上旬)。8月22日,第181旅及第29旅所属1个团在商邱以西柳河集被歼灭。9月,由考城进攻河北东明(今属山东)及山东菏泽西南地区。10月中旬,由菏泽北攻城武。10月18日,攻占巨野、嘉祥。10月29日至31日,第29旅所属1个团在郓城被歼灭。在东明参加第二次鲁西南战役(1946年12月26日至1947年2月25日)。1947年1月,由菏泽增援金乡。1月15日至16日,第181旅及第74旅所属各一团在定陶以东西台集被歼灭。隶属陆总郑州指挥所第4绥靖区,参加鲁西南地区作战(1947年6月下旬至7月下旬)。7月3日至8日,师部及第29、第74旅在郓城被歼灭。8月底,残部退守河南兰封、民权。旋重建。1948年6

---

① 《新编第55师曹福林部历次作战经过概见图表》,全宗号787,案卷号6681。

月 22 日,该整编师由菏泽西南出发参加豫东作战(1948 年 6 月 16 日至 7 月 6 日),26 日抵达开封。

1948 年 9 月恢复军、师番号。10 月下旬,该军主力由开封撤往商邱。11 月 6 日,转赴安徽蚌埠,第 181 师留守商邱。7 日,第 181 师撤离,在商邱以东 30 公里的张家店被歼灭,师长米文和被俘。该军主力由蚌埠沿津浦路北进宿县,参加徐蚌会战(1948 年 11 月 6 日至 1949 年 1 月 10 日)。1949 年 1 月,担任安徽铜陵至贵池段长江江防,隶属京沪杭警备总司令部第 8 兵团。4 月 21 日,向歙县撤退,27 日到徽州。5 月中旬主力到福建龙岩,第 74 师到福州,隶属福州绥靖公署第 8 兵团。7 月,撤销第 181 师番号。8 月,退守厦门。10 月 15 日至 17 日,在厦门被歼灭,第 74 师师长李益智被俘。残部退往台湾,缩编为第 29 师。

历任军长(整编师师长):

曹福林(1937.8.19—)

第 56 军(整编第 56 师、整编第 97 师)

①西北军韩复榘部(1937.9—1938.3)

1937 年 9 月,第 22、第 74 师在山东编成第 56 军,隶属第 3 集团军。1938 年 3 月,番号撤销,所辖第 22、第 74 师分别转隶第 12、第 55 军。

历任军长:

谷良民

②川军刘湘部(1938.3—1947.7)

1938 年 3 月,第 163、第 164 师在四川编成第 56 军[①],驻成都、南充一带[②]。1939 年,增辖新编第 18 师,隶属川陕鄂边区绥靖公署。1940 年 1 月,第 164 师所属第 490 旅进攻中共川陕边区游击队。1940 年下半年,新编第 18 师改由川陕鄂边区绥靖公署直辖。抗战胜利后,该军改隶川黔湘鄂边区总部。1946 年 5 月,整编为整编第 56 师,下辖整编第 163 旅、整编第 164 旅、新编第 17 旅。1947 年 7 月,师部撤销。

历任军长(整编师师长):

郭昌明(1938.3.19—)

潘文华(1941.8 暂兼—)

潘清洲

③新桂系军(1948.8—1949.12)

1948 年 8 月,整编第 174、整编第 175 旅在湖北孝感编成整编第 97 师。9 月,改称第 56 军,隶属华中"剿总"第 6 绥靖区。12 月,第 174、第 175 师分拨第 46、第 48 军。第 56 军军部调广西全县,改辖第 229、第 329、第 330 师。1949 年 5 月下旬,改隶第 10 兵团。8 月,北上

---

① 《国防部本部隶属各部队主官简历驻地与部队沿革手册》,全宗号 783,卷宗号 393。
② 《国民党陆军兵力统计战斗序列表》(1938 年 7 月 2 日),《中华民国史档案资料汇编》第 5 辑第 2 编军事(1),第 754 页。

湘南东安、零陵。10 月 24 日,放弃零陵南下。11 月 22 日,由桂北南下,24 日到荔浦,26 日撤离苍梧、岑溪,到浔江南岸,继而西撤,一部进入瑶山山区,主力进入大容山区。11 月 30 日,第 329 师在武宣以北被歼灭。12 月 11 日,该军一部在明江被歼灭。12 月 19 日,第 330 师所属第 989 团经水口关进入越南。

历任军长(整编师师长):

马拔萃(1948.8.16—)

整编第 57 师(见第 98 军)

第 57 军

①东北军(1933.3—1941.2)

1933 年 3 月,第 109、第 112、第 115、第 120 师和骑兵第 3 师在河北滦县编成第 57 军,参加长城抗战和冀东抗战。战后驻河北宁河、宝坻整补。1934 年春,该军(欠骑兵第 4 师)调鄂东"围剿"红二十五军,军部驻麻城,第 111、第 108 师拨入,第 108 师旋归第 67 军指挥。7 月至 10 月,第 120 师驻麻城,第 111 师驻黄安。1935 年 1 月,第 115 师由孝感移驻河南商城,第 120 师由林店移驻河南经扶(今新县),骑兵第 3 师驻河南潢川及其以南地区,一部驻光山,军部由黄安移驻宋埠。7 月,骑兵第 3 师改隶骑兵军。8 月,该军进入陇东,分驻环县、庆阳、合水一带。第 115 师调驻商南,由西北"剿匪"总司令部直接指挥。11 月初,该军由甘肃庆阳、合水地区东进。11 月 21 日至 23 日,第 109 师在鄜县以西直罗镇被歼灭,师长牛元峰阵亡。

1937 年春,该军调驻河南周口、淮阳、太康。7 月,整编,改辖第 111、第 112 师。8 月,进驻江苏启东、海门、南通、如皋、靖江一线。10 月,开赴扬州,隶属第 3 战区江防总司令部参加淞沪会战(1937 年 8 月 13 日至 11 月下旬)。12 月,第 112 师参加江阴要塞保卫战和南京保卫战。战后,军部驻宿迁。隶属第 5 战区第 24 集团军,参加徐州会战(1937 年 12 月下旬至 1938 年 6 月中旬)。1938 年 3 月,在苏北海州抗击日军登陆,第 111 师所属第 333 旅在鲁南临沂、台儿庄作战。5 月,第 111 师由淮阴、定远进军安徽合肥。在合肥等地策应武汉会战(1938 年 6 月中旬至 11 月中旬)。

1939 年 1 月,改隶鲁苏战区,军部和第 112 师进驻鲁南沂河、费县、蒙阴,第 111 师进驻莒县、日照、诸城。1940 年 9 月 21 日晚,第 111 师师长常恩多与所属第 333 旅旅长万毅率部突袭军部,抓获副军长朴炳珊及与日军签订协议的谈判代表,军长缪澄流出逃。1941 年 2 月,该军番号撤销,第 111、第 112 师直隶于鲁苏战区司令长官部。

历任军长:

何柱国(1933.1.16—)

董英斌

张学良(兼任)

缪澄流(—1941.2)

②中央军(1941.6—1945.4)

1941 年 6 月,第 8 师、第 97 师、新编第 34 师在陕西华县编成第 57 军,隶属陕甘宁边区总司令部。1942 年 8 月,改隶第 38 集团军。1943 年冬,军部移驻甘肃平凉,第 8 师驻扎关中,新编第 34 师驻扎中卫。1944 年 5 月,军部率第 8、第 97 师开豫西灵宝参加豫中会战(1944 年 4 月中旬至 6 月中旬),第 97 师在作战中自行溃散,师长傅维藩被判死刑。6 月,该军开西安整训,第 97 师番号撤销。11 月,新编第 34 师改由第 1 战区直辖,军部率第 8 师由第 1 战区调贵州晴隆、安龙、兴仁、兴义,改隶黔桂湘边区司令部①。1945 年 1 月,增辖第 45 师。4 月,该军番号取消,第 8、第 45 师分别改隶第 54、第 5 军。

历任军长:

丁德隆(1941.5.6—1944.4.20)

刘安祺(1944.4.20—1944.12)

聂松溪(1945.2—)

③中央军(1948.9—1949.12)

1948 年 9 月,第 203 师在陕西西安扩编为第 57 军,下辖第 214、第 215 师,直隶于西安绥靖公署,第 214 师担任西兰公路永寿至长武间绥靖任务,第 215 师在西安训练。1949 年 5 月 21 日,该军撤到汧阳以西。5 月 22 日,该军在凤翔以北麟游山区被歼灭,第 215 师师长索本勤被俘。战后,残部转移甘肃两当、徽县整理。参加关中会战(1949 年 6 月上旬至 7 月下旬)。6 月下旬,第 214 师守宝鸡。8 月,第 214 师驻凤县、留坝。11 月中旬,该军进入四川。12 月 1 日到成都。12 月 24 日,由成都突围,第 214 师师长王菱舟阵亡。26 日,军长冯龙在成都被俘。27 日,残部在邛崃地区被歼灭。

历任军长:

徐汝诚

冯龙(1949.9.1—1949.12.26 被俘)

第 58 军(整编第 58 师)

滇军龙云部,1949 年 2 月中央军校出身的鲁元代理军长(1938.6—1949.12)

1938 年 6 月,在云南编成第 58 军,下辖新编第 10、第 11、第 12 师。8 月 1 日,从昆明出发,进入湖北②。10 月,隶属第 1 集团军,新编第 12 师改隶新编第 3 军③。11 月,在崇阳参加武汉会战,新编第 11 师因作战不力被撤销番号。12 月,该军驻湖南醴陵整编,各师撤销旅部,改辖三团。1939 年 3 月开赴江西永修潦河南岸参加南昌会战(1939 年 3 月 17 日至 5 月 20 日),战后到高安以北地区休整待命。由于作战有功,第 9 战区司令长官部下令恢复新编第 11 师番号。该军在赣北参加第一次长沙会战(1939 年 9 月 1 日至 10 月 14 日)。11 月

---

① 《军令部编桂柳会战经过概要稿》(1945 年 2 月 8 日),《中华民国史档案资料汇编》第 5 辑第 2 编军事(4),第 324 页。

② 《第 1 集团军历史概要及史料》,全宗号 787,案卷号 16770。

③ 《国防部本部隶属各部队主官简历驻地与部队沿革手册》,全宗号 783,卷宗号 393。

移防高安。

1940年,该军调赴湖南,改隶第27集团军。参加第二次长沙会战(1941年9月7日至10月12日)。在湘北新墙河、汨罗江、捞刀河之间参加第三次长沙会战(1941年12月19日至1942年1月15日)。战后,调湘潭整补①。1942年改隶第1集团军副总司令长官部。

1942年5月,由湖南湘潭调驻江西丰城,参加浙赣会战(1942年5月中旬至9月上旬)。8月24日,新编第10师克三江口,8月25日克李家渡。9月,移驻分宜、宜春整训。1943年11月,由分宜、宜春驰援湖南常德,参加常德会战(1943年11月2日至1944年1月5日),12月9日克常德。战后返回江西分宜、宜春。1944年5月,开湖南参加长衡会战(1944年5月下旬至8月上旬),5月31日守醴陵。战后到江西宁冈、永新地区整补。1945年9月9日,进驻南昌受降。

1945年9月,第183师拨入,该军改辖第183、新编第10、新编第11师。9月下旬,开赴安徽安庆、合肥、桐城整训。10月11日,占蚌埠,守备津浦路徐州至宿县段,隶属徐州绥靖公署第8绥靖区。1946年5月,整编为整编第58师。7月初,新编第10旅进驻蒙城。7月18日,主力由宿县西进,新编第10旅由蒙城北进。8月15日,新编第10旅由濉溪口北上,参加第一次鲁西南战役(1946年8月上旬至11月上旬)。1947年1月,新编第10旅所属1个团又1个营在安徽涡阳被歼灭。7月初,除新编第11旅所属第32团留守宿县外,主力北上山东金乡,隶属陆总郑州指挥所第2兵团,参加鲁西南地区作战(1947年6月下旬至7月下旬)。

1947年7月,新编第11旅裁撤,所属两个团分别拨归第183旅、新编第10旅。8月,该整编师经砀山、亳县尾追刘邓大军(1947年8月中旬至下旬)。9月上旬,进入河南固始、商城地区。9月19日,新编第10旅所属1个团在商城以西的中铺被歼灭。在固始、商城地区,隶属第5绥靖区参加大别山"进剿"作战(1947年11月27日至1948年2月底)。1948年初,扫荡桐柏、江汉地区。3月,由河南潢川出发增援安徽阜阳。4月,返回驻马店、确山,向西扫荡桐柏、江汉地区。5月底,由南阳东进。6月3日,师部及第183旅在南阳以东的马刘营地区被歼灭,第183旅旅长魏沛苍被俘。7月,开赴信阳整补。

1948年9月,恢复军、师番号,下辖第183、第226师(新编第10旅改称)。1949年1月,由信阳、花园南调武汉,增辖第265师。5月15日,向通城转进。6月22日,南下湖南平江、浏阳地区。7月下旬,向渌口以东转进,占领渌水南岸阵地。8月28日,撤离茶陵。参加衡阳地区作战(10月1日至6日)。10月下旬,转移至广西桂林东南地区。11月初到达桂平,参加广西南路作战(1949年11月23日至12月1日)。11月28日,在容县、北流被歼一部,第226师师长王少才阵亡,该军向陆川、博白转移。12月1日,在博白地区被歼灭。

历任军长(整编师师长):

孙渡(1938.6.6—)

鲁道源(1942.10.16—1948.5.21兼任—)

---

① 《国防部本部隶属各部队主官简历驻地与部队沿革手册》,全宗号783,卷宗号393。

第 59 军(整编第 59 师)

①晋绥军傅作义部(1933.3—1933.6)

1933 年 3 月,晋绥军第 73 师所属第 210、第 211、第 218 旅及山西炮兵第 21 团编成第 59 军,在河北顺义等地抗击日军。6 月,该军番号撤销,所部返回绥远。

历任军长:

傅作义

②西北军张自忠部(1937.9—1948.11)

1937 年 9 月,第 29 军一部在河北青县改编为第 59 军,下辖第 38、第 180 师和骑兵第 13 旅,隶属第 1 集团军,参加津浦路北段作战(1937 年 9 月 11 日至 12 月 27 日)。9 月 30 日,向沧州迤南地区转移。10 月 5 日,开抵山东临清、河北大名,参加平汉路北段作战(1937 年 10 月至 1938 年 1 月)。10 月 18 日,撤至河南滑县。1938 年 1 月,移驻新乡、修武。1 月底,开赴商邱构筑国防工事。1 月 27 日,改隶第 5 战区第 27 军团,参加徐州会战(1937 年 12 月下旬至 1938 年 6 月中旬)。2 月上旬,经徐州南下安徽固镇。13 日,到淮河北岸苏集一带接替第 51 军防务。19 日,调往山东临城。3 月初,调临沂、郯城作战。5 月 19 日,军向安徽亳县转移,骑兵第 13 旅留驻山东游击作战。5 月 25 日,该军开赴河南许昌,下辖第 38、第 180 师①。6 月 18 日,转移驻马店。7 月 25 日,开赴信阳、罗山一带,在信阳、武胜关构筑工事。9 月,该军开赴潢川、光山参加武汉会战(1938 年 6 月中旬至 11 月中旬),9 月 18 日失守潢川,9 月 20 日失守光山。10 月,西进湖北荆门休整,隶属第 5 战区第 33 集团军。

1938 年 12 月,骑兵第 13 旅归还建制②。1939 年 3 月底,第 38、第 180 师分别开赴宜城、南漳武安堰整训。暂辖骑兵第 9 师参加随枣会战(1939 年 5 月 1 日至 6 月 1 日)。9 月,该军驻当阳一带。10 月,骑兵第 9 师拨入。11 月,骑兵第 13 旅并入骑兵第 9 师③。1940 年,该军参加枣宜会战(1940 年 5 月 1 日至 7 月 4 日)。5 月 16 日,第 33 集团军总司令兼该军军长张自忠在宜城南瓜店阵亡。战后,该军赴河南邓县整补。

1940 年 7 月,骑兵第 9 师改称暂编第 53 师,仍隶属该军。1941 年春,该军接任湖北宜城、南漳一带防务。军部率第 38、第 180 师参加豫南会战(1941 年 1 月 22 日至 2 月 11 日)。1942 年,改隶第 6 战区第 33 集团军。参加鄂西会战(1943 年 5 月上旬至 6 月中旬),策应常德会战(1943 年 11 月 2 日至 1944 年 1 月 5 日)。1944 年夏,该军失守南漳,撤守保康马良坪。

1944 年底,暂编第 53 师裁撤,该军改辖第 38、第 180 师。参加豫西鄂北会战(1945 年 3 月下旬至 5 月下旬)。1945 年 4 月 16 日,第 38 师克襄阳。抗战胜利后,该军进驻平汉路广水至信阳间守备。10 月上旬,由第 6 战区改隶第 10 战区。11 月,调徐州东北部地区担任守

---

① 《第 6 战区各军师沿革简史》,全宗号 787,案卷号 16768。

② 《第 59 军抗战作战要史大纲》,全宗号 787,卷宗号 6776。

③ 《张上将自忠年谱简编》编辑委员会主编:《张上将自忠年谱简编》,中国传媒大学出版社 2011 年版,第 47、68 页。

备,改隶徐州绥靖公署第 3 绥靖区。

1946 年 5 月,整编为整编第 59 师。7 月 18 日,由贾汪东进。9 月 2 日,占台儿庄。11 月,进占宿迁新安镇。1947 年 3 月,"清剿"鲁南天宝山区和抱犊崮山区。4 月,撤回峄县、枣庄。6 月,"清剿"鲁南。7 月 7 日,第 38 旅在费县被歼灭,旅长翟紫封被俘。旋重建第 38 旅。9 月,恢复军、师番号。11 月,放弃临城、枣庄,退守韩庄、台儿庄。11 月 8 日,在山东峄县台儿庄、江苏铜山贾汪地区起义。1949 年 2 月,起义部队编入中国人民解放军第 33 军。

历任军长(整编师师长):

宋哲元(1937.8.31 兼任—)

张自忠(1938.2.11—1940.5.16 阵亡)

黄维纲(1940.5.29—1943.8.3 病故)

刘振三(1943.8 代理—1944.1 实任—)

李九思(—1949.1.1 兼任—)

第 60 军

滇军龙云部(1937.9—1948.10)

1937 年 9 月,在云南组建第 60 军,下辖第 182、第 183、第 184 师。12 月初编成后即北上,经湖南开赴江西、浙江,军部在衢县,第 182 师驻金华、兰溪,第 183 师驻上饶,第 184 师驻九江、德安。12 月下旬,第 182、第 183 师开赴湖北,负责卫戍武汉并构筑工事备战[①]。1938 年 3 月,该军由湖北孝感、花园和河南信阳等地集中北上鲁南。隶属第 5 战区参加徐州会战后期作战(1938 年 5 月 3 日至 5 月 28 日),在鲁南车辐山拒敌。战后,第 182、第 183 师士兵各缩编为 1 个团,拨归第 184 师指挥。第 182、第 183 师干部返回云南征集新兵整补。7 月,军部率第 184 师调驻平汉路孝感、花园等地,暂辖第 49、第 102 师在鄂东南参加武汉会战(1938 年 6 月中旬至 11 月中旬)。

1938 年 10 月,第 184 师转隶新编第 3 军。1939 年初,第 184 师拨入,第 182 师改隶新编第 3 军,该军改辖第 183、第 184 师。隶属第 9 战区第 1 集团军,参加南昌会战(1939 年 3 月 17 日至 5 月 20 日),在赣北奉新参加第一次长沙会战(1939 年 9 月 1 日至 10 月 14 日)。战后调驻宜丰棠浦整补。

1940 年 5 月,第 183 师与新编第 3 军所属第 182 师对调,该军改辖第 182、第 184 师。8 月,该军由赣北返回云南,守备开远、蒙自。11 月中旬,接收文山、广南防务。1941 年 2 月,该军接收金平、屏边防务[②]。

1945 年初,暂编第 18 师拨入。3 月,该军隶属第 1 方面军。6 月,暂编第 18 师改隶第 93 军,暂编第 21 师拨入,该军改辖第 182、第 184、暂编第 21 师。抗战胜利后进入越南受降。

---

① 《第 1 集团军历史概要及史料》,全宗号 787,案卷号 16770。

② 《第 1 集团军历史概要及史料》,全宗号 787,案卷号 16770。

1946 年 4 月，由越南海防海运辽宁葫芦岛。4 月，第 182 师所属第 545 团配合第 52 师进攻本溪，主力归新编第 1 军指挥，担任铁岭、开原至昌图的交通警备任务；暂编第 21 师归东北保安司令长官部直接指挥，进驻抚顺；第 184 师归新编第 6 军指挥，守备鞍山、海城、大石桥、营口。5 月下旬，第 182 师守备四平。5 月 25 日，第 184 师所属第 551 团在鞍山被歼灭大部。30 日，第 184 师所属第 550 团在大石桥被歼灭，师长潘朔端率师部及所属第 552 团共 2712 人余人在辽南海城起义（改编为中国民主同盟第 1 军）。5 月底，第 182 师增援南满，归还建制。6 月，第 184 师重建后驻营口。10 月，该军（欠第 184 师）由抚顺调吉林至梅河口的沈吉铁路沿线守备。10 月，暂编第 21 师进攻西满郑家屯、洮南线。第 182、暂编第 21 师参加辽东扫荡作战（1946 年 10 月上旬至 1947 年 3 月）。1947 年 2 月 16 日至 17 日，暂编第 21 师所属一团及师山炮营在金川以南被歼灭。2 月，第 184 师调双辽，3 月调梅河口。3 月 23 日，暂编第 21 师所属一团在新宾以东旺清地区被歼灭。5 月，军部和第 182 师驻永吉，暂编第 21 师驻磐石、海龙，第 184 师驻梅河口、山城。5 月 13 日至 14 日，第 184 师所属一团在沈吉线上的清原、山城镇、草市被歼灭。5 月 28 日，第 184 师主力放弃梅河口，两个团被歼灭，师长陈开文被俘。6 月 3 日，暂编第 21 师放弃海龙，在烟筒山西南吉昌镇地区被歼灭大部。6 月，该军收缩兵力于吉林市。

1947 年 7 月，第 184 师脱离建制。9 月，暂编第 52 师编入，该军改辖第 182、暂编第 21、暂编第 52 师。10 月 18 日，第 182 师在永吉口前、官马山被歼灭一部，一部投诚。1948 年 3 月 9 日，全军撤守长春。10 月 17 日，军长增泽生率所属 3 个师在长春起义。1949 年 1 月，改编为中国人民解放军第 50 军。

历任军长：

卢汉（1937.8.30—）

安恩溥（1939.7.13—1943.12）

万保邦（1943.12.22 代理—）

曾泽生（—1948.3.31 兼任—1948.10.17 投诚）

第 61 军

①晋绥军（1933.3—1933.6）

1933 年 3 月 1 日，第 68 师所属第 200 旅、第 201 旅、第 213 旅及炮兵第 23 团编成第 61 军，在河北怀柔一带与日军作战。6 月，该军番号撤销，所属各部返回山西归建。

历任军长：

李服膺

②晋绥军（1937.7—1949.4）

1937 年 7 月，第 101 师、独立第 7 旅、第 200 旅在山西编成第 61 军，隶属第 7 集团军。在大同、天镇等地参加平绥路东段方面作战（1937 年 8 月 8 日至 9 月 11 日）。10 月 2 日，阎锡山以失守天镇的罪名将军长李服膺处决。是年冬，在临汾以第 72 师及第 209、第 200、第

201、第 196 旅及新编第 1 团等残部并编为第 69、第 72 师，编成第 61 军，隶属第 6 集团军[①]。自此至抗战胜利，该军一直活动于晋南。1938 年 2 月 22 日，驰援隰县。3 月 26 日，收复吉县。

1938 年，增辖第 208 旅[②]。7 月，收复临汾[③]。1939 年 11 月 14 日，克复乡宁、隰县。参加第 2 战区 1939 年冬季攻势（1939 年 12 月 10 日至 1940 年 2 月 2 日）。1940 年 10 月，改隶第 8 集团军，进出临汾。

1941 年 1 月，第 208 旅改称暂编第 48 师，该军改辖第 69、第 72、暂编第 48 师。6 月，东渡汾河，建立敌后政权，在洪洞石泉庄作战。7 月，第 72、暂编第 48 师分驻临汾、赵城。8 月，第 69 师驻浮山。9 月，暂编第 48 师驻翼城。10 月，第 69 师驻河津。1943 年 8 月，驻吉县整军。7 月至 12 月，第 72 师驻临汾。1944 年 1 月，第 69 师驻蒲县，第 72 师驻临汾，暂编第 48 师驻吉县整训。2 月至 3 月，强渡汾河，进出安泽、浮山。3 月 25 日，进攻浮山县八路军[④]。

1945 年 10 月 12 日，由浮山进占上党地区的第 69 师在沁河以东的将军岭及桃川地区被歼灭。12 月，暂编第 48 师裁撤，第 66 师编入，该军改辖第 66、第 69、第 72 师[⑤]，担任洪洞到禹门渡防务。1946 年 1 月，在侯马和曲沃的蒙城作战。7 月，主力驻太原，第 72 师驻文水、汾阳，参加同蒲路作战（1946 年 6 月 7 日至 1947 年 1 月 24 日）。1947 年 1 月，由文水、介休进攻进攻汾阳、孝义。1948 年 5 月 17 日，第 66 师在临汾被歼灭，师长徐其昌被俘。6 月 21 日，第 72 师在平遥西南被歼灭。7 月中旬，由榆次退守太原，参加太原战役（1948 年 7 月 16 日至 1949 年 4 月 24 日）。1949 年 4 月 21 日，该军在太原被歼灭，军长赵恭阵亡，第 69 师师长郭弘仁被俘。

历任军长：

李服膺

陈长捷（1937.10.5—）

吕瑞英（1939.7.1—1941.11）

梁培璜（1941.11—1946.3.24）

王靖国（1946.3.24 兼任—1947.4 免兼）

赵恭（1947.4—1949.4.20 阵亡）

第 62 军（整编第 62 师）

粤军余汉谋部（1937.8—1950.5）

1937 年 8 月，第 151、第 152 师在广东编成第 62 军，隶属第 4 战区第 12 集团军。第 151

---

① 《第 2 战区各部队沿革史》，全宗号 787，案卷号 16766。

② 《国防部本部隶属各部队主官简历驻地与部队沿革手册》，全宗号 783，卷宗号 393。

③ 《61 军八年抗战纪实》，全宗号 787，案卷号 6747。

④ 《第 61 军梁培璜部行动概见图表》，全宗号 787，卷宗号 6636。

⑤ 《国防部本部隶属各部队主官简历驻地与部队沿革手册》，全宗号 783，卷宗号 393。

师驻惠州,第 152 师驻琼崖。1938 年秋,第 152 师由琼山开赴广州。10 月 21 日,该军弃守广州,退守粤北。

1939 年 1 月,第 151 师改隶第 66 军,第 157 师、第 187 师拨入。第 187 师旋即脱离建制。上半年,独立第 9 旅一度隶属该军。参加第 4 战区 1939 年冬季攻势作战(1939 年 12 月 8 日至 1940 年 1 月 16 日),12 月坚守韶关。1940 年 1 月,驻翁源。

1940 年 4 月,第 152 师与第 63 军所属第 154 师对调,第 151 师拨入,该军改辖第 151、第 154、第 157 师。8 月,隶属第 7 战区。该军作为第 7 战区总预备队,驻粤北翁源、英德、青塘。1943 年 3 月,第 154 师与第 65 军所属第 158 师对调,该军改辖第 151、第 157、第 158 师。1944 年 6 月,该军主力(欠第 158 师,该师作为后调师到罗定、云浮接收新兵)开赴湖南衡阳西南地区,隶属第 9 战区第 27 集团军参加长衡会战(1944 年 5 月下旬至 8 月上旬)。战后,该军主力由湖南武冈转赴广西柳州,隶属第 35 集团军参加桂柳战役(1944 年 9 月 8 日至 12 月 4 日)。1945 年初,该军在广西靖西改隶属第 2 方面军。

1945 年 1 月,第 158 师改由第 7 战区司令长官部直辖,第 95 师编入,该军改辖第 95、第 151、第 157 师。8 月 7 日,克复兴安。抗战胜利时军部在广西田阳。9 月 20 日,进入越南海防受降。10 月,第 95 师先行开赴台湾接收。11 月,全军海运台湾,驻扎台南,隶属台湾警备总司令部。

1946 年 5 月,整编为整编第 62 师。9 月,海运至河北秦皇岛,9 月 11 日,与第 53 军会师遵化。1947 年,第 95 旅参加平汉路徐水以西地区作战(1947 年 2 月 12 日至 3 月 4 日)。7 月,第 95 旅脱离建制。该整编师恢复军、师番号,驻防天津。1948 年初,主力驻芦台、唐山、滦县。5 月,增辖第 67 师。10 月上旬,海运辽宁葫芦岛,参加塔山作战。11 月 4 日,撤至秦皇岛,隶属华北"剿总"第 17 兵团。12 月 5 日,奉命调平绥线,中途在北平清河镇、丰台停止。12 月 10 日,主力返回天津,第 157 师留守北平改隶第 94 军。

1948 年 12 月,增辖第 317 师。1949 年 1 月 15 日,所属第 67、第 151、第 317 师在天津被歼灭,军长林伟俦和第 67、第 151 师师长李学正、陈植被俘。

1949 年 2 月,在广东湛江重建该军,下辖第 67、第 151、第 153、第 163 师。5 月,第 67 师取消番号,该军改辖第 151、第 153、第 163 师,隶属第 4 编练司令部。10 月上旬,转赴德庆,22 日由湛江海运海南岛,防守海口、安定、澄迈。1950 年 4 月,大部被歼灭。5 月 5 日,残部 800 余人由榆林港海运台湾高雄。

历任军长(整编师师长):

张达(1937.8.22—)

黄涛(1939.9.18—)

练惕生(1941.9—)

林伟俦(—1948.11 兼任—1949.1.15 被俘)

张光琼(1949.1.25—)

李铁军

李宏达

第 63 军(整编第 63 师)

①东北军(1933.2—1936.4)

1933 年 2 月,东北抗日义勇军第 9 军团①在察哈尔怀来改编为第 63 军,下辖第 91 师。5 月 27 日,军长冯占海通电加入察哈尔抗日同盟军,就任第 4 路总指挥。6 月 9 日,通电脱离同盟军。7 月,该军调至察哈尔蔚县整编。1936 年 4 月 8 日,军事委员会取消该军番号,保留第 91 师,改隶第 53 军。

历任军长:

冯占海(1933.1.16—1936.4.8)

②粤军余汉谋部(1937.8—1950.5)

1937 年 8 月,第 153、第 154 师在广东从化成立编成第 63 军。10 月,第 154 师改隶第 83 军参加淞沪抗战。11 月,第 186 师拨入该军②。12 月,该军隶属第 4 战区第 12 集团军。1938 年 10 月,该军在博罗等地作战。10 月 21 日,第 153 师弃守广州③。该军退守清远、增城、从化。

1939 年 1 月,第 154 师拨入,该军改辖第 153、第 154、第 186 师,组织东路守备军在宝安、龙华、东莞作战。在新丰、龙门、从化参加第 4 战区 1939 年冬季攻势作战(1939 年 12 月 8 日至 1940 年 1 月 16 日)。

1940 年 4 月,第 154 师与第 62 军所属第 152 师对调④,该军改辖第 152、第 153、第 186 师。12 月,第 152 师开赴粤北守备英德、翁源⑤。1943 年 8 月,第 186 师调赴潮汕作战,拨隶闽粤赣边区总部指挥。1945 年,军部率第 152、第 153 师,暂辖独立第 9 旅在广东翁源、连平、和平及江西定南、龙南等地参加湘粤赣边区作战(1945 年 1 月中旬至 2 月中旬)。抗战胜利后驻防东江。

1946 年 5 月,整编为整编第 63 师,调离广东,师部率第 153、第 186 旅分驻江西南昌和九江、安徽芜湖、南京,隶属南京卫戍总司令部指挥;第 152 旅隶属上海警备司令部指挥,分驻上海、南汇、浙赣路沿线。1947 年 2 月至 5 月,第 152 旅驻芜湖。4 月至 1948 年 3 月,师部驻芜湖。1947 年 6 月,第 153 旅北调,隶属陆总郑州指挥所第 4 绥靖区,7 月初在豫东经民权开赴定陶,参加鲁西南地区作战(1947 年 6 月下旬至 7 月下旬)。7 月 9 日至 10 日,该旅在定陶被歼灭。

1948 年 3 月,师部率第 152、第 186 旅北调。6 月,第 186 旅驻江苏徐州,主力驻安徽固

---

① 前身为东北边防军驻吉林副司令公署卫队团,改编吉林省防军独立步兵团,团长冯占海。"九一八"事变后,改称吉林抗日军暂编第 3 混成旅。1932 年春,与丁超、李杜等部合并为吉林抗日自卫军,所部扩编为步兵两个师、骑兵 3 个旅,12 月退守热河开鲁。1933 年春,改称东北抗日义勇军第 9 军团。《国防部本部隶属各部队主官简历驻地与部队沿革手册》,全宗号 783,卷宗号 393;《陆军各部队成立沿革纪要(第 2 辑)》。

② 《第 63 军抗战期行动概见图表及敌我伤亡统计表》,全宗号 787,案卷号 6637。

③ 《第 63 军八年抗战纪实》,全宗号 787,案卷号 6749。

④ 《第 63 军抗战期行动概见图表及敌我伤亡统计表》,全宗号 787,案卷号 6637。

⑤ 《第 153 师抗战纪实》,全宗号 787,案卷号 6765。

镇、蚌埠。8 月底由津浦路调苏北宿迁炮车镇,9 月初到宿迁新安镇。9 月恢复军、师番号。11 月初参加徐蚌会战,11 月 11 日在邳县窑湾镇被歼灭,军长陈章阵亡,第 152 师师长雷秀民被俘。

1949 年 1 月,在粤北曲江重新成立第 63 军,隶属第 4 编练司令部,下辖第 152、第 186 师,防守南雄、曲江、始兴。10 月 6 日,放弃曲江,沿西江向粤桂边境撤退。11 月 29 日,进占廉江。12 月 1 日,在廉江被歼灭。残部海运海南岛重建。军部在榆林,下辖第 152、第 186、第 321 师,分驻陵水、崖县、保亭等地。1950 年 4 月被歼灭一部,其余由榆林海运台湾高雄、基隆,缩编为独立第 63 师。

历任军长(整编师师长):

张瑞贵(1937.8.22—1946.8)

林湛(1946.8—1948.10.16)

陈章(1948.10.16—1948.11.11 阵亡)

刘栋材(1949.1.8—)

莫福如

第 64 军(整编第 64 师)

粤军张发奎部(1937.8—1950.5)

1937 年 8 月,第 155、第 156 师在广东潮安编成第 64 军。10 月,第 156 师转隶第 83 军,第 187 师拨入[1],该军下辖第 155 师、第 187 师。1938 年 5 月,北上河南商邱,隶属第 1 战区参加豫北豫东作战(1938 年 1 月上旬至 6 月下旬),掩护第 5 战区主力转进。5 月 10 日,向商邱进发。5 月 29 日,在宁陵、睢县、民权、淮阴、太康一线。战后到河南密县整理。7 月,转赴江西九江,隶属第 9 战区第 1 兵团第 9 集团军第 29 军团,暂辖预备第 9 师参加武汉会战(1938 年 6 月中旬至 11 月中旬),在九江、德安、万家岭等地作战。12 月,调泰和集结,第 156 师归建,该军调回广东。

1939 年 1 月,第 187 师改隶第 62 军,该军改辖 155、第 156 师,守备西江南北两岸。在花县、三水参加第 4 战区 1939 年冬季攻势作战(1939 年 12 月 8 日至 1940 年 1 月 16 日)。旋由西江肇庆调赴广西,在宾阳西南参加桂南会战(1939 年 11 月 15 日至 1940 年 2 月 8 日)。2 月 15 日,克宾阳县思陇镇。

1940 年 2 月,第 159 师拨入,该军改辖第 155、第 156、第 159 师。5 月,调昆仑关、武鸣一线进攻南宁。10 月 30 日,第 156、第 159 师收复南宁。1940 年 11 月至 1941 年 3 月,在广西全县、湖南零陵附近整训[2]。1941 年春,奉调柳州整训。5 月,由柳州调回广东西江南路,隶属第 7 战区[3]。1942 年春,第 156 师调赴四会、清远、英德;第 159 师仍驻西江南岸、新会;

① 《国防部本部隶属各部队主官简历驻地与部队沿革手册》,全宗号 783,卷宗号 393。

② 《军事委员会调整直辖整训部队代电》(1940 年 11 月 15 日),《中华民国史档案资料汇编》第 5 辑第 2 编军事(1),第 354 页。

③ 《国防部本部隶属各部队主官简历驻地与部队沿革手册》,全宗号 783,卷宗号 393。

第 155 师调赴阳江、四邑,旋调西江北岸。1943 年春,该军南调廉江、茂名[①]。1944 年 7 月,在四会、清远及广州湾、廉江等地作战。8 月,进入广西,归入第 4 战区序列,参加桂柳战役(1944 年 9 月 8 日至 12 月 4 日)。年底,改隶第 2 方面军。

1945 年 4 月 16 日,第 155 师在百色改番号为第 131 师,该军改辖第 131、第 156、第 159 师。第 156、第 159 师参加桂柳反攻(1945 年 5 月下旬至 8 月中旬)。5 月 27 日,攻占南宁。6 月 7 日,攻占思乐。7 月 3 日,收复龙州、凭祥。抗战胜利后返回广东。9 月 9 日,接收广州湾、新会、江门。

1946 年 5 月,整编为整编第 64 师。是年冬北调徐州,隶属徐州绥靖公署。先后占山东峰县、滕县、邹县、曲阜、泗水等地。1947 年 1 月,由苏北运河集、邳县向临沂进攻。2 月,西开临城,沿津浦路北上。3 月,攻占滕县、曲阜,隶属徐州司令部第 3 兵团参加沂蒙山区作战(1947 年 3 月下旬至 7 月下旬)。5 月,由曲阜、泗水出发救援孟良崮的整编第 74 师,战后集中在费县、铜石、平邑地区待命。7 月中旬,增援南麻整编第 11 师。7 月 25 日,救援临朐整编第 8 师。8 月底,由胶济路中段的昌乐、朱阳地区经益都、广饶、博兴向黄河边参加追击作战。9 月,隶属胶东兵团在潍县与高密之间的岠山,参加胶东作战(1947 年 9 月上旬至 12 月中旬),9 月 9 日占诸城。9 月中旬,第 156 旅留守诸城,师主力转回平度。

1947 年 10 月下旬,第 131 旅脱离建制。11 月上旬,集结高密、胶县间整补。12 月,撤回青岛外围,驻守城阳、即墨。隶属第 11 绥靖区。

1948 年 7 月,奉调陇海路,隶属徐州“剿总”第 7 兵团,驰援河南黄泛区整编第 72 师,在开封以东作战。8 月,调驻宿迁新安镇。9 月,恢复军、师番号。9 月 11 日,攻占沭阳城。11月初,驻新安镇。11 月 22 日,在邳县碾庄被歼灭,军长刘镇湘被俘。12 月,在河南永城东北陈官庄,以第 7 兵团残部编组第 64 军,尚未就绪即被歼灭[②]。

1949 年初,以第 131 师及海南岛 4 个保安团重新组建第 64 军,下辖第 131、第 156、第 159 师,隶属第 4 编练司令部,担任海南岛西部地区的防御任务,军部在加来。1950 年 4 月下旬,大部被歼灭,集中八所撤军台湾,缩编为独立第 64 师[③]。

历任军长(整编师师长):

李汉魂(1937.8.22—)

邓龙光(1938.12.21—1940.3)

陈公侠(1940.3.19—1944.6)

张弛(1944.6.5—1946.6)

黄国梁(1946.6—1948.1.28 免兼)

刘镇湘(1948.1.28—1948.11.22 被俘)

李芷萱(—1949.1.10 被俘)

① 《65 军及 158、159 师在湖南》,全宗号 787,案卷号 6661。
② 中国人民政治协商会议全国委员会文史资料研究委员会《淮海战役亲历记》编审组编:《淮海战役亲历记——原国民党将领的回忆》,文史资料出版社 1983 年版,第 602 页。
③ 王弗林:《陆军第六十四军抗战戡乱经过纪要》,编著者自印(1982 年),第 10—17 页。

容有略

张其中

第 65 军(整编第 65 师)

粤军余汉谋部(1937.9—1949.12)

1937 年 9 月,在广州成立第 65 军,下辖第 157、第 158 师。10 月,军部移驻惠州,第 157 师调驻潮汕及闽南马巷到闽粤边界诏安沿海一线,该师师长黄涛担任厦门警备司令,第 158 师驻增城、广州近郊。1938 年 1 月 12 日,第 157 师调离福建。10 月 17 日,该军增防东江,保卫广州。10 月 21 日,第 158 师弃守广州。11 月,军部指挥第 154、第 186 师及独立第 20 旅守备新丰、沾化[①]。

1939 年初,第 157 师改隶第 62 军,第 187 师拨入,该军改辖第 158、第 187 师。11 月,东调丰顺、潮安。12 月,在粤汉路沿线参加第 4 战区 1939 年冬季攻势作战(1939 年 12 月 8 日至 1940 年 1 月 16 日)。

1940 年 2 月,第 160 师拨入,该军改辖第 158、第 160、第 187 师。1940 年 6 月至 1941 年 3 月,第 160 师守备清远、佛冈。1941 年下半年,该军驻粤北龙门、英德。

1943 年 3 月,第 158 师与第 62 军所属第 154 师对调[②],该军改辖第 154、第 160、第 187 师。1945 年初,由粤北开赴江西定南、龙南、虔南,军部率第 154 师、独立第 20 旅第 1 团(第 160 师配属第 99 军),第 187 师隶属第 7 战区曲江守备区参加湘粤赣边区作战(1945 年 1 月中旬至 2 月中旬)。抗战胜利后,该军进驻惠阳、和平、曲江,"清剿"北江、东江地区。1946 年 2 月,由广东调驻浙江金华、龙游。

1946 年 5 月,整编为整编第 65 师,师部率第 160、第 187 旅由金华调江苏靖江(第 154 旅未随军北调),隶属徐州绥靖公署第 1 绥靖区。7 月 16 日,由靖江向如皋进攻,参加江北地区作战(1946 年 7 月上旬至 12 月底),23 日占如皋。7 月 30 日,由姜堰进攻海安。8 月 3 日,占海安。8 月 27 日,第 187 旅在如皋加力地区被歼灭,旅长梁采林被俘。10 月 13 日,由海安北攻东台。11 月 27 日,由东台进攻盐城。12 月 13 日,由东台进攻盐城、阜宁。

1946 年秋,第 154 旅开赴苏北。1947 年 1 月,师部率第 154、第 166、第 187 旅在陇海路东段参加鲁南作战(1947 年 1 月 14 日至 2 月 15 日)。2 月,主力由赣榆城头镇向临沂进攻,第 187 旅"清剿"苏北淮海地区。3 月,在郯城隶属徐州司令部第 1 兵团参加沂蒙山区作战(1947 年 3 月下旬至 7 月下旬),5 月在蒙阴。

1947 年 7 月中旬,第 154 旅脱离建制,该整编师由鲁中西调津浦路,在鲁西南"追剿"刘邓大军(1947 年 8 月中旬至下旬),后由平汉路转湖北黄安,守备大别山南麓。

1948 年 3 月,该整编师由汉口空运西安,转隶西安绥靖公署。4 月,由西安车运乾县东南集结,参加泾渭河谷作战(1948 年 4 月 18 日至 5 月 8 日)。4 月 28 日,占凤翔。5 月,调往豫陕边境。

---

① 《第 65 军历史及沿革略史》,全宗号 787,案卷号 16791。

② 《第 65 军行动参战补充概见表》,全宗号 787,案卷号 6638。

8月底,由陕西洛南、河南卢氏转守陕西咸阳、兴平,参加洛河下游作战(1948年7月30日至11月28日)。10月5日至14日,在大荔以北被歼灭大部,第160旅旅长黄植虞被击伤。10月,恢复军、师番号,主力驻扶风、武功,第160师驻邠县。11月,调富平整补。1949年2月,撤至泾阳。5月,驻乾县。6月14日,沿着渭河南岸东进醴泉,参加关中会战(1949年6月上旬至7月下旬)。7月11日至12日,该军在扶风被歼灭大部。8月,残部驻甘肃成县、徽县、两当整补。11月中旬,经白龙江、略阳、康县进入四川。12月12日,第160师在大邑被歼灭。12月25日,第187师在成都起义。

历任军长(整编师师长):

李振球(1937.8.22—)

缪培南(1939.4.15—)

黄国梁(1939.11.15—)

张光琼(1946.6—)

李振(—1948.11.1 兼任—)

第 66 军(整编第 66 师)

①粤军余汉谋部(1937.8—1940.2)

1937年8月,第159、第160师在广东编成第66军。成军即北上参加淞沪会战(1937年8月13日至11月下旬)。12月,参加南京保卫战,军长叶肇被俘后化装逃脱。战后,该军转赴浙皖边区,继赴湖南茶陵整训[1]。1938年3月至7月,第160师在江西南昌近郊构筑工事。夏,该军调南浔线,隶属第9战区第1兵团第9集团,参加武汉会战(1938年6月中旬至11月中旬)。10月,南下驻防广东增城、从化。

1939年1月,第151师拨入,该军改辖第151、第159、第160师。第151师在粤北参加1939年冬季攻势作战(1939年12月8日至1940年1月16日)。1940年1月,第159、第160师调赴广西宾阳、贵县参加桂南会战(1939年11月15日至1940年2月8日)[2]。2月27日,军长陈骥、第160师师长宋士台被撤职查办,该军番号取消[3]。第151、第159、第160师分别拨隶第62军、第64、第65军。

历任军长:

叶肇

谭邃(—1939.10.10 病故)

陈骥(—1940.2.27)

②中央军(1941.12—1942.6)

1941年底,在四川綦江编成第66军,下辖新编第28、新编第38、新编第39师。成军后,开贵州普安、兴义一带整训,新编第39师因缺额过多,留驻滇黔边界的沾益、盘县整补并

---

① 《陆军第六十六军叶肇部南京突围战报》(1938年7月4日),《中华民国史档案资料汇编》第5辑第2编军事(2),第372页。

② 《第160师莫福如部抗战期间行动概见表及要图》,全宗号787,案卷号6662。

③ 《总统蒋公大事长编初稿》卷四(下),第505—506页。

脱离建制,新编第 29 师拨入。1942 年 2 月,该军进入缅甸作战,隶属远征军司令长官部参加滇缅路作战(1942 年 3 月 18 日至 5 月)。4 月 19 日,新编第 38 师收复仁安羌,救出被围英军。战后,军部率新编第 28、新编第 29 师撤入云南,新编第 38 师撤入印度境内脱离建制。6 月,第 66 军及新编第 29 师番号撤销,新编第 28 师改隶第 11 集团军。

历任军长:

张轸

③中央军(1943.4—1949.4)

1943 年 4 月,暂编第 9 军在湖南改称第 66 军[①],下辖第 185、第 199 师,隶属 6 战区第 10 集团军。参加鄂西会战(1943 年 5 月上旬至 6 月中旬)。6 月 9 日,第 185 师克湖北枝江。10 月驻松滋、枝江、宜都。后参加常德会战(1943 年 11 月 2 日至 1944 年 1 月 5 日)。12 月 13 日,第 185 师克石门。

1945 年 6 月,第 13 师拨入,该军改辖第 13、第 185、第 199 师。抗战胜利时军部驻湖南石门,第 13 师驻秀山,第 185、第 199 师由公安、华容开赴武汉受降。10 月,全军担任信阳以南的平汉路护路任务,分驻应山(今广水)、花园、武胜关、信阳,隶属武汉行营第 6 绥靖区。10 月至 12 月,第 185 师在豫鄂边区"剿匪"。

1946 年 5 月,整编为整编第 66 师。第 13、第 185 旅"堵剿"向鄂西撤退的中原解放区部队(1946 年 6 月 30 日至 7 月 26 日)。7 月 13 日,第 185 旅占南漳,15 日占保康,20 日占房县。7 月中旬至 8 月中旬,"清剿"武当山。

1947 年 2 月初,该整编师由湖北调河南郑州,隶属陆总郑州指挥所,第 199 旅到开封担任守备。4 月初,参加豫北地区作战(1947 年 3 月底至 5 月底),增援汲县(今卫辉市)。7 月初,由豫北调鲁西南,隶属陆总郑州指挥所第 2 兵团参加鲁西南地区作战(1947 年 6 月下旬至 7 月下旬)。7 月 22 日,第 199 旅在金乡以北被歼灭,旅长王士翘被俘。7 月 28 日,该整编师另两个旅在金乡羊山集被歼灭,师长宋瑞珂、第 185 旅旅长涂焕陶被俘。

1947 年 9 月,在河南商邱重建该师,下辖整编第 13 旅、整编第 185 旅。1948 年 3 月,移防开封。6 月 16 日至 22 日,师部及第 13 旅在开封被歼灭。7 月,重建该师,下辖整编第 13 旅、整编第 185 旅,移驻江苏盐淮地区,直隶于徐州"剿总"。9 月,恢复军、师番号。11 月,驻盱眙、滁县、五河地区。1949 年初,增辖第 238 师,该军改隶京沪杭警备总司令部第 7 绥靖区(后改称第 7 兵团),担任安徽芜湖至马鞍山江防。4 月 28 日至 29 日,在皖南郎溪、广德之间山区被歼灭大部,军长罗贤达被俘,残部撤往福建。7 月,该军及所属第 13、第 185 师番号撤销,残部缩编为第 238 师,拨隶第 73 军。

历任军长(整编师师长):

方靖(—1944.8)

宋瑞珂(1944.8.29—1947.7.28 被俘)

李仲辛(—1948.6.22 阵亡)

---

① 《第 6 战区各军师沿革简史》,全宗号 787,案卷号 16768。

罗贤达(1948.7.10－1949.4.29 被俘)

第 67 军

①东北军(1933.3－1938.1)

1933 年 3 月,第 107、第 110、第 117 师等部在河北编成第 67 军,参加长城抗战和冀东抗战。战后到保定休整。1934 年 6 月,奉命南调,军部由廊坊移驻河南潢川,并指挥第 129 师(隶属第 53 军)驻商城、信阳、光山"清剿"红二十五军。12 月,指挥骑兵第 6 师在明港、骑兵第 3 师在息县、第 108 师在罗山作战。

1935 年 1 月,第 67 军与第 129 师西开湖北宜昌、沙市追堵退出鄂豫皖苏区的红二十五军,第 108 师暂归第 25 路军指挥,骑兵第 3、第 6 师统归第 57 军军长何柱国指挥。4 月,该军向陕西潼关集结。5 月初,进入陕南"围剿"红二十五军。6 月在商县、山阳、洛南作战①。8 月,进入陕西北部,"围剿"陕甘苏区。10 月 1 日,第 110 师所属两个团在甘泉以北的劳山被歼灭,师长何立中重伤而亡。10 月 25 日,第 107 师所属两个团在榆林桥被歼灭。1936 年 6 月,军部指挥第 106、第 117、第 129 师,西移宁夏豫旺堡、固原及甘肃庆阳一带,阻止红军西进。

1937 年 4 月,该军调至安徽阜阳、亳县、涡阳整编,所辖第 107、第 108、第 117 师与第 115 师缩编为第 107、第 108 师。7 月,该军由阜阳经河南商邱调至河北沧州。8 月,在山东德州参加津浦路北段作战(1937 年 9 月 11 日至 12 月 27 日)。9 月 16 日,撤守河南新乡。11 月初,调松江参加淞沪会战。11 月 9 日,军长吴克仁阵亡,第 107 师损失殆尽,第 108 师伤亡惨重。调至江西婺源整编。1938 年 1 月,第 67 军及第 107 师番号撤销,余部编入第 108 师,一部补充第 57 军。

历任军长:

王以哲(1933.3.10－1937.2.2 意外身亡)

吴克仁(1937.2－1937.11.9 阵亡)

②川军刘湘部(1938.2－1943.4)

1938 年 2 月,第 161、第 162 师在四川编成第 67 军。5 月,由重庆开赴湖北黄梅、广济。隶属第 5 战区第 4 兵团第 29 集团军,在大别山南麓参加武汉会战(1938 年 6 月中旬至 11 月中旬)。隶属第 5 战区第 29 集团军参加随枣会战(1939 年 5 月 1 日至 6 月 1 日)。8 月,该军进入大洪山开展游击作战。后参加枣宜会战(1940 年 5 月 1 日至 7 月 4 日)。1940 年 9 月至 1941 年底守备大洪山。1940 年 12 月,第 162 师改称第 149 师隶属第 44 军。第 149 师改称第 162 师,拨隶第 67 军。参加豫南会战(1941 年 1 月 22 日至 2 月 11 日),策应第二次长沙会战(1941 年 9 月 7 日至 10 月 12 日)。1941 年 12 月,开赴河南内乡。

1942 年 3 月,调隶第 6 战区,由河南内乡经老河口、兴山、长阳到湖南桃源,担任洞庭湖西岸和长江南岸守备。1943 年 4 月,在湖南茶陵整编,该军番号裁撤,所辖两个师转隶第

---

① 陕西省档案馆编:《国民党军追堵红军长征档案史料选编(陕西部分)》,中国档案出版社 1994 年版,第 78 页。

44 军。

历任军长:

许绍宗(1938.2.5－1940.12)

佘念慈(1940.11.29－)

③中央军(1943.9－1946)

1943 年 9 月,新编第 26 师和骑兵第 7 师在绥远编成第 67 军,隶属晋陕绥边区司令部,驻防伊克昭盟(今鄂尔多斯),封锁陕甘宁边区。1945 年初,新编第 11 旅一度隶属该军。抗战胜利时军部在绥远桃力民,新编第 26 师进驻托克托。参加绥包战役(1945 年 10 月 18 日至 12 月 7 日),9 月 19 日进抵卓资山。10 月 25 日在卓资山战败,新编第 26 师被歼灭 4000 余人,缩编为新编第 2 旅。骑兵第 7 师改隶第 8 战区。新编第 2 旅参加大同、集宁作战(1946 年 8 月 3 日至 9 月 20 日)和张垣(张家口)会战(1946 年 9 月 20 日至 11 月 11 日)。1946 年初,第 67 军番号撤销。

历任军长:

何文鼎

④中央军(1949.2－1950)

1949 年 2 月,在江西上饶编成第 67 军,下辖第 218、第 219、第 285 师,隶属第 2 编练司令部。由于缺少兵员,所辖三个师缩编为第 56、第 67 师。5 月,增辖第 18 师。9 月,撤军至广东潮汕地区,第 18 师改隶第 19 军,第 75 师拨入,该军改辖第 56、第 67、第 75 师。10 月下旬,转调浙江定海。1950 年 5 月 16 日,撤往台湾。6 月,第 75 师调金门改隶第 5 军。

历任军长:

刘廉一(1948.10.22－1949.6.1)

第 68 军(整编第 68 师)

西北军刘汝明部(1937.8－1949.10)

1937 年 8 月,第 29 军驻察哈尔部队编成第 68 军,下辖第 119、第 143 师及独立第 27 旅。暂辖察哈尔保安旅参加平绥路东段方面作战(1937 年 8 月 8 日至 9 月 11 日)。8 月 23 日,第 143 师退守张家口。10 月,该军转赴河北顺德、南和,隶属第 1 战区参加平汉路北段作战(1937 年 10 月至 1938 年 1 月)。1937 年 12 月至 1938 年 4 月,在河北东明、山东菏泽守备黄河。1938 年 2 月,一度北渡黄河游击[①]。2 月 26 日,克豫北长垣。隶属第 5 战区第 19 军团,参加徐州会战后期作战(1938 年 5 月 3 日至 5 月 28 日),在江苏萧县、安徽亳县作战,掩护 5 战区主力部队向西南转移。6 月,布防淮阳,撤军皖西、鄂东地区。隶属第 5 战区第 4 兵团第 28 军团,在大别山南麓参加武汉会战(1938 年 6 月中旬至 11 月中旬),防守宿松、黄梅、小池口等地,在广济、浠水、黄陂作战。10 月,撤军鄂西北,不久转赴河南泌阳。抗战期间,该军在鄂豫交界处作战。1939 年春,坚守湖北随县、枣阳,失利后转至应山。4 月,

---

① 《第 68 军抗战史料》,全宗号 787,案卷号 6778。

反攻河南信阳。5月16日,第119师克桐柏县①。

1939年3月,独立第44旅拨入。该军参加随枣会战(1939年5月1日至6月1日)。后隶属第5战区第2集团军参加枣宜会战(1940年5月1日至7月4日)。

1940年11月,独立第27旅与独立第44旅合编为暂编第36师,该军改辖第119、第143师和暂编第36师。参加豫南会战(1941年1月22日至2月11日)。

1941年5月,暂编第36师与第30军所属第30师对调,该军改辖第30、第119、第143师②。9月,攻击随州、淅河,策应第二次长沙会战(1941年9月7日至10月12日)。

1942年3月,第30师拨隶第30军,暂编第36师归建。军部率第119、暂编第36师策应常德会战(1943年11月2日至1944年1月5日)。该军参加豫西鄂北会战(1945年3月下旬至5月下旬)。3月30日,第143师弃守南阳,战后移驻郧县百桑关。

1945年7月,暂编第36师番号撤销,官兵分别补入第119、第143师。抗战胜利后,该军由湖北郧县、襄城、襄阳开赴河南许昌受降。9月5日,进占郑州、偃师。

1945年10月,第81师拨入,该军改辖第81、第119、第143师。1946年5月,整编为整编第68师,隶属郑州绥靖公署第4绥靖区。8月28日,由长垣、开封、杞县地区向河北东明、山东定陶和曹县地区进攻,参加第一次鲁西南战役(1946年8月上旬至11月上旬)。此后长期在山东菏泽一带担任黄河防务和鲁西南地区机动作战任务。10月18日,攻占巨野、嘉祥。10月中旬一部由菏泽北攻鄄城。10月29日至31日,第119旅在鄄城被歼灭,旅长刘广信被俘。1947年1月,第81、第143旅由菏泽增援金乡,参加第二次鲁西南战役(1946年12月26日至1947年2月25日)。1月16日,第81旅在定陶被歼灭。第81、第119旅参加鲁西南地区作战(1947年6月下旬至7月下旬)、"围剿"华东野战军作战(1947年8月16日至9月26日)。1948年6月,参加豫东作战(1948年6月16日至7月6日)。6月17日,第119旅由兰封进入开封,17日至22日在开封被歼灭。6月22日,主力由菏泽西南出动,26日抵达开封。

1948年9月恢复军、师番号。11月,移驻安徽蚌埠。隶属徐州"剿总"第4绥靖区(后改称第8兵团)参加徐蚌会战(1948年11月6日至1949年1月10日),沿津浦路北进。12月20日,奉命守备淮河。1949年1月,驻皖南至德(今东至),守备安庆至彭泽段江防,隶属京沪杭警备总司令部第8兵团。4月21日,向江西浮梁撤退。4月29日,在乐平以南被歼灭一部。第119、第143师师长张勋亭、阎尚元被俘。5月4日,副军长王振声、第81师师长葛开祥率军部及该师一部共4000人在江西弋阳投诚。5月,该军转进福建漳州,隶属福州绥靖公署第8兵团。9月上旬,第119师移驻厦门,主力进驻龙溪。9月19日至10月17日,该军在漳州、厦门被歼灭,残部到金门。

历任军长(整编师师长):

---

① 《第143师沿革史》,全宗号787,案卷号16807;《国军部队沿革》(一集);《陆军第143师李曾志部抗战以来各战役节略》,全宗号787,案卷号6558。

② 《第68军沿革史》,全宗号787,案卷号16792。

刘汝明(1937.8.31—1943.3 免兼)

刘汝珍(1943.4.23—)

整编第 69 师(见第 99 军)

第 69 军(整编第 13 师)

①五省联军旧部(1937.8—12)

1937 年 8 月 31 日,第 55、第 57 师在上海编成第 69 军,隶属第 3 战区第 19 集团军参加淞沪会战(1937 年 8 月 13 日至 11 月下旬)。是年底,该军番号撤销,第 55、第 57 师分别改隶第 54、第 73 军。

历任军长:

阮肇昌

②西北军石友三部(1938.4—1945.9)

1938 年 4 月,第 181 师、新编第 6 师在河南编成第 69 军。隶属第 1 战区第 1 集团军,参加豫北豫东作战(1938 年 1 月上旬至 6 月下旬)。暂辖骑兵第 9 师、骑兵第 13 旅,参加第 5 战区徐州会战后期作战(1938 年 5 月 3 日至 5 月 28 日)。战后进驻沂蒙山区,活动于新泰、莱芜、泰安、诸城、莒县、临朐①。同年底,进占冀鲁边界的乐陵、庆云、惠民、盐山、枣强、南宫等地②,转隶冀察战区。1939 年,增辖新编第 4 旅、新编第 13 旅。1940 年 1 月进驻濮阳,进攻冀南、豫北地区的八路军第 129 师。2 月,开赴山东曹县、定陶一带。

1941 年 3 月,该军扩编为第 69 军和新编第 8 军,第 69 军改辖第 181、暂编第 28 师。11 月,军长兼察哈尔省主席毕泽宇在山东韩城率所部教导师(师长文大可)投降日军。1942 年 4 月 22 日,暂编第 28 师在鲁西南投敌。该军开赴河南,改隶第 1 战区。1945 年 4 月,在湖北老河口隶属第 22 集团军,参加豫西鄂北会战(1945 年 3 月下旬至 5 月下旬)。7 月,暂编第 28 师番号撤销。9 月,该军由河南桐柏向信阳挺进,占领平汉路确山至信阳段。9 月,该军在泌阳被撤销番号,第 181 师改隶新编第 8 军。

历任军长:

石友三(1938.3.28—1940.12.1)

毕泽宇(—1941.11 投敌)

米文和(1941.11.15 代理—)

③中央军(1948.6—1950.4)

1948 年 6 月,整编第 135、第 144 旅在陕西潼关编成整编第 13 师,隶属整编第 29 军。9 月,改称第 69 军,辖第 135、第 144 师。12 月,增辖第 84 师。1949 年 1 月,该军由潼关西撤。2 月由耀县(今铜川耀州区)开赴三原。6 月,一部在秦岭以北子午镇至黑龙口构筑工事,主

---

① 张西铎:《石友三投敌反攻及其下场》,《文史资料选辑》第 64 辑,第 172—173 页、第 181 页。
② 高树勋:《石友三酝酿投敌和被捕杀的经过》,《文史资料选辑》第 40 辑,第 145 页。

力在渭南、华阴参加关中会战(1949 年 6 月上旬至 7 月下旬)。7 月 10 日,第 144 师、第 135 师所属第 403 团在陕南关垭子被歼灭。8 月上旬,该军由安康西北恒口向甘肃徽县集结,旋开赴四川,增辖第 24 师,第 135 师改隶第 27 军。12 月,第 84 师在南部县投诚。27 日,第 24 师在邛崃、大邑一带被歼灭,第 144 师在绵竹起义。军长胡长青率残部进入西康富林,1950 年 4 月被歼灭。

历任军长(整编师师长):

谢义锋(1948.6.8—)

胡长青(—1950.3.31 自戕)

第 70 军(整编第 70 师)

湘军,1945 年 10 月黄埔军校出身的陈颐鼎出任军长(1937.8—1950)

1937 年 8 月,第 19 师在浙江温州编成第 70 军。9 月,集结宁波、镇海,协助新编第 34 师防守海岸。10 月,由宁波经杭州赴上海,隶属第 3 战区第 10 集团军,暂辖暂编第 13 旅参加淞沪会战(1937 年 8 月 13 日至 11 月下旬)。战后赴浙江东阳整补。1938 年 4 月,第 128 师拨隶该军。5 月,该军在浙江金华集结,开赴湖北武汉,转麻城、英山、河南罗山构筑工事。7 月,第 128 师番号撤销,该军开赴江西九江、德安,隶属第 9 战区第 1 兵团第 9 集团军第 29 军团参加武汉会战(1938 年 6 月中旬至 11 月中旬)。9 月,预备第 9 师拨隶该军,由第 79 军指挥。10 月,第 19 师赴奉新整理。

1938 年 11 月,第 107 师拨入[①]。1939 年 2 月,预备第 9 师拨出,该军改辖第 19、第 107 师。隶属第 9 战区第 19 集团军在安义、靖安、奉新参加南昌会战(1939 年 3 月 17 日至 5 月 20 日)。战后,调湖南长沙、浏阳间休整。隶属第 9 战区参加第一次长沙会战(1939 年 9 月 1 日至 10 月 14 日)。1940 年初,调驻江西进贤、抚河、奉新、上高[②]。

1940 年 5 月,预备第 5 师拨入。8 月,预备第 5 师与第 49 军所属预备第 9 师对调[③],该军改辖第 19、第 107、预备第 9 师[④]。隶属第 9 战区第 19 集团军参加上高会战(1941 年 3 月中旬至 4 月上旬),3 月 4 日克奉新。

1941 年 4 月,该军改隶第 3 战区。5 月,第 19、第 107 师到达进贤东乡[⑤]。7 月,第 19 师与第 100 军所属第 80 师对调,该军改辖第 80、第 107、预备第 9 师,调福建漳州。9 月,克复福州。隶属第 3 战区第 25 集团军,策应第二次长沙会战(1941 年 9 月 7 日至 10 月 12 日)。1942 年,直隶于第 3 战区参加浙赣会战(1942 年 5 月中旬至 9 月上旬)。战后,独立第 33 旅拨入。1944 年底,独立第 33 旅他调。1945 年 1 月 1 日,克霞浦。5 月 18 日,第 80 师克福州,19 日克长乐,22 日克连江,25 日克罗源,27 日克宁德。

---

① 《国防部本部隶属各部队主官简历驻地与部队沿革手册》,全宗号 783,卷宗号 393。

② 《整编第 70 师 140 旅(107 师)抗战期间行动概见表战斗伤亡损耗补充及战绩一览表》,全宗号 787,案宗号 6682。

③ 《第 70 军历史及第 76 军编成概况》,全宗号 787,案卷号 16793。

④ 《国防部本部隶属各部队主官简历驻地与部队沿革手册》,全宗号 783,卷宗号 393。

⑤ 《陆军第 70 军及第 19 师抗战以来作战经过报告》,全宗号 787,案卷号 6549。

1945 年 7 月,预备第 9 师番号撤销。8 月,由福建南平进入浙东,驻宁波。8 月下旬,第 80 师改隶第 28 军,第 75 师编入。10 月,该军率第 75、第 107 师赴台湾接受日军投降,隶属台湾警备司令部节制。

1946 年 7 月,整编为整编第 70 师,辖第 193 旅(原第 75 师)、第 140 旅(原第 107 师)。12 月开赴陇海路徐州以东,隶属徐州绥靖公署。第 140 旅配属整编第 88 师参加第二次鲁西南战役(1946 年 12 月 26 日至 1947 年 2 月 25 日)。1947 年 1 月 7 日,第 140 旅由鱼台进攻金乡。1 月 9 日,该旅直属部队、所属第 279 团全部、第 280 团一部在鱼台被歼灭,旅长谢懋权被俘。3 月,该整编师在嘉祥、济宁,隶属徐州司令部第 2 兵团参加沂蒙山区作战(1947 年 3 月下旬至 7 月下旬)。隶属陆总郑州指挥所第 2 兵团参加鲁西南地区作战(1947 年 6 月下旬至 7 月下旬)。7 月 13 日,第 193 旅在巨野薛扶集大部溃散,15 日主力在六营集被歼灭,师长陈颐鼎、副师长兼第 139 旅旅长罗折东、第 140 旅旅长谢清华被俘。残部约两个团到济宁。

1947 年 11 月,在济宁重建整编第 70 师,下辖第 96、第 139 旅。1948 年增辖第 32 旅。1 月,驻菏泽地区。3 月,驻徐州西黄口以西。6 月,驻定陶、金乡。6 月 22 日由单县出发救援开封,参加豫东作战(1948 年 6 月 16 日至 7 月 6 日),26 日抵达开封。28 日奉命救援睢县西北的第 7 兵团。8 月,守备陇海路开封至徐州段。

1948 年 9 月,恢复军、师番号。11 月初,驻徐州以西砀山、黄口地区,隶属徐州“剿总”第 2 兵团参加徐蚌会战(1948 年 11 月 6 日至 1949 年 1 月 10 日)。11 月 12 日,由徐州东援第 7 兵团黄百韬部,22 日返回徐州。12 月 1 日,撤离徐州。1949 年 1 月 10 日,在河南永城陈官庄地区被歼灭,军长邓军林及第 32、第 96 师师长龚时英、刘志道被俘。

1949 年 4 月,赣南重建第 70 军,辖第 32、第 96、第 139 师,隶属第 3 编练司令部。旋即,撤销第 32 师番号。8 月 17 日,该军由赣县、信丰转进安远。8 月下旬开赴广东揭阳炮台市整补。8 月下旬,第 139 师所辖第 415、第 416 团经南雄、始兴到曲江,主力经龙南、和平、龙川、丰顺到汕头,船运广州,驻清源、四会。10 月 1 日驻东莞、虎门。10 月下旬经高要、云洋、罗定、信宜,11 月 29 日到廉江。12 月 18 日,由湛江海运台湾。

历任军长(整编师师长):

李觉(1937.8.31—)

陈孔达(1941.8.24—)

陈颐鼎(—1947.7.15 被俘)

高吉人(—1949.1.6)

邓军林(1949.1.6—1949.1.10 被俘)

唐化南(1949.2.1—)

第 71 军

中央军(1937.9—1949.12)

1937 年 9 月 12 日,在上海编成第 71 军,下辖第 87 师。隶属第 3 战区第 9 集团军,并指挥第 46、第 67 师参加淞沪会战(1937 年 8 月 13 日至 11 月下旬)。12 月参加南京保卫战。1938 年初,到河南洛阳整训,预备第 8 师拨入。5 月,第 88 师编入,预备第 8 师调出,该军改辖第 87、第 88 师。隶属第 1 战区,参加豫北豫东作战(1938 年 1 月上旬至 6 月下旬)。5 月 18 日,由兰封东进作战。5 月 22 日,第 88 师师长龙慕韩放弃兰封。5 月 27 日,该军收复兰封。5 月 29 日,在民权、宁陵、睢县、太康、淮阳一线。战后到郏县整补。6 月,第 36 师拨入。军部率第 36 师驻洛阳、新安、渑池、灵宝。

1938 年 8 月,全军开商城,第 61 师由该军指挥[①]。军部率第 36、第 61、第 87 师,隶属第 5 战区在大别山北麓史河地区参加武汉会战(1938 年 6 月中旬至 11 月中旬)。9 月 2 日,失守六安西叶家集。10 月,经息县、驻马店转移南阳整训。11 月,第 36 师抵达桐柏担任信阳平昌关警备。

1939 年 1 月,第 61 师改隶第 90 军,该军改辖第 36、第 87、第 88 师。7 月,移防灵宝,驻扎豫陕边界。1940 年 3 月,移驻晋东南阳城、长子、长治。10 月,移驻四川泸州、潼南等地整训。1941 年 7 月,第 36 师开赴西昌、会理。12 月,第 87、第 88 师接替云南昆明、祥云防务,第 36 师开赴保山[②]。1942 年 8 月,第 87、第 88 师开赴保山,防守怒江[③]。

1943 年,第 36 师改由第 11 集团军直辖。5 月,新编第 28 师拨入,该军改辖第 87、第 88、新编第 28 师。隶属第 11 集团军参加滇西方面作战(1944 年 5 月 11 日至 1945 年 1 月 27 日)。1945 年 1 月,攻克龙山,收复畹町。

1944 年底,新编第 28 师裁撤。1945 年 1 月,第 91 师拨入,该军改辖第 87、第 88、第 91 师。6 月,由芒市空运曲靖转赴贵州麻江、都匀、独山。7 月 16 日,第 91 师克复广西荔浦。7 月 25 日,克阳朔。抗战胜利后该军由桂林空运上海。10 月,驻扎京沪路昆山至丹阳段。1946 年初,海运东北。3 月 15 日,在河北秦皇岛登陆,集结于辽宁新民、彰武。

1946 年 3 月 19 日,军部率第 87、第 91 师自中长路西侧北上,4 月 4 日占领法库。4 月 16 日,第 87 师在四平西南的大洼、金山堡被歼灭大部。4 月 25 日,第 91 师占领八面城。5 月 23 日,第 87、第 91 师攻克辽源(今双辽市)。5 月 27 日,军部移驻四平,第 91 师驻四平、八面城、奉化等地,第 87 师守备辽源、卧虎屯等地。

1946 年 3 月下旬,第 88 师在盘山集结,4 月 1 日(欠第 262 团,该团配合第 94 军所属第 5 师攻占海城)占领营口,6 日占领大石桥,旋即北上进攻本溪。5 月下旬,第 88 师拨归新编第 6 军指挥向长春以东地区进攻,5 月 27 日攻占九台,29 日进入永吉。7 月,第 88 师归还建制。

1946 年 9 月,该军守备四平、辽源地区。策应张垣(张家口)会战(1946 年 9 月 20 日至 11 月 11 日)。10 月初,由八面城抽调第 91 师进驻朝阳,第 87 师由辽源向通辽、开鲁进发。10 月 10 日,攻占赤峰。第 91 师旋东调参加辽东扫荡作战(1946 年 10 月上旬至 12 月下

---

① 《国防部本部隶属各部队主官简历驻地与部队沿革手册》,全宗号 783,卷宗号 393。

② 《第六军司令部下达准备入缅作战命令》(1941 年 12 月 16 日),《中华民国史档案资料汇编》第 5 辑第 2 编军事(4),第 347 页。

③ 《国防部本部隶属各部队主官简历驻地与部队沿革手册》,全宗号 783,卷宗号 393。

旬）。12 月底,第 91 师回援本溪、桓仁。

1947 年 1 月,第 88 师由西满、第 91 师由南满北调。1 月底 2 月初,第 91 师由北满回援南满。2 月 13 日,第 91 师参加对临江的进攻,21 日所属第 272 团被歼灭。3 月 1 日,第 87 师、第 88 师驰援德惠。3 月 12 日,第 88 师全部、第 87 师一部在农安、德惠被歼灭。后返回四平整补。参加四平会战(1947 年 5 月上旬至 7 月上旬)。5 月 18 日,第 88 师、第 91 师大部增援德惠,返回途中在大黑林子镇被歼灭,第 88 师师长韩增栋阵亡。6 月 1 日至 2 日,第 91 师所属第 271 团和第 88 师残部在昌图被歼灭。6 月 11 日至 30 日,第 87 师、重建的第 88 师防守四平,损失 1 万余人。12 月 20 日,第 87、第 91 师由四平南下铁岭、沈阳。

1948 年 3 月 12 日至 13 日,第 88 师在四平被歼灭大部,师长彭锷率千余人突围,军部及第 87、第 91 师调驻新民。第 88 师残部编成一个团(团长杨光耀),直接归军部指挥[①]。8 月上旬,第 88 师军官由沈阳空运锦州,改隶新编第 8 军。10 月,该军编入西进兵团,由新民出发救援锦州。10 月 28 日,第 87、第 91 师在辽宁黑山、打虎山以东地区被歼灭,军长向凤武、第 87 师师长黄炎被俘。

1948 年 12 月,在湖北重建该军,下辖第 87、第 88 师。1949 年 2 月,由汉口调湖南编训。5 月,驻长沙、宁乡、湘乡地区。6 月,第 232 师拨入[②]。8 月 4 日,第 232 师在长沙起义(11 月,起义部队改编为中国人民解放军第 52 军第 215 师)。8 月 7 日,军长彭锷率第 87、第 88 师由湘潭南下邵阳以东、衡阳以西地区。9 月 28 日至 10 月 6 日,在邵阳地区作战。10 月下旬转移至广西全县附近。11 月初到达龙胜以东地区。11 月底经永淳(今横县)南下。12 月 6 日,第 87 师在永淳西南的大塘圩地区被歼灭,师长吴涛被俘。8 日,第 88 师在上思被歼灭一部。9 日,军直属队在宁明的那隆、思乐附近被歼灭,军长熊新民被俘。

历任军长:

王敬久(1937.9.12—)

宋希濂(1938.5.1—1940.7)

陈瑞河(1940.7.29—)

钟彬(1942.1.21—1944.12)

陈明仁(代理—1945.6 实任—1947.8)

刘安祺(1947.8—1948.3.13)

向凤武(1948.3.13 代理—1948.10.28 被俘)

熊新民

彭锷

熊新民(兼任—1949.12.8 被俘)

第 72 军(整编第 72 师)

①中央军(1937.9—1938.5)

① 胡锻夫:《第七十一军辽西作战和被歼灭经过》,《辽沈战役亲历记》,第 232 页。
② 黄杰:《两湖行役》,台北"国防部"史政编译局 1986 年版,第 502 页。

1937 年 9 月 12 日,第 88 师在上海编成第 72 军,隶属第 3 战区第 9 集团军参加淞沪会战(1937 年 8 月 13 日至 11 月下旬)。12 月参加南京保卫战。1938 年 5 月 2 日,军长孙元良辞职,该军番号取消,第 88 师转隶第 71 军。

历任军长:

孙元良(1937.9.12－1938.5.2)

②川军刘湘部,1946 年 4 月黄埔军校出身的杨文瑔出任军长(1938.5－1949.12)

1938 年 6 月,新编第 13、第 14 师在四川万县编成第 72 军,隶属第 30 集团军,开赴江西德安,隶属第 9 战区第 2 兵团参加武汉会战(1938 年 6 月中旬至 11 月中旬)①。战后到湖南湘乡谷水整补。

1938 年 12 月,新编第 13 师与第 78 军所属新编第 15 师对调,该军改辖新编第 14、新编第 15 师。1939 年 2 月,由湖南常德、湘乡开赴江西修水、三都参加南昌会战(1939 年 3 月 17 日至 5 月 20 日),3 月 28 日失守武宁。参加第一次长沙会战(1939 年 9 月 1 日至 10 月 14 日)②。隶属第 19 集团军参加上高会战(1941 年 3 月中旬至 4 月上旬)。在赣北参加第二次长沙会战(1941 年 9 月 7 日至 10 月 12 日)。年底,到湖南平江参加第三次长沙会战(1941 年 12 月 19 日至 1942 年 1 月 15 日)。

1942 年 2 月,新编第 14 师改称第 34 师,仍隶属该军。1942 年 6 月至 1943 年 3 月,在鄂南"剿匪"③。1943 年 6 月,第 78 军裁撤,所属新编第 13、第 16 师转隶该军。军部率新编第 13、新编第 15 师参加常德会战(1943 年 11 月 2 日至 1944 年 1 月 5 日),12 月 9 日克常德。1944 年 3 月在平江,军部率第 34、新编第 13、新编第 15 师参加长衡会战(1944 年 5 月下旬至 8 月上旬),5 月 28 日失守长寿街,6 月 1 日失守平江。战后调赴江西修水。

1944 年底,新编 16 师直隶于第 30 集团军总部。1945 年 10 月,一部调湖北阳新县富池口整补。1946 年上半年,由修水、阳新开赴黄陂、黄安、麻城,隶属武汉行营第 6 绥靖区。

1946 年 5 月,整编为整编第 72 师。6 月在宋埠、七里坪等地包围中原解放区,"清剿"大别山南麓地区(1946 年 6 月至 8 月)。8 月,主力警备平汉路南段,卫戍武汉。部分兵力(3 个团)于 6 月至 1947 年 1 月在鄂西北作战。

1947 年 2 月,由武汉地区驰援陇海路。2 月 7 日到达河南民权,隶属徐州绥靖公署参加第二次鲁西南战役(1946 年 12 月 26 日至 1947 年 2 月 25 日)。2 月下旬在鲁西南郓城以北。3 月由汶上、宁阳沿津浦路北上,隶属徐州司令部第 2 兵团参加沂蒙山区作战(1947 年 3 月下旬至 7 月下旬),4 月守备泰安、平阴、东阿。4 月 24 日,新编第 15 旅由肥城东援泰安,被歼灭一部。4 月 26 日,第 34、新编第 13 旅在泰安被歼灭,师长杨文瑔、旅长李则尧、杨本固被俘。

在山东济宁重新编成整编第 72 师,下辖整编第 34 旅、整编新编第 15 旅。防守滕县、兖

---

① 《陈诚呈报第九战区军队区分及作战地境代电》(1938 年 8 月 3 日)、《蒋介石关于武汉会战作战计划签批》(1938 年)、《中华民国史档案资料汇编》第 5 辑第 2 编军事(3),第 32、67 页。

② 《国防部本部隶属各部队主官简历驻地与部队沿革手册》,全宗号 783,卷宗号 393。

③ 《第 72 军抗战纪实》,全宗号 787,案卷号 6751。

州、大汶口。1948 年 3 月,调驻苏北宿迁新安镇。5 月 22 日,由阜宁东进。6 月,沿陇海路经新安镇开赴鲁西南,隶属第 7 兵团区寿年部参加豫东作战(1948 年 6 月 16 日至 7 月 6 日)。6 月 23 日经曹县、民权越过陇海铁路南下,27 日在睢县西北地区被围,7 月 7 日突围。战后守备徐州。

1948 年 9 月恢复军、师番号,辖第 34、第 233 师(新编第 15 旅改称)。参加徐蚌会战(1948 年 11 月 6 日至 1949 年 1 月 10 日)。12 月 1 日,撤离徐州。1949 年 1 月 10 日,军长余锦源和第 34、第 233 师师长陈渔浦、徐华率残部在河南永城陈官庄地区投诚。

1949 年 1 月,在川南重建第 72 军,下辖第 34、第 233 师及教导师,隶属第 8 编练司令部,驻守内江、泸县①。10 月,隶属第 22 兵团。12 月 11 日,兵团司令官兼该军军长郭汝瑰、第 233 师长赵树德率第 34、第 233 师及教导师(师长萧烈)在宜宾起义。1950 年,大部分士兵补入中国人民解放军第 10 军,一部分补入解放军第 18 军。

历任军长(整编师师长):

王陵基(1938.4.6—1940.2 免兼)

韩全朴(1940.2.3—1942.3)

王陵基(1942.3 兼任—1943.2 免兼)

傅翼(1943.2.18—1946.6)

杨文瑔(1946.6—1947.4.26 被俘)

余锦源(1947.6—1949.1.10 投诚)

郭汝瑰(—1949.12.11 起义)

第 73 军(整编第 73 师)

湘军,1945 年 1 月黄埔军校出身的韩浚出任军长(1937.8—1949.9)

1937 年 8 月,在湖南编成第 73 军,下辖第 15 师。10 月,增辖第 77 师②。由芷江经常德、汉口、南京开赴上海,参加淞沪会战(1937 年 8 月 13 日至 11 月下旬),战后转移苏州、无锡,向安徽宣城、泾县撤退,旋开赴湖北大冶阳新。第 57 师拨入。1938 年 6 月,第 57 师改隶第 2 军。第 15 师配属第 8 军,军部率第 77 师在江西彭泽地区隶属第 34 军团参加武汉会战(1938 年 6 月中旬至 11 月中旬)。10 月,武宁东北游击。战后,到景德镇整补。11 月,第 77 师改隶新编第 11 军,旋即仍隶属该军。3 月 8 日在武宁。隶属第 9 战区湘鄂赣边区游击总指挥,参加南昌会战(1939 年 3 月 17 日至 5 月 20 日)。隶属第 9 战区参加第一次长沙会战(1939 年 9 月 1 日至 10 月 14 日)。

1940 年 5 月,暂编第 5 师拨入③,该军改辖第 15、77、暂编第 5 师。6 月,第 15 师开赴湖北公安、松滋一线布防,10 月在沙市、江陵游击。1941 年春,该军驻江西上高、分宜、新喻

---

① 赵秀崑等:《罗广文在四川编练新军和率领第十五兵团起义经过》,《文史资料选辑》第 50 辑,第 58 页。

② 《第六战区抗战纪实附录二:战区及各集团军、军、师沿革及简史》,全宗号 787,案卷号 6714。

③ 《第六战区抗战纪实附录二:战区及各集团军、军、师沿革及简史》,全宗号 787,案卷号 6714。

整训。9月,移驻湖南隶属第6战区第20集团军,策应第二次长沙会战(1941年9月7日至10月12日)。战后,在江西宜春集结,赴广西柳州以南整训。12月驻湖北,旋开湖南宁乡、益阳,隶属第9战区参加第三次长沙会战(1941年12月19日至1942年1月15日)。隶属第6战区第29集团军参加鄂西会战(1943年5月上旬至6月中旬),5月8日失守湖南南县、安乡。隶属6战区第29集团军参加常德会战(1943年11月2日至1944年1月5日)。11月15日,暂编第5师师长彭士量在石门阵亡。1944年隶属第24集团军,参加长衡会战(1944年5月下旬至8月上旬)。

1945年1月,暂编第5师裁撤,第193师拨入,该军改辖第15、第77、193师。隶属陆军总司令部第4方面军,在湘西水口参加湘西会战(1945年4月上旬至6月上旬)[①]。抗战胜利后第15、第77、第193师分别进驻长沙、衡山、株洲。1946年上半年,经武汉开赴南京、安徽滁县,卫戍首都,隶属徐州绥靖公署。6月,全军由浦口抵达徐州,旋空运济南。隶属徐州绥靖公署第2绥靖区,参加胶济路西段战役(1946年6月下旬至11月中旬)。1947年1月,由周村南下。2月20日至23日,军部及所属3个师在莱芜被歼灭,军长韩浚、第15师代理师长杨明、第193师师长萧重光被俘,第77师师长田君健阵亡。

1947年6月,以第2绥靖区特务旅及第73军独立旅(收编伪军张天佐部成立)编组整编第73师,辖第15、第77、新编第36旅,驻防济南、平阴、泰安、东平。1948年2月,新编第36旅改隶整编第32师。3月20日至5月初,该整编师增援昌乐、潍县。9月24日,在济南被歼灭,第15旅旅长王敬箴被俘。

1948年10月,在皖南重建第73军,第15、第77师在徽州整补,隶属第9编练司令部。12月,增辖第316师。1949年4月28日,经屯溪、淳安向浙江撤退,在遂昌以东被击溃[②]。5月,守备福建福清、平潭岛,隶属福州绥靖公署第6兵团。当月,该军与第66、第88军及第7绥靖区合编为1个军,保留第73军、第15师、第238师(第238师原属第66军)番号。8月16日,第238师在福清、长乐被歼灭一部。该军大部撤往平潭,缩编为第238师,增辖第51师(由第74军残部所编而成)。9月17日,该军在平潭被歼灭大部,残部撤往马祖拨补第52军,番号撤销。

历任军长(整编师师长):

王东原(1937.8.31—)

彭位仁(1938.12.31—1943.3)

汪之斌(1943.3—)

彭位仁(1944.2.29兼任—1945.1免兼)

韩浚(1945.1.26—1947.2.23被俘)

曹振铎(1947.3—1948.12.20)

李天霞(1948.12.20—)

① 《193师肖(萧)重光部抗战以来参加重大战役时间地点》,全宗号787,案卷号6561。
② 李子亮等:《京沪地区蒋军的江防守备及崩溃实况》,《文史资料选辑》第65辑,第94页。

第 74 军(整编第 74 师)

①中央军(1937.8—1949.9)

1937 年 8 月,第 51 师、第 58 师在上海合编为第 74 军。隶属第 3 战区第 15 集团军,参加淞沪会战(1937 年 8 月 13 日至 11 月下旬)。12 月参加南京保卫战,战后北渡长江,在安徽蚌埠集结,调赴河南兰封,转调湖北荆沙整补三个月①。1938 年 4 月,开赴江苏砀山,隶属第 1 战区参加豫北豫东作战(1938 年 1 月上旬至 6 月下旬)。战后,调赴赣北,隶属第 9 战区第 1 兵团参加武汉会战(1938 年 6 月中旬至 11 月中旬)。战后移驻湖南长沙休整,第 57 师拨入,该军改辖第 51、第 57、第 58 师。1939 年春,该军驻长沙、湘阴。隶属第 9 战区第 20 集团军,参加南昌会战(1939 年 3 月 17 日至 5 月 20 日)。4 月克复江西高安。战后隶属第 9 战区第 19 集团军。在赣北参加第一次长沙会战(1939 年 9 月 1 日至 10 月 14 日),9 月 22 日收复高安。10 月,移上高、宜丰整理②。1941 年在分宜、宜春、新喻等地整训③。参加上高会战(1941 年 3 月中旬至 4 月上旬)。在宜春、新喻参加第二次长沙会战(1941 年 9 月 7 日至 10 月 12 日)。

1941 年秋,直隶于军事委员会。12 月,移驻广西柳州隶属第 4 战区,在广西来宾、宜山和湖南郴州整训④。旋即集中于湖南,隶属第 9 战区,参加第三次长沙会战(1941 年 12 月 19 日至 1942 年 1 月 15 日)。1942 年 4 月,由湖南衡山转赴浙江龙游、武义、汤溪、遂昌一带,归第 3 战区第 10 集团军指挥。7 月,移驻江山仙霞岭一带,参加浙赣会战(1942 年 5 月中旬至 9 月上旬)⑤。9 月,返回湖南湘潭。

1943 年 5 月,隶属第 6 战区第 33 集团军参加鄂西会战(1943 年 5 月上旬至 6 月中旬),由石门向松滋攻击。战后,第 57 师驻守常德,主力驻桃源、漆家河。10 月,驻石门、慈利、常德。直隶于第 6 战区参加常德会战(1943 年 11 月 2 日至 1944 年 1 月 5 日),第 57 师坚守常德。1944 年 3 月,改隶第 9 战区第 24 集团军,参加长衡会战(1944 年 5 月下旬至 8 月上旬)。第 58 师配属第 100 军参加桂柳战役(1944 年 9 月 8 日至 12 月 4 日)。

1945 年 3 月,该军隶属陆军总司令部第 4 方面军,指挥第 57、第 58 师,暂辖暂编第 6 师和第 169 师参加湘西会战(1945 年 4 月上旬至 6 月上旬),第 51 师配属第 100 军参战。5 月 1 日,第 58 师在水口作战,5 月 6 日守武冈。抗战胜利后第 51、第 58 师进驻衡阳。9 月至 10 月,该军由芷江空运南京,担任警备。1946 年 1 月 27 日,第 57 师进驻扬州、镇江。

1946 年 5 月,整编为整编第 74 师,隶属徐州绥靖公署。6 月 9 日,第 58 旅由六合进攻淮南路解放区。8 月,由淮南调淮北战场。8 月 21 日,由泗县、双沟镇、单县集(徐州东南)进攻睢宁、宿迁,27 日占睢宁,29 日占宿迁。9 月 19 日攻入淮阴。22 日占淮安。10 月 23 日

---

① 《74 军抗战以来参战经过概要》,全宗号 787,案卷号 6551。
② 《国防部本部隶属各部队主官简历驻地与部队沿革手册》,全宗号 783,卷宗号 393。
③ 《74 军抗战以来参战经过概要》,全宗号 787,案卷号 6551。
④ 《74 军抗战以来参战经过概要》,全宗号 787,案卷号 6551。
⑤ 《74 军抗战以来参战经过概要》,全宗号 787,案卷号 6551。

进逼涟水。1947 年 1 月,隶属徐州绥靖公署参加鲁南作战(1947 年 1 月 14 至 2 月 15 日),由宿迁新安镇向临沂进攻。3 月,隶属徐州司令部第 1 兵团参加沂蒙山区作战(1947 年 3 月下旬至 7 月下旬)。5 月 13 日至 16 日,师部及所属 3 个旅山东蒙阴孟良崮被歼灭,师长张灵甫、第 57 旅代理旅长明灿、第 58 旅旅长卢醒阵亡,第 51、第 57 旅旅长陈传钧、陈嘘云被俘。

1947 年 6 月,在安徽滁县重建整编第 74 师,辖整编第 51、第 57、第 58 旅。第 57 旅一直在青岛整补没有归建。1948 年 1 月,由蚌埠、全椒移驻蒙城、阜阳。7 月移驻河南商邱、江苏砀山。

1948 年 9 月恢复军、师番号,下辖第 51、第 58 师。11 月,增辖第 57 师。11 月初在徐州以西砀山、黄口地区,隶属徐州"剿总"第 2 兵团参加徐蚌会战(1948 年 11 月 6 日至 1949 年 1 月 10 日),11 月 12 日由徐州东援第 7 兵团黄百韬部,22 日返回徐州。12 月 1 日,撤离徐州。1949 年 1 月 10 日,在河南永城陈官庄地区被歼灭,军长邱维达被俘。

1949 年 1 月,在浙江建德重建第 74 军,辖第 51、第 57、第 58 师,隶属第 9 编练司令部,守备兰溪地区。4 月,暂编第 3、第 6 师并入该军。4 月下旬南撤,第 57 师在丽水损失殆尽,残部逃福建连江。5 月,第 85 军及第 9 编练司令部直属部队并入该军。该军所属各师并编为第 51 师,第 85 军所属各师并编为第 23、第 216 师。隶属福州绥靖公署第 6 兵团。8 月 14 日,第 216 师在同安孙厝被歼灭大部,师长谷允怀被俘。8 月 15 日,第 216 师所属第 646 团 1100 人在罗源投诚。8 月 16 日,第 23 师在马尾、连江、长门等地被歼灭大部。残部移驻平潭,缩编为第 51 师,拨隶第 73 军,第 74 军番号撤销。

历任军长(整编师师长):

俞济时(1937.8.30—)

王耀武(1939.6.24—1943.8 兼任—)

施中诚(1944.3.4—)

张灵甫(—1947.5.16 阵亡)

邱维达(—1949.1.10 被俘)

劳冠英(1949.2.1—)

②滇军卢汉部(1949.10—1949.12)

1949 年 10 月,新编第 13 军在云南昆明改称第 74 军,下辖第 184、第 259、第 260 师,分驻昆明、大理、保山。12 月 9 日,起义。12 月 12 日,改编为云南人民解放军暂编第 12 军①。1950 年 10 月 24 日,并入解放军第 14 军。

历任军长:

余建勋

---

① 林毓棠:《云南起义经过纪实》,《文史资料选辑》第 98 辑,第 48 页。

第 75 军(整编第 75 师)

五省联军旧部,1941 年 3 月陈诚的亲信施北衡出任军长(1937.8－1950)

1937 年 8 月,在上海成立第 75 军,下辖第 6 师。该军隶属第 3 战区第 19 集团军参加淞沪会战(1937 年 8 月 13 日至 11 月下旬),一度指挥独立第 34 旅。11 月 8 日经江苏宜兴向安徽广德、宣城转进。战后开赴武汉整补。1938 年 2 月,在武汉组织军部。3 月,第 13 师拨入,该军由汉口开赴徐州,隶属第 5 战区。军部率第 6 师,暂辖第 93 师(第 13 师归第 92 军指挥)参加徐州会战后期作战(1938 年 5 月 3 日至 5 月 28 日)。期间,第 139 师一度隶属该军。战后调赴湖北,率第 6、第 13 师隶属第 9 战区第 2 兵团在通山、岳阳、蒲圻(今赤壁)一带参加武汉会战(1938 年 6 月中旬至 11 月中旬)。10 月,预备第 4 师拨入,该军改辖第 6 师、第 13 师、预备第 4 师①,1938 年 10 月至 1945 年 10 月,该军在湖北作战。1939 年,隶属第 5 战区长江上游江防军参加随枣会战(1939 年 5 月 1 日至 6 月 1 日)。参加冬季攻势,攻击汉(口)宜(昌)路。1940 年隶属第 5 战区参加枣宜会战(1940 年 5 月 1 日至 7 月 4 日)。5 月 23 日奉命由唐白河西岸移驻老河口东南。6 月,担任宜昌、当阳间防务。隶属第 6 战区第 26 集团军策应第二次长沙会战(1941 年 9 月 7 日至 10 月 12 日)。1943 年初,驻防宜昌、当阳、三斗坪。

1943 年 6 月,第 13 师与第 86 军所属第 16 师对调,该军改辖第 6、第 16、预备第 4 师。隶属第 6 战区第 26 集团军参加鄂西会战(1943 年 5 月上旬至 6 月中旬)和常德会战(1943 年 11 月 2 日至 1944 年 1 月 5 日)。1944 年冬,由宜昌开赴四川重庆,后开綦江,旋调赴湖北兴山。

1945 年 2 月,第 16 师番号撤销,预备第 4 师番号改称第 16 师②。8 月,由兴山开赴应城、黄陂受降。1946 年 4 月,驻应城,隶属武汉行营第 6 绥靖区。第 6 旅"堵剿"向鄂西撤退的中原解放区部队(1946 年 6 月 30 日至 7 月 26 日)。

1946 年 6 月 1 日,改编为整编第 75 师。7 月中旬至 8 月中旬"清剿"大洪山。9 月由湖北调抵达河南开封、兰封,隶属徐州绥靖公署第 32 集团军(该集团军 9 月下旬改称整编第 27 军)参加第一次鲁西南战役(1946 年 8 月上旬至 11 月上旬)。10 月自兰封北上,10 月初,自城武北攻巨野、嘉祥、郓城。10 月 21 日,占郓城。参加豫北冀南作战(1946 年 11 月中旬至 1947 年 1 月中旬),11 月中旬由河北东明以西渡过黄河到达豫北。11 月下旬,由滑县、安阳分别向濮阳、濮县、大名进攻。1947 年 1 月开赴汲县,由汲县经平汉路转河南商邱,隶属徐州绥靖公署参加第二次鲁西南战役(1946 年 12 月 26 日至 1947 年 2 月 25 日)。2 月 2 日至 4 日,第 16 旅由商邱开抵安徽亳县,被歼灭大部。2 月下旬开赴运河以东参加津浦路作战。3 月在兖州,隶属徐州司令部第 2 兵团参加沂蒙山区作战(1947 年 3 月下旬至 7 月下旬)。4 月由兖州经宁阳向北进攻。5 月在泰安附近。6 月,第 16 旅守备新泰,主力由新泰

---

① 《第 6 战区各军师沿革简史》,全宗号 787,案卷号 16768。又见《第 75 军抗战概要》,全宗号 787,案卷号 6752。

② 《第 75 军抗战概要》,全宗号 787,案卷号 6752。

进攻沂蒙山区。6月底在蒙阴正东。7月11日,占沂水。

1947年9月,由鲁中战场增援鲁西南。9月12日,由莱芜开赴济宁,13日,经嘉祥向巨野前进,在鲁西南"围剿"华东野战军(1947年8月16日至9月26日),进攻曹县。1948年春,在菏泽。3月驻商邱,旋由砀山车运济南,归第2绥靖区指挥。3月20日至5月初参加救援昌乐、潍县。5月,调徐州,6月,在鲁西南定陶、金乡。6月中旬,该整编师抽调干部另成立第62旅在浙江绍兴整训。隶属第7兵团参加豫东作战(1948年6月16日至7月6日),6月23日奉命经曹县、民权越过陇海铁路南下追击华东野战军,27日在睢县西北地区被包围。7月2日被歼灭,师长沈澄年、第6旅旅长李邦华、第16旅代理旅长卢济时被俘。

1948年7月,该整编师在浙江金华重建,隶属衢州绥靖公署。第6、第16旅并编为第16旅。前在绍兴编训的第62旅归建,改番号为第6旅。11月,恢复军、师的番号。1949年3月调上海,第95师拨入,改辖第6、第16、第95师,隶属京沪杭警备总司令部淞沪防卫司令部,参加淞沪作战(1949年4月23日至5月25日),期间第16师一部、第95师大部被歼灭。5月26日,该军撤往浙江舟山。8月下旬,第16师番号撤销,该军改辖第6、第95师。1950年5月16日撤离舟山。5月20日抵达台湾。

历任军长(整编师师长):

周嵒(1937.8.31—1941.3免兼)

施北衡(1941.3.28—1942.10)

柳际明(1942.10.13—1946.8)

沈澄年(1946.8—1948.7.2被俘)

吴仲直(1948.7.14—)

朱致一(1949.9.5—)

第76军(整编第76师)

湘军,1938年7月黄埔军校出身的李铁军出任军长(1937.11—1949.12)

1937年11月,第37军(下辖第8、第24师)改番号为第76军。1938年,第8师担任郑州、开封地区河防。第24师隶属第1战区,参加豫北豫东作战(1938年1月上旬至6月下旬)。6月,该军接守巩县至潼关间河防①。

1938年7月,预备第1师归建,该军辖第8、第24、预备第1师②,隶属西安行营。1939年1月,预备第1师改隶第16军,第196师归建,该军改辖第8、第24、第196师。1941年6月,第8师拨隶第57军。7月,暂编第57师拨入,该军改辖第24、第196、暂编第57师。

1942年下半年,该军由陕西调赴四川泸州、宜宾,第196师拨出,新编第5师拨入,该军改辖第24、暂编第57、新编第5师,直隶于军事委员会,担任重庆外围警备③。1944年,荣誉

---

① 《第6战区各军师沿革简史》,全宗号787,案卷号16768。

② 《国防部本部隶属各部队主官简历驻地与部队沿革手册》,全宗号783,卷宗号393。

③ 《第6战区各军师沿革简史》,全宗号787,案卷号16768。

第 2 师一度隶属该军。

1944 年底,新编第 5 师番号裁撤。1945 年 4 月,暂编第 2 师拨入,该军改辖第 24、暂编第 2、暂编第 57 师。7 月,暂编第 2 师脱离建制,该军由四川南溪、宜宾开赴湖北秭归[①],隶属第 6 战区,暂编第 57 师改称第 135 师。抗战胜利进驻沙市、当阳。旋即开赴陕西西安。1946 年 5 月,整编为整编第 76 师,第 135 旅与第 15 军所属第 144 师对调,整编后下辖第 24、第 144 旅,第 135 旅一直由整编第 76 师代管。7 月初,第 144 旅由西安车运商县,转漫川关,第 24 旅由宝鸡车运安康,"堵剿"由中原解放区突围的中共部队。

1946 年 8 月,新编第 1 旅拨入。8 月中旬,新编第 1 旅在陇县堵击中共第 359 旅。秋,该整编师驻西安保持机动。1947 年初隶属第 1 战区整编第 29 军。2 月 28 日,新编第 1 旅进攻陇东庆阳、合水。3 月,师部率第 24、第 144 旅由洛川地区出发进攻延安,参加陕北作战(1947 年 2 月下旬至 7 月下旬),守备延川、清涧。7 月,第 144 旅由鄜县以西太白镇、黑水寺地区进攻吴旗、志丹。8 月初,第 144 旅由安塞、志丹地区向绥德、米脂、横山前进,救援榆林。

1947 年 7 月,新编第 1 旅进攻陕甘宁解放区的关中、陇东分区。8 月底,新编第 1 旅编入陕东兵团,向潼关方向进军。9 月 11 日至 12 日,新编第 1 旅在灵宝被歼灭,旅长黄永瓒被俘。10 月 1 日至 11 日,师部、第 24 旅旅部和所属第 70 团(欠第 2 营)、第 72 团第 2 营在延长、清涧被歼灭,师长廖昂、旅长张新被俘。10 月初,第 144 旅所属第 430 团由延安增援清涧,19 日返回延安。

1948 年 1 月杪,该整编师主力隶属整编第 1 军由陕北进入河南,第 24 旅(欠第 72 团,该团守备韩城)隶属整编第 29 军守备宜川。2 月 24 日至 3 月 3 日,第 24 旅 5000 余人在宜川瓦子街被歼灭,旅长张汉初被俘。4 月,整编师主力由河南返回关中,经潼关向宝鸡前进,参加泾渭河谷作战(1948 年 4 月 18 日至 5 月 8 日)。4 月 26 日,师部、第 144 旅一部在宝鸡被歼灭,师长徐保被俘,次日身亡。

1948 年 6 月,第 144 旅改隶整编第 13 师。该整编师参加洛河下游作战(1948 年 7 月 30 日至 11 月 28 日)。9 月,恢复军、师番号,辖第 20(新编第 1 旅改称)、第 24 师,直隶于西安绥靖公署。11 月 25 日至 28 日,该军在陕西澄城永丰镇被歼灭,军长李日基、师长吴永烈、于厚之被俘。旋重建。1949 年 2 月中旬,第 20 师由铜川撤驻三原,3 月 1 日在淳化西南被歼灭,师长褚静亚被俘。5 月,该军进入四川补充。8 月,第 24 师番号撤销,第 336 师拨入,该军改辖第 20 师、第 336 师。12 月 17 日,经巴中南下。25 日,第 336 师在三台投诚。29 日,军部和第 20 师在三台被歼灭。

历任军长(整编师师长):

陶峙岳(1937.8.31—)

李铁军(1938.7.28—)

---

① 《第六战区抗战纪实附录二:战区及各集团军、军、师沿革及简史》,全宗号 787,案卷号 6714;《各部队各训练机关主官简历驻地与部队沿革手册》,全宗号 627,卷宗号 1117;《第 6 战区各军师沿革简史》,全宗号 787,案卷号 16768。

廖昂(1943.9.28－1947.10.11 被俘)

徐保(1947.11－1948.4.26 被俘)

李日基(1948.6.8－1948.11.28 俘)

薛敏泉(1949.1.25－)

第 77 军(整编第 77 师)

西北军冯治安部(1937.9－1949.3)

1937 年 9 月,第 29 军所属第 37 师、第 132 师、特务旅、独立第 25 旅、独立第 28 旅等部在河北大名合编为第 77 军[①],下辖第 37、第 132、第 179 师,隶属第 1 集团军。参加津浦路北段作战(1937 年 9 月 11 日至 12 月 27 日)。10 月参加平汉路北段作战(1937 年 10 月至 1938 年 1 月),年底转进晋南。1938 年参加豫北豫东作战(1938 年 1 月上旬至 6 月下旬)。5 月 9 日,由徐州开赴安徽宿县,守备淮河北岸。旋开赴河南商邱,暂辖第 95 师参加徐州会战后期作战(1938 年 5 月 3 日至 5 月 28 日)。战后,军部率第 37、第 132 师在大别山北麓参加武汉会战(1938 年 6 月中旬至 11 月中旬)。8 月 29 日,失守霍山,转赴河南潢川地区布防。10 月西进湖北荆门休整。自此至抗战胜利前夕,该军长驻扎大洪山以西地区,隶属第 5 战区。

1939 年 3 月,骑兵第 9 师由山东调归该军节制。参加随枣会战(1939 年 5 月 1 日至 6 月 1 日)。9 月,该军驻荆门。10 月,骑兵第 9 师改隶第 59 军。1940 年参加枣宜会战(1940 年 5 月 1 日至 7 月 4 日),6 月 4 日进攻南漳,6 月 16 日反攻宜昌、当阳。8 月,经南漳渡过漳河转赴河南邓县整补。11 月,开赴湖北南漳。军部率第 37、第 179 师参加豫南会战(1941 年 1 月 22 日至 2 月 11 日)。1941 年 9 月,隶属第 6 战区策应第二次长沙会战(1941 年 9 月 7 日至 10 月 12 日)[②]。1943 年参加鄂西会战(1943 年 5 月上旬至 6 月中旬)、常德会战(1943 年 11 月 2 日至 1944 年 1 月 5 日)。1944 年夏,失守南漳。1945 年隶属第 5 战区,参加豫西鄂北会战(1945 年 3 月下旬至 5 月下旬),3 月 28 日收复南漳。

1945 年 6 月,撤销第 179 师番号,改辖第 37、第 132 师。抗战胜利后,该军进驻湖北广水、河南信阳,隶属第 6 战区。10 月上旬,改隶第 10 战区。11 月,由信阳北调徐州,隶属徐州绥靖公署第 3 绥靖区。

1946 年 5 月,整编为整编第 77 师。7 月 18 日,由贾汪东进。9 月 2 日,占台儿庄。10 月 8 日,占峄县。1947 年 6 月"清剿"鲁南。

1948 年 9 月,恢复军、师番号。11 月初,放弃临城、枣庄,退守韩庄、台儿庄。11 月 8 日,军直属队、第 132 师、第 37 师所属第 111 团、第 109 团 1 个营在山东峄县台儿庄、江苏铜山贾汪地区起义,改编为中国人民解放军第 34 军。

1949 年 3 月,在浙江汤溪重新编成第 77 军,旋改称第 125 军。

---

① 《第 77 军部队沿革及主官参谋长简历表》,全宗号 787,案卷号 16795。

② 《第 6 战区各军师沿革简史》,全宗号 787,案卷号 16768。

历任军长(整编师师长):

冯治安(1937.8.31—1940.5 兼任—1943.9 免兼)

何基沣(1943.9.16—)

王长海(—1949.1.1 兼任—)

吉星文(1949.3.1—1949.3.16)

第 78 军(整编第 78 师)

①中央军(1937.9—1938.5)

1937 年 9 月,以第 36 师为基干在上海编成第 78 军,隶属第 3 战区第 9 集团军参加淞沪会战(1937 年 8 月 13 日至 11 月下旬)。11 月 18 日,该军在无锡归入第 3 战区总预备队序列,旋开赴南京集结待命。12 月 14 日,转赴安徽蚌埠。18 日抵达河南信阳,30 日转赴江西萍乡①。1938 年 4 月,移驻清江、高安。5 月,抵达河南开封,番号撤销,第 36 师改隶第 27 军。

历任军长:

宋希濂

②川军刘湘部,1942 年 6 月薛岳推荐亲信沈久成出任军长(1938.5—1943.6)

1938 年 5 月,川康绥靖公署所属独立第 11、第 15 旅和四川保安团在成都编成第 78 军,辖新编第 15、新编第 16 师。成军后开赴江西修水参加武汉会战(1938 年 6 月中旬至 11 月中旬)。抗战期间,该军始终隶属第 9 战区第 30 集团军,在赣东北地区作战。

1938 年 12 月,新编第 15 师改隶第 72 军,新编第 13 师归建,该军改辖新编第 13、新编第 16 师。1939 年参加南昌会战(1939 年 3 月 17 日至 5 月 20 日)②、第一次长沙会战(1939 年 9 月 1 日至 10 月 14 日)。1941 年在武宁参加第二次长沙会战(1941 年 9 月 7 日至 10 月 12 日)、第三次长沙会战(1941 年 12 月 19 日至 1942 年 1 月 15 日)③。1943 年 6 月 13 日,该军番号撤销,所辖两个师转隶第 72 军。

历任军长:

张再(1938.5.11—)

夏首勋(1939.2.10—)

沈久成(1942.7.1—1943.6.13)

③中央军(1944.2—1945.7)

1944 年 2 月,新编第 42、新编第 43、新编第 44 师在河南编成第 78 军,分驻禹县、方城、镇平,隶属第 1 战区副司令长官(汤恩伯)部第 31 集团军。参加豫中会战(1944 年 4 月中旬

---

① 《宋希濂关于第七十八军于南京战役之守备计划及战报》(1938 年 1 月),《中华民国史档案资料汇编》第 5 辑第 2 编军事(2),第 363 页。

② 《王陵基关于该部在武宁一带作战经过概要报告》(1939 年 4 月 28 日),《各部队各训练机关主官简历驻地与部队沿革手册》,全宗号 627,卷宗号 1117;《中华民国史档案资料汇编》第 5 辑第 2 编军事(3),第 166 页。

③ 《各部队各训练机关主官简历驻地与部队沿革手册》,全宗号 627,卷宗号 1117。

至 6 月中旬)。战后移驻豫西南卢氏、内乡、淅川。1945 年 1 月,驻西峡县西坪镇。参加豫西鄂北会战(1945 年 3 月下旬至 5 月下旬)。7 月,新编第 42 师拨隶第 40 军,该军与新编第 43、新编第 44 师番号撤销。

历任军长:

赖汝雄(1944.2.19—)

④中央军(1947.5—1949.9)

1947 年 5 月,新编第 2 军在新疆整编成整编第 78 师,隶属西北行辕新疆警备总司令部,下辖第 178、第 179、第 227 旅(分别由原辖新编第 45 师、新编第 46 师、暂编第 58 旅改称),驻吐鲁番、鄯善、托克逊、迪化(今乌鲁木齐)、绥来(今玛纳斯)。1949 年 9 月 25 日,该整编师在哈密、迪化起义。12 月 29 日,改编为中国人民解放军第 9 军第 25、第 26 师。

历任整编师师长:

谢义锋

叶成

莫我若(—1949.9.25 起义)

第 79 军(整编第 79 师)

中央军(1937.9—1949.12)

1937 年 9 月,在上海成立第 79 军,下辖第 98 师①。隶属第 3 战区第 15 集团军参加淞沪会战(1937 年 8 月 13 日至 11 月下旬)。战后驻浙江。1938 年 2 月,第 76 师、第 108 师归建。12 月,第 108 师改隶第 25 军②。1939 年初,调驻江西,第 118 师拨入,该军改辖第 76、第 98、第 118 师,隶属第 9 战区第 19 集团军参加南昌会战(1939 年 3 月 17 日至 5 月 20 日)。7 月,第 140 师拨入③。8 月,第 76、第 118 师分别拨隶第 92、第 99 军。9 月,第 82 师拨入,该军改辖第 82、第 98、第 140 师,隶属第 9 战区第 15 集团军参加第一次长沙会战(1939 年 9 月 1 日至 10 月 14 日)。

1940 年初,第 140 师拨隶第 37 军。6 月,暂编第 6 师拨入,该军改辖第 82、第 98、暂编第 6 师④。1941 年 9 月,由第 6 战区澧县、常德增援第 9 战区,参加第二次长沙会战(1941 年 9 月 7 日至 10 月 12 日)。

1941 年底,第 82 师直隶于第 20 集团军,第 194 师拨入,该军改辖第 98、第 194、暂编第 6 师,参加第三次长沙会战(1941 年 12 月 19 日至 1942 年 1 月 15 日)。1942 年,开赴江西参加浙赣会战(1942 年 5 月中旬至 9 月上旬)。6 月 5 日,第 98 师在临川作战。6 月 12 日,第 194 师克磨盘州、新江口。战后,该军返回湖南。

1943 年 5 月,由第 9 战区改隶第 6 战区,由湖南汉寿、益阳、宁乡调驻鄂西,隶属第 33

---

① 《国防部本部隶属各部队主官简历驻地与部队沿革手册》,全宗号 783,卷宗号 393。

② 《陆军兵力统计战斗序列表》,全宗号 787,案卷号 2642。

③ 《各部队各训练机关主官简历驻地与部队沿革手册》,全宗号 627,卷宗号 1117。

④ 《国防部本部隶属各部队主官简历驻地与部队沿革手册》,全宗号 783,卷宗号 393。

集团军参加鄂西会战(1943年5月上旬至6月中旬),6月11日暂编第6师攻克洋溪。10月,驻公安、藕池口、松滋、澧县。隶属6战区第10集团军参加常德会战(1943年11月2日至1944年1月5日)。1944年参加长衡会战(1944年5月下旬至8月上旬)。9月7日,军长王甲本在湖南东安冷水滩阵亡。9月,开赴广西桂林,隶属第27集团军副总司令(李玉堂)部,第98、第194师参加桂柳战役(1944年9月8日至12月4日)。11月,驻百寿。

1945年1月,暂编第6师改隶第87军。该军进入四川内江、自流井担任警备。7月,暂编第2师编入,该军改辖第98、第194、暂编第2师。1946年5月,整编为整编第79师,隶属西昌警备司令部。

1947年上半年,暂编第2旅脱离建制,改辖整编第98旅、第194旅。1948年7月,移驻川北城口、万源,后调陕西安康集结待命,改隶西安绥靖公署。9月,恢复军、师番号。10月,调湖北南漳、宜城。11月,接防沙市,改隶华中"剿总"。1949年2月4日,军部、第98师一部在荆门被歼灭,军长方靖被俘。

1949年4月,增辖第199师。7月16日,由荆州、沙市向川湘鄂边境山区转进。11月13日至19日,第98、第199师在宣恩以南被歼灭。12月3日残部到四川大竹,经南充向三台撤退。12月21日,残部在什邡起义。

历任军长(整编师师长):

夏楚中(1937.9—1942.10兼任—1943.3免兼)

王甲本(1943.3.17代理—1944.6实任—1944.9.7阵亡)

方靖(1944.8.29—1949.2.1兼任—1949.2.4被俘)

龚传文(1949.2.16代理,不久实任—1949.12.21起义)

第80军

①中央军(1937.10—1945.7)

1937年10月,第43、第97师在甘肃编成第80军。1938年8月,第43师脱离建制。1939年初,第165师编入。4月,新编第26师编入,该军改辖第97、第165、新编第26师。1940年1月,军部移驻平凉。5月,新编第26师开赴绥远改隶第8战区副司令长官(傅作义)部,新编第27师拨入,该军改辖第97、第165、新编第27师。

1940年6月,该军移驻陕西大荔担任陕东河防,第97师留驻平凉改由第8战区司令长官部直辖,第167、预备第1师等临时隶属该军指挥。9月,军部率第165师、新编第27师开赴晋南平陆,在中条山地区作战①。

1941年1月,第34师拨入,4月调离。军部率第165师、新编第27师隶属第1战区参加晋南会战(1941年5月7日至6月15日)。5月,南渡黄河驻防河南渑池,新编第27师开驻陕西蓝田整训。7月,军部及直属部队调驻陕西岐山,第165师由耀县向陕甘宁边区推进。11月,新编第27师驻中部,第165师在白浪担任河防。

---

① 《第三次参谋长会议第81军沿革史》,全宗号787,案卷号16796.

1942 年 6 月,新编第 37 师拨入[1],该军改辖第 165、新编第 27、新编第 37 师。1943 年 11 月,第 165 师驻耀县整训,担任陕北封锁线守备任务。1944 年 5 月,第 165 师接替洛川守备任务。1945 年 7 月,该军及新编第 27、新编第 37 师在洛川被撤销番号,第 165 师改隶第 3 军。

历任军长:

刘绍先(1937.9.29—)

孔令恂(1937.11.9—)

王文彦(1942.1.5—1943.6)

袁朴(1943.6—)

②中央军(1949.1—1950)

1949 年 1 月,在台湾凤山成立第 80 军,下辖第 201、第 206、第 339 师。5 月,第 339 师改称第 340 师,第 201 师所属第 603 团调驻福建马尾。8 月,第 340 师番号撤销。9 月,第 201 师主力调驻金门。

历任军长:

唐守治(1949.1.10—)

第 81 军(整编第 81 师)

宁夏马鸿宾部(1937.10—1949.9)

1937 年 10 月,第 35 师在宁夏编成第 81 军。11 月,隶属第 17 集团军。1938 年,增辖独立第 35 旅。5 月,军长马鸿宾担任第 17 集团军前敌总指挥兼绥西防守司令,率第 35 师开赴绥西。参加第 8 战区 1939 年冬季攻势(1939 年 12 月 10 日至 1940 年 4 月 3 日)(暂辖第 17 集团军骑兵第 1、第 2 旅)。1940 年 1 月 30 日,向狼山转移。2 月,第 35 师移驻伊克昭盟。1943 年初,第 35 师由绥西返回宁夏中卫、中宁。

1943 年,独立第 35 旅扩编为暂编第 60 师,仍隶属该军。1946 年 5 月,整编为整编第 81 师。1947 年 3 月,进攻陇东,占领环县、元城、蒋台等地。5 月 30 日,暂编第 60 旅在蒋台被歼灭一部。

1948 年 9 月,恢复军、师番号,辖第 35、第 294 师(由暂编第 60 旅改称)。1949 年 5 月,该军与第 128、第 11 军组成宁夏兵团,集结于平凉、固原。6 月 8 日,经长武向永寿集中。7 月底,在固原东南被击溃。

1949 年 8 月,退守宁夏中卫一带,增辖第 358 师。8 月 16 日,第 35 师所属第 103 团、第 294 师所属第 881 团在中卫以南被歼灭。9 月 19 日,军长马惇靖率该军在中卫起义,12 月 19 日,改编为中国人民解放军西北军区独立第 2 军。

历任军长(整编师师长):

马鸿宾(1937.10.4—)

马惇靖(—1949.9.19 起义)

第 82 军(整编第 82 师)

青海马步芳部(1937.10—1949.9)

1937 年 10 月,新编第 2 军在青海西宁改称第 82 军[①],下辖第 100 师、补充旅、3 个骑兵旅,隶属第 8 战区。1939 年下半年,骑兵第 1 旅改称第 82 军独立骑兵旅,裁撤骑兵第 2、第 3 旅[②]。1942 年 2 月,该军撤离河西走廊,退居青海。1943 年,独立骑兵旅、补充旅分别扩充为新编骑兵第 8 师、暂编第 61 师,该军改辖第 100 师、暂编第 61 师、新编骑兵第 8 师。1944 年隶属第 40 集团军。1945 年抗战胜利时军部及第 100 师驻青海西宁,新编骑兵第 8 师驻玉树。年底,暂编第 61 师裁撤。1946 年 5 月,整编为整编第 82 师。10 月,新编骑兵第 8 旅与骑兵第 8 师整编为骑兵第 8 旅。该整编师下辖整编第 100 旅、骑兵第 8 旅。1947 年 3 月底,由西宁进入陇东天水,隶属西北行辕,进攻庆阳、合水。7 月进攻陕甘宁解放区的关中、陇东分区。

1948 年 2 月,增辖第 190 旅。4 月,由庆阳西峰镇向宁县、泾川、陕西长武前进,策应泾渭河谷作战(1948 年 4 月 18 日至 5 月 8 日)。9 月,恢复军、师番号,下辖第 100、第 190 师及骑兵第 8 旅。11 月,增辖第 248 师。1949 年 3 月 11 日,第 248 师师长马德胜在陕西三原阵亡。5 月,骑兵第 8 旅改隶第 129 军。隶属西北军政长官公署陇东兵团,在灵台附近参加关中会战(1949 年 6 月上旬至 7 月下旬)。6 月 12 日,第 190、第 248 师进攻咸阳,13 日失利。退守甘肃。8 月 12 日至 26 日,3 个师在兰州被歼灭大部,残部退守西宁。9 月 11 日,第 190、第 248 师师长马振武、韩有禄在青海海晏三角城投诚。

历任军长(整编师师长):

马步芳(1937.10.11—1943.3)

马继援(1943.3—1948.4.19 兼任—1949.9.1 兼任—)

整编第 83 师(见第 100 军)

第 83 军

①粤军余汉谋部(1937.10—1939.1)

1937 年 10 月,第 154、第 156 师在广东编成第 83 军,隶属第 12 集团军。成军后即北上参加淞沪会战(1937 年 8 月 13 日至 11 月下旬)。11 月 17 日,该军(欠第 154 师)经苏州到江阴归江防军指挥,23 日转无锡改归第 19 集团军指挥,掩护主力西撤,12 月初到镇江西南担任守备。12 月,第 154 师参加南京保卫战。1938 年初,该军返回广东。

1938 年 9 月,第 151 师拨入,该军防守惠州等地。10 月 15 日,第 151 师失守惠州。10

---

① 《国防部本部隶属各部队主官简历驻地与部队沿革手册》,全宗号 783,卷宗号 393。

② 《青海省主席马步芳陈报所部改编情形》(1939 年 11—12 月),全宗号 1,案卷号 3487。

月上旬,第 156 师北调湖北崇阳、咸宁、通山,掩护参加武汉会战的部队撤退,11 月前往蒲圻接受第 37 军指挥,12 月调江西改隶第 64 军。1939 年 1 月,第 83 军番号撤销,第 151、第 154 师分别改隶第 66、第 63 军。

历任军长:

邓龙光(1937.10.14—)

莫希德(1938.9.29—)

②晋绥军(1939.3—1945.12)

1939 年 3 月,第 73 师、新编第 6 旅在山西组成第 83 军,隶属第 2 战区第 7 集团军。不久第 73 师直隶于第 2 战区司令长官部,新编第 6 旅改隶第 8 战区。

1939 年 7 月,在山西吉县以第 204、第 206 旅和独立第 8 旅编成第 83 军,隶属第 6 集团军。参加 1939 年冬季攻势(1939 年 12 月 10 日至 1940 年 2 月 2 日)。1940 年 10 月,改隶第 13 集团军。

1941 年 1 月,第 66 师拨入,独立第 8 旅脱离建制,第 204、第 206 旅番号分别改称暂编第 49、暂编第 50 师,该军改辖第 66、暂编第 49、暂编第 50 师,改隶第 13 集团军①。主要作战及整训地点在晋西吉县、稷山、陕西宜川等地。7 月,暂编第 50 师驻乡宁樊家坪整训。1944 年 1 月至 6 月,暂编第 49 师担任宜川河防。1945 年 9 月 15 日,该军由祁县东关镇出发,参加上党战役(1945 年 8 月 30 日至 10 月 17 日),10 月 6 日军部及所属 3 个师在襄垣虒亭被歼灭,第 66、暂编第 49 师师长李佩膺、张宏被俘。12 月,该军及暂编第 50 师番号撤销,第 66、暂编第 49 师分别改隶第 61、第 43 军。

历任军长:

杜春沂

孙福麟

许鸿林

第 84 军(整编第 84 师)

①新桂系军(1938.4—1945.8)

1938 年 4 月,第 84 军在广西成立,辖第 188、第 189 师,隶属第 11 集团军。6 月,由南宁开湖北,在大别山南麓黄梅、广济等地参加武汉会战(1938 年 6 月中旬至 11 月中旬)。11 月,第 188 师与第 31 军所属第 173、第 174 师对调②,该军改辖第 173、第 174、第 189 师,驻防鄂北随县、樊城、枣阳等地。参加随枣会战(1939 年 5 月 1 日至 6 月 1 日)、枣宜会战(1940 年 5 月 1 日至 7 月 4 日)。1940 年 5 月 9 日,第 173 师师长钟毅自戕殉国。

1940 年 10 月,第 173 师留驻老河口直隶于第 5 战区司令长官部。军部率第 174、第 189 师,东移豫南商城,控制大别山西侧外围地区,改隶第 21 集团军。参加豫南会战(1941 年 1

---

① 《第 83 军编成参战经过及在晋省行动概见图表》,全宗号 787,案卷号 6639。

② 《第 84 军编成及参战经过概见表》,全宗号 787,案卷号 6640.

月 22 日至 2 月 11 日)、策应第二次长沙会战(1941 年 9 月 7 日至 10 月 12 日)。1942 年 9 月,第 189 师到鄂东黄陂攻击汉口[①]。1945 年抗战胜利时,军部驻鄂东罗田,第 174、第 189 师驻黄冈、麻城。8 月,该军及第 189 师番号撤销,第 174 师改隶第 48 军。

历任军长:

夏威(1938.4.12 兼任—)

覃连芳(1938.6.21—)

莫树杰(1939.6.29 代理—1943.7)

张光玮(1943.7.19—1945.8)

[②]伪军(1947.5—1948.9)

1947 年 5 月,山东保安第 2 纵队[②]改称整编第 84 师,下辖第 155、第 161 旅。8 月 7 日由汶上西进鲁西南,13 日到郓城。隶属第 2 兵团,在成武等地区"围剿"华东野战军(1947 年 8 月 16 日至 9 月 26 日)。9 月 21 日,在巨野附近。山东保安旅拨隶该师,旅长何志斌。1948 年初北调济南,隶属第 2 绥靖区整编第 96 军。5 月,第 161 旅守备泰安及大汶口。7 月 2 日,由济南南下救援兖州,占领界首、肥城、泰安,11 日占大汶口。7 月 15 日,第 161 旅在大汶口被歼灭,旅长徐曰政被俘。16 日,主力返回济南。9 月 19 日,整编第 96 军军长兼该整编师师长吴化文率第 155 旅、第 161 旅和独立旅共 2 万人起义在济南起义。10 月 29 日,改编为中国人民解放军第 35 军。

历任整编师师长:

吴化文(—1948.9.19 起义)

第 85 军(整编第 85 师)

中央军(1937.12—1949.5)

1937 年 12 月,第 13 军所属第 4、第 89 师在晋南编成第 85 军[③]。成军后在晋东南沁县、沁源、长子、长治等地作战。1938 年 3 月 19 日,开往鲁南抱犊崮山,隶属第 5 战区第 20 军团,参加徐州会战后期作战(1938 年 5 月 3 日至 5 月 28 日)。

1938 年 6 月,第 89 师改隶第 13 军,第 91 师拨入,该军改辖第 4、第 91 师,在江西修水、德安等地参加武汉会战(1938 年 6 月中旬至 11 月中旬)。战后,第 23 师拨入,该军下辖第 4、第 23、第 91 师。调湖北枣阳。1939 年隶属第 5 战区第 31 集团军参加随枣会战(1939 年 5 月 1 日至 6 月 1 日)。6 月,第 91 师缩编为两个团分拨第 4、第 23 师。1940 年 4 月,整补后的第 91 师改隶新编第 2 军,预备第 11 师拨入,该军改辖第 4、第 23、预备第 11 师,参加枣

---

① 《各部队各训练机关主官简历驻地与部队沿革手册》,全宗号 627,卷宗号 1117。

② 1943 年,新编第 4 师师长吴化文率部投敌,任伪第 3 方面军总司令,驻防山东鲁山南麓。抗战胜利后,接受国民政府新编第 5 路军番号。1945 年 8 月,开赴山东兖州受降,10 月,所属第 6 军被八路军歼灭。余部编成两个梯队,分由杨友柏、于怀安统率。年底,于怀安梯队被八路军歼灭。1946 年 2 月,吴部改编为暂编第 7 纵队,旋改编为山东保安第 2 纵队。

③ 《国防部本部隶属各部队主官简历驻地与部队沿革手册》,全宗号 783,卷宗号 393。

宜会战(1940年5月1日至7月4日)、豫南会战(1941年1月22日至2月11日),策应第二次长沙会战(1941年9月7日至10月12日)。

1941年底,调驻皖北阜阳、太和。1942年7月,第4师与第13军所属第110师对调,该军改辖第23、第110、预备第11师。1943年10月,接防郑州以西黄河河防。1944年隶属第1战区副司令长官(汤恩伯)部第28集团军,在邙山头、密县等地参加豫中会战(1944年4月中旬至6月中旬),战后移驻内乡、淅川。

1944年6月,预备第11师与暂编第15军所属暂编第27师对调,暂编第27师旋改隶暂编第15军。10月,暂编第55师拨入,该军改辖第23、第110、暂编第55师。1945年隶属第1战区第31集团军,暂辖暂编第62师参加豫西鄂北会战(1945年3月下旬至5月下旬)。7月,暂编第55师改隶第27军,该军改辖第23、第110师。抗战胜利后,由西平北上,占领汜水、原武、获嘉、新乡。

1946年5月,在河南新乡整编为整编第85师。该整编师(欠第23旅)隶属整编第26军参加豫北地区扫荡作战(1946年9月下旬至11月中旬)。10月13日,攻占博爱,14日占沁阳,15日占温县。参加豫北冀南作战(1946年11月中旬至1947年1月中旬)。11月下旬,由滑县、安阳分别向濮阳、濮县进攻。12月11日,到内黄,18日到淇县。

1947年初,由豫北调赴鲁西南,隶属徐州绥靖公署参加第二次鲁西南战役(1946年12月26日至1947年2月25日)。2月下旬,在郓城以北。3月,在济宁西北地区,隶属徐州司令部第2兵团参加沂蒙山区作战(1947年3月下旬至7月下旬),4月在大汶口、兖州一线经宁阳北攻。5月,在泰安。7月初,到新泰、蒙阴地区。

1947年7月中旬,撤离鲁中。8月6日在南旺附近西渡运河进入鲁西南,"追剿"刘邓大军(1947年8月中旬至下旬),经铁路运输到河南驻马店。9月下旬到罗山、信阳。11月,在湖北黄陂隶属武汉行辕参加大别山"进剿"作战(1947年11月27日至1948年2月底)。1948年初进攻桐柏、江汉地区。1月23日到襄阳。4月13日驻守驻河南马店、确山,向西扫荡桐柏、江汉地区。6月,在湖北枣阳。

1948年9月,恢复原军、师番号。驻湖北广水、应山、随县、安陆地区维持交通,直隶于华中"剿总"。10月,增辖第216师。11月上旬,由广水出发,经河南确山、正阳、新蔡开赴安徽阜阳、太和集结,参加徐蚌会战(1948年11月6日至1949年1月10日)。11月25日,在宿县西南双堆集被包围。11月27日,第110师师长廖运周率部起义。12月10日,第23师师长黄子华率所部及第216师残部投诚。12月15日,该军被歼灭,第12兵团副司令官兼该军军长吴绍周被俘。

1949年1月,在浙江重新组成第85军,辖第23、第110、第216师,隶属第9编练司令部。5月4日,第110师师长廖运升在义乌率部起义。5月,撤退至福建宁德、丹阳,该军番号撤销,所属第23、第216师拨隶第74军。

历任军长(整编师师长):

王仲廉(1937.11.6—)

李楚瀛(1940.11.5—1943.10.5)

吴绍周(1943.10.5－1948.5.6 兼任－1948.12.15 被俘)

吴求剑(1949.1.1－)

第86军

①黔军(1937.12－1938.12)

1937年12月,第103、第121师编成第86军,驻守湖南平江、长沙整训。1938年6月,开赴湖北黄安、麻城,隶属第5战区第4兵团参加武汉会战(1938年6月中旬至11月中旬)。战后,赴湖南辰溪、芷江整补。年底,番号被撤销,第103、第121师分别改隶第2、第94军。

历任军长:

何知重(1937.12.18－)

②中央军(1939.6－1945.6)

1939年6月,第16师、第67师、预备第10师在浙江金华编成第86军,分驻淳安、寿昌、衢县和安徽徽州整训,直隶于军委会。12月,在皖南青阳、贵池参加第3战区1939年冬季攻势作战(1939年12月16日至1940年2月25日)。1940年2月,开赴歙县整训,嗣开赴浙东,预备第10师、第16师分驻绍兴、诸暨,第67师驻义乌整训。

1940年5月,预备第10师与第10军所属第79师对调,该军改辖第16、第67、第79师。6月,第79师开赴鹰潭,军部驻义乌。7月,第16、第79师在宁波作战,8月5日,军长莫与硕兼任钱塘江南岸指挥官。10月,第67、第79师担任一线守备,第16师及军部驻诸暨。1941年1月2日,第79师由浙东开赴皖南,1月7日进攻新四军。2月,第67师调驻诸暨,第16、第79师担任钱塘江南岸守备。4月至5月参加浙东作战。战后开赴金华、东阳、永康整训。

1941年7月,第16师开赴江西鹰潭邓家埠,第79师赴开江西进贤接替第19师担任抚河东岸防务,旋调驻邓家埠。军部率第16、第79师策应第二次长沙会战(1941年9月7日至10月12日)。9月,该军开赴浙江金华东北地区。1942年1月,第16、第67师分别构筑衢江北岸、南岸工事。军部率第16、第67师(第79师隶属第10集团军)参加浙赣会战(1942年5月中旬至9月上旬)。5月28日,第79师弃守金华。6月3日,弃守衢州。该军经丽水开赴福建蒲城整理。7月,转建阳,旋赴邵武整补。

1942年10月,第79师与第88军所属暂编第32师对调,该军改辖第16、第67、暂编第32师,开赴湖南常德整训,隶属第6战区。12月25日,调赴湖北三斗坪、秭归。1943年1月,隶属长江上游江防军。

1943年2月,暂编第32师番号撤销。6月,第16师与第75军所属第13师对调,该军改辖第13、第67师。参加鄂西会战(1943年5月上旬至6月中旬),战后驻建始等地整训。8月,暂编第32师重新编成,该军辖第13、第67、暂编第32师。参加常德会战(1943年11月2日至1944年1月5日)。1944年3月,担任宜都江防。1945年1月,直属第6战区。4月,改隶湘鄂川黔边区,第13师开赴四川秀山。旋隶属陆军总司令部第4方面军,参加湘西会战(1945年4月上旬至6月上旬)。6月23日,该军及暂编第32师番号撤销,第13、第67师分别改隶第66、第30军。

历任军长:

俞济时(1939.6.23兼任—1939.12免兼)

冯圣法(1939.12.29—1940.3)

莫与硕(1940.3.21—1942.7)

方日英(1942.7.19代理—1943.7)

朱鼎卿(1943.7.13—)

③中央军(1948.11—1949.1)

1948年11月,新编第5军在河北秦皇岛改称第86军,辖第26、第284、第293师。11月27日,弃守山海关、秦皇岛。12月12日,放弃芦台、汉沽退防天津。1949年1月15日,在天津被歼灭,军长刘云瀚及师长张越群、罗先之、陈膺华被俘。

历任军长:

刘云瀚(—1949.1.15被俘)

第87军

①中央军(1938.1—1945.4)

1938年1月,湖南保安团编成第87军[①],辖第198、第199师。第199师隶属第5战区第26集团军在山东沂水参加徐州会战后期作战(1938年5月3日至5月28日)。第198、第199师分别隶属第5战区第3兵团、第26集团军,在大别山南麓蕲春田家镇参加武汉会战(1938年6月中旬至11月中旬)。战后调驻湖南石门整训。

1939年3月,第43师拨入。6月,第199师改隶第18军。该军隶属第9战区第20集团军参加第一次长沙会战(1939年9月1日至10月14日)。

1939年10月,第198师与第54军所属新编第23师对调。第18军所属第11师暂隶该军指挥。1940年5月,第118师拨入。6月,第11师归属第18军[②]。该军改辖第43、第118、新编第23师。1941年,第43、新编第23师隶属第6战区第20集团军,第118师隶属第6战区第一清乡区,策应第二次长沙会战(1941年9月7日至10月12日)。1943年7月,驻川鄂边界来凤、龙山、西阳、秀山[③]。隶属第6战区第10集团军参加鄂西会战(1943年5月上旬至6月中旬)。直隶于第6战区参加常德会战(1943年11月2日至1944年1月5日),第118师克复湖北五峰渔阳关[④]。

1944年9月,该军调赴黔东黄平、镇远集,改隶黔桂边区总司令部。12月,新编第23师

---

① 《各部队各训练机关主官简历驻地与部队沿革手册》,全宗号627,卷宗号1117。

② 《第六战区抗战纪实附录二:战区及各集团军、军、师沿革及简史》,全宗号787,案卷号6714。

③ 《第六战区关于湘鄂地区守势作战计划》(1943年7月20日),《中华民国史档案资料汇编》第5辑第2编军事(4),第7页。

④ 《总统蒋公大事长编初稿》卷五(上),324页。

番号撤销。1945 年 1 月,暂编第 6 师拨入。4 月,该军番号撤销,暂编第 6 师配属第 74 军,第 43、第 118 师分别改隶第 94、第 18 军。

历任军长:

刘膺古(1938.1.22—)

周祥初(1939.2.7 兼任—1941.9)

高卓东(1941.9.22—1944.8)

罗广文(1944.8—)

②中央军(1948.7—1950)

1948 年 7 月,第 208 师及河北省部分保安团在北平扩编为第 87 军,辖新编第 33、新编第 34、新编第 35 师。9 月,所辖三个师改番号为第 220、第 221、第 222 师。11 月,调河北唐山、古冶,隶属华北"剿总"第 17 兵团。12 月 12 日,调塘沽。1949 年 1 月 16 日撤离塘沽,调驻杭州。5 月中旬,在曹娥江迤南至天台一线作战,尔后经宁波、镇海,转入舟山群岛。8 月,裁撤第 220 师。1950 年 5 月 16 日,撤军台湾。

历任军长:

段沄

王永树

朱致一

第 88 军(整编第 88 师)

川军范绍增部,1942 年 3 月黄埔军校出身的何绍周出任军长(1938.2—1949.5)

1938 年 2 月,范绍增奉命担任第 11 军团副军团长兼第 88 军军长,在重庆成立军部,招旧部 4 个团。1939 年 1 月,编成新编第 21 师①。3 月,该军调驻江西弋阳,隶属第 3 战区。1940 年 2 月,转战浙江义乌、东乡、浮梁等地,隶属第 32 集团军指挥。7 月,调於潜守备钱塘江北岸。8 月,开赴苏南担任太湖防务。9 月,调驻皖南泾县、宣城。11 月,编入第 2 游击区战斗序列,担任浙江长兴至江苏溧阳地区守备。1941 年 7 月,开赴杭州地区②。11 月,开赴桐庐、分水。

1942 年初,暂编第 32 师、新编第 30 师编入该军,分驻诸暨、萧山、绍兴等地。隶属第 3 战区第 25 集团军,暂辖第 192 师参加浙赣会战(1942 年 5 月中旬至 9 月上旬),5 月 18 日移至金华、兰溪。6 月,退驻云和。8 月 23 日,克缙云,28 日克丽水。9 月 1 日克永康。

1942 年 10 月,暂编第 32 师与第 86 军所属第 79 师对调,新编第 30 师番号撤销,暂编第 33 师拨入,该军改辖 79、新编第 21、暂编第 33 师。1944 年 8 月,新编第 21 师克复温州。

1944 年底,第 79 师直属第 32 集团军总部。1945 年 8 月,暂编第 33 师番号撤销,第 62 师拨入,该军改辖第 62、新编第 21 师。抗战胜利时军部驻浙江诸暨。1946 年初,调防徐州。

---

① 《第 88 军沿革及部队历史》,全宗号 787,案卷号 16797。

② 《国军部队沿革》(二集)。

1月下旬进攻宿迁新安镇。4月27日,占萧山。

1946年5月,整编为整编第88师。新编第21旅隶属徐州绥靖公署第32集团军(该集团军9月下旬改称整编第27军)参加第一次鲁西南战役(1946年8月上旬至11月上旬)。8月11日,由徐州西援砀山,经黄口北上,22日占沛县,26日占丰县,9月6日占山东鱼台,22日占金乡,10月18日攻占巨野、嘉祥。

1946年12月,该整编师主力在徐州,新编第21旅驻鲁西南金乡、单县。隶属徐州绥靖公署整编第27军,参加第二次鲁西南战役(1946年12月26日至1947年2月25日)。1947年1月7日,师长方先觉率第62旅由鱼台向金乡进军,该旅第186团全部、第184团大部被歼灭。7月10日,第62旅接防临沂。8月,主力驻砀山地区,新编第21旅在山东曹县"围剿"华东野战军。8月,该整编师由鲁西南南下"追剿"刘邓大军(1947年8月中旬至下旬),10月初由合肥调到舒城、桐城地区守备大别山南麓,10日,第62旅在六安东南张家店被歼灭4000人。

1948年5月,师部及直属部队由江苏砀山调皖南当涂,改辖新编第13旅、预备第2旅,隶属衢州绥靖公署。9月,恢复军、师番号,辖第149、第230师(分别由预备第2旅、新编第13旅改称)。12月,第230师拨出,第313师拨入。1949年1月,第49师拨入,该军改辖第49、第149、第313师,接任芜湖以西三山至铜陵地段江防,隶属京沪杭警备总司令部第7绥靖区。4月下旬沿着泾县、宣城向宁国方向撤军,第49师在皖南山区被歼灭。4月23日至24日,第149师在宣城被歼灭。27日到徽州,奉命经由浙江丽水、福建福鼎、连江到马尾。5月,该军及所属各师番号撤销,残部拨入第73军。

历任军长(整编师师长):

范绍增(1938.2.5—)

何绍周(1942.3.16—1943.1)

刘嘉树(1943.1.19—)

方先觉(—1947.5)

张世光(1947.5—)

马师恭

第89军

①中央军(1938.3—1945.10)

1938年3月,编成第89军,下辖第33、第117师,驻扎江苏淮阴、高邮、泰县、兴化、盐城等地①。5月,隶属第5战区第24集团军,在阜宁、睢宁参加徐州会战(1937年12月下旬至1938年6月中旬)。11月,在睢宁、宿迁作战。

1939年初,增辖独立第6旅。3月在宝应作战。6月,反攻日军苏北据点。7月2日,第117师一部攻入淮安。1940年10月3日至6日,在泰兴以东的黄桥与新四军作战,军部、独

---

① 《李宗仁等报告所部在鲁南与苏北一带作战位置密电》(1938年4—5月),《中华民国史档案资料汇编》第5辑第2编军事(2),第522页。

立第 6 旅、第 117 师所属第 349 旅大部、第 33 师一部被歼灭,第 33 师师长孙启人被俘,军长李守维溺亡。战后,该军转进兴化、高邮、宝应一带。11 月至 12 月,在宝应的曹甸与新四军作战。1941 年,移驻车桥、曹甸地区。1943 年 2 月,该军在淮安车桥遭到日军进攻后溃散,仅 1000 余人转移皖东阜阳,转隶第 1 战区第 19 集团军。不久,调驻河南郾城、漯河。

1944 年 3 月,第 117 师与第 13 军所属新编第 1 师对调,第 20 师拨入,该军改辖第 20 师、第 33 师、新编第 1 师、独立第 6 旅。隶属第 1 战区副司令长官(汤恩伯)部第 28 集团军(第 33 师、独立第 6 旅隶属第 19 集团军)参加豫中会战(1944 年 4 月中旬至 6 月中旬)。5 月 5 日,新编第 1 师失守郾城。6 月,赴遂平喳峫山阻击日军。战后转进舞阳、叶县。

1944 年 9 月,第 33 师改隶暂编第 1 军,独立第 6 旅扩编为暂编第 62 师,仍隶属该军。该军辖第 20 师、新编第 1 师、暂编第 62 师。1945 年隶属第 5 战区(暂编第 62 师配属第 85 军)参加豫西鄂北会战(1945 年 3 月下旬至 5 月下旬),在豫西荆紫关阻敌。8 月 18 日,由汉中行营改隶第 1 战区。第 10 师进驻南阳,暂编第 62 师进驻陕县。10 月,该军及暂编第 62 师番号撤销,第 20、新编第 1 师均改隶第 10 军。

历任军长:

韩德勤(1938.2.18—)

李守维(1939.3.19 代理—1939.8.22 实任—1940.10.6 溺亡)

冷欣(1941.2—,未到任)

韩德勤(1941.4.29 兼任—1941.10 免兼)

顾锡九(1941.10.11 代理—)

②中央军(1949.1—1949.12)

1949 年 1 月,在贵州盘县编成第 89 军,辖第 328 师、第 343 师,隶属第 13 编练司令部(4 月,该编练司令部改编为第 19 兵团)。5 月,第 328 师由遵义开赴兴仁整训。6 月,第 343 师由安顺开赴毕节、威宁维护川滇公路。9 月,由贵州盘县进驻滇东平彝(今富源)、曲靖、沾益。10 月,返回贵州,第 328 师驻晴隆,第 343 师驻贞丰、巴林。11 月 19 日,军长刘伯龙在晴隆被贵州省主席谷正伦枪杀。12 月 7 日,继任军长张涛率该军在普安起义。1950 年 6 月 5 日,起义部队编入贵州军区部队。

历任军长:

刘伯龙(1949.1.22—1949.11.19 被枪杀)

张涛(—1949.12.7 起义)

第 90 军(整编第 90 师)

中央军(1938.2—1949.12)

1938 年 2 月,驻豫绥靖公署直属保安团在河南编组成第 90 军,辖第 195、第 196 师[①]。编成后隶属第 1 战区参加豫北豫东作战(1938 年 1 月上旬至 6 月下旬)。5 月,第 195 师在

---

① 《国防部本部隶属各部队主官简历驻地与部队沿革手册》,全宗号 783,卷宗号 393。

兰封作战,军部和第196师移驻洛阳,担任巩县、洛阳间河防,并指挥第45师。

1938年6月,第109、预备第7师拨入。10月,第195师拨隶第52军,预备第7师改称第53师,该军改辖第53、第109、第196师。8月中旬,第196师由第1战区直接指挥,军部移驻陕西大荔,担任陕东河防并指挥新编第8师。

1939年1月,第196师拨隶第76军,第61师拨入,该军改辖第53、第61、第109师,隶属第10战区第34集团军。1940年1月,该军移防山西乡宁。9月,军部及第109师移驻陕西韩城,第61师移驻宜川接替第78师防务,第53师移驻洛川①。

1940年底,第109师与第16军所属第28师对调,该军改辖第28、第53、第61师。1941年2月,第53师由洛川移驻韩城。1942年,该军担任宜川至颌阳河防。1943年5月,由河防前线开赴洛川。7月23日,突袭陕甘宁边区郿县边境。9月,第28师调驻颌阳。1945年隶属第1战区第4集团军,参加豫西鄂北会战(1945年3月下旬至5月下旬),4月移驻雒南。

1945年7月,第28师改隶第36军,该军改辖第53、第61师。8月,转进河南洛阳。1946年5月,整编为整编第90师。7月初,主力由洛阳经渑池到紫荆关,第61旅到内乡,"清剿"豫西中原解放区突围部队(7月13日至9月1日)。当月,北调晋南,8月中旬到达安邑(今夏县),隶属第1战区整编第1军参加同蒲路南段作战(1946年8月7日至12月27日)。11月上旬,由临汾经禹门口西渡黄河,进入陕东,旋调回河东。12月,由临汾向大宁进攻。年底,由晋南西移关中(第61旅所属第182团留驻晋南,1947年12月28日在运城被歼灭)。1947年3月,由宜川龙泉镇地区出发参加陕北作战(1947年2月下旬至7月下旬)。7月,由郿县以西太白镇、黑水寺地区向吴旗、志丹进攻。8月初由安塞、志丹地区救援榆林。9月20日返回延安、郿县地区整补。10月11日,第53旅所属第158团及该整编师野炮营在韩城被歼灭。10月初,两个旅由延安增援清涧,19日返回延安。10月20日至21日,第61旅一部在宜川被歼灭。10月,集结延安以南洛川、黄陵、宜君地区。1948年2月26日,由黄陵、洛川地区出兵宜川。2月24日至3月1日,师部及第53、第61旅在宜川瓦子街被全歼,师长严明阵亡,第61旅旅长杨德修被俘。重建该整编师,隶属西安绥靖公署第5兵团。3月,第61旅守备洛川。4月26日至29日,师部、第61旅所属第182团在洛川以南被歼灭。战后调驻宝鸡整补。

1948年9月,恢复军、师番号。11月,该军东调大荔、颌阳、澄城。1949年初,驻守阎良。2月,主力退至商洛永乐镇,一部留守三原。

1949年4月,增辖第338师。5月上旬,防守咸阳以北的泾水南岸。5月17日至18日,第53师一部在永乐镇和咸阳被歼灭。该军退守咸阳,旋西进宝鸡。6月14日,沿着渭河北岸东进,参加关中会战(1949年6月上旬至7月下旬),被歼灭大部,6月下旬西撤盩厔(今周至)哑柏镇。8月,第338师由南郑到略阳集结,其余部队由留坝经甘肃两当向娘娘庙挺进,固守娘娘庙。11月25日,经白龙江、略阳、康县进入四川。12月15日到达广汉。12

① 《90军八年抗战纪实作战经验与观感》,全宗号787,案卷号6753。

月 25 日,第 61 师随第 18 兵团部在成都起义。12 月 26 日,第 53、第 338 师在新津、邛崃地区被歼灭,军部在邛崃被歼灭,军长周士瀛在成都被俘。

历任军长(整编师师长):

彭进之(1938.2.7—)

李文(1938.6.27—)

严明(1945.1—1948.3.1 阵亡)

陈武(1948.4.5—)

陈子干

周士瀛(—1949.12.26 被俘)

第 91 军(整编第 23 师)

①河南地方部队(1938.2—1939.2)

1938 年 2 月,第 166、第 45 师在河南洛阳合编为第 91 军。4 月,军部率第 166 师北渡黄河,隶属第 1 战区参加豫北豫东作战(1938 年 1 月上旬至 6 月下旬),指挥第 95 师攻占济源、博爱。6 月,第 45 师改隶第 27 军①。1939 年初,该军番号撤销,第 166 师改隶第 93 军。

历任军长:

郜子举(1938.2.12—)

②中央军(1939.2—1940.5)

1939 年 2 月,第 63、第 194 师、预备第 10 师在浙江编成第 91 军,隶属第 3 战区第 10 集团军。7 月,预备第 10 师拨隶第 86 军,第 192 师拨入。1940 年驻扎钱塘江北岸,军部在於潜。5 月,该军番号撤销,第 192、第 194 师分别改隶第 28、暂编第 9 军,第 63 师直隶于第 32 集团军。

历任军长:

宣铁吾(1939.2.4—1940.3)

冯圣法(1940.3—1940.5)

③中央军(1942.7—1949.9)

1942 年 7 月,在甘肃成立第 91 军,下辖暂编第 58 师、骑兵第 10 师、新编第 18 旅,隶属第 8 战区第 3 集团军,长期守备河西走廊。1943 年,新编第 18 旅改编为混成旅开赴新疆,仍隶属该军指挥②。6 月,新编第 4 师拨入。10 月,新编第 18 旅改隶第 3 集团军。1945 年初,新编第 3 师拨入。4 月,骑兵第 10 师、新编第 3 师裁撤,暂编第 58 师与第 42 军所属第 191 师对调,该军改辖第 191 师、新编第 4 师,驻张掖、玉门。

1947 年 3 月,整编为整编第 23 师,辖整编新编第 4 旅、整编第 191 旅,驻防张掖、武威,隶属西北行辕河西警备总司令部。1948 年 9 月,恢复军、师番号,下辖第 173 师(新编第 4

---

① 李文定:《豫北敌后抗战记》,《中原抗战》第 578 页。

② 《国防部本部隶属各部队主官简历驻地与部队沿革手册》,全宗号 783,卷宗号 393。

旅改称)、第191师。1949年3月,第173师改隶第120军,第246师拨入,该军改辖第191、第246师。第191师隶属西北军政长官公署陇南兵团,在甘肃陇县附近参加关中会战(1949年6月上旬至7月下旬),战后向清水转移,该军(欠第191师)由河西东进天水及其以北地区。

1949年夏,第231师拨入该军。8月,该军防守景泰、靖远,8月下旬退守乌鞘岭。9月9日放弃乌鞘岭,沿河西走廊撤退。16日,该军骑兵团与第246师骑兵团在武威投诚。19日,第246师所属第736团团长王振声率700人在张掖以西投诚。24日,各师残部在酒泉起义。

历任军长(整编师师长):

韩锡侯(1942.7兼任－1943.6免兼)

周士冕(1943.6－1943.10)

王晋(1943.10－1947.7)

黄祖埙(1947.7－1949.9.20兼任－)

第92军

中央军(1938.2－1949.2)

1938年2月,第21、第95师在河南陕县编成第92军。4月,第21师由郑州开赴徐州,隶属第5战区第27军团(第13师一度隶属该军[①]),参加徐州会战后期作战(1938年5月3日至5月28日)[②]。5月18日,从萧县突围,5月24日在商邱。第95师隶属第1战区参加豫北豫东作战(1938年1月上旬至6月下旬)。军部率第21、第95师,隶属第9战区第2兵团第32军团在江西瑞昌等地参加武汉会战(1938年6月中旬至11月中旬)。

1938年10月,第95师与第37军所属第92师对调。1939年1月,第82师拨入,该军改辖第21、第82、第92师。7月,第92师改隶第99军。8月,第76、第142师拨入。9月,第82师改隶第79军。11月,第76师改隶第2军[③]。该军改辖第21、第142师。1939年冬,调鄂北襄阳、樊城、随县、老河口一带驻防,隶属第5战区。参加枣宜会战(1940年5月1日至7月4日)。

1940年5月,增辖暂编第14师,该军改辖第21师、第142师、暂编第14师。1941初开赴安徽阜阳,并指挥骑兵第8师。隶属第5战区第31集团军,暂辖暂编第26师、骑兵第8师,参加豫南会战(1941年1月22日至2月11日)。

1941年5月,暂编第14师与骑兵第2军暂编第56师对调,该军改辖第21、第142、暂编第56师。年底改隶鲁苏皖豫边区第15集团军。1943年一度隶属第28集团军。1943年4

---

① 《李宗仁等报告所部在鲁南与苏北一带作战位置密电》(1938年4－5月)、《第九十二军李仙洲部参加萧县战斗详报》(1938年4－5月)、《中华民国史档案资料汇编》第5辑第2编军事(2),第521、第631页。

② 《国防部本部隶属各部队主官简历驻地与部队沿革手册》,全宗号783,卷宗号393。

③ 《第6战区各军师沿革简史》,全宗号787,案卷号16768。

月初,进入鲁西南。8 月,返回阜阳[①]。

1944 年 2 月,调驻四川万县。7 月,调驻湖南石门。12 月,暂编第 56 师裁撤。该军隶属陆军总司令部第 10 集团军,暂辖暂编第 51 师开赴常德参加湘西会战(1945 年 4 月上旬至 6 月上旬)。

1945 年 6 月,第 56 师拨入,该军改辖第 21、第 56、第 142 师。8 月,由公安、华容进驻武汉受降。10 月,由武汉空运北平,改隶第 11 战区第 34 集团军。1946 年 1 月进攻古北口。1947 年 2 月,驻平津之间的武清、采育等地。5 月中旬,调赴滦东。8 月,开赴天津驻防。10 月,调驻滦西、开平。

1947 年 10 月,第 21 师出关作战。10 月 22 日,该师由新立屯西进,28 日到义县。11 月 2 日,在义县以西九台关门地区被歼灭大部,师长郭惠苍被俘,残部返回天津整补。

1948 年初,该军守备天津、安次、香河、三河。5 月 18 日至 19 日,第 142 师在昌平上、下店被歼灭。5 月底主力驻古北口、石匣地区。6 月中旬,自平谷地区开往冀东。6 月下旬,第 21 师由密云北援。8 月由唐山、滦县间进攻滦河以西。8 月 11 日,占遵化。10 月初,第 21 师开赴葫芦岛、锦西,增援锦州。10 月 27 日,第 142 师开赴平汉路策应第 94 军进攻石家庄。11 月 9 日,第 21 师由锦西、葫芦岛撤往天津。

1948 年底,增辖第 318 师,该师驻扎塘沽。12 月 5 日,军部率第 21、第 56、第 142 师由津塘地区调往北平,1949 年 1 月 21 日接受和平改编,2 月 19 日分别改编为中国人民解放军独立第 53、独立第 55、独立第 57 师,2 月 26 日分别并入解放军第 20 兵团第 67、第 66、第 64 军,军部编入解放军第 20 兵团[②]。

1949 年 1 月,驻守塘沽的第 318 师随同第 17 兵团海运上海。5 月,编入第 106 军。

历任军长:

李仙洲(1938.2.12—)

侯镜如(1943.1.6—1948.1.13 兼任—)

黄翔(1948.10.1—1949.1.21 起义)

第 93 军

①中央军(1938.3—1945.1)

1938 年 3 月,第 83、第 94 师在河南合编第 93 军[③]。3 月 31 日,该军奉命开赴徐州,第 94 师在豫北未能归建(6 月,第 94 师改隶第 97 军)。1939 年 1 月,第 166、新编第 8 师拨入,驻守垣曲、渑池。2 月,第 83 师与第 14 军所属第 10 师对调,该军改辖第 10、第 166 师、新编第 8 师。新编第 8 师开陕西韩城守备龙门,担任陕东河防[④]。旋即,该军开赴山西阳城等地,隶属第 2 战区第 14 集团军。4 月 25 日,第 166 师一部反攻浮山。12 月,驻芮城,参加第

① 《第六战区抗战纪实附录二:战区及各集团军、军、师沿革及简史》,全宗号 787,案卷号 6714。
② 《北平和平解放前后》,第 146—153 页。
③ 《国防部本部隶属各部队主官简历驻地与部队沿革手册》,全宗号 783,卷宗号 393。
④ 《90 军八年抗战纪实作战经验与观感》,全宗号 787,案卷号 6753。

2战区1939年冬季攻势(1939年12月10日至1940年2月2日)。1940年1月28日,进攻安泽、屯留地区的八路军。4月,第10师在沁水、阳城一带作战。1941年1月,第10师南渡黄河到河南新安,3月北渡开赴山西垣曲同善镇。隶属第1战区第14集团军,参加晋南会战(1941年5月7日至6月15日),战后开赴陕西宝鸡整训。12月,转赴河南潼关、灵宝、阌乡、陕县等地担任黄河河防。

1942年8月,该军调赴重庆,直属军事委员会,第166师改隶重庆卫戍总司令部。1943年3月,暂编第2师拨入,该军改辖第10师、暂编第2师、新编第8师。1944年8月上旬,该军主力由綦江调驻湘桂路(暂编第2师留驻四川,1945年1月拨隶第76军)。9月,在广西全县隶属第27集团军参加桂柳战役(1944年9月8日至12月4日)。9月20日军长陈牧农因擅自放弃全县被枪决。1945年1月,由广西开赴贵州遵义。4月,该军及新编第8师番号撤销,部队编并于第10师,改隶第14军①。

历任军长:

刘勘(1938.2.7—1942.9免兼)

陈牧农(1942.9—)

符昭骞(代理)

甘丽初(1944.10—)

②滇军卢汉部(1945.6—1948.10)

1945年6月,暂编第18、第20、第22师在云南编成第93军,隶属第1方面军。抗战胜利后,该军进驻越南海防受降。1946年5月,该军由海防海运辽宁葫芦岛,改隶东北保安司令长官部第1集团军。军部驻锦州,控制阜新、彰武、义县。5月底,暂编第20师增援南满。8月,主力由锦西向建昌进攻。策应张垣(张家口)会战(1946年9月20日至11月11日),9月25日暂编第18师在宁城被歼灭1600余人。10月10日占赤峰。1947年3月,暂编第20师北上增援,进攻临江。6月8日,暂编第22师弃守赤峰,被歼灭一部。6月26日,暂编第18师弃守朝阳。暂编第20、暂编第22师隶属北进兵团参加四平会战(1947年6月中旬至7月上旬)。8月隶属东北行辕第1兵团(1948年1月改称第6兵团)。9月16日,暂编第22师在锦西杨家杖子被歼灭。12月底,暂编第20师所属1个团由北票东撤途中被歼灭。1948年9月23日至25日,暂编第22师由锦州增援义县,两个团被歼灭。10月1日,暂编第20师在义县被歼灭,师长王世高被俘。10月15日,暂编第18、第22师在锦州被歼灭。军长盛家兴和师长景阳、李长雄被俘②。

历任军长:

卢浚泉(1945.6—)

盛家兴(—1948.10.16被俘)

③滇军(1949.10—1949.12)

---

① 《第10师历史及沿革略历》,全宗号787,案卷号16800。

② 1948年9月国防部曾计划将暂编第18、第20、第22师分别改番号为第263、第264、第266师。

1949 年 10 月,新编第 14 军改称第 93 军,下辖第 277、第 278、第 279 师,军部驻昆明,各师分驻昆明、鹤庆、剑川等地,隶属云南绥靖公署。12 月 9 日,在昆明起义。12 月 12 日,改编为云南人民解放军暂编第 13 军。1950 年 4 月,并入解放军第 13 军。

历任军长:

龙泽汇(－1949.12.9 起义)

第 94 军

中央军(1938.6—1949.1)

1938 年 6 月,在湖北武汉成立第 94 军,下辖第 55、第 185 师,隶属武汉警备司令部,参加武汉会战(1938 年 6 月中旬至 11 月中旬)。年底,第 121 师拨入,该军改辖第 55、第 121、第 185 师,第 167 师拨入旋拨出。1939 年在宜昌附近隶属第 5 战区长江上游江防军参加随枣会战(1939 年 5 月 1 日至 6 月 1 日)。后参加 1939 年冬季攻势作战。1940 年一度隶属第 26 集团军,旋隶属第 5 战区在襄河东岸参加枣宜会战(1940 年 5 月 1 日至 7 月 4 日)。8 月,防守宜(昌)巴(东)要塞。隶属第 6 战区长江上游江防军,策应第二次长沙会战(1941 年 9 月 7 日至 10 月 12 日)[①]。

1943 年 1 月,第 185 师与暂编第 9 军所属暂编第 35 师对调,该军改辖第 55、第 121、暂编第 35 师。隶属第 6 战区第 10 集团军参加鄂西会战(1943 年 5 月上旬至 6 月中旬),6 月 8 日第 121 师克宜都,6 月 9 日克枝江。7 月,调赴四川巫山、奉节[②]。

1943 年 9 月,第 55 师改隶第 18 军,第 5 师编入,该军改辖第 5、第 121、暂编第 35 师。直隶于第 6 战区在湘西参加常德会战(1943 年 11 月 2 日至 1944 年 1 月 5 日)。1944 年 11 月,由湘西调驻黔东黄平、镇远。

1945 年 1 月,暂编第 35 师裁撤。4 月,第 43 师拨入,该军改辖第 5、第 43、第 121 师。隶属陆军总司令部第 3 方面军第 27 集团军,在镇远、会同等地参加湘西会战(1945 年 4 月上旬至 6 月上旬)。5 月 1 日,克湘西绥宁县武阳镇。5 月 12 日,克洞口县高沙镇。继而由湖南靖县进攻湖南通道、广西龙胜,参加桂柳反攻(1945 年 5 月下旬至 8 月中旬)。7 月,在长蛇岭击退日军,打通桂林要道。7 月 27 日,第 43 师克义宁。7 月 28 日,克复桂林。

1945 年 9 月下旬,该军由广西柳州空运上海,旋即空运天津,改隶第 11 战区。11 月,第 43 师调驻唐山、临榆,守护北宁路。1946 年 3 月,第 5 师出关作战,集结辽宁盘山。4 月 2 日占领海城,旋即调回临榆归还建制。9 月,该军由天津、唐山开赴北平。9 月 21 日由怀柔沿永宁、赤城西进,隶属第 11 战区第 34 集团军参加张垣(张家口)会战(1946 年 9 月 20 日至 11 月 11 日)。10 月 8 日,第 43 师所属第 127 团(欠 1 个营)在延庆马刨泉被歼灭。10 日,攻占镇边城。13 日,攻占怀来。10 月中旬,主力经涿县南下,20 日占定兴、涞水。11 月

---

①　《国防部本部隶属各部队主官简历驻地与部队沿革手册》,全宗号 783,卷宗号 393。

②　《第六战区关于湘鄂地区守势作战计划》(1943 年 7 月 20 日),《中华民国史档案资料汇编》第 5 辑第 2 编军事(4),第 7 页。

2 日,第 121 师由涞水出发进攻易县,4 日该师所属第 361 团及第 363 团一个营被歼灭。

1946 年 11 月至 1948 年 4 月,该军长期驻扎平汉路保定至涿县地区。参加平汉路徐水以西地区作战(1947 年 2 月 12 日至 3 月 4 日)。

第 43 师 1947 年 5 月调赴滦东,后返回天津以南。10 月,出关作战,10 月 12 日占黑山。22 日由新立屯西进,28 日到义县。11 月 2 日,一部在义县以西九台关门地区被歼灭。12 月,改隶新编第 5 军。1948 年 1 月 5 日至 7 日,该师在辽宁新民县公主屯被歼灭,师长留光天被俘。在天津重建第 43 师,归还第 94 军建制。

1948 年 4 月上旬,该军主力由冀东调赴察哈尔宣化、下花园。5 月,转赴延庆。6 月下旬,由密云北援。7 月中旬,返回平汉路北段。11 月下旬,主力移驻天津。12 月,增辖第 305 师。12 月 5 日,军部率第 5、第 121 师由杨村开赴北平,第 157 师拨入该军。1949 年 1 月 15 日,第 43、第 305 师在天津被歼灭,师长饶启尧、姚葛民被俘。1 月 21 日,第 5、第 121、第 157 师在北平接受和平改编。2 月 19 日,改编为中国人民解放军独立第 21、第 29、第 24 师,2 月 26 日,分别并入解放军第 38 军、第 46 军、平津前线司令部,军部编入解放军平津前线特种兵司令部[①]。

历任军长:

郭忏(1938.4.19－1940.1 免兼)

李及兰(1940.1－1942.10)

牟廷芳(1942.10.13－1947.2)

朱鼎卿(1947.2－)

郑挺锋(－1949.1.16)

朱敬民(1949.1.16－)

第 95 军(整编第 39 师)

川军邓锡侯部(1938.5－1949.12)

1938 年 5 月,在四川成立第 95 军,辖第 126、新编第 9 师[②],隶属川康绥靖公署。7 月,第 126 师驻彭县,新编第 9 师驻绵竹、德阳[③]。1940 年 1 月,新编第 9 师进攻中共川陕边游击队。

1946 年 5 月,整编为整编第 39 师。1947 年 8 月,新编第 9 旅奉调陕西,担任三原、淳化以北地区守备任务,隶属西安绥靖公署指挥,10 月 20 日至 21 日,该旅所属第 27 团在宜川被歼灭。1948 年秋,新编第 9 旅返回四川。

1948 年 9 月,恢复第 95 军的番号,辖第 126、第 225 师(新编第 9 旅改称)。1949 年 12 月 9 日,军长黄隐率第 225 师在彭县起义,第 126 师在成都起义。1950 年 6 月,两师分别并入中国人民解放军第 60 军第 179、第 180 师。

① 《北平和平解放前后》,第 146－153 页。
② 《国防部本部隶属各部队主官简历驻地与部队沿革手册》,全宗号 783,卷宗号 393。
③ 《国民党陆军兵力统计战斗序列表》(1938 年 7 月 2 日),《中华民国史档案资料汇编》第 5 辑第 2 编军事(1),第 754 页。

历任军长(整编师师长):

黄隐(1938.4.26—1949.12.9 起义)

第 96 军(整编第 45 师)

①陕西地方部队(1938.6—1945.6)

1938 年 6 月,第 177 师和陕西警备第 3 旅王振华部在山西合编成立第 96 军,辖第 177 师、独立第 47 旅,隶属第 2 战区第 4 集团军,驻防平陆、芮城。6 月 6 日,第 177 师在芮城作战,损失大部。后参加第 2 战区 1939 年冬季攻势(1939 年 12 月 10 日至 1940 年 2 月 2 日)。

1940 年 10 月,该军调赴河南。11 月,第 177 师担任汜水至渑池段黄河河防。1942 年 8 月,独立第 47 旅扩编为新编第 14 师,仍隶该军。1944 年隶属第 1 战区第 4 集团军参加豫中会战(1944 年 4 月中旬至 6 月中旬)。10 月,暂编第 30 师拨入。1945 年初,暂编第 30 师脱离建制。该军参加豫西鄂北会战(1945 年 3 月下旬至 5 月下旬)。6 月 26 日,该军及新编第 14 师在卢氏撤销番号①,第 177 师转隶第 38 军。

历任军长:

李兴中(1938.6.21 兼任—1939.1.21 专任—1944.7 兼任—)

②东北军,由黄埔军校出身的廖运泽出任军长(1945.12—1950)

1945 年 12 月,骑兵第 2 军(下辖骑兵第 3 师、暂编第 14 师)在山东济南改称第 96 军,骑兵第 3 师改称暂编第 15 师,暂编第 12 师拨入②,该军下辖暂编第 12、第 14、第 15 师,隶属徐州绥靖公署第 2 绥靖区第 20 集团军,主力驻济南以东,暂编第 12 师驻青岛。1946 年 6 月 9 日,暂编第 12 师在胶县被歼灭,师长赵保原阵亡。6 月下旬,主力由济南东进,参加胶济路西段战役(1946 年 6 月下旬至 11 月中旬)。1947 年 2 月,返回济南防守。

1947 年 7 月,该军整编为整编 45 师,暂编第 12、暂编第 14、暂编第 15 师分别改称整编第 211、整编第 212、整编第 213 旅。7 月驻肥城、东阿。8 月,经章丘、周村到淄川,旋守备昌乐、潍县。9 月,推进至潍县与高密之间,参加胶东作战(1947 年 9 月上旬至 12 月中旬)。10 月 8 日,第 211 旅在潍县山阳庄被歼灭 8000 人。

1947 年 12 月,第 213 旅调济南改隶整编第 2 师,旋第 211 旅调济南脱离建制,师部率第 212 旅守备潍县。1948 年 3 月,第 141 旅编入。主力守备昌乐、潍县地区,第 141 旅守备胶济路西段(益都至章丘明水)。4 月 27 日,师部及第 212 旅在潍县被歼灭,整编第 96 军长兼该整编师师长陈金城被俘。战后,在济南收容残兵,编成师部及第 212 旅。隶属第 10 绥靖区,下辖第 141、第 212 旅,守备滕县。7 月 1 日,第 212 旅调赴徐州整补。旋师部率第 141 旅移驻临城,隶属第 3 绥靖区指挥。8 月杪,改隶第 7 兵团,主力移驻江苏宿迁新安镇整训,第 212 旅由徐州移驻邳县曹八集整补。9 月底,移驻安徽蚌埠、五河。

1948 年 10 月,恢复第 96 军番号,下辖第 141、第 212 师。隶属徐州"剿总"第 6 兵团,参

① 《国防部本部隶属各部队主官简历驻地与部队沿革手册》,全宗号 783,卷宗号 393。
② 《陆军第 96 军部队沿革史概况报告书》,全宗号 804,案卷号 380。

加徐蚌会战(1948 年 11 月 6 日至 1949 年 1 月 10 日),北上救援第 12 兵团。1949 年 1 月,隶属京沪杭警备总司令部第 8 兵团,担任贵池以西、安庆七星湖以东长江江防。4 月 23 日,南撤,经祁门、婺源,于 5 月 5 日到达玉山,再经广丰进入福建,改隶福州绥靖公署第 6 兵团,驻守闽清。6 月 3 日,该军副军长兼第 141 师师长萧续武在永春率一部起义。

1949 年 8 月上旬,第 141 师番号撤销,官兵并入第 212 师,第 106 军缩编为第 281 师拨入该军,第 281 师守备福州。8 月 13 日,在桐口南渡闽江向德化转移。8 月 21 日,副军长黄振涛、第 212 师师长荣英魁率军直属队、第 212 师残部在永泰投诚。8 月下旬,该军撤往澎湖列岛。

历任军长(整编师师长):

廖运泽(-1946.3.11)

陈金城(1946.3.11-1948.2.23 兼任-1948.4.27 被俘)

李志鹏(1948.6.16-1948.8)

于兆龙(1948.8-)

整编第 97 师(见第 56 军)

第 97 军(整编第 52 师)

①福建、安徽地方部队与直鲁联军旧部混编(1938.6-1940.5)

1938 年 6 月 22 日,第 94 师、骑兵第 4 师在河南编成第 97 军,隶属第 1 战区豫北自卫军,担任游击作战。1939 年 3 月,骑兵第 4 师改称新编第 24 师,仍隶属该军。同年夏进入晋东南。11 月,挺进冀西,改隶冀察战区。12 月 6 日,进攻邢台、内丘以西的中共晋冀鲁豫抗日根据地。1940 年 1 月 26 日,南撤河北武安和河南涉县、磁县、林县。3 月 5 日至 9 日,被八路军第 129 师击败,残部 2000 人退入河南修武县境内。5 月,番号撤销,第 94 师、新编第 24 师分别改隶第 14、第 9 军。

历任军长:

朱怀冰

②中央军(1943.2-1945.1)

1943 年 2 月,第 166 师、第 196 师在重庆编成第 97 军①,隶属重庆卫戍总司令部。1944 年 10 月,由綦江开往黔桂边境,隶属黔桂湘边区司令部。11 月在广西南丹、河池参加桂柳战役(1944 年 9 月 8 日至 12 月 4 日)②。11 月 27 日,失守河池。战后开赴贵州遵义整补,第 42 师拨入。1945 年初,该军及第 42、第 196 师番号撤销,第 166 师改隶第 8 军。

历任军长:

---

① 《国防部本部隶属各部队主官简历驻地与部队沿革手册》,全宗号 783,卷宗号 393。

② 《军令部编桂柳会战经过概要稿》(1945 年 2 月 8 日),《中华民国史档案资料汇编》第 5 辑第 2 编军事(4),第 324 页。

李明灏（1943.2.13－1944.7）

陈素农（1944.7.20－1944.12）

陈武（1944.12.26－）

③中央军（1945.6—1949.12）

1945 年 6 月，暂编第 1 军在安徽临泉改称第 97 军，辖第 33、新编第 29、暂编第 30 师，隶属第 10 战区第 19 集团军。暂编第 30 师旋改称第 82 师。10 月，开赴山东临城，隶属徐州绥靖公署第 19 集团军。

1946 年 5 月，整编为整编第 52 师。12 月，开赴湖南长沙整补，隶属武汉行辕。1947 年 2 月，新编第 29 旅撤销番号，官兵充实第 33、第 82 旅。7 月 19 日，第 82 旅由汉口驰援鲁西南，隶属陆总郑州指挥所第 4 兵团，参加鲁西南地区作战（1947 年 6 月下旬至 7 月下旬），后经郑州、新郑，到周家口（今周口），"追剿"刘邓大军（1947 年 8 月中旬至下旬）。9 月下旬，该整编师驻河南信阳以南和湖北武汉外围。10 月 26 日至 27 日，第 82 旅在湖北蕲春高山铺被歼灭。该整编师隶属武汉行辕，参加大别山"进剿"作战（1947 年 11 月 27 日至 1948 年 2 月底）。

1948 年 9 月，恢复军、师番号。1949 年 5 月，一部沿洞庭湖、石首继续担任江防任务，主力向新墙河至汨罗江中间地区转进。8 月驻湘东南郴县、宜章、汝城。10 月 11 日由郴县到新宁，下旬转移至广西全县，11 月初到达桂林，奉命驰援黔中。14 日，第 82 师所属第 246 团抵达南丹。20 日，军部及 82 师主力到达宜山，第 33 师到达柳州。21 日，中止援黔，集结宜山一带，第 82 师所属第 246 团跟随第 17 兵团到万冈。12 月初，该军到南宁。12 月 8 日到宁明。9 日，第 246 团归建。13 日，该军在隘店山区被歼灭，残部进入越南。

历任军长（整编师师长）：

王毓文（1945.6－）

蒋当翊（－1947.6）

杨彬（1947.6－）

倪祖耀（－1948.12.16）

蒋当翊

第 98 军（整编第 57 师）

①湖北地方部队和川军混编（1938.7－1939.1）

1938 年 7 月，第 82 师、第 193 师在湖北编成第 98 军。第 193 师由鄂北老河口、襄阳、樊城、郧阳开赴阳新富池口布防，第 82 师布防阳新半壁山，隶属第 9 战区第 2 兵团第 31 集团军，暂辖第 195 师参加武汉会战（1938 年 6 月中旬至 11 月中旬）①。9 月 24 日，第 193 师师长李宗鉴弃职潜逃，富池口失守。10 月 4 日，半壁山失守。1939 年 1 月，该军番号撤销，所

---

① 《陈诚呈报第九战区军队区分及作战地境代电》（1938 年 8 月 3 日），《蒋介石关于武汉会战作战计划签批》（1938 年），《中华民国史档案资料汇编》第 5 辑第 2 编军事（3），第 32、68 页。

辖第 82、第 193 师分别改隶第 92、第 13 军。

历任军长：

郑洞国

汤恩伯

张刚

②陕西地方部队冯钦哉部(1939.1—1944.12)

1939 年 1 月，第 14 军团所属第 42、第 169 师在山西编成第 98 军，隶属第 14 集团军①。自成立至 1941 年，该军一直在中条山地区作战。隶属第 2 战区第 5 集团军，参加 1939 年冬季攻势(1939 年 12 月 10 日至 1940 年 2 月 2 日)。隶属第 1 战区第 14 集团军，参加晋南会战(1941 年 5 月 7 日至 6 月 15 日)。9 月 20 日在沁水作战，9 月 29 日军长武士敏负伤自戕殉国，第 42 师师长王克敬被俘，全军伤亡殆尽。战后开赴河南新安整补。1942 年 1 月至 1943 年 6 月，驻陕西宝鸡整训，隶属第 34 集团军。1943 年 6 月至 12 月，驻南郑十八里铺。

1944 年 11 月，调赴贵州贵阳、马场坪、都匀、独山间地区集结②，隶属黔桂湘边区司令部参加桂柳战役(1944 年 9 月 8 日至 12 月 4 日)。12 月，该军番号撤销，第 169 师直隶于第 3 方面军，第 42 师改隶第 97 军。

历任军长：

冯钦哉(—1939.10 免兼)

武士敏(1939.10—1941.9.29 自戕)

刘希程(1941.11.20—1944.12)

③中央军(1945.8—1949.12)

1945 年 8 月，在福建浦城成立第 98 军军部，辖预备第 3 旅、预备第 4 师，隶属第 3 战区第 32 集团军。抗战胜利后进驻江苏徐州、东海，改隶徐州绥靖公署。10 月，第 117 师编入。1946 年 5 月，整编为整编第 57 师，辖第 117 旅、预备第 3 旅、预备第 4 旅。师部率第 117 旅、预备第 3 旅驻徐州，预备第 4 旅驻海洲。7 月 18 日，预备第 3 旅配属整编第 69 师，由徐州东进，20 日攻占双沟。12 月 13 日，预备第 3 旅由宿迁向沭阳、新安镇进军，12 月 19 日被歼灭，番号取消。1947 年 3 月，该整编师集结陇海路上的宿迁阿湖镇，隶属徐州司令部第 1 兵团，作为沂蒙山区作战(1947 年 3 月下旬至 7 月下旬)的预备队，5 月在临沂、郯城附近，6 月底在蒙阴。7 月中旬撤离鲁中。8 月 6 日在南旺附近西渡运河进入鲁西南作战，8 月底在曹县。9 月 1 日，占领定陶。7 日至 9 日师部及第 117、预备第 4 旅在菏泽以南沙土集被歼灭，师长段霖茂、第 117 旅旅长罗觉被俘。

1947 年 10 月，在川东地区重建该整编师。1948 年 3 月，进入陕南安康、石泉、紫阳、岚皋地区，隶属西安绥靖公署，屏障川陕交通。10 月，恢复军、师番号，下辖第 117、第 158 师

① 《第 80 军和 98 军战史资料》，全宗号 787，案卷号 6779。

② 《军令部编桂柳会战经过概要稿》(1945 年 2 月 8 日)，《中华民国史档案资料汇编》第 5 辑第 2 编军事(4)，第 324 页。

（预备第 4 旅改称），主力驻安康，第 117 师驻洵阳。1949 年 11 月 24 日，由安康向四川万源转移，12 月 17 日经巴中南下。12 月 26 日，军部在梓潼县元山场起义。27 日，第 117、第 158 师分别在彭县、成都起义。

历任军长（整编师师长）：

段霖茂（—1947.9.9 被俘）

刘劲持（1947.11—1949.12.26 起义）

第 99 军（整编第 69 师）

中央军（1938.6—1949.6）

1938 年 6 月，在贵州遵义编成第 99 军，下辖第 99 师[1]，警备贵州并护卫湘黔公路。1939 年 7 月，第 92 师拨入。8 月，第 118 师拨入，该军改辖第 92、第 99、第 118 师。第 92 师在湖南参加第一次长沙会战（1939 年 9 月 1 日至 10 月 14 日）。11 月，该军分别从湖南湘潭、贵州贵阳向广西南宁集中，在第 4 战区参加桂南会战（1939 年 11 月 15 日至 1940 年 2 月 8 日）。1940 年 1 月，该军在武鸣、邕宁、宾阳。战后，调防湖南隶属第 9 战区。

1940 年 5 月，第 197 师拨入，第 118 师改隶第 87 军，该军改辖第 92、第 99、第 197 师。在湖南益阳参加第二次长沙会战（1941 年 9 月 7 日至 10 月 12 日）（其中 197 师在湘西担任沅江、汉寿等地湖防）[2]，后参加第三次长沙会战（1941 年 12 月 19 日至 1942 年 1 月 15 日）。1943 年 4 月驻扎益阳、湘阴、沅江。军部率第 92、第 197 师，暂辖暂编第 54 师参加常德会战（1943 年 11 月 2 日至 1944 年 1 月 5 日）。1944 年在益阳、沅江、湘阴参加长衡会战（1944 年 5 月下旬至 8 月上旬）。6 月 4 日，第 92 师、第 197 师失守沅江。1944 年 9 月至 1945 年 8 月，该军驻浏阳、萍乡，暂辖第 160 师参加湘粤赣边区作战（1945 年 1 月中旬至 2 月中旬）。

1945 年 2 月，第 197 师拨出。8 月，第 60 师拨入，该军改辖第 60、第 92、第 99 师。抗战胜利后，该军进驻江西九江，隶属武汉行营第 7 绥靖区第 10 集团军。1946 年上半年，开赴江苏，主力驻徐州，第 99 师驻靖江。

1946 年 5 月，改编为整编第 69 师。7 月 18 日，该整编师（欠第 99 旅）由徐州向安徽灵璧以北的渔沟、朝阳集进攻。7 月 29 日，第 92 旅全部、第 60 旅一部在朝阳集、渔沟被歼灭，师长梁汉明被撤职。8 月 21 日，由双沟东进，27 日占睢宁，29 日占宿迁。12 月 13 日，该整编师主力（欠第 99 旅、第 92 旅 1 个团）由宿迁向沭阳、新安镇进军。19 日，师部及第 60 旅在宿迁被歼灭，旅长黄保德被俘，师长戴之奇自戕。

1946 年 7 月，第 99 旅在江苏靖江隶属徐州绥靖公署第 1 绥靖区，参加江北地区作战（1946 年 7 月上旬至 12 月底），8 月 25 日至 27 日在泰兴的分界被歼灭，旅长朱志席被俘。

1947 年 3 月，第 60 旅改隶整编第 75 师。在广东重建整编第 69 师，隶属广州行辕。

① 《国防部本部隶属各部队主官简历驻地与部队沿革手册》，全宗号 783，卷宗号 393。

② 《第九战区第二次长沙会战战斗详报》（1941 年 9 月），《中华民国史档案资料汇编》第 5 辑第 2 编军事（3），第 502 页。

1948 年 6 月,由广东北上河南。暂编第 26 旅拨入。9 月,恢复军、师番号,辖第 92、第 99、第 268 师(暂编第 26 旅改称)。10 月,该军主力(欠第 268 师)由郑州开赴蚌埠、蒙城,隶属徐州 "剿总"第 6 兵团。10 月 22 日,第 268 师放弃郑州,在郑州以北 30 里的老鸦陈地区被歼灭。该军参加徐蚌会战(1948 年 11 月 6 日至 1949 年 1 月 10 日),11 月 17 日至 27 日北攻宿县,12 月 3 日至 17 日向西策应第 12 兵团。12 月 20 日退守淮河。

1949 年 1 月,该军辖第 92、第 99、第 268 师(重建),担任江苏龙潭至丹阳间的江防,隶属京沪杭警备总司令部。4 月 21 日,该军一部(欠第 99 师、第 268 师两个团)由南京汤山增援安徽芜湖,21 日晚,主力到达芜湖,旋向宣城转进,在湾沚、宣城间青弋江东岸布防。4 月 23 日至 24 日,军直属部队、第 92 师大部在宣城被歼灭,军长胡长青自戕重伤。第 268 师师长李慎言在广德西北被俘。4 月下旬,第 99 师由鹰潭赶赴南京栖霞山,途中转撤上海。5 月,第 99 师在上海作战,同月,撤离上海到舟山,5 月 29 日撤往台湾。

历任军长(整编师师长):

傅仲芳(1938.6.29—1943.4)

梁汉明(1943.4.6—1946.8)

戴之奇(1946.8—1946.12.18 自戕)

胡长青

邹鹏奇(1949.5.16—1949.8.1 代理—)

第 100 军(整编第 83 师)

中央军(1938.10—1950.2)

1938 年 10 月,在福州成立第 100 军,辖第 75、第 80 师,隶驻闽绥靖公署。1939 年 1 月,改隶第 3 战区第 25 集团军。3 月,增辖新编第 20 师,该军辖第 75 师、第 80 师、新编第 20 师。

1941 年 7 月,该军由福建移驻江西东乡,直隶于第 3 战区司令长官部,第 80 师与第 70 军所属第 19 师对调,新编第 20 师改由第 9 战区直辖,独立第 33 旅拨入,该军改辖第 19、第 75 师及独立第 33 旅。1942 年 3 月,独立第 33 旅脱离建制,第 63 师编入[1],该军改辖第 19、第 63、第 75 师。在赣东参加浙赣会战(1942 年 5 月中旬至 9 月上旬)。

1943 年 2 月,驻江西弋阳整训,第 75 师脱离建制。4 月,该军移驻湖南浏阳,改由军委会直辖。直隶于第 6 战区参加常德会战(1943 年 11 月 2 日至 1944 年 1 月 5 日)。1944 年 1 月该军担任滨(洞庭)湖守备。3 月,改隶第 6 战区第 24 集团军,参加长衡会战(1944 年 5 月下旬至 8 月上旬)。第 19 师参加桂柳战役(1944 年 9 月 8 日至 12 月 4 日)。1945 年 3 月隶属陆军总司令部第 4 方面军,参加湘西会战(1945 年 4 月上旬至 6 月上旬)。抗战胜利后,由湖南洞口、常德、邵阳调驻江苏镇江、南京。

1946 年初,预备第 6 师一度拨入该军。隶属徐州绥靖公署第 1 绥靖区,移驻泰县、泰

---

[1] 《第六战区抗战纪实附录二:战区及各集团军、军、师沿革及简史》,全宗号 787,案卷号 6714。

兴。1 月 11 日,进攻高邮邵北镇。3 月 7 日,扫荡苏中江都地区。

1946 年 5 月,整编为整编第 83 师,辖整编第 19、第 63 旅。在泰县及其以南地区,参加江北地区作战(1946 年 7 月上旬至 12 月底)。7 月 13 日至 15 日,第 19 旅所属第 56 团全部、第 57 团大部及山炮营共 3000 余人在宣家堡、泰兴地区被歼灭。7 月 18 日至 23 日,第 63 旅策应进攻如皋。7 月 30 日,由姜堰进攻海安。10 月 12 日,集结海安、秦潼北进,27 日占东台。12 月 18 日,占盐城。1947 年 1 月,在陇海路东段新安镇地区北进,参加鲁南作战(1947 年 1 月 14 日至 2 月 15 日)。

1947 年 3 月,第 44 旅拨入,该整编师改辖第 19、第 44、第 63 旅。4 月,由临沂北进,隶属徐州司令部第 1 兵团参加沂蒙山区作战(1947 年 3 月下旬至 7 月下旬)。5 月 13 日至 16 日,第 19 旅所属第 57 团在蒙阴被歼灭。6 月底驻莱芜。7 月 10 日,接防临沂。1948 年初,防守临沂、沂水、新安镇、海州、日照。5 月,调驻苏北阜宁。是月,隶属整编第 5 军向鲁西南进军。6 月 22 日,由单县出发救援开封,参加豫东作战(1948 年 6 月 16 日至 7 月 6 日)。6 月 28 日,奉命救援睢县西北的第 7 兵团。战后调陇海路东段的新安镇,隶属徐州"剿总"第 7 兵团。8 月中旬,第 19 旅由徐州空运济南,改隶整编第 2 师。

1948 年 9 月,恢复军、师番号,下辖第 44、第 63 师。11 月初,在陇海路东段参加徐蚌会战。11 日,第 44 师在邳县曹八集被歼灭,师长刘声鹤自戕身亡。18 日,主力在邳县碾庄地区被歼灭。

1949 年初,在江苏镇江重建军部和第 19 师,迁湖南衡阳,增辖第 44、第 63 师。6 月,编入第 1 兵团序列,第 44 师并入第 19 师,第 63 师拨隶第 14 军,第 29 军所辖第 197、第 307 师拨入。该军改辖第 19、第 197、第 307 师。7 月 27 日撤长沙。8 月 4 日,该军在长沙起义(11 月,第 197、第 307 师分别改编为人民解放军第 52 军第 214、第 216 师)。8 月 7 日,军部和第 19 师所属 3 个团、第 197 师所属 1 个团共 4 个团重新加入国军。9 月上旬,军部率第 19、第 197 师西进洪江、安江。9 月 17 日至 10 月 6 日在湘西地区辰溪、安江作战。10 月 1 日,主力由芷江南撤。10 月 5 日,军部、第 19 师所属第 55 团在洪江西南的岩脚被歼灭。11 月初,到达桂北三江,奉命驰援黔中。19 日,第 19 师到达独山以南,主力过榕江。21 日,中止援黔,南下。12 月 8 日,到桂西凌云。13 日,到旧州,经普梅、百南南下。1950 年 1 月 31 日,到达龙津县水口关东北地区。2 月 5 日,在平而关地区被包围,7 日被全歼,第 19 师残部 1100 余人进入越南。

历任军长(整编师师长):

陈琪(1938.9.29 兼任—1941.4)

刘广济(1941.6.26—1942.7)

施中诚(1942.11.5—)

李天霞(1944.3—1947.7)

周志道(1947.7—1949.5.16)

杜鼎(1949.5.16—)

第 101 军

①伪军,隶属傅作义指挥(1948.9－1949.2)

1948 年 9 月,新编第 2 军在河北保定改称第 101 军,所辖暂编第 31、暂编第 32、暂编第 33 师分别改称第 271 师、第 272、第 273 师,隶属华北"剿总"。11 月,军部率第 272、第 273 师由保定北撤涿县、良乡,第 271 师驻察哈尔宣化下花园。11 月 29 日,第 271 师由下花园到宣化。12 月 5 日,该军(欠第 271 师)撤往宛平、丰台、长辛店、门头沟一带。7 日,第 271 师由宣化向张家口撤退,在沙岭子被歼灭。旋在北平重建第 271 师。1949 年 1 月 21 日,该军在北平接受和平改编。2 月 19 日,所属第 271、第 272、第 273 师分别改编为中国人民解放军独立第 35、第 41、第 42 师,2 月 26 日分别并入解放军第 42、第 48、第 46 军,军部编入解放军第 42 军军部①。

历任军长:

李士林(－1949.1.21 起义)

②中央军(1949.11－1949.12)

1949 年 11 月,贵州省保安司令部所属部队在兴仁编组为第 101 军,下辖第 271、第 272 师等,归贵州绥靖公署指挥。12 月初,军长韩文焕离军,所属两师分别划归贵州西北、西南绥靖区,第 101 军番号取消②。

历任军长:

韩文焕

第 102 军

①粤军余汉谋部(1940)

1940 年 1 月,第 66 军参加桂南会战,一度改称第 102 军。会战后恢复原番号。

②中央军(1948.11－1949.6)

1948 年 11 月 16 日,在湖南岳阳编成第 102 军,下辖第 62、第 232、第 314 师。1949 年 4 月,第 314 师番号撤销③。6 月,该军番号撤销,第 62、第 232 师分别拨隶第 14、第 71 军。

历任军长:

成刚

第 103 军

①中央军(1940)

1940 年 1 月,第 6 军参加桂南会战,一度改称第 103 军,旋改回第 6 军。

---

① 《北平和平解放前后》,第 146－153 页。

② 程奎郎:《回忆国民党一○一军起义》,《贵州文史资料选辑》第 7 辑,第 216 页。

③ 黄杰:《两湖行役》,第 502 页。

②新桂系军(1949.1—1949.12)

1949 年 1 月,在湖南编成第 103 军,下辖第 347 师,隶属华中军政长官公署第 16 绥靖区。3 月,增辖第 195 师。5 月,第 16 绥靖区改编为湘鄂赣边区(9 月下旬改称第 17 兵团),所辖暂编第 7 纵队补充该军。5 月到益阳。

1949 年 6 月,第 234 师拨入,该军改辖第 195、第 234、第 347 师。8 月,驻祁阳。9 月上旬守备安江、洪江。9 月 17 日至 10 月 6 日在湘西辰溪、安江作战,遭到重创,军长王中柱离职。10 月下旬转移至广西桂林以西浮石、融县、三江。11 月初驰援黔中。11 月 21 日中止援黔,经南丹、车河南下。26 日由安篓渡红水河。27 日,军部直属队、第 347 师大部在河池西南地区被歼灭,师长潘汉逵被俘。12 月 1 日,第 234 师在万冈被歼灭大部,师长王学臣被俘。12 月 17 日,第 234 师师长谢可澄率残部在贵州安龙、册亨起义。1950 年 1 月,第 234 师到都匀编入中国人民解放军第 17 军第 5 师①。

历任军长:

王中柱(1949.1.22—)

潘汉逵(代理—1949.11.27 被俘)

第 104 军

晋绥军傅作义部(1948.9—1949.2)

1948 年 9 月,暂编第 3 军改称第 104 军,下辖第 250、第 258、第 269 师,隶属华北"剿总",驻扎怀来、沙城一线,守备平绥路东段。9 月 14 日,进军平北山区,16 日经永宁、黑河岭到四海,20 日到宝山寺、汤河口,21 日南撤。10 月上旬由怀来地区进逼宣化赵川堡。11 月 30 日,第 258 师由怀来增援张家口,第 250、第 269 师由昌平、南口进至怀来。12 月 8 日,军部率第 250、第 269 师由怀来进攻新保安,救援第 35 军未果。9 日,由怀来返回北平。11 日至 12 日,在怀来以南横岭、镇边城、白羊城被歼灭。12 月 24 日,第 258 师在张家口被歼灭,师长张惠源被俘。北平城内重建第 104 军,辖第 250、第 269、第 309 师。1949 年 1 月 21 日,接受和平改编。2 月 19 日,所辖 3 个师分别改编为中国人民解放军独立第 71、第 72、第 74 师,2 月 26 日分别并入解放军第 38、第 39、第 41 军,军部编入解放军第 38 军军部②。

历任军长:

安春山(—1949.1.21 起义)

第 105 军

晋绥军傅作义部(1948.9—1948.12)

1948 年 9 月,暂编第 4 军改称第 105 军,辖第 210、第 251、第 259 师,隶属华北"剿总"第

---

① 岑朝录:《国民党军第十九兵团及黔西南地区武装部队地方政府起义概略》,《黔西南州文史资料选辑》第 3 辑,第 69 页。

② 《北平和平解放前后》,第 146—153 页。

11 兵团,第 251 师驻张家口,第 210 师驻怀安、柴沟堡地区,第 259 师驻宣化、下花园。11 月 28 日,第 210 师退回张家口。29 日,第 259 师自宣化撤回张家口。12 月 23 日至 24 日,所属 3 个师在张家口地区被歼灭,军长袁庆荣和师长李思温、韩天春、郭跻堂被俘。

历任军长:

袁庆荣(－1948.12.24 被俘)

第 106 军

伪军(1948.11－1949.8)

1948 年 11 月,暂编第 23 师在安徽芜湖扩编为第 106 军,辖第 281、第 282 师。1949 年 1 月,防守芜湖、繁昌、无为地区。2 月 7 日,第 282 师师长张奇率所部 5000 人在繁昌起义(改编为中国人民解放军第二野战军独立师)。

1949 年 2 月,第 192 师拨入。该军调驻皖南太平、泾县、宁国地区,担任江防总预备队,隶属京沪杭警备总司令部第 7 绥靖区。4 月下旬,向浙江转移途中被歼灭大部,军部率残部约两个半团,由浙江龙游、龙泉经福建松溪、政和、周宁到福州①。

1949 年 5 月,第 17 兵团直属部队并入该军,撤销第 192、第 282 师番号,第 318 师拨入,该军改辖第 281、第 318 师,隶属福州绥靖公署第 6 兵团。8 月 16 日,第 318 师师部及所属第 953 团在福州起义,所属第 952 团在长乐投诚。8 月上旬,该军缩编为第 281 师,改隶第 96 军。

历任军长:

毕书文

王修身

第 107 军

伪军(1948.10－1948.11)

1948 年 10 月,暂编第 25 师在苏北睢宁改编为第 107 军,所辖两个旅分别改称第 260、第 261 师②,隶属徐州"剿总"。11 月 12 日,放弃睢宁。13 日在睢宁、徐州间的大王集被包围,第 1 绥靖区副司令兼该军军长孙良诚率直属部队和第 260 师投诚,第 261 师被歼灭。

历任军长:

孙良诚(1948.10.6 兼任－1948.11.13 投诚)

第 108 军

中央军(1948.10－1949.12)

1948 年 10 月,第 239、第 241、第 242 师组成第 108 军,驻防四川重庆、大竹,隶属第 7 编

---

① 李子亮等:《京沪地区蒋军的江防守备及崩溃实况》,《文史资料选辑》第 65 辑,第 93 页。

② 武之棻:《第一○七军在邢围子被迫投诚经过》,《淮海战役亲历记》,第 573 页。

练司令部。1949 年 10 月,改隶第 15 兵团。11 月,由大竹车运綦江,继而向南川进发。11月下旬,该军在南川以北山地被歼灭大部。11 月 27 日退守冷水场,29 日残部到达嘉陵江两岸,旋向成都进军。12 月 24 日,军部率第 241 师主力在郫县起义,第 239 师师部率第 715团、第 242 师师部率第 725 团在彭县起义,第 241 师所属第 722 团在南川县白马山起义。

历任军长:

罗广文(1948.10.16 兼任—)

第 109 军

中央军(1949.1—1949.12)

1949 年 1 月,在广东编成第 109 军,辖第 154、第 196、第 321 师,驻东江。8 月,防守广州。第 321 师(欠第 963 团)先后归闽粤边区及粤桂东边区"清剿"指挥部指挥,10 月中旬改隶暂编第 5 军。10 月 15 日,军部及第 196 师撤退海南岛。10 月 19 日,第 154 师副师长郑荫桐率 3000 人在广东博罗接受和平改编。12 月 13 日,残部由雷州半岛徐闻地区撤退海南岛,该军及所属两师番号撤销。

历任军长:

钟彬(1948.11 兼任—1949.1.1 专任—1949.4.1)

邓春华(1949.5.1—)

第 110 军

中央军(1948.10—1949.12)

1948 年 10 月 20 日,第 104、第 111、第 140 师编成第 110 军,驻四川内江、达县、新津、双流,隶属第 7 编练司令部。1949 年 1 月,第 104 师拨归国防部直接指挥。3 月,第 140 师由重庆移驻万源。10 月,该军改隶第 15 兵团。11 月向川东增援,在南川及其以东地区布防。11 月下旬,在南川以北山地被歼灭大部,27 日退守冷水场,29 日残部到达嘉陵江两岸,旋向成都进军。12 月 5 日,第 111 师主力在富顺被歼灭。14 日,第 140 师所属第 419 团在遂宁起义。24 日,军部在什邡起义,第 111 师所属第 311 团在郫县起义。25 日,第 140 师主力在什邡起义。

历任军长:

向敏思(1948.11.1—)

第 111 军

晋绥军傅作义部(1949.1—1949.9)

1949 年 1 月,驻防绥远部队在包头编成第 111 军,辖第 258、第 320、第 326 师。9 月 19日起义。12 月,第 258、第 320 师改编为中国人民解放军第 36 军第 106、107 师,第 326 师改编为中国人民解放军第 37 军第 110 师。

历任军长:

刘万春(1949.1.21－1949.9.19 起义)

第 112 军

①中央军(1949.1－1949.4)

1949 年 1 月,在四川编成第 112 军,下辖第 340、第 341 师,隶属第 8 编练司令部。4 月,因兵力不足撤销该军及两师番号。

历任军长:

刘世懋(1949.2.1－)

②中央军(1949.11－1949.12)

1949 年 11 月 16 日,第 366、第 367 师在四川合编为第 112 军,隶属第 15 兵团。12 月,在金堂、广汉县间被歼灭。

历任军长:

赵秀崑(－1949.12.24 起义)

第 113 军

中央军(1948.12－1949.6)

1948 年 12 月,在陕西蒲城编成第 113 军,辖第 116、第 130、第 335 师。1949 年 6 月,改称第 30 军。

历任军长:

鲁崇义(兼任)

第 114 军

中央军(1948.12－1949.8)

1948 年 12 月 1 日,在陕西汉中编成第 114 军,下辖第 331、第 332 师,隶属西安绥靖公署。1949 年 4 月,驻西安。5 月,撤退至四川三台、中江。8 月,该军番号撤销,第 331、第 332 师分别改称第 24、第 144 师。

历任军长:

沈策(1949.1.1－)

第 115 军

西北军和国民三军旧部编成(1948.11－1949.1)

1948 年 11 月,第 59 军未起义部队与第 39 师在江苏徐州编成第 115 军,辖第 39、第 180 师,隶属第 13 兵团。12 月 1 日,撤离徐州。1949 年 1 月 10 日,在河南永城陈官庄地区被歼灭,军长司元恺、第 180 师师长陈芳芝被俘。

历任军长:

司元恺(1949.1.1－1949.1.10 被俘)

第 116 军

川军王缵绪部(1948.12—1949.1)

1948 年 12 月,第 44 军在徐州改番号为第 116 军,所属第 150、第 162 师分别改称第 287、第 288 师。12 月 1 日,撤离徐州。12 月 4 日,在河南永城陈官庄被包围。1949 年 1 月 10 日,军长谭心率残部投诚。

历任军长：

谭心(1949.1.1—1949.1.10 投诚)

第 118 军

中央军(1949.1—1949.12)

1949 年 1 月,在湖北武昌编组第 118 军,辖第 54、第 217、第 298 师。2 月,第 217 师改隶第 122 军。4 月,该军开赴鄂西巴东,隶属华中军政长官公署鄂西绥靖司令部。7 月下旬,移驻恩施。10 月隶属川湘鄂边区绥靖公署,驻来凤、龙山。11 月初,西撤。11 月 13 日,第 54 师在四川黔江以东被歼灭。12 月 24 日,军长方暾率第 298 师在郫县起义。

历任军长：

陈希平(1949.2.1—1949.9.16 兼任一)

方暾(—1949.12.24 起义)

第 119 军

中央军(1949.4—1949.12)

1949 年 4 月,在甘肃天水组建第 119 军,下辖第 244、第 247 师,隶属西北军政长官公署。5 月,编入陇南兵团,集结陕西汧阳、陇县参加关中会战(1949 年 6 月上旬至 7 月下旬),7 月 12 日,该军(欠第 244 师)被歼灭,残部返回甘肃。8 月 8 日,第 247 师所属骑兵团团长赵玉亭率部在陇东武山起义。12 月 8 日,第 247 师所属第 741 团团长张孝义率 530 人在西和起义。12 月 9 日,军长王治岐率第 244 师和 5 个补充团共 8700 人在武都起义,改编为中国人民解放军西北独立第 3 军。

历任军长：

王治岐(1949.2.16—1949.12.9 起义)

第 120 军

中央军(1949.3—1949.9)

1949 年 3 月,在甘肃兰州编成第 120 军,辖第 173、第 245 师,隶属西北军政长官公署。6 月,东下天水。8 月到景泰。8 月下旬东撤靖远,旋到乌鞘岭。9 月 9 日放弃乌鞘岭,西撤。9 月 11 日,第 173 师代理师长陈叔钵率 1 个团又 2 个营在岷县起义,改编为中国人民解放军西北独立第 1 师。9 月 18 日,第 245 师所属第 735 团在民乐县六坝被歼灭。19 日,第 245

师所属第 733、第 734 团在张掖被歼灭,第 173 师所属骑兵团团长欧阳卓率部在张掖投诚。9 月 24 日,残部在酒泉起义。起义部队改编为中国人民解放军西北独立第 1 军。

历任军长:

周嘉彬(1949.2.16—)

第 121 军

中央军(1949.1—1949.8)

1949 年 1 月,福建保安部队编成第 121 军,辖第 50、第 325、第 350 师,隶属第 1 编练司令部,在晋江、龙溪、同安、厦门一带整训。旋第 50 师脱离建制。7 月,隶属福州绥靖公署第 22 兵团。8 月,该军番号撤销,所辖两师拨隶第 5 军。

历任军长:

沈向奎(1949.1.16—1949.8.1)

第 122 军

中央军(1949.2—1949.11)

1949 年 2 月,在湖南编成第 122 军,辖第 217、第 345、第 346 师。4 月,驻石门,隶属华中军政长官公署鄂西绥靖司令部,第 346 师番号撤销,官兵并入第 217、第 345 师。5 月下旬,改隶第 14 兵团。7 月下旬,驻鹤峰以南的龙山。10 月,隶属川湘鄂边区绥靖公署。10 月 16 日,第 217 师全部、第 345 师一部在大庸投诚,军长张绍勋与师长谢淑周、黄鼎勋被俘。11 月初,残部西撤,19 日在湖北咸丰东北地区被歼灭。

历任军长:

张绍勋(1949.2.1—1949.10.16 被俘)

丁树中(代理)

第 123 军

中央军(1949.3—1949.5)

1949 年 3 月,江苏保安部队编成第 123 军,辖第 182、第 308、第 334 师,军部驻常熟,担任江阴以东长江下游地段江防,隶属京沪杭警备总司令部第 1 绥靖区。4 月,守备常熟、苏州、吴江、平望、嘉兴一线,掩护江防部队向上海转移,损失重大。4 月 22 日撤到上海,增辖暂编第 7、第 8 师,参加淞沪作战(1949 年 4 月 23 日至 5 月 25 日)。5 月 26 日,该军残部在上海接受和平改编。

历任军长:

顾锡九(1949.3.1—)

第 124 军

中央军(1949.2—1950.3)

1949 年 2 月,在湖北编成第 124 军,辖第 60、第 223 师,隶属华中军政长官公署鄂西绥靖司令部,担任秭归至宜昌江防。5 月下旬,改隶第 14 兵团。7 月 15 日,由宜昌渡江向三斗坪方向撤退,防守川鄂交界建始、恩施一线。9 月,拨隶第 20 兵团。10 月,隶属川湘鄂边区绥靖公署。11 月初,西撤。11 月 13 日至 19 日,第 60 师在宣恩以南被歼灭。11 月 28 日,第 223 师大部在四川南川以北山地被歼灭。12 月 25 日,一部在新繁斑竹园跟随第 20 兵团起义。12 月 30 日,第 60 师残部在中江县清溪镇被歼灭。军长顾葆裕率领一部于 1950 年初到达西康会理,3 月 24 日被歼灭。

历任军长:

赵援(1949.3.1—1949.8)

顾葆裕(1949.5.16 兼任—)

吴峻人(代理—1949.12.25 起义)

第 125 军

①西北军冯治安部(1949.3)

1949 年 3 月,第 77 军残部在浙江汤溪编成第 125 军,旋缩编成第 360 师。

历任军长:

吉星文(—1949.3.16)

②新桂系军(1949.11—1949.12)

1949 年 11 月,广西地方团队编成第 125 军,辖第 362、新编第 2 师,隶属第 11 兵团。11 月 21 日,一部占领岑溪,主力由容县向信宜进攻。11 月 28 日,向陆川、博白转移。12 月 5 日,在灵山以北百合圩地区被歼灭,军长陈开荣和师长陈绍恒、杨文斋被俘。

历任军长:

陈开荣(—1949.12.5 被俘)

第 126 军

新桂系军(1949.5—1949.12)

1949 年 5 月,安徽保安团队改编为第 126 军,辖第 304、第 305、第 306 师。第 306 师旋因兵员不足被撤销番号。5 月 15 日,该军经江西修水向湖北通城、湖南平江方向撤退。7 月下旬向湖南湘潭渌口以东转进,占领渌水南岸阵地。8 月驻零陵、东安。9 月 17 日至 10 月 6 日,第 305 师在湘西辰溪、安江作战。10 月下旬,主力转移至广西桂林东南地区。11 月在贵港,隶属第 10 兵团。11 月 21 日一部进军廉江,主力由北流南下。11 月 27 日,第 305 师一部在陆川以南被歼灭。12 月 1 日,大部在博白被歼灭,残部到钦州、南宁。

历任军长:

张湘泽(1949.5.1—)

第 127 军

中央军(1949.4—1950.3)

1949 年 4 月,河南省地方保安团队改编为第 127 军,辖第 309、第 310、第 311 师,驻湖北咸宁、武昌,隶属华中军政长官公署第 19 兵团。5 月 15 日,第 309 师追随第 19 兵团在武昌金口起义(7 月,起义部队编为中国人民解放军第 51 军第 211 师一部)。军长赵子立率其余两师南下湖南株洲以南的朱亭整训,重建第 309 师。该军直隶于华中军政长官公署。7 月上旬,由朱亭开赴湖北神农架和大巴山之间的大九湖地区,后向大巴山驻防。10 月,改隶西南军政长官公署。11 月 15 日,接防四川巫溪至巫山的长江北岸防务。12 月初,由万县到抵达渠县。增辖第 312 师。12 月 25 日,军长赵子立在巴中率部起义。第 127 师一部撤往西康康定,1950 年 3 月 24 日被歼灭。

历任军长:

赵子立(1949.6.16—1949.12.25 起义)

第 128 军

①中央军(1949.4—1949.5)

1949 年 4 月,河南省和湖北省地方保安团队在湖北武汉编成第 128 军,辖第 312、第 313、第 314 师,隶属第 19 兵团。5 月 15 日,在武昌金口起义。7 月,起义部队与第 127 军第 309 师改编为中国人民解放军第 51 军。

历任军长:

辛少亭(—1949.5.15 起义)

②宁夏马鸿逵部(1949.5—1949.9)

1949 年 5 月,第 257、第 356 等师编成第 128 军,同时将宁夏保安第 4 纵队编入,隶属西北军政长官公署宁夏兵团,集结于甘肃平凉、固原地区。6 月 8 日,经陕西长武向永寿集中,参加关中会战(1949 年 6 月上旬至 7 月下旬)。战后,退守宁夏。

8 月,第 256 师拨入,第 257 师在中宁改隶贺兰军。该军改辖第 256、第 356 师,驻守灵武、吴忠、金积。9 月 20 日,军长卢忠良通电要求停战、接受改编。21 日,第 356 师在金积投降。23 日,该军残部在灵武全部溃散。

历任军长:

卢忠良(—1949.9.20 投诚)

第 129 军

青海马步芳部(1949.5—1949.9)

1949 年 5 月,在甘肃编成第 129 军,辖第 357 师、新编第 1 师(后改称第 287 师)、骑兵第 8 旅、骑兵第 14 旅,驻固原、静宁、隆德。6 月,集结于甘肃泾川、灵台和陕西邻县地区,隶属西北军政长官公署陇东兵团,参加关中会战(1949 年 6 月上旬至 7 月下旬)。战后退守兰州。8月,两师各一部被歼灭。8月下旬据守永澄,一部退入青海,随即溃散。

历任军长:

马步銮(1949.5.1—)

新编第 1 军

1927 年 5 月 12 日,国民革命军总司令部密委奉军将领张心元为新编第 1 军军长。6 月 20 日,蒋介石任命镇嵩军刘镇华部将领张得胜为新编第 1 军军长。皆未成军。

①福建地方部队(1927.1—1927.10)

1927 年 1 月 27 日,福建各路民军编为新编第 1 军,隶属东路军,留驻福建福州。10 月,该军被第 11 军解散。

历任军长:

谭曙卿

②甘肃地方部队(1933.11—1940.5)

1933 年 11 月,新编第 10、新编第 11 旅编成新编第 1 军,军部驻兰州,隶属西安绥靖公署。1935 年 8 月,新编第 11 旅在静宁县与红二十五军作战。[①] 9 月隶属西北"剿匪"总司令部第 1 路军,在定西堵截红一方面军。1936 年 8 月至 11 月,守备定西,阻止三大红军会师。西安事变后被编入"讨逆军"第 11 纵队。

1937 年 9 月,军部率新编第 11 旅开赴陕西榆林,新编第 10 旅仍驻定西。1938 年夏,新编第 10 旅移驻泾川。该军隶属第 2 战区晋陕绥边区,参加 1939 年冬季攻势(1939 年 12 月 10 日至 1940 年 2 月 2 日)。1940 年 5 月 8 日,免邓宝珊所兼军长职,该军番号撤销,新编第 10 旅改编为暂编第 15 师,新编第 11 旅改隶第 22 军。

历任军长:

邓宝珊(1933.11.8—1940.5.8 免兼)

②中央军(1942.12—1948.10)

1942 年 12 月,新编第 22、新编第 38 师在印度兰姆伽编成新编第 1 军,隶属中国驻印军。1943 年 8 月,新编第 30 师拨入,该军改辖新编第 22、新编第 30、新编第 38 师。9 月,新编第 22、新编第 38 师开利多,参加缅北方面作战(1943 年 10 月 24 日至 1944 年 8 月 3 日)。

1944 年 4 月,新编第 22 师拨出,该军辖新编第 30、新编第 38 师参加缅北方面作战(1944 年 10 月 21 日至 1945 年 4 月 30 日),1945 年 1 月 1 日占南坎,1 月 27 日与第 53 军所属第 116 师在芒友会师,打通中印公路。3 月 8 日克复腊戍。3 月 24 日与新编第 6 军所属第 50 师在缅北西保会师。

1945 年 4 月,第 50 师拨入,该军改辖第 50、新编第 30、新编第 38 师。7 月,该军空运广西南宁,改由中国陆军总司令部直辖。8 月 16 日解除攻击雷洲湾的作战任务,集结于广西

---

① 《国民党军新编第十一旅刘宝堂部与红二十五军在甘肃静宁附近战斗详报》(1935 年 8 月 15—18 日),《中华民国史档案资料汇编》第 5 辑第 1 编军事(4),第 741 页。

玉林、贵县地区,旋进驻广州。9月8日,第50师进入香港、澳门。

1946年初,由广州海运北上。3月,在河北秦皇岛登陆开赴辽宁沈阳。3月19日,由沈阳出发,24日占领铁岭。5月19日占四平,21日占公主岭,22日占长春。随后,第50师向农安、德惠方向进攻,新编第30、新编第38师驻守四平。5月28日,第50师占德惠。6月5日,该师渡过松花江进占陶赖昭,6月6日到达扶余。

1946年9月,该军主力驻长春、吉林等地。新编第30师驻梅河口参加辽东扫荡作战(1946年10月上旬至12月下旬),进攻沈阳——海龙路。12月,新编第38师驻守吉林、乌拉街和九台、其塔木一线,第50师驻守德惠及陶赖昭地段。1947年1月,新编第38师所属第113团、第50师所属第150团被歼灭。新编第30师由南满调北满归建。2月23日,新编第30师所属第89团及师属山炮营共2700余人在九台城子街被歼灭。3月1日,新编第30师、新编第38师驰援德惠。5月16日至17日,新编第30师所属第90团在怀德被歼灭。5月19日,新编第30师所属第88团弃守农安进入长春。5月22日,新编第38师所属第112团在吉林老爷岭被歼灭。6月,新编第30、第50师南下参加四平会战(1947年6月中旬至7月上旬)。

1947年9月,新编第38师拨隶新编第7军,暂编第53师编入,该军改辖第50、新编第30、暂编第53师。10月,主力由四平调往长春。10月20日,暂编第53师在德惠被歼灭一团。12月20日,第50、暂编第53师由长春南下铁岭、沈阳。1948年10月6日,军部率第50、新编第30师由辽中出发,隶属西进兵团增援锦州,10月28日在黑山、打虎山以东地区被歼灭,副军长兼新编第30师师长文小山、第50师师长杨温被俘。留守辽中的暂编第53师于10月27日退守沈阳,31日师长徐赓阳率部起义。

历任军长:

邱清泉(1942.12.7—未到任)

郑洞国(1943.1.29—1944.4)

孙立人(1944.4—)

潘裕昆(1947.8—)

新编第2军

①直鲁联军(1928—1929)

1928年,驻胶东直鲁联军第9军残部等编成新编第2军。1929年初,该部缩编为独立第4旅。

历任军长:

朱泮藻

②青海马步芳部(1934.6—1938.3)

1934年6月,在青海西宁成立新编第2军,辖第100师。1935年9月,该军隶属西北"剿匪"总司令部第5纵队。1936年8月,在青海循化至贵德和兰州以西的新城经西宁至湟源一线,阻击红二、四方面军北进和三大红军会师。11月,进驻甘肃永登以北地区,11月18

日抵达景泰一条山附近。同年 11 月—1937 年 3 月进攻西路军。战后,该军驻扎西宁、民和、张掖、酒泉、夏河等地。1938 年 3 月,改称第 82 军[①]。

历任军长:

马步芳

③甘肃地方部队(1938.9—1939 年初)

1938 年 9 月,以第 165 师为基干在甘肃编成新编第 2 军,成军后开陕西凤翔,隶属第 8 战区。1939 年初,该军番号撤销,第 165 师改隶第 80 军。

历任军长:

鲁大昌(1938.9.27—)

④中央军(1940.4—1941.2)

1940 年 4 月,第 193 师、第 91 师和军政部第 36 补训处(6 月改称暂编第 16 师)在河南编成新编第 2 军,隶属军委会。1941 年 2 月,改称第 29 军。

历任军长:

陈大庆

⑤中央军(1944.3—1947.5)

1944 年 3 月,新编第 45 师、新编第 46 师在甘肃编成新编第 2 军,隶属第 8 战区第 29 集团军。同年夏,进入新疆,分驻奇台、镇西。1945 年分驻精河、乌苏、呼图壁、绥来等地。1946 年上半年,暂编第 58 师拨入。1947 年 5 月,整编为整编第 78 师。

历任军长:

李铁军(1944.3 兼任—)

谢义锋(—1946.3.20 免代)

叶成(1946.3.20—)

⑥伪军(1947.8—1948.9)

1947 年 8 月,保定绥靖公署所属部队[②]编成新编第 2 军,辖暂编第 31、第 32、第 33 师,守备保定、定兴、涞水地区。12 月,暂编第 31 师主力驻北平至古北口一线。1948 年 7 月 16 日,驻守定兴、高碑店、涞水的暂编第 31 师被歼灭,师长陈治平被俘。重建暂编第 31 师。9 月,该军改番号为第 101 军。

历任军长:

高卓东(—1948.5.14)

李士林(1948.5.14—1948.8.1)

新编第 3 军

①五省联军(1927.2—1927.8)

---

① 《国防部本部隶属各部队主官简历驻地与部队沿革手册》,全宗号 783,卷宗号 393。

② 前身为伪华北绥靖军,抗战胜利后被国民政府授予新编第 9 路军番号。

1927 年 2 月,江西陆军第 3 混成旅在安徽祁门改编为新编第 3 军。8 月 23 日,何应钦命令第 1 军所属第 2 师在江苏常州将该军包围缴械,该军番号撤销。

历任军长:

刘宝题(1927.2.11[1]—)

[2]滇军龙云部(1938.10—1945.9)

1938 年 10 月,第 184 师、新编第 12 师在湖南长沙编成新编第 3 军,隶属第 30 军团。11 月,在湖北崇阳作战失利。1939 年初,第 184 师与第 60 军所属第 182 师对调[2],该军改辖第 182、新编第 12 师。3 月,调赴湖南沅陵、桃源整补[3]。隶属第 9 战区第 1 集团军,参加南昌会战(1939 年 3 月 17 日至 5 月 20 日)。

1940 年 5 月,第 182 师与第 60 军所属第 183 师对调,该军改辖第 183、新编第 12 师,驻防赣北,直到抗战结束[4]。隶属第 9 战区第 19 集团,参加第二次长沙会战(1941 年 9 月 7 日至 10 月 12 日)、第三次长沙会战(1941 年 12 月 19 日至 1942 年 1 月 15 日)、浙赣会战(1942 年 5 月中旬至 9 月上旬)、长衡会战(1944 年 5 月下旬至 8 月上旬)。1945 年 9 月,该军开赴九江受降。9 月,该军及新编第 12 师番号撤销,第 183 师改隶第 58 军。

历任军长:

张冲(1938.10.11—)

高荫槐(1939.7.20 兼任—1940.5 免兼)

杨宏光(1940.5 代理—1941.1 实任—)

[3]中央军(1947.9—1948.11)

1947 年 9 月,第 14、第 54 师和暂编第 59 师编成新编第 3 军,驻沈阳作为机动部队,隶属东北行辕第 9 兵团。10 月 19 日至 26 日,在抚顺东北地区作战。11 月中旬,驻沈阳、铁岭。12 月中旬,暂编第 59 师所属第 2 团在法库以南被歼灭。1948 年 10 月参加西进兵团,由沈阳出发经新民,于 11 日攻占彰武,28 日在辽宁黑山、打虎山以东地区被歼灭,第 14、第 54 师师长许颖、宋邦纬被俘。11 月 1 日,残部返回沈阳后被歼灭,暂编第 59 师师长梁铁豹投诚[5]。

历任军长:

龙天武

新编第 4 军

①直系吴佩孚部(1927.4—1927.8)

① 《蒋中正总统档案·事略稿本》(1),第 44 页。
② 《各部队各训练机关主官简历驻地与部队沿革手册》,全宗号 627,卷宗号 1117。
③ 《薛岳报告第九战区各部队调整情况密电》(1939 年 3 月 9 日),《中华民国史档案资料汇编》第 5 辑第 2 编军事(3),第 141 页。
④ 《各部队各训练机关主官简历驻地与部队沿革手册》,全宗号 627,卷宗号 1117。
⑤ 黄福荫:《新编第三军辽沈战役被歼灭记》,《文史资料存稿选编》第 10 卷,第 942 页。

1927 年 4 月,河南保卫军第 15 军贺国光部(前身为河南陆军第 9 师第 1 旅)接受国民革命军新编第 4 军番号。秋,该军番号撤销。

历任军长:

贺国光

②粤军李济深部(1927.10—1928.2)

1927 年 8 月,张发奎、黄琪翔率第 4 军由江西返回广东。为避免番号混淆,10 月下旬广东临时军事委员会决定留粤的第 4 军(辖第 11、第 13 师)改称新编第 4 军。1928 年 2 月 8 日,广州政治分会决议,新编第 4 军恢复第 4 军番号。

历任军长:

陈济棠

③镇嵩军旧部(1930.11—1931.3)

1930 年 11 月,万选才旧部在豫北博爱组建新编第 4 军。1931 年 3 月,缩编为暂编第 5 师。

历任军长:

万殿尊

④中共军队(1937.9—1947.1.30)

1937 年 10 月,在湘、赣、闽、粤、浙、鄂、豫、皖 8 省的中国工农红军游击队和红军第 28 军改编为新编第四军。隶属第 3 战区。1941 年 1 月 17 日,番号撤销。1 月 20 日,中国共产党中央革命军事委员会任命陈毅为新四军代理军长,1947 年 1 月 30 日,撤销番号。

历任军长:

叶挺(1937.9.29—)

陈毅(1941.1.20 代理—)

新编第 5 军

①湘军叶开鑫部(1927.3—1927.4)

1927 年 3 月 4 日,湖南陆军第 3 师在皖南宣城改编为新编第 5 军。4 月 7 日,攻克皖西寿县正阳关。4 月 28 日,改番号为第 44 军。

历任军长:

叶开鑫

②河南地方部队(1930.9—1930.11)

1930 年 9 月,樊钟秀旧部①在河南太康改编为新编第 5 军。11 月,移鹿邑、柘城、太康,旋缩编为新编第 20 师。

---

① 1929 年 11 月 6 日,蒋介石任命樊钟秀为陕西"剿匪"司令。1930 年 4 月 12 日,蒋改任樊为豫西边防司令。樊到河南许昌召集旧部,编组一个军,孙世贵为军长。樊参与反蒋,5 月 6 日就任阎锡山所委第八方面军总司令职。6 月 4 日,樊被炸身亡。邓宝珊继任总司令。王留观等:《樊钟秀和建国豫军》,《河南文史资料》第 1 辑,第 72 页。

历任军长：

郜子举

③河北地方部队（1939.4—1943.5）

1939 年 4 月,冀察游击队在豫北改编为新编第 5 军①,下辖暂编第 3、暂编第 4 师,隶属第 1 战区。12 月 6 日进攻安阳,参加 1939 年冬季攻势作战。1940 年改隶冀察战区。1941 年隶属第 1 战区第 24 集团军,在林县、涉县一带参加晋南会战（1941 年 5 月 7 日至 6 月 15 日）。1942 年 6 月,暂编第 3 师师长刘月亭在林县被俘。1943 年 4 月 11 日,该军在林县、临淇地区溃散。5 月 14 日,军长孙殿英及所辖两师师长杨克猷、王廷瑛公开投敌,该军番号撤销。

历任军长：

孙殿英（—1943.4.24 投敌）

④中央军（1947.12—1948.11）

1947 年 12 月,第 43、第 195、暂编第 54 师组成新编第 5 军。主力守备辽宁新民,暂编第 54 师守备辽阳。1948 年 1 月 5 日至 7 日,军部及第 43 师、第 195 师在公主屯被歼灭,军长陈林达、第 43 师师长留光天被俘,第 195 师师长谢代蒸投诚。1 月 31 日,配属第 52 军的暂编第 54 师在辽阳被围困,2 月 6 日被歼灭。

1948 年 4 月,在南京成立新编第 5 军军部和军直属部队,7 月海运秦皇岛②。8 月,第 26 师、暂编第 50、暂编第 60 师编入该军,隶属东北"剿总"锦州指挥所。9 月,驻绥中、秦皇岛、山海关、绥中一线。9 月 28 日,暂编第 60 师所属两个团在绥中被歼灭。10 月增援锦州。战后转赴河北秦皇岛,转隶华北"剿总",改称第 86 军。

历任军长：

陈林达（—1948.1.7 被俘）

刘云瀚（1948.6.24—）

新编第 6 军

①镇嵩军旧部（1930.10）

1930 年 10 月 5 日,镇嵩军一部在山东阳谷编为新编第 6 军。旋取消番号。

历任军长：

薛传峰

②中央军（1939.6—1940.5）

1939 年初,暂编第 5、第 6 师编成新编第 6 军,驻湖南茶陵、攸县,直属第 9 战区。1940 年 5 月,该军番号撤销,所属暂编第 5、第 6 师分别拨隶第 73、79 军。

历任军长：

---

① 《各部队各训练机关主官简历驻地与部队沿革手册》,全宗号 627,卷宗号 1117。

② 方靖：《对〈陈诚军事集团发展史纪要〉的订正和补充》,《文史资料选辑》第 72 辑,第 282 页。

薛岳

③中央军(1944.4－1948.10)

1944 年 4 月，第 14、第 50 师、新编第 22 师在印度兰姆伽合编为新编第 6 军，隶属驻印军，参加缅北方面作战(1944 年 10 月 21 日至 1945 年 4 月 30 日)。12 月，第 14、新编第 22 师空运回国驻云南曲靖、沾益、平彝，暂由陆军总部直辖，第 50 师继续作战①。

1945 年 1 月，第 207 师拨入。3 月 24 日，第 50 师与新编第 1 军在缅北西保会师。4 月，第 50 师改隶新编第 1 军，该军改辖第 14、第 207、新编第 22 师。4 月下旬，第 14、新编第 22 师由云南沾益空运湖南芷江，9 月初由芷江空运南京、上海、镇江。11 月，第 207 师由曲靖出发，1946 年 1 月抵达上海。

1946 年 1 月，全军由上海海运北上。1 月底，在河北秦皇岛登陆，隶属东北保安司令长官部。2 月上旬，第 14、新编第 22 师由沟帮子、打虎山一线沿北宁路向沈阳进攻。3 月 13 日抵达沈阳。3 月下旬，第 14、新编第 22 师进攻南满。3 月 21 日占辽阳，4 月 2 日占鞍山，5 月 3 日占本溪。5 月 9 日，第 14 师、新编第 22 师集结开原，北援四平。5 月 21 日，第 207 师(欠 1 个团)占领西安(今辽源)。5 月 23 日，第 14、新编第 22 师占长春，随后，新编第 22 师以主力守备长春市区，一部与第 14 师向永吉及其以南进攻，28 日占永吉，6 月 2 日攻取桦甸。第 207 师(欠 1 个团)由海龙北攻磐石、黑石镇及桦甸。

1946 年 8 月，第 207 师脱离建制，该军改由长春等地返回鞍山。9 月，驻沈阳、辽阳。10 月，该军参加辽东扫荡作战(1946 年 10 月上旬至 12 月下旬)。12 月初，新编第 22 师由南满北调。12 月底，新编第 22 师回援本溪、桓仁。同年 12 月至 1947 年 3 月，新编第 22 师多次进攻临江。4 月，该军驻鞍山、本溪，执行机动任务。

1947 年 6 月，第 169 师拨入，该军改辖第 14、第 169、新编第 22 师。6 月 27 日，由沈阳北上，作为北进兵团参加四平会战(1947 年 6 月中旬至 7 月上旬)，战后退守铁岭、沈阳、抚顺。

1947 年 9 月，第 14 师拨隶新编第 3 军，暂编第 62 师拨入，该军改辖第 169、新编第 22、暂编第 62 师。9 月，主力由铁岭西调锦州，10 月 7 日回师铁岭②。1948 年 2 月 17 日，暂编第 62 师弃守法库向开原方向突围，一部于 19 日在庆云堡、大房身、何家油房地区被歼灭，27 日余部在法库被歼灭。

1948 年 8 月上旬，暂编第 62 师干部由沈阳空运锦州，改隶第 9 军。10 月，该军由沈阳出发增援锦州，28 日在黑山、打虎山以东地区被歼灭，新编第 22 师、第 169 师师长罗英、张羽仙被俘。军长李涛在战后被俘。

历任军长：

廖耀湘(1944.4－)

李涛(－1948.11.16 被俘)

---

① 《何应钦报告各部队作战部署密电》(1944 年 12 月 25 日)《中华民国驻印军缅北会战经过概要》(1945 年 7 月)，《中华民国史档案资料汇编》第 5 辑第 2 编军事(4)，第 442、第 464 页。

② 郑洞国：《我的戎马生涯——郑洞国回忆录》，第 464 页。

新编第 7 军

1927 年 4 月,南京国民政府任命钮永建为新编第 7 军军长,该军未成立。

①伪军(1940.8－1945.7)

1940 年 8 月,反正伪军与东北义勇军、抗日同盟军张人杰、宋克宾、李忠毅、曹大中等部编成暂编第 24、暂编第 25、暂编第 26 师,在河南合编为新编第 7 军[①],隶属第 8 战区第 34 集团军。1941 年,暂编第 26 师参加豫南会战(1941 年 1 月 22 日至 2 月 11 日)。7 月,该军驻陕西三原。1942 年 3 月,驻邠县。5 月,改隶第 37 集团军。1945 年 7 月,该军及暂编第 24、第 26 师在韩城被撤销番号,暂编第 25 师改隶第 3 军。

历任军长:

张人杰(1940.8－1941.4)

宋克宾(1940.10 代理－1941.5)

彭杰如(1941.4.4－1945.4)

吉章简(代理)

钟松(1945.4－1945.7)

②中央军(1947.9－1948.10)

1947 年 9 月,新编第 38、暂编第 56、暂编第 61 师在长春编成新编第 7 军,隶属第 1 兵团。1948 年 10 月 19 日,军长李鸿率三个师在长春投诚。

历任军长:

李鸿(1948.5.21－1948.10.19 投诚)

③湘军(1949.4－1949.11)

1949 年 4 月,湖南地方部队在零陵成立新编第 7 军[②],下辖第 1、第 2、第 3 师,师长分别为唐季侯、段政、邱企藩。11 月 1 日在湖南道县起义。

历任军长:

颜仁毅

新编第 8 军

1927 年 2 月 27 日,蒋介石任命镇嵩军将领姜明玉为新编第 8 军军长[③]。6 月 20 日,蒋介石再次任命姜明玉为新编第 8 军军长[④]。姜明玉均未就任。

①河北地方部队(1941.3－1945.10)

1941 年 3 月,新编第 6 师和新编第 13 旅、冀察战区游击第 9 纵队、新编第 4 旅所属 1 个

---

① 《新编第 7 军战史资料》,全宗号 787,案卷号 6780。

② 陶松:《桂系军阀的溃灭》,《文史资料存稿选编》第 18 卷,第 309 页。

③ 《蒋中正总统档案·事略稿本》(1),第 101 页。

④ 《蒋介石任命樊钟秀等为军长》,《时报》1927 年 6 月 22 日,第 1 张(2)。

团在河南濮阳合编为新编第 8 军,下辖新编第 6 师、暂编第 29 师,隶属冀察战区第 39 集团军[①]。在洛阳参加豫中会战(1944 年 4 月中旬至 6 月中旬)。战后,新编第 6 师与第 29 军所属暂编第 16 师对调。9 月,新编第 6 师归建,暂编第 16 师改隶第 13 军,该军仍辖新编第 6 师、暂编第 29 师。后在内乡参加豫西鄂北会战(1945 年 3 月下旬至 5 月下旬)。

1945 年 8 月 14 日,该军改隶第 11 战区,第 181 师拨入(未归建,10 月改隶第 55 军)。9 月,该军由嵩县经广武、郑州北渡黄河,进占新乡。10 月 14 日,由新乡沿平汉路北进,参加冀南作战(1945 年 10 月 14 日至 11 月 4 日),15 日占汤阴,18 日抵达安阳。30 日在河北邯郸马头镇起义。11 月 10 日改编为民主建国军。

历任军长:

高树勋(1941.5 兼任一)

胡伯翰

高树勋(一1945.10.30 起义)

②中央军(1948.8一1948.10)

1948 年 8 月上旬,第 88 师、暂编第 54 师、暂编第 55 师在辽宁锦州编成新编第 8 军,隶属东北"剿总"锦州指挥所,暂编第 54 师防守高桥,主力驻锦州。10 月 15 日,该军被歼灭,第 88、暂编第 54 师师长黄文徽、黄建墉被俘,暂编第 55 师长安守仁投诚。

历任军长:

沈向奎

新编第 9 军

1927 年初,蒋介石任命吴佩孚所属第 18 混成旅旅长于学忠为新编第 9 军军长,于未就。

新编第 10 军

①河南地方部队(1926.9一1926.10)

1926 年 9 月,河南民军袁英部在正阳接受新编第 10 军番号。10 月,改称暂编第 2 军。

历任军长:

袁英

②湖北地方部队(1927.6一1928.1)

1927 年 6 月,独立第 14 师(1927 年 1 月,鄂军第 1 师在湖北宜昌改编为独立第 14 师,师长夏斗寅)在湖北蕲水扩编为新编第 10 军。7 月,驻湖北罗田、安徽宿松。9 月初隶属中央军,自安徽马鞍山采石矶渡江追击孙传芳军,9 月 10 日占全椒,后占滁县。11 月 16 日占

[①] 《各部队各训练机关主官简历驻地与部队沿革手册》,全宗号 627,卷宗号 1117。

蚌埠。12 月,进攻徐州①。1928 年 1 月,改称第 27 军②。

历任军长:

夏斗寅

新编第 11 军

①中央军(1938.11－1939.2)

1938 年 11 月 1 日,在湖南湘潭成立新编第 11 军,下辖第 200 师、新编第 22 师、第 77 师,隶属军委会。同月,第 77 师拨隶第 73 军,荣誉第 1 师拨入。随后第 200 师及军直属部队驻广西全县、荣誉第 1 师驻湖南零陵、新编第 22 师驻湖南东安整训。1939 年 2 月,改称第 5 军③。

历任军长:

徐庭瑶(1938.11.15 兼任一)

杜聿明(1939.1.14 代理一)

②中央军(1940.4－1941.5)

1940 年 4 月,第 5 师、新编第 33 师、荣誉第 1 师在湖南编成新编第 11 军(新编第 33 师驻防鄂西未曾归建,7 月改隶第 2 军),直属第 6 战区。该军成立后即开衡阳。1 个月后,荣誉第 1 师和第 5 师开赴鄂西宜都、枝江,参加枣宜会战(1940 年 5 月 1 日至 7 月 4 日)。6 月 16 日,第 5 师反攻宜昌、当阳。7 月,第 103 师调入④,该军改辖第 5、第 103、荣誉第 1 师,防守宜昌以西、宜都以北沿长江南岸一带。1941 年 5 月,该军改称第 8 军。

历任军长:

郑洞国(1940.4一)

新编第 12 军

1927 年 8 月,孙祥夫被任命为新编第 12 军军长⑤。未成军。

①川军刘文辉部(1940.6－1942.6)

1940 年 6 月,在四川双流成立新编第 12 军,军部以第 137 师师部扩编而成,辖第 34 师(驻山西平陆)、新编第 37 师。11 月,军部移驻陕西陇县,隶属第 1 战区。1941 年隶属陕甘宁边区总司令部。1 月,第 34 师拨隶第 80 军。2 月,由陇县调至邻县。3 月,第 97 师拨入。6 月,第 97 师拨隶第 57 军。7 月,新编第 37 师由富平、庄里镇向陕甘宁边区推进。11 月,

---

① 《军事委员会关于击溃刘兴等部并部署向合肥进攻给贺耀祖令》(1927 年 10 月 23 日)、《参谋厅关于西征与北伐各路军军事情报》(1927 年 10 月 26 日)、《何应钦报告攻克徐州经过电》(1927 年 12 月 19 日)、《中华民国史档案资料汇编》第 5 辑第 1 编军事(1),第 544、第 542、第 431 页。

② 《第 13 师作战史略》,全宗号 787,案卷号 16736。

③ 高兴恩等编纂:《国民革命军陆军第五军军史》,第 5 页。

④ 郑洞国:《我的戎马生涯——郑洞国回忆录》,第 255—259 页。

⑤ 《孙祥夫任新十二军长》,《民国日报》(上海),1927 年 8 月 5 日,第 3 张第 3 版。

暂编第 58 师拨入。1942 年 3 月,该军担任陕北封锁线第四守备区,新编第 37 师驻甘肃正宁[①]。6 月,该军番号撤销,暂编第 58 师、新编第 37 师分别改隶第 91、第 80 军。

历任军长:

刘元瑭(1940.6—1942.6)

②中央军(1949.12)

1949 年 12 月初,国防部新兵训练处所属两个纵队在四川编组新编第 12 军,辖第 1、第 2、第 3、第 4 师及两个独立旅。12 月 29 日,军长彭杰率部在成都起义,并入中国人民解放军第 60 军。

历任军长:

彭杰(—1949.12.29 起义)

新编第 13 军

①中央军(1927.10—1928.1)

1927 年 10 月 10 日,在广州长堤成立新编第 13 军,下辖第 18、新编第 3、新编第 4 师,师长分别为苏世安、黄慕松、张春浦[②],隶属第 8 路军。11 月,该军进驻湖南宜章讨伐唐生智[③]。12 月,回师广东,在东江追击张发奎部,新编第 3 师改隶张发奎第 4 军。1928 年 1 月,该军北上,新编第 4 师独立团、特务营等在南雄合编为新编第 5 师,进入江西后,第 18 师改称新编第 6 师,该军改称第 46 军。

历任军长:

方鼎英

②滇军卢汉部(1949.9—1949.10)

1949 年 9 月,云南保安团队编成新编第 13 军,隶属云南绥靖公署。10 月,改称第 74 军。

历任军长:

余建勋

新编第 14 军

滇军卢汉部(1949.9—1949.10)

1949 年 9 月,云南保安团队编成新编第 14 军,隶属云南绥靖公署。10 月,改称第 93 军。

历任军长:

龙泽汇

---

① 《新编第 12 军部队编成及历史》,全宗号 787,案卷号 16798。

② 方鼎英:《黄埔军校"清党"回忆》,《文史资料选辑》第 60 辑,第 164 页。

③ 《第 51 师战斗略史》,全宗号 787,案卷号 16742。

暂编第 1 军

1926 年 12 月,蒋介石任命中央(北洋)陆军第 7 师(五省联军孙传芳部)师长冯绍闵为暂编第 1 军军长。冯未接受。

①直鲁联军(1928.9)

1928 年 9 月,北平行营以蒋介石的名义任命刘珍年为暂编第 1 军军长,所部由直鲁联军第 4 军等组成,下辖 5 个师,刘自兼第 1 师师长,刘开泰、何益三、李锡桐、施中诚分任第 2、第 3、第 4、第 5 师师长。1929 年 5 月,缩编为新编第 3 师①。

历任军长:

刘珍年

②晋绥军(1939.7—1940.10)

1939 年 7 月,在山西编成暂编第 1 军,辖第 66、第 70 师及第 214 旅,隶属第 2 战区第 8 集团军②。第 66、第 70 师参加第 2 战区 1939 年冬季攻势(1939 年 12 月 10 日至 1940 年 2 月 2 日)。1940 年 10 月,该军番号裁撤,第 66、第 70 师及第 214 旅直隶于第 2 战区司令长官部。

历任军长:

傅存怀

③中央军(1944.9—1945.6)

1944 年 9 月,第 33、暂编第 62 师在河南组成暂编第 1 军,隶属第 1 战区第 19 集团军。10 月,暂编第 62 师改隶 89 军。第 117 师拨入,旋即改隶暂编第 9 军。同月,新编第 29 师拨入。1945 年 6 月,暂编第 1 军改称第 97 军。

历任军长:

王毓文(1944.9—1945.6)

④中央军(1949.5—1949.9)

1949 年 5 月,苏南地方民团编成暂编第 1 军,驻守崇明岛,辖暂编第 9、暂编第 10、暂编第 11 师。5 月 31 日,暂编第 11 师副师长刘贺田率所属第 32、第 33 团和暂编第 10 师所属第 30 团共 1987 人在崇明岛起义。5 月 31 日,该军撤往浙江舟山。9 月,番号撤销,缩编为第 71 师。

历任军长:

董继陶

暂编第 2 军

①河南地方部队(1926.10—1927.1)

---

① 《陆军各部队成立沿革纪要(第 1 辑)》,全宗号 787,案卷号 16721。

② 《国民党陆军兵力统计战斗序列表》(1940 年 7 月 16 日)、《中华民国史档案资料汇编》第 5 辑第 2 编军事(1),第 760 页。

1926年10月,新编第10军改称暂编第2军。1927年1月27日,番号撤销。

历任军长:

袁英

②国民二军旧部(1927.6—1928.3)

1927年6月,原国民二军李纪才部改编为暂编第2军[①],驻湖北襄阳。1928年3月,改称第2集团军第19军[②]。

历任军长:

李纪才(1927.6.20—)

③中央军(1939.11—1945.9)

1939年11月,广东保安处所属保安团编成暂编第2军,辖暂编第7、暂编第8师和预备第6师(预备第6师长期在揭阳归闽粤赣边区指挥),隶属第4战区。暂编第7、暂编第8师参加1939年冬季攻势作战(1939年12月8日至1940年1月16日)。1940年1月5日进攻广东英德。7月,驻清远。8月,改隶第7战区,隶属第35集团军。

1941年,军部率暂编第7、暂编第8师进入湖南增援第9战区,参加第二次长沙会战(1941年9月7日至10月12日),战后返回广东。1943年底,军部率暂编第7师进入湖南,隶属9战区第27集团军副总司令(欧震)部参加常德会战(1943年11月2日至1944年1月5日)。军部率暂编第7、暂编第8师在株洲渌口、朱亭参加长衡会战(1944年5月下旬至8月上旬)[③]。6月17日,暂编第7师弃守株洲。1944年9月至1945年8月,驻永兴、宜章。1944年12月,改隶9战区。军部率暂编第7、暂编第8师和预备第6师参加湘粤赣边区作战(1945年1月中旬至2月中旬)。1945年9月,该军及暂编第7、暂编第8师番号撤销,官兵并入第4军,预备第6师直隶于第9战区司令长官部。

历任军长:

邹洪(1939.11.23—1942.5)

古鼎华(1942.5—1944.3)

沈发藻(1944.3—)

暂编第3军

①国民三军旧部(1927.4—1928.4)

1927年4月,国民三军梁寿恺部在河南接受暂编第3军番号,参加北伐。6月11日,武汉国民政府军事委员会令该军隶属冯玉祥节制指挥。1928年4月,取消番号。

历任军长:

梁寿恺

---

① 《蒋介石任命樊钟秀等为军长》,《时报》1927年6月22日,第1张(2)。

② 《国防部本部隶属各部队主官简历驻地与部队沿革手册》,全宗号783,卷宗号393。

③ 《军令部拟长衡会战经过战斗要报》(1944年8月26日),《中华民国史档案资料汇编》第5辑第2编军事(4),第145页。

②晋绥军傅作义部(1940.6－1948.9)

1940年6月,暂编第11和暂编第17师和新编骑兵第3师在绥远编成暂编第3军,隶属第8战区副总司令长官(傅作义)部。1942年10月,新编骑兵第3师拨隶骑兵第4军,暂编第10师拨入,该军辖暂编第10、暂编第11、暂编第17师,守备五原、东胜、安北等地①。1945年隶属第12战区。抗战胜利时军部在绥远东胜,暂编第17师进入包头。参加绥包战役(1945年10月18日至12月7日)②。

1946年9月,暂编第10师留守归绥,暂编第11、第17师由归绥向集宁进攻,9月5日攻占卓资山。9月10日在集宁作战,暂编第11师被歼灭大部。10月初,两个师由集宁向张家口进逼,参加张垣(张家口)会战(1946年9月20日至11月11日)。11月占领察哈尔张家口、宣化、怀来地区。

1947年初,暂编第17师与第35军所属新编第31师对调,该军改辖新编第31、暂编第10、暂编第11师。5月主力驻扎山西阳高至察哈尔怀来一线。10月,暂编第10、暂编第11师出关作战,进驻辽宁新民。11月1日,自四平北进,旋返回关内。

1947年12月,该军由察哈尔移驻北平。暂编第10、暂编第11师参加平汉路北段以西地区作战(1947年12月至1948年1月)。1948年1月7日,南下增援保定。

1948年2月,暂编第11师与暂编第4军所属暂编第27师对调,该军改辖新编第31、暂编第10、暂编第27师。3月下旬,军主力进至宣化、下花园。4月上旬,暂编第27师驻宣化、怀来一线,主力开抵柴沟堡。5月,到延庆。5月22日,暂编第27师由山西大同驰援应县。6月中旬,该军自平谷地区开往冀东。6月下旬,西调蓟县。7月中旬,调赴平汉路北段。9月,改称第104军。

历任军长：

傅作义

孙兰峰(1940.6－)

袁庆荣(1945.8.4－1946.4.5)

董其武(1946.4.5－)

安春山(1948.2.17－)

暂编第4军

1927年初,蒋介石任命河南地方部队将领高汝桐为暂编第4军长。高未就任。

①晋绥军傅作义部(1940.6－1942.10)

1940年6月,暂编第10师、新编骑兵第4师及独立第203旅在绥远五原编成暂编第4军,隶属第8战区副总司令长官(傅作义)部。1942年10月,暂编第10师改隶暂编第3军,

---

① 《暂编17师抗战期间在绥行动概见表及战斗补充战绩一览表》,全宗号787,案卷号6668。
② 《国防部本部隶属各部队主官简历驻地与部队沿革手册》,全宗号783,卷宗号393。

204

该军改称骑兵第 4 军①。

历任军长:

董其武(1940.6—1942.10)

②中央军(1943.12—1945.6)

1943 年 12 月,第 47 师、暂编第 4 师在河南编成暂编第 4 军,隶属第 1 战区第 14 集团军。在宜阳、龙门附近参加豫中会战(1944 年 4 月中旬至 6 月中旬),战后移驻陕西雒南休整。1945 年 1 月,改称第 27 军。

历任军长:

谢辅三(1943.12—)

③晋绥军傅作义部(1947.10—1948.9)

1947 年 10 月,第 210 师和暂编第 26、暂编第 27 师编成暂编第 4 军,驻察哈尔张家口、宣化地区。12 月,隶属华北"剿总"。1948 年 2 月,暂编第 26 师与第 35 军所属新编第 32 师对调,暂编第 27 师与暂编第 3 军所属暂编第 11 师对调,该军改辖第 210 师和新编第 32、暂编第 11 师②。3 月上旬,主力守备平绥路南口至张家口段。3 月下旬,第 210、暂编第 11 师进至柴沟堡、怀安。4 月上旬,退守张家口。9 月,改称第 105 军。

历任军长:

袁庆荣

暂编第 5 军

①国民军三军旧部(1927.4—1927.6)

1927 年 4 月,国民军三军庞炳勋部在河南接受国民政府授予的暂编第 5 军番号。6 月,改隶第 2 集团军第 9 方面军,改番号为第 20 军。

历任军长:

庞炳勋

②中央军(1944.12—1945.7)

1944 年底,在陕西西安成立暂编第 5 军,下辖新编第 41、预备第 8 师,隶属第 1 战区第 36 集团军。1945 年 7 月,该军及所属两个师撤销番号。

历任军长:

李汉章

③中央军(1949.10—1949.12)

1949 年 10 月中旬,粤桂东边区"清剿"指挥部所属第 1、2 挺进纵队及第 321 师在广东编成暂编第 5 军,隶属华南军政长官公署。10 月,该军沿西江向粤桂边境撤退。11 月 30 日至 12 月 1 日,第 321 师在廉江被歼灭。该军番号随即撤销。

---

① 《各部队各训练机关主官简历驻地与部队沿革手册》,全宗号 627,卷宗号 1117。

② 台北"国史馆"藏《蒋中正档案》之《革命文献(戡乱部分)》第 17 册,第 206 页。

历任军长：

喻英奇（－1949.11.30 被俘）

暂编第 6 军

①河南地方部队（1927.4－1928.3）

1927 年 4 月，石德纯组织的皖豫联军在河南固始接受暂编第 6 军番号。7 月，驻安徽颍上、阜阳。1928 年 3 月，番号撤销。

历任军长：

石德纯

②中央军（1949.11－1950.1）

1949 年 11 月 1 日，广东保安部队在北海编成暂编第 6 军。12 月在海南岛。1950 年 1 月，该军番号撤销，官兵并入第 59 师。

历任军长：

薛叔达

暂编第 7 军

①黔军李燊部（1926.11－1927.4）

1926 年 11 月，黔军第 1 师扩编为暂编第 7 军。1927 年 1 月 6 日，军长李燊在四川西阳就职①。该军在湘、鄂一带作战。2 月，收编第 9、第 12 军各一部。4 月 13 日，改称第 43 军。

历任军长：

李燊（1926.11.4②－）

③中央军（1949.11－1950.1）

1949 年 11 月，广东保安部队改编为暂编第 7 军。1950 年 1 月，番号撤销，官兵并入第 90 师。

暂编第 8 军

中央军（1949.11－1949.12）

1949 年 11 月，湖北省政府人员、湖北绥靖司令部及保安部队在四川万县组成暂编第 8 军③，辖暂编第 22、第 23、暂编第 24 师，隶属第 3 兵团，驻守大巴山、巫山一线。12 月初，由万县抵达渠县。途中，军长李朗星脱离部队，朱鼎卿兼任军长。12 月 26 日，暂编第 22、暂编第 24 师在新都石板滩起义，暂编第 23 师在金堂赵镇起义。

历任军长：

---

① 《粤汉汇闻》，《时报》1927 年 1 月 26 日，第 1 张(2)。

② 《蒋介石年谱初稿》，第 766、第 777 页。

③ 朱鼎卿：《从就任湖北省政到川西起义的经过》，《湖北文史资料》第 9 辑，第 32 页。

李朗星

朱鼎卿(兼任—1949.12.26 起义)

暂编第 9 军

①中央军(1940.10—1943.4)

1940 年 10 月,暂编第 32、暂编第 33、暂编第 34 师和第 194 师在浙江金华编成暂编第 9 军,隶属第 3 战区第 10 集团军。1941 年 9 月,暂编第 32 师、第 194 师拨出,暂编第 35 师拨入,该军改辖暂编第 33、暂编第 34、暂编第 35 师。1942 年 5 月,改隶第 25 集团军,分驻永康、武义、丽水等地。参加浙赣会战(1942 年 5 月中旬至 9 月上旬)。6 月退驻宣平。

1942 年 10 月,暂编第 33 师改隶第 88 军,该军调赴湖北改隶第 6 战区。12 月,改隶长江上游江防司令部。1943 年 1 月,暂编第 34、暂编第 35 师分别改隶第 18、第 94 军①,该军改辖第 185、第 199 师②。4 月,改称第 66 军。

历任军长:

冯圣法(1940.11—1943.1)

方靖(1943.1—)

②东北军(1943.4—1944.10)

1943 年 4 月,第 111、第 112 师在安徽阜阳编成暂编第 9 军,隶属第 1 战区第 19 集团军。1944 年 1 月,第 111 师在界首构筑国防工事,5 月袭击商邱。2 月到 9 月,第 112 师驻阜阳整训。

1944 年初,暂编第 30 师拨入,该军改辖第 111、第 112 师和暂编第 30 师,隶属第 1 战区副司令长官(汤恩伯)部第 19 集团军,在太和③参加豫中会战(1944 年 4 月中旬至 6 月中旬)。9 月,军至太和,守备蒙城、涡阳、亳县④。10 月,暂编第 30 师改隶第 96 军,该军改称第 12 军。

历任军长:

霍守义(1943.4.22—)

③中央军(1944.10—1945.7)

1944 年 10 月,第 117、暂编第 27 师在安徽阜阳编成暂编第 9 军,隶属第 10 战区。1945 年初,该军驻湖北兴山。暂编第 27 师参加豫西鄂北会战(1945 年 3 月下旬至 5 月下旬)。7 月,第 117 师改隶第 12 军,该军及暂编第 27 师番号撤销。

历任军长:

傅立平(1944.10.23—)

① 《国防部本部隶属各部队主官简历驻地与部队沿革手册》,全宗号 783,卷宗号 393。
② 《第 6 战区各军师沿革简史》,全宗号 787,案卷号 16768。
③ 《蒋鼎文拟中原大战经过概要》(1944 年 6 月),《中华民国史档案资料汇编》第 5 辑第 2 编军事(4),第 65 页。
④ 《国防部本部隶属各部队主官简历驻地与部队沿革手册》,全宗号 783,卷宗号 393;《暂编第 9 军霍守义部在鲁苏行动概见表》,全宗号 787,卷宗号 6641。

④中央军(1949.11—1949.12)

1949年11月,湖北省政府人员、湖北绥靖司令部及保安部队在四川万县组成暂编第9军,下辖暂编第25、暂编第26师,守大巴山、巫山一线。12月5日,暂编第25、暂编第26师由川东向川西撤退至大竹地区投诚,12月20日军部在金堂县起义。

历任军长:

杨达(兼任—1949.12.20起义)

暂编第10军

1928年6月,蒋介石任命孙传芳部将领马葆珩为暂编第10军军长①。马未接受(马后接受第3集团军第5军团第3军军长的任命。1928年10月,第5军团缩编为第43师)。

暂编第11军

五省联军(1927.6—1927.11)

1927年6月17日,国民革命军独立第5师②扩编为暂编第11军,辖5个师。张敬芝、阎统贯、秦庆霖分任第1、第2、第3师师长,张敬尧、袁家骧为教导第1、教导第2师师长。7月初,该军经山东金乡向济宁攻进。同月下旬,退至安徽亳县。8月4日,袁家骧与张敬尧扣押军长马祥斌回归直鲁联军,袁家骧被部下枪杀。9月中旬,该军隶属左翼军,与孙传芳军相持与定远以南。11月6日,马祥斌在济南被张宗昌杀害,该军缩编为独立第5师(刘和鼎任师长③,1929年1月并入第56师)。

历任军长:

马祥斌(1927.6.28—)

刘和鼎(代理)

暂编第13军

河南地方部队(1927.4—1927.10)

1927年4月,蒋介石任命李振亚为暂编第13军军长④。10月,该部在河南禹县被第2集团军韩复榘、吉鸿昌部击败。

历任军长:

李振亚

---

① 《革命文献》第21辑,第4063页;《蒋中正总统档案·事略稿本》(3),第498页。

② 1927年3月12日,安徽陆军第2混成旅旅长马祥斌在六安就任国民革命军独立第5师师长,以刘和鼎任参谋长。该师收编安徽陆军第4旅全部及第1旅一部,与所部第2旅合编成3个旅,以张敬芝、秦庆霖、阎统贯为第9、第10、独立第1旅旅长。6月1日,直鲁联军张敬尧、袁家骧部投降马祥斌。张从典:《我所知道的刘和鼎及其部队》,《建瓯文史》第7辑,第67—68页。

③ 《第56师史略》,全宗号787,案卷号16743。

④ 《第二期北伐之军事状况》,《广州民国日报》1927年4月12日,第3版。

暂编第 15 军

①顺庆泸州起义军(1927.4—1928.6)

1927 年 4 月 18 日,武汉中政会任命刘伯承为暂编第 15 军军长,统辖顺庆、泸州起义部队。顺庆起义部队编为第 1、第 2、第 3 路军,黄慕颜、秦汉三、杜伯干分任司令。1928 年 5 月,该部到达鄂西。第 3 路突遭第 30 军夜袭,部队损失殆尽。第 2 路被第 2 军等部强行改编。泸州起义部队编为第 4 路、第 5 路,陈兰亭、袁品文分任司令。刘伯承将袁部划出部队编为第 6 路,皮光泽任司令。6 月 4 日,起义军到达贵州桐梓,陈兰亭率部投靠杨森,袁、皮两部被周西成收编①。

历任军长:

刘伯承

②中央军(1941.9—1944.12)

1941 年 9 月,反正归来的刘昌义部(1940 年春,刘昌义率领的察哈尔义勇军在河南温县诈降日军)在河南偃师编为暂编第 15 军,辖暂编第 27 师、暂编第 1 旅。1942 年 10 月,移驻西平,隶属第 31 集团军。1943 年 2 月,暂编第 1 旅改隶第 15 集团军。11 月,新编第 29 师编入,该军改辖新编第 29、暂编第 27 师,驻新郑整训②。11 月,改隶第 28 集团军。

1944 年,暂编第 27 师担任中牟境内河防,新编第 29 师守卫许昌,隶属第 1 战区副司令长官(汤恩伯)部第 28 集团军参加豫中会战(1944 年 4 月中旬至 6 月中旬)。5 月 1 日,新编第 29 师师长吕公良在许昌重伤阵亡。6 月,暂编第 27 师与第 85 军所辖预备第 11 师对调。旋,预备第 11 师改隶第 29 军,暂编第 27 师归建。10 月,该军番号撤销,新编第 29、暂编第 27 师分别改隶暂编第 1、暂编第 9 军。

历任军长:

刘昌义(1943.4—)

暂编第 16 军

1927 年 6 月,武汉国民政府任命吴佩孚部将领马吉第为暂编第 16 军军长。马未接受。

暂编第 19 军

陕西地方部队(1927.6—1928.1)

1927 年 6 月 13 日,武汉国民政府下令将高桂滋部③扩编为暂编第 19 军,下辖第 1、第

---

① 匡珊吉等:《顺泸起义》,四川大学出版社 1988 年版,第 92—197 页。

② 陈正风:《转战豫中》,《文史资料选辑》第 130 辑,第 2 页。

③ 该军源于陕西靖国军。1919 年时该部为陕西靖国军总司令部直辖步兵营,营长高桂滋。1922 年,高部随陕西陆军第 1 师胡景翼出潼关,1924 年,扩编为国民二军第 3 补充旅。1926 年,改编为河南毅军第 5 混成旅。1926 年 12 月,改编为国民革命军独立第 8 师。《国军部队沿革》(一集)。

2、第3师,师长王守义、邢肇棠、刘天禄,驻河南。1928年1月,改称第47军[1]。

历任军长:

高桂滋

暂编第 20 军

湘军(1927.6－1927.8)

1927年6月,武汉国民政府将独立第15师(1927年2月由第9军所属第1师改编而成)扩编为暂编第20军,下第1、第2、第3师,师长贺锦斋、秦光远、周逸群,隶属第2方面军。8月1日,该军参加南昌起义,被撤销番号。

历任军长:

贺龙(1927.6.15[2]－)

骑兵军

东北军(1935.7－1937.8)

1935年7月,骑兵第1、骑兵第2、骑兵第3、骑兵第4、骑兵第5、骑兵第6、骑兵第10师和骑兵第1、骑兵第11、骑兵第13旅及第105师所属骑兵团合编为骑兵军,下辖骑兵第3、骑兵第4、骑兵第6、骑兵第7、骑兵第10师[3]。8月,军部率骑兵第3、骑兵第6、骑兵第7、骑兵第10师及骑兵第4师所属第10团(骑兵第4师所属其余两个团留驻河北大名,隶属第53军指挥)进至陕西咸阳、宝鸡和甘肃庆阳地区,隶属西北"剿匪"总司令部,"围剿"陕北红军。

骑兵第3师。1935年11月中旬该部在甘肃宁县集结。1936年6月至7月进攻宁夏五营、甘肃固原以北的七营。西安事变前驻宁夏豫旺,事变后调七营集中后南进。

骑兵第6师。1935年10月21日,在陕北靖边吴起镇受到重创[4]。11月中旬该部在甘肃庆阳、合水、太白镇附近集结。西安事变前驻合水以南的张堡,事变后调陕西邠县、乾县、西安一带护路。

骑兵第7师。1935年8月由西兰大道开甘肃平凉、泾川。8月调西安,9月到平凉。11月中旬该部由固原、平凉地区向宁夏黑城镇、海原推进。1936年11月22日开抵山西大同。1937年7月,该师脱离骑兵军建制。

骑兵第10师。1935年10月驻陕西邠县、长武一带。11月中旬该部集结陇县、凤翔,防止红一、四方面军东进。1936年12月,由宁夏团城子、同心城开赴陕西蒲城布防。1937年2月,该师脱离骑兵军建制。

1937年7月,军部率骑兵第3、骑兵第6师及骑兵第4师所属第10团,由陕西咸阳经风

---

① 《陆军各部队成立沿革纪要(第1辑)》,全宗号787,案卷号16721。
② 《国民政府令》,《汉口民国日报》1927年6月17日,第1张新闻第1页。
③ 《各部队各训练机关主官简历驻地与部队沿革手册》,全宗号627,卷宗号1117。
④ 马培清:《东北军骑兵师吴起镇被歼灭目睹记》,《文史资料选辑》第62辑,第203页。

陵渡过黄河到晋北。8月,改称骑兵第2军。

历任军长:

何柱国

骑兵第1军(整编骑兵第1师)

①西北军(1927.9—1928.11)

1927年9月,第2集团军成立骑兵第1军。1928年4月,隶属第9方面军在河南安阳、河北大名作战。6月1日到河间,6月初到达武清、三河。由深泽以东经肃宁、任邱、雄县北上。7月至9月在滦河肃清直鲁联军残部①。11月,缩编为第2集团军暂编骑兵第2师。

历任军长:

郑大章

②晋绥军(1933.2—1933.6)

1933年2月,晋绥军骑兵司令部所辖第1、第2旅(旅长孙长胜、吕汝骥)编成骑兵第1军,在河北参加长城抗战。6月,番号撤销。

历任军长:

赵承绶

③晋绥军(1937.9—1945.12)

1937年9月,在山西编成骑兵第1军,辖骑兵第1、第2师。隶属第2战区第6集团军,开赴察哈尔德化、商都等地参加平绥路东段方面作战(1937年8月8日至9月11日),随后参加太原会战(1937年9月12日至11月12日)。

1938年11月,第200旅拨入。1939年初,改隶第7集团军。7月,第200旅改称新编骑兵第1旅,仍隶属该军。参加1939年冬季攻势(1939年12月10日至1940年2月2日)。1940年初,移驻晋西石楼。

1941年1月,新编骑兵第1旅改称骑兵第4师,仍隶属该军。6月,改隶第13集团军。1942年7月11日,骑兵第1、第4师师长赵瑞、杨诚在平遥被俘。1943年1月至6月,该军在汾阳、平遥、介休作战。9月至12月,骑兵第1师在孝义、介休作战。1945年7月,骑兵第2师进攻陕甘宁边区。抗战胜利后,主力由孝义进驻太原,骑兵第4师进驻大同。1945年12月,该军及所属骑兵师番号撤销,军部、骑兵第1、骑兵第2、骑兵第4师分别并入第33军军部、第71、暂编第46、暂编第38师。

历任军长:

赵承绶(1937.8.31—)

白濡青

温怀光(1941.5代理—)

---

① 《冯玉祥关于进攻鲁西至克复京津军事纪实》(1928年6月)《白崇禧关于肃清关内直鲁残军军事报告》(1928年9月),《中华民国史档案资料汇编》第5辑第1编军事(1),第498、第519页。

沈瑞

④青海马步青部(1946.8－1949.9.25)

1946 年 8 月,骑兵第 5 军改称整编骑兵第 1 师,下辖骑兵第 6、骑兵第 7 旅,驻防新疆迪化等地。1949 年 9 月 25 日,在迪化、吉昌、奇台起义。12 月 29 日,改编为中国人民解放军第 22 兵团骑兵第 7 师。

历任整编骑兵师师长:

马呈祥(1949.1.1－)

韩有文(－1949.9.25 起义)

骑兵第 2 军

①东北军(1933)

1933 年 2 月,热河作战时成立骑兵第 2 军,旋溃散。

历任军长:

孟昭田

②西北军(1927.9－1928.11)

1927 年 9 月,第 2 集团军成立骑兵第 2 军。1928 年 4 月隶属第 1 方面军,在山东微山湖以西与孙传芳部作战,4 月中上旬在郓城、巨野作战,4 月中下旬在济宁地区作战。5 月 13 日占德州①。5 月 31 日攻克高阳。6 月 12 日抵达文安县胜芳镇。11 月,缩编为第 2 集团军暂编骑兵第 1 师。

历任军长:

席液池

③东北军(1937.8－1945.12)

1937 年 8 月,骑兵军改称骑兵第 2 军,下辖骑兵第 3、骑兵第 6 师及骑兵第 4 师所属第 10 团。骑兵第 6 师配属骑兵第 1 军参加平绥路东段方面作战(1937 年 8 月 8 日至 9 月 11 日)。9 月 14 日,骑兵第 3 师和骑兵第 10 团从原平出发,出阴方口、朔县,阻击从大同南下的日军,参加太原会战(1937 年 9 月 12 日至 11 月 12 日)。大同失守后,该军退守晋西北平鲁一带。在晋北神池、老营、偏关、五寨、岢岚、宁武开展游击战争。后渡过黄河,驻陕北府谷、神木。1938 年初,改属第 8 战区,移驻伊盟杭锦旗及桃力民一带。

1938 年 4 月,骑兵第 6 师改隶东北挺进军指挥。1939 年 3 月,该军驻神木休整时骑兵第 6 师归建。4 月,骑兵第 6 师无马士兵与骑兵第 3 师无马士兵合编为 1 个步兵旅②。

1939 年下半年,移驻安徽临泉县沈邱集,隶属第 1 战区,活动于豫皖边区商邱、砀山、马

---

① 《孙良诚关于进攻巨野济宁与兖州等地作战令》(1928 年 4 月 7 日－19 日)、《孙良诚进攻德州有关令》(1928 年 5 月 8 日－14 日)《冯玉祥关于进攻鲁西至克复京津军事纪实》(1928 年 6 月)、《中华民国史档案资料汇编》第 5 辑第 1 编军事(1)、第 462、489、498 页。

② 《各部队各训练机关主官简历驻地与部队沿革手册》,全宗号 627,卷宗号 1117。

牧集,复于涡阳、蒙城、亳州、界首、太和、颍上等地作战①。1941 年隶属第 5 战区第 31 集团军,参加豫南会战(1941 年 1 月 22 日至 2 月 11 日)。

1941 年 5 月,骑兵第 6 师撤销番号,骑兵团并入骑兵第 3 师,步兵旅拨隶第 92 军改称暂编第 56 师,暂编第 14 师拨入,该军改辖骑兵第 3 师、暂编第 14 师,改隶鲁苏皖豫边区第 15 集团军。1944 年在阜阳、项城一带②隶属第 1 战区副司令长官(汤恩伯)部第 15 集团军参加豫中会战(1944 年 4 月中旬至 6 月中旬)。1945 年,骑兵第 3 师所属第 7 团配属暂编第 9 军参加豫西鄂北会战(1945 年 3 月下旬至 5 月下旬)。8 月,改隶第 19 集团军,由项城、阜阳北上驰赴徐州受降。9 月由徐州北上,10 月 11 日抵达济南受降。12 月,改称第 96 军③。

历任军长:

何柱国(1937.8.31—)

徐梁(1941.5—1943.10)

廖运泽(1943.10.5—)

骑兵第 3 军

①东北军汤玉麟部(1933.2)

1933 年 2 月,骑兵第 9 旅旅长崔兴武在热河升任骑兵第 3 军军长,旋即投降日军。

历任军长:

崔兴武

②西北军和东北军(1937.8—1938.6)

1937 年 8 月,在河北成立骑兵第 3 军,下辖骑兵第 4、骑兵第 9 师。10 月随第 1 集团军由第 6 战区转隶第 1 战区,参加平汉路北段作战(1937 年 10 月至 1938 年 1 月)、津浦路北段作战(1937 年 9 月 11 日至 12 月 27 日)、豫北豫东作战(1938 年 1 月上旬至 6 月下旬)。1938 年 5 月,骑兵第 9 师配属第 69 军参加徐州会战后期作战。6 月,该军番号撤销,骑兵第 4 师改隶第 97 军。

历任军长:

郑大章(1937.8.31—)

③中央军(1941.1—1945.8)

1941 年 1 月,绥东骑兵司令部所属部队改编为骑兵第 3 军,辖骑兵第 9、骑兵第 10 师④,隶属第 8 战区陕甘宁边区总司令部。1942 年 7 月,骑兵第 10 师拨隶第 91 军。1943 年 1 月,新编骑兵第 7 师拨入,该军改辖骑兵第 9 师、新编骑兵第 7 师。1945 年 8 月,该军番号撤销,所辖两个师合并为骑兵第 9 师。

---

① 《陆军第 96 军部队沿革史概况报告书》,全宗号 804,案卷号 380。

② 《蒋鼎文拟中原大战经过概要》(1944 年 6 月),《中华民国史档案资料汇编》第 5 辑第 2 编军事(4),第 65 页。

③ 《陆军第 96 军部队沿革史概况报告书》,全宗号 804,案卷号 380。

④ 《各部队各训练机关主官简历驻地与部队沿革手册》,全宗号 627,卷宗号 1117。

历任军长：

郭希鹏(1941.1—)

贺光谦(1943.10—)

④伪军(1947)

1947 年 5 月,原伪军李守信部①改编为骑兵第 3 军,旋撤销番号。

历任军长：

李守信

骑兵第 4 军

①东北军(1937.8—1937.10)

1937 年 8 月,在河北成立骑兵第 4 军,辖骑兵第 10 师。隶属第 1 战区第 2 集团军,参加平汉路北段作战(1937 年 8 月 21 日至 9 月 24 日)。10 月中旬,调河南开封,军部旋即裁撤。

历任军长：

檀自新

②晋绥军傅作义部(1942.10—1945.7)

1942 年 10 月,暂编第 4 军在绥远改称骑兵第 4 军,所辖独立第 203 旅改为该军步兵旅。新编骑兵第 3 师拨入,该军辖新编骑兵第 3、新编骑兵第 4 师②,隶属第 8 战区副司令长官(傅作义)部③。1943 年在绥远安北卧羊台、中介旗作战④。1945 年 7 月,该军及新编骑兵第 3 师番号撤销,新编骑兵第 4 师直隶于第 12 战区司令长官部。

历任军长：

董其武

袁庆荣

骑兵第 5 军

青海马步青部(1937.9—1946.8)

1937 年 9 月,在甘肃成立骑兵第 5 军,下辖骑兵第 5 师、补充旅。1940 年,补充旅改编为步兵旅。是年秋,骑兵第 5 师进驻酒泉。1941 年 5 月,补充旅扩编为暂编骑兵第 1 师,仍隶属该军。同年,增辖暂编骑兵第 2 师。1942 年 6 月,骑兵第 5 师由酒泉调西宁,暂编第 1 师由武威、永登进入青海。1943 年前直属第 8 战区,尔后隶属第 40 集团军。1944 年春,骑兵第 5 师由西宁乐家湾移驻乐都、民和。1945 年 6 月,该军开赴新疆,戍守天山北路迪化、奇台、阜康、昌吉等地。1946 年 1 月,暂编骑兵第 2 师并入骑兵第 8 师。8 月,该军整编为整编骑兵第 1 师,下辖整编骑兵第 6、整编骑兵第 7 旅。

---

① 原伪蒙古军李守信部,抗战胜利后由国民政府授予新编第 10 路军番号。

② 《各部队各训练机关主官简历驻地与部队沿革手册》,全宗号 627,卷宗号 1117。

③ 《新编骑兵第 3 师抗战期间行动概见图表》,全宗号 787,卷宗号 6691。

④ 《骑兵第 3、4 师在绥西、孝义、中阳等地行动概见图表》,全宗号 787,卷宗号 6689。

历任军长：

马步青

骑兵第 6 军

①中央军(1937—1939.2)

1937 年 10 月,在山西编成骑兵第 6 军,辖骑兵第 7 师、新编骑兵第 4 师、新编第 5 旅,隶属第 2 战区。1938 年夏骑兵第 7 师转陕西保德休整,是年秋赴绥远后套西山嘴布防。7 月新编第 5 旅克复垣曲。1939 年 2 月,该军裁撤,骑兵第 7 师、新编骑兵第 4 师、新编第 5 旅均直隶于第 8 战区副司令长官(傅作义)部。

历任军长：

门炳岳(1937.10.17—)

②中央军(1939.10—1940.6)

1939 年 10 月,在绥远成立骑兵第 6 军,辖骑兵第 7 师,新编骑兵第 4 师。新编第 5 旅暂归该军指挥,隶属第 8 战区副司令长官(傅作义)部。12 月,新编第 5 旅改编为暂编第 10 师,隶属该军。参加 1939 年冬季攻势绥西地区作战(1939 年 12 月 10 日至 1940 年 4 月 3 日)。1940 年 6 月,骑兵第 6 军番号裁撤,骑兵第 7 师改隶第 8 战区副司令长官(傅作义)部伊盟守备军,新编骑兵第 4 师、暂编第 10 师改隶暂编第 4 军。

历任军长：

门炳岳(1939.10.3—1940.5)

警卫军

1931 年 6 月 9 日,国民政府任命冯轶裴为国民政府警卫军军长兼第 1 师师长,俞济时为第 2 师师长。6 月 26 日,以顾祝同任第 1 师师长。7 月 3 日,顾任军长兼第 1 师师长[①]。1932 年 1 月,警卫军第 1、第 2 师分别改称第 87、第 88 师。

历任军长：

冯轶裴

顾祝同

东北挺进军

1937 年 8 月 21 日,在山西大同成立挺进军司令部兼办东北四省招抚事宜[②]。马占山为司令,指挥骑兵第 6 师、新编骑兵第 3 师、暂编骑兵第 1 旅。9 月,该部转进绥远。1938 年 4 月,骑兵第 6 师师长刘桂五在固阳阵亡。6 月,新编骑兵第 5 师拨入。

1938 年 8 月,改称东北挺进军。1939 年 3 月,骑兵第 6 师改隶骑兵第 2 军,该军辖新编

① 《蒋中正总统档案·事略稿本》(11),第 258、第 320、第 353 页。
② 《东北挺进军总司令部及所属新编骑兵 5、6 师沿革史》,全宗号 787,案卷号 16816。

骑兵第 3、新编骑兵第 5 师及暂编骑兵第 1、暂编骑兵第 2 旅等部。1940 年 6 月,新编骑兵第 3 师改隶暂编第 3 军。1941 年 9 月,暂编骑兵第 1、暂编骑兵第 2 旅及独立第 1、独立第 2 团及骑兵第 5 团合编为新编骑兵第 6 师,该军改辖新编骑兵第 5、新编骑兵第 6 师,隶属第 8 战区副司令长官(傅作义)部指挥。抗战期间,该军长期担任陕西北部黄河河防和伊克昭盟守备。1945 年 6 月,改隶第 12 战区。参加绥包战役(1945 年 10 月 18 日至 12 月 7 日)。后参加大同、集宁作战(1946 年 8 月 3 日至 9 月 20 日)中的大同防守。9 月 3 日,进抵凉城。9 月 9 日,进抵怀安县柴沟堡。1946 年,取消东北挺进军总指挥部。

贺兰军

宁夏马鸿逵部(1949.8－1949.9)

1949 年 8 月,马鸿逵自行编组贺兰军,辖第 257 师、保安第 1 师(师长王有禄)、保安第 2 师(师长马义忠)、骑兵第 10 旅。守卫宁夏中宁。9 月 23 日,在银川投诚。

历任军长:

马全良

卷二 1928－1950 年各师（含 1946－1949 年各整编旅、独立旅）

第 1 师(整编第 1 旅)

中央军(1928.7－1950.4)

1928 年 7 月,第 1 军所属第 2、第 22 师和第 33 军所属第 71 师在江苏徐州合并缩编为第 1 师,下辖三旅六团①。1929 年 3 月,隶属第 1 军参加讨桂作战②。4 月主力驻湖北黄陂,一旅驻汉口负责卫戍。5 月底开赴河南信阳,扩编为三旅九团。8 月驻湖北武汉。9 月,缩编为二旅六团。1930 年 1 月 10 日调驻南京。3 月开赴徐州③。隶属第 1 军团参加中原大战,5 月进攻豫东商邱、兰封。7 月初,由陇海路转津浦路。8 月 4 日攻克南驿,过大汶口,向泰安攻击前进④。是月,返回陇海路。10 月 9 日,调赴开封。独立第 12 旅所辖三团编入该师为独立旅,该师下辖三旅九团⑤。

1931 年 7 月,开赴河北隶属"剿赤"军南路集团军第 2 军团,讨伐石友三。8 月,开赴汉口⑥。1932 年 1 月,调赴无锡、苏州,准备参加对日作战。5 月,开赴安徽舒城,参加对鄂豫皖苏区的"围剿"(1932 年 6 月中旬至 9 月下旬)。8 月下旬,脱离战场,调安庆待命。9 月到湖北黄陂、黄冈一带阻击红四方面军。10 月中旬至 11 月下旬,经郧西等地向漫川关追击,至关中、陕南。1933 年初,开赴陇南一带布防。

1934 年 2 月,调赴宁夏援助马鸿逵阻击第 41 军孙殿英部。在兰州组建补充旅和骑兵团。1935 年 1 月,一部开赴四川广元、昭化一带,接替川军防务。3 月 28 日占宁羌。4 月由碧口、文县南下晴川、平武。6 月,占松潘。年底,调陇南整顿待命。1936 年 3 月,所属第 1 旅开赴晋南,阻止红一方面军东征。

1936 年 4 月,隶属第 1 军。师属补充旅、骑兵团直隶于军部。9 月,以第 1、第 2、第 3、第 4 团编为第 1、第 2 旅,仍为第 1 师,保留二旅四团制;以第 5、第 6 团及独立旅编成第 78 师。1937 年按调整师改组。1939 年 3 月,裁撤旅部,改辖三团。1946 年 5 月,整编为旅,改辖两

①　第 2 师所属第 4、第 5 团改编为第 1 师第 1 旅;第 22 师所属第 5、第 6 团及补充团改编为第 1 师第 2 旅;第 33 军一部改编为第 5 团,与第 2 师所属第 6 团编为第 3 旅。《蒋介石关于全国各军缩编为师并组织整理委员会分期进行的报告》(1929 年 3 月 15 日),《中华民国史档案资料汇编》第 5 辑第 1 编军事(1),第 641 页。

②　《蒋介石为进攻武汉制定第一集团军战斗序列致各军师长密电》(1929 年 3 月 2 日),《中华民国史档案资料汇编》第 5 辑第 1 编军事(1),第 690 页。

③　《蒋介石关于制定讨伐阎冯部署与作战计划报告》(1930 年 4 月),《中华民国史档案资料汇编》第 5 辑第 1 编军事(2),第 231 页。

④　《刘峙第一军等部为保卫归德与冯军鏖战经过报告》(1930 年 8 月 6 日－30 日),《中华民国史档案资料汇编》第 5 辑第 1 编军事(2),第 348 页。

⑤　《国防部本部隶属各部队主官简历驻地与部队沿革手册》,全宗号 783,卷宗号 393。

⑥　《刘峙关于击歼石友三与刘桂堂作战报告》(1930 年 8 月),《中华民国史档案资料汇编》第 5 辑第 1 编军事(2),第 524、535 页。

团。9月24日,该旅在山西临汾、浮山之间被歼灭,旅长黄正诚被俘。10月,在临汾重建。1948年9月,恢复师的番号。1949年10月,该师第2团一部空运西昌。12月27日,该师主力在四川邛崃被歼灭。1950年1月,以该师第2团为基础重建该师,3月12日至4月7日,在西昌被歼灭。

历任师长(整编旅旅长):

刘峙(1928.7.25一)

胡宗南(1930.6代理一1934.12.31实任一1937.4.24)

李铁军(1937.4.24一)

李正先(1938.5.12一1943.6)

杲春涌(1943.6一1945.9)

黄正诚(1945.9一1946.9.24被俘)

吴俊(一1948.4.25)

周寰(1948.4.25一)

袁书田(1949.1.15一)

朱光祖(一1950.3.29被俘)

第2师

中央军(1928.7一1950)

1928年7月,第1集团军第9军所属第3、第14师和第17军所属第54师与第9军教导团在安徽蚌埠合并缩编为第2师,下辖三旅六团。1929年3月,隶属第1军参加讨桂作战①。4月在湖北横店。4月7日在花园。6月,第2师所属第6旅与第3师所属第9旅对调。8月,驻广水②。10月6日,缩编为二旅六团。11月开赴南京。12月沿津浦路追击石友三部。12月,由南京向武汉开拔。1930年4月,驻安徽蚌埠③,增编第5旅。隶属第2军参加中原大战。5月11日,由鲁西南单县经曹县进攻豫东考城。5月至6月驻周家口。6月担任许昌至郑州沿线防务④。8月在陇海路作战。10月开赴洛阳。11月,调陕西潼关增补。1931年1月,第10师一部改编为该师独立旅。7月,开赴河北定县讨伐石友三。8月15日,由内丘开赴郑州,担任平汉路及陇海路护路任务⑤。旋调湖南。10月,由岳州调赴河

---

① 《蒋介石为进攻武汉制定第一集团军战斗序列致各军师长密电》(1929年3月2日),《中华民国史档案资料汇编》第5辑第1编军事(1),第690页。

② 《编遣委员会调查各编遣区现有部队一览表给国民政府呈》(1929年8月23日),《中华民国史档案资料汇编》第5辑第1编军事(1),第670页。

③ 《蒋介石关于制定讨伐阎冯部署与作战计划报告》(1930年4月),《中华民国史档案资料汇编》第5辑第1编军事(2),第231页。

④ 《国民党军第四十四师肖(萧)之楚部与红四方面军在鄂东战斗详报》(1930—1931年),《中华民国史档案资料汇编》第5辑第1编军事(3),第224页。

⑤ 《刘峙关于击歼石友三与刘桂堂作战报告》(1930年8月),《中华民国史档案资料汇编》第5辑第1编军事(2),第524页。

南信阳, 参加对鄂豫皖苏区的 "围剿" (1931 年 9 月下旬至 12 月)。1932 年 2 月 8 至 9 日, 在潢川东南的豆腐店地区被歼灭大部, 师长汤恩伯被撤职, 奉调开封整补。

1932 年 5 月, 独立旅改称第 5 旅 (原独立旅第 1、第 2 团拨隶第 80 师, 第 3 团分补各团), 该师改辖三旅六团。6 月, 由开封、郑州开赴信阳、明港等地, 隶属中路军第 2 纵队, 参加对鄂豫皖苏区的 "围剿" (1932 年 6 月下旬至 10 月中旬), "清剿" 豫南罗山。8 月 15 日, 所属第 4 旅第 8 团、第 6 旅第 11 团大部在七里坪被歼灭。8 月 28 日, 移师豫南光山县新集附近, 9 月 15 日移防鄂东北麻城、黄安。10 月 9 日, 在河口损失近千人, 副师长柏天民受伤。旋开赴潼关、洛阳休整, 缩编为二旅四团和一补充团①。11 月下旬, 沿着陇海路西进, 在关中追击红四方面军。

1933 年 1 月, 编入第 17 军。冬, 以保定编练所所属第 1、第 2、第 3 团编为该师补充旅。1934 年 3 月, 副师长惠济率一部南下江西参加对中央苏区的 "围剿", 1935 年 1 月归建。1935 年 2 月底, 补充旅 (旅长钟松) 由北平出发, 4 月到川北松潘, 配属第 1 师作战。6 月, 第 17 军番号撤销。7 月, 该师由北平开赴徐州、蚌埠驻防。10 月, 增设骑兵团, 补充旅开回徐州归建。12 月, 移师潼关。1936 年 3 月, 由潼关渡黄河开赴山西, 所属第 6 旅隶属太原绥靖公署第 1 路阻击红一方面军东征。4 月中旬, 调驻豫南信阳一带。6 月, 骑兵第 24 旅缩编为该师骑兵团。8 月, 按照整理师整编完毕, 下辖二旅四团, 另辖一补充旅、骑兵团。8 月底, 开赴陕西兴平县, 挺进陇南成县、徽县阻止红二方面军北进。1937 年 1 月, 回驻徐州。7 月, 补充旅改称独立第 20 旅脱离建制, 该师北上河北保定。

1937 年 8 月, 编入第 52 军。1938 年 5 月, 骑兵团建制撤销。1940 年 3 月, 撤销旅部, 改辖三团。1948 年 11 月 2 日, 在辽宁营口被歼灭。旋重建。1950 年 5 月, 到台湾。

历任师长：

顾祝同 (1928.7.25—)

上官云相

楼景樾 (代理)

汤恩伯

黄杰 (1932.5.21—)

郑洞国

赵公武 (1938.7.4—1942.7)

刘玉章 (1942.7—1948.1.14 兼任—1948.2.19 免兼)

平尔鸣 (1948.2.19 代理—1948.7.1 兼任—1948.12.1 免兼)

尹先甲

郭永 (1948.12.1—)

侯程达

---

① 《陆军各部队成立沿革纪要 (第 1 辑)》, 全宗号 787, 案卷号 16721。

第 3 师(整编第 3 旅)

①中央军(1928.7－1948.9)

1928 年 7 月,第 1 集团军第 32 军及第 9 军所属第 21 师在上海合并缩编为第 3 师,下辖三旅六团①。1929 年 5 月,由徐州开赴蚌埠。6 月,该师所属第 9 旅与第 2 师所属第 6 旅对调。8 月,驻徐州。9 月,裁撤第 7 旅旅部,改辖两旅六团。10 月,开往广州。1930 年 1 月 24 日,接防安徽蚌埠。4 月,驻防江苏徐州、宿迁、海州、盐城②。5 月,隶属第 2 军团参加中原大战,进攻河南商邱、兰封。6 月,担任确山至许昌沿线防务③。8 月,在陇海路作战。10 月开赴洛阳。1931 年 1 月,第 10 师一部改编为该师独立旅,辖三旅九团。5 月,驻华阴。7 月,集结许昌,护卫平汉路郾城至信阳段。同月,编属"剿赤"军南路集团军第 2 军团讨伐石友三。8 月 3 日,占河北获鹿。8 月 18 日起,由顺德开赴河南许昌,护卫平汉路新郑至许昌段④。

1932 年 5 月,独立旅拨隶第 89 师,第 3 师改辖二旅四团及一补充团。6 月,防守郑州至潼关。6 月 29 日从洛阳出发到罗山⑤,隶属中路军第 2 纵队参加对鄂豫皖苏区的"围剿"(1932 年 6 月下旬至 10 月中旬)。12 月,由武胜关、汉口调驻黄陂站、河口镇、黄陂城一线。1932 年 12 月至 1933 年 5 月在经扶、黄安等地"清剿"⑥。1933 年 9 月,驻江西南城。12 月 1 日,由南城向闽北开拔,12 月 17 日集中蒲城⑦。1934 年,在闽西参加对中央苏区的第五次"围剿"(1933 年 10 月至 1934 年 10 月)。8 月 31 日至 9 月 1 日,所属第 8 旅在福建连城县温坊地区被歼灭。10 月在闽西筑路。1935 年 7 月至 10 月,在浙南"围剿"红军。1936 年下半年,完成调整师改组,下辖二旅四团。

1937 年 8 月,隶属第 2 军。1938 年 6 月,改隶第 8 军。1939 年 3 月,取消旅部,改辖三团。1940 年 5 月,改隶第 10 军。1944 年 8 月 8 日,在衡阳全军覆没。1945 年 2 月 8 日,重建,移驻陕西城固整训。1946 年 5 月,整编为旅,改辖两团,隶属整编第 3 师(第 10 军改称)。9 月 3 日至 6 日,在山东定陶地区被歼灭。残部撤至河南新乡后重建。1947 年 6 月,改辖三团。12 月 25 至 27 日,在河南西平以南的祝王寨、金刚寺地区被歼灭,旅长雷自修

---

① 《蒋介石关于全国各军缩编为师并组织整理委员会分期进行的报告》(1929 年 3 月 15 日),《中华民国史档案资料汇编》第 5 辑第 1 编军事(1),第 641 页。

② 《蒋介石关于制定讨伐阎冯部署与作战计划报告》(1930 年 4 月),《中华民国史档案资料汇编》第 5 辑第 1 编军事(2),第 231 页。

③ 《国民党军第四十四师肖(萧)之楚部与红四方面军在鄂东战斗详报》(1930－1931 年),《中华民国史档案资料汇编》第 5 辑第 1 编军事(3),第 224 页。

④ 《刘峙关于击歼石友三与刘桂堂作战报告》(1930 年 8 月),《中华民国史档案资料汇编》第 5 辑第 1 编军事(2),第 524 页。

⑤ 《国民党"豫鄂皖三省剿赤中路军第二纵队"陈继承部与红军作战详报》(1932 年 6－8 月),《中华民国史档案资料汇编》第 5 辑第 1 编军事(3),第 275 页。

⑥ 《国民党军第一军陈继承部与红廿五军等部在豫南鄂东地区作战详报》(1932 年 12 月－1933 年 5 月),《中华民国史档案资料汇编》第 5 辑第 1 编军事(3),第 347 页。

⑦ 《国民党陆军第三师参加镇压"闽变"战斗详报》(1933 年 12 月),《中华民国史档案资料汇编》第 5 辑第 1 编军事(5),第 737 页。

阵亡。1948 年 1 月,整编第 3 师缩编为第 3 旅,调南阳①。9 月,改称第 114 师。

历任师长(整编旅旅长):

钱大钧(1928.7.25—1929.1.5)

毛炳文(1929.1.12—)

陈继承(—1932.5.21)

李玉堂(1932.5.21—)

赵锡田(1938.6.27—1940.5 革职查办)

胡蕴山(1940.3—1941.8)

周庆祥(1941.8—1944.8.8 投敌)

余锦源(1944.9 兼任—)

蔡雨时(1944.10—)

顾锡九(1946.3.27—)

何竹本

雷自修(—1947.12.27 阵亡)

张桐森(1948.1.27—1948.4.10)

夏建勋(1948.4.10 代理—)

②中央军(1948.5—1950.1)

1948 年 5 月,第 43 旅于辽宁塔山改称第 3 师,隶属第 9 军②。1949 年 1 月 10 日,在河南永城陈官庄被歼灭,师长周藩投诚。2 月,在南京重建,隶属第 9 军。5 月,拨隶第 8 军。1950 年 1 月,改隶第 9 军,在云南元江等地被歼灭。1 月 19 日,师长田仲达在石屏投诚。

历任师长:

周藩(1948.5.13—1949.1.10 投诚)

田仲达(1949.3.1—1950.1.19 投诚)

第 4 师

①粤军张发奎部(1928.8—1929.9)

1928 年 8 月,第 1 集团军第 4 军在山东泰安缩编为第 4 师,下辖三旅九团。11 月 15 日,在兖州。1929 年 3 月,隶属第 3 军参加讨桂,南下浦口,继而溯江而上,由江西进入湖北。4 月,到沙市、监利。9 月 17 日,师长张发奎在鄂西拥护汪精卫反对蒋介石。该师集中枝江,恢复第 4 军番号。9 月 19 日,该师旅长黄镇球、邓龙光通电表示服从蒋介石。9 月 20 日,国民政府任黄镇球为该师师长。不久黄镇球等叛蒋,率该师由湘西南下,于 11 月到广西,与李宗仁会合,组成护党救国军。

历任师长:

① 台北"国史馆"藏《蒋中正档案》之《革命文献(戡乱部分)》第 22 册,第 237—238 页。
② 胡士芬:《我所知道的李弥》,《传记文学》第 56 卷第 5 期。

缪培南(1928.8.24—)

张发奎(1929.5—1929.9.20)

黄镇球(1929.9.20—)

②中央军(1930.11—1949.1)

1930年11月,教导第2师在河南开封改称第4师,下辖三旅六团、骑兵一团,炮兵两团,特务一团。所属第10旅调江西上饶等地"围剿"赣东北苏区。1931年4月底,主力进驻湖北黄陂。7月16日,主力调赴河北大名,编属"剿赤"军南路集团军第2军团讨伐石友三。11月,该师移师湖北,"围剿"鄂豫皖苏区。1932年1月25日,所属第12旅由孝感经应城增援龙王集和陈家河,在龙王集至应城间被歼灭大部,旅长张联华被俘。2月,开赴安徽蚌埠整训。3月,所属第11旅改称独立旅,仍归该师。6月,一部留驻蚌埠,主力进驻寿县正阳关,参加对鄂豫皖苏区的"围剿"(1932年6月中旬至9月下旬)。10月下旬,返回蚌埠,担任警备及津浦路护路任务。

1933年1月,独立旅与两个补充团扩编为第25师,第4师改辖二旅四团,调驻江西①。12月13日,占资溪。12月下旬,由赣东入闽镇压福建事变。1934年2月至5月在闽北一带,7月至9月在赣南,参加对中央苏区的第五次"围剿"(1933年10月至1934年10月)。11月,移防湖北枝江。

1935年5月,编入第13军。1936年8月,按调整师改组。1937年12月,改隶第85军。1938年12月,撤销旅部,改辖三团。1942年7月,转隶第13军。1945年4月,改换美械。1949年1月21日,在北平接受和平改编。2月19日,改编为中国人民解放军独立第47师。

历任师长:

徐庭瑶(1932.5.13—1933.3.13)

邢震南(1933.3.13—1934.1.16)

冷欣

汤恩伯

王万龄(1936.4.21—)

陈大庆(1937.12.10—)

石觉(1939.2.23—1942.3)

蔡剑鸣(1942.3—1945.6)

骆振韶(1945.6—1948.9.1)

郑邦捷(1948.9.1—)

第5师

①五省联军旧部(1928.8—1938.10)

---

① 《国防部本部隶属各部队主官简历驻地与部队沿革手册》,全宗号783,卷宗号393。

1928 年 8 月,第 1 集团军独立第 7 师和独立第 37 师①合并缩编为第 5 师,下辖三旅六团,师部在上海。1928 年 11 月至 1929 年 2 月,该师主力(第 14、第 15 旅)"围剿"井冈山。1929 年 2 月 11 日,第 15 旅在瑞金大柏地被歼灭大部。4 月 7 日,驻江西各旅调集沪宁路,归还建制。9 月,缩编为二旅六团。1930 年 4 月,分驻蚌埠、怀远、上海、沪宁线②。5 月,开赴陇海路作战。10 月,由郑州移师江西九江,由鄱阳开赴万年,参加对赣东北苏区的"围剿"(1930 年 11 月至 1931 年 2 月)。战后赴南丰,参加对中央苏区的第二次"围剿"(1931 年 4 月 1 日至 5 月 30 日)。1931 年 5 月 27 日,在广昌被歼灭一部,师长胡祖玉受伤。6 月,增辖独立旅。参加对中央苏区的第三次"围剿"(1931 年 7 月 1 日至 9 月 20 日)。1932 年 6 月中旬,进入赣东北,参加对赣东北苏区的"围剿"。11 月中旬,转赴金溪、资溪,参加对中央苏区的第四次"围剿"(1933 年 1 月 1 日至 4 月 29 日),1933 年 1 月 5 日,所属第 13 旅在金溪黄狮渡被歼灭大部,旅长周士达被俘。

1933 年 9 月,所属第 14 旅扩编为第 96 师,独立旅改称独立第 36 旅并脱离建制,第 5 师改辖三团,为"剿匪"军编制,编入第 36 军。1936 年 2 月,恢复二旅四团制。1937 年 3 月,按调整师编制改组。5 月,独立第 36 旅番号撤销,官兵补充该师,改组为整理师。1938 年 9 月,该师一部编入第 167 师。10 月,第 5 师改番号为新编第 23 师。

历任师长:

熊式辉(1928.8.13—1931.1.10)

胡祖玉(—1931.6.3)

周浑元(1931.6.3—1934.3.1)

盛逢尧

谢溥福(1934.4.17—)

②中央军(1938.11—1949.1)

1938 年 11 月,在重庆成立第 5 师。1940 年 3 月,编入新编第 11 军。1941 年 5 月,隶属第 8 军(新编第 11 军改称)。1942 年 10 月,改隶第 32 军。1943 年 9 月,改隶第 94 军。1949 年 1 月 21 日,在北平接受和平改编③。2 月 19 日,改编为中国人民解放军独立第 21 师,26 日拨隶解放军第 38 军。

历任师长:

刘采廷(1938.11.1—1942.4)

---

① 《蒋介石关于全国各军缩编为师并组织整理委员会分期进行的报告》(1929 年 3 月 15 日),《中华民国史档案资料汇编》第 5 辑第 1 编军事(1),第 641 页。

② 《蒋介石关于制定讨伐阎冯部署与作战计划报告》(1930 年 4 月),《中华民国史档案资料汇编》第 5 辑第 1 编军事(2),第 231 页。

③ 《国民革命军陆军第 5 师战史》,全宗号 787,案卷号 16730;《第六战区抗战纪实附录二:战区及各集团军、军、师沿革及简史》,全宗号 787,案卷号 6714;《国军部队沿革》(一集);《各部队各训练机关主官简历驻地与部队沿革手册》,全宗号 627,卷宗号 1117;《国防部本部隶属各部队主官简历驻地与部队沿革手册》,全宗号 783,卷宗号 393;《第 5 师在襄樊一带对王俊杰部战斗详报》,全宗号 787,卷宗号 1236;《国军部队沿革》(二集);《陆军各部队成立沿革纪要(第 1 辑)》,全宗号 787,案卷号 16721。

刘云瀚(1942.4 代理－1942.12 实任－)

李则芬(1943.9 代理,不久实任－1946.4.5)

邱行湘(1946.4.5－)

杨培德

刘文英(－1949.1.21 起义)

第 6 师(整编第 6 旅)

五省联军旧部,1941 年 11 月黄埔军校出身的沈澄年出任师长(1928.8－1950)

1928 年 8 月,第 1 集团军第 26 军在山东缩编为第 6 师[①],下辖三旅六团。1929 年 1 月,移驻上海。3 月,由南京开赴九江。4 月 7 日,负责武汉卫戍。4 月 14 日起,陆续返回南京[②]。9 月,缩编为二旅六团。10 月,赴安徽霍山、广济、黄梅等地镇压第 45 师。同月,开赴湖北襄阳参加讨代冯玉祥西北军作战。11 月守备枣阳双沟,占领谷城[③]。12 月 21 日,由广水经铁路运输至河南确山任店,归第 2 路军总指挥刘峙节制,讨伐唐生智。1930 年 2 月,回师武汉。6 月,担任广水至孝感沿线防务[④]。7 月至 8 月在陇海路作战[⑤]。10 月 9 日,向洛阳前进。10 月,收编西北军王云山旅为该师独立旅。是年冬,在河南信阳、湖北武胜关,担任平汉路护路任务,隶属开封绥靖公署。1931 年 1 月,开赴许昌。4 月初在罗山、信阳以南,参加对鄂豫皖苏区的"围剿"(1931 年 3 月末旬至 6 月中旬)。5 月,移师江西。

1931 年 6 月,编入第 8 军。1932 年 7 月,独立旅拨入第 79 师,第 6 师改辖二旅四团及一补充团。1935 年 8 月,脱离第 8 军建制,开赴陕西南郑。1936 年 3 月中旬,所属第 18 旅进入山西晋南,隶属太原绥靖公署第 1 路,阻止红一方面军东征,5 月归建。6 月 1 日,集中湖南湘潭。9 月,按照调整师改组完毕,裁撤补充团[⑥]。西安事变发生后,该师编入"讨逆军"第 4 纵队。12 月,调赴华阴、潼关、华县,月底调往汉中。

1937 年 8 月,从汉中开上海,编入第 75 军。1938 年 9 月,裁撤旅部,改辖三团,两个补充团改隶军部。1946 年 6 月,整编为旅,改辖两团。1947 年 6 月,恢复三团制。1948 年 7 月 2 日,该旅在河南睢县西北地区被歼灭,旅长李邦华被俘。7 月,在绍兴编训的第 62 旅改番号为第 6 旅。11 月,恢复师的番号。1950 年 5 月,撤军台湾。

历任师长(整编旅旅长):

---

① 《蒋介石关于全国各军缩编为师并组织整理委员会分期进行的报告》(1929 年 3 月 15 日),《中华民国史档案资料汇编》第 5 辑第 1 编军事(1),第 641 页。

② 《参谋处公布蒋介石委任胡宗南负责武汉卫戍及各新编师旅长等命令》(1929 年 4 月 7 日),《蒋介石调第六师回宁并委任鲁涤平为武汉三镇卫戍司令命令》(1929 年 4 月 13 日),《中华民国史档案资料汇编》第 5 辑第 1 编军事(1),第 767、787 页。

③ 《国民革命军第 6 师战史(第 1、2 册)》,全宗号 787,案卷号 16731;《国军部队沿革》(一集)。

④ 《国民党军第四十四师肖(萧)之楚部与红四方面军在鄂东战斗详报》(1930－1931 年),《中华民国史档案资料汇编》第 5 辑第 1 编军事(3),第 224 页。

⑤ 《刘峙第一军等部为保卫归德与冯军鏖战经过报告》(1930 年 8 月 6 日－30 日),《中华民国史档案资料汇编》第 5 辑第 1 编军事(2),第 348 页。

⑥ 《第 6 战区各军师沿革简史》,全宗号 787,案卷号 16768。

陈焯（1928.8.13—）

方策

赵观涛（1932.9.7—1933.3.28）

周嵒（1933.3.28—）

张珙（1938.2.7 兼任—1940.9 免兼）

丁友松（1940.9—1941.11）

沈澄年（1941.11—）

吴仲直（1943.10—）

林曦祥（1945.2—1947.5）

李邦华（1947.5—1948.7.2 被俘）

朱元琮（1948.8.1—）

第 7 师（整编第 7 旅）

①滇军，1944 年 4 月黄埔军校出身的李用章出任师长（1928.8—1947.10）

1928 年 8 月，第 1 集团军第 3 军在江西缩编为第 7 师，下辖三旅六团，分驻南昌、九江等地。同年 11 月至 1929 年 2 月，所属第 19、第 21 旅"围剿"井冈山。1929 年 3 月 15 日，在高安。4 月，第 21 旅驻赣北修武，其余驻南昌①。9 月，缩编为二旅六团。1930 年 4 月，驻安徽宿州②。5 月进攻河南商邱。7 月占亳县。8 月，由郑州开赴徐州、蚌埠，守备津浦路南段。1931 年 7 月，该师开赴河北，编为"剿赤"军南路集团军第 3 军团，讨伐石友三。8 月，由郑州返回原防。1932 年 3 月下旬，自蚌埠开赴合肥，参加对鄂豫皖苏区的"围剿"，直至 1934 年 11 月。1932 年 5 月 2 日，所属第 19 旅在六安苏家埠被歼灭大部，代理师长厉式鼎被俘。后重建，改辖二旅四团及独立团。1934 年 4 月至 1935 年 1 月，所属第 21 旅"围剿"赣东北苏区。

1935 年 7 月，隶属第 3 军。1937 年 3 月，改组为整理师，由二旅五团缩编为二旅四团③。1939 年 1 月，撤销旅部，改辖三团。1947 年 10 月 22 日，在河北定县清风店被歼灭，师长李用章被俘。

历任师长：

王均（1928.8.24—1933.3.8）

曾万钟（1933.3.8—）

李世龙（1937.9.30—1944.4 免兼）

李用章（1944.4—1947.10.22 被俘）

---

① 《蒋介石对桂系第二期作战计划》（1929 年 4 月 14 日），《中华民国史档案资料汇编》第 5 辑第 1 编军事（1），第 793 页。

② 《蒋介石关于制定讨伐阎冯部署与作战计划报告》（1930 年 4 月），《中华民国史档案资料汇编》第 5 辑第 1 编军事（2），第 231 页。

③ 《国防部本部隶属各部队主官简历驻地与部队沿革手册》，全宗号 783，卷宗号 393。

②中央军(1948.2－1948.9)

1948年2月,在山东青岛以保安部队成立整编第7旅,隶属整编第35师(旋改称整编第54师)。9月,改称第107师。

历任整编旅旅长:朱振华(1948.2.10－)

③晋绥军傅作义部(1948.3－1949.9)

1948年3月,在绥远后套地区成立第7师。8月主力驻归绥,所属第19团驻丰镇。1949年7月驻包头。9月19日起义,12月改编为中国人民解放军第37军第109师。

历任师长:

张世珍(1948.3.31－1949.9.19起义)

第8师(整编第8旅)

湘军,1939年2月黄埔军校出身的袁朴出任师长(1928.8－1950)

1928年8月,第1集团军第40军在安徽合肥缩编为第8师,下辖三旅六团。1929年3月,隶属第2军参加讨桂。4月,向湖北潜江推进①。8月驻鄂西。9月,改辖二旅六团②。11月赴广东作战。1930年5月,由广州开赴河南商邱,在陇海路作战。10月,由开封调入江西南昌,经宜黄进入南丰。12月初,隶属第6路军,参加对中央苏区的第一次"围剿"(1930年12月19日至1931年1月3日)。战后,退回南丰。1931年隶属第6路军,由南丰向广昌进攻,参加对中央苏区的第二次"围剿"(1931年4月1日至5月30日)。后隶属左翼集团军第3军团,参加对中央苏区的第三次"围剿"(1931年7月1日至9月20日),8月11日在宁都县黄陂地区被歼灭大部。10月,恢复三旅六团制。

1932年8月,该师隶属第37军。1934年6月,所属第23旅撤销,所辖两个团分编于第22、第24旅。1937年3月,按调整师改组,改辖二旅四团③。11月,改隶第76军。1939年11月,撤销旅部,改辖三团。1941年6月,转隶第57军。1944年12月,开赴贵州安龙整训。1945年4月,转隶第54军。同时装备美械。1947年7月,整编为旅,改辖两团,隶属整编第54师。1948年1月,隶属整编第35师(整编第54师改称)。2月,恢复师的番号,隶属第54军(整编第35师改称)。1949年5月,撤军台湾。

历任师长(整编旅旅长):

朱绍良(1928.8.13－)

毛炳文

陶峙岳(1932.12.31－)

曾致远(1938.7.29－)

袁朴(1939.2.23－)

---

① 《蒋介石为进攻武汉制定第一集团军战斗序列致各军师长密电》(1929年3月2日)、《蒋介石对桂系第二期作战计划》(1929年4月14日)、《中华民国史档案资料汇编》第5辑第1编军事(1),第690、792页。

② 《陆军各部队成立沿革纪要(第1辑)》,全宗号787,案卷号16721。

③ 《国防部本部隶属各部队主官简历驻地与部队沿革手册》,全宗号783,卷宗号393。

吴俊(—1943.6)

傅亚夫(—1947.3)

周文韬(1947.3—1949.1.1)

施有仁(1949.1.1—)

杨楚材(1949.8.1—)

第 9 师(整编第 9 旅)

中央军(1928.7—1950.1)

1928 年 7 月,第 1 集团军第 1 军所属第 1 师全部、第 22 师和军教导团各一部、第 33 军所属第 72 师在山东济南合并缩编为第 9 师[①],下辖三旅六团。11 月,移驻江苏海州。1929年 3 月,隶属第 1 军参加讨桂[②]。4 月,驻湖北孝感等地。8 月,驻武昌、南湖[③]。9 月,裁撤第27 旅,缩编为二旅六团。11 月,守备樊城,占老河口。1930 年 1 月 10 日,调驻武汉南湖,收编唐生智部降兵编成补充团。2 月,新编第 24 师与补充团编为该师第 27 旅,师改辖三旅九团[④]。隶属第 2 军参加中原大战,7 月至 8 月在陇海路作战[⑤]。10 月 9 日,向洛阳进军。12月,由洛阳移驻武汉。

1931 年 1 月,第 27 旅改称独立旅。6 月,调驻江西,隶属左翼集团军第 4 军团,在赣南地区参加对中央苏区的第三次"围剿"(1931 年 7 月 1 日至 9 月 20 日)。9 月 7 日,独立旅在兴国县老营盘被歼灭一部,后缩编为独立团。9 月,该师调赴赣东北。1932 年 1 月,转入浙江衢州,后调驻蚌埠[⑥]。5 月,移师徐州。7 月,转调蚌埠。12 月,开赴宜昌。1933 年 2 月,调驻江西,隶属中路军第 3 纵队,集中金溪、浒湾,参加对中央苏区的第四次"围剿"(1933 年1 月 1 日至 4 月 29 日),3 月 19 日进攻广昌,21 日在宜黄草台岗被歼灭一部。9 月在南城。12 月,由赣东入闽镇压福建事变。12 月 17 日集中蒲城[⑦]。1934 年隶属南昌行营东路军第2 路军第 4 纵队,参加对中央苏区的第五次"围剿"(1933 年 10 月至 1934 年 10 月)。战后驻闽南。1936 年 9 月,按调整师改组,辖二旅四团[⑧]。

1937 年 8 月,隶属第 2 军。1938 年底,第 57 师余部补充该师。1939 年 11 月,撤销旅

---

① 《蒋介石关于全国各军缩编为师并组织整理委员会分期进行的报告》(1929 年 3 月 15 日),《中华民国史档案资料汇编》第 5 辑第 1 编军事(1),第 641 页。

② 《蒋介石为进攻武汉制定第一集团军战斗序列致各军师长密电》(1929 年 3 月 2 日),《中华民国史档案资料汇编》第 5 辑第 1 编军事(1),第 690 页。

③ 《编遣委员会调查各编遣区现有部队一览表给国民政府呈》(1929 年 8 月 23 日),《中华民国史档案资料汇编》第5 辑第 1 编军事(1),第 670 页。

④ 《蒋介石关于制定讨伐阎冯部署与作战计划报告》(1930 年 4 月),《中华民国史档案资料汇编》第 5 辑第 1 编军事(2),第 231 页。

⑤ 《刘峙第一军等部为保卫归德与冯军鏖战经过报告》(1930 年 8 月 6 日—30 日),《中华民国史档案资料汇编》第5 辑第 1 编军事(2),第 348 页。

⑥ 《陆军各部队成立沿革纪要(第 1 辑)》,全宗号 787,案卷号 16721。

⑦ 《国民党陆军第三师参加镇压"闽变"战斗详报》(1933 年 12 月),《中华民国史档案资料汇编》第 5 辑第 1 编军事(5),第 737 页。

⑧ 《国防部本部隶属各部队主官简历驻地与部队沿革手册》,全宗号 783,卷宗号 393。

部,改辖三团。1940 年 2 月 3 日,师长郑作民在广西昆仑关阵亡。27 日,该师番号取消,改称无名师。7 月,恢复第 9 师番号。1946 年 5 月,在云南弥渡整编为旅,改辖两团,隶属整编第 9 师(第 2 军改称)。1947 年 6 月,改辖三团。1948 年 9 月,恢复师的番号,隶属第 2 军(整编第 9 师改称)。1949 年 11 月 28 日,在四川南川以北山地被歼灭大部。12 月 24 日,师长蒋治英在郫县起义。1950 年 5 月,起义部队改编为第中国人民解放军第 167 师第 499 团。

历任师长(整编旅旅长):

蒋鼎文(1928.7.25—1932.5.27)

李延年(1932.9.7—)

郑作民(1938.2.6—1940.2.3 阵亡)

张琼(1940.3 兼任—1940.9.11 免兼)

张金廷(1940.9—1944.9)

陈克非(1944.9—)

尹作干(1948.5.11—1948.9.16)

蒋治英(1948.9.16—1949.12.24 起义)

第 10 师(整编第 10 旅)

①黔军与中央军合编(1928.8—1931.1)

1928 年 8 月,第 1 集团军第 10 军和第 46 军在江苏扬州合并缩编为第 10 师,下辖三旅六团。1929 年 3 月,讨伐新桂系军,4 月向湖北监利推进①。5 月,进驻安徽蚌埠。9 月,缩编为二旅六团。9 月 26 日,师长方鼎英与第 44 师师长阮玄武对调,两师对调三团。10 月,赴河南南阳、临汝作战。1930 年 4 月,驻安徽蚌埠、蒙城②。5 月 12 日,占领亳州。8 月,开赴商邱。10 月 9 日,向洛阳进军③。1931 年 1 月,所部改编为两个独立旅分别拨隶第 2、第 3 师。

历任师长:

方鼎英(1928.8.13—1929.9.26)

阮玄武(1929.9.26—)

王日新

杨胜治

②中央军(1931.6—1949.12)

---

① 《蒋介石为进攻武汉制定第一集团军战斗序列致各军师长密电》(1929 年 3 月 2 日)、《蒋介石对桂系第二期作战计划》(1929 年 4 月 14 日),《中华民国史档案资料汇编》第 5 辑第 1 编军事(1),第 690、792 页。

② 《蒋介石关于制定讨伐阎冯部署与作战计划报告》(1930 年 4 月),《中华民国史档案资料汇编》第 5 辑第 1 编军事(2),第 231 页。

③ 《国防部本部隶属各部队主官简历驻地与部队沿革手册》,全宗号 783,卷宗号 393。

1931 年 5 月,第 45 师在安徽蚌埠改称第 10 师[①],下辖三旅九团,开赴江西漳树。6 月,隶属第 14 军。10 月,回师吉安,师属独立旅扩编为第 83 师并脱离建制,师改辖两旅六团。1932 年 5 月,在浙江嘉兴整理为二旅四团及一补充团。1935 年 10 月,按调整师改组,下辖二旅四团。

1939 年 2 月,改隶第 93 军。1940 年 12 月,撤销旅部,改辖三团。1945 年 4 月,新编第 8 师番号撤销,官兵补充该师,改属第 14 军。1946 年 5 月,整编为旅,改辖两团,隶属整编第 10 师(第 14 军改称)。1947 年 7 月,恢复三团制。1948 年 9 月,恢复师的番号,隶属第 14 军(整编第 10 师改称)。12 月 15 日,安徽宿县西南双堆集被歼灭,代理师长潘琦被俘。1949 年 1 月,在湖北武汉重建。8 月 4 日,在长沙起义后重新加入国军[②]。12 月,在广西被歼灭。

历任师长(整编旅旅长):

卫立煌(1931.6.2—)

李默庵(1932.5.18—1937.10.4 免兼)

彭杰如(1937.9.20—)

王劲修(1939.1.30—1940.8)

陈牧农(1940.8—)

王声溢(—1945.2)

谷炳奎(1945.2—1948.2.12)

张用斌(1948.3.9—)

潘琦(代理—1948.12.15 被俘)

张用斌

第 11 师(整编第 11 旅)

五省联军与中央军合编,1929 年 7 月陈诚出任师长(1928.7—1950)

1928 年 7 月,第 1 集团军第 17 军所属第 53、第 55 师和北伐军总司令部警卫团合并缩编为第 11 师[③],下辖三旅六团。编成后,师部和直属部队驻芜湖,第 32 旅驻杭州。1929 年 3 月,该师隶属第 3 军参加讨桂。3 月 30 日,到湖北武宁。5 月到襄阳[④]。9 月,裁撤第 33 旅旅部,师改辖两旅六团[⑤]。10 月,该师隶属第 2 军参加对西北军作战。12 月,到河南确山以

---

① 《国防部本部隶属各部队主官简历驻地与部队沿革手册》,全宗号 783,卷宗号 393。

② 《第 10 师历史及沿革略历》,全宗号 787,案卷号 16800。

③ 第 17 军第 1 师缩编为第 33 旅,总部警卫团及第 9 军第 2 团改编为第 31 旅,总部警卫第 2、第 3 团及第 9 军第 11 团改编为 32 旅。蒋介石关于全国各军缩编为师并组织整理委员会分期进行的报告》(1929 年 3 月 15 日),《中华民国史档案资料汇编》第 5 辑第 1 编军事(1),第 642 页。

④ 《中华民国史档案资料汇编》第 5 辑第 1 编军事(1),第 670 页。

⑤ 《编遣委员会调查各编遣区现有部队一览表给国民政府呈》(1929 年 8 月 23 日),《档案资料汇编》第 5 辑第 2 编军事(1),第 669 页。

东刘店一线与唐生智部作战①。1930年1月10日,调驻武汉南湖。3月开赴蚌埠。4月,收编独立第13旅,该师由二旅六团扩编为三旅九团。5月,隶属第2军团经徐州沿陇海路西进,参加中原大战,进攻河南商邱、兰封。7月初,由陇海路调津浦路,解山东曲阜之围。8月4日攻克南驿,过大汶口,向泰安攻击前进②。

1930年8月,编入第18军。12月,所属第32旅改称该师独立旅。1931年10月,独立旅编入第52师,脱离建制。1933年3月21日,该师参加对中央苏区的第四次"围剿"(1933年1月1日至4月29日),在江西宜黄东陂草台岗地区被歼灭大部。4月,缩编为二旅五团。6月,恢复两旅六团。8月,扩编为第11、第67师,各辖三团。1936年1月,扩编为二旅四团。1939年3月,撤销旅部,改辖三团。1946年5月,整编为旅,改辖两团,隶属整编第11师(第18军改称)。1947年11月,恢复三团制。1948年9月,恢复师的番号,隶属第18军(整编第11师改称)。12月15日,在安徽宿县西南的双堆集被歼灭,副军长兼该师师长王元直被俘。1949年1月,在南京浦口重建。10月,撤退台湾。

历任师长(整编旅旅长):

曹万顺(1928.7.25—)

陈诚(1929.7.18—1931.1.13)

罗卓英(1931.1.13代理,不久实任—)

萧乾(1933.2.12—)

黄维(1934.5.15—1937.4.15)

彭善(1939.5—1939.12.30)

叶佩高

方靖(1940.1.17—1942.3)

胡琏(1942.3—)

刘云瀚(1944.1—)

杨伯涛(1945.2—1948.3.7)

王元直(1948.3.7—1948.12.15被俘)

刘鼎汉(1949.1.16—)

第12师(整编第12旅)

滇军,1944年4月黄埔军校出身的陈子干出任师长(1928.8—1949.12)

1928年8月,第1集团军第31军在江西吉安缩编为第12师,下辖三旅六团③。1928年11月至1929年2月,所属第34、第35旅"围剿"井冈山,1929年4月,分驻赣南、抚州、

---

① 《国军部队沿革》(一集);《国防部本部隶属各部队主官简历驻地与部队沿革手册》,全宗号783,卷宗号393。

② 《刘峙第一军等部为保卫归德与冯军鏖战经过报告》(1930年8月6日—30日),《中华民国史档案资料汇编》第5辑第1编军事(2),第348页。

③ 《国防部本部隶属各部队主官简历驻地与部队沿革手册》,全宗号783,卷宗号393。

吉安①。8 月,第 34 旅留驻赣南,主力调往闽西。9 月,缩编为二旅六团。1930 年 4 月,该师驻江西吉水、宁都②。4 月 24 日,第 34 旅旅长许栌、第 36 旅旅长周志群在江西瑞金哗变(第 36 旅后改编为福建省防军暂编第 2 旅,1931 年 1 月改编为新编第 4 旅)。

1930 年 7 月,第 12 师主力由江西调陇海路作战。10 月,调驻徐州、海州,担任护路任务。1931 年 7 月中旬,该师编为“剿赤”军南路集团军第 3 军团,参加讨伐石友三。8 月下旬出河南新乡、修武、焦作开赴商邱。9 月下旬,移师豫东南潢川,参加对鄂豫皖苏区的“围剿”(1931 年 9 月下旬至 1932 年 5 月)。1932 年 5 月 8 日,在安徽六安苏家埠被歼灭一部。

留守赣州的该师第 34 旅,隶属第 19 路军参加对中央苏区的第一次“围剿”(1930 年 12 月 19 日至 1931 年 1 月 3 日)、第二次“围剿”(1931 年 4 月 1 日至 5 月 30 日)、第三次“围剿”(1931 年 7 月 1 日至 9 月 20 日)。1932 年 4 月,第 34 旅赴皖北归建。

1932 年 12 月至 1933 年 5 月,该师在河南商城、湖北罗田“清剿”鄂豫皖苏区。1933 年 10 月,“围剿”赣东北苏区。12 月,进驻浙江。

1935 年 7 月,隶属第 3 军。1937 年 12 月,改组为整理师,辖二旅四团③。1939 年 1 月,裁撤旅部,改辖三团。1941 年 5 月 13 日,师长寸性奇在中条山会战中重伤后自戕。1945 年 7 月,改隶第 17 军。1946 年 5 月,在陕西洛川整编为旅,辖两团。1947 年 8 月,恢复三团制。1948 年 9 月,恢复师的番号。1949 年 12 月 25 日,师长李继唐率部在四川德阳起义。

历任师长(整编旅旅长):

金汉鼎(1928.8.24—)

曾万钟(—1933.3.8)

唐淮源(1933.3.8—1939.8.18 免兼)

寸性奇(1939.8.16—1941.5.13 自戕)

吕继周(1941.7 代理—1942.2 任—1944.4)

陈子干(1944.4—1948.7.21 兼任—)

李继唐(1949.1.16—1949.12.25 起义)

第 13 师(整编第 13 旅)

湖北地方部队,1938 年 6 月黄埔军校潮州分校出身的方靖出任师长(1928.7—1950)

1928 年 8 月,第 1 集团军第 27 军及第 17 军一部在山东兖州合并缩编为第 13 师④,辖

---

① 《蒋介石对桂系第二期作战计划》(1929 年 4 月 14 日),《中华民国史档案资料汇编》第 5 辑第 1 编军事(1),第 793 页。

② 《蒋介石关于制定讨伐阎冯部署与作战计划报告》(1930 年 4 月),《中华民国史档案资料汇编》第 5 辑第 1 编军事(2),第 231 页。

③ 《国防部本部隶属各部队主官简历驻地与部队沿革手册》,全宗号 783,卷宗号 393。

④ 《蒋介石关于全国各军缩编为师并组织整理委员会分期进行的报告》(1929 年 3 月 15 日),《中华民国史档案资料汇编》第 5 辑第 1 编军事(1),第 642 页。

二旅四团。11 月,驻皖北寿州等地①。1929 年 3 月,隶属第 2 军参加讨桂,由寿州经六安、霍山、孝感、应城向鄂西追击。4 月,到沙洋②。5 月,扩编为三旅六团。8 月,该师由鄂西荆门、当阳调驻鄂东黄陂、黄安、宋埠等地,进攻鄂豫边区和豫东南。10 月,改辖二旅六团。12 月,据守信阳,继经确山一战,大败唐生智所部。1930 年 1 月,卫戍武汉。4 月,驻汉口、黄麻、武穴③。5 月,北上山东曲阜作战。11 月,回师湖北。1931 年 2 月,该师两个补充团编为武汉警备旅。1932 年 5 月,驻武胜关以南至孝感以北护路。7 月至 10 月,进攻襄北苏区。1932 年 12 月至 1933 年 5 月在经扶、黄安"清剿"④。

1933 年底,移师江西抚州,参加对中央苏区的第五次"围剿"(1933 年 10 月至 1934 年 10 月)。1934 年 10 月 10 日进攻兴国。10 月 28 日,由兴国出发,经湘南"追剿"红一方面军。11 月 30 日进占广西灌阳文村。12 月 2 日到全县,6 日到湖南东安县,24 日到贵州天柱。1935 年 4 月 28 日,到云南沾益、曲靖。6 月 1 日在西昌集中完毕。7 月 19 日在雅安,8 月 8 日抵达昭化、广元、宁羌(今宁强)。7 月由邛崃到绵阳⑤。9 月,由绵阳到陕西宁羌,再入甘肃成县,布防陕甘边境。9 月 19 日向康县前进。

1935 年 10 月,编入第 25 军。1937 年 6 月,在河南咸阳改组为调整师,辖二旅四团。1938 年 3 月,改隶第 75 军。徐州会战时一度隶属第 92 军。战后仍隶属第 75 军。1939 年,在湖南常宁裁撤旅部,改辖三团。1943 年 6 月,改隶第 86 军。1945 年 6 月,转隶第 66 军⑥。1946 年 5 月,整编为旅,改辖两团。1947 年 7 月 28 日,在山东金乡羊山集被歼灭。8 月,重建,下辖三团。1948 年 6 月 22 日,在河南开封被歼灭,旅长张洁被俘。旋重建。9 月,恢复师的番号。1949 年 4 月 29 日,在皖南郎溪、广德之间山区被全歼,师长王炽生被俘。9 月,在广东汕头由江西保安团重建该师,隶属第 19 军。12 月,改隶第 5 军。1950 年 7 月,脱离第 5 军建制。该师后去台湾。

历任师长(整编旅旅长):

夏斗寅(1928.8.24—1932.1.25 免兼)

万耀煌(1932.1.25—)

吴良琛(1937.11.2—)

方靖(1938.6.23 代理—1940.1.17)

朱鼎卿(1940.1.17—1943.1)

---

① 《第 6 战区各军师沿革简史》,全宗号 787,案卷号 16768;《国防部本部隶属各部队主官简历驻地与部队沿革手册》,全宗号 783,卷宗号 393;《国军部队沿革》(一集);《第 13 师作战史略》,全宗号 787,案卷号 16736。

② 《蒋介石为进攻武汉制定第一集团军战斗序列致各军师长密电》(1929 年 3 月 2 日),《档案资料汇编》第 5 辑第 1 编军事(1),第 690 页。

③ 《蒋介石关于制定讨伐阎冯部署与作战计划报告》(1930 年 4 月),《中华民国史档案资料汇编》第 5 辑第 1 编军事(2),第 231 页。

④ 《国民党军第一军陈继承部与红廿五军等部在豫南鄂东地区作战详报》(1932 年 12 月—1933 年 5 月),《中华民国史档案资料汇编》第 5 辑第 1 编军事(3),第 347 页。

⑤ 《国民党第二路军薛岳部在黔西滇北川南地区追堵长征红军部署及战斗经过详报》(1935 年 4—7 月),《中华民国史档案资料汇编》第 5 辑第 1 编军事(5),第 52—78 页。

⑥ 《第 6 战区各军师沿革简史》,全宗号 787,案卷号 16768。

曹金轮(1943.1—1943.7)

靳力三(1943.7—1945.6)

罗贤达(1945.6—1947.11)

张洁(1947.11 代理—1948.3.22 实任—1948.6.22 被俘)

罗有经(1948.8.16—)

王炽生(—1949.4 被俘)

吴垂昆

刘明奎

第 14 师

①新桂系军(1928.9—1930.3)

1928 年 9 月,第 13 军全部和独立第 8 师刘春荣部合并缩编为第 14 师,辖三旅九团,驻扎天津。1929 年 4 月,所属第 40 旅韦云淞部改称第 151 旅,编入第 51 师建制;第 41 旅扩编为第 57 师;以第 42 旅以及第 54 师所抽调三个团(编成第 40 旅)重新编组为第 14 师,辖三旅六团。5 月 19 日,到山东济宁。8 月,驻河南漯河。11 月,进攻登封。1930 年 1 月,所属第 40 旅扩编为新编第 24 师,师改辖二旅四团。3 月,师长刘春荣随阎锡山反蒋,该师番号撤销。

历任师长:

白崇禧

张定璠

刘春荣

②中央军(1930.11—1950)

1930 年 11 月,教导第 3 师在湖北武汉改称第 14 师,下辖二旅六团及独立旅,隶属第 18 军。旋改独立旅为攻城旅,直隶于陆海空军总司令部。1931 年 9 月,复将攻城旅改称该师独立旅,旋又编入第 98 师①。1933 年 1 月 8 日在江西金溪彭家渡被歼灭一个团。8 月,所属第 41 旅及师直属部队一部扩编为第 94 师,第 14 师缩编为三团。1935 年 12 月,该师与第 11、第 67、第 94 师缩编为 3 个师,第 14 师按调整师改组,下辖二旅四团。

1937 年 10 月,改隶第 54 军。1939 年 4 月,裁撤旅部,改辖三团。1944 年 3 月,由滇西调往印度汀江②,转隶新编第 6 军。1947 年 9 月,改隶新编第 3 军。1948 年 10 月 28 日,在辽宁黑山、打虎山以东地区被歼灭,师长许颖被俘。1949 年 1 月,重建,隶属第 18 军。9 月,改隶第 19 军。1950 年 8 月,拨隶第 5 军。

历任师长:

钱大钧(—1931.1.13)

---

①　《国防部本部隶属各部队主官简历驻地与部队沿革手册》,全宗号 783,卷宗号 393;《国军部队沿革》(一集)。

②　《中华民国驻印军各部队沿革及现况概略》,全宗号 787,案卷号 16815。

陈诚(1931.1.13—)

周至柔(1932.2—)

霍揆彰(1933.9.11—)

陈烈(1937.10.21—)

阙汉骞(1939.6.29—1944.3 免兼)

唐生海(1944.3—1944.4)

龙天武(1944.4—1947.10)

许颖(1947.10—1948.10.28 被俘)

罗锡畴

尹俊(1949.10—)

第 15 师(整编第 15 旅)

①新桂系军(1928.9—1929.9)

1928 年 9 月,第 7 军在湖北武昌缩编为第 15 师,下辖三旅。1929 年 3 月,蒋桂战争中,所属第 43 旅旅长李明瑞率部在孝感向蒋介石输诚,所属第 45 旅扩编为新编第 9 师脱离建制。6 月,该师经广东进入广西。9 月 27 日,李明瑞在南宁通电反蒋,该师番号撤销(1937年 4 月改编为第 170 师)。

历任师长:

夏威(1928.10.8—1926.3.26)

李明瑞(1929.3.26—)

②湘军何键部,1945 年 6 月黄埔军校出身的梁化中出任师长(1930.1—1949.8)

1930 年 1 月,新编第 7 师在湖南改称第 15 师,辖二旅六团。4 月,驻长沙、衡阳、岳阳、平江①。9 月,隶属第 28 军。1930 年 10 月至 1931 年 10 月,"围剿"湘鄂赣苏区。1931 年 2月,湘西地方部队李国钧部编入该师为第 44 旅,旋改称独立第 1 旅脱离建制。1932 年在攸县、酃县、汝城等地进攻湘赣苏区。1933 年 1 月,扩编为三旅六团。3 月,占领江西宁冈。1934 年 4 月 5 日,所属第 43 旅在永新西北的沙市被歼灭,旅长侯鹏飞被俘。7 月,由永新到湖南郴县,追击红六军团西征。10 月,改辖两旅六团。10 月,在湖南追堵红一方面军。11月,进出广西灌阳,12 月 4 日到全县。12 月 8 日到湖南广平、会同。1935 年 2 月至 1936 年5 月在大庸、芷江、麻阳、黔阳等地"围剿"湘鄂川黔苏区。

1937 年 8 月,隶属第 73 军。10 月,缩编为二旅四团。年底,第 77 师一部编入该师。1938 年 6 月,配属第 8 军参加武汉会战。1939 年 11 月,撤销旅部,改辖三团。1945 年 1月,暂编第 5 师并编于该师。1947 年 2 月 20 日至 23 日,在莱芜被歼灭,师长杨明被俘。后重建,改称整编第 15 旅。1948 年 9 月 24 日,该旅在济南被歼灭,旅长王敬箴被俘。10 月,

---

① 《蒋介石关于制定讨伐阎冯部署与作战计划报告》(1930 年 4 月),《中华民国史档案资料汇编》第 5 辑第 1 编军事(2),第 232 页。

在安徽徽州重建第 15 师。1949 年 5 月,第 73 军所属第 77 师、第 316 师番号撤销,官兵补充该师。8 月,该师在福建平潭岛撤销番号,官兵拨入第 238 师。

历任师长(整编旅旅长):

何键

危宿钟

王东原(1933.6.8—)

汪之斌(1937.10.19—1939.11 免兼)

陈为韩(1939.11.14—1942.3)

梁祗六(1942.3—1945.6)

梁化中(1945.6—)

杨明(代理—1947.2.23 被俘)

孟广珍(—1947.10)

王敬箴(1947.10—1948.9.26 被俘)

侯志磐(1948.11.1—)

王一飞

第 16 师(整编第 16 旅)

①新桂系军(1928.9—1929.5)

1928 年 9 月,第 19 军在湖北汉口缩编为第 16 师。12 月,所属第 47 旅拨入第 55 师,第 17 师所属第 49 旅改称该师第 47 旅。1929 年 5 月,该师在黄冈、鄂城等地被第 18、第 10 师分途包围缴械,大部逃散,一部由训练总监部参事徐声钰收编为独立第 13 旅。

历任师长:

胡宗铎(1928.10.8—1929.4)

李石樵

②湘军何键部,1940 年 12 月黄埔军校出身的曹振铎出任师长(1929.12—1945)

1929 年 12 月,新编第 8 师在湖南邵阳改称第 16 师,辖三旅六团①。1930 年 1 月,该师发生兵变,第 19 师所属第 57 旅并入,该师缩编为二旅四团。4 月,驻广西灌阳、龙虎关②。5 月,驻湖南株洲。8 月 20 日,副师长兼第 47 旅旅长戴斗垣在浏阳文家市阵亡。

1930 年 9 月,隶属第 28 军。9 月,恢复三旅六团,"围剿"湘鄂赣苏区。12 月由沅江向南县、华容进攻,参加对洪湖苏区的"围剿"。1931 年至 1933 年,多次"围剿"湘赣苏区。1934 年 3 月,由湖南茶陵出发接替第 15 师在江西宁冈和永新地区的防务。8 月至 9 月在湖南境内"追剿"红六军团西征。9 月,调回湘赣边地区。10 月至 12 月,在湖南"追剿"红一方

---

① 《国防部本部隶属各部队主官简历驻地与部队沿革手册》,全宗号 783,卷宗号 393;《国军部队沿革》(一集);《陆军各部队成立沿革简要(第 1 辑)》,全宗号 787,案卷号 16721;《第 6 战区各军师沿革简史》,全宗号 787,案卷号 16768。

② 《蒋介石关于制定讨伐阎冯部署与作战计划报告》(1930 年 4 月),《中华民国史档案资料汇编》第 5 辑第 1 编军事(2),第 232 页。

面军。12 月北进常德、桃源。1935 年 1 月至 1936 年 3 月,在永顺、保靖、大庸等地"围剿"湘鄂赣苏区。1936 年 3 月,进入贵州作战。7 月到安顺。10 月,开赴浙江江山。1937 年 3 月,按调整师改组,辖二旅四团。8 月由浙南开嘉兴①。参加淞沪会战(1937 年 8 月 13 日至 11 月下旬)。

1938 年 6 月,该师隶属第 18 军参加武汉会战。年底,改隶第 28 军。1939 年 7 月,在浙江衢县改隶第 86 军。11 月,撤销旅部,改辖三团。1943 年 6 月,在湖北三斗坪改隶第 75 军。1945 年 2 月,番号裁撤。

历任师长:

罗藩瀛

彭位仁(1933.8.9－1934.10.9)

章亮基(1936.3.9－)

彭松龄(1937.7.16－)

何平(1937.11－)

杜道周(1939.5.25－1940.12)

曹振铎(1940.12－1942.9)

唐肃(1942.9－1944.2)

林曦祥(1944.2－1945.2)

③中央军(1945.2－1949.8)

1945 年 2 月,预备第 4 师改番号为第 16 师,隶属第 75 军。1946 年 6 月,整编为旅,改辖两团。1947 年 2 月 2 日至 4 日,该旅由河南商邱开抵安徽亳县地区,大部被歼灭。后重建。6 月,改辖三团。1948 年 7 月 2 日,在河南睢县西北地区被歼灭,代理旅长卢济时被俘。7 月 15 日,在浙江金华重建。11 月,恢复师的番号。1949 年 8 月,该师番号撤销,官兵编入第 6、第 95 师。

历任师长(整编旅旅长):

黄一华(1945.2－1946.11)

陈志大(1946.11－)

卢济时(代理－1948.7.2 被俘)

曹永湘(1948.8.16－)

第 17 师(整编第 17 旅)

①新桂系军(1928.9－1929.5)

1928 年 9 月,第 18 军在湖北汉口缩编为第 17 师,下辖三旅九团。12 月,所属第 49 旅脱离建制改称第 16 师第 47 旅。1929 年 3 月,该师通电反蒋,退往荆沙。5 月,第 4、第 8 师

---

① 《顾祝同报告第三战区各部队位置及其战况密电》(1937 年 9－11 月),《中华民国史档案资料汇编》第 5 辑第 2 编军事(2),第 244 页。

将该师包围缴械，改编为独立第 11、第 12 旅①。

历任师长：

陶钧（1928.10.8—）

石毓灵

②陕西地方部队，1947 年 3 月黄埔军校出身的王作栋出任整编旅旅长（1930.2—1949.12）

1930 年 2 月 8 日，新编第 14 师在河南南阳改称第 17 师，辖三旅九团，隶属第 7 军②。8 月，所辖第 49 扩编为第 71 师。11 月，所属第 50 旅扩编为第 58 师。第 17 师另成立第 49、第 50 旅。

1932 年 10 月，改隶第 38 军。1934 年 6 月，所属第 49 旅扩编为新编第 5 师，脱离建制。该师另成立第 49 旅。1937 年初，第 49 旅改编为独立第 20 旅脱离建制。3 月，所属第 50、第 51 旅与第 17 路军直属部队合编成第 17、第 177 师。第 17 师下辖二旅六团。1942 年 2 月，撤销旅部，改辖三团。1945 年 7 月 17 日，该师在河南洛宁起义（1946 年 9 月编入西北民主联军，仍为第 38 军 17 师，1949 年 5 月改编为中国人民解放军第 19 军第 57 师）。后重建。1946 年 5 月，整编为旅，改辖两团。1947 年 7 月，恢复三团制。1948 年 5 月，改隶整编第 6 师。9 月，恢复师的番号，隶属第 3 军（整编第 6 师改称）。11 月 21 日至 22 日，该师在陕西铜川东南被歼灭大部，师长王作栋阵亡。后又重建。1949 年 12 月 27 日，在四川邛崃以南被歼灭，师长邓宏义被俘。

历任师长（整编旅旅长）：

杨虎城

孙蔚如

赵寿山

耿志介（1939.1.21—1942.7）

申及智（1942.7—）

李维民（—1946.10）

王作栋（1946.10—1948.11.22 阵亡）

邓宏义（1949.2.1—1949.12 被俘）

第 18 师（整编第 18 旅）

湘军谭延闿部，1938 年 7 月黄埔军校出身的李芳郴接任师长（1928.9—1950）

1928 年 9 月，第 2 军和独立第 5 师刘铏部③在湖南长沙合并缩编为第 18 师，下辖三旅九团。1928 年 11 月至 1929 年 2 月，主力"围剿"井冈山。1929 年 4 月，移师武汉，缩编为三

---

① 《蒋介石关于与桂系李宗仁等在鄂湘桂各次作战经过的报告》（1929 年 8 月），《中华民国史档案资料汇编》第 5 辑第 1 编军事（1），第 839—840 页。

② 《国军部队沿革》（一集）；《国防部本部隶属各部队主官简历驻地与部队沿革手册》，全宗号 783，卷宗号 393。

③ 原为湖南陆军第 2 师第 6 团第 3 营。1928 年为湘西宣抚使署第 2 师。旋编为独立第 5 师。

旅六团。8月26日,由汉口开赴江西①。1930年3月下旬,所属第54旅由吉安进攻赣西红五军。4月,分驻南昌、吉安、乐平②。6月,开赴湖南醴陵。7月,由湖南返回江西。11月初在樟树镇,7日占新淦(今新干)。12月初,由永丰进攻东固,隶属第9路军参加对中央苏区的第一次"围剿"(1930年12月19日至1931年1月3日)。12月30日,师部及所属第52、第53旅在龙冈被歼灭,师长张辉瓒、第53旅旅长王捷俊被俘。战后,第54旅退回吉安重建该师。1931年,该师主力在宜春、分宜等地"围剿"湘赣苏区,一部"围剿"赣东北苏区。9月,所属第52旅改编为独立第36旅脱离建制,师改辖二旅四团。

1932年2月,隶属第22军。1937年,直隶于第9集团军参加淞沪会战。1938年6月,改隶第54军。1939年3月,裁撤旅部,改辖三团。7月,所属士兵拨补第14、第50师,干部赴重庆接收新兵重建,改隶第18军。1946年5月,整编为旅,改辖两团,隶属整编第11师(第18军改称)。1947年11月,扩编为三团。1948年1月,改隶整编第3师。9月恢复师的番号,隶属第10军(整编第3师改称)。12月15日,在安徽宿县西南的双堆集被歼灭。1949年1月,在南京浦口重建,隶属第10军。5月,改隶第67军。10月,改隶第19军。1950年5月,撤军台湾。

历任师长(整编旅旅长):

鲁涤平(1928.10.8—1929.9.10)

张辉瓒(1929.9.10—1930.12.30被俘)

鲁涤平(兼任)

朱耀华

萧文铎(1938.4.5—)

李芳郴(1938.7.21—)

罗广文(1939.3.23—)

覃道善(1943.4—1947.11)

萧锐(1947.11—1948.8.16)

尹俊(1948.8.16—)

孟述美

第19师(整编第19旅)

湘军何键部,1945年1月黄埔军校出身的杨荫出任师长(1928.9—1950.3)

1928年9月,第35军和独立第17、独立第19师在湖南常德合并缩编为第19师,下辖辖三旅十二团③。1928年11月至1929年2月,所属第57旅"围剿"井冈山。1929年5月,

---

① 《国防部本部隶属各部队主官简历驻地与部队沿革手册》,全宗号783,卷宗号393。

② 《蒋介石关于制定讨伐阎冯部署与作战计划报告》(1930年4月),《中华民国史档案资料汇编》第5辑第1编军事(2),第232页。

③ 《陆军各部队成立沿革纪要(第1辑)》,全宗号787,案卷号16721;《国防部本部隶属各部队主官简历驻地与部队沿革手册》,全宗号783,卷宗号393;《陆军各部队成立沿革纪要(第2辑)》。

攻入广西。8 月,驻湖南茶陵、衡阳、广西柳州一带[①]。

1930 年 1 月,所辖第 57 旅改编为第 16 师第 47 旅。5 月,所属第 56 旅编入新编第 31 师。1930 年 2 月,进占广西全县。4 月,退守湖南宝庆,继于渌口遭到重创,再退常德。6 月,收复长沙、醴陵。7 月,二度收复长沙。9 月,解长沙之围,改隶第 28 军。

1931 年,该师一部在岳阳、南县进攻洪湖苏区,一部在湘东酃县、茶陵、攸县、醴陵等地"围剿"湘赣苏区。1932 年 6 月,"围剿"湘鄂赣苏区。11 月中旬,在攸县"围剿"湘赣苏区。1933 年 1 月至 4 月,进攻湘赣苏区。6 月下旬一部在醴陵。10 月,"围剿"江西永新、宁冈地区。1934 年 1 月至 3 月,在湘鄂赣苏区内追击红十七师、红十六师。"追剿"红六军团(1934 年 8 月至 10 月)。8 月下旬到祁阳。9 月 22 日,到贵州锦屏。10 月,驻石阡至白沙一线。12 月,返回湖南,北进常德、桃源。1935 年 1 月至 12 月,在大庸、泸溪、溆浦等地进攻湘鄂川黔苏区。1936 年 7 月,开赴贵州镇宁。1937 年 3 月,移驻浙江金华、杭州。1937 年,按调整师改组,辖二旅四团。

1937 年 8 月,隶属第 70 军。1939 年 5 月,撤销旅部,改辖三团。1941 年 8 月,调隶第 100 军。1945 年 3 月,换装美械。1946 年 5 月,整编为旅,改辖两团,隶属整编第 83 师(第 100 军改称)。7 月 13 日至 15 日,所属第 56 团全部、第 57 团大部及山炮营共 3000 余人在江苏宣家堡、泰兴地区被歼灭。后重建。1947 年 5 月,恢复三团制。1948 年 8 月,空运济南,改隶整编第 2 师。9 月 24 日,全旅覆没,旅长赵尧被俘。

1949 年初,重建第 19 师,隶属第 100 军。6 月,第 44 师所属官兵补充该师。8 月 4 日,在湖南长沙参加起义,旋即大部重新加入国军。10 月 5 日,所属第 55 团在洪江西南的岩脚被歼灭。1950 年 2 月 7 日,在广西平而关被歼灭大部,残部退入越南。

历任师长(整编旅旅长):

何键(1928.10.8—)

刘建绪(1929.4.7—)

李觉(1933.12.23—)

唐伯寅(1939.6.19—1945.1)

杨荫(1945.1—1947.10)

程有秋(1947.10—1948.6.5)

赵尧(1948.6.5—1948.9.24 被俘)

刘光宇(1949.1.1—1949.5.16)

卫轶青(1949.5.16—)

第 20 师(整编第 20 旅)

①西北军,1943 年 4 月黄埔军校出身的杨蔚出任师长(1928.10—1948.7)

---

① 《编遣委员会调查各编遣区现有部队一览表给国民政府呈》(1929 年 8 月 23 日),《中华民国史档案资料汇编》第 5 辑第 1 编军事(1),第 677 页。

1928年9月1日,第2集团军第6军在陕西潼关缩编为该集团军暂编第1师。10月,改称第20师,辖三旅九团。12月,开赴河南洛阳。1929年8月,由开封、周口移驻新乡①。1930年4月,驻道口②。9月,所属第58旅扩编为第73师。12月,第73师缩编为该师第58旅。

1931年8月,所辖第58旅编入第81师③。1937年9月,该师编入第12军。1938年10月,缩编为二旅四团。1939年11月,撤销旅部,改辖三团。1944年3月,改隶第89军。1945年7月,第22师番号撤销,官兵补充该师。10月,改隶第10军。1946年5月,整编为旅,改辖两团,隶属整编第3师(第10军改称)。9月3日至6日,该旅在山东定陶被歼灭,旅长谭乃大被俘后逃脱。后重建。1947年6月,恢复三团制。12月25日至27日,在河南西平以南的祝王寨、金刚寺地区被歼灭,旅长谭嘉范阵亡。1948年1月,在江苏镇江重建该旅。7月,在湖南衡阳改称第196旅。

历任师长(整编旅旅长):

韩复榘(1928.10.8—)

石敬亭

李兴中

孙桐萱(1932.7.30—)

周遵时(1938.10.8—1942.9)

刘琛(1942.9—1943.4)

杨蔚(1943.4—1943.9)

刘琛(1943.9—1943.11)

赵桂森(1943.11—1944.7)

单裕丰(1944.7代理—)

谭乃大(1945.5—)

谭嘉范(—1947.12.26阵亡)

张桐森(—1948.5.11)

任同堂(1948.5.11—1948.7.1)

②中央军(1948.9—1949.12)

1948年9月,新编第1旅改称第20师,隶属第76军。11月25日至28日,在陕西澄城永丰镇被歼灭,师长吴永烈被俘。后重建。1949年3月1日,在陕西淳化西南被歼灭,师长褚静亚被俘。后又重建。12月29日,在四川省三台县被歼灭,师长胡文思投诚。

历任师长:

---

① 《编遣委员会调查各编遣区现有部队一览表给国民政府呈》(1929年8月23日),《中华民国史档案资料汇编》第5辑第1编军事(1),第678页。

② 《蒋介石关于制定讨伐阎冯部署与作战计划报告》(1930年4月),《中华民国史档案资料汇编》第5辑第1编军事(2),第232页。

③ 《国防部本部隶属各部队主官简历驻地与部队沿革手册》,全宗号783,卷宗号393。

吴永烈(—1948.10.28 被俘)

褚静亚(1949.1.1 兼任—1949.3.1 被俘)

李纪云(1949.4.16—)

胡文思(—1949.12.29 投诚)

第 21 师

①西北军(1928.10—1929.5)

1928 年 9 月 1 日,第 2 集团军第 3 军所属第 2 师等在河南陕县缩编为该集团军暂编第 2 师。10 月,改称第 21 师。1929 年 5 月 19 日,该师随冯反蒋,被撤销番号(1930 年 10 月投蒋后改编为第 32 师)①。

历任师长:

梁冠英(1928.10.8—)

②直鲁联军刘珍年部,1936 年 4 月黄埔军校出身的李仙洲出任师长(1930—1949.1)

1930 年 3 月,新编第 3 师在胶东改称第 21 师,下辖三旅六团,分驻烟台、牟平、蓬莱、黄县②。5 月,编入讨逆军第 17 军,出师平度、沙河、昌邑等地,与晋绥军交战。1931 年 1 月,第 17 军番号撤销③。1932 年 9 月,因争夺山东地盘,与第 3 路军韩复榘部交战。11 月,自烟台调至浙江温州,所属第 63 旅移驻福建蒲城。1933 年 1 月,主力开赴江西河口、弋阳、贵溪地区"围剿"赣东北苏区。4 月,驻闽第 63 旅改编为独立第 45 旅脱离建制。11 月,该师开赴横峰,缩编为二旅六团。1934 年 1 月,"围剿"赣东北苏区。参与对红七、红十军团的作战(1934 年 7 月至 1935 年 1 月)。1936 年 3 月 16 日至 5 月 5 日,在山西隶属太原绥靖公署第 1 路阻止红一方面军东征。战后,调陕西。

1937 年 8 月,隶属第 17 军。12 月,在山西永济按(民国)二十六年整理师制改组,辖二旅四团。1938 年 2 月,隶属第 92 军。1939 年 10 月,在湖北襄阳裁撤旅部,改辖三团。1947 年 11 月 2 日,在辽宁义县以西九台关门地区被歼灭大部,师长郭惠苍被俘。后重建。1949 年 1 月 21 日,师长张伯权率部在北平接受和平改编。2 月 19 日,改编为中国人民解放军独立第 53 师,26 日拨隶解放军第 67 军。

历任师长:

刘珍年(—1933.5.6)

梁立柱(1933.9.5—1936.1.10)

李仙洲(1936.4.11—)

侯镜如(1938.5.3—)

---

①　《国防部本部隶属各部队主官简历驻地与部队沿革手册》,全宗号 783,卷宗号 393;《陆军各部队成立沿革纪要(第 1 辑)》,全宗号 787,案卷号 16721。

②　《蒋介石关于制定讨伐阎冯部署与作战计划报告》(1930 年 4 月),《中华民国史档案资料汇编》第 5 辑第 1 编军事(2),第 233 页。

③　《第 6 战区各军师沿革简史》,全宗号 787,案卷号 16768。

聂松溪(代理－1943.4 实任－)

黄恢亚(1943.8－1944.11)

郭惠苍(1944.12－1947.11.2 被俘)

李荻秋(1947.12－1949.1.1)

张伯权(1949.1.1－1949.1.21 起义)

第 22 师

①西北军(1928.10－1929.5)

1928 年 9 月 1 日,第 2 集团军第 3 军所属第 19 师等在山东泰安缩编为该集团军暂编第 3 师。10 月,改称第 22 师①。1929 年 4 月,移防济南。5 月 19 日,该师追随冯玉祥反蒋,被撤销番号(1930 年 10 月改编为第 31 师)。

历任师长:

吉鸿昌(1928.10.8－)

程心明

②西北军(1930.4－1945.7)

1930 年 4 月,河南民团一部改编而成的暂编第 1 师在山东济南改称第 22 师②,辖三旅九团,隶属第 3 路军。9 月,所属第 66 旅编入第 74 师,该师缩编为两旅六团。9 月 12 日,调赴泰安济宁。1936 年 1 月,按照调整师改组。1937 年 9 月,隶属第 56 军。1938 年 3 月,转隶第 12 军。1939 年,裁撤旅部,改辖三团。1944 年 10 月,改隶第 55 军。1945 年初,直隶于第 5 战区。参加豫西鄂北会战(1945 年 3 月下旬至 5 月下旬),3 月 28 日在豫西邓县阻敌。7 月,该师番号撤销,官兵补充第 20 师。

历任师长:

谷良民(1932.8.1－)

时同然(1938.6.24－)

张测民(1938.10.8－1943.4)

刘琛(1943.4－1943.9)

姚秉勋(1943.9－1944.3)

谭乃大(1944.3－)

单裕丰

②中央军(1945.7－1949.1)

1945 年 7 月,预备第 1 师在陕西朝邑改称第 22 师,隶属第 36 军。10 月,改隶第 16 军。1949 年 1 月 21 日,在北平接受和平改编。2 月 19 日改编为中国人民解放军独立第 25 师。

历任师长:

---

① 《陆军各部队成立沿革纪要(第 1 辑)》,全宗号 787,案卷号 16721。

② 《第 3 集团军所属各部队编成历史概况报告书》,全宗号 787,案卷号 16772。

冯龙(—1948.12.16)

黄剑夫(1948.12.16—)

第 23 师(整编第 23 旅)

①西北军(1928.10—1929.5)

1928 年 10 月,第 2 集团军第 23 军与第 14 军合并缩编为第 23 师。1929 年 5 月,随同冯玉祥反蒋,取消番号(1930 年 10 月在河南改编为新编第 16 师)。

历任师长:

冯治安(1928.10.8—)

魏凤楼(1929.3—)

②湘军唐生智部,1938 年 10 月黄埔军校出身的李楚瀛出任师长(1930.10—1949.8)

1930 年 10 月,新编第 21 师改称第 23 师,下辖二旅六团①。10 月,由河南兰封经浦口转赴江西九江②。1931 年 6 月,隶属第 27 军。1936 年初,第 27 军番号撤销。5 月,该师守备西康盐源、盐边至雅砻江右岸。6 月移师贵州普安。西安事变发生后,该师编入"讨逆军"第 1 纵队。1937 年 1 月,在陕西华县。全面抗战爆发后,开赴河北,隶属第 1 战区参加津浦路北段作战(1937 年 9 月 11 日至 12 月 27 日)。

1938 年 2 月,编入第 13 军。5 月 14 日,师长李必藩在山东菏泽阵亡。12 月,改隶第 85 军。1939 年,裁撤旅部,改辖三团。1946 年 5 月,整编为旅,改辖两团。1948 年 9 月,恢复师的番号。12 月 10 日,师长黄子华率该师及第 216 师残部在安徽宿县西南的双堆集投诚。重建,隶属第 85 军。1949 年 5 月,改隶第 74 军。8 月 16 日,该师在福建马尾、连江、长门等地被歼灭大部,番号撤销。

历任师长(整编旅旅长):

李云杰(—1936.1.13 病故)

李必蕃(1936.1.27—1938.5.14 阵亡)

欧阳棻(1938.5.28 代理—)

李楚瀛(1938.10.2—1940.11.3)

倪祖耀

张文心(1943.2—1944.7)

黄子华(1944.7—1948.12.10 投诚)

谭乃大(1949.1.8—)

全瑛

---

① 《国军部队沿革》(一集);《国防部本部隶属各部队主官简历驻地与部队沿革手册》,全宗号 783,卷宗号 393。

② 《刘峙第一军团关于调平汉路在新郑附近"围剿"冯军张维玺等部经过报告》(1930 年 9 月 17 日—10 月 10 日),《中华民国史档案资料汇编》第 5 辑第 1 编军事(2),第 656 页。

第 24 师（整编第 24 旅）

①西北军（1928.10—1930.4）

1928 年 10 月，第 2 集团军第 5 军缩编为第 24 师，驻河北邢台等地。1929 年 5 月，隶属讨逆军第 13 路。6 月下旬，由河南许昌移驻安徽亳县。11 月，移驻蚌埠。12 月 2 日，奉命南下广东的该师在浦口炮击南京。1931 年 1 月，由蚌埠移驻亳县。3 月移驻郑州。4 月，跟随阎锡山反蒋，番号撤销。

历任师长：

石友三（1928.10.8—）

②湘军，1938 年 10 月黄埔军校出身的杨光钰出任师长（1930.10—1949.12）

1930 年 10 月，新编第 20 师改称第 24 师，下辖二旅四团，由河南调入江西，经抚州进入南丰。11 月初，在丰城西北的赣江北岸地区，7 日占新淦。12 月初，由蛟湖向东韶、洛口、宁都进攻，隶属第 6 路军，参加对中央苏区的第一次"围剿"（1930 年 12 月 19 日至 1931 年 1 月 3 日），战后退回南丰。隶属第 6 路军，由南丰向广昌进攻，参加对中央苏区的第二次"围剿"（1931 年 4 月 1 日至 5 月 30 日）。隶属左翼集团军第 3 军团，参加对中央苏区的第三次"围剿"（1931 年 7 月 1 日至 9 月 20 日）。

1932 年 8 月，编入第 37 军。1937 年 11 月，第 37 军改称第 76 军，该师随之改隶第 76 军。1938 年，撤销旅部，改辖三团。1946 年 5 月，整编为旅，改辖两团。1947 年 10 月 1 日至 11 日，在陕北延长、清涧被歼灭，旅长张新被俘。11 月，重建。1948 年 3 月 3 日，在陕西宜川被歼灭，旅长张汉初被俘。重建。9 月，恢复师的番号。11 月 25 日至 28 日，在陕西澄城永丰镇被歼灭，师长于厚之被俘。1949 年 1 月，在宝鸡重建。8 月，该师番号撤销，另由第 331 师改称第 24 师，改隶第 69 军。12 月 26、27 日在四川省邛崃、大邑一带被歼。

历任师长（整编旅旅长）：

许克祥

黄子咸（1935.1—1935.12.23）

李英（1935.12.13—）

杨光钰（1938.10.18—1940.7）

廖昂

刘劲持（—1945.7）

车蕃如（1945.7—）

张新（1946.9—1947.10.11 被俘）

张汉初（1947.11—1948.3.3 被俘）

于厚之（1948.5.11—1948.11.28 被俘）

张汝弼（1949.1.1—）

吴方正

第 25 师

①西北军(1928.10—1929.5)

1928 年 10 月,第 2 集团军第 30 军缩编为第 25 师。1929 年 5 月,由河南巩县开陕西潼关参加反蒋,被取消番号。

历任师长:

童玉振(1928.10.8—)

张自忠

②西北军(1930.10—1932.8)

1930 年 10 月,西北军第 13、第 14、第 15 师合编成第 25 师,下辖三旅六团。12 月 7 日,从豫北调驻山东济宁。1931 年 3 月底,开赴江西乐安、宜黄地区,隶属第 26 路军参加对中央苏区的第二次"围剿"(1931 年 4 月 1 日至 5 月 30 日)。6 月,该师编入第 17 军。12 月 14 日,大部在宁都起义,师长李松崑仅率一团到广昌。重新编组该师,以该师残部整编为第 75 旅,第 26 路军所属骑兵第 4 师祝常德骑兵旅改编为该师第 74 旅。1932 年 8 月,该师番号撤销,官兵编入第 27 师。

历任师长:

孙连仲(兼任)

李松崑

③国民二军旧部(1930.12)

1930 年 12 月 25 日,新编第 5 师改称第 25 师,旋改称第 28 师。

历任师长:

公秉藩

④中央军(1933.1—1950)

1933 年 1 月,第 4 师独立旅与第 1、第 2 补充团在安徽蚌埠编组为第 25 师①,下辖二旅四团,隶属第 17 军。5 月,增设补充团。1935 年 6 月,第 17 军番号取消,该师直隶于军委会。6 月,由北平调驻洛阳西工整训,12 月,裁撤补充团,改组为调整师。1936 年 3 月上旬,从风陵渡北渡黄河到晋南灵石,隶属太原绥靖公署第 1 路第 5 纵队阻击红一方面军东征。5 月,由晋西渡过黄河开赴陕北清涧。7 月,移师咸阳整训。8 月开赴甘肃两当、成县阻击红一方面军,旋调赴天水、秦安一带堵截。10 月,经会宁向靖远攻击前进,进驻宁夏中卫及定远营。11 月 22 日,由宁夏阿拉善开抵大同。西安事变发生后,该师编入"讨逆军"第 2 纵队,驻防甘肃泾川、西峰镇等地。事变后调西安。

1937 年 8 月,隶属第 52 军。9 月,补充营扩编为补充团,11 月,增编野战补充第 2 团。1938 年 1 月,两个补充团扩编为补充旅。4 月,裁撤补充旅,仅保留 1 个补充团。1940 年 3

---

① 《陆军各部队成立沿革纪要(第 1 辑)》,全宗号 787,案卷号 16721;《国防部本部隶属各部队主官简历驻地与部队沿革手册》,全宗号 783,卷宗号 393;《国军部队沿革》(一集)。

月,裁撤旅部,补充团裁并,改辖三团。1946年11月2日,该师在辽宁宽甸县西北新开岭被全歼,师长李正谊被俘。以1个警备团、5个保安大队和新编第6军的1个补充团重建该师。1948年2月12日至19日,该师所属第74、第75团在辽宁鞍山被歼灭,师长胡晋生被俘。3月,由该师第73团、第195师及暂编第54师残部重建。4月,新编5军军部编入该师。1950年5月,撤到台湾。

历任师长:

关麟徵

张耀明

张汉初(1938.9.29－1941.11)

姚国俊(1941.11代理－1942.8实任－)

刘世懋(1944.11－)

李正谊(－1946.11.2被俘)

胡晋生(－1948.2.19被俘)

李运成(－1949.9.1)

李有洪(1949.9.1－)

第26师(整编第26旅)

①西北军(1928.10－1929.5)

1928年10月,第2集团军第18军缩编为第26师。1929年5月,该师随同冯玉祥反蒋,被撤销番号。

历任师长:

程希贤(1928.10.8－)

田金凯

②川军,1943年12月黄埔军校出身的曹天戈出任师长(1930.9－1949.12)

1930年9月,第20军郭汝栋部缩编为第26师,下辖两旅六团,仍隶属第20军。1934年9月,隶属第43军(第20军改称)。1938年6月,独立第6旅番号撤销,官兵补充该师。9月,改隶第29军。1940年5月,转隶第49军。1946年5月,整编为旅,改辖两团。7月19日,该旅在江苏如皋以南被歼灭,旅长胡琨被俘。后重建。1947年8月,恢复师的番号。1948年1月24日至26日,在辽宁新立屯被歼灭。后再次重建。8月,改隶新编第5军。11月,隶属第86军(新编第5军改称)。1949年1月15日,在天津被歼灭,师长张越群被俘。11月,以第21军独立团及收容官兵合编为第26师,隶属第21军。12月21日,在四川大邑起义。

历任师长(整编旅旅长):

郭汝栋(1932.7.7－1936.10.14)

刘雨卿(1936.10.14－)

刘广济(1939.5.25－1940.11)

王克俊(1940.11—1943.1.20)

曹天戈(1943.12—1946.5)

彭巩英(1946.5—1947.11)

胡琨(代理—1946.7.19 被俘)

张越群(1947.11—1949.1.15 被俘)

李志熙(—1949.12.21 起义)

第 27 师(整编第 27 旅)

①西北军(1928.10—1929.5)

1928 年 10 月,第 2 集团军第 13 军缩编为第 27 师。1929 年 5 月,该师在汉中随冯玉祥反蒋,被取消番号。

历任师长:

张维玺(1928.10.8—)

②西北军(1930.11—1949.4)

1930 年 11 月,西北军第 12 师高树勋部等编成第 27 师,隶属第 26 路军,辖三旅六团。12 月 7 日,从豫北调驻山东济宁。1931 年春,经南京开赴江西。3 月底到达乐安、宜黄地区,参加对中央苏区的第二次"围剿"(1931 年 4 月 1 日至 5 月 30 日),5 月 22 日所属第 81 旅在永丰中村被歼灭大部。

1931 年 6 月,隶属第 17 军。12 月 14 日,一部在宁都起义。1932 年 8 月 17 日,所属第 79 旅在乐安被歼灭。20 日,所属第 80、第 81 旅在宜黄被击溃。10 月,第 17 军番号取消,第 25 师番号撤销,官兵补充该师。11 月 20 日退驻南城、抚州。11 月,按整理师改组,辖二旅四团。12 月在新淦、永丰,隶属中路军第 2 纵队参加对中央苏区的第四次"围剿"(1933 年 1 月 1 日至 4 月 29 日)。1933 年 2 月,在峡江、清江。

1933 年 6 月,隶属第 42 军。1935 年 12 月,按调整师改组①。1939 年 3 月,改隶第 30 军。11 月,撤销旅部,改辖三团。1945 年 10 月 24 日至 11 月 2 日,在河北邯郸以南被歼灭。后重建。1946 年 5 月,整编为旅,改辖两团。1948 年 10 月,恢复师的番号。1949 年 4 月,在山西太原被歼灭,师长仵德厚被俘。

历任师长(整编旅旅长):

高树勋

孙连仲(兼任)

冯安邦(1933.11.9—)

黄樵松(1938.1.14—1941.3)

许文耀(1941.3—1942.10 免兼—1948.1)

---

① 《国防部本部隶属各部队主官简历驻地与部队沿革手册》,全宗号 783,卷宗号 393;《陆军各部队成立沿革纪要(第 1 辑)》,全宗号 787,案卷号 16721;《国军部队沿革》(一集)。

戴炳南(1948.1—)

佧德厚(1948.11.4—1949.4.24 被俘)

③中央军(1949.6—1949.12)

1949 年 6 月,第 116 师在陕西改称 27 师,隶属第 30 军。12 月 25 日,在四川广元起义。

历任师长:

欧耐农(—1949.12.25 起义)

第 28 师(整编第 28 旅)

①西北军(1928.10—1929.5)

1928 年 10 月,第 2 集团军第 4 方面所属部队缩编为第 28 师。1929 年 5 月,该师在西安反蒋,番号撤销①。

历任师长:

宋哲元(1928.10.8—)

冯治安

②国民二军旧部,1936 年 11 月黄埔军校出身的董钊出任师长(1931—1949.12)

1930 年 12 月 25 日,新编第 5 师改称第 25 师,旋改称第 28 师,下辖二旅四团。1931 年 1 月,退回江西吉水②。隶属第 5 路军,在泰和参加对中央苏区的第二次"围剿"(1931 年 4 月 1 日至 5 月 30 日)。5 月 16 日,大部在东固被歼灭,师长公秉藩被俘后逃走。驻防吉安、泰和、万安,参加对中央苏区的第三次"围剿"(1931 年 7 月 1 日至 9 月 20 日)。1931 年 11 月至 1932 年 3 月,参与对湘赣苏区的"围剿"。11 月中旬,占吉安永阳。

1932 年 8 月,驻遂川地区。1932 年 11 月至 1933 年 4 月,进攻湘赣苏区。参加对中央苏区的第四次"围剿"(1933 年 1 月 1 日至 4 月 29 日),战后驻遂川、万安。9 月在泰和,参加对中央苏区的第五次"围剿"(1933 年 10 月至 1934 年 10 月)。1934 年 7 月,由泰和出发追堵红六军团西征。1935 年 4 月,"围剿"湘鄂赣苏区。9 月,调赴湖南石门等地"围剿"湘鄂川黔苏区。11 月,"追剿"红二、六军团长征。

1935 年 12 月,编入第 46 军。1938 年 5 月,脱离第 46 军建制。8 月,隶属第 16 军。1940 年底,拨隶第 90 军。1945 年 7 月,转隶第 36 军。1946 年 5 月,整编为旅,改辖两团。1948 年 9 月,恢复师的番号。1949 年 12 月 26 日,在四川新津地区被歼灭。

历任师长(整编旅旅长):

公秉藩

王懋德(代理)

董钊(1936.11.24—)

①　《编遣委员会调查各编遣区现有部队一览表给国民政府呈》(1929 年 8 月 23 日),《中华民国史档案资料汇编》第 5 辑第 1 编军事(1),第 671 页。

②　《陆军第 28 师抗战一年来作战经过概要》,全宗号 787,卷宗号 6553;《国军部队沿革》(一集);《国防部本部隶属各部队主官简历驻地与部队沿革手册》,全宗号 783,卷宗号 393。

李梦笔(1939.2—1940.9 兼任—1941.2.19)

魏炳文(1941.2.19—)

王应尊(1942.4—)

徐保(—1947.11)

李声润(1947.11—1948.4.13)

李规(1948.4.13—1948.9.10)

敖明权(1948.9.10—)

魏光华

第 29 师(整编第 29 旅)

西北军(1928.10—1950)

1928 年 10 月,第 2 集团军第 2 军缩编为第 29 师,辖三旅六团。1929 年 8 月,驻河南商邱①。1930 年 4 月,隶属第 14 军,驻开封、新乡②。9 月 23 日,所辖第 86 旅在济南扩编为第 74 师,12 月,第 74 师缩编为该师第 86 旅。1931 年 1 月,第 14 军番号取消。2 月,所属第 86 旅再度扩编为第 74 师③。

1937 年 8 月,隶属第 55 军。1946 年 5 月,整编为旅,改辖两团。8 月 22 日,在河南商邱以西柳河集被歼灭一团。10 月 29 日至 31 日,在山东郓城被歼灭一团。1947 年 7 月 3 日至 8 日,在山东郓城被歼灭,旅长理明亚被俘。后重建。1948 年 9 月,恢复师的番号。1949 年 10 月 15 日至 17 日,在福建厦门被歼灭。第 55 军残部退往台湾,番号撤销,缩编为第 29 师。

历任师长(整编旅旅长):

刘汝明(1928.10.8—)

程希贤

曹福林(1932.8.1—)

许文耀(1938.9.21—1941.3)

李曾志(1941.3—)

荣光兴

理明亚(—1947.7.8 被俘)

黄芳俊

郭沛藻

---

① 《编遣委员会调查各编遣区现有部队一览表给国民政府呈》(1929 年 8 月 23 日),《中华民国史档案资料汇编》第 5 辑第 1 编军事(1),第 678 页。

② 《蒋介石关于制定讨伐阎冯部署与作战计划报告》(1930 年 4 月),《中华民国史档案资料汇编》第 5 辑第 1 编军事(2),第 232 页。

③ 《国防部本部隶属各部队主官简历驻地与部队沿革手册》,全宗号 783,卷宗号 393;《国军部队沿革》(一集);《陆军各部队成立沿革纪要(第 2 辑)》。

第30师(整编第30旅)

①西北军(1928.10—1929.5)

1928年10月,第2集团军第11军缩编为第30师,驻扎河南平西地区,下辖三旅。1929年5月,因参加反蒋被取消番号。

历任师长:

佟麟阁(1928.10.8—)

②西北军(1930.10—1949.5)

1930年10月,吉鸿昌率西北军第2、第10师等部投蒋,在河南潢川恢复第30师的番号,辖三旅九团及特务旅①。11月5日,驻淮阳。1931年在潢川、商城,参加对鄂豫皖苏区的"围剿"(1931年1月中旬至9月下旬)。9月下旬驻信阳、武胜关,10月末由信阳移防鄂东,参加对鄂豫皖苏区的"围剿"(1931年9月下旬至12月)。1931年,缩编为三旅六团及一特务旅。

1931年底,编入第30军。1935年,在湖北枝江缩编为二旅四团,是年冬,特务旅隶属武汉行营编整。1939年11月,在河南邓县裁撤旅部,改辖三团。1941年5月,改隶第68军。1942年3月,改隶第30军。1945年10月24日至11月2日,在河北邯郸以南被歼灭,师长王震被俘。1946年5月,整编为旅,改辖两团。1948年5月17日,旅部及两个团在山西临汾被歼灭。旋重建。1948年8月,所属第89团由西安空运太原。10月,恢复师的番号。1949年4月,所属第89团在太原被歼灭。5月22日,该师主力在陕西凤翔被歼灭,师长王敬鑫阵亡。

历任师长(整编旅旅长):

吉鸿昌

李鸣钟(—1932.1.31)

彭振山

孙连仲(兼任)

张金照(1937.6.18代理—1938.2.23实任—)

张华棠(—1943.2)

王震(1943.2—1945.11.2被俘)

尹瀛洲(—1948.10.1)

王敬鑫(1949.2.16—1949.5.22阵亡)

③中央军(1949.6—1949.12)

1949年6月,第113军所属第130师改称第30师,隶属第30军。12月25日,在四川成都起义。

---

① 《国防部本部隶属各部队主官简历驻地与部队沿革手册》,全宗号783,卷宗号393;《陆军各部队成立沿革纪要(第2辑)》;《第6战区各军师沿革简史》,全宗号787,案卷号16768。

历任师长：

谢锡昌(1949.6.1 代理—1949.12 起义)

第 31 师（整编第 31 旅）

①西北军(1928.10—1929.5)

1928 年 10 月，第 2 集团军第 2 方面军所属部队缩编为第 31 师。1929 年 5 月，跟随冯玉祥反蒋，被取消番号。

历任师长：

孙连仲(1928.10.8—)

②西北军(1930.10—1945.6)

1930 年 9 月，西北军一部投蒋，改编为第 31 师[①]，下辖三旅九团。10 月，隶属第 30 军。1931 年，改辖三旅六团。1932 年 7 月 6 日在湖北麻城被红军歼灭一部。1936 年 1 月，按调整师改组，辖二旅四团。1939 年 11 月，裁撤旅部，改辖三团。1945 年 6 月，该师裁撤。

历任师长：

张印湘(1930.9.7—1933.7.24)

李敬明(1934.1.16—1935.1.22)

池峰城(1935.1.22—)

乜子彬(1939.3.17 代理—1940.1.8 实任—1945.6)

③中央军(1945.7—1949.12)

1945 年 7 月，暂编第 15 师改称第 31 师，隶属第 27 军。1946 年 5 月，整编为旅，改辖两团。7 月 13 日至 14 日，在山西夏县被歼灭，旅长刘钊铭被撤职。后重建。1947 年 3 月 25 日，旅部及所属第 92 团在陕西延安青化砭被歼灭，旅长李纪云被俘。1948 年 3 月 1 日，该旅在陕西宜川瓦子街被歼灭，旅长周由之阵亡。后再次重建。9 月，恢复师的番号。1949 年 12 月 27 日，在四川邛崃以南被歼灭。

历任师长（整编旅旅长）：

刘钊铭(—1946.8)

李纪云(1946.8—1947.3.25 被俘)

张汉初(1947.5 兼任—1947.7 免兼)

周由之(1947.7—1948.3.1 阵亡)

刘孟廉(1948.4.3—1949.3.16)

卫光华(1949.3.16—1949.12.17 被俘)

第 32 师（整编第 32 旅）

①晋绥军(1928.10—1930.4)

---

① 《陆军各部队成立沿革纪要(第 1 辑)》，全宗号 787，案卷号 16721。

1928年10月,第3集团军第1军缩编为第32师。1929年8月主力驻北平,一旅驻保定[①]。1930年4月,随同阎锡山参加中原大战,被取消番号

历任师长:

李培基(1928.10.8—)

②西北军(1930.9—1945.4)

1930年9月,西北军一部改编为第32师,下辖三旅六团[②],隶属第31军。1936年下辖二旅四团。1936年7月,第31军番号撤销。1938年2月,第33师番号撤销,官兵补充该师。同年夏,隶属第26军。1939年6月,撤销旅部,改辖三团。1944年10月,隶属突击第2纵队。1945年4月,番号裁撤。

历任师长:

梁冠英(—1936.7.28)

王修身(1936.10.13—1942.5)

蒋修仁(1942.5—1944.1)

樊焕卿

③伪军(1945.7—1947.11)

1945年7月,暂编第25师改称第32师,隶属第3军。1947年11月12日,在河北石门被歼灭,师长刘英被俘。

历任师长:

刘英(—1947.11.12被俘)

④中央军(1948—1949.5)

1948年,在山东组建第32旅,隶属整编第70师。1948年9月,恢复师的番号,隶属第70军。1949年1月10日,在河南永城陈官庄地区被歼灭,师长龚时英被俘。4月重建,旋即撤销番号。

历任师长(整编旅旅长):

龚时英(1948.11.16—1949.1.10被俘)

谢肇齐(1949.3.1—1949.5.1)

第33师(整编第33旅)

①晋绥军(1928.10—1930.4)

1928年10月,第3集团军第2军所属第6师改编为第33师。1929年8月,主力驻河北顺德、一旅在大名[③]。1930年4月,随同阎锡山参加中原大战,被取消番号(1931年5月

---

① 《编遣委员会调查各编遣区现有部队一览表给国民政府呈》(1929年8月23日),《中华民国史档案资料汇编》第5辑第1编军事(1),第672页。

② 《国防部本部隶属各部队主官简历驻地与部队沿革手册》,全宗号783,卷宗号393。

③ 《编遣委员会调查各编遣区现有部队一览表给国民政府呈》(1929年8月23日),《中华民国史档案资料汇编》第5辑第1编军事(1),第672页。

改编为正太路护路军,1935 年 5 月改编为第 101 师)。

历任师长:

孙楚(1928.10.8—)

②西北军(1930.11—1938.2)

1930 年 11 月,新编第 16 师在河南禹县改称第 33 师[①],辖二旅四团。成军后至 1932 年 10 月,该师"围剿"鄂豫皖苏区。1930 年 11 月在河南信阳。1931 年 2 月,调赴鄂东北黄安、麻城。6 月移师河南光山。8 月,再度进入湖北麻城、黄陂。1932 年 6 月,驻蕲水。1933 年,撤销旅部,改辖三团。1933 年 6 月,由武穴调赴鄂西。12 月,在鄂北。1934 年 2 月,在鄂南。1936 年 1 月,由四川南部向遵义集中,防堵红二、六军团。1937 年 8 月,驻湖北孝感。9 月,开赴江苏常熟参加淞沪会战(1937 年 8 月 13 日至 11 月下旬)。1938 年 2 月,官兵拨入第 32 师,师部开回孝感,另成立预备第 11 师。

历任师长:

葛云龙

冯兴贤(代理)

赵定昌(1937.11.6 代理—)

③中央军(1938.4—1949.12)

1938 年 4 月,江苏保安团编成第 33 师,隶属第 89 军。1940 年 10 月 3 日至 6 日,在泰兴以东的黄桥被歼灭一部,师长孙启人被俘。1943 年 5 月,鲁苏皖豫边区挺进第 1 纵队补充该师。9 月,边区第 8 纵队拨补该师。1944 年 9 月,改隶暂编第 1 军。1945 年 6 月,改隶第 97 军(暂编第 1 军改称)。1946 年 5 月,整编为旅,改辖两团,隶属整编第 52 师(第 97 军改称)。1948 年 9 月,恢复师的番号,隶属第 97 军(整编第 52 师改称)。1949 年 12 月 13 日,该师在广西隘店山区被歼灭。

历任师长(整编旅旅长):

贾韫山(1938.4.24—1939.10)

孙启人(1939.10 代理—1940.9.21 实任—)

姜云清

段海洲(代理,不久实任—1949.3.1)

莫国璋(1949.3.1—)

黄虑世

第 34 师(整编第 34 旅)

①晋绥军(1928.10—1930.4)

1928 年 10 月,第 3 集团军第 3 军缩编为第 34 师。1929 年 8 月,主力驻河北胥各庄,一

---

① 《陆军各部队成立沿革纪要(第 1 辑)》,全宗号 787,案卷号 16721。

旅驻卢台①。1930 年 4 月,因随同阎锡山参加中原大战,被取消番号。

历任师长:

徐永昌(1928.10.8—)

②国民二军旧部(1930.12—1941.5)

1930 年 12 月 10 日,豫西警备司令岳维峻(1930 年 4 月,蒋介石任命岳维峻为豫西警备司令,召集国民二军旧部)部与新编第 3 师合编为第 34 师②,下辖二旅六团。在湖北花园、孝感地区参加对鄂豫皖苏区的"围剿"(1930 年 12 月 5 日至 1931 年 3 月下旬)。1931 年 3 月 4 日,由孝感出发经花园沿平汉路东侧北进,3 月 9 日在广水双桥镇被歼灭,师长岳维峻被俘。9 月,驻孝感。1932 年 1 月,驻沔阳进攻洪湖苏区。5 月,驻沔阳、仙桃镇、分水咀。8 月至 10 月,进攻洪湖苏区。1934 年 10 月,由湖北藕池开赴湖南津市、澧州。12 月,隶属川鄂湘边区"剿匪"军,驻湘鄂边境的鹤峰、渔洋关等地,封锁湘鄂川黔苏区通向长江各主要道路。1936 年,按整理师改组,改辖二旅四团。

1938 年初,隶属第 39 军。1940 年 6 月,转隶新编第 12 军。1941 年 1 月,拨隶第 80 军。4 月,改隶第 3 军。5 月 18 日,师长公秉藩战在中条山会战中被俘投敌,该师番号撤销,官兵补充第 3 军所辖第 7、第 12 师。

历任师长:

岳维峻

何振藩(代理—1931.7.14 遇害)

王俊杰(代理—1931.8.3)

张万信(—1933.5.13 任—1936.6.24)

张迺葳(1936.6.24—)

公秉藩(1937.8.30—1941.5.18 被俘投敌)

③川军王陵基部,1946 年黄埔军校出身的李则尧出任师长(1942.2—1949.12)

1942 年 2 月,新编第 14 师改称第 34 师,隶属第 72 军。1946 年 5 月,整编为旅,改辖两团。1947 年 4 月 26 日,在山东泰安被歼灭,旅长李则尧被俘。后重建。1948 年 9 月,恢复师的番号。1949 年 1 月 10 日,师长陈渔浦率部在河南永城陈官庄地区投诚。在川东重建该师。12 月 11 日,在宜宾起义。

历任师长(整编旅旅长):

陈良基(1942.2—1942.3 免兼)

祝顺鲲(1942.3 代理—1943.2 实任—1946.9)

李则尧(1946.9—1947.4.26 被俘)

陈渔浦(—1949.1.1 兼任—1949.1.10 投诚)

① 《编遣委员会调查各编遣区现有部队一览表给国民政府呈》(1929 年 8 月 23 日),《中华民国史档案资料汇编》第 5 辑第 1 编军事(1),第 672 页。

② 《陆军各部队成立沿革纪要(第 1 辑)》,全宗号 787,案卷号 16721。

刘展绪

柏桓(—1949.12.5 离军返乡)

第 35 师(整编第 35 旅)

①晋绥军(1928.10—1930.4)

1928 年 10 月,第 3 集团军第 2 军所属第 12 师改编为第 35 师,驻山西阳泉。1930 年 4 月,随同阎锡山参加中原大战,被取消番号。

历任师长:

杨效欧(1928.10.8—)

②宁夏马鸿逵部(1931.2—1933.12)

1931 年 2 月,第 64、第 72 师合并为第 35 师,隶属第 11 军,下辖三旅。1933 年,一部返回宁夏,7 月、10 月,留在河南的四团分别拨隶驻豫绥靖公署"剿匪"军第 2、1 纵队各两个团。12 月 27 日,该师与新编第 7 师对调番号。

历任师长:

马鸿逵(1932.7.16—1933.12.27)

③宁夏马鸿宾部(1933.12—1949.9)

1933 年 12 月 27 日,新编第 7 师与第 35 师对调番号,下辖两旅六团,旋扩充为三旅一骑兵团①。1934 年 1 月中旬至 3 月下旬,驻扎宁夏中卫、中宁一带,阻止第 41 军孙殿英部。是年冬,所属第 207 团留守中宁,主力进驻陇东西峰镇、庆阳、平凉、宁县、环县。1935 年 7 月在陇东参加对陕甘苏区的"围剿"。8 月,堵击红二十五军北上。1936 年 6 月 1 日,所属第 105 旅旅长冶成章在环县曲子镇被红一军团俘虏。6 月至 10 月,在固原等地阻击红军西征。

1937 年 10 月,隶属第 81 军。1946 年 5 月,整编为旅,改辖两团。1948 年 9 月,恢复师的番号。1949 年 8 月 16 日,所属第 103 团在宁夏中卫以南被歼灭。9 月 19 日,该师在中宁起义。

历任师长(整编旅旅长):

马鸿宾(1933.12.27—1940.2.8 免兼)

马腾蛟(1940.2.8—1943.7)

马惇靖(1943.7—)

马钟(1947.9 代理—1948.12.16)

马惇信(1948.12.16 兼任—)

马奠邦(—1949.9.19 起义)

第 36 师(整编第 36 旅)

①晋绥军(1928.10—1930.4)

---

①　马培清:《马鸿宾三十五师在陇东阻击红军纪实》,《甘肃文史资料选辑》第 5 辑,第 62 页。

1928 年 10 月,第 3 集团军第 5 军缩编为第 36 师①。1929 年 8 月,主力驻天津,一旅驻晋城②。1930 年 4 月,随同阎锡山参加中原大战,被取消番号(1931 年 6 月改编为第 72 师)。

历任师长:

李生达(1928.10.8—)

②东北军(1931.5—1933.8)

1931 年 5 月,东北军驻热河部队改编为第 36 师,驻扎承德、凌源、隆化。1933 年初,隶属第 55 军。8 月 26 日,取消番号,部队交第 29 军宋哲元部改编。

历任师长:

汤玉麟

③中央军(1933.10—1949.10)

1933 年 10 月,第 87、第 88 师所属 4 个补充团编成 36 师③,下辖二旅四团。12 月,由赣东资溪进入福建光泽、邵武,镇压福建事变。1934 年 1 月,协同第 56 师攻打延平,后向古田推进。1 月 25 日,驻仙游,参加对中央苏区的第五次"围剿"(1933 年 10 月至 1934 年 10 月)。10 月,在闽西筑路。11 月,占长汀,进取瑞金。1935 年 5 月,驻长汀。夏,调驻苏州一带修筑工事。1936 年 12 月 13 日,开赴陕西潼关,编入"讨逆军"第 5 纵队。1937 年 2 月 8 日,进入西安。8 月,由西安向上海集中。

1937 年 9 月,隶属第 78 军。1938 年 2 月,第 34 师拨两团补充该师。5 月,由江西樟树、高安开赴豫东,改隶第 27 军。6 月,转隶第 71 军。1939 年 1 月,撤销旅部,改辖三团及一野补团。5 月,改辖三团。1943 年,该师直隶于第 11 集团军。1944 年 4 月,改隶第 54 军。1947 年 7 月,整编为旅,改辖两团。1948 年 1 月,改隶整编第 35 师,旋即改隶整编第 54 师(整编第 35 师改称)。9 月,恢复师的番号,隶属第 50 军(原整编第 54 师)。1949 年 10 月 24 日至 26 日,在广东阳春、阳江地区被歼灭大部,师长李成忠被俘。

历任师长(整编旅旅长):

宋希濂(1933.10.26—)

蒋伏生(1938.1.25—)

陈瑞河(1938.8.19—1940.9.7 免兼)

李志鹏(1940.9.7—1948.1.20)

胡翼烜(1948.2.10—)

李成忠(—1949.10 被俘)

---

① 《陆军各部队成立沿革纪要(第 1 辑)》,全宗号 787,案卷号 16721;《陆军各部队成立沿革纪要(第 2 辑)》;《国军部队沿革》(一集)。

② 《编遣委员会调查各编遣区现有部队一览表给国民政府呈》(1929 年 8 月 23 日),《中华民国史档案资料汇编》第 5 辑第 1 编军事(1),第 672 页。

③ 宋希濂:《鹰犬将军》,中国文史出版社 1986 年版,第 78 页;《蒋中正总统档案·事略稿本》(21),第 492 页。

第 37 师(整编第 37 旅)

①晋绥军(1928.10—1930.4)

1928 年 10 月,第 3 集团军第 7 军所属第 5 师改编为第 37 师。1929 年 8 月,驻绥远归绥、平地泉、包头各一旅①。1930 年 4 月,追随阎锡山参加中原大战,被取消番号(1931 年 3 月改称第 70 师)②。

历任师长:王靖国(1928.10.8—)

②西北军(1931.6—1949.8)

1931 年 1 月,西北军第 5、第 24、第 25 师,第 10 军所属第 9 师、第 1 路所属第 36 师及第 2 路所属第 3 师等部在山西运城并编为东北边防军第 3 军第 1 师。6 月 17 日,依中央军队番号顺序改称第 29 军第 37 师,下辖三旅六团及一特务团③。8 月,所属第 110 旅鲍刚部脱离该师(1933 年 8 月改称独立第 46 旅)。1933 年 4 月,所属第 111 旅李金田部扩编为暂编第 2 师。6 月,所属第 109 旅扩编为第 132 师。该师重建第 110、第 111 旅。1936 年 12 月,增编独立第 25 旅。1937 年,暂编团在北平扩编为第 109 旅。

1937 年 9 月,该师隶属第 77 军,独立第 25 旅编入第 179 师④。1938 年,在湖北荆门改辖二旅四团。1939 年 6 月,撤销旅部,改辖三团。1946 年 5 月,整编为旅,改辖两团。1948 年 9 月,恢复师的番号。11 月 14 日,在徐州南三堡被歼灭 4000 人。

1949 年 3 月,第 360 师改称独立第 37 师,直属于福州绥靖公署。8 月 11 日至 23 日,该师在福州被歼灭一部,撤退漳州,番号撤销,官兵拨入第 8 兵团。

历任师长(整编旅旅长):

冯治安

刘自珍(1937.9.9—)

张凌云(1938.2.11—)

吉星文(1939.1.3 代理—1941.4 实任—)

李宝善(1948.1.28—1949.1.10 被俘)

第 38 师(整编第 38 旅)

①晋绥军(1928.10—1930.4)

1928 年 10 月,第 3 集团军第 7 军所属第 14 师等改编为第 38 师。1929 年 8 月驻北平。

---

① 《编遣委员会调查各编遣区现有部队一览表给国民政府呈》(1929 年 8 月 23 日),《中华民国史档案资料汇编》第 5 辑第 1 编军事(1),第 672 页。

② 《陆军各部队成立沿革纪要(第 1 辑)》,全宗号 787,案卷号 16721。

③ 《国军部队沿革》(一集);《第 6 战区各军师沿革简史》,全宗号 787,案卷号 16768;《国防部本部隶属各部队主官简历驻地与部队沿革手册》,全宗号 783,卷宗号 393。

④ 《各部队各训练机关主官简历驻地与部队沿革手册》,全宗号 627,卷宗号 1117;《第 77 军部队沿革及主官参谋长简历表》,全宗号 787,案卷号 16795。

1930年4月,随同阎锡山参加中原大战,被取消番号(1931年6月改编为第68师)①。

历任师长:

李服膺(1928.10.8—)

②西北军(1931.6—1948.11)

1931年1月,西北军入晋部队一部在曲沃改编为东北边防军第3军第2师。6月17日,依中央军队番号顺序改称第38师,下辖三旅六团。8月,移防阳泉、平定,所属第114旅张人杰部脱离建制。1933年长城抗战结束后,重建第114旅。1936年12月,增编独立第26旅。

1937年10月,全师在河北青县扩编为第38、第180师,隶属第59军。第38师下辖三旅六团。1938年7月,改辖二旅四团。1939年11月,撤销旅部,下辖三团一补充团。1946年5月,整编为旅,改辖两团。1947年7月7日,该旅在山东费县被歼灭,旅长翟紫封被俘。后重建。1948年9月,恢复师的番号。11月8日,在台儿庄、贾汪地区起义。1949年2月,改编为中国人民解放军第33军98师一部。

历任师长(整编旅旅长):

张自忠

黄维纲(1937.9.9—1940.5)

董升堂(1940.5—1940.6)

李九思(1940.6代理—1941.9实任—)

翟紫封(—1947.7.7被俘)

杨干三(1947.9—1948.11.8起义)

第39师(整编第39旅)

①晋绥军(1928.10—1930.4)

1928年10月,第3集团军第2军所属第2师改编为第39师。1929年8月,主力驻河北石门,一旅驻定县②。1930年1月,南下讨伐唐生智。4月,驻石门,随同阎锡山参加中原大战,被撤销番号(1931年6月,改编为第71师)③。

历任师长:

赵承绶(1928.10.8—)

②国民三军旧部(1931.6—1949.1)

1931年1月16日,庞炳勋部(北伐战争结束后为第2集团军暂编第14师)在山西沁州改编为东北边防军第1师。6月17日,依中央军队番号顺序编为改称第39师,辖两旅四

---

① 《陆军各部队成立沿革纪要(第1辑)》,全宗号787,案卷号16721。

② 《编遣委员会调查各编遣区现有部队一览表给国民政府呈》(1929年8月23日)《中华民国史档案资料汇编》第5辑第1编军事(1),第672页。

③ 《陆军各部队成立沿革纪要(第1辑)》,全宗号787,案卷号16721。

团。8 月,隶属第 40 军。1936 年,改辖二旅六团。1945 年 10 月 24 日至 11 月 2 日,在河南汤阴、河北磁县被歼灭。1946 年 5 月,整编为旅,改辖两团。1948 年 9 月,恢复师的番号。11 月,该师由河南安阳空运徐州,改隶第 115 军。1949 年 1 月 10 日,在河南永城陈官庄地区被歼灭①。

历任师长(整编旅旅长):

庞炳勋(1931.6.17—)

马法五(1937.12.8—)

刘世荣(—1942.5)

李运通(1942.5—)

司元恺(—1949.1.5 兼任—)

韩肇琏

第 40 师(整编第 40 旅)

①晋绥军(1928.10—1930.4)

1928 年 10 月,第 3 集团军所属第 8 师和其他部队缩编为第 40 师。1929 年 8 月,主力驻山西临汾,一旅驻运城②。1930 年 4 月,随同阎锡山参加中原大战,被取消番号。

历任师长:

关福安(1928.10.8—)

②直鲁联军旧部(1931.6—1934.2)

1931 年 1 月 16 日,孙殿英部(中原大战前为新编第 18 师)在山西晋城改编为东北边防军第 2 师。6 月 17 日,依中央部队番号顺序编为第 40 师。9 月,隶属第 41 军。1934 年 2 月,该师番号撤销。

历任师长:

孙殿英(1931.6.17—1934.2.7)

③河南地方部队(1935—1937.12)

1935 年秋,独立第 37 旅与暂编第 3 旅合编为第 40 师,下辖三团③,驻扎湖北崇阳。1936 年 3 月,在阳新、大冶、武宁、通山、岳阳、临湖"清剿"湘鄂赣苏区。同年,调驻老河口及河南邓县、镇平。1937 年参加淞沪会战(1937 年 8 月 13 日至 11 月下旬)。12 月,该师番号撤销,余部编入第 76 师。

历任师长:

刘培绪

④中央军(1938.2—1950)

---

① 《国防部本部隶属各部队主官简历驻地与部队沿革手册》,全宗号 783,卷宗号 393;《国军部队沿革》(一集)。

② 《编遣委员会调查各编遣区现有部队一览表给国民政府呈》(1929 年 8 月 23 日),《中华民国史档案资料汇编》第 5 辑第 1 编军事(1),第 672 页。

③ 《国防部本部隶属各部队主官简历驻地与部队沿革手册》,全宗号 783,卷宗号 393。

1938 年 2 月,财政部所辖税警总团在陕西宝鸡改编为第 40 师,下辖三团,隶属第 8 军。6 月,脱离第 8 军建制。7 月初,扩编为二旅四团。8 月,隶属第 29 军指挥。年底,改隶第 25 军。1939 年 1 月,裁撤旅部,改辖三团。1946 年 5 月,整编为旅,改辖两团。1948 年 9 月,恢复师的番号,11 月 20 日,在江苏邳县碾庄圩被歼灭。1949 年 1 月,重建,隶属第 25 军。8 月 11 日至 23 日,在福建永泰以北地区被歼灭。9 月,空军警卫第 4 团与福建地方部队合编为第 40 师,隶属第 25 军。1950 年 2 月,拨隶第 52 军[①]。

历任师长(整编旅旅长):

黄杰(1938.2.26—)

罗历戎(1938.5.10—)

詹忠言(1938.9.2—)

俞济时(1938.9.15 兼任—)

方日英(—1942.5)

陈士章(1942.5—1948.7.8)

曾正我(1948.8.1—)

范麟

张文博

第 41 师(整编第 41 旅)

①晋绥军(1928.10—1930.4)

1928 年 10 月,第 3 集团军第 4 军缩编为第 41 师。1929 年 8 月,驻察哈尔张家口。1930 年 1 月,南下讨伐唐生智。4 月,驻河北元氏、藁城[②]。随同阎锡山参加中原大战,被取消番号。

历任师长:张会诏(1928.10.8—)

②直鲁联军旧部,1949 年黄埔军校出身的邹煜南出任师长(1931.5—1949.5)

1931 年 5 月,第 48 师所属第 142 旅与两个补充团及骑兵团炮兵营等并编为第 41 师,下辖二旅四团,驻湖北,隶属第 10 军。1935 年 6 月 12 日至 14 日,师部及第 121 旅在湖北咸丰东南的忠堡被歼灭,师长张振汉被俘。后重建。

1939 年 1 月,第 10 军及第 48 师番号取消,官兵补充该师[③],改隶第 26 军。1946 年 5 月,整编为旅,改辖两团。9 月,该旅配属整编第 69 师守备江苏睢宁、宿迁。12 月 13 日,由宿迁向沭阳、新安镇进军。12 月 19 日,该旅在宿迁被歼灭。旋重建,脱离整编第 26 师建制。1947 年 1 月,该旅进攻洪泽湖地区。6 月,改隶整编第 51 师。1948 年 9 月,恢复师的

---

① 《第 40 师沿革略史》,全宗号 787,案卷号 16801;《国军部队沿革》(一集);《第 40 师陈士章部行动概见表》,全宗号 787,卷宗号 6651。

② 《蒋介石关于制定讨伐阎冯部署与作战计划报告》(1930 年 4 月),《中华民国史档案资料汇编》第 5 辑第 1 编军事(2),第 241 页。

③ 《国防部本部隶属各部队主官简历驻地与部队沿革手册》,全宗号 783,卷宗号 393。

番号。1949 年 5 月,在上海被歼灭,26 日残部投诚。

历任师长(整编旅旅长):

张振汉(1931.4.23—1935.6.14 被俘)

黄新(1935.9.14—1935.12.23)

徐源泉(兼任)

丁治磐(1937.11.12—)

董继陶(1942.5—1948.1.21)

刘卫(1948.1.21 代理—)

邹煜南

第 42 师(整编第 42 旅)

①晋绥军(1928.10—1930.4)

1928 年 10 月,第 3 集团军第 7 军一部编成第 42 师。1929 年 8 月主力驻北平、一旅驻张家口。1930 年 1 月,南下讨伐唐生智。4 月,随同阎锡山参加中原大战,被取消番号。

历任师长:

张荫梧(1928.10.8—)

冯鹏翥

②陕西地方部队,1942 年 8 月黄埔军校出身的彭克定出任师长(1931.4—1945.1)

1931 年 4 月,第 71 师改称第 42 师,辖二旅六团,仍隶属第 7 军,驻陕西大荔。1936 年,辖二旅四团。1937 年初,第 7 军番号取消,以该师所属第 126 旅为基干扩编为第 42 师,以第 124 旅为基干扩编为第 169 师。10 月,该师由风陵渡北上沿同蒲、正太路至河北保定,担任防御,后在娘子关参加太原会战(1937 年 9 月 12 日至 11 月 12 日)。12 月,返回陕西大荔。1938 年 5 月至 12 月,东渡黄河参加山西新绛稷山之役[①]。

1939 年 1 月,编入第 98 军。1941 年 9 月,师长王克敬在山西沁水被俘。1944 年 12 月,改隶第 97 军。1945 年初,该师番号撤销。

历任师长:

冯钦哉(1932.9.7—)

柳彦彪(—1939.10.23)

王克敬(1939.10.22—1941.9 被俘)

王宏业(1941.11—1942.5)

郭景唐(1942.5—1942.8)

彭克定(1942.8—1944.3)

李德生(1944.3—)

③中央军(1945)

---

① 《第 80 军和 98 军战史资料》,全宗号 787,案卷号 6779。

1945 年 4 月，第 8 战区山地兵总队改编为第 42 师，隶属第 10 军。下半年，该师番号撤销。

历任师长：

刘仲荻

④中央军(1947.5－1950.1)

1947 年 5 月，荣誉第 1 师改称第 42 旅，隶属整编第 8 师。11 月，改隶整编荣誉第 1 师。1948 年 5 月，转隶整编第 8 师。7 月，恢复师的番号，隶属第 8 军。1949 年 1 月 10 日，代理师长伍子敬率部在河南永城陈官庄地区投诚。后重建，1950 年 1 月 25 日，在云南元江被歼灭，师长石建中阵亡。

历任师长(整编旅旅长)：

周开成(－1948.9.16)

伍子敬(代理－1949.1.10 投诚)

石建中(1948.9.16－1950.1.25 阵亡)

第 43 师(整编第 43 旅)

①晋绥军(1928.10－1930.4)

1928 年 10 月，第 3 集团军第 5 军团缩编为第 43 师。1929 年 8 月主力驻天津、一旅驻太原。1930 年 4 月，随同阎锡山参加中原大战，被取消番号(1931 年 6 月，改称第 72、第 73 师)①。

历任师长：

傅作义(1928.10.8－)

②五省联军旧部，1932 年 1 月陈诚亲信刘绍先出任师长(1930.12－1949.1)

1930 年 12 月，第 47 师所属第 139 旅扩编为第 43 师，下辖二旅六团，隶属第 9 军②。1931 年 5 月 19 日在吉水县白沙被歼灭一部。11 月，脱离第 9 军建制。11 月，隶属第 18 军。同年 11 月至 1932 年 7 月，在赣西"围剿"湘赣苏区。1932 年 8 月，驻吉安、泰和地区。10 月，驻吉安、吉水、永丰。11 月中旬，驻峡江、清江。12 月，在宜黄、乐安地区，隶属中路军预备队参加对中央苏区的第四次"围剿"(1933 年 1 月 1 日至 4 月 29 日)，战后驻崇仁、乐安。

1933 年 2 月，改隶第 5 军。旋即脱离第 5 军建制。8 月，第 43 师扩编为第 43、第 97 师。第 43 师改辖三团。9 月在乐安、宜黄，参加对中央苏区的第五次"围剿"(1933 年 10 月至 1934 年 10 月)。1934 年 6 月 23 日，进攻广昌和腾田间的大小舍竹。1935 年 4 月，"围剿"湘鄂赣苏区。9 月，调赴湖南石门等地参与"围剿"湘鄂川黔苏区。11 月，"追剿"红二、六军

---

① 《陆军第 35 军战史》，全宗号，案卷号 16729。又见《陆军各部队成立沿革纪要(第 1 辑)》，全宗号 787，案卷号 16721。

② 《国军部队沿革》(一集)；《第六战区抗战纪实附录二：战区及各集团军、军、师沿革及简史》，全宗号 787，案卷号 6714；《国防部本部隶属各部队主官简历驻地与部队沿革手册》，全宗号 783，卷宗号 393。

团长征。1936 年初，调驻武汉待命。5 月，开赴进山西。7 月，移师甘肃、宁夏。11 月，驻宁夏预旺。1937 年 3 月，驻兰州、平凉一带[①]。

1937 年 10 月，编入第 80 军。8 月，该师脱离第 80 军开赴鄂北参加武汉会战。1938 年 12 月，改隶第 18 军。1939 年 3 月，转隶第 87 军。1945 年 4 月，拨隶第 94 军。1947 年 12 月，改隶新编第 5 军。1948 年 1 月 5 日至 7 日，在辽宁新民县公主屯被歼灭，师长留光天被俘。在天津重建，拨隶第 94 军。1949 年 1 月 15 日，该师在天津被歼灭，师长饶启尧被俘。

历任师长：

郭华宗（—1932.1）

刘绍先（1932.1—1933.7.3）

邹洪（1933.7.3—1936.6.30）

周祥初（1936.6.30—）

金德泽（1939.3.22—1942.1）

李士林（1942.1—）

留光天（—1948.1.7 被俘）

罗莘求（1948.3.6 代理—1948.4.22 免代）

王治熙（1948.5.11—）

饶启尧（—1949.1.15 被俘）

③中央军（1947.11—1948.5）

1947 年 11 月，整编第 8 师独立旅在胶东改编为第 43 旅，隶属整编荣誉第 1 师。1948 年 5 月，改称第 3 师。

历任整编旅旅长：

周藩（—1948.5.13）

④中央军（1949.8—1950）

1949 年 8 月，交通警察部队一部在广东改编为第 43 师，隶属第 18 军。1950 年 11 月，撤军台湾。

历任师长：

鲍步超

第 44 师（整编第 44 旅）

①国民五军旧部（1928.12—1947.1）

1928 年 12 月，第 1 集团军第 4 军团第 34 军、第 41 军所属第 93 师合并缩编为第 44 师，下辖三旅六团。1929 年初，由山东德州南下江苏砀山。5 月，由安徽寿州经颍州（今阜阳）、周家口移驻河南漯河。8 月，由河南调赴安徽巢县、舒城、合肥。9 月 26 日，师长阮玄武与第 10 师师长方鼎英对调，两师对调三团。不久，所属第 131 旅旅长余亚农在安庆起兵反蒋，旋

---

① 《第三次参谋长会议第 81 军沿革史》，全宗号 787，案卷号 16796。

失败。11月,原师长阮玄武联合西北军反蒋(将第44师编为第1、第2两个师,师长王日新、冯华堂)。12月,冯华堂部与唐生智联合反蒋。1930年1月10日,冯华堂部战败投降,被授予第23军番号。2月22日,改称第23军第44师。4月,驻湖北襄阳①。11月,由河南陕县、渑池经洛阳调驻湖北黄陂、横店、谌家矶、江岸一带。1931年1月,驰援麻城。2月移防鄂西。3月下旬,移驻平汉路南段担任孝感、花园一带警戒②。旋接防黄安,参加对鄂豫皖苏区的"围剿"(1931年3月末旬至9月下旬)。11月,由武汉船运阳逻、团风。1932年3月至4月,进攻皂市、天门一线以西的襄北地区。5月,向京山至应城公路"进剿"。7月至10月,进攻襄北苏区。10月,沿京山至宜城公路追击撤离鄂豫皖苏区的红四方面军至枣阳地区。11月下旬尾追进入关中,12月调往汉中安康地区。1933年1月返回湖北安陆。3月22日,抵达北平。

1933年3月,所属第132旅改称独立第4旅,第131旅改称第132旅与第130旅合为第44师,下辖二旅六团,隶属第26军。1936年,下辖二旅四团及一补充团。1939年,以第48师一部补充该师及直属部队③。1946年5月,整编为旅,改辖两团。1947年1月4日,在鲁南苍山太子堂被歼灭,旅长蒋修仁阵亡。

历任师长(整编旅旅长):

阮玄武(—1929.9.26)

方鼎英(1929.9.26—)

杨胜治

萧之楚

陈永(—1941.11)

于兆龙(1941.11—1944.1)

蒋修仁(1944.1—1945.5撤职,1945.7改为撤职留任—1947.1.4阵亡)

②中央军(1947.2—1948.11)

1947年2月,第67师改编为第44旅。3月,隶属整编第83师。4月29日,所属第130团在山东沂南青驼寺附近被歼灭。1948年9月,恢复师的番号,隶属第100军(由整编第83师改称)。11月11日,该师在江苏邳县曹八集被歼灭,师长刘声鹤自戕。

历任师长(整编旅旅长):

戴坚

刘声鹤(—1948.11.11自戕)

③中央军(1948.12—1949.1)

1948年12月,第2兵团独立旅改编为第44师。1949年1月10日,在河南永城陈官庄

---

① 《蒋介石关于制定讨伐阎冯部署与作战计划报告》(1930年4月),《中华民国史档案资料汇编》第5辑第1编军事(2),第232页。

② 《国民党军第四十四师肖(萧)之楚部与红四方面军在鄂东战斗详报》(1930—1931年),《中华民国史档案资料汇编》第5辑第1编军事(3),第182—224页。

③ 《各部队各训练机关主官简历驻地与部队沿革手册》,全宗号627,卷宗号1117。

地区被歼灭,师长耿文哲被俘。

历任师长:

王屏南(—1848.12 被俘)

耿文哲(—1949.1 被俘)

④中央军(1949.1—1949.6)

1949 年 1 月,第 322 师在湖南改称第 44 师,隶属第 100 军。6 月,该师番号撤销,官兵补充第 19 师。

历任师长:

邓定远(1949.1.2—)

第 45 师(整编第 45 旅)

①国民五军旧部(1928.12—1931.5)

1928 年 12 月,第 1 集团军第 4 军团第 47 军和第 41 军所属第 91、第 92 师合并缩编为第 45 师,下辖三旅六团。1929 年 3 月,由河北昌平南下安徽蚌埠。4 月,所属第 133 旅改称独立第 10 旅。5 月,该师(欠一旅,驻安庆、蚌埠)开赴郑州。8 月,调回安徽。9 月 27 日,师长鲍刚与第 6 师师长方策对调,鲍刚在芜湖率第 45 师反蒋,被镇压。11 月 25 日,师长方策在南京下关收抚残部第 45 师改编为第 133 旅。是年冬,第 8 军军长卫立煌在合肥成立教导第 1、第 2 团,另以第 45 师残部在蚌埠收编为第 135 旅。教导第 1、第 2 团与第 133、第 135 旅合编为第 45 师,下辖三旅九团。1930 年中原大战中隶属第 2 军团。8 月,在陇海路作战。10 月 9 日,由郑州、民权返回蚌埠。同年 11 月至 1931 年 1 月,"围剿"鄂豫皖苏区。1931 年 5 月,改番号为第 10 师①。

历任师长:

方振武

鲍刚(—1929.9.27)

方策(1929.9.27—)

卫立煌

②河南地方部队(1931.7—1937.10)

1931 年 7 月,新编第 25 师改称第 45 师,下辖二旅四团,驻河南固始,参加对鄂豫皖苏区的"围剿"和"清剿"(1931 年 3 月末旬至 1934 年初)。1934 年 2 月,隶属南昌行营北路军,参加对中央苏区的第五次"围剿"(1933 年 10 月—1934 年 10 月)。10 月驻福建沙县、永安、延平(今南平)、光泽。1937 年参加淞沪会战(1937 年 8 月 13 日至 11 月下旬),8 月 28 日开赴宁波、镇海一带。9 月,担任海卫至曹娥江右岸江防②。旋番号撤销,官兵拨补第 61、第

---

① 《陆军各部队成立沿革纪要(第 1 辑)》,全宗号 787,案卷号 16721;《国防部本部隶属各部队主官简历驻地与部队沿革手册》,全宗号 783,卷宗号 393;《第 10 师历史及沿革略历》,全宗号 787,案卷号 16800。

② 《顾祝同报告第三战区各部队位置及其战况密电》(1937 年 9—11 月),《中华民国史档案资料汇编》第 5 辑第 2 编军事(2),第 244 页。

88 师。

历任师长：

戴民权(1932.5.18—)

③中央军(1937.11—1949.1)

1937 年 11 月,第 52 军及第 85 军所属补充旅在豫南编成第 45 师,下辖二旅四团及一补充团。1938 年 2 月,隶属第 91 军。6 月,改隶第 27 军。1944 年 6 月,第 97 师番号撤销,官兵补充该师。12 月,转隶第 57 军。1945 年 4 月,拨隶第 5 军。1947 年 8 月,整编为旅,改辖两团。1948 年 9 月,恢复师的番号。1949 年 1 月 10 日,师长崔贤文率部在河南永城陈官庄地区投诚。

历任师长(整编旅旅长)：

刘进(1937.11.7—1940.6)

李用章(1940.6—1942.4)

胡长青(1942.4—1945.2)

李日基(1945.2—)

胡长青(—1946.12)

廖慷(1946.12—1947.11)

郭吉谦(—1949.1.1)

崔贤文(1949.1.1 代理—1949.1.10 投诚)

④中央军(1949.1—1950)

1949 年初,空军警备第 2 旅改称第 45 师,隶属第 5 军。7 月,缩编为第 200 师第 599 团。后重新成立第 45 师,隶属第 25 军。1950 年 5 月,改隶第 5 军。8 月,改隶第 19 军。

历任师长：

劳声寰

周中梁(1949.2.1—)

第 46 师(整编第 46 旅)

①五省联军旧部(1928.12—1932.5)

1928 年 12 月,第 1 集团军第 37 军缩编为第 46 师,下辖三旅六团。1929 年 3 月,驻天津芦台。5 月 9 日,接防山东胶县等地。8 月,驻防胶济路沿线及周村。1930 年 4 月,隶属第 26 军。1931 年春,改辖两旅六团。2 月 15 日,驻六安的两个营兵变,进入鄂豫皖苏区,编为红军独立师第 3 团。1932 年 3 月 22 日至 5 月 8 日,该师在六安苏家埠附近被歼灭,后缩编为独立第 43 旅①。

历任师长：

范熙绩

岳盛宣

---

① 《陆军各部队成立沿革纪要(第 1 辑)》,全宗号 787,案卷号 16721。

②湘军谭延闿部,1938 年 2 月黄埔军校出身的桂永清出任师长(1933.5—1944.12)

1933 年 5 月 3 日,独立第 36 旅和第 23 师所属补充团在江西合编为第 46 师①。6 月,"围剿"湘赣苏区。12 月,调驻福建。1934 年 2 月至 9 月隶属南昌行营东路军第 5 路军预备队,参加对中央苏区的第五次"围剿"(1933 年 10 月至 1934 年 10 月)。11 月,隶属驻赣绥靖公署第 3 绥靖区。1935 年,开赴安徽太平县,"进剿"红十军团。1937 年,参加淞沪会战,损失惨重。12 月,调赴陕西朝邑境内,旋移师湖北沙市。1938 年 2 月,一部编入第 11、第 61 师,一部与中央军校教导总队合编,仍称第 46 师,下辖三旅六团②。5 月 13 日,由湖南衡山开赴豫东,编入第 27 军。同年底,改辖二旅四团。1944 年底,番号裁撤。

历任师长:

戴岳

戴嗣夏

桂永清(1938.2.18—)

黄祖埙(1938.7.1—1942.11)

苏秋若(1942.10—1943.7)

刘裕经(1943.7 代理—1943.12)

李日基(1943.12—)

李奇亨

③中央军(1947—1949.4)

1947 年下半年,在山东成立第 46 旅。11 月,隶属整编第 5 师。1948 年 7 月,暂编第 24 师番号撤销,官兵补充该旅。9 月,改称第 46 师,隶属第 5 军。1949 年 1 月 10 日,在河南永城陈官庄地区被歼灭,代理师长郭方平投诚。后重建,隶属第 5 军。4 月,取消番号。

历任师长(整编旅旅长):

黄宗颜(1948.9.1—1948.12.1)

陈辅汉(1948.12.1—)

郭方平(代理—1949.1.10 投诚)

熊笑三(1949.2.1—1949.2.25 免兼)

叶敬(1949.2.25—)

第 47 师(整编第 47 旅)

五省联军,1944 年 2 月黄埔军校出身的杨蔚出任师长(1928.11—1949.12)

1928 年 11 月,国民革命军第 1 集团军第 5 军团郑俊彦部 9 个师在察哈尔宣化县缩编为第 47 师,下辖三旅九团。1929 年 9 月,由泰山、曲阜调安徽蚌埠。10 月 20 日在河南许昌,11 月进攻登封、洛阳。

---

① 《陆军各部队成立沿革纪要(第 1 辑)》,全宗号 787,案卷号 16721。

② 《各部队各训练机关主官简历驻地与部队沿革手册》,全宗号 627,卷宗号 1117。

1929 年,该师拨调三团编为新编第 4 旅,改辖三旅六团。同年底,编入第 9 军。1930 年扩编为三旅九团,4 月在漯河①。12 月,所辖第 139 旅扩编为第 43 师。该师改辖二旅六团。1931 年 5 月 16 日,所属第 139 旅在江西东固被歼灭大部。5 月 19 日,第 139 旅残部在吉水白沙被歼灭。8 月 6 日,所属第 141 旅在兴国莲塘被歼灭。9 月,改辖二旅四团。1936 年 1 月,所属第 141 旅一团拨隶第 54 师,第 54 师所属第 160 旅两个团拨归该师②。缩编为二旅四团。1939 年 3 月,撤销旅部,改辖三团。1943 年 1 月,直隶于第 1 战区司令长官部。1943 年 12 月,改隶暂编第 4 军。1945 年 6 月,隶属第 27 军(暂编第 4 军改称)。1946 年 5 月,整编为旅,改辖两团。1948 年 2 月 24 日至 3 月 1 日,在陕西宜川瓦子街被歼灭,旅长李达阵亡。后重建,9 月恢复师的番号。1949 年 12 月 27 日,在四川邛崃以南被歼灭。

历任师长(整编旅旅长):

陈调元

王金钰

上官云相(-1930.10.18)

王金钰(1930.10 兼任-1931.6)

上官云相(兼任)

裴昌会(1933.9.27-1940.6)

郭贻珩(1940.6-1942.8)

张信成(1942.8-)

杨蔚(1944.3-1944.7)

李奇亨(1944.7-1947.5)

李达(1947.5-1948.3.1 阵亡)

乐典(1948.4.3 代理-1948.11 实任)

任树棻(1949.8.1-)

杨荫寰(1949.3.16-)

第 48 师(整编第 48 旅)

①直鲁联军旧部(1928.12-1939.1)

1928 年 12 月,国民革命军第 6 军团第 11 军等缩编为第 48 师,下辖三旅六团。1929 年 1 月,由河北昌平调驻皖北蚌埠一带。3 月,开赴江西九江。4 月,返回蚌埠、宿县、符离集。5 月,集中湖北襄阳,讨伐冯玉祥部。7 月驻豫南。8 月驻湖北花园③。10 月,在豫西讨伐西北军。11 月进攻登封、洛阳,收编西北军俘虏为补充团。

---

① 《蒋介石关于制定讨伐阎冯部署与作战计划报告》(1930 年 4 月),《中华民国史档案资料汇编》第 5 辑第 1 编军事(2),第 232 页。

② 《国军部队沿革》(一集)。

③ 《编遣委员会调查各编遣区现有部队一览表给国民政府呈》(1929 年 8 月 23 日),《中华民国史档案资料汇编》第 5 辑第 1 编军事(1),第 669 页。

1929 年 12 月，隶属第 10 军。1930 年 5 月，在湖北广水新编补充第 2 团。10 月，在河南孝义[①]。1931 年 5 月，所属第 142 旅及两个补充团扩编为第 41 师，改辖二旅六团。1932 年 3 月 7 日，所属第 144 旅在湖北天门县被歼灭，旅长韩昌俊被俘。1939 年 1 月，该师取消番号，官兵补充第 41 师。

历任师长：

徐源泉

徐继武（1936.11.16－）。

②中央军（1939.8－1943）

1939 年 8 月，第 191 师所属补充第 1、第 2 团与军政部第 26 补训处所属第 6、第 7 团在甘肃天水合编为第 48 师，下辖三团[②]，隶属第 42 军。1943 年夏，改编为西北交通警备总队。

历任师长：

罗列（1939.8.16－）

谢义锋（1941.6 代理－）

③中央军（1944.1－1945.4）

1944 年 1 月，第 5 军直属机械化部队与两个步兵团在云南嵩明县编成第 48 师，下辖两个步兵团和 1 个搜索团。1945 年 4 月，该师番号撤销。

历任师长：

郑庭笈

④中央军（1945.7－1949.12）

1945 年 7 月，暂编第 52 师改称第 48 师，仍隶属第 17 军。1946 年 5 月，整编为旅，改辖两团。1947 年 3 月 5 日，在甘肃合水西华池被歼灭 1500 人，旅长何奇阵亡。1948 年 10 月 6 日，该旅在陕西大荔被歼灭，旅长万又麟被俘。

重建，由陕西宝鸡警备司令部所属部队改编为第 48 师，隶属第 17 军。1949 年 12 月 25 日，残部在四川德阳起义。

历任师长（整编旅旅长）：

何奇（－1947.3 阵亡）

康庄（1947.4－1948.3.26 兼任－1948.6）

万又麟（1948.6.16－1948.10.6 被俘）

梁钟（1948.12.16－）

夏孝先

夏禹卿（1949.2.16－）

白济民（－1949.12.25 起义）

---

① 《第 48 师战史》，全宗号 787，案卷号 16744。
② 《第 42 军略史》，全宗号 787，案卷号 16786；《国军部队沿革》（一集）。

第 49 师(整编第 49 旅)

①河南地方部队(1928.12－1930.2)

1928 年 12 月,第 1 集团军第 12 军等缩编为第 49 师,下辖两旅六团。1929 年 3 月,由山东德州移师胶东,援助暂编第 1 军刘珍年部。战后调驻德州。9 月,开赴江苏海州。1930 年 2 月,调赴安徽寿州,2 月 20 日,在睢宁、灵璧一带被第 1、第 2 师缴械。该师番号取消,以其一部改编为新编第 14、新编第 25 师①。

历任师长:

任应岐

②福建地方部队,1934 年初改造为中央军(1930.12－1945.4)

1930 年 11 月,新编第 1 师在福建改称第 49 师,下辖三旅六团。12 月 10 日,改辖二旅四团。隶属第 6 路军,由闽西向瑞金和会昌推进,参加对中央苏区的第一次"围剿"(1930 年 12 月 19 日至 1931 年 1 月 3 日),战后仍驻龙岩、永定地区。1931 年出上杭、武平参加对中央苏区的第二次"围剿"(1931 年 4 月 1 日至 5 月 30 日)。参加对中央苏区的第三次"围剿"(1931 年 7 月 1 日至 9 月 20 日)。1932 年 4 月 19 日,该师在漳州被歼灭大部。5 月,在泰宁,隶属第 4 路军"清剿"闽西南地区。12 月在福建古田,隶属左路军参加对中央苏区的第四次"围剿"(1933 年 1 月 1 日至 4 月 29 日),战后驻坎市、高陂、永定一带。1933 年 7 月,驻永定、上杭。

1934 年 1 月,改组为三团制"剿匪"师。2 月,开赴湖北武昌。8 月,由武昌经上海驰援福建,参与对红七、红十军团的作战(1934 年 7 月至 1935 年 1 月)。12 月 23 日,进入安徽黟县。1935 年 1 月 13 日,在江西德兴县东十六都怀玉山作战。2 月 26 日,由南京开赴西安,3 月 9 日,抵达陕南城固。8 月 29 日至 31 日在四川松潘以北的包座被歼灭大部,师长伍诚仁受伤被俘。1936 年 2 月、5 月,在汉中围攻鄂豫陕苏区。9 月 25 日进入甘肃两当。12 月西安事变发生后,编入"讨逆军"第 12 纵队。

1938 年,配属第 46 军参加徐州会战后期作战(1938.5.3－5.28)。8 月,隶属第 6 军。1943 年 1 月,改隶第 5 军。1945 年 4 月,番号裁撤。

历任师长:

张贞(1932.5.18－1934.3.26)

伍诚仁

李及兰(代理－1936.11 实任－)

周士冕

李精一(1938.8.27－1940.2.27)

彭璧生(1940.3 代理－1941.5 实任－1942.10)

刘观龙(1942.10 代理－1945.2)

---

① 夏重九:《与吉鸿昌同时被害的任应岐》,《河南文史资料选辑》第 12 辑,第 32－33 页。

罗又伦(1945.2—1945.4)

③中央军(1945.7—1949.4)

1945 年 7 月,暂编第 55 师改称第 49 师,隶属第 27 军。1946 年 5 月,整编为旅,改辖两团。该旅加强炮兵、装甲兵和工兵等分队,编为第 2 快速纵队,驻防河南新乡,脱离第 27 军建制。配属整编第 85 师,参加豫北地区扫荡作战(1946 年 9 月下旬至 11 月中旬)。9 月底在新乡。1947 年 2 月上旬,由新乡调往豫东民权,参加第二次鲁西南战役(1946 年 12 月 26日至 1947 年 2 月 25 日)。战后返回新乡。4 月 18 日,第 2 快速纵队在河南淇县东北地区被歼灭,旅长李守正被俘。

后重建,隶属整编第 3 师。1948 年 8 月,改隶整编第 11 师,9 月,恢复师的番号,隶属第18 军(整编第 11 师改称)。11 月 24 日,该师在安徽固镇以西大营集被歼灭。后再次重建。1949 年 1 月,改隶第 88 军。4 月下旬,在皖南山区被歼灭。

历任师长(整编旅旅长):

李守正(—1947.4.18 被俘)

雷自修(1947.7—)

何竹本(1948.6.9—1949.1.16)

张定国(1949.1.16—)

第 50 师

①湘军谭延闿部,1938 年 7 月黄埔军校出身的张琼出任师长(1929.1—1948.10)

1928 年 12 月 7 日,第 4 集团军第 14 军、独立第 1 师李云杰部在湖南合并缩编为该集团军第 7 师。1929 年 1 月 20 日,依中央番号顺序改为第 50 师,下辖三旅九团①。4 月,一部改编为独立第 3、第 9 旅,该师由湖南进入湖北宜昌、枝江、长阳一带,堵截桂系残部。8 月,进驻赣江以西和袁水流域。10 月初,开往广东韶关。1930 年 2 月,在广西荔浦作战。5 月,由吴淞口转赴武汉。6 月,抵达湖南醴陵。7 月,开赴长沙待命。8 月,在陇海路作战。10 月,由河南进入江西南昌。11 月,撤销第 150 旅,缩编为二旅六团。12 月初,由乐安进攻龙冈、东固,隶属第 9 路军参加对中央苏区的第一次"围剿"(1930 年 12 月 19 日至 1931 年 1 月 3日)。1931 年 1 月 3 日,在东韶附近被歼灭一旅。战后驻丰城、樟树地区。

1932 年 2 月,编入第 22 军。1938 年 9 月,改隶第 37 军。10 月,转隶第 54 军。1940年,撤销旅部,改辖三团。1944 年 4 月,由滇西调往印度编入新编第 6 军。1945 年 4 月,拨隶新编第 1 军。1948 年 10 月 28 日,在辽宁黑山、打虎山以东地区被歼灭,师长杨温被俘。

历任师长:

谭道源(1929.1.29—)

岳森(1932.9.7—1935.10.7)

---

① 《陆军各部队成立沿革纪要(第 1 辑)》,全宗号 787,案卷号 16721;《国防部本部隶属各部队主官简历驻地与部队沿革手册》,全宗号 783,卷宗号 393;《第 15 师战史》,全宗号 787,案卷号 16741。

成光耀

张琼(1938.7.11－1940.3)

杨文琼(1940.3－1942.11)

郑挺锋(1942.11－)

潘裕昆(1944.3－)

杨温(1947.8－1948.10.28 被俘)

②中央军(1948.12－1949.8)

1948 年底,国防部独立第 4 团、福建保安第 6 团等在福州合编为第 50 师。1949 年 1 月,隶属第 121 军,旋改为独立师,隶属福州绥靖公署。8 月 16 日,一团在福州起义,其余被歼灭。

历任师长:

李以劻(1948.12.1－1949.8 投诚)

第 51 师(整编第 51 旅)

①湘军唐生智部(1929.1－1929.12)

1928 年 11 月 19 日,第 17 军所属第 3 师、第 36 军所属第 2 师、独立第 2 师罗启疆部合并缩编为第 4 集团军第 8 师。1929 年 1 月 20 日,依中央番号顺序改为第 51 师,驻扎冀东榆关。4 月,所属第 151 旅补充第 53 师,第 14 师所属第 40 旅改称第 151 旅改隶第 51 师①。8 月,驻河南洛阳。10 月 19 日在巩县。12 月,随唐生智反蒋,撤销番号(1930 年 1 月失败)。

历任师长:

李品仙(1929.1.9－)

龚浩

②滇军范石生部(1930.2－1936.8)

1930 年 2 月,广东编遣区第 5 师(1929 年 3 月由第 16 军缩编而成)改称第 51 师②,下辖二旅四团。3 月,隶属第 3 军团参加中原大战,固守湖北襄阳、老河口,拱卫武汉。是年冬,"清剿"鄂北。1931 年 1 月,改辖二旅六团,进攻襄阳、枣阳、宜城。5 月,撤回钟祥、枣阳一带。1932 年 2 月至 6 月,一部进攻襄阳、枣阳、宜城。10 月,在宜昌堵击红四方面军,11 月下旬尾追进入关中。12 月,返回湖北郧县。旋开赴江西,参加对中央苏区的第五次"围剿"(1933 年 10 月至 1934 年 10 月)。1934 年 11 月,隶属驻赣绥靖公署第 2 绥靖区。1936 年 6 月,该师拟投奔广东。8 月,在韶关被余汉谋部缴械遣散,番号取消。

历任师长:

范石生

柏天民(1935.5.15－1936.4.21)

---

① 《韦云淞旅》,《新晨报》1929 年 4 月 5 日,第 3 版。

② 《陆军各部队成立沿革纪要(第 1 辑)》,全宗号 787,案卷号 16721。

陈又新(1936.4.21—)

③中央军(1936.9—1949.9)

1936 年 9 月,新编第 11 师在陕西汉中改称第 51 师,下辖三团。12 月西安事变发生后,该师编入"讨逆军"第 10 纵队。1937 年 8 月,由陕西宝鸡开赴淞沪战场,在江苏嘉定编为二旅四团,隶属第 74 军①。1939 年 9 月 1 日,裁撤旅部,改辖三团。1946 年 5 月,整编为旅,改辖两团。1947 年 5 月 16 日,在山东蒙阴孟良崮被歼灭,旅长陈传钧被俘。后重建。1948 年 9 月,恢复师的番号。1949 年 1 月 10 日,在河南永城陈官庄被歼灭,师长王梦庚阵亡。2 月,再次重建。6 月,第 74 军所属各师并编为第 51 师,拨隶第 73 军。9 月 17 日,该师在福建平潭被歼灭。

历任师长(整编旅旅长):

王耀武(—1939.7)

李天霞(1939.7.12—)

周志道(—1945.8)

邱维达(1945.8—1946.12)

陈传钧(1946.12—1947.5.16 被俘)

王梦庚(—1949.1.10 阵亡)

周理淳(1949.2.1 代理—)

谢恺棠

第 52 师(整编第 52 旅)

①湘军唐生智部(1929.1—1929.3)

1928 年 11 月 19 日,第 17 军直属部队和第 1 师、第 12 军在湖北合并缩编成第 4 集团军第 9 师②。1929 年 1 月 20 日,依中央番号顺序改为第 52 师,门炳岳、何宣、危宿钟分任第 154、第 155、第 156 旅旅长。3 月 21 日,编遣委员会将师长叶琪免职,门炳岳、危宿钟等部在武昌反正③。第 154 旅改称独立第 6 旅,第 155、第 156 旅编为独立第 5 旅。

历任师长:

叶琪(1929.1.29—1929.3.21)

②湘军(1929.4—1929.11)

1929 年 4 月,独立第 1 旅吴尚部、独立第 6 旅门炳岳部组成第 52 师,下辖第 154、第 155、第 156 旅,熊震、门炳岳、王霈分任旅长④。5 月,第 155 旅由湖南茶陵进攻湘赣苏区。6

---

① 《第 74 军 51、58 师在湖南行动概见图表》,全宗号 787,卷宗号 6658。

② 《蒋介石关于全国各军缩编为师并组织整理委员会分期进行的报告》(1929 年 3 月 15 日),《中华民国史档案资料汇编》第 5 辑第 1 编军事(1),第 648 页。

③ 《参谋处转告蒋介石安置夏威部属罗林(霖)旅的命令》(1929 年 4 月 2 日),《中华民国史档案资料汇编》第 5 辑第 1 编军事(1),第 744 页。

④ 《何键谒蒋归后之布置》,《大公报》(天津)1929 年 4 月 27 日,第 1 张第 4 版。

月,退出苏区,驻湘东。8月,在常德、南县、临澧一带[1]。11月9日,副师长熊震趁师长吴尚省亲机会在常德发动兵变。11月13日,吴尚在益阳解除师长职务。11月15日,何键下令裁撤该师。第154旅改编为独立第5旅,第155旅改称独立第17旅调郑州隶属唐生智节制,第156旅由张敬兮率领编入独立第9旅。

历任师长:

吴尚

③安徽地方部队和直鲁联军旧部合编而成,1931年10月被改造为中央军(1929.12－1933.10)

1929年12月,独立第4旅与新编第3旅编成第52师,下辖二旅六团,师部驻南京。1930年4月,驻太和[2],隶属第8军。10月中旬,由开封开赴徐州。

1931年1月,第8军番号撤销。1月11日,该师由江苏徐州开赴江西峡江,"清剿"赣西,参加对中央苏区的第二次"围剿"(1931年4月1日至5月30日)、第三次"围剿"(1931年7月1日至9月20日)。9月15日,在兴国东北方石岭被歼灭,师长韩德勤被俘后伪装伙夫潜逃。10月,该师残部调拨第11、第14、第83师,第11、第14师所属独立旅编入该师[3]。

1933年2月,该师与第59师在江西宜黄编成第5军。2月28日在黄陂地区被歼灭,师长李明被俘。4月,该师残部开赴河南许昌整补。10月,调驻江西南城参加对中央苏区的第五次"围剿"(1933年10月至1934年10月),旋即改称第98师[4]。

历任师长:

叶开鑫

韩德勤

李明(－1933.2.28被俘)

夏楚中

④福建地方部队(1933.12－1937.12)

1933年12月,新编第2师改称第52师,下辖二旅四团,驻福建尤溪、沙县、永安,隶属驻闽绥靖公署。1934年1月25日驻永春,参加对中央苏区的第五次"围剿"(1933年10月至1934年10月)。5月10日进攻永安。11月,隶属驻闽绥靖公署第10绥靖区,进取归化、清流、宁化三县。1937年8月,担任浙南十七县及闽北三县绥靖[5]。参加淞沪会战(1937年8月13日至11月下旬),几乎全军覆灭,师长卢兴荣率400多官兵回到后方[6]。番号被

---

① 《编遣委员会调查各编遣区现有部队一览表给国民政府呈》(1929年8月23日),《中华民国史档案资料汇编》第5辑第1编军事(1),第677页。

② 《蒋介石关于制定讨伐阎冯部署与作战计划报告》(1930年4月),《中华民国史档案资料汇编》第5辑第1编军事(2),第232页。

③ 《陆军各部队成立沿革纪要(第1辑)》,全宗号787,案卷号16721。

④ 方靖:《对〈陈诚军事集团发展史纪要〉的订正和补充》,《文史资料选辑》第72辑,第281页。

⑤ 《蒋介石关于调动部队及分配作战任务密电》(1937年8月),《中华民国史档案资料汇编》第5辑第2编军事(2),第200页。

⑥ 吴德均:《卢部自1922年至1938年历次改编番号的年考》,《龙溪文史资料》第4辑,第33页。

撤销。

历任师长：

卢兴邦(1933.12.26—1934.9.26)

卢兴荣(1935.6.29—)

⑤中央军(1938.3—1949.4)

1938 年 3 月，预备第 3 师改称第 52 师，在江西牯岭作战。5 月，集中湖南岳阳。6 月，隶属第 25 军。1942 年 10 月，改隶第 28 军。1946 年 5 月，整编为旅，改辖两团。1947 年 5 月，该旅旅部改编为整编第 28 师师部，第 192 旅旅部改称该旅旅部，第 192 旅所辖一团拨入，改辖三团。1948 年 9 月，恢复师的番号。1949 年 4 月 29 日，在皖南郎溪、广德之间山区被全歼。

历任师长(整编旅旅长)：

冷欣(1938.3.8—)

唐云山(1938.9.8—)

王禄丰(1939.7.12—1940.1.18)

刘秉哲(1940.1.18—1944.3)

张迺鑫(1944.3—1946.8)

李浡(1946.8—)

葛先才(—1948.2.10)

朱丰(1948.2.10 代理—)

杨彬(—1948.4.17)

倪祖耀(1948.4.17—)

朱丰

第 53 师(整编第 53 旅)

①湘军唐生智部(1929.1—1929.12)

1928 年 11 月 19 日，第 36 军所属第 1、第 3 师和第 17 军所属第 2 师合并缩编为第 4 集团军第 10 师，1929 年 1 月 20 日，依中央番号顺序改为第 53 师，下辖三旅六团，分驻河北开平、湖北武汉。4 月，第 158 旅改编为独立第 4 旅，第 51 师所属第 151 旅补充该师①。8 月，主力驻河南郑州，一部驻洛阳②。12 月，随唐生智反蒋，撤销番号。

历任师长：

廖磊(1929.1.29—)

②湘军谭延闿部(1930.2—1938.8)

---

①　《韦云淞旅》，《新晨报》1929 年 4 月 5 日，第 3 版。

②　《编遣委员会调查各编遣区现有部队一览表给国民政府呈》(1929 年 8 月 23 日)，《中华民国史档案资料汇编》第 5 辑第 1 编军事(1)，第 674 页。

1930年2月,新编第20师扩编为第53师,下辖三旅六团。4月,驻湖北荆门、当阳[1]。6月,担任武胜关至确山沿线防务[2]。7月,由武汉开赴长沙加入湘桂线作战。8月5日,该师扩编为第16军。12月,改辖两旅六团[3]。1938年8月,该师撤销番号。

历任师长:

李韫珩(1932.6.29—)

周启铎(1938.5.18代理—)

③中央军(1938.10—1949.12)

1938年10月,预备第7师改编为第53师,隶属第90军。1946年5月,整编为旅,改辖两团。1947年10月11日,所属第158团在陕西韩城被歼灭。1948年2月,该旅在陕西宜川瓦子街被歼灭。后重建。9月,恢复师的番号。1949年12月26日,在四川新津地区被歼灭,师长樊玉书被俘[4]。

历任师长(整编旅旅长):

曹日晖(1938.10.2—1941.11)

袁杰三(1941.11—)

吴俊

邓宏义(—1948.4.17)

袁致中(1948.7.12—)

樊玉书(1949.7.1—1949.12被俘)

第54师

国民四军旧部,1943年10月黄埔军校出身的史松泉出任师长(1929.1—1949.12)

1928年11月24日,第30军和收编的苏荫森部在河北古冶合并缩编为第4集团军第11师,12月调北平。1929年1月20日,依中央番号顺序改为第54师,下辖三旅九团。2月,编入讨逆军第5路第9军。3月,魏益三重领该师,脱离新桂系控制。4月,三团拨隶第14师,改辖三旅六团。5月,调鲁西。7月,开赴郑州、许昌,在豫西作战。10月20日,在禹州。

1929年12月,编入第9军。1930年驻漯河[5]。1931年8月7日,该师在江西兴国良村被红军歼灭。1936年1月,第47师第141旅一团拨归该师,该师第160旅两团拨归第47

① 《蒋介石关于制定讨伐阎冯部署与作战计划报告》(1930年4月),《中华民国史档案资料汇编》第5辑第1编军事(2),第232页。

② 《国民党军第四十四师肖(萧)之楚部与红四方面军在鄂东战斗详报》(1930—1931年),《中华民国史档案资料汇编》第5辑第1编军事(3),第224页。

③ 《陆军各部队成立沿革纪要(第1辑)》,全宗号787,案卷号16721。

④ 《第53师编成及参战经过概见表》,全宗号787,卷宗号6654;《国防部本部隶属各部队主官简历驻地与部队沿革手册》,全宗号783,卷宗号393。

⑤ 《蒋介石关于制定讨伐阎冯部署与作战计划报告》(1930年4月),《中华民国史档案资料汇编》第5辑第1编军事(2),第231页。

师,缩编为二旅四团。1939 年 3 月,在山西垣曲裁撤旅部,改辖三团[①]。1945 年 2 月,新编第 24 师番号撤销,官兵补充该师,改隶第 13 军。1947 年 9 月,拨隶新编第 3 军。1948 年 10 月 28 日,在辽宁黑山、打虎山以东地区被歼灭,师长宋邦纬被俘。

1949 年 1 月,以鄂西师管区所属两个新兵团为基干扩编成第 54 师,隶属第 118 军。11 月 13 日,在四川黔江以东被歼灭。第 118 军拨直属部队重建该师。12 月 24 日,在郫县起义。

历任师长:

王泽民(1929.1.29—)

魏益三

郝梦龄(1932.7.8—)

刘家麒(1937.6.14—1937.10.16 阵亡)

孔繁瀛(1937.11.9—)

王晋(1939.5.3—)

史松泉(1943.10—1947.6)

宋邦纬(1947.6—1948.10.28 被俘)

董惠(1949.2.1—)

廖蔚文(—1949.12.24 起义)

第 55 师(整编第 55 旅)

①新桂系军(1929.1—1929.6)

1928 年 12 月 6 日,第 7、第 19 军编余部队在湖北编为第 4 集团军第 12 师,1929 年 1 月 20 日,依中央番号顺序改为第 55 师,下辖三旅六团。4 月初,退驻荆州,被第 4、第 8 师包围,所属第 163 旅扩编为新编第 10 师,其余缴械遣散。

历任师长:

程汝怀(1929.1.29—)

②五省联军旧部,1938 年 2 月陈诚亲信李及兰出任师长(1929.12—1945.1)

1929 年 12 月 16 日,第 1 集团军第 2 军团所辖新编第 1、第 4 旅在山东济南编成第 55 师,下辖三旅六团。1930 年 1 月 23 日,由济南开赴兖州、滕县监视新编第 19 师高桂滋部,并解决高部驻峄县的两个团。3 月,返回济南。4 月 12 日,移师鲁西与石友三部作战,隶属第 26 军。1931 年 6 月,改辖两旅六团。1932 年 5 月 8 日,在六安苏家埠附近被歼灭大部。整补后,开赴江西乐平、德兴"围剿"赣东北苏区。1932 年 12 月,脱离第 26 军建制。1934 年参与对红七、红十军团的作战(1934 年 7 月至 1935 年 1 月)。1936 年,改辖二旅四团。1937

---

① 《国防部本部隶属各部队主官简历驻地与部队沿革手册》,全宗号 783,卷宗号 393。

年 8 月,由弋阳、横峰、衢县调驻浙江海盐、平湖一带待命[①]。8 月 18 日,布防浦东到杭州湾金山之间。

1937 年 8 月,隶属第 69 军。1938 年 1 月,与补充第 1 师并编为二旅四团。2 月,改隶第 54 军。6 月,转隶第 94 军。1939 年,裁撤旅部,改辖三团。1943 年 9 月,拨隶第 18 军。1945 年 1 月,该师番号裁撤,官兵编入第 118 师。

历任师长:

阮肇昌

李松山(1934.1.23—)

李及兰

柳际明(1938.9.2—1940.1.24)

杨勃(1940.1.24—)

吴光明(—1943.7)

武泉远(1943.7—1944.9)

戴朴(1945.2—)

③陕西地方部队,1946 年 5 月黄埔军校出身的姚国俊出任旅长(1945.7—1950.3)

1945 年 7 月,新编第 35 师改番号为第 55 师,隶属第 38 军。1946 年 5 月 15 日,该师在河南巩县起义。第 90 军抽调两个团编为第 55 旅。1948 年 10 月,恢复师的番号。1949 年 7 月 11 至 14 日,在陕西扶风、郿县地区被歼灭,师长曹维汉被撤职。8 月,第 335 师大部补充该师。12 月 25 日,在四川德阳起义。所属第 163 团于 1949 年 12 月 15 日由广元经松潘转进到泸定,1950 年 3 月在西康被歼灭。

历任师长(整编旅旅长):

孔从洲

孙子坤(—1946.5.15 起义)

姚国俊(兼任—1948.7.8 免兼)

曹维汉

黄家瑄

安鹏秋

陈俊英(—1949.12.25 起义)

第 56 师

①五省联军和河南地方部队合编,1947 年 10 月由黄埔军校出身的王有湘出任师长(1929.1—1949.1)

---

① 《顾祝同报告第三战区各部队位置及其战况密电》(1937 年 9—11 月),《中华民国史档案资料汇编》第 5 辑第 2 编军事(2),第 244 页。

1928年12月6日,第4集团军独立第2旅、第42军马文德部[①]、第2集团军第16军在湖北宜昌合编为第4集团军第13师,下辖三旅九团。1929年1月20日,依中央番号顺序改为第56师。5月,独立第10旅番号撤销,官兵补充该师,缩编为三旅六团,开赴安徽芜湖。8月,该师主力(欠第168旅,12月,担任浦口到蚌埠间护路任务的该旅被石友三缴械)由芜湖移师福建厦门、漳州、龙岩[②]。1930年4月,驻蒲田、永泰[③]。12月,驻建瓯、建阳[④]。12月初,经建宁向石城推进,隶属第6路军参加对中央苏区的第一次"围剿"(1930年12月19日至1931年1月3日),战后仍驻建宁及其以东泰宁、将乐、顺昌地区。隶属第6路军,由建宁出安远,参加对中央苏区的第二次"围剿"(1931年4月1日至5月30日)。5月30日至31日,3个团在建宁被歼灭。参加对中央苏区的第三次"围剿"(1931年7月1日至9月20日)。1932年5月在南平,"清剿"闽西南地区。10月主力驻闽北建瓯,一部驻顺昌、建阳地区。隶属左路军参加对中央苏区的第四次"围剿"(1933年1月1日至4月29日),战后一部守备泰宁,主力驻建阳、建瓯、延平、邵武、顺昌、将乐一带。

1933年12月底,编入第39军。1937年,按照整理师改组,改辖二旅四团[⑤]。1945年6月,暂编第51师番号撤销,官兵补充该师,改隶第92军。1949年1月21日,在北平接受和平改编。2月19日,改编为中国人民解放军独立第55师,26日拨隶解放军第66军。

历任师长:

张义纯(1929.1.29—)

刘和鼎(1932.6.15—1933.12.27兼任—1935.12.11)

刘尚志(1935.12.11—)

冯邦桢(1939.1.25—1939.9)

厉鼎璋(1939.9.18代理—1940.2实任—1942.8)

孔海鲲(1942.8—1947.8)

王有湘(1947.8代理—)

余有王(1948.3.18代理—1948.12.16)

周中砥(1948.12.16—1949.1.21起义)

②中央军(1949.5—1950)

1949年5月,第67军所辖三个师在江西缩编为第56、第67师。1950年5月,撤往台湾。

---

①　《蒋介石关于全国各军缩编为师并组织整理委员会分期进行的报告》(1929年3月15日),《中华民国史档案资料汇编》第5辑第1编军事(1),第648页。

②　《第56师史略》,全宗号787,案卷号16743。

③　《蒋介石关于制定讨伐阎冯部署与作战计划报告》(1930年4月),《中华民国史档案资料汇编》第5辑第1编军事(2),第233页。

④　《国民党军卫立煌部镇压"闽变"战斗详报》(1933年10月),《中华民国史档案资料汇编》第5辑第1编军事(5),第805页。

⑤　《第6战区各军师沿革简史》,全宗号787,案卷号16768;《国军部队沿革》(一集);《陆军各部队成立沿革纪要(第2辑)》。

历任师长：

沈庄宇

袁九鹏

第 57 师（整编第 57 旅）

①新桂系军(1929.4－1929.9)

1929 年 4 月，第 14 师所属第 41 旅在湖北扩编为新编第 7 师，旋改称第 57 师，下辖三旅六团。6 月，经广东进入广西。9 月，参加反蒋，被撤销番号(1937 年 4 月改编为第 171 师)。

历任师长：

杨腾辉

②五省联军旧部，1938 年 2 月陈诚亲信施中诚出任师长(1930.9－1949)

1930 年 9 月，预备军团陈调元部补充第 1、第 2 旅与补充第 5 团和山东省警卫团合编成第 57 师①，下辖三旅六团。1931 年，在安徽六安、霍山等地参加对鄂豫皖苏区的"围剿"(1931 年 1 月中旬至 9 月下旬)。8 月 1 日，所属第 169 旅第 337 团在英山被歼灭。10 月，改辖二旅六团。1932 年 5 月 2 日，在六安陡拔河两岸被歼灭两个团，代理师长兼第 170 旅旅长梁鸿恩被俘。1932 年 5 月至 1935 年 7 月，所辖第 171 旅"围剿"赣东北苏区。1934 年 11 月，在江西贵溪参与对红七、红十军团的作战。1935 年，分驻浙江嘉兴、海宁、海盐、平湖、杭州。按调整师改组，改辖二旅四团。1936 年 12 月西安事变发生后，该师编入"讨逆军"第 5 纵队。12 月 17 日，进驻陕西潼关。1937 年 8 月，由浙江嘉兴、硖石、王店开赴平湖、龙华②。

1937 年 8 月，隶属第 69 军。1937 年底，改隶第 73 军。1938 年 6 月，转隶第 2 军。武汉会战后，余部编成 6 个连，拨归第 9 师。另成立第 57 师。1938 年冬，改隶第 74 军。1939 年，撤销旅部，改辖三团。1946 年 5 月，整编为旅，改辖两团。1947 年 5 月 16 日，在山东蒙阴孟良崮被歼灭，旅长陈嘘云被俘，代理旅长明灿阵亡。6 月，青岛警备第 2、第 3 旅改编为第 57 旅。重建后未归建。8 月底，该旅驻胶济路东段的高密、胶县、青岛地区。隶属胶东兵团，9 月在即墨参加胶东作战(1947 年 9 月上旬至 12 月中旬)。

1947 年 12 月，该旅拨隶整编第 2 师。1948 年 4 月下旬，改隶整编第 32 师。8 月，由青岛空运济南。9 月 24 日被歼灭，代理旅长杨晶被俘。11 月，成立第 57 师，隶属第 74 军。1949 年 1 月 10 日，在河南永城陈官庄地区被歼灭。后重建。4 月下旬，该师在浙江丽水损失殆尽。5 月，番号撤销。

历任师长（整编旅旅长）：

岳盛宣

梁鸿恩（兼代）

----

① 《陆军各部队成立沿革纪要(第 1 辑)》，全宗号 787，案卷号 16721；《国防部本部隶属各部队主官简历驻地与部队沿革手册》，全宗号 783，卷宗号 393。

② 《顾祝同报告第三战区各部队位置及其战况密电》(1937 年 9－11 月)，《中华民国史档案资料汇编》第 5 辑第 2 编军事(2)，第 244 页。

李松山(1932.5.19—1934.1.23)

阮肇昌(1934.1.23—)

施中诚(1938.2.7—1940.9 免兼)

余程万(1940.9—1943.9 兼任—1943.10 免兼)

李琰(1943.10—)

陈嘘云(—1947.5.16 被俘)

明灿(1947.5.14 代理—1947.5.16 阵亡)

程有秋(—1947.9)

杜鼎(1947.9—)

杨晶(1948.6.16 代理—1948.9.24 被俘)

冯继异(1948.12.1—)

第 58 师（整编第 58 旅）

①粤军(1929.5—1929.7)

1929 年 4 月,第 5 军徐景唐部编成广东编遣区第 2 师,旋改称第 58 师。7 月 11 日,该师遣散。

历任师长:

邓彦华

②陕西地方部队(1930.11—1931.4)

1930 年 11 月,第 17 师所属第 50 旅马青苑部在陕西扩编为第 58 师。1931 年 4 月,改称陕西警备师[①]。

历任师长:

马青苑

③直鲁联军旧部,1935 年黄埔军校出身的俞济时出任师长(1931.4—1949.5)

1931 年 4 月,新编第 26 师在山东临沂改称第 58 师,下辖两旅四团。7 月,集结河南明港、长台关待命[②]。9 月下旬接替商城防务,参加对鄂豫皖苏区的"围剿"(1931 年 9 月下旬至 12 月)。1932 年 2 月,由商城调驻湖北麻城。6 月,在信阳、明港等地,隶属中路军第 2 纵队参加对鄂豫皖苏区的"围剿"(1932 年 6 月下旬至 10 月中旬)。12 月在潢川、光山,负责鄂豫皖三省边区"清剿"。1933 年 7 月,由豫南宣化店调赴鄂东礼山县。1934 年 6 月,"围剿"湘鄂赣苏区。12 月,调湖南,隶属川鄂湘边区"剿匪"军。1935 年 1 月由新安、石门向桑植进攻。4 月 13 日至 15 日,所属第 172 旅、第 174 旅(欠第 248 团)在桑植以西的陈家河、桃子溪被歼灭,第 172 旅旅长李延龄阵亡。1936 年 12 月西安事变发生后,该师编为"讨逆军"第 3

---

① 《马青苑部改为陕警备师》,《时事新报》1931 年 4 月 11 日,第 1 张第 4 版。

② 《国民党"豫鄂皖三省"剿赤"中路军第二纵队"陈继承部与红军作战详报》(1932 年 6—8 月),《中华民国史档案资料汇编》第 5 辑第 1 编军事(3),第 275 页。

纵队预备队①。

1937年8月,隶属第74军。1939年9月,撤销旅部,改辖三团。1946年5月,整编为旅,改辖两团。1947年5月16日,在山东蒙阴孟良崮被歼灭,旅长卢醒阵亡。后重建。1948年9月,恢复师的番号。1949年1月10日,在河南永城陈官庄被歼灭。2月重建,隶属第74军。5月,该师番号撤销。

历任师长(整编旅旅长):

陈耀汉(1932.9.7—)

俞济时

冯圣法(1937.11.5—1939.8.18 免兼)

陈式正(1939.8.16—1940.2.1)

廖龄奇(1940.2.1—1941.10)

张灵甫(1941.11.5 代理—1943.8 实任—1944.6)

蔡仁杰(1944.6—1946.12)

卢醒(1946.12—1947.5.16 阵亡)

罗幸理(—1948.6.5)

王奎昌(1948.6.24—)

何澜(1949.2.1 代理—1949.2.20)

洪伟达

第 59 师(整编第 59 旅)

①粤军陈济棠部(1929.9—1931.5)

1929年春,第4军陈济棠一部编成广东编遣区第1师,9月改称第59师,下辖二旅六团。1931年5月,参与反蒋,番号取消。

历任师长:

余汉谋

②川军,1932年12月改造为中央军(1931.8—1933.12)

1931年8月,新编第11师改称第59师,调江西萍乡。1931年11月至1932年3月,"围剿"湘赣苏区。1932年3月开赴安福、峡江一带,"清剿"赣西。8月驻永丰、吉水,隶属第18军。10月,该师缩编为三团,另以第11、第14、第52师各独立团编属该师,下辖二旅六团②。1933年1月,改辖二旅四团及一补充团。

1933年2月,编入第5军。2月26日由乐安东进。28日至3月1日,在黄陂地区被歼灭大部,师长陈时骥被俘。7月,移驻崇仁,改辖二旅四团。10月,第5军番号取消。12月,

---

① 《国防部本部隶属各部队主官简历驻地与部队沿革手册》,全宗号783,卷宗号393;《第74军51、58师在湖南行动概见图表》,全宗号787,卷宗号6658。

② 《国防部本部隶属各部队主官简历驻地与部队沿革手册》,全宗号783,卷宗号393。

该师改称第99师①。

历任师长：

张英

陈时骥(—1933.3.1被俘)

郭思演

③粤军张发奎部,1945年黄埔军校出身的李子亮出任师长(1933—1950)

1934年3月,第90师所属第270师扩编为第59师②,下辖三团,"剿匪"军编制,隶属第4军。1937年9月20日,暂编第5旅一部编入该师,按整理师改组,改辖二旅四团。1939年,裁撤旅部,改辖三团。1945年1月,新编第20师及第3挺进队归并该师。1946年5月,整编为旅,改辖两团。1947年7月,改辖三团。1948年9月,恢复师的番号。1949年4月29日,在皖南郎溪、广德之间山区被全歼,师长林方策被俘。后重建,隶属第4军。1950年5月,撤往台湾。

历任师长(整编旅旅长)：

韩汉英(1934.3.16—)

张德能(1937.10.27代理—1940.7.26实任—1942.4)

林贤察(1942.4—1944.8)

谢铮(1944.10—)

李子亮(—1949.3.1)

林方策(1949.3.1—1949.4.28被俘)

薛叔达

第60师(整编第60旅)

粤军陈铭枢部,1934年初被改造为中央军(1929.9—1949.12)

1929年春,第11军一部缩编为广东编遣区独立第2旅。9月,改称第60师,辖二旅六团。1930年4月,在广西岑溪县南渡、盘古③。5月28日,加入湘桂线作战,6月9日攻占湖南衡阳。7月初,经南京北上山东④。7月25日到邹县,29日到泗水。8月4日攻克南驿,过大汶口,向泰安攻击前进。8月15日,占领济南。8月,与第61师编成第19军。1933年12月,第19军番号撤销。

1934年1月,改辖三团,为"剿匪"军编制。2月,调赴河南开封。11月20日,由开封经

---

① 《陆军第99师沿革史略》,全宗号787,案卷号16750。

② 《国防部本部隶属各部队主官简历驻地与部队沿革手册》,全宗号783,卷宗号393;《国军部队沿革》(一集)。

③ 《蒋介石关于制定讨伐阎冯部署与作战计划报告》(1930年4月),《中华民国史档案资料汇编》第5辑第1编军事(2),第233页。

④ 《刘峙第一军等部为保卫归德与冯军鏖战经过报告》(1930年8月6日—30日),《中华民国史档案资料汇编》第5辑第1编军事(2),第348页。

灵宝、卢氏开赴朱阳关。12 月 3 日,入陕西鄠县,在豫陕边境追堵红二十五军[①]。1935 年 2 月,移师汉中,10 月,守备四川松潘[②]。12 月 3 日,在河南朱阳、关汤河一带"堵剿"红军。12 月 20 日,到灵宝[③]。1936 年 1 月,在贵州守备赶水场至遵义[④]。12 月西安事变发生后,编入"讨逆军"第 4 纵队,开赴陕西华阴、潼关。1937 年,改辖二旅四团。参加淞沪会战(1937 年 8 月 13 日至 11 月下旬)。

1938 年 12 月,隶属第 37 军。1940 年 3 月,撤销旅部,改辖三团。1944 年 9 月,脱离第 37 军,直隶于第 9 战区司令长官部。在湖南桂阳参加湘粤赣边区作战(1945 年 1 月中旬至 2 月中旬)。1945 年 8 月,改隶第 99 军。1946 年 5 月,整编为旅,改辖两团。1946 年 12 月 13 日至 19 日,在江苏宿迁被歼灭,旅长黄保德被俘。1947 年 3 月,拨隶整编第 75 师,因在苏北作战未能归建。11 月,在豫东补充。1948 年 5 月,驻湖北宜昌。11 月,改称第 60 师。1949 年 2 月,编入第 124 军。11 月 13 日至 19 日,该师在湖北宣恩以南被歼灭。12 月,国防部警卫团扩编为第 60 师。12 月 30 日,该师在四川中江县清溪镇被歼灭。

历任师长(整编旅旅长):

蔡廷锴

沈光汉(1932.7.20—)

陈沛

梁仲江(1939.5.30—1940.5)

董煜(1940.5—1943.7)

黄保德(1943.7—1946.12.18 被俘)

曹耀祖(—1948.10)

李亦炜(1947.5—)

易瑾(1948.10.16—1948.11.1 由旅长改任师长—)

傅谭诚

董兆钧

第 61 师(整编第 61 旅)

粤军陈铭枢部,1934 年初被改造为中央军(1929.9—1949.12)

1929 年春,第 11 军一部缩编为广东编遣区第 3 师。9 月,改番号为第 61 师,下辖三旅

---

① 《国民党军第六十师陈沛部在豫陕边境追堵红二十五军北上作战详报》(1934 年 11—12 月),《中华民国史档案资料汇编》第 5 辑第 1 编军事(4),第 675—676 页。

② 《国民党重庆行营关于反共军事报告书》(1935 年 11 月—1936 年 7 月),《中华民国史档案资料汇编》第 5 辑第 1 编军事(5),第 144 页。

③ 《国军部队沿革》(一集);《第 60 师在山东讨伐丰玉玺李生达傅作义之战斗详报》,全宗号 787,卷宗号 1227。

④ 《国民党重庆行营关于反共军事报告书》(1935 年 11 月—1936 年 7 月),《中华民国史档案资料汇编》第 5 辑第 1 编军事(5),第 147 页。

六团。1930 年 4 月驻广西容县①。5 月 28 日,加入湘桂线作战。6 月,由韶关经乐昌到湖南郴州,6 月 9 日攻占衡阳。7 月初,经南京北上山东。8 月 4 日克南驿,过大汶口,向泰安攻击前进②。8 月 15 日,攻占济南。8 月,与第 60 军合编为第 19 军③。1933 年 12 月,第 19 军番号撤销。

1934 年 1 月,改辖三团,为"剿匪"军编制。2 月,开赴安徽蚌埠。10 月,驻河北石门。11 月,由保定移师甘肃。1935 年 3 月,由正宁、宁县等地南开。11 月由川北进驻荥经、汉源堵截红四方面军④。1936 年 2 月,驻天全、芦山。6 月,移驻雅安。12 月西安事变发生后,编入"讨逆军"第 4 纵队。1937 年 8 月 15 日,开赴上海参加淞沪会战(1937 年 8 月 13 日至 11 月下旬)。9 月,独立第 20 旅番号撤销,官兵补充该师。1938 年春参加豫北豫东作战(1938 年 1 月上旬至 6 月下旬)。

1938 年 8 月,隶属第 71 军。1939 年 1 月,改隶第 90 军。1946 年 5 月,整编为旅,改辖两团。1947 年 10 月 21 日,在陕西宜川被歼灭一部。12 月 28 日,在山西运城被歼灭一部。1948 年 2 月 24 日至 3 月 1 日,在陕西宜川瓦子街被歼灭大部,旅长杨德修被俘逃脱⑤。旋重建。4 月 26 日至 29 日,所属第 182 团在洛川以南被歼灭。9 月,恢复师的番号。1949 年 12 月 25 日,在成都起义。

历任师长(整编旅旅长):

蒋光鼐

戴戟

毛维寿

杨步飞(1934.6.13—)

钟松(1937.9.28—)

李树森(1938.5.3—)

钟松(1938.5.15—1942.2)

邓钟梅(1942.2—1947.11)

杨德修(—1948.3.1 被俘)

任子勋(1948.4.17 兼任—1948.5.30 免兼)

杨荫寰(1948.5.30—1949.3.16)

陈华(1949.3.16—1949.12.25 起义)

---

① 《蒋介石关于制定讨伐阎冯部署与作战计划报告》(1930 年 4 月)、《中华民国史档案资料汇编》第 5 辑第 1 编军事(2),第 233 页。

② 《刘峙第一军等部为保卫归德与冯军鏖战经过报告》(1930 年 8 月 6 日—30 日)、《中华民国史档案资料汇编》第 5 辑第 1 编军事(2),第 348 页。

③ 《国防部本部隶属各部队主官简历驻地与部队沿革手册》,全宗号 783,卷宗号 393。

④ 《国民党重庆行营关于反共军事报告书》(1935 年 11 月—1936 年 7 月)、《中华民国史档案资料汇编》第 5 辑第 1 编军事(5),第 144 页。

⑤ 《国民党杨荫寰旅顽守洛川战斗详报》(1948 年 6 月 14 日)、《中华民国史档案资料汇编》第 5 辑第 3 编军事(2),第 757 页。

第 62 师(整编第 62 旅)

①粤军陈济棠部(1929.9—1931.5)

1929 年春,第 4 军一部缩编为广东编遣区第 1 师第 2 旅。9 月 1 日,改称第 62 师,下辖二旅四团。1930 年 6 月,由广州经韶关到湖南郴州。7 月,在长沙①。1931 年,由广东出蕉岭,参加对中央苏区的第二次"围剿"(1931 年 4 月 1 日至 5 月 30 日)。5 月,参与反蒋,番号消失。

历任师长:

香翰屏

②湘军何键部,1945 年 6 月中央军校出身的刘勋浩出任师长(1931.9—1947.10)

1931 年 9 月,新编第 31 师改称第 62 师,辖三旅六团,隶属第 28 军。11 月,在湖南攸县、安仁"围剿"湘赣苏区。1932 年 5 月,在江西萍乡"围剿"湘鄂赣苏区。1933 年 6 月,"围剿"湘赣苏区②。10 月,隶属南昌行营西路军,"围剿"永新、宁冈地区。1934 年,在赣西作战。7 月,追堵红六军团西征,主力(欠第 185 旅)由江西安福到湖南酃县。10 月到桂东、汝城。11 月 18 日到郴县,11 月 23 日到零陵。11 月 27 日,到广西全县。12 月,返回湖南,在永顺、保靖、绥宁等地"围剿"湘鄂川黔苏区。1936 年,裁撤一旅,改辖二旅六团。1937 年 5 月,编为整理师,改辖二旅四团,所属第 185 旅改编为暂编第 12 旅。8 月,开赴浙江平湖、乍浦、澉浦、海盐一线布防③。

1937 年 8 月,隶属第 28 军作战。1941 年 3 月,改辖三团。1945 年 8 月,改隶第 88 军。1946 年 5 月,整编为旅,改辖两团。1947 年 1 月 7 日,该旅由鱼台向金乡进军途中,所属第 186 团全部、第 184 团大部被歼灭。10 月 10 日,在安徽六安张家店被歼灭,该旅番号撤销。

历任师长(整编旅旅长):

陶广(1933.7.3—1935.7.24)

钟光仁(1935.7.24—1936.11.9)

陶柳(1936.11.9—1942.3)

刘勋浩(1942.5—)

谭道平(1945.6 代理—)

③中央军(1948.6—1948.8)

1948 年 6 月中旬,成立第 62 旅,在浙江绍兴整训。8 月,改称第 6 旅。

历任整编旅旅长:

朱元琼(1948.6.7—1948.8.1)

④中央军(1948.9—1949.11)

---

① 《国军部队沿革》(一集)。

② 《国防部本部隶属各部队主官简历驻地与部队沿革手册》,全宗号 783,卷宗号 393。

③ 《蒋介石关于调动部队及分配作战任务密电》(1937 年 8 月),《中华民国史档案资料汇编》第 5 辑第 2 编军事(2),第 199 页。

1948 年 9 月,成立第 62 旅。11 月,改称第 62 师,隶属第 102 军。1949 年 6 月。改隶第 14 军。8 月 4 日,在长沙起义,7 日重新加入国军。10 月 13 日,该师在湖南武冈被全歼,师长夏日长被俘。旋重建。11 月 25 日,在广西柳州被歼灭。

历任师长(整编旅旅长):

任同堂(1948.9.1—1948.10.16)

夏日长(1948.10.16—1948.11.1 由旅长改任师长—1949.10.13 被俘)

丁廉

第 63 师(整编第 63 旅)

①粤军陈济棠部(1929.9—1931.5)

1929 年春,第 4 军一部编成广东编遣区第 4 师。9 月 1 日,改番号为第 63 师,下辖二旅六团。1930 年 4 月,驻广西藤县、戎圩、梧州①。5 月 28 日,加入湘桂线作战。6 月 9 日攻占衡阳。1931 年 5 月,参与反蒋,番号取消。

历任师长:

李扬敬

②湘军何键部,1941 年黄埔军校出身的赵锡田出任师长(1931.9—1949.8)

1931 年 9 月,新编第 32 师在湖南改称第 63 师,下辖三旅六团,隶属第 28 军。在湖南茶陵等地参与对湘赣苏区的"围剿"。1932 年 8 月 19 日,在茶陵东北的高陇被歼灭一部。1933 年 3 月,进攻江西莲花。5 月 6 日至 7 日,所属第 187 旅在茶陵九渡冲被歼灭大部。1934 年 7 月,追堵红六军团西征。10 月,在江西遂川大汾、湖南桂东,"追剿"红一方面军。12 月,主力由广西全县到湖南城步。1935 年 1 月,从贵州镇远到石阡。3 月到贵阳、龙里。5 月到仁怀。11 月在湖南大庸。12 月 5 日,由衡阳开赴溆浦,与红二方面军作战。1936 年 3 月,在湖南平江和浏阳、江西修水和铜鼓地区"清剿"湘鄂赣苏区。7 月,到湖南郴州、宜章②。1937 年 8 月,集结浙江上饶、江山待命③。8 月 31 日,调往平湖、海盐一带④。1937 年,改辖二旅四团。

1937 年,隶属第 28 军参加淞沪会战,战后改隶第 10 集团军。1938 年 3 月,暂编第 11 旅等部充实该师。1939 年 2 月,转隶第 91 军,裁撤旅部,改辖三团。1940 年 5 月,拨隶第 3 战区第 32 集团军。1941 年下半年,改隶第 25 军。1942 年 3 月,转隶第 100 军。1946 年 5

① 《蒋介石关于制定讨伐阎冯部署与作战计划报告》(1930 年 4 月),《中华民国史档案资料汇编》第 5 辑第 1 编军事(2),第 233 页。

② "鄂湘川边区剿匪总司令部"关于追堵红二方面军长征的军事报告书》(1935 年 11 月 11—22 日)、《国民党"追剿军总指挥部"关于"追剿"长征红军军事报告书》(1936 年 5 月)、《国民党"滇黔剿匪军前敌总指挥部"关于"剿匪"工作军事报告书》(1936 年 7 月),《中华民国史档案资料汇编》第 5 辑第 1 编军事(5),第 233、第 297、第 311 页。

③ 《蒋介石关于调动部队及分配作战任务密电》(1937 年 8 月),《中华民国史档案资料汇编》第 5 辑第 2 编军事(2),第 199 页。

④ 《顾祝同报告第三战区各部队位置及其战况密电》(1937 年 9—11 月),《中华民国史档案资料汇编》第 5 辑第 2 编军事(2),第 244 页。

月,整编为旅,改辖两团。1948 年 9 月,恢复师的番号。11 月 18 日,在江苏邳县碾庄地区被歼灭。

1949 年 1 月,第 323 师在湖南改称第 63 师,隶属第 100 军。6 月,改隶第 14 军。8 月 4 日,在湖南长沙起义(11 月,起义部队改编为中国人民解放军第 53 军第 217 师)。后重建。12 月 9 日,在广西那隆、思乐附近被歼灭。

历任师长(整编旅旅长):

陈光中(1935.8.21—)

谈经国(1938.5.29—)

王亿(1939.2.17—1940.4)

冷欣(—1941.2.14)

赵锡田(1941.2.14 代理—1942.11 实任—1944.6)

徐志勖(1944.6—)

马连桂(1946.8—)

盛超(1947.11—1948.11 被俘)

汤季楠(1949.1.2—1949.8.4 起义)

第 64 师(整编第 64 旅)

①马鸿逵部(1929.6—1931.2)

1929 年 6 月,第 2 集团军暂编第 17 师改称第 64 师,下辖二旅四团。隶属第 15 路军。8 月,驻济南。1930 年 3 月,由安徽临淮关出发,22 日到达山东济宁①。5 月,在鲁西作战。9 月,所属第 190 旅扩编为第 72 师。1931 年 2 月,该师与第 72 师合并为第 35 师。

历任师长:

马鸿逵

马腾蛟

②镇嵩军旧部,1948 年 6 月中央军校出身的蒋治英出任师长(1931.4—1949.11)

1931 年 4 月,第 66、第 67 师合并改编为第 64 师,隶属第 15 军,辖三旅六团。1936 年 2 月,所属第 190 旅缩编为一团,该师改辖二旅四团及一补充团。1937 年,按整理师改组。1938 年初,安徽警备旅拨步兵一团与该师野战补充营等并编为该师,下辖三团。1946 年 5 月,整编为旅,改辖两团。1947 年 10 月 1 日至 2 日,旅部及第 191 团在河南新安以西的铁门被歼灭。11 月 3 日至 4 日,第 190 团与第 191 团残部在郏县被歼灭。1948 年 5 月,重建。9 月,恢复师的番号。1949 年 11 月,师长邱健率第 191 团、第 192 团由四川省彭水县溃退至川黔滇边界,1950 年初就地起义。

历任师长(整编旅旅长):

---

① 《关于石友三反复无常变更津浦方面军等作战计划实录》(1930 年 3 月 1 日—26 日),《中华民国史档案资料汇编》第 5 辑第 1 编军事(2),第 455 页。

刘镇华

刘茂恩(兼任)

武庭麟(1936.2.11—)

姚北辰(1939.12.19—1943.11)

刘献捷(1943.11—)

袁行廙(1948.1—)

蒋治英(1948.6.16—1948.9.16)

段成涛(1948.12.16—)

邱健

第 65 师(整编第 65 旅)

①镇嵩军旧部,1941 年 4 月黄埔军校出身的李纪云出任师长(1929.11—1945.12)

1929 年 11 月,暂编第 3 师改称第 65 师。1930 年 3 月,师长万选才反蒋,番号取消。5 月,重建该师,下辖三旅六团,隶属第 15 军。1936 年,裁并一旅,改辖二旅四团及一补充团。1938 年初,安徽警备旅步兵一团及新兵补充该师。1939 年,撤销旅部,改辖三团[①]。1945 年底,裁撤番号。

历任师长:

万选才

阮勋

宋天才

邢清忠(1939.4.25—1941.3 病故)

李纪云(1941.4—)

②中央军(1947—1949.9)

1947 年初,预备第 7 师改称整编第 65 旅,隶属整编第 42 师。1949 年 9 月 25 日,在新疆起义。12 月,改编为中国人民解放军第 9 军第 27 师一部。

历任整编旅旅长:

侯声(—1948.3.31 兼任—1949.8 免兼)

李祖唐(1949.8.16—)

第 66 师

①镇嵩军旧部(1929.11—1931.4)

1929 年 11 月,暂编第 4 师改称第 66 师。11 月 26 日,攻克河南渑池。12 月 2 日,进逼潼关。12 月 18 日,由灵宝北渡黄河进入山西。1930 年 3 月,随阎锡山反蒋。4 月,驻河南

---

① 《各部队各训练机关主官简历驻地与部队沿革手册》,全宗号 627,卷宗号 1117。

焦作附近[①]。5月19日,在宁陵投蒋,所属第197旅与第198旅第386团并编为第67师。1931年4月,第66、第67师合并为第64师。

历任师长:

刘茂恩

徐鹏云

②晋绥军(1932—1949.4)

1931年1月16日,晋绥军一部编成东北边防军第3师,6月17日依中央军队番号顺序编为第66师,下辖第196、第197旅共二旅四团,隶属第32军。7月,脱离第32军建制。1932年3月,增辖第212旅,改辖三旅六团[②]。1936年2月,在长治、晋城。2月20日至5月5日,阻击红一方面军东征。7月,第212旅、第197旅合编为第73师。

1937年9月,所属第196旅配属第34军参加太原会战(1937年9月12日至11月12日)。12月,第196旅取消番号,所属官兵补充第69、第72师。后重建第66师。1938年8月,改辖三团。1939年7月,改隶暂编第1军[③]。1940年10月,直隶于第2战区司令长官部。1941年1月,转隶第83军。1945年10月6日,在山西襄垣虒亭附近被歼灭,师长李佩膺被俘。11月21日奉令整编,省防军第6师、汾南挺进纵队、山西第5行政区保安团等补充该师,改隶第61军[④]。1948年3月初,调驻临汾。5月17日,在临汾被歼灭,师长徐其昌被俘。后重建。1949年4月5日,所属第2、第3团在太原投诚。4月21日,余部在太原被歼灭。

历任师长:

杨效欧(1933.3.9—)

杜春沂

孙福麟

萧荫轩(1942.2—1943.2)

李佩膺(1943.2代理—1945.10.6被俘)

曹国忠

娄福生

徐其昌(1947.10—1948.5.17被俘)

栗树荣(1948.8.16—1949.4.24被俘)

第67师(整编第67旅)

①镇嵩军旧部(1930.5—1931.4)

---

① 《蒋介石关于制定讨伐阎冯部署与作战计划报告》(1930年4月),《中华民国史档案资料汇编》第5辑第1编军事(2),第233页。

② 《陆军各部队成立沿革纪要(第1辑)》,全宗号787,案卷号16721。

③ 《第2战区各部队沿革史》,全宗号787,案卷号16766;《国防部本部隶属各部队主官简历驻地与部队沿革手册》,全宗号783,卷宗号393。

① 《61军八年抗战纪实》,全宗号787,案卷号6747。

1930 年 5 月,第 66 师所属第 197 旅及第 198 旅第 386 团并编为第 67 师,下辖三团。1931 年 4 月,与第 66 师合并为第 64 师。

历任师长:

武庭麟

②晋绥军(1931.6—1931.7)

1931 年 1 月 16 日,晋绥军一部编成东北边防军第 4 师,6 月 17 日依中央军队番号顺序编为第 67 师,下辖第 198、第 199 旅共二旅四团,隶属第 32 军。7 月,该师出晋讨伐石友三,驻河北顺德。该师番号取消,所属二旅直属第 32 军(1932 年 4 月,所辖二旅分别改番号为独立第 39、第 41 旅)。

历任师长:

冯鹏翥

③中央军(1933.8—1949.5)

1933 年 8 月,第 11 师所属第 32 旅及直属部队扩编为第 67 师,下辖三团[①],隶属第 18 军。1936 年 1 月,该师拨出一团交第 11 师编并,第 94 师番号撤销后官兵补充该师,按整理师改组,改辖二旅四团。1937 年底,脱离第 18 军建制。1938 年 6 月,移师皖南长江南岸的南陵、青阳地区掩护海军特种部队在长江水道布雷。9 月开赴贵池、青阳。12 月,改隶第 3 战区第 32 集团军。1939 年 6 月,转隶第 86 军[②],裁撤旅部,改辖三团。1945 年 6 月,拨隶第 30 军。1946 年 5 月,整编为旅,改辖两团。12 月 29 日,该旅自山西大宁撤向蒲县,途中大部被歼灭。后重建。1947 年 7 月,脱离整编第 30 师。

1948 年 5 月 1 日,恢复师的番号,隶属第 62 军。1949 年 1 月 15 日,在天津被歼灭,师长李学正被俘。再次重建,隶属第 62 军。5 月,取消番号。

历任师长(整编旅旅长):

傅仲芳

罗卓英(兼任)

李树森

黄维(1937.9.29—)

莫与硕(1938.4.11—1940.3 免兼)

陈颐鼎(1940.3—1943.2 免兼)

罗贤达(1943.2 代理—1944.9 实任—1945.6.23)

李学正(1945.6—1949.1.15 被俘)

陈丹青(1949.2.16—)

④中央军(1946.5—1947.2)

1946 年 5 月,荣誉第 2 师改称第 67 师。8 月到上海。下半年调到苏中。10 月 13 日,

---

① 《第六战区抗战纪实附录二:战区及各集团军、军、师沿革及简史》,全宗号 787,案卷号 6714。

② 《国防部本部隶属各部队主官简历驻地与部队沿革手册》,全宗号 783,卷宗号 393。

由海安北攻东台。12 月驻东台。1947 年 2 月,由赣榆城头镇向临沂进攻。同月,改称第 44 旅。

历任师长:

戴坚

⑤中央军(1949.5－1950)

1949 年 5 月,第 67 军所属 3 个师缩编为第 56、第 67 师。1950 年 5 月,撤退台湾。

历任师长:

何世统

第 68 师

①河南地方部队(1930.8－1931.2)

1930 年 8 月,河南地方一部改编为第 68 师,隶属第 27 军。12 月,第 69、第 70 师并入该师,改辖三旅。旋第 2 旅旅长赵冠英率一部出走。1931 年 2 月 6 日,该师改番号为第 76 师①。

历任师长:

张钫

李万如

②晋绥军(1931.6－1949.4)

1931 年 1 月 16 日,晋绥军一部编成东北边防军第 5 师,6 月 17 日依中央军队番号顺序编为第 68 师,下辖第 200、第 201 旅共二旅四团②,隶属第 33 军。1932 年 3 月,增辖第 213 旅,改辖三旅六团。1933 年 3 月 1 日,以该师所属三旅编成第 61 军。6 月,第 61 军番号撤销,回晋归建。

1937 年 7 月,所辖第 200 旅脱离建制改隶第 61 军,该师改隶第 19 军③。11 月,独立第 2 旅、独立第 3 旅与独立第 8 旅补充该师,改辖二旅四团。1938 年 8 月,裁撤旅部,改辖三团。1944 年 1 月,暂编第 38 师所属第 3 团补充该师。1945 年 9 月 10 日至 10 月 12 日,在山西沁河以东的将军岭及桃川地区被歼灭,师长郭天辛被俘。12 月,第 23 军番号取消,全军缩为第 68 师,隶属第 19 军。8 月 15 日,在忻州被歼灭两个团。1948 年 11 月 12 日,在太原东山被歼灭。后重建。1949 年 4 月 21 日,师长武世权率部在太原起义。

历任师长:

李服膺(1933.3.9－)

孟宪吉

刘召棠

---

① 《国民革命军第 20 路军所属 75、76 两师成立之沿革史》,全宗号 787,卷宗号 16726。

② 《陆军各部队成立沿革纪要(第 1 辑)》,全宗号 787,案卷号 16721。

③ 《第 2 战区各部队沿革史》,全宗号 787,案卷号 16766;田宝琴:《东西常村御敌记》,全国政协《晋绥抗战》编写组编:《晋绥抗战——原国民党将领抗日战争亲历记》,中国文史出版社 1994 年版,第 231 页。

李修理（1942.10—1943.12）

郭天辛（1943.12—1945.10.12 被俘）

程云峰（代理—1946.3.24 免代）

许鸿林（1946.3.24—1948.4.18）

武世权（1948.4.18—1949.4.21 起义）

第 69 师

①河南地方部队（1930.8—1931.12）

1930 年 8 月，河南地方部队在河南宜阳编成第 69 师，隶属第 20 路军。12 月，该师一度并入第 68 师，旋脱离进入湖北。1931 年 5 月，进攻远安以北的红三军。9 月，调赴鄂东黄安，下辖二旅四团，参加对鄂豫皖苏区的"围剿"。11 月 10 日至 12 月 22 日，在黄安被歼灭，师长赵冠英被俘。

历任师长：

赵冠英

②晋绥军（1931.6—1949.4）

1931 年 1 月 16 日，晋绥军一部编成东北边防军第 6 师，6 月 17 日依中央军队番号顺序编为第 69 师，下辖第 202、第 203 旅，共二旅四团，隶属第 33 军。1932 年 3 月，增辖第 214 旅，扩编为三旅六团①。

1937 年 9 月，第 203 旅配属第 34 军参加太原会战。是年冬，第 72 师所属第 208 旅等补充该师，下辖二旅四团，隶属第 61 军。1938 年 8 月，裁撤旅部，改辖三团。1940 年 10 月，该师与第 208 旅互换番号（1941 年 1 月第 208 旅扩编为暂编第 48 师）②。1945 年 10 月 12 日，在山西沁河以东的将军岭及桃川地区被歼灭。11 月，省防军第 12 师等部并入该师，仍隶属第 61 军。1949 年 4 月 20 日，所属第 205、第 207 团在太原起义，21 日余部被歼灭。

历任师长：

杨澄源（1933.3.9—）

吕瑞英

黄士桐（1940.9—）

高金波（1942.5—1942.10）

周建祉（1942.10—1945.4）

王熙明（1945.4—）

赵向智（—1946.3.24 免代）

周建祉（1946.3.24—）

---

①　《国军部队沿革》（一集）；《国防部本部隶属各部队主官简历驻地与部队沿革手册》，全宗号 783，卷宗号 393；《陆军各部队成立沿革纪要（第 1 辑）》，全宗号 787，案卷号 16721。

②　《第 2 战区各部队沿革史》，全宗号 787，案卷号 16766；《国军部队沿革》（一集）；《国防部本部隶属各部队主官简历驻地与部队沿革手册》，全宗号 783，卷宗号 393。

赵恭(－1948.9.1 免兼)

郭弘仁(1948.9.1－1949.4.24 被俘)

第 70 师

①河南地方部队(1930.8－1930.12)

1930 年 8 月,河南地方部队一部在宜阳编为第 70 师。12 月,缩编为第 68 师第 3 旅。

历任师长:

范龙章

②晋绥军(1931.6－1949.4)

1931 年 1 月 16 日,晋绥军一部改编为东北边防军第 7 师,6 月 17 日改称第 70 师,下辖第 204、第 205 旅,共二旅四团,隶属 34 军。1932 年 3 月,增编第 215 旅,改辖三旅六团①。

1937 年 9 月,隶属第 19 军。10 月,该师原属各团及独立第 1、第 2 旅各一部并编为第 205、第 215 旅。12 月,第 205 旅改隶第 34 军。1939 年 7 月,第 204 旅改隶第 83 军。第 70 师改称第 217 旅(第 217 旅仍隶属第 19 军,辖三团。1940 年 11 月改称暂编第 38 师)②。

新建第 70 师。1939 年 7 月,改隶暂编第 1 军。1940 年 10 月,直隶于第 2 战区司令长官部。1941 年 2 月,第 197 旅③、独立第 3 旅番号撤销,官兵补充该师,隶属第 43 军。9 月 6 日,该师在绛县作战,师长石作衡阵亡。1948 年 6 月 14 日,在祁县神堂头地区受到重创,师长侯福俊阵亡。7 月 14 日,该师在太原、交城之间被歼灭。后重建。1949 年 4 月,在太原被歼灭。

历任师长:

王靖国(1933.3.9－)

杜堃

马凤岗

陈庆华

赵世铃

石作衡(－1941.9.6 阵亡)

刘墉之(1942.7－)

郑继周

温冬生(－1946.3.24)

刘效曾(1946.3.24－)

阎俊贤(1947.7－1948.5.29)

侯福俊(1948.5.29－1948.6.14 阵亡)

---

① 《陆军各部队成立沿革纪要(第 1 辑)》,全宗号 787,案卷号 16721。

② 《第 2 战区各部队沿革史》,全宗号 787,案卷号 16766。

③ 《国防部本部隶属各部队主官简历驻地与部队沿革手册》,全宗号 783,卷宗号 393。

郭熙春(1948.10.16－1949.2.16)

郑汝河(1949.2.16－)

第 71 师

①陕西地方部队(1930.8－1931.4)

1930 年 8 月,第 17 师所属第 49 旅扩编为第 71 师,隶属第 7 军。1931 年 4 月 10 日,改称第 42 师。

历任师长:

冯钦哉

②晋绥军(1931.6－1949.4)

1931 年 1 月 16 日,晋绥军一部改编为东北边防军第 8 师,6 月 17 日改称第 71 师,下辖第 206、第 207 旅,共二旅四团,隶属第 34 军。1932 年 3 月,增编第 216 旅,改辖三旅六团。1935 年 12 月至 1936 年 5 月,第 216 旅担任晋西兴县、临县、离石三县河防,第 207 旅担任石楼、中阳两县河防。1936 年 2 月下旬,第 206 旅由陕北撤回晋西。

1939 年 7 月,所属第 206 旅改隶第 83 军,该师改隶第 33 军[①]。1945 年 12 月,骑兵第 1 师及省防军番号撤销,官兵补充该师。1947 年 5 月 3 日,该师在山西平定测石驿地区被歼灭。后重建。1948 年 7 月 16 日,在太谷以北小常村被歼灭。再次重建。1949 年 4 月 20 日,副师长尤世定率两个团在太原城北起义,其余被歼灭,师长张忠被俘。

历任师长:

杨耀芳(1933.3.9－)

郭宗汾

赵晋

樊钊(－1940.5.16 阵亡)

商得功

阎俊贤(1942.5－1944.6)

卫玉昆(1944.6－)

陈震东(－1946.3.24)

沈瑞

韩春生(1948.4.24－1949.1.1)

张忠(1949.1.1－1949.4.20 被俘)

③中央军(1949.9－1950)

1949 年 9 月,暂编第 1 军在舟山缩编为第 71 师。1950 年 5 月 16 日,撤至台湾。

历任师长:

---

① 《国军部队沿革》(一集);《国防部本部隶属各部队主官简历驻地与部队沿革手册》,全宗号 783,卷宗号 393;《陆军各部队成立沿革纪要(第 1 辑)》,全宗号 787,案卷号 16721。

李焕阁

董继陶

第72师

①宁夏马鸿逵部(1930.9－1931.2)

1930年9月,第64师所属第190旅在山东泰安扩编为第72师。1931年2月,与第64师合并为第35师。

历任师长:

马全良

②晋绥军(1931.6－1949.4)

1931年1月16日,晋绥军一部在山西平定改编为东北边防军第9师,6月17日改称第72师,下辖第208、第209旅,共二旅四团,隶属第35军[①]。1932年3月,增辖第217旅,改辖三旅六团。1934年10月,该师改隶第19军。1936年2月,第208旅由陕北撤回晋西。6月,该师由晋西柳林、军渡西渡黄河进入陕西。是年冬,由陕北调赴山西大同。1937年隶属第7集团军参加平绥路东段方面作战(1937年8月8日至9月11日)[②]。12月,所辖第208旅番号撤销,官兵补充第69师,该师改辖两旅四团,改隶第61军。1939年8月1日,改辖三团。1945年11月,山西第7、第15行政区保安团及汾南地方团队补充该师,仍隶属第61军。1948年6月21日,在晋中平遥、介休被歼灭。后重建。1949年4月21日,在太原被歼灭。

历任师长:

李生达(1933.3.9－1936.5.30死亡)

陈长捷

段树华

梁春溥

许鸿林(1942.2代理－1942.11)

郭唐贤(1942.11－1945.4)

王熙明(－1946.3.24)

艾子谦(1946.3.24－1947.9)

陈震东(1947.9－1948.10.16)

王楫(1948.10.16－)

第73师

①西北军韩复榘部(1930.9－1930.12)

---

① 《陆军各部队成立沿革纪要(第1辑)》,全宗号787,案卷号16721;《国防部本部隶属各部队主官简历驻地与部队沿革手册》,全宗号783,卷宗号393;《陆军各部队成立沿革纪要(第2辑)》。

② 《61军八年抗战纪实》,全宗号787,卷宗号6747;《第2战区各部队沿革史》,全宗号787,案卷号16766。

1930 年 9 月,第 20 师第 58 旅在山东扩编为第 73 师,下辖三旅六团。12 月,缩编为第 20 师第 58 旅[①]。

历任师长:

展书堂

②晋绥军(1931.6—1949.4)

1931 年 1 月 16 日,晋绥军一部[②]在山西平定改编为东北边防军第 10 师,6 月 17 日改称第 73 师,下辖第 210、第 211 旅,共二旅四团,隶属第 35 军。1932 年 3 月,扩编第 218 旅,改辖三旅六团。1933 年长城抗战期间,改称第 59 军。战后,恢复第 73 师番号。1936 年 6 月,所属三旅六团缩编为第 211、第 218 旅,共二旅四团,直隶于第 35 军。在临县以第 66 师所属第 212 旅、第 197 旅合编为第 73 师,隶属第 34 军。1937 年 9 月,改隶第 33 军。12 月,第 211 旅番号撤销,官兵补充第 73 师,转隶第 35 军[③]。1939 年 3 月,拨隶第 83 军。不久,直隶于第 2 战区司令长官部。4 月,所属第 422 团开赴绥远(7 月编入新编第 31 师)后,师部率其他两个团脱离第 35 军建制。7 月,隶属第 23 军。1940 年 6 月,第 394 团补充该师。

1941 年 1 月,在大宁以第 217、第 218、第 219 团编成第 73 师,仍隶属第 23 军。1945 年初,改隶第 34 军。12 月 20 日奉令,以第 73 师、暂编第 45 师、挺进第 3 纵队各编一团组成第 73 师[④],仍隶属第 34 军。1948 年 7 月 12 日,在榆次西南、太谷以北被歼灭,师长王镦垣被俘。后重建。1949 年 4 月 24 日,在太原被歼灭,师长祁国朝被俘。

历任师长:

傅作义(1933.3.9 兼任一)

刘奉滨

高倬之(1942.7—1944.1)

席安仁(1944.1—)

祁国朝

周建祉(—1946.3.24)

高倬之(1946.3.24—)

王镦垣(—1948.7.12 被俘)

祁国朝(1948.9.1—1949.4.24 被俘)

第 74 师(整编第 74 旅)

西北军韩复榘部(1930.9—1949.10)

1930 年 9 月 23 日,第 29 师所属第 86 旅在山东济南扩编为第 74 师。12 月,缩编为第

---

① 《展书堂缩编为旅》,《民国日报》(上海)1930 年 12 月 29 日,第 1 张第 3 版。
② 《陆军第 35 军战史》,全宗号,案卷号 16729;《陆军各部队成立沿革纪要(第 1 辑)》,全宗号 787,案卷号 16721。
③ 《国防部本部隶属各部队主官简历驻地与部队沿革手册》,全宗号 783,卷宗号 393;《国军部队沿革》(一集)。
④ 《第 2 战区各部队沿革史》,全宗号 787,案卷号 16766。

29 师第 86 旅①。1931 年 2 月,第 29 师第 86 旅再度扩编为第 74 师,下辖二旅四团。1933 年 5 月,驻德州。1937 年为调整师,改辖三团及一野补团。

1937 年 9 月,隶属第 56 军。1938 年 3 月,改隶第 55 军②。1946 年 5 月,整编为旅,改辖两团。1947 年 1 月 15 日至 16 日,在山东定陶以东西台集被歼灭一团。后重建。7 月 3 日至 8 日,在山东郓城被歼灭。重建。1948 年 9 月,恢复师的番号。1949 年 10 月 17 日,在福建厦门被歼灭,师长李益智被俘。

历任师长(整编旅旅长):

乔立志(1932.8.1—1933.5.15)

李汉章(1933.5.15—1940.4)

李益智(1940.4—1949.10.17 被俘)

第 75 师(整编第 75 旅)

①河南地方部队(1930.9—1945.1)

1930 年 9 月 20 日,河南临汝、伊阳、平等、自由四县"剿匪"司令王凌云部编为第 29 军第 75 师。12 月,与第 32 军所辖两师合并缩编为第 75 师,下辖第 223、第 224、第 225 旅,共六团,后第 225 旅改编该师特务团,从第 223、第 224 旅中各抽出一团组成第 225 旅。1930 年冬,"清剿"豫东。1931 年春,第 75、第 76 师特务团合编为第 20 路军特务旅(王凌云任旅长,1932 年 6 月补充第 76 师)③。1932 年 6 月在河南潢川,参加对鄂豫皖苏区的"围剿"(1932 年 6 月下旬至 10 月中旬),6 月 12 日至 16 日被歼灭一部。同年 12 月至 1934 年 3 月在商城、罗田等地"清剿"④。1934 年 7 月,由商城开赴赣、闽边界,驻黎川、将乐、顺昌、大宁、建宁,隶属南昌行营北路军参加对中央苏区的第五次"围剿"(1933 年 10 月至 1934 年 10 月)。11 月,守备福建泰宁,隶属驻赣绥靖公署第 7 绥靖区⑤。1937 年 7 月,驻漳州。1938 年 1 月,由南平到厦门接防,隶属福建绥靖公署,改辖二旅四团。

1938 年 10 月,编入第 100 军。1940 年,撤销旅部,改辖三团。1943 年 2 月,脱离第 100 军调福建建瓯。1945 年 1 月,该师番号裁撤,官兵充编第 209 师。

历任师长:

王凌云

宋天才(1935.8.12—)

韩文英(1938.6.25—1942.3)

朱惠荣(1942.3—)

---

① 《乔立志师缩旅》,《民国日报》(上海)1930 年 12 月 30 日,第 1 张第 3 版。

② 《国防部本部隶属各部队主官简历驻地与部队沿革手册》,全宗号 783,卷宗号 393。

③ 《国民革命军第 20 路军所属 75、76 两师成立之沿革史》,全宗号 787,卷宗号 16726。

④ 《国民党军第一军陈继承部与红廿五军等部在豫南鄂东地区作战详报》(1932 年 12 月—1933 年 5 月),《中华民国史档案资料汇编》第 5 辑第 1 编军事(3),第 347 页。

⑤ 《国军部队沿革》(一集);《国防部本部隶属各部队主官简历驻地与部队沿革手册》,全宗号 783,卷宗号 393。

②中央军(1945.6—1946.7)

1945 年 6 月,暂编第 13 师改称第 75 师,仍隶属第 25 军。8 月,改隶第 70 军[①]。1946 年 7 月,改称第 193 旅。

历任师长:

罗折东(1945.6.23—)

③中央军(1948.8—1950)

1948 年 8 月,整编第 11 师辎重团、工兵营等部队编成第 75 旅。9 月,改称第 75 师,隶属第 10 军。12 月 15 日,在安徽宿县西南的双堆集被歼灭。后在武汉重建,调江西赣州整补,仍隶属第 10 军。1949 年 5 月,改隶第 18 军。9 月,江西省三保安团在粤东丰顺、汤坑一带补充该师,改隶第 67 军。1950 年 6 月,调金门,拨隶第 5 军。

历任师长(整编旅旅长):

萧圭田(1948.8.16—)

王靖之(1948.9.1—)

汪光尧

第 76 师(整编第 76 旅)

①河南地方部队(1930.9—1930.12)

1930 年 9 月,河南地方部队一部编为第 76 师,隶属第 29 军。12 月,缩编为独立第 2 旅。

历任师长:

李万林

②河南地方部队,1945 年 2 月黄埔军校出身的刘平出任师长(1930.2—1950.3)

1931 年 2 月 6 日,第 68 师改番号为第 76 师,下辖第 226、第 228 旅共两旅四团。5 月,独立第 2 旅李万林部拨入该师改称第 227 旅,改辖三旅六团[②]。1932 年 1 月,由河南信阳赶赴潢川,参加对鄂豫皖苏区的"围剿"(1932 年 1 月至 10 月中旬)。6 月 12 日至 16 日,在潢川损失惨重,所属第 227 旅旅长李万林被俘,调第 20 路军特务旅王凌云部补充。是年底,调许昌。1933 年夏,移驻洛阳西工整理,取消第 226 旅,改辖二旅四团。1934 年春,进驻南阳,旋移师江西,参加对中央苏区的第五次"围剿"(1933 年 10 月至 1934 年 10 月)。11 月,隶属驻赣绥靖公署第 7 绥靖区。1934 年 12 月至 1935 年 5 月,担任福建光泽、邵武及江西资溪三县守备[③]。1937 年 8 月,该师由江西开赴苏州,参加淞沪会战(1937 年 8 月 13 日至 11 月下旬)。1938 年 2 月,该师调赴浙江昌化隶属第 79 军。1939 年 7 月,改辖三团。8 月,改隶第 92 军。11 月,改隶第 2 军。1946 年 5 月,整编为旅,改辖两团。1948 年 9 月,恢复师的

---

① 《整编第 70 师 139 旅及 277、278 团沿革史》,全宗号 787,案卷号 16810。

② 《国民革命军第 20 路军所属 75、76 两师成立之沿革史》,全宗号 787,卷宗号 16726。

③ 《国民党军第七十六师与红军在闽赣边境战斗详报》(1935 年 9 月),《中华民国史档案资料汇编》第 5 辑第 1 编军事(5),第 420 页。

番号。1949年,所属第227团由湖北溃退至川黔边境。12月24日,主力在四川省郫县起义,师长张桐森率一部由四川彭水县白马山撤往西康会理。12月26日,第227团在贵州省正安县起义,改编为贵阳警备司令部警卫团①。1950年3月23日,残部在会理被歼灭。

历任师长(整编旅旅长):

张钫(兼任)

王凌云(1937.11.5—)

夏德贵(1942.6—1945.2)

刘平(1945.2—1948.5.11)

张桐森(1948.5.11—)

第77师(整编第77旅)

湘军唐生智部,1938年11月陈诚的亲信柳际明出任师长(1930.8—1949.5)

1930年8月,新编第22师在湖南长沙改编为第77师,下辖三旅六团。10月,调入江西。11月初,驻上高及其周围地区,7日占分宜。12月初,主力驻吉安,一部向安福方向"清剿",隶属第9路军参加对中央苏区的第一次"围剿"(1930年12月19日至1931年1月3日)。驻防吉安、泰和、万安,维护后方和赣江交通,参加对中央苏区的第二次"围剿"(1931年4月1日至5月30日)。1931年7月,参与对湘赣苏区的"围剿"。11月中旬,由吉安经安福占领莲花。1932年3月2日,弃守莲花撤往萍乡。5月,驻高安"清剿"湘鄂赣苏区②。

1933年,改辖二旅四团。2月,驻宜春、分宜、新喻。10月底调驻遂川、万安,防守赣江。1934年11月,隶属驻赣绥靖公署第5绥靖区。1935年9月,在湖南平江、浏阳和江西修水、铜鼓等地"清剿"湘鄂赣苏区。1936年秋,移驻湖北当阳整训。

1937年9月,开赴上海。10月,隶属第73军。同年底,一部编入第15师。1938年11月,改隶新编第11军,旋仍隶属第73军。12月,改辖三团③。1947年2月20日至23日,在山东莱芜被歼灭,师长田君健阵亡。后重建,为整编。1948年9月24日,在济南被歼灭,旅长钱伯英被俘。10月,在安徽徽州重建第77师。1949年5月,该师番号撤销。

历任师长(整编旅旅长):

罗霖(1932.8.20—)

彭位仁(1938.2.6—)

柳际明(1938.11.31—1941.4)

韩浚(1941.4—1943.11)

郭汝瑰(1943.11—1944.4)

唐生海(1944.4—)

① 《国防部本部隶属各部队主官简历驻地与部队沿革手册》,全宗号783,卷宗号393。

② 《陆军各部队成立沿革纪要(第1辑)》,全宗号787,案卷号16721;《国防部本部隶属各部队主官简历驻地与部队沿革手册》,全宗号783,卷宗号393;《国军部队沿革》(一集)。

③ 《国防部本部隶属各部队主官简历驻地与部队沿革手册》,全宗号783,卷宗号393。

田君健(—1947.2.23阵亡)

于兆龙(1947.4—1947.11)

钱伯英(1947.11—1948.9.24被俘)

毛定松(1948.11.1—)

第78师(整编第78旅)

①粤军陈铭枢部,1934年1月改造为中央军(1931.7—1935.5)

1931年7月,第60师教导团、补充团、第61师一部等在江西吉安扩编为第78师,辖二旅四团①。12月,第19路军补充旅两团拨入,改辖两旅六团②。1932年1月,参加淞沪抗战。6月由上海海运厦门。隶属第4路军,在闽西南参加赣粤闽边区"清剿"。12月,在马坑、邵武、延平,隶属左路军参加对中央苏区的第四次"围剿"(1933年1月1日至4月29日),战后主力驻溪口,一旅驻永安。1933年7月30日至8月3日,放弃连成、朋口,退守永安,被歼灭约三团。1934年1月,改辖三团。2月,开赴河南商邱。不久,开回福建,隶属南昌行营东路军总预备队,参加对中央苏区的第五次"围剿"(1933年10月至1934年10月)。11月,隶属驻闽绥靖公署第12绥靖区。1935年5月,该师番号撤销,官兵补充教导总队和第87师。

历任师长:

区寿年(1932.7.20—1934.2.26)

文朝籍

②中央军(1936.9—1949.12)

1936年9月9日,第1师独立旅和第5、第6团在湖南汨罗江编为第78师,隶属第1军,下辖二旅四团。1939年3月,撤销旅部,改辖三团。1946年5月,整编为旅,改辖两团。1948年9月,恢复师的番号。1949年12月27日,在四川邛崃地区被歼灭③。

历任师长(整编旅旅长):

丁德隆

李文(1937.5.20—)

刘安祺(1938.7.7—1940.9)

韩锡侯(1940.9—1941.5)

许良玉(1941.6—)

薛敏泉(1945.1—1945.5)

许良玉(1945.5—1946.7)

沈策(1946.7—1948.4.25)

① 李汉冲:《参加十九路军在江西"剿匪"的回忆》,《文史资料选辑》第45辑,第121页。
② 《陆军各部队成立沿革纪要(第1辑)》,全宗号787,案卷号16721。
③ 《国防部本部隶属各部队主官简历驻地与部队沿革手册》,全宗号783,卷宗号393;《国军部队沿革》(一集)。

陈坚(1948.4.25－1949.1.1 副军长兼任－1949.12.27 投诚)

第 79 师(整编第 79 旅)

①国民二军旧部,1939 年 1 月黄埔军校出身的段朗如出任师长(1931.10－1948.10)

1931 年 10 月,新编第 13 师改称第 79 师,下辖二旅四团,隶属第 36 军。1932 年 4 月,改隶第 8 军。7 月,第 6 师独立旅补充该师,改辖二旅四团及补充团。1935 年 8 月,脱离第 8 军建制。9 月,调赴湖南石门等地"围剿"湘鄂川黔苏区。11 月,"追剿"红二、六军团长征进入贵州。12 月,编入第 46 军。1937 年抗战开始后,脱离第 46 军建制,参加淞沪会战。战后驻防浙江。1938 年 7 月,隶属第 29 军。10 月,按调整师改组。12 月,改辖三团。1939 年 7 月,改隶第 10 军。1940 年 5 月,拨隶第 86 军。1942 年 10 月,转隶第 88 军。1944 年底,直隶于第 32 集团军。1945 年 1 月,改隶第 49 军。1946 年 5 月,整编为旅,改辖两团。7 月 20 日,该旅旅部在江苏如皋以南被歼灭。8 月 27 日,在如皋加力地区被歼灭一团。后重建。1947 年 8 月,恢复师的番号。9 月 19 日至 23 日,在辽宁建昌杨家杖子被歼灭两团。12 月 28 日,该师在辽宁彰武被歼灭。1948 年 2 月 27 日,师长文礼因擅离职守被处决。第 79、第 105 师与暂编第 54 师合并为第 79 师①。1948 年 10 月,所属两团在锦州被全歼。10 月 28 日,一团在辽宁黑山、打虎山以东地区被歼灭。

历任师长(整编旅旅长):

路孝忱(兼任)

王锦文

樊崧甫(－1936.4.25)

陈安宝(1936.4.25 兼任－)

段朗如(1939.1.25－)

李祖白(1939.5.12－)

张性白(1939.8.19 代理－1940.3)

段霖茂(1940.3－)

文礼(－1948.2.27 被枪决)

何际元(1948.3.16－1948.10.1)

②川军(1948.12－1949.12)

1948 年 12 月,重庆自卫总队及四川省保安一团合编为第 79 师。1949 年 12 月 26 日,在四川广汉县起义。

历任师长:陈衡(1948.10.1－),杨汉烈(1949.1.1 代理－1949.12.26 起义)

第 80 师(整编第 80 旅)

河南地方部队,1934 年 5 月黄埔军校出身的陈明仁出任师长(1931.8－1949.5)

---

① 台北"国史馆"藏《蒋中正档案》之《革命文献(戡乱部分)》第 15 册,第 214 页。

1931 年 8 月,新编第 35 师在河南信阳改称第 80 师。12 月,新编第 21 师、独立第 8 旅、骑兵第 1 旅各一部编入该师,下辖二旅六团。1932 年 5 月,全师缩编为三团,另拨第 2 师独立旅两团合并为整理师,编成二旅四团又一补充团①。5 月在罗山,隶属中路军第 2 纵队参加对鄂豫皖苏区的"围剿"(1932 年 6 月下旬至 10 月中旬)。1932 年 12 月至 1933 年 5 月,在商城、罗田"清剿"鄂豫皖苏区②。1933 年 5 月,驻湖北鄂城。8 月 18 日,由杭州经江西樟树到新淦。8 月 31 日,所属第 238 旅两个团、师补充团及师直属队约 4000 人在吉水乌江圩被歼灭。10 月至 12 月,"围剿"赣东北苏区。12 月,进入福建,参加对中央苏区的第五次"围剿"(1933 年 10 月至 1934 年 10 月)。1934 年 5 月 10 日进攻永安,5 月 27 日在沙县③。11 月,改辖三团,隶属驻闽绥靖公署第 11 绥靖区。1936 年,按整理师改组,下辖二旅四团。1937 年,成立两个野补团④。

1937 年 8 月,隶属第 2 军。9 月,脱离建制留驻福建。10 月,改隶第 100 军,两个野补团直隶于第 100 军。1940 年,改辖三团。1941 年 7 月,军政部第 13 补训处一部补入该师。7 月,转隶第 70 军。1945 年 8 月,拨隶第 28 军。1946 年 5 月,整编为旅,改辖两团。9 月,改编为第 1 快速纵队,脱离整编第 28 师。8 月 2 日,向台儿庄地区推进。12 月,由徐州开赴枣庄援助第 51 军。1947 年 1 月 2 日,在峄县被歼灭。在徐州整补恢复为第 80 旅,隶属整编第 28 师。5 月,第 192 旅所辖一团拨入,改辖三团。1948 年 9 月,恢复师的番号。1949 年 4 月 29 日,在皖南郎溪、广德之间山区被全歼,师长李西开被俘。

历任师长(整编旅旅长):

李思愬(1932.6.16—1933.11.13)

陈明仁(1934.5.1—1934.9.18)

陈琪(兼任)

王继祥(1939.4.25—)

何凌霄

钱东亮

李良荣

邹震岳(1946.12—)

李万斌(—1948.1.12 免代)

李西开(1948.1.12—1949.4.29 被俘)

第 81 师(整编第 81 旅)

西北军韩复榘部(1931.8—1949.10)

---

① 《陆军各部队成立沿革纪要(第 1 辑)》,全宗号 787,案卷号 16721;《陆军各部队成立沿革纪要(第 2 辑)》。
② 《国民党军第一军陈继承部与红廿五军等部在豫南鄂东地区作战详报》(1932 年 12 月—1933 年 5 月),《中华民国史档案资料汇编》第 5 辑第 1 编军事(3),第 347 页。
③ 《国军部队沿革》(一集)。
④ 《国防部本部隶属各部队主官简历驻地与部队沿革手册》,全宗号 783,卷宗号 393。

1931 年 8 月,第 20 师所属第 58 旅和石友三第 13 路军残部在山东潍县编成第 81 师,下辖二旅四团[①]。1937 年 9 月,隶属第 12 军。1939 年,改辖三团。1944 年 10 月,改隶第 55 军。1945 年 10 月,转隶第 68 军。1946 年 5 月,整编为旅,改辖两团。1947 年 1 月 16 日,在山东定陶被歼灭。后重建。1948 年 9 月,恢复师的番号。1949 年 5 月 4 日,师长葛开祥率部在江西弋阳投诚。再次重建。9 月 19 日至 10 月 17 日,在福建漳州、厦门被歼灭。

历任师长(整编旅旅长):

展书堂(1932.8.1—)

贺粹之(1939.2.16—)

葛开祥(1943.1—1949.5.4 投诚)

孟恒昌

第 82 师(整编第 82 旅)

①湖北地方部队(1932.2—1938.2)

1932 年 2 月,湖北江防局警备旅、鄂北游击队等在湖北合编为第 82 师。5 月,驻鄂南平汉路咸宁及武昌长沙路沿线。6 月,"围剿"湘鄂赣苏区。8 月,驻咸宁。8 月至 10 月在襄南堵击洪湖苏区红军。参加对湘鄂赣苏区的"清剿"作战(1932 年 8 月至 12 月)。是年,"围剿"湘鄂西苏区。

1933 年,该师缩编为一团又炮兵、工兵各 1 个营,另拨鄂北郧属游击队等部合编为该师一旅,鄂中保安司令部所属湖北警备旅编为该师一旅[②]。组建不久后按照"剿匪"师三团制改组。1934 年 6 月,"围剿"湘鄂赣苏区。1935 年 5 月,在湖北竹豀、长坪一带"追剿"红军。1937 年 11 月,担任武汉江防。1938 年 2 月,该师两团补充第 193 师[③]。

历任师长:

袁英

容景芳(1933.1.23—1936.2.3)

张刚(1936.6.24—)

②黔军(1938.7—1949.12)

1938 年 7 月,预备第 13 师与第 13 军补充旅在汉口改编为第 82 师,下辖二旅四团,隶属第 98 军[④]。10 月,按照整理师编制改组。1939 年 1 月,改隶第 92 军。2 月,改辖三团。9 月,转隶第 79 军。1941 年底,直隶于第 20 集团军。1942 年 2 月,拨属 32 军。10 月,改隶第 8 军。1945 年 1 月,该师番号撤销,官兵补充第 103 师、荣誉第 1 师。

历任师长:

罗启疆(1938.7—1940.4 病故)

① 《国军部队沿革》(一集)。《第 3 集团军所属各部队编成历史概况报告书》,全宗号 787,案卷号 16772。

② 《陆军各部队成立沿革纪要(第 1 辑)》,全宗号 787,案卷号 16721。

③ 《国防部本部隶属各部队主官简历驻地与部队沿革手册》,全宗号 783,卷宗号 393。

④ 《第 82 师成立经过及参加第三期抗战战前之部署》,全宗号 787,案卷号 16803。

欧百川(1940.4—1942.2)

吴剑平(1942.2—1944.4)

王伯勋(1944.4—)

③中央军(1945.7—1949.12)

1945 年 7 月,暂编第 30 师改称第 82 师,隶属第 97 军。1946 年 5 月,整编为旅,改辖两团,隶属整编第 52 师(第 97 军改称)。1947 年 10 月 26 日至 27 日,该旅在湖北蕲春高山铺被歼灭。后重建。1948 年 9 月,恢复师的番号,隶属第 97 军(整编第 52 师改称)。1949 年 12 月 13 日,在广西隘店、合田山区被歼灭。

历任师长(整编旅旅长):

洪显成(—1946.7)

潘笑清(1946.7—1948.3.9 兼任—1948.11.1 免兼)

唐夑甫(1948.11.1—)

蒋苏

李映

第 83 师（整编第 83 旅）

中央军(1931.10—1949.4)

1931 年 10 月,第 10 师所属独立旅、第 52 师所属第 155 旅等在江西编成第 83 师,下辖二旅四团①,集中于樟树训练,隶属第 14 军。1932 年 5 月 19 日,在浙江海盐按整理师改组,改辖二旅四团及一补充团。

1938 年 3 月,转隶第 93 军。1939 年 2 月,改隶第 14 军。3 月,撤销旅部,改辖三团。1946 年 5 月,整编为旅,隶属整编第 10 师(第 14 军改称)。1947 年 7 月,脱离整编第 10 师建制,所属第 248 团由陕县北渡黄河,到运城归建。8 月 16 日,该旅由运城空运西安。11 月 5 日,空运榆林,参加第二次榆林作战(1947 年 11 月上中旬)。1948 年 10 月,恢复师的番号。11 月,由榆林空运太原,参加太原战役(1948 年 7 月 16 日至 1949 年 4 月 24 日)。1949 年 4 月,被歼灭。

历任师长(整编旅旅长):

蒋伏生(1932.8.27—1932.12.19)

刘勘(1932.12.19—)

陈武(1938.4.2—1942.7)

沈向奎(1942.7—1948.6.24)

谌湛(1948.9.1—1949.3.1 由旅长改任师长—)

---

① 《陆军各部队成立沿革纪要(第 1 辑)》,全宗号 787,案卷号 16721;《国军部队沿革》(一集)。

第 84 师(整编第 84 旅)

陕西地方部队,1947 年黄埔军校出身的何文鼎出任师长(1931.12－1949.12)

1931 年 12 月,高桂滋[①]部在河北改编为第 84 师[②],下辖三团。1933 年,扩编为二旅四团。1934 年 1 月 20 日,追剿刘桂堂部到河南涉县。10 月进入陕北,在绥德、吴堡、清涧等地作战。1935 年 2 月,在靖边清剿杨小猴部。7 月,由绥远、宁夏边境移驻陕北绥德一带。11 月中旬,在绥德及其西南地区的田家镇、瓦窑堡、清涧等地构筑碉堡线。1937 年 7 月 30 日,由绥远平地泉开赴张家口。

1937 年 8 月,隶属第 17 军。1939 年按整理师改组。1945 年 7 月,新编第 2 师番号撤销,官兵补充该师,改辖四团。1946 年 5 月,整编为旅,改辖两团。1947 年 4 月,所属第 250 团奉命调驻山西运城。7 月,该旅脱离整编第 17 师建制,改辖三团。12 月 17 日至 28 日,所属第 250 团在运城被歼灭。后重建。1948 年 3 月,该旅由临汾空运西安。12 月,改称第 84 师,编入第 69 军。1949 年 12 月 27 日,在四川南部投诚,师长李克英在邛崃投诚。

历任师长(整编旅旅长):

高桂滋(1932.8.2－1941.11 免兼)

高建白(1941.11－1944.1)

侯声(－1946.10)

任子勋(1946.10－1947.3)

何文鼎(兼任)

张淇(1947.4－1948.10.1)

欧阳明(1948.10.1－1948.12.1 由旅长改任师长－)

李克英(－1949.12.27 投诚)

第 85 师(整编第 85 旅)

黔军,1935 年 10 月黄埔军校出身的陈铁出任师长(1931.12－1949.6)

1931 年 12 月,新编第 10 师改称第 85 师,下辖二旅四团[③]。1932 年 5 月,驻鄂南崇阳、通山、通城等地,参加对湘鄂赣苏区的"清剿"作战。1933 年,调赴江西。7 月,缩编为三团。9 月驻抚州,10 月,"围剿"赣东北苏区。1934 年 10 月,在闽西筑路。11 月,隶属驻闽绥靖公署第 10 绥靖区。1935 年 4 月,由赣西铜鼓、万载经湖南浏阳、长沙、常德到桃源。7 月,调赴湖北利川。8 月 3 日,该师在咸丰东北的板栗园被歼灭大部,师长谢彬阵亡[④]。1936 年初,移驻南京浦镇缩编为第 253 旅,另由独立第 43 旅改编为第 255 旅组成第 85 师,下辖二旅四

---

① 1930 年为新编第 19 师。同年反蒋被取消番号。1931 年 2 月,被张学良收编为陆海空军副总司令部直辖第 11 师,同年改编为正太护路军第 1 师。

② 《陆军各部队成立沿革纪要(第 1 辑)》,全宗号 787,案卷号 16721;《国军部队沿革》(一集);《国防部本部隶属各部队主官简历驻地与部队沿革手册》,全宗号 783,卷宗号 393。

③ 《国防部本部隶属各部队主官简历驻地与部队沿革手册》,全宗号 783,卷宗号 393;《国军部队沿革》(一集)。

④ 《国民党第一路军何键部与红二方面军在湘西一带战斗详报》(1935 年 4－6 月),《国民党军第八十五师谢彬部在湖北来凤板栗园被歼经过详报》(1935 年 8 月),《中华民国史档案资料汇编》第 5 辑第 1 编军事(5),第 214、222 页。

团。旋开赴蚌埠。1937 年 7 月,北上河北石门。8 月,转赴昌平南口,隶属第 14 集团军参加平绥路东段方面作战(1937 年 8 月 8 日至 9 月 11 日)。战后参加太原会战(1937 年 9 月 12 日至 11 月 12 日)。

1938 年 3 月,隶属第 14 军。1939 年 3 月,改辖三团及一野补团。1946 年 5 月,整编为旅,改辖两团,隶属整编第 10 师(第 14 军改称)。1948 年 9 月,恢复师的番号,隶属第 14 军(整编第 10 师改称)。12 月 15 日,在安徽宿县西南的双堆集被歼灭,代理师长吴宗远被俘。1949 年 1 月,重建。6 月,该师番号撤销。

历任师长(整编旅旅长):

谢彬(1932.9.7—1935.8.3 阵亡)

陈铁(1935.10.5—)

陈鸿远(1938.7.1—1940.2.1)

谷嘉

张际鹏(1941.8—)

王连庆(1943.6—)

王景渊(1944.12.8—1947.5)

谭本良(1947.5—1949.1.16)

吴宗远(代理—1948.12.15 被俘)

胡镇随(1949.1.16—)

周家俊

第 86 师

陕西地方部队(1931.12—1949.9)

1931 年 12 月,新编第 4 师在河北阜平改称第 86 师[①],下辖二旅六团。成军后开赴陕西,长期驻防榆林地区。1936 年,部队缩编为二旅四团及补充团。1938 年 7 月,隶属第 22 军。1949 年 6 月 1 日,该师在榆林接受和平改编。后重建。9 月 19 日,在绥远包头起义。

历任师长:

井岳秀(1931—1936.2.1 意外身亡)

高双成(1936.5.23—1941.10 免兼)

徐之佳(1941.10—1948.10.16 兼任—1949.4.16 免兼)

胡景通(兼任—1949.9.19 起义)

第 87 师

中央军(1932.1—1949.12)

---

① 《陆军各部队成立沿革纪要(第 1 辑)》,全宗号 787,案卷号 16721;《国军部队沿革》(一集)。

1932年1月,警卫军所属第1师改编为第87师①,下辖二旅四团。2月,编入第5军,参加淞沪作战。6月,第5军番号撤销。1933年10月,两个补充团编入第36师。12月下旬,由浙江进入福建。隶属南昌行营东路军总预备队,参加对中央苏区的第五次"围剿"(1933年10月至1934年10月)。8月,由宁德、福安、霞浦回防福州,参与对红七、红十军团的作战。1935年9月4日,由延平(今南平)开赴闽、浙边境。1937年8月12日,由苏州、无锡进驻上海。

1937年9月,隶属第71军。1939年5月,裁撤旅部,改辖三团。1946年4月16日,该师在吉林四平西南的大洼、金山堡被歼灭大部。1948年10月28日,在辽宁黑山、打虎山以东地区被歼灭,师长黄炎被俘。1949年初重建,8月4日在湖南长沙起义,7日重新加入国军。12月6日,在广西永淳西南的大塘墟被歼灭,师长吴涛被俘,残部在钦州西北被歼灭。

历任师长:

楼景樾(1932.1.11－1932.5.8)

张治中(1932.5.28－1932.9.7)

王敬久(1932.9.7－)

沈发藻(1937.10.15－)

向凤武(1939.5－1942.6)

张绍勋(1942.6－1944.11)

黄炎(1944.11－)

熊新民(1946.8－1948.9.1)

黄炎(1948.9.1－1948.10.28被俘)

杨文榜(1949.2.1－)

吴涛(－1949.12.6被俘)

第88师

中央军(1932.1－1949.12)

1932年1月,警卫军所属第2师编成第88师,下辖二旅四团。2月,隶属第5军,参加淞沪作战。战后,脱离第5军建制。5月,由杭州开赴武汉,隶属第13军。6月,一部在广水、花园,作为"围剿"鄂豫皖苏区(1932年6月下旬至10月中旬)的预备队,战后脱离第13军建制。1933年10月,两个补充团编入第36师。11月29日,由江苏入浙江。12月下旬,调入福建②。1934年2月至5月,驻闽北一带。7月至9月,在赣南参加对中央苏区的第五次"围剿"(1933年10月至1934年10月)。11月,隶属驻赣绥靖公署驻赣预备军第3纵队。旋调赴湖北。1935年2月,由宜昌返回南京,中途改入皖,旋调赴四川。同年5月至1936

---

① 《陆军各部队成立沿革纪要(第1辑)》,全宗号787,案卷号16721;《国防部本部隶属各部队主官简历驻地与部队沿革手册》,全宗号783,卷宗号393;《国军部队沿革》(一集)。

② 《国军部队沿革》(一集)。

年 2 月驻防万县，取消补充团，下辖二旅四团。1936 年 3 月，由四川调回南京、无锡。7 月下旬调赴广东，进驻广州。11 月，返回无锡、苏州、常州、江阴①。1937 年 8 月 12 日，进入上海。

1937 年 9 月 12 日，编入第 72 军。1938 年 5 月，转隶第 71 军。5 月 22 日，师长龙慕韩放弃兰封。6 月 17 日，龙慕韩在武汉被枪决。1939 年 5 月，裁撤旅部，改辖三团。1947 年 3 月 12 日，在吉林农安、德惠被歼灭。后重建。5 月 18 日，在德惠城南被歼灭，师长韩增栋阵亡。6 月 1 日至 2 日，残部在昌图被歼灭。再次重建。1948 年 3 月 12 日至 13 日，在吉林四平被歼灭。该师残部编成一个团（团长杨光耀），直接归军部指挥。8 月上旬，该师军官由沈阳空运锦州整补，拨隶新编 8 军。10 月 15 日，在辽宁锦州被歼灭。后又重建，隶属第 71 军。1949 年 8 月 4 日，在湖南长沙起义，7 日重新加入国军。12 月 7 日，在广西永淳西南的大塘墟被歼灭大部。12 月 9 日，在上思被歼灭 4000 余人。

历任师长：

俞济时（1932.1.11—1933.1.17）

孙元良（1933.1.17—）

龙慕韩（1938.1.27—1938.6.17 被枪决）

宋希濂（兼任）

钟彬（1938.6.23—）

杨彬（1939.4.1—1941.4）

顾葆裕（1941.4—）

胡家骥

韩增栋（—1947.5.18 阵亡）

彭锷（1947.6—1948.6.25）

马师恭（代理）

黄文徽（1948.7.8—1948.10.15 被俘）

陈衡（1949.1.1—）

刘勋浩

倪中纯

第 89 师

中央军（1932.1—1949.1）

1932 年 1 月，武汉要塞司令部所属部队改编为第 89 师，下辖二旅四团，担任武汉防务②。5 月，第 3 师独立旅编属该师，按整理师改组，改辖二旅四团及一补充团，隶属第 13 军。7 月，由武昌开鄂东"清剿"。8 月，会攻黄安。9 月，脱离第 13 军建制。1932 年 12 月至

---

① 《国防部本部隶属各部队主官简历驻地与部队沿革手册》，全宗号 783，卷宗号 393。

② 《国防部本部隶属各部队主官简历驻地与部队沿革手册》，全宗号 783，卷宗号 393。

1933 年 5 月在经扶、黄安"清剿"。1933 年 5 月,在鄂南大冶。8 月,进入赣南。9 月,在崇仁。12 月,由赣东进入福建,师次延平。1934 年 1 月克古县、水口。1 月 25 日,驻安海。2 月,克永泰、仙游、泉州等地。2 月至 5 月在闽北一带。5 月,克建宁。7 月至 9 月,驻赣南。参加对中央苏区的第五次"围剿"(1933 年 10 月至 1934 年 10 月)。10 月,克石城、瑞金。11 月,进驻会昌,隶属驻赣绥靖公署驻赣预备军第 3 纵队。

1935 年 5 月,北调南昌,编入第 13 军。11 月,改组为调整师,撤销补充团。1937 年,裁撤旅部,改辖三团。12 月,改隶第 85 军。1938 年 6 月,转隶第 13 军。1947 年 4 月 3 日,在辽宁柳河县三源浦西南红石镇地区被歼灭,代理师长张孝堂被俘。1949 年 1 月 21 日,在北平接受和平改编。2 月 19 日,改编为中国人民解放军独立第 46 师,26 日拨隶解放军第 63 军。

历任师长:

钱大钧(1932.1.11－1932.5.21)

汤恩伯(1932.5.21－)

王仲廉(1934.9.8 兼任－)

张雪中(1938.2.25－)

舒荣(1938.8.19－1943.6)

金式(1943.6－1945.2)

王光汉(1945.2－)

张孝堂(代理－1947.4.3 被俘)

万宅仁(－1947.5)

郑庭笈(1947.5－)

刘建章(－1948.3.22)

胡冠天

潘如涵(1948.12.16－1949.1.21 起义)

第 90 师(整编第 90 旅)

粤军张发奎部(1932.4－1950)

1932 年 2 月,粤军张发奎部改编为第 90 师,隶属第 4 军,辖二旅四团。1933 年 1 月 8 日在金溪枫山铺被歼灭两个团。1934 年 3 月,所属第 270 旅扩编为第 59 师。11 月,按"剿匪"军编制,改辖三团。1937 年,改组为整理师,改辖二旅四团。1939 年,撤销旅部,改辖三团。1945 年 1 月,暂编第 7 师等归并该师。1946 年 5 月,整编为旅,改辖两团。1947 年 7 月,改辖三团。12 月 30 日,旅部在江苏盐城以南被歼灭。1948 年 9 月,恢复师的番号。1949 年 4 月 29 日,在皖南郎溪、广德之间山区被全歼,师长唐连被俘。1949 年 12 月,第 196 师及海南反共突击总队在海南岛合编为第 90 师,隶属第 4 军。1950 年 5 月,撤军台湾。

历任师长(整编旅旅长):

吴奇伟(1932.3.16－1934.4.18)

欧震(1934.4.18－)

陈荣机(1937.6.27—1940.5)

陈侃(1940.5—1944.8)

薛仲述

陈治中(—1949.5.1)

唐连(1949.5.1—1949.4 被俘)

彭瀛津

第 91 师

东北军,1942 年 10 月黄埔军校出身的全瑛出任师长(1933.2—1949.10)

1933 年 2 月,冯占海率领的吉林抗日义勇军编为第 91 师,辖三旅九团,隶属第 63 军。1934 年 2 月,缩编为三旅六团及一骑兵团。1936 年 4 月,第 63 军番号撤销,该师改隶第 53 军。1938 年 6 月,转隶第 85 军。1939 年 6 月,该师所属两个团分拨第 4、第 23 师[①]。后重建。1940 年 4 月,隶属新编第 2 军。1941 年 2 月,隶属第 29 军(原新编第 2 军)。1945 年 1 月,改隶第 71 军。1947 年 5 月 18 日,在吉林怀德大黑林子镇被歼灭。后再次重建。1948 年 11 月 28 日,在辽宁黑山、打虎山以东地区被歼灭。

1949 年初,重建第 91 师,隶属第 39 军。10 月 19 日,师长刘体仁率 2700 余人在广东鹤山县宅梧圩投诚。10 月 24 日至 26 日,余部在阳春、阳江地区被歼灭。

历任师长:

冯占海(1933.4.26—)

王毓文(1939.1.21 代理,不久实任—1942.10)

全瑛(1942.10—1944.7)

王铁麟(1944.7—)

赵琳(—1947.7)

戴海容(1947.7—1949.1.3)

刘体仁(1949.1.5—)

王多年

第 92 师(整编第 92 旅)

中央军(1933.7—1950)

1933 年 7 月,独立第 32 旅在江西宜黄扩编成第 92 师,下辖三团,为"剿匪"军编制。9 月,在永丰参加对中央苏区的第五次"围剿"(1933 年 10 月至 1934 年 10 月),10 月 10 日攻占古龙岗。1935 年 2 月至 7 月,在黔西、滇北、川南地区追堵中央红军。7 月,由四川邛崃调

---

① 《国防部本部隶属各部队主官简历驻地与部队沿革手册》,全宗号 783,卷宗号 393。

赴绵阳①。1937年7月,由暂编第5旅拨入一团,在贵州贵定按整理师改组,下辖二旅四团。7月15日,成立两个补充团。编整后即开赴鄂南天岳关、通城、崇通。

1938年4月,该师配属第46军指挥。5月1日在山东郯城参加徐州会战后期作战(1938年5月3日至5月28日)。7月,回师湖南攸县。9月,编入第37军。10月,改隶第92军。1939年1月,裁撤旅部,改辖三团。7月,转隶第99军。1946年5月,整编为旅,改辖两团,隶属整编第69师(第99军改称)。7月29日,在安徽灵璧北部的朝阳集、渔沟被歼灭。后重建。1948年9月,恢复师的番号,隶属第99军(整编第69师改称)。1949年4月23日至24日,在安徽宣城被歼灭大部。5月第208师撤台后改番号为第92师,隶属第99军。

历任师长(整编旅旅长):

梁华盛

陈烈(代理)

黄国梁(1939.9.29—)

梁汉明(1938.9.7—1942.5)

艾瑗(1942.5—1949.9.1)

第93师(整编第93旅)

中央军(1933.11—1950.1)

1933年11月,独立第33旅在江西扩编为第93师,辖三团②,为"剿匪"军编制。参加对中央苏区的第五次"围剿"(1933年10月至1934年10月)。1934年10月10日,攻占古龙岗。11月1日,由古龙岗出发,"追剿"红一方面军,28日到湖南东安。12月5日到新宁,7日到武岗,15日到黔阳,17日到芷江,24日到晃县,25日到贵州玉屏,26日到清溪,28日到镇远。1935年1月8日,到贵阳。2月24日从贵阳出发,2月27日到遵义。3月30日开息烽。7月13日,到达四川成都。1936年2月驻天全③。1937年,增设一团,照整理师改组。1938年,该师由江西宜春到经九江、武汉北上徐州隶属第75军指挥参加徐州会战后期作战(1938年5月3日至5月28日)。

1938年8月,改隶第6军。1938年12月,裁撤旅部,改辖三团。1944年4月,直隶于远征军司令长官部参加滇西方面作战(1944年5月11日至1945年1月27日)。抗战胜利后进驻滇南。1947年3月,整编为旅。7月,隶属整编第26师。1948年9月,恢复师的番号,隶属第26军。1950年1月17日,在云南蒙自、个旧被歼灭大部,18、19日残部在元阳蛮板、宜得地区被歼灭,师长叶植楠逃亡越南。

历任师长(整编旅旅长):

———————————

① 《国民党第二路军薛岳部在黔西滇北川南地区追堵长征红军部署及战斗经过详报》(1935年4—7月),《中华民国史档案资料汇编》第5辑第1编军事(5),第53、78页。

② 《国防部本部隶属各部队主官简历驻地与部队沿革手册》,全宗号783,卷宗号393。

③ 《第93师抗战纪实》,全宗号787,案卷号6759。

唐云山(1933.11.14—)

甘丽初(1935.5.8 代理—)

吕国铨(1938.12.21—)

彭佐熙(—1947.5 兼任—1947.10 免兼)

叶植楠(1947.10—)

第 94 师

①中央军(1933.8—1936.1)

1933 年 8 月,第 14 师所属第 41 旅及师属部队一部扩编为第 94 师①,辖三团,隶属第 18 军。1936 年 1 月,该师番号撤销,一团交第 14 师编并,其余补充第 67 师。

历任师长:

李树森(1935.6.4—1936.1.10)

②福建、安徽地方部队与直鲁联军旧部编成,1940 年 5 月黄埔军校出身的刘明夏出任师长(1936.2—1944.12)

1936 年 2 月,独立第 38 旅、暂编第 4 旅和新编第 3 旅在湖北并编为第 94 师,下辖二旅四团,旋改辖三团。3 月,调赴山西新绛等地,阻击红一方面军东征。战后,调入陕西。1937 年 8 月,增援昌平南口参加平绥路东段方面作战(1937 年 8 月 8 日至 9 月 11 日)。战后撤入山西,隶属第 2 战区参加太原会战(1937 年 9 月 12 日至 11 月 12 日)的忻口战役。1937 年,复辖二旅四团。

1938 年 3 月,隶属第 93 军,但在豫北未能归建。参加豫北豫东作战(1938 年 1 月上旬至 6 月下旬)。6 月,改隶第 97 军。1939 年,裁撤旅部,改辖三团。1940 年 5 月,转隶第 14 军。1944 年底,该师番号撤销,以该师官兵为基干成立第 201 师②。

历任师长:

朱怀冰(1936.2.7—)

陈希平(1939.3.12—1939.7)

蔡邵(1939.7.20—)

刘明夏(1940.5—1941 被俘投敌)

王连庆(1941.8—1943.6)

张世光(1943.6—)

③中央军(1945.7—1949.1)

1945 年 7 月,预备第 3 师改称第 94 师,隶属第 16 军。1949 年 1 月 21 日,在北平接受和平改编。2 月 19 日,改编为中国人民解放军独立第 31 师,26 日拨隶解放军第 65 军。

历任师长:

---

① 《国防部本部隶属各部队主官简历驻地与部队沿革手册》,全宗号 783,卷宗号 393。

② 《国军部队沿革》(一集);《国防部本部隶属各部队主官简历驻地与部队沿革手册》,全宗号 783,卷宗号 393。

陈鞠旅(1946.3.20 兼任一)

周士瀛(一1949.1)

第 95 师(整编第 95 旅)

河南地方部队,1936 年 2 月黄埔军校出身的李铁军出任师长(1934.10—1950)

1934 年 10 月,"剿匪"军第 1 纵队(1933 年 10 月,由河南保安第 1 团、第 35 师所属两团、新编第 21 师所属一团、骑兵第 2 旅一部合编为驻豫绥靖公署"剿匪"军第 1 纵队)改称第 95 师,下辖三团①,驻郑州。1935 年 4 月,由卢氏、灵宝开赴陕西商县"围剿"红二十五军。5 月,独立第 40 旅编入该师,改辖二旅四团。1936 年 3 月下旬,由豫北移师晋东,守备长治、晋城一带,阻击红一方面军东征。12 月,开赴陕西华阴、潼关、华县。1937 年 1 月,在商南。4 月,到临潼。

1937 年 11 月,隶属第 8 军,旋脱离建制,留驻郑州②。1938 年 2 月,改隶第 92 军。10 月,转隶第 37 军。1940 年,改辖三团。1945 年 1 月,拨隶第 62 军。1946 年 5 月,整编为旅,改辖两团。1947 年 7 月,脱离整编第 62 师建制。9 月,改称第 95 师。12 月,驻安次、廊坊。1948 年初,驻天津杨柳青。5 月底驻怀柔、密云石匣地区。6 月中旬,由通县车运唐山。7 月中旬,调平汉路北段。10 月 9 日,由塘沽海运葫芦岛,救援锦州。11 月 8 日返回塘沽,隶属华北"剿总"第 17 兵团,1949 年 1 月 16 日,由塘沽海运上海。1949 年 2 月,隶属第 75 军。1950 年 5 月,撤军台湾。

历任师长(整编旅旅长):

唐俊德(1934.10.23—1936.2.18)

李铁军(1936.2.18—1937.4.24)

罗奇(一1942.9 免兼)

何旭初(1942.9—1944.12)

段沄(代理)

张伯权(1948.5.29—)

朱致一(1948.9.16—1949.2.1 兼任一)

郭栋(1949.6.16—)

第 96 师(整编第 96 旅)

江西地方部队,1943 年 1 月中央军校出身的黄翔出任师长(1933.9—1950)

1933 年 9 月,第 5 师所属第 14 旅扩编为第 96 师,下辖三团,为"剿匪"军编制,隶属第 36 军。1938 年 9 月,该师大部和第 5 师一部在武汉合并编成第 167 师③,余部在重庆扩编二

---

① 《国防部本部隶属各部队主官简历驻地与部队沿革手册》,全宗号 783,卷宗号 393。

② 《国军部队沿革》(一集)。

③ 《国防部本部隶属各部队主官简历驻地与部队沿革手册》,全宗号 783,卷宗号 393;《国军部队沿革》(一集)。

旅四团。1939 年,裁撤旅部,改辖三团。1940 年 2 月,脱离第 36 军直隶于隶第 6 战区。5 月,到湖南零陵整训,隶属第 5 军。1947 年 7 月,整编为旅,改辖两团。11 月,与第 139 旅在济宁组成整编第 70 师。1948 年 9 月,恢复师的番号。1949 年 1 月 10 日,在河南永城陈官庄地区被歼灭,师长刘志道被俘。4 月,由江西绥靖公署重建。12 月,撤军台湾。

历任师长（整编旅旅长）：

姚纯

萧致平（1934.4.17—1935.7.27）

赵锡光（1936.4.21—）

余韶（1938.9.3—1943.1）

黄翔（1943.1—1947.11）

邓军林（1947.11—1949.1.1 兼任—）

刘志道（—1949.1.10 被俘）

陈辅汉（1949.3.1—）

罗扬鞭

第 97 师（整编第 97 旅）

①中央军（1933.8—1944.6）

1933 年 8 月,第 43 师所属第 127 旅在江西扩编为第 97 师,辖三团,为"剿匪"军编制。9 月,在崇仁参加对中央苏区的第五次"围剿"（1933 年 10 月至 1934 年 10 月）。1934 年 4 月 28 日进攻广昌。11 月,隶属驻赣绥靖公署驻赣预备军第 4 纵队。1935 年 4 月,"围剿"湘鄂赣苏区。9 月,调赴湖南石门等地,参加对湘鄂川黔苏区的"围剿"。11 月,"追剿"红二、六军团长征。1936 年初,调驻武汉待命。5 月,开赴山西,不久又移师湖南。7 月,调赴甘肃进攻红军。1937 年 3 月,驻兰州、平凉一带①。

1937 年 10 月,隶属第 80 军。1940 年 6 月,该师留驻平凉,直隶于第 8 战区司令长官部。1941 年 3 月,改隶新编第 12 军。6 月,转隶第 57 军。1944 年 6 月,该师番号撤销,官兵补充第 45 师。

历任师长：

孔令恂

韩锡侯（1938.1.4—1940.9）

李祖白（—1939.8.19）

张性白（1939.8.19—）

刘安祺（1940.9—1944.4）

傅维藩（1944.4—1944.6.25 被枪决）

②中央军（1948.8—1949.6）

---

① 《第三次参谋长会议第 81 军沿革史》,全宗号 787,案卷号 16796.

1948年8月,首都警卫师改编为第97旅,隶属整编第31师。9月,恢复师的番号,隶属第45军(整编第31师改称)。1949年3月23日,该师在南京江宁镇起义,部队溃散,各团陆续返回南京。4月26日,在溧阳被歼灭一部。4月28日至29日,在皖南郎溪、广德之间山区被歼灭大部。5月,残部到浙江金塘岛整编。6月,并编为第102师。

历任师长(整编旅旅长):

王晏清(1948.10.1—1949.3.24起义)

陈沛(1949.4.1兼任—1949.9.1免兼)

第98师(整编第98旅)

中央军(1933.10—1949.12)

1933年10月,第52师在江西改称第98师,第14师独立旅并入,下辖二旅四团,隶属第18军。参加对中央苏区的第五次"围剿"(1933年10月至1934年10月)。1934年4月11日,由赣南开宜春,10月10日进攻兴国。11月,隶属驻赣绥靖公署第2绥靖区。1935年4月,"围剿"湘鄂赣苏区。7月,脱离第18军建制。10月,"围剿"湘鄂川黔苏区,该师为"剿匪"军编制[1]。1937年7月,驻汉口、荆门、沙市。8月,赴上海作战。

1937年9月,隶属第79军。1946年5月,整编为旅,改辖两团。1948年9月,恢复师的番号。1949年2月4日,在湖北荆门被歼灭1个团又两个营。11月13日至19日,在湖北宣恩以南被歼灭。12月7日,师长朱声沛在四川梁山(今重庆梁平县)被俘。21日,残部在四川什邡起义。

历任师长(整编旅旅长):

夏楚中(1934.3.16—)

莫与硕(1938.2.26—)

王甲本(1938.5.11—1942.3免兼)

向敏思(1942.3—1946.8)

胡一(1946.8—)

朱声沛(—1949.12.7被俘)

第99师(整编第99旅)

中央军(1933.12—1950)

1933年12月,第59师在江西改称第99师,下辖二旅四团[2]。参加对中央苏区的第五次"围剿"(1933年10月至1934年10月)。1934年6月7日在龙冈,7月移师泰和,10月10日进攻兴国,10月14日占兴国,27日到泰和。11月1日到遂川。11月15日,到湖南郴州"追剿"红一方面军。22日到宁远城。12月2日在广西全县,10日到湖南武冈。18日到黔

---

① 《国军部队沿革》(一集)。

② 《陆军第99师沿革史略》,全宗号787,案卷号16750。

阳。22 日起由黔阳出发,经芷江、便水、晃县、玉屏、清溪,28 日到蕉溪一带候命。1935 年 1 月 9 日到贵阳。2 月,师部驻贵阳,所属第 297 旅开赴贵定、龙里。4 月,抽调第 295 旅等进入四川(该部 7 月 16 日到绵阳。10 月 6 日返回贵州,11 月 7 日到达贵阳归还建制)。1936 年 1 月,守备石阡、镇远、施洞口一线,2 月 27 日克毕节。

1938 年 6 月,隶属第 99 军。1939 年 7 月,撤销旅部,改辖三团。1946 年 5 月,整编为旅,改辖两团,隶属整编第 69 师(第 99 军改称)。1946 年 8 月 25 日至 27 日,在江苏泰兴的分界被歼灭,旅长朱志席被俘。1948 年 9 月,恢复师的番号,隶属第 99 军(整编第 69 师改称)。1949 年 6 月,撤军台湾。

历任师长(整编旅旅长):

郭思演(1933.12.4—)

傅仲芳(1935.5—1939.3.8)

姜敦亨(1939.3.9—1940.5)

高魁元(1940.5—)

朱志席(1942.4—1946.8.26 被俘)

杨达(1946.10—1949.3.16)

邹鹏奇(1949.3.16—)

第 100 师(整编第 100 旅)

青海马步芳部(1934.3—1949.9)

1934 年 3 月,新编第 9 师改称第 100 师,下辖步兵三旅、骑兵一旅[1],分驻甘肃酒泉、临夏和青海西宁。6 月,隶属新编第 2 军。1937 年 10 月,该师隶属第 82 军(由新编第 2 军改称)。1946 年 5 月,整编为旅,改辖两团。1948 年 9 月,恢复师的番号。1949 年 8 月 26 日,大部在兰州被歼灭。师长谭呈祥率余部在青海西宁上五庄投诚。

历任师长(整编旅旅长):

马步芳(1934.5.8—)

韩起功

谭呈祥(—1949.9.8 投诚)

第 101 师

晋绥军(1935.5—1949.1)

1935 年 5 月,正太护路军(前身为第 33 师)编成第 101 师[2],辖三旅六团。12 月,所属第 3 旅在离石县柳林镇机动。1936 年 2 月下旬,第 1、第 2 旅由陕北撤回晋西,阻止红一方面军东征。9 月,所属第 1、第 3 旅分别扩编为独立第 8、独立第 7 旅。1937 年 7 月,隶属第 61

---

① 《陆军各部队成立沿革纪要(第 2 辑)》。

② 《第 2 战区各部队沿革史》,全宗号 787,案卷号 16766。

军。10 月,该师被编并。12 月,第 35 军所属第 218 旅及独立第 7 旅等编成第 101 师,下辖二旅四团,隶属第 35 军。1938 年 9 月,改辖三团①。1948 年 12 月 22 日,在察哈尔怀来新保安被歼灭,师长冯梓被俘。旋重建。1949 年 1 月 21 日,在北平接受和平改编。2 月 19 日,改编为中国人民解放军独立第 87 师。

历任师长:

孙楚(1935.5.20－1936.7.28)

李俊功

董其武(1939.7.26－1940.10.2)

郭景云(1941.2.14－1948.4.18)

冯梓(1948.5.1－1948.12.22 被俘)

梁泮池(－1949.1.21 起义)

第 102 师(整编第 102 旅)

黔军,1942 年 5 月改造为中央军(1935.5－1949.10)

1935 年 5 月,第 25 军所属第 2 师改称第 102 师,下辖二旅四团②。6 月,调四川。9 月,调湖北利川、宜昌作为"围剿"湘鄂川黔苏区的预备队。冬,调四川涪陵整训。1936 年春,调河南经扶、光山、商城,"围剿"鄂豫皖苏区。1937 年 8 月,从信阳、郑州到江苏江阴要塞。10 月,开上海。

1937 年 11 月,编入第 8 军。1938 年 1 月,改编为三团制调整师。6 月,脱离第 8 军建制,到河南漯河。7 月,到湖北汉口。暂归第 60 军指挥,在赣北参加武汉会战(1938 年 6 月中旬至 11 月中旬)。战后,拨隶第 29 军。1939 年 7 月,改隶第 4 军。1942 年 5 月,师长柏辉章调赣南师管区司令,该师所部补充到第 49 和第 52 师,该师接新兵补充。1944 年 8 月,缩编为两个团。1945 年 2 月,暂编第 54 师归并该师③。1946 年 5 月,在江西吉安、泰和整编为旅。1947 年 8 月,该旅所属两个团分别编入第 59、第 90 旅。后重建,辖三团,隶属衢州绥靖公署。1948 年 5 月,在浙江金华。8 月,拨隶整编第 31 师。9 月恢复第 102 师,隶属第 45 军(整编第 31 师改称)。1949 年 4 月 29 日,在皖南郎溪、广德之间山区被全歼。6 月,第 45 军并编为第 102 师,编入第 21 军。守备舟山外围的金塘岛,10 月中旬,因失守舟山金塘岛被撤销番号,师长朱式勤交军法审判。

历任师长(整编旅旅长):

柏辉章(1935.5.7－1942.5 免兼)

陈伟光(1942.5－)

梁勃(1945.1 代理－)

---

① 《国防部本部隶属各部队主官简历驻地与部队沿革手册》,全宗号 783,卷宗号 393;《国军部队沿革》(一集)。

② 《国军部队沿革》(一集)。

③ 《第 4 军 102 师抗战期间行动概见图表》,全宗号 787,案卷号 6664。

陈阵（－1949.2.1）

陈朝章

朱式勤

第 103 师（整编第 103 旅）

黔军，1938 年 8 月黄埔军校出身的何绍周出任师长（1935.4－1949.10）

1935 年 5 月，第 25 军所属第 1 师在贵州安顺改编为第 103 师，下辖二旅四团。成军后开四川涪陵。6 月，调鄂东。9 月，调湖北利川、宜昌作为"围剿"湘鄂川黔苏区的预备队。后开安徽立煌县。1936 年 12 月，到陕西华阴、潼关、华县[①]。1937 年 8 月，到达江苏太仓浏河镇。11 月，守江阴要塞，参加淞沪会战（1937 年 8 月 13 日至 11 月下旬）。12 月初，到镇江、南京。

1937 年 12 月，编入第 86 军。1938 年 1 月，到湖南平江县整补，撤销旅部，该辖三团。9 月，改隶第 2 军。1940 年 7 月，改隶新编第 11 军。1941 年 5 月，改隶第 8 军（由新编第 11 军改称）。1947 年 5 月，整编为旅，隶属整编第 8 师。1948 年 7 月，脱离建制，重新组成整编第 8 师。9 月恢复师的番号，隶属第 39 军（整编第 8 师改称）。1949 年 10 月 15 日，在广东三水接受和平改编。

历任师长（整编旅旅长）：

何知重（1935.5.7－）

何绍周（1938.8.30－）

熊绶春（1942.3－1944.12.8）

梁筱斋（1944.12.8－1946.7）

王伯勋（1946.7－）

潘华国（－1948.1.31）

程鹏（－1948.9.16）

曾元三（1948.9.16－1949.10.15 投诚）

第 104 师（整编第 104 旅）

川军李家钰部（1935－1949.12）

1935 年 10 月，新编第 6 师改称第 104 师[②]，下辖三旅十团，驻西康西昌、大凉山。11 月开赴大渡河布防[③]。1937 年 9 月，所属第 2 旅等部编成第 178 师。9 月，隶属第 47 军。1940 年 9 月，撤销旅部，改辖三团。1945 年 7 月，改隶第 41 军。1946 年 5 月，整编为旅，改辖两团。11 月 18 日至 22 日，在河南滑县被歼灭，旅长杨显名被俘。后重建。1947 年 7 月，改隶

---

① 《国防部本部隶属各部队主官简历驻地与部队沿革手册》，全宗号 783，卷宗号 393。

② 《国防部本部隶属各部队主官简历驻地与部队沿革手册》，全宗号 783，卷宗号 393。

③ 《国民党重庆行营关于反共军事报告书》（1935 年 11 月－1936 年 7 月），《中华民国史档案资料汇编》第 5 辑第 1 编军事（5），第 144 页。

第 15 绥靖区。1948 年 7 月 2 日至 16 日,该旅在湖北襄阳被歼灭。后在四川重建。10 月,改称第 104 师,隶属第 110 军。1949 年 1 月,改隶国防部直接指挥。12 月,在四川省合江县被歼灭大部。

历任师长(整编旅旅长):

李家钰(1935.10.15—)

李青廷(1937.9—1942.10)

李伦(1942.10—)

杨显名(—1946.11.22 被俘)

骆道源(1947.2—)

傅秉勋(1948.6.11—1948.11.1 由旅长改任师长—)

第 105 师(整编第 105 旅)

东北军,1947 年黄埔军校出身的李汝和出任师长(1933.2—1948.10)

1933 年 3 月,军事委员会北平分会卫队改编为第 105 师,下辖三旅九团、骑兵一团,高射炮一团。1934 年春,开赴豫、鄂参加"剿共"。7 月至 10 月,一部在湖北黄安,大部守卫平汉路。1935 年 4 月,"围剿"湘鄂赣苏区。9 月,驻陕西西安和耀县以北。1936 年 6 月,由鄜县推进至平凉、泾川。6 月中旬由延安向北进攻。9 月上旬,移师甘肃固原及其以北地区。9 月至 10 月在平凉、泾川。10 月 22 日由陇德经固原向黑城镇追击。西安事变后调西安、华县。12 月下旬到达渭南。

1937 年 2 月,隶属第 49 军。7 月,在河南南阳扩编为第 105、第 109 师,按调整师改组,下二旅四团。1938 年,裁撤旅部,改辖三团。1946 年 5 月,整编为旅,改辖两团。8 月 10 日,旅部及第 314 团在江苏海安李堡镇被歼灭,旅长金亚安被俘。1947 年 8 月,恢复师的番号。9 月 19 日至 23 日,该师(欠一团)在辽宁建昌杨家仗子被歼灭,师长于泽霖被俘。残部补充第 79 师。后重建。1948 年 10 月 28 日,在辽宁黑山、打虎山以东地区被歼灭,师长邹玉桢被俘。

历任师长(整编旅旅长):

姚东藩

刘多荃

高鹏云(1937.7.20 代理—1938.3.28 实任—)

王铁汉(1938.9.23—1941.12)

应鸿纶(1941.12—1944.6)

刘汉玉(1944.6—)

金亚安(—1946.8.10 被俘)

于泽霖(1946.10—1947.9.21 被俘)

李汝和(—1948.6.7)

张在平(1948.6.7—)

邹玉桢（1948.9.1－1948.10.28 被俘）

第 106 师（整编第 106 旅）

山东地方部队（1933.3－1949.5）

1933 年 3 月，东北边防军新编第 1 师[①]改称第 106 师[②]，配属第 53 军参加长城抗战。5 月，移驻河北通县，直隶于北平军分会。7 月开赴行唐、曲阳。10 月移师河南周家口。1934 年 1 月，调赴安徽亳县。6 月，从亳县出发，经阜阳、正阳关、六安，30 日到达霍山。1934 年 6 月至 1935 年 8 月，在鄂豫边区与红二十八军作战。9 月 15 日由河南固始开赴陕北甘泉，中途转赴甘肃华亭。10 月 16 日，移驻平凉，25 日，开赴陕北鄜县。11 月中旬在甘肃化平、华亭一线构筑碉堡，阻止红一、四方面军东进。1935 年 3 月，接防固城。11 月 24 日，所属第 617 团在鄜县张家湾附近被歼灭。战后，该师退回陇东。1936 年 6 月，开住庆阳。12 月，驻陕西宝鸡。1937 年 2 月，移师豫南。1938 年隶属第 1 战区，参加豫北豫东作战（1938 年 1 月上旬至 6 月下旬），5 月 23 日失守兰封。

1938 年 9 月，隶属第 43 军。1939 年 1 月，转隶第 40 军。1942 年，改辖三团。1945 年 10 月 24 日至 11 月 2 日，在河南汤阴、磁县被歼灭。后重建。1946 年 5 月，整编为旅，改辖两团。1947 年 10 月 26 至 27 日，在湖北蕲春高山铺被歼灭。再次重建。1948 年 9 月，恢复师的番号。10 月 21 至 22 日，师部及一团在河南郑州以北被歼灭。1949 年 2 月下旬，所属第 316 团团长庞庆振在汲县率部起义。3 月初，该师抽调近 1000 名军官，空运武汉，拟重建第 39 师（未果）。5 月 5 日，该师在河南新乡接受和平改编。

历任师长（整编旅旅长）：

沈克

马法五（1939.1.24－）

李振清（1942.5－）

李震汾（－1943.5.14 投敌）

李振清（－1946.7 免兼）

韩凤仪

董升堂（－1948.1.31）

赵天兴（1948.1.31－）

第 107 师

①东北军（1933.3－1938.1）

---

① 1916 年 6 月，吴大洲在山东成立护国第 7 军。1918 年改编为山东第 6 混成旅，1925 年改称第 24 师，旋改称第 27 混成旅，1926 年改称河南陆军第 3 师，1927 年 5 月改称第 2 集团军 89 师，师长沈克。1928 年冬缩编为第 2 集团军第 4 师。1930 年 2 月改称第 1 师，隶属第 13 路军节制。1931 年 7 月，随石友三反对张学良。8 月，该部在河北曲阳改编为东北边防军新编第 1 师。

② 《陆军各部队成立沿革纪要》，全宗号 787，案卷号 16721。

1933 年 3 月,独立第 7 旅改编为第 107 师,下辖三团,隶属第 67 军。1937 年 7 月,第 117 师番号撤销,官兵补充该师,改辖二旅四团。1938 年 1 月,该师番号撤销,残部补充第 108 师。

历任师长:

张政枋(—1933.6.27)

吴克仁(1933.6.27—)

刘翰东(1936.10.13—)

金奎壁

②湘军何键部,1942 年 10 月黄埔军校潮州分校出身的黄华国出任师长(1938.3— 1946.7)

1938 年 3 月,第 4 路军所辖暂编 12、暂编第 13 旅与湖南保安团在湖南永嘉编成第 107 师,下辖二旅四团。是年调驻浙东,隶属第 10 集团军①。11 月,转隶第 70 军。1939 年,撤销旅部,改辖三团。1946 年 7 月,整编为整编第 140 旅②。

历任师长:

刘建绪(兼任)

段珩(1938.4.15—1939.11.26)

宋英仲(1939.11.23—1942.10)

黄华国(1942.10—)

谢懋权

③中央军(1948.9—1949.10)

1948 年 9 月,整编第 54 师所属第 7 旅在山东青岛改称第 107 师,隶属第 50 军(整编第 54 师改称)。1949 年 10 月 24 日至 26 日,在广东阳春、阳江地区被歼灭。

历任师长:

朱振华(—1949.1.1)

麦劲东

第 108 师(整编第 108 旅)

①东北军,1946 年黄埔军校出身的唐名标出任师长(1933.3—1948.12)

1933 年 3 月,独立第 8 旅扩编为第 108 师,下辖三团,隶属第 53 军。1934 年春,拨归第 57 军指挥,旋改隶第 67 军③。1937 年 7 月,第 115 师番号撤销,官兵补充该师,按调整师改组,下辖二旅四团,隶属第 67 军。11 月,调赴江西婺源整编。1938 年 1 月,第 67 军直属部队及第 107 师残部补充该师,按调整师改组。开赴浙西,隶属第 79 军。12 月,拨隶第 25

---

① 《国军部队沿革》(一集)。

② 《整编第 70 师 140 旅部队历史》,全宗号 787,案卷号 16811。

③ 《国防部本部隶属各部队主官简历驻地与部队沿革手册》,全宗号 783,卷宗号 393。

军。1941 年 1 月,在皖南宣城裁撤旅部,改辖三团。1946 年 5 月,整编为旅,改辖两团。1948 年 9 月,恢复师的番号。11 月 11 至 20 日,在江苏邳县碾庄被歼灭。

历任师长(整编旅旅长):

杨正治

江惟仁

张文清[①](—1939.8.22 兼任—1939.11.27 免兼)

戎纪五(1939.11.24—1942.11)

顾宏扬(1942.11—)

唐名标(1946.11—1947.3)

杨廷晏(1947.3—1948.8.1)

李世镜(1948.8.1—)

②中央军(1949.1—1949.8)

1949 年 1 月,在江西成立第 108 师,隶属第 25 军。8 月 11 至 23 日,在福建永泰以北地区被歼灭。

历任师长:

任培生(1949.5.1—1949.8.17 被俘)

第 109 师

东北军,1938 年 5 月黄埔军校出身的李树森出任师长(1933.3—1949.1)

1933 年 3 月,独立第 9 旅扩编为第 109 师,下辖三团,隶属第 57 军。11 月 21 至 23 日,该师在陕西鄜县直罗镇被歼灭,师长牛元峰阵亡。国民政府取消该师番号。张学良重建第 109 师。1936 年 6 月,到合水、太白镇堵击红军。

1937 年 7 月,第 105、第 129 师各一部并入该师,下辖二旅四团,隶属第 49 军。11 月,该师官兵补充第 105 师。1938 年 1 月,预备第 5 师并编入该师。6 月,改隶第 90 军。1939 年,裁撤旅部,辖三团。1940 年底,转隶第 16 军。1948 年 12 月 10 日,在平绥路康庄东南被歼灭。旋重建,1949 年 1 月 21 日,在北平接受和平改编。2 月 19 日,改编为中国人民解放军独立第 34 师,26 日拨隶解放军第 69 军。

历任师长:

牛元峰

贺奎

赵毅(1937.7.20—)

李树森(1938.5.19—)

胡松林(1938.12.21—1940.7)

陈金城(1940.7—1943.9)

① 《第 108 师抗战期间行动参战经过概见图表及战斗伤亡损耗补充战绩表》,全宗号 787,案卷号 6665。

戴慕真(1943.9－1944.7 撤)

朱光墀(1944.8－)

严映皋(－1949.1.21 起义)

第 110 师(整编第 110 旅)

①东北军(1933.3－1937.7)

1933 年 3 月,独立第 10 旅扩编为第 110 师,下辖三团,隶属第 67 军。1935 年 10 月 1 日,在陕西甘泉以北劳山被歼灭,师长何立中阵亡,番号被撤销①。1937 年 2 月,抗日先锋队改编为第 110 师,调江苏睢宁。7 月,该师撤销番号,官兵并入第 113 师②。

历任师长:

何立中

张政枋

②河南地方部队等编成,1938 年 5 月汤恩伯的亲信吴绍周出任师长(1938.2－1948.11)

1938 年 1 月,独立第 46 旅、第 89 师两个营、骑兵第 10 师一部和豫北师管区的五个新兵营在河南焦作合编成补充第 2 师。2 月,在巩县孟楼改编为第 110 师,下辖二旅四团,隶属第 13 军③。1939 年 6 月,撤销旅部,改辖三团。1942 年 7 月,改隶第 85 军。1946 年 5 月,整编为旅,改辖两团。1948 年 9 月,恢复师的番号。11 月 27 日,在安徽宿县西南的双堆集起义,所属第 329 团重新加入国军。1949 年 2 月,起义部队改编为中国人民解放军第 2 野战军第 14 军第 42 师。

历任师长(整编旅旅长):

张轸

吴绍周(1938.5.8－1942.3)

廖运周(1942.3－1948.11.27 起义)

③中央军(1949.1－1949.5)

1949 年 1 月,暂编第 1 师在安徽芜湖改称第 110 师,隶属第 85 军。5 月 4 日,在浙江义乌起义。

历任师长:

廖运升(－1949.5.4 起义)

第 111 师(整编第 111 旅)

①东北军(1933.3－1948.7)

---

① 刘东社:《直罗镇战役暨 109 师重建的若干问题——西安事变纵横考之二》,《陕西教育学院学报》1999 年第 2 期。

② 《各部队各训练机关主官简历驻地与部队沿革手册》,全宗号 627,卷宗号 1117。

③ 《国防部本部隶属各部队主官简历驻地与部队沿革手册》,全宗号 783,卷宗号 393。

1933 年 3 月，独立第 11 旅扩编为第 111 师，下辖三团，隶属第 51 军。1934 年春，改隶第 57 军。1937 年 7 月，第 109、第 111、第 112 师各一部编成第 111 师，按调整师改组，下辖二旅四团，仍隶属第 57 军。1941 年 2 月，第 57 军番号撤销，该师直隶于鲁苏战区司令长官部。1942 年 8 月 3 日，该师一部在常恩多、万毅等率领下参加八路军。1943 年 4 月，改隶暂编第 9 军。1944 年 1 月，裁撤旅部，改辖三团[①]。10 月，隶属第 12 军（暂编第 9 军改称）。1947 年 6 月，改编为旅。1948 年 7 月 13 日，在山东兖州被歼灭，旅长刘书维被俘。

历任师长（整编旅旅长）：

董英斌

常恩多（—1942.8.3 起义）

孙焕彩（1942.9—）

刘书维（—1948.7.13 被俘）

[②]中央军（1948.9—1949.12）

1948 年 9 月，在四川组建第 111 旅。10 月，改称第 111 师，隶属第 110 军。1949 年 12 月 5 日，主力在四川省富顺县被歼灭，12 月 24 日，所属第 311 团在郫县起义。

历任师长（整编旅旅长）：

周鉴（1948.10.1—）

第 112 师（整编第 112 旅）

东北军（1933.3—1949.1）

1933 年 3 月，独立第 12 旅改称第 112 师，下辖三团，隶属第 57 军。1937 年 7 月，第 109、第 111 师各一部并入该师[②]，改辖二旅四团，仍隶属第 57 军。12 月南京保卫战后，余部编为第 334 旅，第 67 军拨一部编为第 336 旅，重组第 112 师。1941 年 2 月，第 57 军番号撤销，该师直隶于鲁苏战区司令长官部，军属野补团改隶该师。7 月 20 日，在江苏阜宁。1942 年 4 月，野补团改为后方补充团。1943 年 6 月 6 日，副师长兼第 334 团团长荣子恒在鲁南投降日军。

1943 年 4 月，改隶暂编第 9 军。1944 年 10 月，隶属第 12 军（暂编第 9 军改称）。1947 年 6 月，整编为旅，改辖两团。1948 年 8 月，整编 12 师以第 112 旅为基干，改编为第 112 师[③]，隶属第 12 军。1949 年 1 月 10 日，在河南永城陈官庄被歼灭，师长于一凡被俘。

历任师长（整编旅旅长）：

张廷枢

霍守义

---

① 《国防部本部隶属各部队主官简历驻地与部队沿革手册》，全宗号 783，卷宗号 393；《第 12 军 111 师沿革史部队简介史等史料》，全宗号 787，案卷号 16782；《陆军第 112 师抗战八年中重要战役经过改概要》，全宗号 787，案卷号 6557。

② 《国防部本部隶属各部队主官简历驻地与部队沿革手册》，全宗号 783，卷宗号 393。

③ 《联合勤务总司令部抄发整编师旅恢复为军师番号等训令》（1948 年 9 月 19 日）《中华民国史档案资料汇编》第 5 辑第 3 编军事(1)，第 320 页。

王秉钺(1943.1—1944.9)

于一凡(1944.9—)

王肇治(—1948.7.13 被俘)

于一凡(—1949.1.10 被俘)

第 113 师(整编第 113 旅)

东北军,1947 年 1 月黄埔军校出身的王匡出任旅长(1933.3—1949.5)

1933 年 3 月,独立第 13 旅改编为第 113 师,下辖三团,隶属第 51 军。1937 年 7 月,第 110 师、第 118 师番号撤销,官兵补充该师,改辖二旅四团[①]。1943 年 2 月 20 日,在山东安丘城顶山损失大部,师长韩子乾被俘。7 月,撤销旅部,改辖三团。1946 年 5 月,整编为旅,改辖两团。1947 年 1 月 20 日,在山东枣庄被歼灭,旅长李玉唐被俘。后重建。同年 12 月 30 日,旅部及一个团大部在江苏盐城以南被歼灭。1948 年 3 月 17 日至 19 日,该旅(欠一个团)在阜宁益林被歼灭,旅长王匡被俘。1948 年 9 月,恢复师的番号。1949 年 5 月 26 日,残部在上海投诚。

历任师长(整编旅旅长):

李振唐

周光烈(1937.7.27—)

周毓英(1938.6.20 兼任—1942.8 免兼)

韩子乾(1942.8 代理—1942.9 实任—1943.2.20 被俘)

李玉唐(1943.11—1947.1.20 被俘)

王匡(—1948.3.10 实任—1948.3.19 被俘)

李济(1948.4.26—)

王楚

丁作彬

第 114 师(整编第 114 旅)

①东北军(1933.3—1947.1)

1933 年 3 月,独立第 14 旅改编为第 114 师,下辖三团,隶属第 51 军。1937 年 7 月,改辖二旅四团。1943 年 7 月,撤销旅部,改辖三团。1946 年 5 月,整编为旅,改辖两团。1947 年 1 月 11 日,在山东峄县(今枣庄峄城区)被歼灭,旅长李步青被俘。

历任师长(整编旅旅长):

陈贯群

牟中珩

方叔洪(1939.3.16—1939.6.25 自戕)

---

① 《各部队各训练机关主官简历驻地与部队沿革手册》,全宗号 627,卷宗号 1117。

张福禄(1939.7.19—1941.12)

黄德兴(1941.12—1943.10 阵亡)

李步青(1943.11—1947.1.11 被俘)

②中央军(1948.9—1949.8)

1948 年 9 月,整编第 3 师所属第 3 旅改称第 114 师,隶属第 10 军(整编第 3 师改称)。12 月 15 日,在安徽宿县西南的双堆集被歼灭,师长夏建勋被俘。1949 年 1 月重建,仍隶属第 10 军。5 月,改归第 12 兵团部直辖。8 月,番号撤销。

历任师长:

夏建勋(—1948.12 被俘)

萧圭田(1949.1.16—1949.8.16)

第 115 师

①东北军(1933.3—1937.7)

1933 年 3 月,独立第 15 师改编为第 115 师,下辖三团,隶属第 57 军。1937 年 7 月,该师番号撤销,官兵拨入第 108 师。

历任师长:

姚东藩

熊正平

刘启文

②中共军队(1937.8—1946)

1937 年 8 月,红一方面军所属第 1、第 3、第 15 军团及红军第 74 师合编为第 115 师。1946 年,番号取消。

历任师长:

林彪(1937.8.5—)

第 116 师

①东北军(1933.3—1948.11)

1933 年 3 月,独立第 16 旅改编为第 116 师,下辖三团,隶属第 53 军。1937 年 7 月,改辖二旅四团。1938 年底,在湖南沅陵整训,撤销旅部,改辖三团。1947 年 10 月 1 日至 2 日,在吉林四平以南、铁岭以北的威远堡门和貂皮屯被歼灭,师长刘润川被俘。

1948 年 2 月,暂编第 30 师改编为第 116 师。10 月 27 日,在辽宁铁岭、新城子被歼灭。11 月 1 日,师长刘德裕在沈阳投诚[①]。

历任师长:

---

① 《第 53 军沿革史》,全宗号 787,案卷号 16789;《第六战区抗战纪实附录二:战区及各集团军、军、师沿革及简史》,全宗号 787,案卷号 6714。

缪澄流

刘元勋

周福成

赵绍宗(1938.12.21—)

赵镇藩(1940.6—1944.11)

刘润川(1944.11—1947.10.2 被俘)

刘德裕(—1948.11.1 投诚)

②中央军(1948.12—1949.6)

1948 年 12 月,在陕西成立第 116 师,隶属第 113 军。1949 年 6 月,改称第 27 师。

历任师长:

戴炳南

仝教曾(1949.2.1—)

第 117 师(整编第 117 旅)

①东北军(1933.3—1937)

1933 年 3 月,独立第 17 旅改称第 117 师,下辖三团,隶属第 67 军。1937 年 7 月,该师番号撤销,官兵补充第 107 师。

历任师长:

黄师岳

翁照垣(1933.3.5—1933.6.27)

刘翰东(1933.6.27—)

吴克仁

②伪军(1937)

1937 年 8 月,冀东伪保安队反正后编成第 117 师,旋即番号撤销。

历任师长:

张庆余

③中央军(1938.4—1949.12)

1938 年 4 月,江苏保安第 1、第 2、第 9 团及江南各县保安队编成第 117 师,隶属第 89 军。后因伤亡较大又编并江苏省保安第 5 旅独立大队、第 89 军独立团等。1943 年 2 月,在淮安车桥溃散,转赴安徽阜阳整补。1944 年 3 月,转隶第 13 军。9 月,改隶暂编第 1 军。10 月,拨隶暂编第 9 军。1945 年 7 月,改隶第 12 军。10 月,转隶第 98 军。1946 年 5 月,整编为旅,改辖两团,隶属整编第 57 师(第 98 师改称)。1947 年 9 月 9 日,在山东菏泽以南沙土集被歼灭,旅长罗觉元被俘。1948 年 9 月,恢复师的番号,隶属第 98 军(整编第 57 师改称)。1949 年 12 月 27 日,在四川彭县起义。

历任师长(整编旅旅长):

李守维(1938.4.3—)

顾锡九(1939.3.19 代理－1939.8.23 实任－)

刘漫天

廖运升(－1947.2)

罗觉元(1947.2－1947.9.9 被俘)

尹呈佐

虞咸(－1949.12.27 起义)

第 118 师(整编第 118 旅)

①东北军(1933.3－1937.7)

1933 年 3 月,独立第 18 旅改称第 118 师,下辖三团,隶属第 51 军。1937 年 7 月,该师番号撤销,官兵补充第 113 师。

历任师长:

杜继武

张砚田

周光烈

②中央军(1938.8－1950)

1938 年 8 月 1 日,第 18 军兵员干部在江西浮梁旧城编成第 118 师。10 月,隶属第 49 军①。1939 年 2 月,下辖三团,改隶第 79 军。6 月,士兵拨编第 11、第 76、第 98 师,班长以上干部开贵州三德,直隶于军委会整补。8 月,转隶第 99 军。1940 年 5 月,拨隶第 87 军。1945 年 4 月,改隶第 18 军。1946 年 5 月,整编为旅,改辖两团,隶属整编第 11 师(第 18 军改称)。1947 年 11 月,改辖三团。1948 年 9 月,恢复师的番号,隶属第 18 军(整编第 11 师改称)。12 月 15 日,在安徽宿县西南的双堆集被歼灭,师长尹钟岳被俘。1949 年 1 月,在南京浦口重建。10 月,到金门。

历任师长(整编旅旅长):

王严(1938.8 代理－1942.12 实任－1944.8)

李学正(1944.10－1945.5.28)

戴朴(1945.5.28－)

高魁元(－1947.2)

王元直(1947.2－1948.3.7)

尹钟岳(1948.3.7－1948.12 被俘)

李树兰(1949.1.16－)

第 119 师(整编第 119 旅)

①东北军(1933.3－1937.7)

1933 年 3 月,独立第 19 旅扩编为第 119 师,下辖三团,隶属第 53 军。1937 年 7 月,该

---

① 《陆军兵力统计战斗序列表》,全宗号 787,案卷号 2642。

师番号撤销。

历任师长：

孙德荃

丛兆麟

黄显声

②西北军(1937.8－1949.10)

1937 年 8 月 1 日,独立第 29、第 31 旅与第 143 师所属第 427 旅合编为第 119 师,下辖三旅六团,隶属第 68 军。1938 年 9 月,改辖二旅四团。1939 年 9 月,裁撤旅部,改辖三团①。1946 年 5 月,整编为旅,改辖两团。10 月 29 日至 31 日,在山东鄄城被歼灭,旅长刘广信被俘。后重建。1948 年 6 月 17 日至 22 日,在河南开封被歼灭。后再次重建。9 月恢复师的番号。1949 年 4 月 29 日,在福建乐平以南被歼灭一部。9 月 19 日至 10 月 17 日,在漳州、厦门被歼灭。

历任师长(整编旅旅长)：

李金田(1937.10－1939.7.28)

田温其(1939.7.27－1940.7)

陈新起(1940.7－1942.11)

刘广信(1942.11－1946.10.31 被俘)

张勋亭(1946.12－1949.5.3 被俘)

刘铁军

第 120 师

①东北军(1933.3－1937.7)

1933 年 3 月,独立第 20 旅扩编为第 120 师②,下辖三团,隶属第 57 军。1937 年 7 月,该师番号撤销。

历任师长；

常经武

赵毅

②中共军队(1937.8－1946)

1937 年 8 月,红二方面军、陕北红军第 27、第 28 军及独立第 1、第 2 师在陕西省富平县庄里镇集中改编为第 120 师。1946 年,番号取消。

历任师长：

贺龙(1937.8.15－)

---

① 《国防部本部隶属各部队主官简历驻地与部队沿革手册》,全宗号 783,卷宗号 393;《第 119 师沿革史》,全宗号 787,案卷号 16806;《国军部队沿革》(一集)。

② 《陆军各部队成立沿革纪要(第 1 辑)》,全宗号 787,案卷号 16721。

第 121 师

黔军,1938 年 4 月黄埔军校出身的牟廷芳出任师长(1935.5—1949.1)

1935 年 5 月,第 25 军所属第 3 师在贵州改编为第 121 师,下辖三团。1936 年 12 月至 1937 年 4 月,在湖北咸宁、蒲圻等地"围剿"湘鄂赣苏区。1937 年 8 月,由江西萍乡、安源调赴南京,所属第 661 团到上海参战,主力配合第 103 师防守江阴要塞。

1937 年 12 月,隶属第 86 军。1938 年底,改隶第 94 军。1949 年 1 月 21 日,在北平接受和平改编。2 月 19 日改编为中国人民解放军独立第 29 师,26 日拨隶解放军第 46 军。

历任师长:

吴剑平(1935.5.7—)

牟廷芳(1938.4—)

戴之奇(1942.11—1944.8 免兼)

朱敬民(1945.1—)

韩迪(1947.12—)

第 122 师(整编第 122 旅)

川军孙震部(1935.8—1949.12)

1935 年 8 月,第 41 军所属第 1 师①与该军独立师、川陕边区"剿匪"第 5 路及独立第 1 旅合编为第 122 师,仍隶属第 41 军,下辖三旅六团。1937 年 7 月,按整理师改组,下辖二旅四团。1938 年,撤销旅部,改辖三团。1938 年 3 月 17 日,师长王铭章在山东滕县阵亡。1946 年 5 月,整编为旅,改辖两团。1948 年 9 月,恢复师的番号。12 月 7 日,在河南永城陈官庄地区被歼灭。第 41、第 47 军残部与第 77 军残部编成第 122 师,归第 72 军指挥。1949 年 1 月,在陈官庄地区再次被歼灭。2 月,在四川万县重建,隶属第 41 军。12 月 21 日,在什邡起义。

历任师长(整编旅旅长):

王铭章(1937.9.8—1938.3.17 阵亡)

王志远(1938.4.5 代理—)

张宣武(—1949.9.1)

熊顺义(1949.9.1—1949.12.21 起义)

第 123 师(整编第 123 旅)

①川军孙震部(1935.8—1945.7)

---

① 清季川军第 33 混成旅一部扩编为川军第 7 师第 13 旅,1924 年扩编为第 11 师,旋改称第 13 师,师长段荣琼。1927 年改称第 29 军第 3 混成旅,1929 年秋改编为国军西北屯殖军第 2 路,1931 年改称第 4 师,1932 年改称第 29 军第 4 师。1932 年在川西北"剿匪"。1935 年 5 月改称第 41 军第 1 师。《国军部队沿革》(一集);《陆军各部队成立沿革纪要(第 2 辑)》;《国防部本部隶属各部队主官简历驻地与部队沿革手册》,全宗号 783,卷宗号 393。

1935 年 8 月,第 41 军所属第 2 师改称第 123 师,下辖二旅六团①,仍隶属第 41 军。1937 年 7 月,按整理师改组,改辖二旅四团②。1938 年,撤销旅部,改辖三团③。1945 年 7 月,裁撤番号。

历任师长:

曾宪栋(1937.9.8－1940.11 免兼)

陈宗进(1940.11－)

汪朝濂

②中央军(1945.7－1949.12)

1945 年 7 月,暂编第 59 师改称第 123 师,隶属第 36 军。1946 年 5 月,整编为旅,改辖两团。1947 年 6 月,所属第 369 团由西安空运山西运城,归整编第 10 师第 83 旅指挥。8 月 20 日,该旅主力在陕西米脂沙家店被歼灭,旅长刘子奇被俘。12 月 28 日,所属第 369 团在运城被歼灭。后重建。1948 年 8 月 9 日,在陕西澄城冯原镇被歼灭。再次重建。10 月,恢复师的番号。1949 年 12 月 26 日,在四川新津地区被歼灭大部。12 月 27 日,所属第 369 团在成都起义。

历任师长(整编旅旅长):

盛文

刘子奇(－1947.8.20 被俘)

朱侠(1947.10－1948.6.16)

方晓松(1948.6.16－1949.1)

雷振(1949.1.16－)

第 124 师(整编第 124 旅)

川军孙震部(1935.8－1949.12)

1935 年 8 月,第 41 军所属第 5 师等部改编为第 124 师,下辖三旅六团④,仍隶属第 41 军。1937 年 7 月,按整理师改组,缩编为二旅四团。1938 年,撤销旅部,改辖三团。1946 年 5 月,整编为旅,改辖两团。1948 年 9 月,恢复师的番号。12 月 7 日,在河南永城东北地区被歼灭。1949 年 2 月,在四川万县重建。12 月 21 日,在什邡起义。

历任师长(整编旅旅长):

孙震(1937.9.8 兼任－)

曾甦元(1938.7.5 代理－)

---

① 原为川军第 21 师工兵营。1920 年秋,改编为炮兵团。1922 年冬扩编为第 21 师独立旅,1926 年春改称第 22 混成旅,1927 年为第 29 军第 5 混成旅。1929 年改编为第 4 路第 1 旅,1932 年扩编为川军第 2 师。1935 年 5 月改称第 41 军第 2 师。《陆军各部队成立沿革纪要(第 2 辑)》。

② 《国军部队沿革》(一集)。

③ 《国防部本部隶属各部队主官简历驻地与部队沿革手册》,全宗号 783,卷宗号 393。

④ 《国军部队沿革》(一集);《国防部本部隶属各部队主官简历驻地与部队沿革手册》,全宗号 783,卷宗号 393。

刘公台

严翊

蔡钲(1949.2.1 代理—1949.12.21 起义)

第 125 师(整编第 125 旅)

川军邓锡侯部(1935.8—1949.12)

1935 年 8 月,第 45 军所属第 1 师改称第 125 师,下辖二旅五团[①]。1937 年 8 月,所属第 1 旅改称独立第 19 旅,改辖二旅四团。1940 年 9 月,撤销旅部,改辖三团。1945 年 7 月,第 127 师番号撤销,官兵补充该师,改隶第 47 军。1946 年 5 月,整编为旅,改辖两团。9 月 3 日至 7 日,在山东定陶被歼灭。重建。11 月 18 日至 22 日,旅部及所属一团在河南滑县被歼灭。1948 年 2 月,恢复三团制。9 月,恢复师的番号。12 月 7 日,在河南永城东北地区被歼灭,师长陈仕俊被俘。1949 年 3 月,残部赴四川澧都整补,12 月 9 日,所属第 375 团团长率 1500 人在澧都投诚。12 月 21 日,主力在什邡起义。

历任师长(整编旅旅长):

陈鼎勋(兼任)

王仕俊(—1941.8)

刘万抚(1941.8—1943.11)

汪匣锋(1943.11—)

陈玲(陈仕俊)(—1948.12.7 被俘)

裴元俊(1949.1.16—1949.12.21 起义)

第 126 师(整编第 126 旅)

川军邓锡侯部(1935.8—1949.12)

1935 年 8 月,第 45 军所属第 2 师[②]改称第 126 师,下辖二旅五团。1938 年 4 月,所属第 376 旅与独立第 19 旅合并编为新编第 9 师,所属第 378 旅与独立第 18 旅合并编为第 126 师[③]。5 月,该师拨隶第 95 军。1942 年 3 月,撤销旅部,改辖三团。1946 年 5 月,整编为旅,改辖两团,隶属整编第 39 师(第 95 军改称)。1948 年 9 月,恢复师的番号,隶属第 95 军(整编第 39 师改称)。1949 年 12 月 9 日,在成都起义。1950 年 6 月,并编入中国人民解放军第 60 军第 179 师。

历任师长(整编旅旅长):

黄隐

---

① 清末为第 32 混成协,1912 年扩编为四川陆军第 4 师,1914 年改编为四川陆军第 2 师第 5 团。1916 年扩编为四川陆军独立旅,旅长邓锡侯。1918 年扩编为四川陆军第 3 师,1923 年所属第 5 旅扩编为师,番号仍为四川陆军第 3 师,1926 年改称第 28 军第 3 师。《陆军各部队成立沿革纪要(第 2 辑)》。

② 原系全川江防军,1931 年 1 月改编为第 28 军第 2 师,1935 年 5 月改称第 45 军第 2 师。

③ 《国防部本部隶属各部队主官简历驻地与部队沿革手册》,全宗号 783,卷宗号 393;《国军部队沿革》(二集)。

谢无圻(1938.4.26－1949.12.9 起义)

第 127 师(整编第 127 旅)

①川军邓锡侯部(1935.8－1945.7)

1935 年 8 月,第 45 军所属第 3 师改称第 127 师,下辖二旅四团,隶属第 45 军。1937 年 8 月,该师番号撤销,第 131 师改称第 127 师,下辖二旅四团。1940 年 9 月,撤销旅部,改辖三团。1945 年 7 月,该师番号撤销,官兵补充第 125 师。

历任师长:

马毓智

陈离(1937.9.8 兼任－)

王澄熙(－1945.8)

②川军李家钰部(1945.7－1949.12)

1945 年 7 月,第 178 师改称第 127 师,隶属第 47 军。1946 年 5 月,整编为旅,改辖两团。1946 年 9 月 3 日至 7 日,在山东定陶被歼灭。重建。1948 年 2 月,恢复三团制。5 月 17 日,在河南荥阳和密县以西被歼灭大部。9 月,恢复师的番号。12 月 7 日,在河南永城东北地区被歼灭大部,师长张光汉被俘。后重建,以未参战的第 381 团为基础在四川恢复第 127 师。1949 年 12 月 21 日,在什邡起义。

历任师长(整编旅旅长):

李家英(1945.8－1948.6.16)

张光汉(1948.6.24－1948.12.7 被俘)

游联璋(1949.2.1 代理－1949.7.16 实任－)

袁国驯(－1949.12.21 起义)

第 128 师(整编第 128 旅)

①川军邓锡侯部(1935.8－1937.7)

1935 年 8 月,第 45 军所属第 4 师改称第 128 师,下辖二旅四团。1937 年 7 月,番号裁撤。

历任师长:

邓锡侯(兼任)

杨秀春

②湘西地方部队(1937.10－1938.7)

1937 年 10 月,新编第 34 师在浙江萧县改称第 128 师。11 月 8 日,由宁波开赴嘉兴①。隶属第 3 战区第 10 集团军,参加淞沪会战(1937 年 8 月 13 日至 11 月下旬)。1938 年 4 月,拨隶第 70 军。7 月,番号撤销。

---

① 《张治中关于第九集团军淞沪战役报告书》(1937 年 11 月 4－20 日),《中华民国史档案资料汇编》第 5 辑第 2 编军事(2),第 281 页。

历任师长:

顾家齐

③陕西地方部队(1938.9—1943.2)

1938 年 9 月,新编第 35 师改称第 128 师,开赴湖北汉川、沔阳,隶属第 9 战区湘鄂赣边区游击总指挥部。1939 年初,改隶第 5 战区长江上游防守司令部。参加随枣会战(1939 年5 月 1 日至 6 月 1 日)和枣宜会战(1940 年 5 月 1 日至 7 月 4 日)。1943 年 2 月 25 日,该师在湖北咸宁遭到日伪重兵围攻,师长王劲哉被俘,该师番号撤销。

历任师长:

王劲哉(1938.9.21—1943.2.25 被俘)

④新疆地方部队,1946 年黄埔军校出身的钟祖荫出任师长(1943.10—1949.9)

1943 年 10 月,新疆陆军第 1 师在迪化改称第 128 师[①],隶属第 8 战区司令长官部。1946 年上半年,拨入第 42 军。1947 年初,整编为旅,改辖两团。1949 年 9 月 25 日,该旅在新疆起义。12 月,改编为中国人民解放军第 9 军第 27 师一部。

历任师长(整编旅旅长):

柳正欣(1943.12—)

罗恕人(—1946.9)

钟祖荫(1946.9—)

陈俊伟

第 129 师

①东北军(1933.3—1937.6)

1933 年 3 月,独立第 29 旅改称第 129 师,下辖三团,隶属第 53 军。1934 年春,拨隶第67 军。1937 年 6 月,番号裁撤。

历任师长:

王永胜(—1933.3.23)

周福成

②中共军队(1937.8—1946)

1937 年 8 月,红军第四方面军所属第 4、第 31 军,西北红军第 29、第 30 军和陕甘宁独立第 1、第 2、第 3、第 4 团以及第 15 军团所属骑兵团等改编为第 129 师。1946 年番号取消。

历任师长:

刘伯承(1937.8.5—)

第 130 师

①东北军(1933.3—1948.11)

---

① 《国防部本部隶属各部队主官简历驻地与部队沿革手册》,全宗号 783,卷宗号 393。

1933 年 3 月，独立第 30 旅扩编为第 130 师，下辖三团，隶属第 53 军。1937 年 7 月，改辖二旅四团。1938 年底，在湖南沅陵整训，撤销旅部，改辖三团。1940 年 12 月 30 日，师长朱鸿勋在湖北公安藕池口阵亡①。1948 年 11 月 1 日，师长王理寰率部在沈阳投诚。

历任师长：

于兆麟

朱鸿勋(1933.3.23－1940.12.30 阵亡)

张玉珽(1941.1.21－1944.7)

王理寰(1944.7－1948.11.1 投诚)

②中央军(1948.12－1949.6)

1948 年 12 月，在陕西成立第 130 师，隶属第 113 军。1949 年 6 月，改称第 30 师。

历任师长：

欧耐农(1949.2.1－1949.4.16)

第 131 师(整编第 131 旅)

①川军邓锡侯部(1935.8－1937.8)

1935 年 8 月，第 45 军所属第 5 师改称第 131 师，下辖二旅四团。1937 年 8 月，改称第 127 师②。

历任师长：

陈离

②新桂系军(1937.10－1945.1)

1937 年 10 月，在广西南宁成立时第 131 师，下辖二旅四团③，隶属第 31 军。1938 年 9 月，所属第 391 旅拨隶第 135 师。1939 年，裁撤旅部，改辖三团。1945 年 1 月，番号裁撤④。

历任师长：

覃连芳(1937.9.20－)

林赐熙(1938.6.21－)

贺维珍(1938.12.1 兼任－1940.5 免兼)

萧兆鹏(1940.5－)

阚维雍(1943.2－1944.11.9 自戕)

黄炳钿(1945.2.9－)

---

① 《第 53 军沿革史》，全宗号 787，案卷号 16789；《第六战区抗战纪实附录二：战区及各集团军、军、师沿革及简史》，全宗号 787，案卷号 6714。

② 1916 年，陆军第 2 师第 5 团第 12 连改称川军第 11 旅炮兵第 2 连，1920 年扩编为川军第 3 师炮兵第 2 营，1922 年扩编为第 3 师炮兵第 3 团，1924 年扩编为第 30 师第 60 旅，1927 年改编为第 28 军第 2 混成旅，1931 年扩编为第 28 军独立师，1934 年改称第 45 军第 5 师。《国军部队沿革》(一集)；《国防部本部隶属各部队主官简历驻地与部队沿革手册》，全宗号 783，卷宗号 393。

③ 《第 4 战区司令长官部及各部队简略沿革》，全宗号 787，案卷号 16767。

④ 《国军部队沿革》(一集)。

③粤军（1945.4—1950.5）

1945 年 4 月 16 日，第 155 师改称第 131 师，隶属第 64 军。1946 年 5 月，整编为旅，改辖两团。1947 年 10 月，脱离建制，调海南岛改隶广州绥靖公署。1949 年 2 月，恢复师的番号，改隶第 64 军。1950 年 5 月，在海南岛被歼灭。

历任师长（整编旅旅长）：

张显岐

林卧薪

张其中（—1949.1.1）

张其中（1949.2.16—）

邓彬

第 132 师（整编第 132 旅）

西北军（1933.6—1948.11）

1933 年 6 月，第 37 师所属第 109 旅在河北石门扩编为第 132 师，下辖一旅二团。1934 年 10 月，驻扎察哈尔张北。1934 年，增辖独立第 31 旅。1935 年 9 月下旬，该师由察哈尔调平津。1936 年 12 月，独立第 31 旅改称该师第 5 旅，增辖独立第 27、第 28 旅。1937 年 7 月 28 日，师长赵登禹在北平南苑殉国。9 月，独立第 27 旅直隶于第 68 军，独立第 28 旅番号撤销，官兵补充 179 师，该师隶属第 77 军①。1939 年 6 月，在湖北钟祥撤销旅部，改辖三团。1946 年 5 月，整编为旅，改辖两团。1948 年 9 月，恢复师的番号。11 月 8 日，在江苏徐州以北起义。1949 年 2 月，起义部队改编为中国人民解放军第 34 军第 100、第 101、第 102 师各一部。

历任师长（整编旅旅长）：

赵登禹（—1937.7.28 阵亡）

王长海（1937.8.19 代理—）

过家芳（—1948.11.8 起义）

第 133 师（整编第 133 旅）

川军杨森部（1935.10—1950.1）

1935 年 10 月，第 20 军所属第 3、第 4 混成旅合编为第 133 师，下辖三旅六团②，仍隶属第 20 军。1937 年 8 月，改辖二旅四团。1939 年 1 月，撤销旅部，改辖三团③。1945 年初，接收暂编第 16 师部分官兵。1946 年 5 月，整编为旅，改辖两团。1948 年 9 月，恢复师的番号。1949 年 4 月 23 日，在安徽宣城湾沚镇被歼灭。后重建。1950 年 1 月 26 日，师长何学植率

---

① 《各部队各训练机关主官简历驻地与部队沿革手册》，全宗号 627，卷宗号 1117；《第 77 军部队沿革及主官参谋长简历表》，全宗号 787，案卷号 16795。

② 《国军部队沿革》（一集）；《陆军各部队成立沿革纪要（第 2 辑）》。

③ 《国防部本部隶属各部队主官简历驻地与部队沿革手册》，全宗号 783，卷宗号 393。

部在四川北川县片口投诚。

历任师长(整编旅旅长):

杨汉忠(1937.11.1—)

杨汉域(1938.1.19—)

夏炯(1939.1.23 兼任—1943.5 免兼)

周翰熙(1943.5—)

陈亲民(—1949.2.1)

景嘉谟(1949.2.1—)

何学植(—1950.1.26 投诚)

第 134 师(整编第 134 旅)

川军杨森部(1935.10—1950.2)

1935 年 10 月,第 20 军所属第 1、第 2 混成旅改编为第 134 师,下辖二旅四团,仍隶属第 20 军[①]。1939 年 1 月,撤销旅部,改辖三团。1945 年初,接收暂编第 16 师部分官兵。6 月,接收暂编第 6 师部分官兵。1946 年 5 月,整编为旅,改辖两团。1948 年 9 月,恢复师的番号。1949 年 4 月 24 日,在安徽宣城湾沚镇被歼灭,师长李介立被俘。后重建。1950 年 2 月 9 日,残部在四川省松潘县被歼灭。

历任师长(整编旅旅长):

夏炯

杨汉域(1937.11.1—)

杨汉忠(1938.1.19—)

杨干才(1938.10.14—1942.7)

刘席涵(1942.7—1944.9)

伍重严(1944.9—)

李介立(—1949.4.24 被俘)

萧传伦(—1950.2.9 阵亡)

第 135 师(整编第 135 旅)

①川军杨森部(1935.10—1937.8)

1935 年 10 月,第 20 军所属第 5、第 6 混成旅合为第 135 师,下辖二旅四团[②],仍隶属第 20 军。1937 年 8 月,番号取消。

历任师长:

---

① 《国防部本部隶属各部队主官简历驻地与部队沿革手册》,全宗号 783,卷宗号 393;《陆军各部队成立沿革纪要(第 2 辑)》。

② 《国军部队沿革》(一集)。

杨汉忠

②新桂系军(1937.10－1945.1)

1937 年 10 月,在广西柳州成立第 135 师,隶属第 31 军。1938 年 9 月,所属第 403 旅撤销番号,官兵并入第 405 旅,第 131 师所属第 391 旅拨隶该师。11 月中旬,该师大部官兵拨补第 173、第 174、第 189 师。1939 年 1 月,赴广西修仁接收第 5 路军补充团重新编组,下辖三团及野战补充团①。1945 年 1 月,取消番号。

历任师长:

苏祖馨(1937.9－1940.9)

颜僧武(1940.9－)

杨赞谟(1943.12 代理,不久实任－)

颜僧武

③中央军(1945.7－1950.3)

1945 年 7 月,暂编第 57 师改番号为第 135 师,隶属第 76 军。1946 年 5 月,整编为旅,改辖两团,改隶整编第 15 师。但该旅一直由整编第 76 师代管,未曾归建。旋进入陕南,"围剿"豫西中原解放区突围部队(7 月 13 日至 8 月中旬)。12 月,驻铜川、宜君、焦坪一线。1947 年初,由豫西调赴关中。参加陕北作战(1947 年 2 月下旬至 7 月下旬),3 月由洛川、旧县地区北进。4 月 14 日,在子长羊马河地区被歼灭,代理旅长麦宗禹被俘。后重建。9 月 15 日至 17 日,在河南陕县被歼灭。1948 年初再次重建,守备陕县。3 月,在西安以东临潼等地。4 月,驻商洛,隶属第 19 绥靖区。6 月,拨隶整编第 13 师。9 月,恢复师的番号,隶属第 69 军(整编第 13 师改称)。1949 年 8 月再次改隶第 27 军。12 月 17 日,大部在四川丹棱、眉山投诚。残部退往西康泸定,1950 年 3 月 24 日被歼灭。

历任师长(整编旅旅长):

麦宗禹(代理－1947.4.14 被俘)

祝夏年(－1948.2.10)

文于一(1948.2.10－1948.8.3)

唐明德(1948.8.3－)

第 136 师(整编第 136 旅)

川军刘文辉部(1935.10－1949.12)

1935 年 10 月,第 24 军所属第 1 师改称第 136 师,下辖二旅四团。1946 年 5 月,整编为旅,改辖两团。1948 年 9 月,恢复师的番号。1949 年 12 月 9 日,在西康西昌起义。1950 年 6 月,与中国人民解放军第 62 军独立师合编。

历任师长(整编旅旅长):

陈光藻

---

① 《第 4 战区司令长官部及各部队简略沿革》,全宗号 787,案卷号 16767。

唐英(1937.9—1944.9 免兼)

刘元瑄(1944.6—1949.2.1 兼任—)

伍培英(—1949.12.9 起义)

第 137 师(整编第 137 旅)

川军刘文辉部(1935.10—1949.12)

1935 年 10 月,第 24 军所属第 2 师[①]改称第 137 师,下辖二旅四团。1940 年 6 月,师长刘元瑭率两团组建新编第 12 军。1946 年 5 月,整编为旅,改辖两团。1948 年 9 月,恢复师的番号。1949 年 12 月 9 日,在西康雅安起义[②]。1950 年 6 月,与中国人民解放军第 62 军第 168 师合编。

历任师长(整编旅旅长):

刘元瑭

陈光藻(1940.6 兼任—)

刘元琮(1947.1—1949.12.9 起义)

第 138 师(整编第 138 旅)

①川军刘文辉部(1935.10—1937.8)

1935 年 10 月,第 24 军所属第 3 师[③]改称第 138 师,下辖二旅四团。1937 年 8 月,番号取消。

历任师长:

唐英

②新桂系军(1937.10—1949.12)

1937 年 10 月,在广西柳州编成第 138 师,下辖二旅四团,隶属第 31 军。1938 年 8 月,在安徽立煌拨隶第 48 军。1940 年,裁撤旅部,改辖三团。1946 年 5 月,整编为旅,改辖两团。1948 年 9 月,恢复师的番号。1949 年 12 月 1 日,在广西博白被歼灭。

历任师长(整编旅旅长):

莫德宏(1937.9—)

李本一(—1943.12)

李英俊(1943.12—1948.1.12)

章泽群(1948.1.12)

---

① 1926 年 9 月,第 24 军警卫旅第 19 团改称第 7 混成旅第 19 团,1931 年 3 月扩为第 24 军第 12 旅,1933 年 8 月扩编为川康边防军第 6 师,1934 年 2 月改编为川康边防军第 1 旅,1935 年 10 月改编为第 24 军第 2 师。

② 《国防部本部隶属各部队主官简历驻地与部队沿革手册》,全宗号 783,卷宗号 393。

③ 1921 年 6 月,川军第 8 师独立旅一团二营编为四川陆军第 1 混成旅步兵第 2 团,1923 年 8 月编为四川陆军第 9 师步兵第 18 团,1926 年 1 月编为四川陆军第 7 混成旅,1927 年 11 月改称陆军第 24 军第 3 混成旅,1931 年 1 月扩充为第 24 军第 4 师,1933 年 10 月改编为西康屯垦司令。1935 年 10 月改编为陆军第 24 军第 3 师。

张英彦(1949.8.1—)

第 139 师(整编第 139 旅)

晋绥军(1933.2—1949.10)

1933 年 2 月,独立第 39 旅在河北滦东扩编为第 139 师,辖三团,隶属第 32 军①。1937 年 4 月,在河北肥乡增设两旅部,改辖四团。参加平汉路北段作战(1937 年 10 月至 1938 年 1 月)。1938 年 4 月,编入第 75 军②。7 月,到河南考城附近归还第 32 军建制③。1939 年 2 月,在江西南昌裁撤旅部,改辖三团。1946 年 5 月,整编为旅,改辖两团。1947 年 7 月 15 日,在山东巨野六营集被歼灭,旅长周树棠阵亡。后重建,改隶整编第 70 师。1948 年 9 月,恢复师的番号。1949 年 1 月 10 日,在河南永城陈官庄地区被歼灭。4 月,在赣南重建。12 月 18 日,由广东湛江海运台湾。

历任师长(整编旅旅长):

黄光华

李兆瑛(1938.4.11—1939.9)

孙定超(1939.9.18—)

周树棠(—1947.7.15 阵亡)

唐化南(—1949.2.1)

刘云五(1949.3.1—)

第 140 师(整编第 140 旅)

①黔军,1936 年 10 月黄埔军校出身的王文彦出任师长(1935.10—1945.2)

1935 年 10 月,新编第 25 师在四川广元改编为第 140 师,下辖二旅四团,隶属第 25 军。不久撤销旅部,缩编为三团。1936 年初,脱离第 25 军建制。是年秋到陕西略阳设防。1937 年初,开赴宝鸡。7 月,移驻临潼、渭南一带,扩编为三旅六团。1938 年隶属第 5 战区,参加徐州会战后期作战(1938 年 5 月 3 日至 5 月 28 日),战后辗转到武汉。7 月,由湖南平江到湖北沙市整补,所属第 419 旅补充第 40 师,改辖二旅四团。

1938 年 12 月,改隶第 37 军。1939 年 7 月,转隶第 79 军。1940 年初,归还第 37 军建制④。1940 年,撤销旅部,改辖三团。1944 年 9 月,驻扎湖南桂阳,直隶于第 9 战区司令长官部。1945 年参加湘粤赣边区作战(1945 年 1 月中旬至 2 月中旬)。1945 年初,该师番号撤销。

---

① 《第 32 军及各师沿革略史》,全宗号 787,案卷号 16785;《第 6 战区各军师沿革简史》,全宗号 787,案卷号 16768。

② 《蒋介石任命周嵒为整编新军军长密电》(1938 年 4 月 5 日),《中华民国史档案资料汇编》第 5 辑第 2 编军事(2),第 597 页。

③ 《第一百九十三师守卫萧县战斗详报》(1938 年 7 月),《中华民国史档案资料汇编》第 5 辑第 2 编军事(2),第 628 页。

④ 《各部队各训练机关主官简历驻地与部队沿革手册》,全宗号 627,卷宗号 1117。

历任师长：

沈久成(1935.10.28－1936.10.15)

王文彦

宋思一(1938.7－1939.7.28)

李棠(1939.7.27－)

毛定松

②中央军(1946.7－1947.7)

1946 年 7 月,第 107 师整编为整编第 140 旅[①],隶属整编第 70 师。1947 年 1 月 9 日,在山东鱼台被歼灭,旅长谢懋权被俘。后重建。7 月 15 日,在山东巨野以南的六营集被歼灭,旅长谢清华被俘。

历任整编旅旅长：

谢懋权(－1947.1.8 被俘)

谢清华(－1947.7.15 被俘)

③中央军(1948.4－1949.12)

1948 年 4 月,在四川组建第 140 旅,隶属重庆绥靖公署。10 月,改称第 140 师,改隶第 110 军。1949 年 12 月 14 日,所属第 419 团在遂宁起义。12 月 25 日,师长朱济猛率该师主力在什邡起义。

历任师长(整编旅旅长)：

向敏思(1948.4.29 兼任－1948.6.5 免兼)

朱济猛(1948.6.5－1949.12.25 起义)

第 141 师(整编第 141 旅)

晋绥军,1948 年 7 月黄埔军校出身的萧续武出任师长(1933.2－1949.8)

1933 年 2 月,独立第 41 旅在河北滦东扩编为第 141 师,辖三团,隶属第 32 军[②]。1937 年 4 月,在河北肥乡增设两旅部,改辖四团[③]。1939 年 2 月,在江西南昌裁撤旅部,改辖三团。1946 年 5 月,整编为旅,改辖两团。1947 年 7 月 15 日,在山东巨野六营集被歼灭。后重建。1948 年 3 月 11 日至 22 日,在胶济路西段张店、周村、淄川被歼灭。后再次重建,改隶整编第 45 师。9 月,恢复师的番号,隶属第 96 军(整编第 45 师改称)。1949 年 6 月 3 日,第 96 军副军长兼该师师长萧续武在福建永春率一部起义。8 月上旬,该师番号撤销,余部并入第 212 师。

历任师长(整编旅旅长)：

高鸿文

---

① 《整编第 70 师 140 旅部队历史》,全宗号 787,案卷号 16811。

② 《第 6 战区各军师沿革简史》,全宗号 787,案卷号 16768。

③ 《第 32 军及各师沿革略史》,全宗号 787,案卷号 16785;《国军部队沿革》(一集);《国防部本部隶属各部队主官简历驻地与部队沿革手册》,全宗号 783,卷宗号 393。

宋肯堂(1936.10.26—)

唐永良(1939.7.13—1942.3)

林作桢(1942.3—1948.7.12)

萧续武(1948.7.12—1949.6.3 起义)

黄振涛

第 142 师

晋绥军,1946 年由黄埔军校出身的刘儒林出任师长(1933.2—1949.1)

1933 年 2 月,独立第 42 旅在河北滦东扩编为第 142 师,辖三团,隶属第 32 军①。1937 年 4 月,在河北肥乡增设两旅部,改辖四团。1939 年 2 月,在江西南昌裁撤旅部,改辖三团。7 月,在江西宜春改隶第 92 军②。1949 年 1 月 21 日,在北平接受和平改编。2 月 19 日,改编为中国人民解放军独立第 57 师,26 日拨隶解放军第 64 军。

历任师长:

李杏村

吕济(1935.7.30—)

傅立平(1939.7.15 兼任—1942.4 免兼)

刘春岭(1942.4—1946.12)

刘儒林(1946.12—1948.11.16)

王凤歧(1948.11.16—)

第 143 师(整编第 143 旅)

西北军(1935—1949.10)

1936 年 3 月 1 日,暂编第 2 师改称第 143 师,下辖二旅五团,隶属第 29 军。12 月,增辖独立第 40、独立第 29 旅,共步兵六旅十二团、一特务团、一骑兵团③。1937 年 8 月,所辖部队改编为第 119、第 143 师,组成第 68 军。第 143 师改辖三旅六团。1938 年 9 月,改辖二旅四团。1939 年 9 月,编为调整师,改辖三团④。1946 年 5 月,整编为旅,改辖两团。1948 年 9 月,恢复师的番号。1949 年 4 月 29 日,在福建乐平以南被歼灭一部。9 月 19 日至 10 月 17 日,在漳州、厦门被歼灭。

历任师长(整编旅旅长):

刘汝明

李曾志(1937.10.1—1941.3)

黄樵松(1941.3—)

---

① 《国防部本部隶属各部队主官简历驻地与部队沿革手册》,全宗号 783,卷宗号 393。

② 《第 6 战区各军师沿革简史》,全宗号 787,案卷号 16768。

③ 《第 68 军沿革史》,全宗号 787,案卷号 16792。

④ 《第 143 师沿革史》,全宗号 787,案卷号 16807;《国军部队沿革》(一集);《陆军第 143 师李曾志部抗战以来各战役节略》,全宗号 787,案卷号 6558。

崔贡琛(—1946.6)

阎尚元(—1949.5.3 被俘)

第 144 师(整编第 144 旅)

①川军刘湘部(1937.1—1945.4)

1937 年 1 月,四川陆军模范师①改称第 144 师,辖三旅七团,隶属川康绥靖公署。7 月,改辖二旅四团。9 月由四川出发,10 月抵达湖北汉口。11 月 11 日开赴河南新乡、博爱,13 日转赴南京浦镇,22 日开赴浙江长兴。1938 年 2 月,改隶第 50 军。1940 年,裁撤旅部,改辖三团。1944 年 3 月 29 日,该师大部在代理师长张昌德率领下在安徽南陵降日。年底,脱离第 50 军建制。1945 年 4 月,番号撤销,以该师官兵为基干成立第 208 师。

历任师长:

郭勋祺(1937.10.30—)

范子英(1938.4.16—1940.1.17)

刘儒斋(1940.1.17—)

唐明昭(—1943.9)

柏良(1943.9—1944.6,未到任)

张昌德(代理—1944.3.29 投敌)

傅秉勋(1944.6.20—1944.8)

罗洁莹(1944.8—)

②中央军(1945.7—1949.12)

1945 年 7 月,新编第 42 师改称第 144 师,隶属第 40 军,但始终没有归建②。1946 年 1 月,改隶第 15 军。5 月,整编为旅,改辖两团,转隶整编第 76 师。1948 年 4 月 26 日,所属第 40 团在陕西宝鸡被歼灭。6 月,拨隶整编第 13 师。9 月,恢复师的番号,隶属第 69 军(整编第 13 师改称)。11 月 15 日至 16 日,在陕西澄城永丰镇被歼灭。重建。1949 年 7 月 10 日,在陕南关垭子被歼灭,师长符树蓬被俘。8 月,第 332 师改称第 144 师。12 月 27 日,在四川省绵竹县起义。

历任师长(整编旅旅长):

赖汝雄(—1946.8)

李纪云(1946.8—1946.10)

贾贵英(1946.10—1948.7.17)

汪承钊(1948.7.17—1949.1.16)

符树蓬(1949.1.16—1949.7.10 被俘)

严正(—1949.12.27 起义)

---

① 1931 年 3 月成立第 21 军模范师,刘湘兼任师长,辖第 1、第 3 旅。1935 年 5 月郭勋祺升任师长,将该师第 1 旅与教导师第 3 旅对调,7 月改称四川善后督办公署模范师,1936 年 10 月改称四川陆军模范师。

② 《国防部本部隶属各部队主官简历驻地与部队沿革手册》,全宗号 783,卷宗号 393。

第 145 师(整编第 145 旅)

川军刘湘部(1937.1—1949.5)

1937 年 1 月,第 21 军所属第 1 师[①]改称第 145 师,下辖三旅六团,仍隶属第 21 军。7 月,改辖二旅四团。11 月 30 日,师长饶国华在安徽广德自戕殉国。1939 年 3 月,改隶第 50 军。9 月,裁撤旅部,改辖三团。1942 年 12 月,拨隶第 21 军。1946 年 5 月,整编为旅,改辖两团。1948 年 9 月,恢复师的番号。1949 年 5 月,在上海被歼灭一部。5 月 26 日,余部投诚。10 月,在四川重建,仍隶属第 21 军。12 月 21 日,在大邑起义。

历任师长(整编旅旅长):

饶国华(—1937.11.30 自戕)

佟毅(1938.5.21—1939.12)

孟浩然(1939.12.8—1944.6)

岳星明(1944.6—1944.8)

凌谏衔(1944.8—1948.7.26)

李志熙(1948.7.26—1949.12.21 起义)

第 146 师(整编第 146 旅)

川军刘湘部(1937.1—1949.5)

1937 年 1 月,第 21 军所属第 4 师[②]改称第 146 师,辖三旅六团,仍隶属第 21 军。7 月,改辖二旅四团。1939 年 9 月,裁撤旅部,改辖三团。1946 年 5 月,整编为旅,改辖两团。1947 年 12 月 10 日,在江苏海安李堡等地被歼灭。重建。1948 年 9 月,恢复师的番号。1949 年 5 月,在上海被歼灭一部,5 月 26 日余部投诚。

历任师长(整编旅旅长):

范绍增(兼任)

刘兆藜(1937.10.17—)

周绍轩(1938.6.11—1940.6)

石照益(1940.6—1943.1)

戴传薪(1943.1—)

---

① 1912 年,清季的第 17 镇改编为四川陆军第 1 师,师长周骏。1915 年春改编为中央(北洋)陆军第 15 师。1916 年夏,王陵基为师长,兼任重庆镇守使。同年,复改称四川陆军第 1 师,周道刚任师长。1917 年秋,徐孝刚代理。1918 年春改称四川陆军第 2 师,刘湘任师长。1920 年秋,陈能芳任师长,1921 年 2 月唐式遵任师长,1923 年冬,改称中央(北洋)陆军第 32 师,师长唐式遵。1927 年春改编为第 21 军第 1 师,裁去旅部,1928 年夏第 21 军缩为 3 个师,以原第 1 师、第 7 旅、独立第 2 旅(系第 8 师改编)等合编为第 1 师,辖三旅。1934 年春改称陆军第 21 军第 1 师,1936 年 7 月,该师第 3 旅与第 21 军第 4 师第 10 旅对调。

② 1921 年,四川江防军第 1 路第 1 支队改编为陆军第 6 师第 11 旅第 21 团,1922 年改称独立第 1 旅第 3 团,1923 年扩编为第 2 军第 4 师第 8 旅,1924 年改编为第 2 军第 9 混成旅,1926 年增编为第 2 军第 13 师,旋改称国军第 20 军第 7 师。1928 年改称国军第 21 军川鄂边防司令部,1932 年改称第 21 军第 4 师。

岳星明(1948.6.1—)

李前荣(1948.6.1—)

第 147 师

①川军刘湘部(1937.1—1945.7)

1937年1月,第23军教导师①改称第147师,辖三旅六团,仍隶属第23军。7月,改辖二旅四团。1939年3月,改隶第21军。1940年,改辖三团。1945年7月,番号裁撤。

历任师长:

杨国桢(1937.10.3—)

陈万仞

章安平(1938.9.29—1941.11)

徐元勋(1941.11—1943.1撤职)

凌谏衔(1943.1—1944.8)

傅秉勋(1944.1—)

②中央军(1948.9—1949.12)

1948年9月,整编第8师所属新编第2旅改称第147师,隶属第39军(整编第8师改称)。1949年12月17日,所属第441团在广东高明县松柏坑被歼灭。24日至26日,余部在阳春、阳江地区被歼灭。

历任师长:

张家宝

第 148 师(整编第 148 旅)

①川军刘湘部(1937.1—1948.11)

1937年1月,第23军所属第5师②改称第148师,辖二旅六团,仍隶属第23军。7月,改辖二旅四团。1939年3月,改隶第21军。1941年,改辖三团③。1942年12月,转隶第50军④。1945年7月,拨隶第25军。1946年5月,整编为旅,改辖两团。1948年7月,脱离建制。11月17日,在安徽宿县被歼灭。

---

① 1915年,清季第65标改称四川陆军第3师第12团,1918年改称中央(北洋)陆军第22师第88团,1919年扩编为第22师第43旅,1920年扩编为靖川军第4师,1922年改称四川陆军第4师,1924年改称国军第33师,1927年改称国军第21军第6师,1928年9月缩编为第21军第2师第5旅,1930年3月扩编为教导师,1931年改称第21军教导师,1935年7月改称第23军教导师。

② 1919年为四川陆军第3师第5旅第10团,1922年扩编为川军第3军独立纵队,1924年1月改称该军第11师第21旅,1926年11月为国军第23军第1混成旅,1927年5月为第23军第3师,6月改称第24军第6路司令,7月复编为第23军第11混成旅,1928年9月编为第23军第2师第9旅,1933年1月编为第21军第5师,1935年9月改称陆军第23军第5师。

③《国防部本部隶属各部队主官简历驻地与部队沿革手册》,全宗号783,卷宗号393。

④《第21军战史资料》,全宗号787,卷宗号6774。

历任师长(整编旅旅长):

陈万仞

潘左(1939.8.24—)

廖敬安(—1948.10.6)

刘清昶

②中央军(1949.1—1949.7)

1949 年 1 月,在江西成立第 148 师,隶属第 25 军。7 月,番号撤销。

历任师长:

任培生(1949.1.16—)

第 149 师

①川军刘湘部,1943 年 12 月黄埔军校出身的陈春霖出任师长(1937.1—1945.4)

1937 年 1 月,第 44 军所属第 2 师①改称第 149 师,辖三旅六团,仍隶属第 44 军②。7 月,改辖二旅四团。1940 年 2 月,撤销旅部,改辖三团。12 月,该师改称第 162 师拨隶第 67 军,第 162 师改称第 149 师隶属第 44 军。1945 年初,转隶第 26 军③。4 月,该师番号撤销。

历任师长:

郭昌明

张竭诚(1939.5.5—1939.9.24)

王泽浚(1939.9.23 兼任—1941.9 免兼)

赵璧光(1941.9—)

何葆恒(1943.10 代理—1943.12 免代)

陈春霖(1943.12—)

②中央军(1948.10—1949.4)

1948 年 10 月,整编第 88 师所属预备第 2 旅改称第 149 师,隶属第 88 军。1949 年 4 月 23 日至 24 日,在安徽宣城被歼灭。

历任师长:

王延嘉

第 150 师(整编第 150 旅)

①川军刘湘部(1937.1—1948.12)

---

① 1925 年 3 月,成立为四川陆军第 1 师,7 月改称第 16 师。1928 年改称国民革命军第 21 军第 2 师,辖三旅六团及特科大队、独立营及教导营,1932 年改称第 21 军第 2 师,1935 年 11 月改称第 44 军第 2 师。

② 《各部队各训练机关主官简历驻地与部队沿革手册》,全宗号 627,卷宗号 1117。

③ 《第 44 军沿革史略》,全宗号,案卷号 16787。

1937 年 1 月,第 44 军所属第 1 师①改称第 150 师,辖三旅六团,仍隶属第 44 军。7 月,改辖二旅四团。1940 年 2 月,裁撤旅部,改辖三团。1946 年 5 月,整编为旅,改辖两团。1948 年 9 月,恢复师的番号。11 月 18 日,师长赵璧光率部在江苏邳县碾庄投诚。后重建,旋改称第 287 师。

历任师长(整编旅旅长):

廖震

杨勤安(1938.9.27－1942.10)

许国璋(1942.10 代理,不久实任－1943.11.21 阵亡)

赵璧光(1944.2 代理－1948.11.18 投诚)

②中央军(1949.1－1949.12)

1949 年 1 月,第 334 师在四川改称第 150 师,隶属第 44 军。12 月 6 日,师长周子冉率师直属队和第 449、第 450 团共 1000 人在隆昌投诚,第 448 团宣布起义。

历任师长:周子冉(1949.1.1－1949.12.6 投诚)

第 151 师(整编第 151 旅)

粤军(1936.8－1950.5)

1936 年 8 月,粤军第 1 军所属第 1 师改称第 151 师,下辖二旅六团②。1937 年 4 月,改辖二旅四团。8 月,隶属第 62 军。1938 年 9 月,改隶第 83 军。1939 年 1 月,转隶第 66 军。1940 年 2 月,拨隶第 62 军。1946 年 5 月,整编为旅,改辖两团。1947 年,恢复师的番号。1949 年 1 月 15 日,在天津被歼灭,师长陈植被俘。后重建,隶属第 62 军。1950 年 5 月,在海南岛被歼灭。

历任师长(整编旅旅长):

莫希德(1936.8.7－)

林伟俦(1939.1.30－)

张琛(1946.8－1948.12.1)

陈植(1948.12.1－1949.1.15 被俘)

罗懋勋(1949.2.16－)

陈丹青

---

① 原为第 23 军第 3 路,辖第 3、第 9 团,一骑兵团和一特务连。1933 年冬奉令合第 23 军第 1、第 2、第 10、第 13 团,编为第 23 军第 2 师,共二旅六团。1934 年秋,合第 23 军独立第 1、第 2 旅改编为第 23 军第 1 师,辖二旅六团。1935 年夏,合第 21 军独立支队及城万清乡司令所属两团共编为三旅九团。旋改称第 44 军第 1 师。

② 1917 年广东军政府援闽军在漳州成立独立营,1922 年 3 月改编为工兵营。1923 年扩编为粤军第 1 师第 2 旅第 3 团。1925 年改称建国粤军第 2 旅第 3 团,3 月改称国民革命军第 1 师第 3 团,1926 年 3 月改称第 4 军第 11 师第 31 团,1929 年春为广东编遣第 1 师第 1 旅,7 月改称第 59 师第 117 旅。1931 年 6 月扩编为第 1 军第 1 师。《国军部队沿革》(一集)。

第 152 师(整编第 152 旅)

粤军(1936.8—1950)

1936 年 8 月,粤军第 1 军所属第 2 师①改称第 152 师。夏,由赣南调赴广州,秋移驻海南岛②,"围剿"琼崖苏区。1937 年 4 月,改辖二旅四团③。8 月,隶属第 62 军。1940 年 4 月,改隶第 63 军。1946 年 5 月,整编为旅,改辖两团。1948 年 9 月,恢复师的番号。11 月 11 日,在江苏邳县瑶湾镇被歼灭,师长雷秀民被俘。

后重建,隶属第 63 军。1949 年 12 月 1 日,在广东廉江被歼灭,师长梁荫丹被俘。在海南岛重建,广东保安第 2 旅并入编成该师。1950 年 4 月,撤军台湾。

历任师长(整编旅旅长):

叶肇(1936.8.7—1936.9.30)

陈章(1936.9.30—1941.10 免兼)

陈见田(1941.10—1945.5)

黄志鸿(1945.5—)

雷秀民(—1948.11.11 被俘)

梁荫丹(1949.1.10—1949.12 被俘)

陈中坚

第 153 师(整编第 153 旅)

粤军(1936.8—1950.5)

1936 年 8 月,粤军第 1 军所属第 3 师④改编为第 153 师,辖二旅六团。1937 年 4 月,改辖二旅四团⑤。8 月,隶属第 63 军。1940 年裁撤旅部,改辖四团。1946 年 5 月,整编为旅,改辖两团。1947 年 7 月 10 日,在山东定陶被歼灭。在广东重建,直隶于广州绥靖公署。1948 年 5 月,驻韶关。6 月,改称第 153 师。1949 年 2 月,隶属第 62 军。1950 年 5 月,在海南岛被歼灭。

历任师长(整编旅旅长):

张瑞贵(1936.8.7—)

彭智芳(1939.1.30—1940.2)

欧鸿(1940.2—)

黄志鸿(—1947.9)

李荣梧(1947.9—1948.7.1)

李宏达(1948.7.1—)

---

①　原为粤军第 1 师补充团,1925 年改称第 4 军第 1 师第 33 团,1929 年改称广东编遣区第 1 师第 2 旅第 2 团,旋扩编为第 59 师第 118 旅,1931 年 6 月扩编为第 1 军第 2 师。

②　《国防部本部隶属各部队主官简历驻地与部队沿革手册》,全宗号 783,卷宗号 393。

③　《第 152 师抗战纪实》,全宗号 787,案卷号 6764。

④　1931 年 6 月,广东独立第 1 旅扩编为独立第 2 师。1935 年 4 月,改编为第 1 军第 3 师。

⑤　《国防部本部隶属各部队主官简历驻地与部队沿革手册》,全宗号 783,卷宗号 393。《国军部队沿革》(一集)。

余伯泉(1949.7.16—)

李铸灵

第 154 师(整编第 154 旅)

粤军(1936.8—1949.10)

1936 年 8 月 10 日,粤军第 2 军所属第 4 师①改称第 154 师,辖二旅六团②。1937 年 4 月,改辖二旅四团。8 月,隶属第 63 军,警戒中山、四邑。10 月,改隶第 83 军。1939 年 1 月,拨隶第 63 军。1940 年 4 月,转隶第 62 军。6 月,裁撤旅部,改辖三团。1943 年 3 月,改隶第 65 军。1946 年 5 月,整编为旅,改辖两团。1947 年 7 月,脱离整编第 65 师建制调驻广东,直隶于广州绥靖公署。1948 年 5 月,驻石龙。6 月,在东莞改称第 154 师。1949 年 1 月,改隶第 109 军。10 月 19 日,副师长郑荫桐率 3000 人在广东博罗接受和平改编,改编为两广纵队独立师。

历任师长(整编旅旅长):

巫剑雄(1936.8.7—)

梁世骥(1938.1.20—1940.2)

华振中(1940.2—1940.3)

张治东(1940.3—1944.12.26)

郭永镳(1944.12.26—1947.3)

李亦炜(1947.3—1947.5)

张一中(1947.5—1948.7.1)

温淑海(1948.7.1—1949.5.1 兼任—)

第 155 师(整编第 155 旅)

①粤军(1936.8—1945.4)

1936 年 8 月,粤军第 2 军所属第 6 师③改称第 155 师,辖二旅六团。1937 年 4 月,改辖二旅四团,担任潮汕海防④。8 月,隶属第 64 军。1941 年 1 月,裁撤旅部,改辖三团及一个补充团。1945 年 4 月 16 日,改称第 131 师。

历任师长:

李汉魂(1936.8.7—)

陈公侠(1938.5.5—)

---

① 1921 年成立粤军第 1 师第 4 团,1923 年改称第 1 师第 2 旅第 4 团,1925 年冬改称第 4 军第 11 师第 32 团,1928 年扩编为第 4 军第 12 师,辖三团。同年冬缩编为广东编遣区第 1 师第 2 旅。1929 年改称第 62 师第 123 旅。1931 年 6 月,扩编为第 2 军第 4 师。

② 《国防部本部隶属各部队主官简历驻地与部队沿革手册》,全宗号 783,卷宗号 393。《国军部队沿革》(一集)。

③ 1932 年 7 月 1 日,粤军第 1 集团军独立第 1 旅扩编为独立第 3 师,以广东西北区绥靖委员李汉魂兼任师长。1935 年 1 月编为第 6 师,隶属第 2 军。

④ 《第 4 战区司令长官部及各部队简略沿革》,全宗号 787,案卷号 16767;《国军部队沿革》(一集);《陆军第六十四军抗战戡乱经过纪要》,第 10—17 页。

张弛(1939.1.21—1940.3.19)

邓鄂(1940.3.19—1943.2)

刘军凯(1943.2—1944.5)

古肇英(1944.5—1944.10)

张显岐

②山东地方部队(1947.5—1948.9)

1947 年 5 月,山东保安纵队一部改编为整编第 155 旅,隶属整编第 84 师。1948 年 9 月 19 日,在济南起义。10 月改编为中国人民解放军第 35 军第 103 师。

历任整编旅旅长:

杨友柏(—1948.9.19 起义)

③中央军(1948.10—1948.12)

1948 年 10 月 5 日,热河省保安司令部所属 3 个保安旅改编为第 155 师,隶属第 13 军。12 月 5 日,在河北密云被歼灭。

历任师长:

杨齐(1948.11.1—)

第 156 师(整编第 156 旅)

粤军(1936.8—1950.5)

1936 年 8 月,粤军第 3 军所属第 9 师①改称第 156 师②,辖二旅六团。1937 年 4 月,改辖二旅四团③。8 月,隶属第 64 军。10 月,改隶第 83 军。1938 年 12 月,拨隶第 64 军。1941 年 1 月,裁撤旅部,改辖三团及一个补充团。1946 年 5 月,整编为旅,改辖两团。1947 年 10 月,改辖三团。1948 年 9 月,恢复师的番号。11 月 22 日,在江苏邳县碾庄被歼灭,代理师长陈庆斌被俘。后重组,旋被消灭。1949 年初新建,隶属第 64 军。1950 年 5 月,在海南岛被歼灭。

历任师长(整编旅旅长):

邓龙光(1936.8.7—)

李江(1937.10.24—)

王德全(1938.9.28—1942.3)

刘其宽(1942.3—1943.6)

邓伯涵(1943.6—1944.11)

刘镇湘(1944.11—1948.1.28)

林亚人(—1948.11.1)

---

① 1933 年 4 月,第 1 集团军各军师旅之一部组成独立第 4 师。1935 年 4 月,改称第 3 军第 9 师。

② 《国军部队沿革》(一集)。

③ 《国防部本部隶属各部队主官简历驻地与部队沿革手册》,全宗号 783,卷宗号 393。

刘镇湘(1948.11.1 兼任—)

陈庆斌(代理—1948.11.22 被俘)

吴家钰(1949.1.5—)

张志岳(1949.1.10—)

第 157 师(整编第 157 旅)

粤军(1936.8—1949.1)

1936 年 8 月,粤军第 3 军所属第 8 师改称第 157 师[①]。9 月,在广东海丰集结,10 月开赴漳州。1936 年 7 月至 1937 年 7 月,"围剿"东江苏区。1937 年 4 月,改辖二旅四团。7 月,一部在金门,主力在厦门。9 月,隶属第 65 军。1939 年 1 月,改隶第 62 军。1946 年 5 月,整编为旅,改辖两团。1947 年,恢复师的番号。1948 年 12 月,拨隶第 94 军。1949 年 1 月 21 日,在北平接受和平改编。2 月 19 日,改编为中国人民解放军独立第 24 师,直属平津前线司令部。

历任师长(整编旅旅长):

黄质文(1936.8.7—1936.9.30)

黄涛(1936.9.30—1939.9)

练惕生(1939.9.18—1941.9)

刘栋材(1941.9 代理—1944.3)

李宏达(1944.3—)

侯志磐(—1948.11.1)

陈植(1948.11.1—1948.12.1)

何宝松(1948.12.1—1949.1.21 起义)

第 158 师

①粤军(1936.8—1945.8)

1936 年 8 月,粤军第 4 军改编为第 158 师[②]。1937 年 4 月,改辖二旅四团,驻地广东蕉岭。8 月调驻惠州、河源间,策应惠州海防。9 月,隶属第 65 军。1939 年 7 月,裁撤旅部,改辖三团。1943 年 3 月,改隶第 62 军。1945 年 1 月,直隶于第 7 战区司令长官部。抗战胜利后进驻信宜,番号裁撤。

历任师长:

曾友仁(1936.8.7—)

林廷华(1939.5—)

---

① 1931 年 6 月,第 63 师第 126 旅扩编为广东第 3 军第 8 师。《国军部队沿革》(一集)。

② 1930 年 6 月,在广州以粤军第 8 路军所属第 2 独立团及教导团成立第 8 路军教导旅。1931 年 3 月改编为独第 6 旅,6 月改编为第 1 集团军独立第 1 师,师长黄任寰。1936 年 6 月,扩编为第 4 军。《国军部队沿革》(一集)。

陈锦君(1942.8－1944.3 免兼)

刘栋材(1944.3－)

②中央军(1948.9－1949.12)

1948 年 10 月,预备第 4 旅改称第 158 师,隶属第 98 军。1949 年 12 月 27 日,在四川成都起义。

历任师长:

朱则鸣(－1949.12.27 起义)

第 159 师(整编第 159 旅)

粤军(1936.8－1950.4)

1936 年 8 月,粤军第 5 军①改编为第 159 师,辖二旅六团。1937 年 4 月,改辖二旅四团。8 月,隶属第 66 军。1939 年底桂南会战时,奉命暂改称第 303 师②。战后复称第 159 师。1940 年 2 月,改隶第 64 军。1941 年 1 月,裁撤旅部,改辖三团及一个补充团。1946 年 5 月,整编为旅,改辖两团。1947 年 10 月,改辖三团。1948 年 11 月 22 日,在江苏邳县碾庄被歼灭。师长钟世谦投诚。后重建,部队尚未就绪即被歼灭。

1949 年初,驻扎海南的广东保安第 3 旅改编为第 159 师,隶属第 64 军。1950 年 4 月,在海南岛被歼灭。

历任师长(整编旅旅长):

谭邃(1936.8.7－)

陈骥(1938.10.15－1939.10.6)

官祎(1939.10.4－1942.1 撤职查办)

刘绍武(1942.1－1946.9)

洪世扬(1946.9－1946.12)

刘绍武(1946.12 兼任－)

韦德(－1948.1.28)

钟世谦(1948.1.28－1948.11.20 投诚)

黄志圣(未到任)

张其中(1949.1.1－1949.2.16)

倪鼎垣(1949.2.16－)

第 160 师(整编第 160 旅)

粤军(1936.8－1949.12)

---

① 1931 年 6 月,广东先后成立第 1、第 2、第 3、第 4 教导团。9 月,4 个教导团合编为教导师。1936 年 6 月,扩编为第 5 军。

② 《第 159 师简史及京沪线抗战纪实》,全宗号 787,案卷号 16808。

1936 年 8 月,粤军警卫军①改编为第 160 师,辖二旅六团。1937 年 4 月,改辖二旅四团②。4 月至 8 月在增城整训。8 月,隶属第 66 军。1939 年,裁撤旅部,改辖三团。1940 年 2 月,改隶第 65 军。1946 年 5 月,整编为旅,改辖两团。1948 年 10 月,恢复师的番号。1949 年 7 月 12 日,在陕西扶风被歼灭大部。旋重建。12 月 12 日,在四川大邑县被歼灭。

历任师长(整编旅旅长):

陈汉光(1936.8.7—1936.9.30)

叶肇(1936.9.30—)

华振中(1938.2.7—)

宋士台(1939.1.30—1940.2.27)

莫福如(1940.3—)

温淑海(—1948.6.3 兼任—1948.7.1)

黄植虞(1948.9.1—)

何汉西(—1949.12 投诚)

第 161 师(整编第 161 旅)

①川军刘湘部(1937.1—1945.9)

1937 年 1 月,四川暂编陆军第 3 师③改称第 161 师,辖四旅八团,直隶于川康绥靖公署。8 月,所属第 2 旅改称独立第 17 旅,改辖二旅四团。1938 年 2 月,隶属第 67 军。1939 年 11 月,裁撤旅部,改辖三团。1943 年 4 月,改隶第 44 军。1945 年 9 月,该师在湖南醴陵撤销番号,官兵分补第 150、第 162 师④。

历任师长:

许绍宗(1937.10.30—)

官焱森(1938.9.1—)

佘念慈(1940.12 兼任—1941.9 免兼)

何葆恒(1941.9—1943.10 免代)

熊执中(1943.10—)

②山东地方部队(1947.5—1948.9)

---

① 1927 年,粤军第 4 军第 11 师直属补充团缩编为军属特务营,1929 年扩编为第 8 路军总指挥部警卫团,1931 年扩编为第 1 集团军警卫旅。1936 年 6 月,改编为第 4 军第 12 师,旋扩编为警卫军。

② 《国防部本部隶属各部队主官简历驻地与部队沿革手册》,全宗号 783,卷宗号 393。

③ 1927 年,川军第 2 军所属第 2、第 3、第 4 师及军炮兵司令部合编为第 21 军第 3 师。1929 年 1 月新成立步兵四营,至此共辖三旅九团。10 月收编马云平部为第 21 军警卫第 2 路司令,共两个团,受该师节制,1932 年,于鄂西收编崔五两部共四团,编为第 21 军警卫第 1、第 3 路司令各辖的两个团,并成立四个特务大队一个幼兵队,统受该师节制。1933 年 3 月,于鄂西又成立两个独立团。1933 年在川东北,1934 年冬于绥宣改为第 21 军第 3 师,并将第 9 旅全部改编为军警备第 2 路司令,遂以军属独立团及师属两独立团合编为第 9 旅。1935 年秋,编为三旅六团并独立旅(两个团),1936 年 2 月改为四川暂编陆军第 3 师。

④ 《第 44 军沿革史略》,全宗号,案卷号 16787。

1947 年 5 月,山东保安第 2 纵队一部编成整编第 161 旅,隶属整编第 84 师。1948 年 7 月 15 日,该旅在山东大汶口被歼灭,旅长徐曰政被俘。旋重建。9 月 19 日,旅长赵广兴率部在济南起义。10 月,改编为中国人民解放军第 35 军第 104 师。

历任整编旅旅长:

徐曰政(—1947.7.15 被俘)

赵广兴(—1948.9.19 起义)

③中央军(1948.10—1950.1)

1948 年 10 月 21 日,在云南成立第 161 师,隶属第 26 军。1950 年 1 月,在滇南被歼灭大部,一部逃到越南。

历任师长:

曹宗纯(1948.11.16—)

梁天荣(1949.7.16—)

罗伯刚

第 162 师(整编第 162 旅)

川军刘湘部(1937.1—1948.12)

1937 年 1 月,四川暂编陆军第 2 师改称第 162 师,下辖二旅四团,隶属第 21 军。1938 年 2 月,改隶第 67 军。6 月,所属第 2 旅改编为新编第 18 师①。1939 年 11 月,裁撤旅部,改辖三团。1940 年 12 月,该师改称第 149 师,改隶第 44 军;第 149 师改称第 162 师,隶属第 67 军。1943 年 4 月,转隶第 44 军。1946 年 5 月,整编为旅,改辖两团。1948 年 9 月,恢复师的番号。11 月 18 日,在江苏邳县碾庄被歼灭,师长杨自立被俘。后重建,旋改称第 288 师。

历任师长(整编旅旅长):

彭诚孚

张竭诚(—1938.10.11 实任—)

佘念慈(1939.2.4—)

杨觉(1940.12—)

孙黼(—1943.12)

何葆恒(1943.12—)

李秾

杨自立(1948.9.16—1948.11.18 被俘)

陈元良

②中央军(1949.1—1949.12)

1949 年 1 月,第 335 师改称第 162 师,隶属第 44 军。11 月,在贵州遵义娄山关被歼灭。

---

① 《国防部本部隶属各部队主官简历驻地与部队沿革手册》,全宗号 783,卷宗号 393。

12 月 22 日,残部在四川省成都市起义。

历任师长:

卿云灿(1949.1.2－1949.12.16 起义)

第 163 师(整编第 163 旅)

①川军刘湘部(1937.1－1948.7)

1937 年 1 月,四川暂编陆军第 1 师①改称第 163 师,下辖二旅四团,隶属第 44 军。1938 年 3 月,改隶第 56 军。1940 年 2 月,裁撤旅部,改辖三团②。1946 年 5 月,整编为旅,改辖两团。1947 年 7 月,脱离建制。1948 年初,改隶第 15 绥靖区,驻守湖北老河口及谷城。5 月 15－18 日,在光化及两河口被歼灭一部。7 月 3 日,在谷城被歼灭大部。

历任师长(整编旅旅长):

陈兰亭

汪杰(1938.2.12 代理－)

冉良臣

②中央军(1948.9－1950.4)

1948 年 9 月,交警第 2 总队改编为第 163 旅,直隶于第 7 兵团。旋改称第 163 师。1949 年 2 月,改隶第 62 军。1950 年 4 月 23 日,所属第 489 团团长李一荣率部在海南岛琼山塔市墟投诚,其余被歼灭。

历任师长(整编旅旅长):

林泽长(1948.12.1－)

第 164 师(整编第 164 旅)

①川军刘湘部(1937.1－1948.7)

1937 年 1 月,四川暂编陆军第 4 师改编为第 164 师,辖第二旅六团,直隶于川康绥靖公署。7 月,改辖二旅四团。8 月,改隶第 23 军。1938 年 3 月,拨隶第 56 军。1942 年,改辖三团。1946 年 5 月,整编为旅,改辖两团。1947 年 7 月,该旅脱离整编第 56 师建制。1948 年初,改隶 15 绥靖区。7 月 9 日,由樊城撤入襄阳。7 月 16 日,在襄阳被歼灭,该旅番号撤销,残部补充新编第 17 旅。

历任师长(整编旅旅长):

张邦本(1937.10.10－)

---

① 1920 年 1 月,江防军第 6 区所隶三营改编为川军第 6 师第 12 旅第 24 团,1922 年 3 月扩编为第 2 纵队,旋改编为第 6 师独立第 2 旅,1923 年 2 月改称川军第 10 混成旅,1926 年 8 月扩编为第 20 军第 6 师,1928 年改称第 20 军第 3 师,1930 年 4 月改称第 21 军边防司令,1934 年 5 月改称边防第 1 路。1935 年 8 月缩为第 44 军边防第 1 路。1936 年 8 月改称四川暂编第 1 师。

② 《国防部本部隶属各部队主官简历驻地与部队沿革手册》,全宗号 783,卷宗号 393。

彭焕章(1938.4—)

郭造勋

李元宗

②中央军(1948.8—1949.12)

1948 年 8 月,在湖北组建第 164 旅。旋改称第 164 师。年底,隶属第 2 军。1949 年 11 月 28 日,在四川南川以北山地被歼灭大部。12 月,师长李剑霜率残部在云南镇雄起义。

历任师长(整编旅旅长):

李剑霜(1949.2.16—1949.12 起义)

第 165 师(整编第 165 旅)

甘肃地方部队,1938 年 9 月黄埔军校出身的王治岐出任师长(1936.10—1949.12)

1936 年 10 月,新编第 14 师改称第 165 师,辖三旅六团及一骑兵团。1937 年初,编入第 25 军,驻甘肃岷县。9 月,脱离第 25 军建制。1938 年 9 月,隶属新编第 2 军。1939 年初,改隶第 80 军。1940 年 5 月,改辖三团。1945 年 7 月,转隶第 3 军。8 月,脱离第 3 军建制。年底,拨隶第 36 军①。1946 年 5 月,整编为旅,改辖两团。1947 年 8 月 20 日,在陕西米脂沙家店被歼灭。重建。1948 年 8 月 9 日,在陕西澄城冯原镇被歼灭大部。9 月,恢复师的番号。1949 年 6 月 12 日至 13 日,在陕西郿县东南被歼灭,师长孙铁英被俘。后重建。12 月 26 日,在四川新津地区被歼灭。

历任师长(整编旅旅长):

鲁大昌(1936.10.14—)

王治岐(1938.9.27—1942.5)

何藩(1942.6—)

李日基(—1948.4.18)

孙铁英(1948.4.18 代理—1949.6.12 被俘)

汪承钊(—1949.12 阵亡)

第 166 师(整编第 166 旅)

河南与宁夏地方部队编成,1938 年 2 月黄埔军校出身的马励武出任师长(1937.1—1949.10)

1937 年 1 月,驻豫绥靖公署"剿匪"军第 2 纵队(1933 年 7 月由新编第 20 师与第 35 师一部并编而成)改编为第 166 师,下辖二旅四团。8 月,独立第 19 旅番号撤销,官兵补充该师,按整理师改组,隶属第 8 军。1938 年 2 月,改隶第 91 军。1939 年 1 月,转隶第 93 军②。1942 年 8 月,直隶于重庆卫戍司令部。1943 年 2 月,调隶第 97 军。1945 年 1 月,拨隶第 8 军。1947 年 5 月,整编为旅,改辖两团。1948 年初,拨隶整编荣誉第 1 师。5 月,恢复师的

---

① 《第 80 军 165 师行动概见图表》,全宗号 787,卷宗号 6663。

② 《国军部队沿革》(一集)。

番号,隶属第 9 军(整编荣誉第 1 师改称)。1949 年 1 月 10 日,在河南永城陈官庄地区被歼灭,师长萧超伍被俘。2 月 20 日,在上海重建。8 月,第 253 师番号撤销,官兵补充该师,拨隶第 5 军。10 月,该师在厦门作战后仅剩千余人,撤回金门,编为第 200 师第 600 团。

历任师长(整编旅旅长):

郜子举

马励武(1938.2.12—)

刘希程(1938.6.13—1941.10)

王之宇(1941.10—)

黄淑

李荩萱(—1948.5.28 由旅长改任师长—1948.6.24)

萧超伍(1948.6.24—1949.1.10 被俘)

叶会西(1949.3.1—)

第 167 师(整编第 167 旅)

①陕西地方部队,1937 年 11 月黄埔军校出身的薛蔚英出任师长(1937.1—1938.8)

1937 年 1 月,新编第 5 师改称第 167 师,下辖二旅四团。7 月,驻河南开封附近。9 月编入第 50 军。1938 年 3 月,脱离第 50 军建制。6 月,隶属第 16 军。6 月下旬,由江西彭泽增援马当不力。8 月 15 日,师长薛蔚英在武汉被枪决,该师番号取消。

历任师长:

杨渠统

薛蔚英

②江西地方部队,1940 年 5 月黄埔军校出身的周士冕出任师长(1938—1949.12)

1938 年 9 月,第 96 师大部、第 5 师一部在湖北武汉合并编成第 167 师①。12 月,隶属第 94 军。1939 年初,改隶第 1 军。1946 年 5 月,整编为旅,改辖两团。1947 年 5 月 2 日至 4 日,旅部及一团在陕北蟠龙镇被歼灭,旅长李崐岗被俘。后重建,恢复三团制。1948 年 9 月,恢复师的番号。1949 年 12 月 27 日,在四川新津、邛崃被歼灭。

历任师长(整编旅旅长):

赵锡光

周士冕(1940.5—1942.7)

王隆玑(1942.7—)

李崐岗(1946.7—1947.5.5 被俘)

匡泉美(—1948.6.14)

曾祥廷

赵仁(—1949.12 阵亡)

---

① 《国防部本部隶属各部队主官简历驻地与部队沿革手册》,全宗号 783,卷宗号 393;《国军部队沿革》(一集)。

谭文纬（代理－1949.12 阵亡）

第 168 师（整编第 168 旅）

宁夏马鸿逵部（1937.1－1949.9）

1937 年 1 月，新编第 7 师改称第 168 师，隶属第 11 军。1939 年 12 月，所属第 502 旅扩编为暂编第 9 师，独立第 10 旅番号撤销，官兵补充该师。1946 年 5 月，整编为旅，改辖两团，隶属整编第 18 师（第 11 军改称）。1948 年 9 月，恢复师的番号，隶属第 11 军（整编第 18 师改称）。1949 年 9 月 21 日，在宁夏被歼灭。

历任师长（整编旅旅长）：

马鸿逵（兼任）

马全良

马光宗（1944.8－）

马清（－1949.9.20 投诚）

第 169 师（整编第 169 旅）

①陕西地方部队，1942 年 3 月黄埔军校出身的曹玉珩出任师长（1937.1－1947.1）

1937 年 1 月，第 42 师所属第 124 旅在陕西扩编为第 169 师，下辖二旅四团。7 月，由大荔开赴山西，参加娘子关战役。1939 年 1 月，隶属第 98 军。1944 年 12 月，军部撤销，该师改隶第 3 方面军，旋拨隶第 29 军。1945 年 10 月，转隶第 26 军。1946 年 5 月，整编为旅，改辖两团。1947 年 1 月 2 日至 10 日，在鲁南峄县和苍山兰陵镇等地被歼灭。

历任师长（整编旅旅长）：

武士敏

郭景唐（1939.10.23－1942.3）

曹玉珩（1942.3－1946.10）

谢清华（1946.10－）

②中央军（1947.6－1948.10）

1947 年 6 月 1 日，交警第 13、第 14 总队改编为第 169 师，师部在辽宁开原新城，隶属新编第 6 军。1948 年 10 月 28 日，在辽宁黑山、打虎山以东地区被歼灭，师长张羽仙被俘。

历任师长：

刘建章（1947.5－）

郑庭笈（－1948.2.20）

张羽仙（1948.2.20 代理－1948.10.28 被俘）

③中央军（1949.1－1949.11）

1949 年 1 月，在湖北组建第 169 师，隶属第 15 军。11 月 13 日，在咸丰附近被歼灭。

历任师长：

冯心斋（1949.1.22－1949.11.14 被俘）

第 170 师

①新桂系军(1937.4－1945.1)

1937 年 4 月,新桂系军第 19 师①改称第 170 师,下辖二旅四团,隶属第 7 军。1938 年 6 月,残部在河南商城补充第 171 师,返回广西整补。1939 年 1 月,改隶第 46 军②。1939 年 6 月,改辖三团。1945 年初,百色整军取消番号。

历任师长:

颜仁毅

徐启明

黎行恕(1938.6.21－1940.4)

王景宋(1940.4－)

许高阳

蒋雄(－1944.8)

②中央军(1948.9－1950.2)

1948 年 9 月,第 8 军所属新编第 3 师改称第 170 师。1949 年 1 月 10 日,在河南永城陈官庄被歼灭,师长杨绪钊被俘。后重建,仍隶属第 8 军。1950 年 1 月,改隶第 9 军。2 月 4 日,师长孙进贤率部在云南镇沅投诚。

历任师长:

杨绪钊(－1949.1.10 被俘)

李彬甫(1949.3.1 代理－)

孙进贤(－1950.2.4 投诚)

第 171 师(整编第 171 旅)

新桂系军(1937.4－1949.12)

1937 年 4 月,新桂系军第 21 师改称第 171 师③,下辖二旅四团,隶属第 7 军④。1938 年 6 月,第 170 师残部补充该师,仍辖二旅四团。1940 年 7 月,裁撤旅部,改辖三团。1945 年 10 月,第 173 师所属部队补充该师。1947 年 7 月,整编为旅,改辖两团。1948 年 9 月,恢复师的番号。1949 年 10 月 11 日,在湖南祁阳以北被歼灭,师长张瑞生被俘。旋重建。12 月 1 日,在广西博白被歼灭。

历任师长(整编旅旅长):

---

① 1929 年夏,第 7 军缩编为第 15 师,1930 年 1 月改称第 19 师,师长雷飚,旋改为莫树杰。1931 年廖磊兼任师长。1932 年 4 月,周祖晃任师长。1936 年冬徐启明任师长。

② 《第 4 战区司令长官部及各部队简略沿革》,全宗号 787,案卷号 16767。

③ 1929 年冬,第 57 师改称第 21 师,梁重熙任师长,辖三团。1930 年冬,梁阵亡,韩采凤接任。1936 年夏,杨俊昌接任师长。

④ 《国防部本部隶属各部队主官简历驻地与部队沿革手册》,全宗号 783,卷宗号 393;《国军部队沿革》(一集)。

杨俊昌

漆道徵(1938.6.21—1942.10)

曹茂琮(1942.10—1945.5)

李本一(1945.5—)

刘昉(1947.9—)

马拔萃(1947.9—1948.8.16)

莫敌(1948.8.16—)

张瑞生(—1949.10.11 被俘)

杨受才

第 172 师(整编第 172 旅)

新桂系军(1937.4—1949.12)

1937 年 4 月,新桂系军第 24 师①改称第 172 师,下辖二旅四团,隶属第 7 军。1940 年 7 月,裁撤旅部,改辖三团。1947 年 7 月,整编为旅,改辖两团。1948 年 9 月,恢复师的番号。1949 年 10 月 11 日,在湖南祁阳以北被歼灭,师长刘月鉴被俘。旋重建。12 月 13 日,师长刘维楷率部在广西百寿接受和平改编。

历任师长(整编旅旅长):

程树芬(—1941.6)

钟纪(1941.6—1943.4)

朱乃瑞(1943.4—1948.1.14)

凌云上(1948.1.14—)

刘月鉴(—1949.10.11 被俘)

刘维楷(—1949.12.13 投诚)

第 173 师

①新桂系军(1937.4—1945.10)

1937 年 4 月,新桂系军第 43 师②改称第 173 师,下辖二旅四团,隶属第 48 军。1938 年 10 月,改隶第 31 军。11 月,转隶第 84 军。1939 年 9 月,改辖三团。1940 年 10 月,该师留驻湖北老河口直隶于第 5 战区司令长官部。1941 年 5 月,调安徽担任桐庐地区防务。1941

---

①　1928 年 5 月,第 13 军编余的第 7 团及在广西的第 8 路警卫团合编为第 8 路第 15 旅,王应榆任旅长。1929 年 5 月改为独立第 2 旅,旅长韦云淞,后为蒙志。9 月改编为第 2 师,师长为蒙志。12 月改称第 1 教导师,以梁瀚嵩为师长,1930 年 7 月改称教导师,覃连芳任师长。1931 年 10 月改编为第 8 路第 24 师。1932 年 3 月改隶第 7 军,1932 年至 1934 年入赣"剿共"。1936 年 1 月,军长廖磊兼任师长,6 月程树芳接任师长。

②　1927 年夏,第 7 军第 5 旅扩编为第 7 军第 4 师,师长伍廷飏,1927 年秋改称第 15 军第 1 师,1929 年春缩编为第 16 师第 1 旅,旅长梁朝玑。同年秋,改隶第 15 军,称第 1 师,旋改称第 43 师,师长梁朝玑。1930 年冬改隶第 4 军第 10 师,师长黄鹤龄,1935 年韦云淞任师长,1936 年夏贺维珍任师长。

年 5 月,改隶第 48 军。1942 年 3 月,调隶第 7 军①。1945 年 10 月,该师番号撤销,官兵补充第 171 师②。

历任师长:

贺维珍

钟毅(1938.10.21－1940.5.9 自戕)

粟廷勋(1940.6－1943.7)

刘昉(1943.7－)

②中央军(1948.9－1949.9)

1948 年 9 月,整编第 23 师所属新编第 4 旅改称第 173 师,隶属第 91 军(整编第 23 师改称)。1949 年 3 月,改隶第 120 军。9 月 11 日,代理师长陈叔钵率一团又二营在甘肃岷县起义(改编为中国人民解放军西北军区独立第 1 军第 1 师)。9 月 20 日,该师骑兵团在甘肃张掖投诚。9 月 24 日,师长李焕南率余部在酒泉起义。

历任师长:

周嘉彬(－1948.12.1 兼任－1949.2.16 免兼)

李焕南(1949.3.16－1949.9.24 起义)

第 174 师(整编第 174 旅)

新桂系军(1937.4－1949.12)

1937 年 4 月,新桂系军第 44 师③改称第 174 师,下辖二旅四团,隶属第 48 军④。1938 年 10 月,改隶第 31 军。11 月,改隶第 84 军。1939 年 9 月,改辖三团⑤。1945 年 8 月,改隶第 48 军。1946 年 5 月,整编为旅,改辖两团。1947 年 7 月,脱离整编第 48 师建制调赴广西南宁。1948 年 8 月,改隶整编第 97 师。9 月,恢复师的番号,隶属第 56 军(整编第 97 师改称)。12 月,改隶第 46 军。1949 年 5 月 1 日,在安徽屯溪和江西婺源、乐平一线被歼灭。重建。12 月,在广西被歼灭。

历任师长(整编旅旅长):

王赞斌

张光玮(1938.2.7－1942.5)

牛秉鑫(1942.5－1943.12)

谭何易(1943.12 兼任－)

---

① 《第 84 军编成及参战经过概见表》,全宗号 787,案卷号 6640.

② 《国防部本部隶属各部队主官简历驻地与部队沿革手册》,全宗号 783;卷宗号 393;《各部队各训练机关主官简历驻地与部队沿革手册》,全宗号 627,卷宗号 1117。

③ 1929 年冬,唐生智第 8 军一部投奔新桂系,编为一师,师长唐生明。1930 年秋,李泽民率部到广西编为一师。同年冬,唐、李两师在柳州并编为第 22 师,李品仙任师长,辖两团。1932 年春改隶第 15 军,改称第 44 师,师长王赞斌,辖三团。

④ 《整编第 174 旅王景宋部抗战期间行动概见表》,全宗号 787,案卷号 6684。

⑤ 《第 84 军编成及参战经过概见表》,全宗号 787,案卷号 6640。

王景宋(－1947.9)

黄建猷(1947.9－)

吴中坚(1948.12.1－1949.5.3 被俘)

苏武扬(1949.8.1－)

第 175 师(整编第 175 旅)

新桂系军(1937.4－1949.12)

1937 年 4 月,新桂系军第 45 师①改称第 175 师,下辖二旅四团。11 月,守备钦县、合浦、灵山、防城。1938 年 6 月,以该师两团为基干成立新编第 19 师②,该师改辖三团。1939 年 1 月,编入第 46 军③。1946 年 7 月,整编为旅,改辖两团。5 月,整编为旅。1947 年 2 月 20 日至 23 日,在山东莱芜被歼灭,旅长甘成城被俘。7 月,在安徽蚌埠整理重建,脱离整编第 46 师建制。1948 年 8 月,改隶整编第 97 师。9 月,恢复师的番号,隶属第 56 军(整编第 97 师改称)。12 月,改隶第 48 军。1949 年 11 月 27 日,在广西陆川以南被歼灭一团。12 月 1 日,在博白被歼灭。12 月 9 日,师长李映被俘。

历任师长(整编旅旅长):

莫树杰

冯璜(1939.6.29－)

魏镇(代理)

甘成城(－1947.2.23 被俘)

卢士沫(1947.6－1949.5.1)

李映(1949.5.1－1949.12.9 被俘)

第 176 师(整编第 176 旅)

新桂系军(1937.4－1949.12)

1937 年 4 月,新桂系军第 26 师④改称第 176 师,辖二旅四团,隶属第 48 军。1940 年,裁撤旅部,改辖三团。1946 年 5 月,整编为旅,改辖两团。1948 年 9 月,恢复师的番号。1949年 10 月 11 日,在湖南祁阳以北被全歼,师长李祖霖被俘。由广西省保安司令部拨三团重建。12 月 1 日,在广西博白被歼灭。12 月,第 48 军等各残部在龙津并编为第 176 师。12月 19 日,残部 800 余人经水口关撤入越南。

历任师长(整编旅旅长):

区寿年(－1939.11.20 免兼)

---

① 1930 年 9 月,南宁卫戍司令部所属特务团及第 2 教导师所属第 6 团并第 1、第 2 独立营合编为第 45 师,师长为韦云淞。1935 年 2 月郭凤岗任师长,1936 年苏祖馨任师长。同年冬,莫树杰任师长。

② 《第 4 战区司令长官部及各部队简略沿革》,全宗号 787,案卷号 16767。

③ 《国军部队沿革》(一集)。

④ 1936 年 6 月,第 19 路军留桂的两团改编为新编第 1 师,师长翁照垣。同年冬,改称第 26 师,师长区寿年,辖三团。

郑沧溶(1939.11.22—1941.6)

谭何易(1941.6—1943.12)

李本一(1943.12—1945.6)

秦靖(1945.6—)

黄建猷(—1948.9.16)

李祖霖(1948.10.1—1949.10.11 被俘)

邓善宏

第 177 师(整编第 177 旅)

陕西地方部队(1937.3—1949.12)

1937 年 3 月,第 17 路军直属部队、第 17 师及陕西警备各旅编成第 17、第 177 师。第 177 师辖二旅四团。7 月,在陕西三原、耀县集结训练[①]。8 月 21 日,所属第 529 旅开赴河北作战,9 月上旬到正定,归第 1 战区指挥,15 日到达涞水、易县、紫荆关一线,21 日转进曲阳,10 月 12 日驰援山西忻口。1938 年 1 月 18 日,移驻洪洞。7 月 28 日归还建制。

1938 年 6 月,该师隶属第 96 军。1942 年 9 月,改辖三团。1945 年 6 月,转隶第 38 军。1946 年 5 月,整编为旅,改辖两团。1948 年 10 月,恢复师的番号。1949 年 7 月 11 日至 14 日,所属第 530 团在陕西扶风、郿县地区被歼灭,第 38 军副军长兼该师师长刘孟廉被撤职,陕西保安团改编为第 530 团。1949 年 12 月 27 日,该师在成都以东地区起义。1950 年 1 月,师长张玉亭在茂县起义。

历任师长(整编旅旅长):

李兴中(兼任)

王根僧(代理)

陈硕儒(1939.1.21—1943.6)

李振西(1943.6—1948.7 兼任—)

刘孟廉(1949.6.1 兼任—)

张玉亭(—1950.1 起义)

第 178 师(整编第 178 旅)

①川军李家钰部,1943 年黄埔军校出身的康庄出任师长(1937.9—1945.7)

1937 年 9 月,第 104 师所属第 2 旅[②]等部编成第 178 师,隶属第 47 军。1938 年 3 月,扩编为二旅四团整理师。1940 年 9 月撤销旅部,改辖三团[③]。1945 年 7 月,改称第 127 师。

---

① 《李兴中部忻口临晋地带作战经过概要》(1942 年 3 月),《中华民国史档案资料汇编》第 5 辑第 2 编军事(2),第 470 页。

② 1924 年为四川陆军第 1 师第 2 旅,1926 年扩编为四川边防军第 3 师,1929 年改为教导旅,1933 年改编为边防军及四川"剿匪"军第 3 路第 2 混成旅,1935 年改编为第 104 师第 2 旅。《国军部队沿革》(一集)。

③ 《各部队各训练机关主官简历驻地与部队沿革手册》,全宗号 627,卷宗号 1117。

历任师长：

李宗昉(1937.9.30—)

康庄

②中央军(1947.5—1949.9)

1947 年 5 月，新编第 45 师改称第 178 旅，隶属整编第 78 师。1949 年 9 月 25 日，在新疆起义。12 月，改编为中国人民解放军第 9 军 26 师。

历任整编旅旅长：

莫我若

刘抡元(—1949.9.25 起义)

第 179 师(整编第 179 旅)

①西北军(1937.9—1945.6)

1937 年 9 月，第 29 军所属独立第 25 旅、独立第 28 旅、特务旅一部编成第 179 师，隶属第 77 军[①]。1938 年 5 月，第 1 集团军特务团拨归该师为一团。6 月，按整理师改组，辖二旅四团。1939 年 6 月，撤销旅部，改辖三团。1945 年 6 月，番号裁撤。

历任师长：

何基沣(1937.9.7—)

吉星文(代理)

何基沣(1939.1.3—1943.9)

李宝善(代理)

许长林(1943.9—)

②中央军(1947.5—1949.9)

1947 年 5 月，新编第 46 师改称第 179 旅，隶属整编第 78 师。1949 年 9 月 25 日，在新疆起义。12 月，改编为中国人民解放军第 9 军第 25 师。

历任整编旅旅长：

罗恕人

罗汝正(—1949.9.25 起义)

第 180 师(整编第 180 旅)

西北军(1937.9—1949.1)

1937 年 9 月，第 38 师所属第 113 旅与独立第 26、第 39 旅在河北青县合编为第 180 师，隶属第 59 军。同年 12 月至 1938 年 1 月在道清路整训。1938 年 7 月，按(民国)二十六年整

---

① 《各部队各训练机关主官简历驻地与部队沿革手册》，全宗号 627，卷宗号 1117；《第 77 军部队沿革及主官参谋长简历表》，全宗号 787，案卷号 16795。

理师编制改编①,下辖二旅四团。1939 年 11 月,撤销旅部,下辖三步兵团及一补充团。1948 年 11 月 8 日,在台儿庄、贾汪地区起义(1949 年 2 月,起义部队编为中国人民解放军第 33 军第 97、第 99 师各一部)。第 59 军未参加起义残部编成第 180 师,编入第 115 军。1949 年 1 月 10 日,在河南永城陈官庄地区被歼灭,师长陈芳芝被俘。

历任师长(整编旅旅长):

刘振三(1937.9.9—)

董升堂(—1945.5)

刘振三(1945.5.8 代理—)

崔振伦(1945.6 代理—1948.11.8 起义)

陈芳芝(—1949.1.10 被俘)

第 181 师(整编第 181 旅)

西北军石友三部(1937.9—1949.7)

1937 年 9 月,冀北保安司令部所属部队改编为第 181 师②。参加津浦路北段作战(1937 年 9 月 11 日至 12 月 27 日)。10 月,参加平汉路北段作战(1937 年 10 月至 1938 年 1 月)。1938 年 2 月 25 日,弃守山西晋城、河南济源。4 月,隶属第 69 军。1941 年 1 月,所属第 538 旅扩编为暂编第 28 师。1945 年 7 月,暂编第 28 师番号撤销,官兵补充该师。9 月,改隶新编第 8 军。10 月,转隶第 55 军。1946 年 5 月,整编为旅。8 月 22 日,在河南商邱以西柳河集被歼灭。旋重建。1947 年 1 月 15 日至 16 日,在山东定陶以东西台集被歼灭一团。1948 年 9 月,恢复师的番号。11 月 7 日在河南商邱以东的张公店被歼灭,师长米文和被俘。后重建。1949 年 7 月,该师番号撤销。

历任师长(整编旅旅长):

石友三(1937.9.9—)

张雨亭(1941.11—)

米文和(—1948.7.1 免兼)

刘兴远(1948.7.1—)

米文和(—1948.11.7 被俘)

第 182 师

①滇军(1937.9—1948.10)

1937 年 9 月,云南独立第 1、独立第 2 旅合编为第 182 师,隶属第 60 军。1938 年 5 月,该师因伤亡重大缩编为一团补充第 184 师,返回云南重建。1939 年初,改隶新编第 3 军。

---

① 《国防部本部隶属各部队主官简历驻地与部队沿革手册》,全宗号 783,卷宗号 393。

② 《各部队各训练机关主官简历驻地与部队沿革手册》,全宗号 627,卷宗号 1117。

1939 年,在江西铜鼓整编,裁撤旅部,改辖三团①。1940 年 5 月,转隶第 60 军。1948 年 10 月 17 日,在长春起义。1949 年 1 月,改编为中国人民解放军第 50 军第 148 师。

历任师长:

安恩溥(1937.10.10—)

郭建臣(1939.9.6—)

曾泽生(1943.1—1943.6)

杨洪元(1944.2 代理,不久实任—)

白肇学(—1948.10.17 起义)

②中央军(1948.12—1949.5)

1948 年 12 月 16 日,江苏保安第 1 旅改编为第 182 师。1949 年 3 月,隶属第 123 军。5 月 26 日,残部在上海投诚。

历任师长:

王挽危(1949.1.1—)

第 183 师(整编第 183 旅)

滇军(1937—1949.12)

1937 年 9 月,云南陆军独立第 3 旅②扩编为第 183 师,隶属第 60 军。1938 年 5 月,该师因伤亡重大缩编为一团补充第 184 师,返回云南重建。1939 年在江西铜鼓整编,裁撤旅部,改辖三团。1940 年 5 月,改隶新编第 3 军。1945 年 9 月,转隶第 58 军。1946 年 5 月,整编为旅,改辖两团。1947 年 7 月,改辖三团。1948 年 6 月 3 日,在河南南阳以东的马刘营地区被歼灭,旅长魏沛苍被俘。后重建。1948 年 9 月,恢复师的番号。1949 年 12 月 5 日,师长王光伦在广西岭山灵山以北被俘,残部在横县投诚。

历任师长(整编旅旅长):

高荫槐(1937.10.10—)

杨宏光(1938.9.5 代理—1939.7.12 实任—1940.5)

李文彬(1940.5—1940.12.16)

潘朔端(1940.12.16 代理—1942.7)

余建勋(1942.10—1946.8)

魏沛苍(1946.8—1948.6.3 被俘)

王光伦(1948.9.1—1949.12.5 被俘)

---

① 《国军部队沿革》(一集)。

② 1915 年为陆军步兵第 3 团,1922 年改称近卫军步兵第 3 团,1927 年扩编为云南第 3 旅,1928 年扩编为第 2 师,旋改称第 98 师,1931 年缩为云南陆军独立第 3 旅。《国防部本部隶属各部队主官简历驻地与部队沿革手册》,全宗号 783,卷宗号 393。

第 184 师

①滇军(1937.9—1949.1)

1937 年 9 月,云南陆军独立第 7、独立第 9 旅编成第 184 师,隶属第 60 军。1938 年 5 月,第 182、第 183 师因伤亡重大各缩编为两个团补充该师,该师编为五团。后在湖北宋埠整训,整编为二旅四团①。10 月,在湖北通山改隶新编第 3 军。12 月,在湖南浏阳裁撤旅部,改辖三团。1939 年初,调隶第 60 军②。1945 年 10 月,该师在越南顺化裁撤两个团,暂编第 19、暂编第 20 师各拨一个团并入该师③。1946 年 5 月 30 日,该师在辽宁海城起义。

后收编残部重建。1947 年 5 月 28 日,该师弃守梅河口,两个团被歼灭,师长陈开文被俘。7 月,重建,脱离第 60 军建制。8 月,驻辽宁沟帮子、打虎山。1948 年 3 月,调驻锦州。10 月 15 日,在锦州被歼灭。11 月,在天津收容该师和第 93 军残部重建。1949 年 1 月 15 日,在天津被歼灭。

历任师长:

张冲(1937.10.1—)

万保邦(1939.2.1—1943.6 免兼)

曾泽生(1943.6—)

潘朔端(—1946.5.30 起义)

陈开文(—1947.5.28 被俘)

杨朝纶(—1949.1.15 被俘)

②中央军(1949.3—1949.12)

1949 年 3 月,第 336 师在云南改称第 184 师。10 月,隶属第 74 军。12 月 9 日,在昆明起义。

历任师长:

陈永思(1949.3.16—1949.4.1)

杨朝纶(1949.4.1 代理—)

瞿琢(—1949.12.9 起义)

第 185 师(整编第 185 旅)

中央军(1937.10—1949.4)

1937 年 10 月,武汉警备旅改编为第 185 师,为整理师,辖二旅四团④,隶属第 94 军。1939 年,改辖三团。1943 年 1 月,改隶暂编第 9 军。4 月,隶属第 66 军(暂编第 9 军改

---

① 桂灿:《忆张冲同志》,《文史资料选辑》第 91 辑,第 56 页。
② 《国防部本部隶属各部队主官简历驻地与部队沿革手册》,全宗号 783,卷宗号 393。
③ 《第 184 师参战经过概要及战绩损耗表》,全宗号 787,案卷号 6684。
④ 《国防部本部隶属各部队主官简历驻地与部队沿革手册》,全宗号 783,卷宗号 393。

称）①。1946 年 5 月，整编为旅，改辖两团。1947 年 7 月 28 日，在山东金乡羊山集被歼灭，旅长涂焕陶被俘。后重建。1948 年 9 月，恢复师的番号。1949 年 4 月 29 日，在皖南郎溪、广德之间山区被全歼。

历任师长（整编旅旅长）：

郭忏（1937.10.20—）

方天（1938.5.19—1940.12）

石祖黄（1940.12.14—1943.10）

李仲辛（1943.10—1946.9）

涂焕陶（1946.9 代理—1947.7.28 被俘）

袁樾人（—1948.11.16）

周穆深（1948.11.16—1948.12.16）

苏时（1948.12.16 兼任—）

龙佐才（—1949.5.1）

第 186 师（整编第 186 旅）

①粤军（1937.11—1948.11）

1937 年 11 月，第 4 路军补充第 1、第 2、第 3、第 4 团在广东惠州改编为第 186 师，下辖二旅四团，隶属第 63 军。1940 年，裁撤旅部。1941 年 12 月，撤销补充团②。1943 年 8 月，调潮汕参战，暂归闽粤赣边区总部指挥。9 月反攻潮安羊铁岭。1944 年 12 月至 1945 年 1 月，在揭阳作战③。抗战胜利后进驻丰顺。1945 年 12 月，回归第 63 军建制。1946 年 5 月，整编为旅，改辖两团。1948 年 9 月，恢复师的番号。11 月 11 日，在江苏邳县瑶湾镇被歼灭，代理师长伍少武阵亡。

1949 年 1 月，在广东重建第 186 师，隶属第 63 军。12 月 1 日，在廉江被歼灭。残部到海南岛重建，广东保安第 1 旅并入该师。1950 年 4 月，被歼灭一部，其余由海南榆林海运台湾高雄、基隆。

历任师长（整编旅旅长）：

李振（1937.10.14—）

赵一肩（代理—1940.2 免代）

李卓元（1940.2—）

伍少武（代理—1948.11.11 阵亡）

张泽深

李荣梧（1949.1.8—1949.12 被俘）

① 《第 6 战区各军师沿革简史》，全宗号 787，案卷号 16768。

② 《国防部本部隶属各部队主官简历驻地与部队沿革手册》，全宗号 783，卷宗号 393。

③ 《第 186 师八年抗战各阶段作战纪实》，全宗号 787，案卷号 6766。

第 187 师(整编第 187 旅)

粤军(1937.10－1949.12)

1937 年 10 月,第 4 军教导旅在广州扩编为第 187 师,隶属第 64 军。1939 年 1 月,改隶第 62 军,旋调隶第 65 军。8 月,改辖三团及一补充团①。1946 年 5 月,整编为旅,改辖两团。1946 年 8 月 27 日,该旅在江苏如皋加力地区被歼灭,旅长梁彩林被俘。后重建。1948 年 10 月,恢复师的番号。1949 年 7 月 11 日,在陕西扶风被歼灭。后重建。12 月 25 日,在四川成都起义。

历任师长(整编旅旅长):

彭林生(1937.10.14－)

孔可权(1938.9.11－1940.3)

张光琼(1940.3－1946.6)

梁采林(1946.6－1946.8.27 被俘)

李明(1946.11－1948.9.1)

曾颖(1948.9.1－)

钟定天(－1949.12.25 起义)

第 188 师(整编第 188 旅)

新桂系军(1938.3－1949.12)

1938 年 3 月,第 5 路军所辖第 201、第 202、第 203、第 204 团等在广西南宁编为第 188 师,下辖二旅四团,隶属第 84 军。11 月,改隶第 31 军。1942 年,改辖三团②。1945 年 1 月,拨隶第 46 军。1946 年 5 月,整编为旅,改辖两团。1947 年 2 月 20 日至 23 日,在山东莱芜歼灭,旅长海竞强被俘。后重建。1948 年 9 月,恢复师的番号。1949 年 12 月,在广西被歼灭。

历任师长(整编旅旅长):

刘任(1938.4.21－)

魏镇(1939.2.10－)

海竞强(1941.7－1945.5 撤职留任－1947.2.23 被俘)

马展鸿(1947.6－)

李芳西(1949.8.1－)

第 189 师(整编第 189 旅)

①新桂系军(1938.4－1945.8)

---

① 《国军部队沿革》(一集)。

② 《国防部本部隶属各部队主官简历驻地与部队沿革手册》,全宗号 783,卷宗号 393。

1938 年 4 月，第 5 路军所辖第 205、第 206、第 207、第 208 等团在广西横县合编为第 189 师，隶属第 84 军。1939 年 9 月，改辖三团[①]。1945 年 8 月，番号裁撤。

历任师长：

凌压西（1938.4.21—1941.11 免兼）

张文鸿（1941.11—）

②宁夏马鸿逵部（1948—1949.9）

1948 年，在宁夏编成第 189 旅。9 月，改称第 189 师。1949 年 8 月，隶属第 11 军。9 月下旬溃散，师长马世俊投诚。

历任师长（整编旅旅长）：

马世俊（1948.10.1—1949.9.20 投诚）

第 190 师（整编第 190 旅）

①中央军（1938.3—1944.8）

1938 年 3 月，预备第 4 师在湖南衡阳改称第 190 师[②]，隶属军事委员会。6 月，隶属第 25 军。11 月，改隶第 4 军。1939 年 7 月，转隶第 10 军。1944 年 8 月 8 日，在湖南衡阳全军覆没，师长容有略投敌。

历任师长：

梁华盛（1938.3.10—1939.8）

余锦源（1939.8.18—1941.5）

朱岳（1941.5—）

容有略（—1944.8.8 投敌）

②中央军（1945.6—1945.9）

1945 年 6 月，预备第 10 师改称第 190 师，隶属第 10 军。9 月，该师番号撤销。

历任师长：

胡云飞（1945.6.12—）

③青海马步芳部（1948.2—1949.9）

1948 年 2 月，青海骑兵第 1 团及步兵第 1、步兵第 2 团编成第 190 旅，隶属整编第 82 师。9 月，改称第 190 师，隶属第 82 军。1949 年 8 月 26 日，在兰州被歼灭大部，余部退过黄河后溃散。9 月 11 日，师长马振武在青海海晏三角城投诚。

历任师长（整编旅旅长）：

马全义（1948.2.6—1948.6.1）

马振武（1948.6.1—1949.9.11 投诚）

---

① 《第 84 军编成及参战经过概见表》，全宗号 787，案卷号 6640.

② 《各部队各训练机关主官简历驻地与部队沿革手册》，全宗号 627，卷宗号 1117。

第 191 师(整编第 191 旅)

中央军(1938.3—1949.9)

1938 年 3 月,西北补充旅①等改编为第 191 师,隶属第 8 战区。1939 年 8 月,该师一部扩编为第 48 师,隶属第 42 军。9 月,军政部第 26 补训处所属第 5 团并入该师,仍辖三团。1940 年 7 月,所属第 572 团扩编为新编第 18 旅②。

1945 年 4 月,改隶第 91 军。1947 年 3 月,整编为旅,改辖两团,隶属整编第 23 师(第 91 军改称)。1948 年 9 月,恢复师的番号,隶属第 91 军(整编第 23 师改称)。1949 年 8 月,退入河西走廊,士兵大多逃散。9 月 11 日,所属骑兵团团长曲泽兴率 800 人在永登以北投诚。9 月 24 日,师长冯济安率残部在酒泉起义。

历任师长(整编旅旅长):

杨德亮(1938.3.31—)

吴允周(1939.8.16—1941.9)

罗泽闿(1941.9 代理,不久实任—1943.5)

陈希平(1943.6—1946.8)

廖凤运(1946.8—1948.4.24 兼任—)

冯济安(—1949.9.25 起义)

第 192 师(整编第 192 旅)

①湘军何键部,1944 年底黄埔军校出身的曾振出任师长(1937.10—1947.5)

1937 年 10 月,预备第 11 师改称第 192 师,下辖二旅四团。1938 年,裁撤旅部,改辖三团③。隶属第 10 集团军。年底,改隶第 28 军。1939 年 7 月,转隶第 91 军。1940 年 5 月,回归第 28 军。1946 年 5 月,整编为旅。11 月 1 日,在江苏涟水南被歼灭大部。1947 年 5 月,该旅番号撤销,三团步兵缩为两团,分别改称第 52 旅第 154 团、第 80 旅第 240 团,旅部改称第 52 旅旅部。

历任师长(整编旅旅长):

胡达(1937.10.27—)

王埕(1940.12—)

曾振

葛先才

②中央军(1947.11—1949.5)

1947 年 11 月,组建第 192 旅。1948 年 5 月,驻湖北监利。9 月,改称第 192 师。1949

---

① 1934 年 2 月,第 1 师补充第 1、第 2、第 3 团编成西北补充旅,廖昂任旅长。

② 《国防部本部隶属各部队主官简历驻地与部队沿革手册》,全宗号 783,卷宗号 393;《国军部队沿革》(一集);《第 42 军略史》,全宗号 787,案卷号 16786。

③ 《国军部队沿革》(一集)。

年 2 月,调隶第 106 军。5 月,该师番号撤销。

历任师长(整编旅旅长):

王铁麟(—1948.12.16)

刘汉兴(1948.12.16—)

第 193 师(整编第 193 旅)

①川军,1938 年 12 月黄埔军校出身的马励武出任师长(1938.2—1947.2)

1938 年 2 月,独立第 35 旅、第 82 师所属两个步兵团改编为第 193 师①。7 月,隶属第 98 军。1939 年 1 月,改隶第 13 军。6 月,裁撤旅部,改辖三团。1940 年 4 月,拨隶新编第 2 军。1941 年 2 月,隶属第 29 军(新编第 2 军改称)。1945 年 1 月,调隶第 73 军。1947 年 2 月 20 日至 23 日,在莱芜被歼灭,师长萧重光被俘。

历任师长:

李宗鉴(1938.2.8—)

马励武(—1939.8.9)

赖汝雄(1939.8.7 代理—1940 年实任—1943.6)

郭文灿(1943.6—1944.7)

萧重光(1944.7—1947.2.23 被俘)

②中央军(1946.7—1947.7)

1946 年 7 月,第 75 师整编为整编第 193 旅,隶属整编第 70 师。1947 年 7 月 13 日,在山东巨野薛扶集溃散,副师长兼该旅旅长罗折东被俘,番号撤销。

历任整编旅旅长:

罗折东(—1947.7.15 被俘)

③中央军(1947.7—1950.1)

1947 年 7 月,在云南组建第 193 旅,隶属整编第 26 师。1948 年 9 月,改称第 193 师,隶属第 26 军。1950 年 1 月 17 日,在蒙自、个旧被歼灭大部,18、19 日残部在元阳蛮板、宜得地区被歼灭。

历任师长(整编旅旅长):

石补天(1948.4.2 代理—)

吕维英(1949.12.10—)

李国辉

第 194 师(整编第 194 旅)

中央军(1937.12—1949.12)

---

① 《国防部本部隶属各部队主官简历驻地与部队沿革手册》,全宗号 783,卷宗号 393。

1937 年 12 月,独立第 37 旅在浙江宁波扩编为第 194 师[①],隶属第 10 集团军。1939 年 2 月,改隶第 91 军。1940 年 5 月,转隶暂编第 9 军。1941 年 9 月,调隶第 10 集团军。1941 年底,由浙江金华开赴湖南浏阳,拨隶第 79 军。1946 年 5 月,整编为旅,改辖两团。1948 年 9 月,恢复师的番号。1949 年 7 月 16 日,在湖北宜昌等地被歼灭一部。11 月 13 日至 19 日,在宣恩以南被歼灭。12 月 21 日,残部在四川什邡起义。

历任师长(整编旅旅长):

陈德法(1938.1.24—)

郭礼伯(1941.6—1942.10)

龚传文(1942.10—)

徐会春(1949.3.1—1949.3.16)

赵鹤庭(—1949.12.21 起义)

第 195 师

中央军(1938.2—1949.12)

1938 年 2 月,预备第 12 师改称第 195 师,隶属第 90 军。10 月,改隶第 52 军。1940 年,裁撤旅部,改辖三团[②]。1947 年 2 月 25 日,代理师长何士雄在辽宁安东长春沟阵亡。12 月 4 日,改隶新编第 5 军。1948 年 1 月 5 日至 7 日,在辽宁公主屯被歼灭,师长谢代蒸投诚。3 月,残部编入第 25 师,以第 43 师师部及本溪失业工人及交警一部编为第 195 师,调隶第 6 军。10 月,转隶第 49 军。10 月 28 日,在辽宁黑山、打虎山以东地区被歼灭,师长罗莘求被俘。后在湖北重建,隶属第 28 军。1949 年 3 月,改隶第 103 军。12 月,在广西境内被歼灭。

历任师长:

彭进之(1938—)

梁恺(1938.2.7—)

覃异之(1939.6.17—1943.3)

郑明新(1943.3—1945.4)

陈林达(1945.4—1948.1)

何士雄(代理—1947.2.25 阵亡)

谢代蒸(1948.1—1948.1.7 投诚)

李运成(1948.2.19 代理—1948.5.29)

罗莘求(1948.4.22 代理—1948.10.28 被俘)

高瀛山(1949.1.1—1949.9.1)

第 196 师

①中央军(1938.1—1945.1)

---

① 《国军部队沿革》(一集)。

② 《国军部队沿革》(一集);《国防部本部隶属各部队主官简历驻地与部队沿革手册》,全宗号 783,卷宗号 393。

1938 年 1 月,河南保安第 7、保安第 8、保安第 9 团及独立团四个团编成第 196 师,隶属第 90 军。1939 年 1 月,拨隶第 76 军。1942 年下半年,改隶重庆卫戍司令部。1943 年 2 月,转隶第 97 军。1945 年初,裁撤番号。

历任师长:

胡伯翰(1938.6.14—)

李文(1938.7.11 兼任—)

王治岐(1938.7.15—)

刘超寰(1938.9.23—1943.7)

邓宏义(1943.7—1944.9)

袁涤青(1944.9—)

②中央军(1948.6—1949.12)

1948 年 6 月,第 20 旅在湖南衡阳改称第 196 师。1949 年 1 月,隶属第 109 军。年底,由广东进入海南岛后,编入第 90 师。

历任师长:

葛先才(1948.7.1—1949.5.1)

彭问津(1949.5.1—)

③中央军(1949.12—1950)

1949 年 12 月,福建籍新兵编组第 196 师,隶属第 19 军。1950 年 5 月,撤军台湾。

历任师长:

张定国

第 197 师

①中央军(1937.11—1945.4)

1937 年 11 月,湖南保安四个团编成第 197 师,下辖二旅四团①,隶属军事委员会。1938 年 7 月,在长沙②。9 月,隶属第 37 军。年底改隶第 8 军。1940 年 5 月,转隶第 99 军。8 月,开湖南沅江,裁撤旅部,改辖三团。1945 年 2 月,直隶于第四方面军。4 月,该师番号撤销。

历任师长:

丁炳权(1938.1.21—1941.2)

万倚吾(1941.2—1941.9)

阮齐(1941.9—)

周鸿恩(1942.4—)

---

① 《各部队各训练机关主官简历驻地与部队沿革手册》,全宗号 627,卷宗号 1117。

② 《国民党陆军兵力统计战斗序列表》(1938 年 7 月 2 日),《中华民国史档案资料汇编》第 5 辑第 2 编军事(1),第 753 页。

温靖(1944.8－1945.2)

晏子风(1945.2－)

②中央军(1948.10－1950.2)

1948年10月,在湖北组建第197师,隶属第29军。1949年6月,改隶第100军。8月4日,在湖南长沙起义(11月,起义部队改编为中国人民解放军第52军第214师),一团重新加入国军,重建该师。1950年2月7日,在广西平而关地区被全歼。

历任师长:

曾京(－1949.8.4起义)

曾祥斌

第198师(整编第198旅)

中央军(1938.1－1949)

1937年底,湖南保安四个团编组为第198师①,下辖二旅四团。1938年1月,隶属第87军。1939年10月,改隶第54军。1947年7月,整编为旅,隶属整编第54师。1948年1月,改隶整编第35师(整编第54师改称)。2月,恢复师的番号,隶属第54军(整编第35师改称)。1949年5月,撤军台湾。

历任师长(整编旅旅长):

王育瑛(1938.2.25－1941.1.26)

郑挺锋(1941.1.21－1942.11)

叶佩高(1942.11－1944.8)

刘金奎(1944.8－)

张纯(1948.3.13－1949.1.1)

杨中藩(1949.1.1－)

第199师(整编第199旅)

①中央军(1938.1－1947.7)

1938年1月,湖南保安四个团在长沙合编为第199师,下辖二旅四团,隶属第87军。1939年撤销旅部,改辖三团。1939年7月,官兵调拨第43、第198师,军官到四川整补,改隶第18军②。1943年1月,转隶暂编第9军。4月,隶属第66军(暂编第9军改称)③。1946年5月,整编为旅,改辖两团。1947年7月22日,在山东金乡以北被歼灭,旅长王士翘被俘。

历任师长(整编旅旅长):

---

① 《国军部队沿革》(一集)。

② 《第六战区抗战纪实附录二:战区及各集团军、军、师沿革及简史》,全宗号787,案卷号6714;《国防部本部隶属各部队主官简历驻地与部队沿革手册》,全宗号783,卷宗号393。

③ 《第6战区各军师沿革简史》,全宗号787,案卷号16768。

罗树甲(1938.2.25—)

宋瑞珂(—1943.2)

苏令德(1943.2—1943.2)

周天健(1943.3—1944.9)

彭战存(1944.9—)

王士翘(—1947.7.22 被俘)

②中央军(1948.11—1949.11)

1948 年 11 月,在湖北成立第 199 师。1949 年 4 月,隶属第 79 军。11 月 13 日至 19 日,在宣恩以南被歼灭,师长黄梁被俘。

历任师长:

萧炳寅(—1949.9.1)

黄梁(1949.9.1—1949.11.19 被俘)

第 200 师(整编第 200 旅)

中央军(1938.1—1950)

1938 年 1 月,装甲兵团在湖南湘潭扩编为第 200 师①。11 月,隶属新编第 11 军。1939 年 2 月,改隶第 5 军(新编第 11 军改称)②。1946 年 5 月,整编为旅,改辖两团。1948 年 9 月,恢复师的番号。1949 年 1 月 10 日,在河南永城陈官庄地区被歼灭,师长周朗被俘。

1949 年 4 月,地方保安部队等在浙江温州重建第 200 师,隶属第 5 军。5 月 7 日,在温州起义,起义各团大部重新加入国军。7 月,该师缩编为司令部及第 598 团,第 45 师缩编为该师第 599 团。8 月,改隶第 25 军,旋拨入新成立的第 5 军。10 月,第 166 师编为该师第 600 团。

历任师长(整编旅旅长):

杜聿明(1938.1.21—)

戴安澜(1939.1.3—1942.5.26 重伤殉国)

高吉人(1942.8—1945.4)

罗又伦(1945.4—未到任)

廖慷(1945.5.26—1946.10)

熊笑三(1946.10—1948.4.3)

张毓英(1948.4.3 代理—1949.1.1)

周朗(1949.1.1—1949.1.10 被俘)

杨彩藩(1949.2.16—)

叶芳(—1949.5.7 起义)

---

① 《国军部队沿革》(一集);《国民革命建军史》第 3 部,第 252 页。
② 《国防部本部隶属各部队主官简历驻地与部队沿革手册》,全宗号 783,卷宗号 393。

叶敬

麻心全

第 201 师

①中央军(1945.1－1946.8)

1945 年 1 月 1 日,以第 94 师为基干在四川璧山编成第 201 师,下辖三团。10 月,隶属第 6 军。年底,改隶第 9 军。1946 年 8 月,该师番号撤销,官兵并入第 203 师为第 2 旅。

历任师长:

戴之奇

潘华国

②中央军(1948.7－1950)

1948 年 7 月,独立第 1 旅①在台湾改编为第 201 师。1949 年 1 月,隶属第 80 军。所属第 603 团增援福建马尾,8 月 16 日在马尾、连江、长门等地被歼灭一部。9 月 4 日,第 603 团由厦门海运台湾。10 月,主力(欠第 603 团)由台湾增援金门。

历任师长:

彭战存(1948.7.1－1949.2.16 兼任－1949.3.1 免兼)

郑果(1949.3.1－)

第 202 师

中央军(1945.1－1949.5)

1945 年 1 月 1 日,以暂编第 34 师为基干招募知识青年在四川綦江编成第 202 师,下辖三团。10 月,隶属第 6 军。1946 年 8 月,第 6 军番号撤销,该师与第 209 师各缩编为两个团组成第 202 师,下辖二旅四团。所属第 2 旅由福州调驻上海。10 月,师部与第 1 旅由四川綦江调赴江苏苏州、常州、武进。1947 年 6 月,该师扩编为二旅六团。7 月,所属第 1 旅第 2 团与第 2 旅第 4 团由南京赶赴安徽巢县,隶属国防部九江指挥部参加大别山"进剿"作战(1947 年 11 月 27 日至 1948 年 2 月底),战后返回南京等地。1948 年 9 月,该师扩编为第 37 军,所属第 1、第 2 旅分别扩编为第 202、第 209 师。1949 年 5 月 26 日,第 202 师在上海被歼灭。

历任师长:

罗泽闿(1944.12.20－)

姚秉勋(－1948.6)

彭锷(1948.6.25－1948.12.1)

王大钧(1948.12.1－)

---

① 1948 年 3 月,第 203 师所属第 2 旅在安徽蚌埠改称独立第 1 旅,5 月调驻皖南宣城。1948 年 7 月由芜湖船运台湾凤山。

孙金铭(1949.5.1—)

第 203 师

①中央军(1945.1—1948.9)

1945 年 1 月 1 日,以新编第 5 师为基干招募知识青年在四川泸县编成第 203 师,下辖三团。10 月,隶属第 9 军①。1946 年 8 月,第 9 军番号取消,该师一部并入第 206 师,第 201 师两个团并入该师,改辖二旅四团。10 月,师部移驻重庆,部队分驻成都、綦江、江津等地。1947 年 7 月,扩编为二旅六团。8 月,所属第 2 旅船运安徽安庆,赴大别山南麓。9 月,所属第 1 旅开赴陕西汉中、城固、安康。11 月,第 2 旅隶属国防部九江指挥部,在太湖、霍山、宿松、黄梅以及湖北广济等地参加大别山"进剿"作战(1947 年 11 月 27 日至 1948 年 2 月底)。12 月 24 日,该旅第 6 团在广济被歼灭。

1948 年 3 月,该师主力由汉中空运西安,第 2 旅移驻安徽蚌埠改称独立第 1 旅,脱离建制。4 月,该师由武功开赴永寿,参加泾渭河谷作战(1948 年 4 月 18 日至 5 月 8 日)。4 月 18 日,在永寿以东常宁镇、监军镇被歼灭 1600 人。6 月,增编第 2 旅。8 月底,守备郿县、礼泉。9 月,该师在西安扩编为第 57 军,所属第 1、第 2 旅分别扩充为第 214、第 215 师。

历任师长:

钟彬(1944.12.20—)

潘华国

陈鞠旅(1948.1.14—1948.6.1)

徐汝诚(1948.6.1—)

②中央军(1948.12—1949.5)

1948 年 12 月,在浙江金华等地成立第 203 师。1949 年 2 月,隶属第 12 军。5 月上旬,在景宁、永康、宣平等地被歼灭②。

历任师长:

金式

第 204 师

①中央军(1945.1—1946.8)

1945 年 1 月 1 日,以暂编第 56 师为基干招募知识青年在四川万县编成第 204 师,下辖三团。10 月,隶属第 6 军。1946 年 8 月,该师番号撤销,官兵并入第 205 师,为第 2 旅。

历任师长:

刘安祺(1944.12.20—)

覃异之(1945.2.9—)

① 《国防部本部隶属各部队主官简历驻地与部队沿革手册》,全宗号 783,卷宗号 393。

② 曹艺:《蒋军二○三师的组建和覆灭》,《杭州文史资料》第 13 辑,第 40—47 页。

②中央军(1948.4－1949.6)

1948 年 4 月,第 205 师所属第 2 旅恢复第 204 师番号,隶属第 31 军。1949 年 4 月,改隶第 37 军。5 月 26 日,在上海浦东被歼灭大部,另一部由崇明岛撤往台湾。6 月 16 日,该师番号撤销。

历任师长:

蓝啸声(1948.7.1－)

王克斌(1948.12.16－)

万宅仁(1949.2.1－)

第 205 师

中央军(1945.1－1949.1)

1945 年 1 月 1 日,以新编第 23 师为基干招募知识青年在贵州修文编成第 205 师,下辖三团①。10 月,编入第 9 军。年底,改隶第 6 军。1946 年 8 月,第 6 军番号取消,该师与第 204 师各缩编为两个团组成第 205 师,下辖二旅四团。11 月,扩编为二旅六团。1947 年初,由万县、贵阳开赴湖北咸宁、孝感和广东曲江等地整训。12 月,开赴台湾台中、台南、凤山。1948 年 4 月,扩编为第 31 军,所属第 1、第 2 旅分别改编为第 205、第 204 师。1949 年 1 月 21 日,第 205 师在北平接受和平改编。2 月 19 日,改编为中国人民解放军独立第 62 师。

历任师长:

覃异之(1944.12.20－)

刘安祺(1945.2.9－1945.4)

张灵甫(1945.4－1945.4.28)

刘安祺(1945.4.28 兼任－)

胡素

刘树勋(－1948.1.21)

廖慷(1948.1.21－1948.4.13 兼任－1948.7.1)

邓文僖(1948.7.1－1949.1.16)

张钦安(1949.1.16－)

第 206 师

中央军(1945.1－1950)

1945 年 1 月 1 日,中央军校第一分校招募知识青年在陕西汉中成立第 206 师,下辖三团。10 月,隶属第 9 军。1946 年 8 月,脱离第 9 军建制,第 201、第 203、第 204、第 205 师编余官兵并入该师②,下辖二旅四团。1947 年 3 月,由关中调赴山西安邑、运城,参加晋西南作

---

① 《国防部本部隶属各部队主官简历驻地与部队沿革手册》,全宗号 783,卷宗号 393。
② 《国防部本部隶属各部队主官简历驻地与部队沿革手册》,全宗号 783,卷宗号 393。

战(1947年4月上旬至8月中旬)。6月,增辖至二旅六团。7月初,主力守备河南洛阳,所属第1旅由洛阳调山东参加鲁西南地区作战(1947年6月下旬至7月下旬),"追剿"刘邓大军(1947年8月中旬至下旬),8月23日归建。9月11日至12日,所属第2旅第4团在河南灵宝被歼灭。1948年3月14日,师部及第1、第2旅在洛阳被全歼,师长兼洛阳警备司令邱行湘被俘。4月,残部经收容后在南京重建第206师。10月,调赴台湾。1949年1月,隶属第80军。

历任师长:

杨彬(1944.12.20—1945.4.28)

方先觉(1945.5.28—)

萧劲

邱行湘(—1948.3.14被俘)

唐守治(—1948.12.20兼任—1949.3免兼)

邱希贺(1949.3.1—)

第207师

中央军(1945.1—1950)

1945年1月1日,以新编第28师为基干招募知识青年在云南昆明编成第207师,下辖三团。10月,拨隶新编第6军。1946年8月,脱离新编第6军建制,扩辖二旅六团。9月,驻东北西安(今吉林省辽源)。12月,守备兴京、抚顺。长期驻防沈阳、抚顺。1947年,参加四平会战(1947年6月中旬至7月上旬)。7月,扩辖三旅九团。1948年3月,隶属第6军。10月初,该师所属第3旅自抚顺出发参加西进兵团,第1、第2旅守备沈阳。10月28日,第3旅在辽宁黑山、打虎山以东地区被歼灭。11月2日,第1、第2旅在沈阳郊外被歼灭。1949年初,在上海重新编成第207师,旋调台湾。3月,隶属第6军。

历任师长:

方先觉(1944.12.20—1945.4)

罗又伦(1945.4—1948.3.30兼任—1948.7免兼)

戴朴(1948.7.1—1949.1.1兼任—1949.2.16免兼)

王启瑞(1949.2—)

第208师

①中央军(1945.4—1948.7)

1945年4月,以第144师官兵为基干在江西黎川成立第208师,下辖三团。抗战胜利后进驻赣州。11月,编入第31军。1946年8月,第31军番号撤销,第209师所属一团并入该师,改辖二旅四团。9月,分驻杭州、临安、余杭、清德、吴兴。旋调北平。1947年10月,扩编为二旅六团。11月,扩编为三旅九团。1948年7月,扩编为新编第33、新编第34、新编第35师,组成第87军。

历任师长：

黄珍吾（1945.2－）

段沄

②中央军（1948.1－1950）

1949年1月，衢州绥靖公署警卫团在南京改编为第208师，隶属第37军。5月下旬，到舟山。5月29日到台湾，改番号为第92师。

历任师长：

许朗轩（1949.1.1－）

李毓南

第209师

①中央军（1945.3－1946.8）

1945年3月，以第75师官兵为基干在江西铅山成立第209师，下辖三团。旋移福建上杭。抗战胜利后进驻瑞金。11月，编入第31军。1946年7月，一团拨归第208师，两个团并入第202师，该师番号撤销。

历任师长：

温鸣剑

②中央军（1948.9－1949.5）

1948年9月7日，第202师所属第2旅扩编为第209师，隶属第37军。1949年5月27日，在上海被歼灭。

历任师长：

杨伯涛（1948.7.1－1948.8未到任）

方懋楷（1948.9.1－）

第210师

①中央军（1945.4－1945.7）

1945年，在江西瑞金成立第210师，只编成两团。7月底，该师番号撤销，所属两团分别编入第208、第209师。

历任师长：

刘安祺（1945.4.9－未到任）

②晋绥军傅作义部（1947.7－1948.12）

1947年7月，在察哈尔成立第210师。10月，隶属暂编第4军。1948年9月，隶属第105军（暂编第4军改称）。12月23日至24日，在张家口地区被歼灭，师长李思温被俘。

历任师长：

李思温（－1948.12.24被俘）

第 211 师 (整编第 211 旅)

伪军,1947 年黄埔军校出身张忠中出任师长 (1947.7 — 1950)

1947 年 7 月,暂编第 12 师在山东改编为整编第 211 旅,隶属整编第 45 师 (第 96 军改称)。10 月 8 日,在山东潍县山阳庄被歼灭 8000 人,旅长张忠中被俘。1948 年初,脱离整编第 45 师建制。5 月,改隶整编第 2 师。9 月 24 日,在济南被歼灭。11 月,在江西赣州组建第 211 师,隶属第 23 军。1949 年 10 月 24 日至 26 日,在广东阳春、阳江地区被歼火一部。12 月 18 日,残部由在湛江海运台湾。

历任师长 (整编旅旅长):

贺执圭

张忠中 (— 1947.10.8 被俘)

龙矫 (1947.11 — 1948.7.15)

马培基 (1948.7.15 — 1948.9.24 被俘)

魏蓬林 (1948.11.1 —)

第 212 师 (整编第 212 旅)

中央军 (1947.7 — 1950)

1947 年 7 月,暂编第 14 师在山东改编为整编第 212 旅,隶属整编第 45 师 (第 96 军改称)。1948 年 4 月 27 日,在潍县被歼灭。后重建。10 月,恢复师的番号,隶属第 96 军。1949 年 5 月 27 日,所属第 606 团在上海投诚。8 月,第 96 军 (下辖第 141、第 212 师) 合并成第 212 师,隶属福州绥靖公署。8 月 21 日,师长荣英魁率军直属队、残部在福建永泰县投诚,余部撤往澎湖列岛。

历任师长 (整编旅旅长):

李鸿慈

汪安澜 (— 1948.7)

金定洲 (1948.7.8 — 1948.11.16)

张伯权 (1948.11.16 — 1948.12.16)

章毓金 (1948.12.16 —)

荣英魁 (— 1949.8.21 投诚)

第 213 师 (整编第 213 旅)

东北军,1948 年 11 月黄埔军校出身的周煦龙出任师长 (1947.7 — 1950)

1947 年 7 月,暂编第 15 师在山东改编为整编第 213 旅,隶属整编第 45 师 (第 96 军改称)。12 月,调济南改隶整编第 2 师。1948 年 9 月 23 日,在济南被歼灭,旅长胡景瑗被俘。11 月,在江西赣州组建第 213 师,隶属第 23 军。1949 年 10 月 24 日至 26 日,一部在广东阳春、阳江地区被歼灭。12 月 18 日,残部由在湛江海运台湾。

历任师长(整编旅旅长):

胡景瑗(—1948.9.24 被俘)

周煦龙(1948.11.1—1948.12.16 兼任—1949.3 免兼)

段绍浩(1949.3.16—1949.5.1)

胡信(1949.5.1—)

第 214 师

中央军(1948.9—1949.12)

1948 年 9 月,第 203 师所属第 1 旅在陕西改称第 214 师,隶属第 57 军。1949 年 5 月 22 日,在陕西凤翔以北麟游山区被歼灭。后重建。12 月 26 日、27 日,在四川新津、邛崃、大邑等地被歼灭,师长王菱舟阵亡。

历任师长:

黄焕荣

王菱舟(1949.7.1—1949.12.26 阵亡)

第 215 师

中央军(1948.9—1949.12)

1948 年 9 月,第 203 师所属第 2 旅在陕西改称第 215 师,隶属第 57 军。1949 年 5 月 22 日,在陕西凤翔以北麟游山区被歼灭大部,师长索本勤被俘。拟重建,至 12 月再次被歼灭时仍未恢复。

历任师长:

索本勤(—1949.5.22 被俘)

刘钊铭(—1949.12.27 起义)

第 216 师

中央军(1948.10—1949.8)

1948 年 10 月,在湖北编成第 216 师,隶属第 85 军。12 月 10 日,残部在安徽宿县西南的双堆集投诚。1949 年初,重建。5 月,第 85 军直属部队并入该师,拨隶第 74 军。8 月 14 日,该师大部在福建孙厝被歼灭,师长谷允怀被俘。

历任师长:

谷允怀(1948.11.1—1949.8.17 被俘)

第 217 师

中央军(1949.1—1949.10)

1949 年 1 月,湖北师管区补充团、地方团队编成第 217 师,隶属第 118 军。2 月,改隶第

122 军。10 月 16 日,在湘西大庸投诚,师长谢淑周被俘。

历任师长:

谢淑周(—1949.10.16 被俘)

第 218 师

中央军(1948.12—1949.5)

1948 年 12 月,在江西编成第 218 师。1949 年 2 月,隶属第 67 军。5 月,与第 67 军所属其他两个师缩编为第 56、第 67 师。

历任师长:

郭文灿(1948.12.1—)

第 219 师

中央军(1948.12—)

1948 年 12 月,在江西编成第 219 师。1949 年 2 月,隶属第 67 军。5 月,与第 67 军所属其他两个师缩编为第 56、第 67 师。

历任师长:

何世统(1948.12.1—)

第 220 师

中央军(1948.9—1949.8)

1948 年 9 月,新编第 33 师在北平改番号为第 220 师,仍隶属第 87 军。1949 年 8 月,撤销番号。

历任师长:

陆静澄

顾德治(1948.11.1—)

第 221 师

中央军(1948.9—1950)

1948 年 9 月,新编第 34 师在北平改番号为第 221 师,仍隶属第 87 军。1950 年 5 月,撤军台湾。

历任师长:

王永树(—1949.2.1 兼任—)

吴渊明

第 222 师

中央军(1948.9—1950)

1948 年 9 月,新编第 35 师在北平改番号为第 222 师,仍隶属第 87 军。1950 年 5 月,撤军台湾。

历任师长:

周雨寰

詹抑强(1949.6.1－)

第 223 师(整编第 223 旅)

中央军(1948.9－1950.3)

1948 年 9 月,新编第 7 旅在湖北改番号为第 223 旅。11 月,改称第 223 师。1949 年 2 月,隶属第 124 军。11 月 28 日,在四川南川以北山地被歼灭大部。12 月 25 日,一部在新繁地区斑竹园起义。残部到西康。1950 年 3 月,师长高志民在西康被俘。

历任师长(整编旅旅长):

陈瑞鼎(1948.10.1－1948.11.1 由旅长改任师长－)

陈振仙(1949.3.1－)

高志民(－1950.3 被俘)

第 224 师(整编第 224 旅)

新桂系军(1948.9－1949.12)

1948 年 9 月,新编第 8 旅改番号为第 224 旅。旋改称第 224 师,隶属第 7 军。1949 年 11 月 25 日,该师在广西梧州溃散。12 月 8 日,师长刘昆阳在上思被俘。

历任师长(整编旅旅长):

刘昆阳(－1949.12.8 被俘)

第 225 师

川军(1948.9－1949.12)

1948 年 9 月,新编第 9 旅在四川改番号为第 225 师,隶属第 95 军。1949 年 12 月 9 日,在彭县起义。1950 年 6 月,编入中国人民解放军第 60 军第 180 师。

历任师长:

于戒需(－1949.12.9 起义)

第 226 师

滇军(1948.9－1949.12)

1948 年 9 月,新编第 10 旅在河南信阳改番号为第 226 师,隶属第 58 军。1949 年 12 月 1 日,在广西博白地区被歼灭。

历任师长:

龚德敏(－1949.2.16)

段经(—1949.4.1)

王少才(1949.4.1—1949.11.28 阵亡)

整编第 227 旅

中央军(1947.5—1949.9)

1947 年 5 月,暂编第 58 师在新疆改称第 227 旅,隶属整编第 78 师。1949 年 9 月 25 日,在新疆起义。

历任整编旅旅长:

顾葆裕(—1947.10 免兼)

彭劢(1947.10—)

朱鸣刚(1948.12.16—1949.9.25 起义)

第 228 师

甘肃地方部队(1948.10—1949.9)

1948 年 10 月,新编第 11 师在绥远改称第 228 师,仍隶属第 22 军。1949 年 9 月 19 日,在绥远包头起义。

历任师长:

杨仲璜(1948.10.16—1949.9.19 起义)

第 229 师(整编第 229 旅)

新桂系军(1948.9—1949.12)

1948 年 9 月,新编第 12 旅在广西改番号为第 229 旅。旋改称第 229 师。12 月,隶属第 56 军。1949 年 12 月,在广西被歼灭。

历任师长(整编旅旅长):

杨创奇

第 230 师

中央军(1948.9—1949.5)

1948 年 9 月,新编第 13 旅在安徽改番号为第 230 师,隶属第 88 军。12 月,改隶第 21 军。1949 年 4 月 22 日,师长骆周能在江苏江阴起义。5 月 27 日,该师在上海投诚。

历任师长:

许午言(—1949.2 失踪)

骆周能(1949.3.16—1949.4.22 起义)

邓朝彦

第 231 师(整编第 231 旅)

中央军(1947—1949.9)

1947 年初,在新疆吐鲁番组建第 231 旅,隶属整编第 42 师。1949 年夏,调驻甘肃,改称第 231 师,拨隶第 91 军。9 月 24 日,在甘肃酒泉起义,编为中国人民解放军第 6 军独立第 1、独立第 2 团。

历任整编旅旅长:

田子梅(—1949.9.24 起义)

第 232 师(整编第 232 旅)

陕西地方部队(1948.9—1949.8)

1948 年 9 月,新编第 14 旅在湖南长沙改番号为第 232 旅。11 月,改称第 232 师,隶属第 102 军。1949 年 6 月,改隶第 71 军。8 月 4 日,在长沙起义。11 月,改编为中国人民解放军第 52 军第 215 师。

历任师长(整编旅旅长):

康朴(—1949.8.4 起义)

第 233 师

川军王陵基部(1948.9—1949.12)

1948 年 9 月,新编第 15 旅在徐州改番号为第 233 师,隶属第 72 军。1949 年 1 月 10 日,师长徐华率部在河南永城陈官庄地区投诚。2 月,在四川重建。12 月 11 日,在宜宾起义。

历任师长:

谭心(—1948.11.1)

徐华(1948.11.1—1949.1.10 投诚)

赵德树(—1949.12.11 起义)

第 234 师

川军(1948.10—1949.6)

1948 年 10 月,新编第 17 旅在湖北改番号为第 234 师,隶属第 29 军。1949 年 6 月,拨隶第 103 军。12 月 1 日,大部在广西万冈被歼灭,师长王学臣被俘。12 月 17 日,师长谢可澄率残部在贵州安龙、册亨起义。

历任师长:

冉良臣(病故)

曾京(1949.2.1—1949.2.16)

王学臣(1949.2.16—1949.12.1 被俘)

谢可澄(—1949.12.17 起义)

第 235 师

川军(1948.9—1949.12)

1948 年 9 月,新编第 18 旅在四川改番号为 235 师。1949 年 4 月,向川东转移。9 月,向开县转移,10 月抵南部。12 月 9 日,在南部起义。

历任师长:

潘清洲(—1949.12.9 起义)

第 236 师

新桂系军(1948.9—1949.12)

1948 年 9 月,新编第 19 师在安徽改番号为第 236 师,隶属第 46 军。1949 年 12 月,在广西被歼灭。

历任师长:

王佐文

第 237 师

①中央军(1948.9—1949.1)

1948 年 9 月,新编第 20 师改番号为第 237 师,隶属第 8 军。1949 年 1 月 10 日在河南永城地区陈官庄被歼灭。

历任师长:

孙进贤

任同堂(1948.10.16—1948.12.1)

②中央军(1949.12—1950.1)

1949 年 12 月,第 8 军教导师在云南改编为第 237 师,仍隶属第 8 军。1950 年 1 月 15 日,主力在云南元江城被歼灭。1 月 24 日,在元江东岸的红土坡、二塘地区被歼灭一部,残部进入缅甸。

历任师长:

李彬甫(—1950.1 阵亡)

第 238 师

中央军(1948.9—1949.9)

1948 年 9 月,新编第 21 旅在江苏徐州改番号为第 238 师,隶属第 12 军。11 月 25 日,在安徽灵璧被歼灭。后重建,隶属第 66 军。1949 年 4 月 29 日,在皖南郎溪、广德之间山区被全歼。7 月,第 66 军残部缩编为第 238 师,拨隶第 73 军。8 月,第 73 军缩编为第 238 师。9 月 17 日,该师在福建平潭被歼灭。

历任师长:

徐有成

第 239 师

中央军(1948.10－1949.12)

1948 年 10 月,新编第 22 旅在四川改番号为 239 师,隶属第 108 军。1949 年 12 月,因第 239 师一度失去联系,故将第 366 师改称第 239 师,旋即恢复第 366 师番号。12 月 24 日,师部率第 715 团在彭县起义。

历任师长:

吴建新(－1949.12.24 起义)

第 241 师

中央军(1948.10－1949.12)

1948 年 10 月,新编第 23 旅在四川改番号为第 241 师,隶属 108 军。1949 年 12 月 24 日,主力在郫县起义,所属第 722 团团长崔北川率 1000 余人在南川县白马山起义。

历任师长:

李维勋

汤国城(1949.6.16－)

王显庆(－1949.12.24 起义)

第 242 师

中央军(1948.10－1949.12)

1948 年 10 月,新编第 24 旅在四川改番号为第 242 师,隶属第 108 军。1949 年 12 月 24 日,师部率第 725 团在彭县起义。

历任师长:

雷鸣

黄健三(－1949.12.24 起义)

第 243 师

中央军(1948.9－1949.12)

1948 年 9 月,新编第 25 旅在河南改番号为第 243 师,隶属第 15 军。1949 年 12 月 24 日,在四川郫县起义。1950 年 5 月,起义部队改编为中国人民解放军第 167 师第 500 团。

历任师长:

段国杰(－1949.12.24 起义)

第 244 师

中央军(1948.9－1949.12)

1948 年 9 月,新编第 26 旅在甘肃天水改番号为第 244 师。1949 年 4 月,编入第 119 军。12 月 9 日,在陇南武都起义,编为中国人民解放军西北军区独立第 3 军第 7 师。

历任师长:

王治岐(－1949.2.16)

蒋汉城(1949.2.16 兼任－1949.12.9 投诚)

第 245 师

中央军(1948.9－1949.9)

1948 年 9 月,新编第 27 旅在甘肃改番号为第 245 师。1949 年 3 月,编入第 120 军。9 月 18 日,所属第 735 团在民乐县六坝被歼灭。19 日,所属第 733、第 734 团在张掖被歼灭。9 月 24 日,师长刘漫天率 825 人在酒泉起义,编入中国人民解放军第 4 军独立第 1 团。

历任师长:

刘漫天(－1949.9.24 起义)

第 246 师

中央军(1948.9－1949.9)

1948 年 9 月,新编第 28 旅在甘肃改称第 246 师。1949 年 4 月,隶属第 91 军。9 月 19 日,所属第 736 团 700 人在张掖以西周家庄投降。9 月 24 日,师长沈芝生率领余部在酒泉起义。

历任师长:

沈芝生(－1949.9.24 起义)

第 247 师

中央军(1948.9－1949.12)

1948 年 9 月,新编第 29 旅在甘肃改称第 247 师。1949 年 4 月,编入第 119 军。7 月 12 日,在陕西扶风、郿县地区被歼灭。8 月 8 日,所属骑兵团团长赵玉亭率部在甘肃陇东武山起义。12 月 8 日,所属第 741 团团长张孝义率 530 人在西和县起义。12 月 9 日,残部在武都起义。

历任师长:

陈倬

周祜(1949.1.22－)

李惠民

王灏鼎(－1949.12.9 起义)

第 248 师

青海马步芳部(1948.9－1949.9)

1948 年 9 月,新编第 30 旅改番号为第 248 师。11 月,隶属第 82 军。1949 年 3 月 11 日,师长马德胜在陕西三原阵亡。8 月 26 日,该师在兰州被歼灭大部,余部向青海败退中溃散。9 月 11 日,师长韩有禄在海晏三角城投诚。

历任师长:

马德胜(—1949.3.11 阵亡)

韩有禄(改名为韩得胜)(—1949.9.11 投诚)

第 249 师

中央军(1949.2—1949.12)

1949 年初,在贵州组建第 249 师,隶属第 49 军。11 月 9 日,该师在镇远附近被歼灭。12 月 10 日,师长陈永思率残部在水城起义。

历任师长:

龙泽汇(1949.2.16 兼任—)

陈永思(—1949.12.10 起义)

第 250 师

晋绥军傅作义部(1948.9—1949.1)

1948 年 9 月,新编第 31 师在察哈尔改称第 250 师,隶属第 104 军。12 月 12 日,在怀来以南被歼灭。旋重建。1949 年 1 月 21 日,在北平接受和平改编。2 月 19 日改编为中国人民解放军独立第 71 师,26 日拨隶解放军第 38 军[①]。

历任师长:

王建业(—1949.1.21 起义)

第 251 师

晋绥军傅作义部(1948.9—1948.12)

1948 年 9 月,新编第 32 师在察哈尔改称第 251 师,隶属第 105 军。12 月 24 日,在张家口被歼灭,师长韩天春被俘。

历任师长:

韩天春(—1948.12.24 被俘)

第 252 师

中央军(1948.9—1950)

1948 年 9 月,新编第 36 旅在山东青岛改称第 252 师,隶属第 32 军。1950 年 4 月 26 日,师部及所属两团在海南岛乐和被歼灭,一团撤军台湾。

---

① 《北平和平解放前后》,第 146—153 页。

历任师长：

王禹谟(—1948.11.1)

刘宝亮(1948.11.1—)

康乐山(—1950.4 被俘)

第 253 师

中央军(1948.11—1949.7)

1948 年 11 月,第 13 兵团独立旅在江苏徐州改编为第 253 师,隶属第 9 军。1949 年 1 月 10 日,在河南永城陈官庄地区被歼灭。后在浙江重建。8 月,该师番号撤销,官兵补充第 166 师。

历任师长：

王青云(—1949.1 被俘)

李牧良(1949.3.1—)

第 254 师

中央军(1948.9—1949.12)

1948 年 9 月,暂编第 2 旅在陕西改称第 254 师,隶属第 3 军。1949 年 12 月 26 日至 27 日,在四川邛崃地区被歼灭。

历任师长：

陈岗陵

第 255 师(整编第 255 旅)

中央军(1948.8—1950)

1948 年 8 月,山东保安部队在青岛编成整编第 255 旅,隶属整编第 32 师。9 月,改称第 255 师,隶属第 32 军。1950 年 5 月,撤军至台湾。

历任师长(整编旅旅长)：

麦劲东(1948.12.1—)

李鸿慈(1949.1.1—)

柴正源

第 256 师

宁夏马鸿逵部(1948.9—1949.9)

1948 年 9 月,暂编第 9 旅在宁夏改番号为第 256 师,隶属第 11 军。1949 年 8 月,改隶第 128 军。9 月 21 日,在宁夏灵武投降。

历任师长：

卢忠良(1949.4.16 兼任—)

马福元(—1949.9.23 投诚)

第 257 师

宁夏马鸿逵部(1948.9—1949.9)

1948 年 9 月,暂编第 10 旅在宁夏改番号为第 257 师。1949 年 5 月,隶属第 128 军。8月,改隶贺兰军。9 月,溃散。

历任师长:

马英才(1949.6.1—1949.9.23 投诚)

第 258 师

晋绥军傅作义部(1948.9—1948.12)

1948 年 9 月,暂编第 10 师在察哈尔改番号为第 258 师,隶属第 104 军。12 月 24 日,在张家口被歼灭,师长张惠源被俘。后重建,隶属第 111 军,主力驻绥远归绥,所属第 774 团驻包头东南的萨拉齐。1949 年 9 月 19 日,在绥远起义。12 月,改编为中国人民解放军第 36军第 106 师。

历任师长:

张惠源(—1948.12.24 被俘)

张朴(1949.6.1—)

赵晓峰(—1949.9.19 起义)

第 259 师

①晋绥军傅作义部(1948.9—1948.12)

1948 年 9 月,暂编第 11 师在察哈尔改番号为第 259 师,隶属第 105 军。12 月 24 日,在张家口被歼灭,师长郭跻堂被俘。

历任师长:

张副元(—1948.11.1)

郭跻堂(1948.11.1—1948.12.24 被俘)

②滇军(1949.10—1949.12)

1949 年 10 月,云南保安部队第 4、第 6、第 13 团编为第 259 师,隶属第 74 军。12 月 9日,在昆明起义。

历任师长:

保如光(—1949.12.9 起义)

第 260 师

①伪军(1948.10—1948.11)

1948 年 10 月,暂编第 25 师所辖暂编第 11 旅在江苏睢宁改番号为第 260 师,隶属第

107.军。11月13日,在睢宁大王集地区投诚。

历任师长:

王清翰(1948.10.16兼任—1948.11.13投诚)

②滇军(1949.10—1949.12)

1949年10月,云南保安部队第3、第5、第14团编为第260师,隶属第74军。12月9日,在昆明起义。

历任师长:

尹集生(—1949.12.9起义)

第261师

伪军(1948.10—1948.11)

1948年10月,暂编第25师所辖暂编第13旅在江苏睢宁改番号为第261师,隶属第107军。11月13日,在睢宁西北大王集地区被歼灭,师长孙玉田被俘。

历任师长:

孙玉田(1948.10.16—1948.11.13被俘)

第262师

晋绥军傅作义部(1948.10—1949.1)

1948年10月,暂编第17师改番号为第262师,仍隶属第35军。1949年1月21日,在北平接受和平改编。2月19日改编为中国人民解放军独立第90师,26日拨隶解放军第47军。

历任师长:

朱大纯(—1949.1.21起义)

第263师

川军(1949)

1949年,在四川成立第263师,直隶于西南军政长官公署。11月6日,在秀山被歼灭大部,退守酉阳。10日,在酉阳被歼灭。

历任师长:

徐正纲(—1949.12.12起义)

第264师

中央军(1949.2—1949.5)

1949年2月,第40军军直属独立团与河南保安部队改编为第264师,隶属第40军。5月5日,在河南新乡接受和平改编。

历任师长:

王锡龄(1949.1.15－1949.5.5 起义)

第 265 师

新桂系军(1949.1－1949.12)

1949 年 1 月,在湖北编成第 265 师,隶属第 58 军。12 月底,在广西博白地区被歼灭。

历任师长:

段经(1949.1.1－1949.2.16)

黄克烈(1949.2.16－)

段经(1949.4.1－)

段希文

第 266 师

中央军(1949.1－1950)

1949 年初,山东保安部队在青岛组建第 266 师,隶属第 32 军。10 月 26 日,在广东阳春、阳江地区被歼灭。后在海南岛重建。1950 年 5 月,海运台湾。

历任师长:

冯陈豪(1949.1.1－)

第 267 师

晋绥军傅作义部(1948.10－1949.1)

1948 年 10 月,暂编第 26 师改番号为第 267 师,仍隶属第 35 军。12 月 22 日,在察哈尔怀来新保安被歼灭,师长温汉民被俘。旋在北平重建,仍隶属第 35 军。1949 年 1 月 21 日,在北平接受和平改编。2 月 19 日,改编为中国人民解放军独立第 99 师,26 日拨隶解放军第 49 军[①]。

历任师长:

朱钜林(－1948.12.1)

温汉民(1948.12.1－1948.12.12 被俘)

刘一平(－1949.1.21 起义)

第 268 师

伪军,1948 年 12 月黄埔军校出身的李慎言出任师长(1948.9－1949.4)

1948 年 9 月,暂编第 26 旅在河南改番号为第 268 师,隶属第 99 军。10 月 21 日至 22 日,该师在郑州被歼灭。1949 年 1 月,重建。4 月下旬,在皖南被击溃,师长李慎言被俘。

历任师长:

杨汝贤(杨明卿)(－1948.12.1)

---

① 《北平和平解放前后》,第 146－153 页。

李慎言(1948.12.1－1949.4 被俘)

第 269 师

伪军(1948.9－1949.1)

1948 年 9 月,暂编第 27 师在察哈尔改番号为第 269 师,隶属第 104 军。12 月 12 日,在察哈尔怀来地区被歼灭。旋重建,仍隶属第 104 军。1949 年 1 月 21 日,在北平接受和平改编。2 月 19 日改编为中国人民解放军独立第 72 师。

历任师长:

慕新亚(－1949.1.21 起义)

第 270 师

中央军(1949.1－1949.11)

1949 年初,在青岛的保安团队编成第 270 师,隶属第 50 军。11 月 24 日至 26 日,在广东阳春、阳江地区被歼灭。

历任师长:

唐德(1949.1.22－)

高维民

第 271 师

①晋绥军傅作义部(1948.9－1949.1)

1948 年 9 月,暂编第 31 师在河北保定改番号为第 271 师,隶属第 101 军。12 月 7 日,在察哈尔宣化沙岭子被歼灭。旋以河北保安旅改编重建,仍隶属第 35 军。1949 年 1 月 21 日,在北平接受和平改编,2 月 19 日改编为中国人民解放军独立第 35 师,26 日拨隶解放军第 42 军。

历任师长:

关廷珍(1948.9.1－1948.11.1)

张进修(1948.11.1－1949.1.16)

李得勋(1949.1.16－)

栾乐山(－1949.1.21 起义)

②中央军(1949.11－1949.12)

1949 年 11 月,黔北威宁、赫章、水城地区各保安部队编成第 271 师,隶属第 101 军。12 月初,第 101 军番号撤销,该师改隶贵州西北绥靖区司令部。12 月 10 日,贵州西北绥靖区司令兼任该师师长刘鹤鸣率该师在普安起义。

历任师长:

刘鹤鸣(－1949.12.10 起义)

第 272 师

①晋绥军傅作义部(1948.9－1949.1)

1948 年 9 月,暂编第 32 师在河北保定改番号为第 272 师,隶属第 101 军。1949 年 1 月 21 日,在北平接受和平改编。2 月 19 日,改编为中国人民解放军独立第 41 师,26 日拨隶解放军第 48 军。

历任师长:

刘化南(－1949.1.21 起义)

②中央军(1949.11－1949.12)

1949 年 11 月,黔南盘县、普安、兴仁、兴义各保安部队编成第 272 师,隶属第 101 军。12 月初,第 101 军番号撤销,改隶贵州西南绥靖区司令部。12 月 10 日,师长余启佑率 2600 人在普安起义。1950 年 3 月 9 日,余启佑率全师重新加入国军,残部进入越南。

历任师长:

余启佑(－1949.12.10 起义－)

第 273 师

晋绥军傅作义部(1948.9－1949.1)

1948 年 9 月,暂编第 33 师在河北保定改番号为第 273 师,隶属第 101 军。1949 年 1 月 21 日在北平接受和平改编。2 月 19 日,改编为中国人民解放军独立第 42 师,26 日拨隶解放军第 46 军。

历任师长:

郑海楼(－1949.1.21 起义)

第 274 师

晋绥军(1948.9－1949.4)

1948 年 9 月,暂编第 37 师在山西改番号为第 274 师,隶属第 19 军。1949 年 4 月,在太原起义。

历任师长:

宫子清(1948.10.1－)

第 275 师

①晋绥军(1948.9－1949.5)

1948 年 9 月,暂编第 38 师在山西大同改番号为第 275 师,隶属第 33 军。1949 年 5 月 1 日,在大同投诚。

历任师长:

田尚志(－1949.5.1 投诚)

②中央军(1949.9—1949.11)

1949 年 9 月,第 8 编练司令部军士总队在贵州改编为第 275 师[①],隶属第 49 军。11 月 23 日,师长陈德明率部在金沙县安底镇起义。

历任师长:

陈德明(—1949.11.23 起义)

第 276 师

晋绥军(1948.9—1949.4)

1948 年 9 月,暂编第 39 师在山西改番号为第 276 师,隶属第 43 军。1949 年 4 月 24 日,在太原被歼灭。

历任师长:

刘鹏翔(—1949.4.20 自戕)

第 277 师

①晋绥军(1948.9—1949.4)

1948 年 9 月,暂编第 40 师在山西改番号为第 277 师,隶属第 19 军。1949 年 4 月 21 日,师长许森率余部在太原起义。

历任师长:

曹国忠(—1948.12 免兼)

许森(1948.12.1—1949.4.21 起义)

②滇军(1949.10—1949.12)

1949 年 10 月,云南保安部队第 1、第 2、第 10 团编为第 277 师,隶属第 93 军。12 月 9 日,在昆明起义。

历任师长:

张中汉(—1949.12.9 起义)

第 278 师

①晋绥军(1948.9—1948.10)

1948 年 9 月,暂编第 44 师在山西改番号为第 278 师,隶属第 34 军。10 月 6 日,该师在太原外围南黑窑、南畔村被歼灭,师长李子法被俘。

历任师长:

李子法(—1948.10.6 被俘)

②滇军(1949.10—1949.12)

1949 年 10 月,云南保安部队第 7、第 8、第 9 团编为第 278 师,隶属第 93 军。12 月 9

---

① 熊先煜:《二七五师起义的前前后后》,《遵义文史》第 3 辑,第 51 页。

日,在昆明起义。

历任师长:

陇生文(—1949.12.9 起义)

第 279 师

①晋绥军(1948.9—1949.4)

1948 年 9 月,暂编第 45 师在山西改番号为第 279 师,隶属第 34 军。10 月 6 日在太原外围南黑窑、南畔村被歼一部,师长郑继周被俘。1949 年 4 月 24 日,该师在太原被歼灭。

历任师长:

郑继周(—1948.10.6 被俘)

李熙泉(1948.12.1—)

赵显珠(1949.2.1—)

②滇军(1949.10—1949.12)

1949 年 10 月,云南保安部队第 11、第 12、第 15 团编为第 279 师,隶属第 93 军。12 月 9 日,在昆明起义。

历任师长:

张秉昌(—1949.12.9 起义)

第 280 师

晋绥军(1948.9—1949.4)

1948 年 9 月,暂编第 46 师在山西改番号为第 280 师,隶属第 33 军。10 月 6 日,该师在太原外围被歼灭。后重建。1949 年 4 月 20 日,师长阎俊贤率部在太原投诚。

历任师长:

秦立法(—1948.10.16 免代)

阎俊贤(1948.10.16—1949.4.20 投诚)

第 281 师

伪军(1948.11—1950)

1948 年 11 月,暂编第 23 师所辖暂编第 45 旅在皖南改番号为第 281 师,隶属第 106 军。1949 年 4 月 25 日,该师在徽州城郊被歼灭。8 月上旬,第 106 军所属部队合编为第 281 师,拨隶第 96 军。8 月下旬,撤往澎湖列岛。

历任师长:

吴剑秋(1949.3.1—)

顾贯云(—1949.8.16)

陈永灿

第 282 师

伪军(1948.11—1949.2)

1948 年 11 月,暂编第 23 师所辖暂编第 46 旅在皖南改番号为第 282 师,隶属第 106 军。1949 年 2 月 7 日,师长张奇率部在繁昌带起义。

历任师长:

张奇(1948.11—1949.2.7 起义)

第 283 师

晋绥军(1948.9—1949.4)

1948 年 9 月,暂编第 49 师在山西改番号为第 283 师,隶属第 43 军。1949 年 4 月 24 日,在太原被歼灭,师长王永寿被俘。

历任师长:

杜显甲

王永寿(—1949.4.24 被俘)

第 284 师

中央军(1948.11—1949.1)

1948 年 11 月,新编第 5 军所属暂编第 50 师在河北秦皇岛改番号为第 284 师,隶属第 86 军(新编第 5 军改称)。1949 年 1 月 15 日,在天津被歼灭,师长罗先之被俘。

历任师长:

范玉书(—1948.12.1)

罗先之(1948.12.1—1949.1.15 被俘)

第 285 师

中央军(1948.12—1949.5)

1948 年 12 月,在江西编成第 285 师。1949 年 2 月,隶属第 67 军。5 月,与第 67 军所属其他两个师缩编为第 56、第 67 师。

历任师长:

曾潜英(1948.11.1—)

余伯泉(1948.12.1—)

第 286 师

中央军(1949.1—1950.5)

1949 年 1 月,第 4 军直属队与第 90、第 59 师抽调的干部在江苏镇江成立第 286 师,隶属第 4 军。1950 年 5 月 1 日,在海南被全歼。

历任师长：

唐达(1949.1.1－1949.5.1)

陈治中(1949.5.1－)

许国钧

陈鹏

第 287 师

①川军(1949.1)

1949 年 1 月,第 150 师在徐州改称第 287 师,隶属第 116 军。1 月 10 日,在河南永城陈官庄地区被歼灭。

历任师长：

李芝(1949.1.1－1949.1 阵亡)

②青海马步芳部(1949)

1949 年,新编第 1 师改称第 287 师,隶属第 129 军。8 月 25 日,由兰州退往黄河以北,随即溃散。

历任师长：

马璋

第 288 师

川军(1949.1)

1949 年 1 月,第 162 师在徐州改称第 288 师,隶属第 116 军。1 月 10 日,在河南永城陈官庄地区被歼灭。

历任师长：

陈元良(1949.1.1－)

第 291 师

中央军(1948.11－1949.5)

1948 年 11 月,暂编第 57 师改番号为第 291 师,隶属第 54 军。1949 年 4 月 21 日,师长廖定藩在江苏丹阳阵亡。5 月,番号撤销,残部编入第 8、第 198 师。

历任师长：

廖定藩(1948.10.16－1949.4.21 阵亡)

第 293 师

中央军(1948.11－1949.1)

1948 年 11 月,暂编第 60 师在河北秦皇岛改番号为第 293 师,隶属第 86 军。1949 年 1 月 15 日,在天津被歼灭,师长陈膺华被俘。

历任师长:

陈膺华(—1949.1.15 被俘)

第 294 师

宁夏马鸿宾部(1948.9—1949.9)

1948 年 9 月,暂编第 60 旅改称第 294 师,隶属第 81 军。1949 年 8 月 16 日,所属第 881 团在宁夏中卫以南被歼灭。9 月 19 日,在中宁起义。

历任师长:

马奠邦

马绍翰

郭奎武(—1949.9.19 起义)

第 295 师

中央军(1949.1—1949.11)

1949 年初,在陕西组建第 295 师,隶属第 17 军。12 月 29 日,在四川三台县被歼灭,师长陈麟被俘。

历任师长:

何竹本(1949.1.16—)

陈麟(1949.8.16—1949.12.29 被俘)

第 296 师

中央军(1948.9—1950.7)

1948 年 9 月,暂编第 62 师在辽宁锦西改番号为第 296 师。11 月,改隶 52 军。1949 年 7 月,该师开往金门拨隶第 5 军。1950 年 7 月,番号撤销。

历任师长:

刘梓皋(1949.10—1950.3)

卢禹鼎(1950.4.3—)

第 297 师

中央军(1948.9—1949.1)

1948 年 9 月,暂编第 63 师在热河承德改番号为第 297 师,隶属第 13 军。12 月 5 日,在河北密云城被歼灭一团。1949 年 1 月 21 日,在北平接受和平改编。2 月 19 日改编为中国人民解放军独立第 50 师,26 日拨隶解放军第 47 军[①]。

历任师长:

---

① 《北平和平解放前后》,第 146—153 页。

欧孝全

第 298 师

中央军(1948.10－1949.12)

1948 年 10 月,湖南保安第 1 旅在湖北沙市改称第 298 师。1949 年 1 月,隶属第 118 军。12 月 24 日,在四川郫县起义。1950 年 5 月,起义部队改编为中国人民解放军第 167 师第 501 团。

历任师长:

张际泰(1948.10.1－)

傅碧人(1949.3.16 代理－1949.7.16 实任－1949.12.24 起义)

第 299 师

中央军(1948.9－1949.1)

1948 年 9 月,在热河承德编成第 299 师。10 月,隶属第 13 军。1949 年 1 月 21 日,在北平接受和平改编。2 月 19 日改编为中国人民解放军独立第 48 师,26 日拨隶解放军第 45 军。

历任师长:

巫剑峰(1948.9.16－1949.1.21 起义)

第 301 师

川军(1949.1－1949.12)

1949 年初,在湖北宜昌成立第 301 师,隶属第 41 军。12 月 21 日,在四川什邡起义。

历任师长:

张则荪(1949.1.1－1949.12.21 起义)

第 302 师

川军(1949.1－1949.12)

1949 年初,在湖北宜昌成立第 302 师,隶属第 47 军。12 月 21 日,在四川什邡起义。1950 年 3 月 12 日,在安县重新加入国军,14 日被歼灭。

历任师长:

张子完(1949.1.2 代理－1949.9.16 实任－1949.12.21 起义)

第 303 师

中央军(1949.1)

1949 年初,在河南信阳成立第 303 师,旋即撤销番号。

历任师长:

吴中相(1949.1.16—)

第 304 师

新桂系军(1949.5—1949.12)

1949 年 5 月,安徽保安团队编成第 304 师,隶属第 126 军。12 月 1 日,大部在广西博白被歼灭。

历任师长:

韦介伯(1949.5.1—)

第 305 师

①中央军(1948.12—1949.1)

1948 年 12 月,在天津编成第 305 师,隶属第 94 军。1949 年 1 月 15 日,在天津被歼灭。

历任师长:

姚葛民(1948.12.16—1949.1.15 被俘)

②新桂系军(1949.5—1949.12)

1949 年 5 月,安徽保安旅编成第 305 师,隶属第 126 军。11 月 27 日,在广西陆川以南被歼灭一部。12 月,所属第 914 团海运海南岛,其余部队溃散进入十万大山。

历任师长:

郭鉴准(1949.5.1—)

覃琦

第 306 师

①晋绥军傅作义部(1948.12)

1948 年 12 月,在北平编成第 306 师,旋撤销番号,官兵补充第 101 师。

历任师长:

梁泮池(1948.12.1—)

②新桂系军(1949.5)

1949 年 5 月,安徽保安部队编组第 306 师,隶属第 126 军。旋因兵员不足被撤销番号。

历任师长:

覃琦(1949.5.1—)

第 307 师

中央军(1948.12—1949.8)

1948 年 12 月,在湖北成立第 307 师,隶属第 29 军。1949 年 6 月,改隶第 100 军。8 月 4 日,在长沙起义。11 月,改编为中国人民解放军第 52 军第 216 师。

历任师长:

张诚文(1949.8.1－1949.8.4 起义)

第 308 师

中央军(1948.11－1949.5)

1948 年 11 月,江苏保安第 2 旅改编为第 308 师。1949 年 3 月,隶属第 123 军。5 月 13 日,在上海被歼灭。

历任师长:

纪毓智(1948.12.1－1949.2.16)

单栋

第 309 师

①晋绥军傅作义部(1948.12－1949.1)

1948 年底,在北平成立第 309 师,隶属第 104 军。1949 年 1 月 21 日,在北平接受和平改编。2 月 19 日,改编为中国人民解放军独立第 74 师,26 日拨隶解放军第 41 军。

历任师长:

赵树桥(1948.12.1－1949.1.21 起义)

②中央军(1949.4－1949.12)

1949 年 4 月,河南省地方保安团队编成第 309 师,隶属第 127 军。5 月 15 日,在武汉以南贺胜桥、金口地区起义(7 月,起义部队编为中国人民解放军第 51 军第 211 师一部)。后重建。12 月 25 日,师长刘子仁率部在川北巴中起义。

历任师长:

赵子立(1949.4.16 兼任－)

涂建堂(－1949.5.15 起义)

刘子仁(1949.7.16 代理－1949.12.25 起义)

第 310 师

①晋绥军傅作义部(1948.12－1949.9)

1948 年 12 月,在绥远成立第 310 师。1949 年 9 月 19 日,在绥远起义。12 月,改编为解放军第 36 军第 108 师。

历任师长:

张副元(1948.12.1－1949.9.19 起义)

②中央军(1949.4－1950.3)

1949 年 4 月,河南省地方保安团队编成第 310 师,隶属第 127 军。12 月 25 日,师长田敬堂率部在川北巴中起义。所属第 928、第 930 团脱离起义部队经松潘进入西康康定,1950 年 3 月 24 日被歼灭。

历任师长:

辛少亭(1949.4.16－1949.5.15 起义)

郭馨波(1949.7.16 代理一)

田敬堂(－1949.12.25 起义)

田中田

第 311 师

①晋绥军傅作义部(1948.12－1949.1)

1948 年 12 月,在北平编成第 311 师,隶属华北"剿总"。1949 年 1 月 21 日,在北平接受和平改编。2 月 19 日,改编为中国人民解放军独立第 88 师,26 日拨隶解放军第 45 军。

历任师长:

孙英年(1948.12.1－1949.1.21 起义)

②中央军(1949.4－1949.12)

1949 年 4 月,河南省地方保安团队编成第 311 师,隶属第 127 军。12 月 25 日,师长张旭东率部在川北巴中起义。

历任师长:

刘子仁

张旭东(1949.7.16 代理－1949.12.25 起义)

第 312 师

①中央军(1948.12－1949.4)

1948 年底,在南京成立第 312 师,隶属第 45 军。1949 年 4 月 29 日,在皖南郎溪、广德之间山区被全歼。

历任师长:

钟洒彤(1948.12.1－)

②中央军(1949.4－1949.12)

1949 年 4 月,湖北、河南省地方保安团队编成第 312 师,隶属第 128 军。5 月 15 日,在武汉以南贺胜桥、金口地区起义(7 月,起义部队编为中国人民解放军第 51 军第 211 师一部)。12 月,在四川重建第 312 师,隶属第 127 军。12 月 25 日,师长庞国钧率部在巴中起义。

历任师长:

张玉龙(－1949.5.15 起义)

庞国钧(－1949.12.25 起义)

第 313 师

①中央军(1948.12－1949.5)

1948 年底,在皖南当涂组建第 313 师,隶属第 88 军。1949 年 4 月下旬,在皖南被歼灭一部。5月,该师番号撤销。

历任师长:

苏维中(1948.12.1—)

②中央军(1949.4—1949.5)

1949年4月,湖北、河南省地方保安团队编成第313师,隶属第128军。5月15日,在武汉以南贺胜桥、金口地区起义。7月,与第314师合编为中国人民解放军第51军第212师。

历任师长:

鲍汝澧(—1949.5.15起义)

第314师

①中央军(1948.11—1949.4)

1948年11月,在湖南成立第314师,隶属第102军。1949年4月,在岳阳撤销番号。

历任师长:

陈达(1948.12.1—)

②中央军(1949.4—1949.5)

1949年4月,河南省保安第5旅编成第314师,隶属128军。5月15日,在武汉以南贺胜桥、金口地区起义。7月,与第313师合编为中国人民解放军第51军第212师。

历任师长:

张继烈(—1949.5.15起义)

第315师

中央军(1948.12—1949.8)

1948年12月1日,江西赣州地区成立第315师,隶属23军。1949年8月31日,该师番号撤销。

历任师长:

龚建勋(1948.12.1—1949.8免兼)

第316师

中央军(1948.12—1949.5)

1948年12月1日,在皖南宣城编成第316师,隶属第73军。1949年5月,该师番号撤销。

历任师长:

王一飞(1948.12.1—1949.5)

第 317 师

中央军(1948.12—1949.1)

1948 年底,在天津编成第 317 师,隶属第 62 军。1949 年 1 月 15 日,在天津被歼灭。

历任师长:

不详

第 318 师

中央军(1948.12—1949.8)

1948 年底,第 92 军所属第 21、第 142、暂编第 56 师分辖的 3 个补充团在天津编成第 318 师,隶属第 92 军。旋即脱离第 92 军建制,移驻塘沽。1949 年 1 月,随同第 17 兵团撤退,海运至上海,转赴杭州担任警备。5 月 8 日,该师(欠第 953 团)在浙江东阳境内投诚。余部与第 17 兵团直属独立团重建第 318 师,改隶第 106 军。8 月 16 日,副师长赖惕安率师部和第 953 团在福州起义,所属第 952 团在长乐投诚。

历任师长:

刘元伯(1948.12.1—1949.2.16)

彭淮霖(1949.2.16 代理—1949.5.8 投诚)

介景和

第 319 师

晋绥军傅作义部(1949.1—1949.9)

1949 年初,在绥远陕坝组建第 319 师。9 月 19 日起义,12 月改编为中国人民解放军第 37 军第 111 师。

历任师长:

张进修(1949.1.16—)

张朴(—1949.9.19 起义)

第 320 师

晋绥军傅作义部(1949.1—1949.9)

1949 年初,绥远地方部队和游杂部队编成第 320 师,隶属第 111 军。9 月 19 日,在绥远起义,12 月改编为中国人民解放军第 36 军第 107 师。

历任师长:

丁宗宪(1949.1.16—)

马逢辰(1949.6.1—1949.9.19 起义)

第 321 师

中央军(1949.1－1950)

1949 年初,在广东潮安组建第 321 师,隶属第 109 军。该师(欠第 963 团)先后归闽粤边区及粤桂东边区"清剿"指挥部指挥,10 月中旬,改隶暂编第 5 军。11 月 30 日至 12 月 1 日,该师在廉江被歼灭,师长喻英奇被俘。残部到海南岛整补,改隶第 63 军。1950 年 4 月,撤军台湾。

历任师长:

喻英奇(－1949.11.30 被俘)

刘应佳

黄锡彤

第 322 师

中央军(1948.12－1949.1)

1948 年 12 月,在湖南衡阳组建第 322 师。1949 年 1 月,改称第 44 师。

历任师长:

邓定远(1948.12.1－1949.1.2)

第 323 师

中央军(1949.1)

1949 年 1 月,在湖南衡阳组建第 323 师,旋改称第 63 师。

历任师长:

汤季楠(1949.1.1－1949.1.2)

第 324 师

中央军(1949.1－1949.5)

1949 年初,在浙江丽水开始组建第 324 师,隶属第 12 军。5 月,尚未建成,即被歼灭。

历任师长:

林迺宾(1949.1.1－)

第 325 师

中央军(1948.12－1949.8)

1948 年底,闽南泉州地区保安团队在蒲城编成第 325 师。1949 年 1 月,隶属第 121 军。8 月 19 日,副师长陈言廉率 900 人在晋江安海镇起义。8 月,改隶第 5 军,旋改隶第 25 军,番号撤销。

历任师长:

　　吕省吾(1948.12.1—)

第 326 师

　　①晋绥军傅作义部(1948.12—1949.9)

　　1948 年冬,在天津编成第 326 师,隶属天津警备司令部。1949 年 1 月 15 日,在天津被歼灭,师长柴玉峰被俘。在绥远重建,隶属第 111 军。9 月 19 日,师长王崇仁率部起义,12月,改编为中国人民解放军第 37 军第 110 师。

　　历任师长:

　　柴玉峰(—1949.1.15 被俘)

　　赵晓峰(1949.6.1—)

　　王崇仁(—1949.9.19 起义)

第 327 师

　　中央军(1949.1—1949.11)

　　1949 年初,宪兵第 13 团一部及伤愈官兵在云南昆明组建第 327 师,隶属第 49 军。11月 21 日,在贵州遵义东南被歼灭。

　　历任师长:

　　彭景仁

第 328 师

　　中央军(1949.1—1949.12)

　　1949 年初,在贵州遵义组建第 328 师,隶属第 89 军。12 月 7 日,在普安起义,编入中国人民解放军第 17 军第 50 师。

　　历任师长:

　　张涛(1949.1.1—)

　　魏锡龄(—1949.12.7 起义)

第 329 师

　　新桂系军(1949.1—1949.11)

　　1949 年初,在广西桂林组建第 329 师,隶属第 56 军。11 月 30 日,该师在武宣以北被歼灭。

　　历任师长:

　　戈鸣

第 330 师

　　新桂系军(1949.1—1949.12)

1949年初,在广西南宁建立第330师,隶属第56军。12月11日,在广西明江被歼灭大部,师长秦国祥投诚。12月19日,所属第989团经水口关进入越南。

历任师长:

秦国祥(-1949.12.11投诚)

第331师

中央军(1949.1-1949.8)

1949年1月1日,在陕西汉中编成第331师,隶属第114军。8月,改称第24师。

历任师长:

吴方正(1949.1.16-)

第332师

中央军(1949.1-1949.8)

1949年1月1日,在陕西汉中编成第332师,隶属第114军。8月,改称第144师。

历任师长:

严正

第333师

晋绥军傅作义部(1948.12-1949.1)

1948年底,在天津成立第333师,隶属天津警备司令部。12月19日,师部及所属一团在杨村被歼灭。旋重组师部。1949年1月15日,在天津被歼灭。

历任师长:

宋海潮

第334师

①中央军(1948.12-1949.1)

1948年12月,在四川重庆组建第334师。1949年1月,改称第150师。

历任师长:

周子冉(1948.12.16-1949.1.1)

②中央军(1949.1-1949.5)

1949年初,国防部暂编第6纵队改编为第334师。3月,隶属第123军。5月26日,在上海投诚。

历任师长:

徐继泰(-1949.5被俘)

第 335 师

①中央军(1948.12－1949.1)

1948 年 12 月,在四川成都组建第 335 师。1949 年 1 月,改称第 162 师。

历任师长:

卿云灿(1948.12.16－1949.1.1)

②中央军(1949.3－1950.3)

1949 年 3 月,陕西安康一带的保安团改编为第 335 师,隶属第 113 军。1949 年 6 月,改隶第 3 军。8 月,大部补充第 55 师。12 月 17 日,师长全教曾率部在四川乐山投诚,所属第 1004 团拒绝起义,撤往西昌重建第 335 师。1950 年 3 月 24 日,在西康被歼灭,师长王伯骅被俘。

历任师长:

李纪云(1949.3.16－1949.4.16)

黄家瑄(1949.4.16－)

全教曾(－1949.12.7 投诚)

王伯骅(－1950.3.24 被俘)

第 336 师

①中央军(1949.1－1949.3)

1949 年初,在云南组建第 336 师。3 月,改称第 184 师。

历任师长:

陈永思(－1949.3.16)

②中央军(1949.4－1949.12)

1949 年 4 月,在陕西成立第 336 师,隶属第 27 军。8 月,改隶第 76 军。12 月 25 日,在四川三台投诚。

历任师长:

黄剑夫(1949.4.16－)

陈中凡(－1949.12.25 投诚)

第 337 师

中央军(1948.11－1949.5)

1948 年 11 月,河南安阳地区的 3 个保安旅编成第 337 师,隶属第 40 军。1949 年 5 月 6 日,在安阳被全歼,师长郭清自戕。

历任师长:

郭清(－1949.5.6 自戕)

第 338 师

中央军(1949.4－1949.12)

1949 年 4 月,在陕西成立第 338 师,隶属第 90 军。12 月 26 日,在四川新津地区被歼灭。

历任师长:

王宪斌(1949.4.16－)

第 339 师

①中央军(1949.1－1949.5)

1949 年 1 月,以新编第 1 军和新编第 7 军残部为基干在台湾编成第 339 师,隶属第 80 军。5 月,改番号为第 340 师。

历任师长:

胡英杰(－1949.5.1)

②中央军(1949.5－1950)

1949 年 5 月,第 6 军及第 207 师直属部队在台湾编成第 339 师,隶属第 6 军。

历任师长:

王洁(1949.5.1－1949.9.1)

马涤心

第 340 师

①中央军(1949.1－1949.4)

1949 年 1 月,在四川组建第 340 师,隶属第 112 军。4 月,因兵力不足撤销番号。

历任师长:

不详

②中央军(1949.5－1949.8)

1949 年 5 月,第 339 师改番号为第 340 师,隶属第 80 军。8 月,该师番号撤销。

历任师长:

胡英杰(1949.5.1－1949.8.15)

第 341 师

中央军(1949.1－1949.4)

1949 年 1 月,在四川组建第 341 师,隶属第 112 军。4 月,因兵力不足撤销番号。

历任师长:

不详

第 343 师

中央军(1949.1—1949.12)

1949 年 1 月,在贵州安顺成立第 343 师,隶属第 89 军。12 月 7 日,师长项荣还率部在普安起义。

历任师长:

项荣还(1949.1.22—1949.12.7 起义)

第 344 师

中央军(1949.2—1949.4)

1949 年 2 月,在湖南组建第 344 师。4 月,该师番号撤销。

历任师长:

高超(1949.2.1—1949.4.1)

第 345 师

中央军(1949.2—1949.11)

1949 年 2 月,河南南阳附近的地方武装褚怀理等 3 个纵队编为第 345 师,隶属第 122 军。10 月 16 日,在湖南大庸被歼灭一部,师长黄鼎勋被俘。11 月 19 日,余部在湖北咸丰东北地区被歼灭。

历任师长:

黄鼎勋(—1949.10.16 被俘)

高超

第 346 师

中央军(1949.2—1949.4)

1949 年 2 月,在湖南组建第 346 师,隶属第 122 军。4 月,该师番号撤销,官兵补充第 217、第 345 师。

历任师长:

熊正诗(1949.2.16—1949.4.1)

第 347 师

新桂系军(1949.2—1949.11)

1949 年初,在湖南组建第 347 师,隶属第 103 军。11 月 27 日,该师在广西东兰被歼灭大部,师长潘汉逵被俘。

历任师长:

潘汉逵(1949.1.22—1949.11.27 被俘)

第 348 师

江西地方武装(1949.1－1949.6)

1949 年初,在江西武宁成立第 348 师。5 月 30 日,撤离武宁。6 月 18 日,在修水被缴械,师长吴抚夷被俘。

历任师长:

吴抚夷(－1949.6.18 被俘)

第 349 师

中央军(1949.1－1949.12)

1949 年初,在四川建立第 349 师,隶属第 44 军。12 月 26 日,残部在四川金堂姚家渡起义。

历任师长:

周青廷(1949.1.21－)

李鼎(－1949.12.26 起义)

第 350 师

中央军(1949.1－1950.5)

1949 年 1 月,在福建收容东北溃败官兵编成第 350 师,隶属第 121 军。8 月,改隶第 5 军,旋改隶第 25 军。1950 年 5 月,番号撤销。

历任师长:

黄建埔(1949.1.22－)

第 353 师

中央军(1949.1－1949.6)

1949 年初,在浙江组建第 353 师,隶属第 12 军。5 月,在上海被歼灭。6 月,该师番号撤销。

历任师长:

欧孝全

第 356 师

宁夏马鸿逵部(1949.5－1949.9)

1949 年 5 月,宁夏保安第 2 纵队改称第 356 师,隶属第 128 军。9 月 21 日,在金积投诚。

历任师长:

马宝琳(－1949.9.22 投诚)

第 357 师

青海马步芳部(1949.5—1949.8)

1949 年 5 月,第 100 师抽调骨干与庆阳、平凉地区强征壮丁组建第 357 师,隶属第 129 军。8 月,溃散。9 月 11 日,师长杨修戎在青海海晏三角城投诚。

历任师长:

杨修戎(—1949.9.11 投诚)

第 358 师

宁夏马鸿宾部(1949.8—1948.9)

1949 年 8 月,在宁夏成立第 358 师,隶属第 81 军。9 月 19 日,在中卫起义。

历任师长:

马明德(1949.9.1—1949.9.19 起义)

第 360 师

西北军(1949.3)

1949 年 3 月,第 125 军缩编为第 360 师,隶属福州绥靖公署,驻守福州。不久改番号为独立第 37 师。

历任师长:

吉星文(1949.3.16—)

第 361 师

中央军(1949.3—1949.12)

1949 年 3 月,国防部暂编第 18 纵队罗君彤部在四川改编为第 361 师,隶属第 7 编练司令部。12 月,在金堂、广汉县间被歼灭大部。22 日,师长罗君彤率残部在什邡起义。

历任师长:

罗君彤(—1949.12.22 起义)

第 362 师

新桂系军(1949—1949.12)

1949 年,在广西成立第 362 师。11 月,隶属第 125 军。12 月 5 日,在广西灵山以北被歼灭,师长陈绍恒被俘。

历任师长:

陈绍恒(—1949.12.5 被俘)

第 363 师

①中央军(1949.9－1950)

1949 年 9 月,台湾警备旅改编为第 363 师,隶属第 6 军。

历任师长:

何俊

第 364 师

中央军(1949.7－1949.12)

1949 年 7 月,在四川成立第 364 师。12 月,在内江、富顺一带被歼灭。24 日,师长陈宏谟在郫县起义。

历任师长:

陈宏谟(－1949.12.24 起义)

第 365 师

中央军(1949.10－1949.12)

1949 年 10 月,由川中、川北、川西调集的 3 个补充团在潼南编为第 365 师,拨隶第 21 军。12 月 25 日,在郫县起义。

历任师长:

胡国泽(－1949.12.25 起义)

第 366 师

中央军(1949.10－1949.12)

1949 年 10 月 15 日,第 7 编练司令部拨出军官在四川省江津县编成第 366 师。11 月 16 日,编入第 112 军。12 月 18 日,该师改番号为第 239 师,拨隶第 108 军,不久恢复第 366 师番号。12 月,在金堂、广汉县间被歼灭。

历任师长:

谢直(－1949.12.24 起义)

第 367 师

中央军(1949.9－1949.12)

1949 年 9 月,空军特务旅在重庆编成第 367 师。11 月 16 日,编入第 112 军。12 月,在四川省金堂、广汉县间被歼灭。

历任师长:

艾绍珩(－1949.12.12 起义)

第 368 师

中央军(1949.12—1950.1)

1949 年 12 月,宪兵第 18 团及补充第 1、补充第 2 团在云南蒙自编成第 368 师,隶属第 26 军。1950 年 1 月 15 日,空运该师第 1102 团、第 1104 团一部到海南岛,余部于 1 月 17 日在蒙自、个旧被歼灭。1 月 18 日,师长罗寀旭在沙人寨阵亡。

历任师长:

罗寀旭(—1950.1.18 阵亡)

第 370 师

中央军(1949.12—1950.2)

1949 年 12 月,以陆军总部警卫团为基干在云南编成第 370 师,隶属第 8 军。12 月 25 日在沾益投诚。1950 年 2 月 2 日,残部在墨江县被歼灭,师长李桢干被俘。

历任师长:

李桢干(—1950.2.2 被俘)

新编第 1 师(含 1946—1948 年新编第 1 旅)

①国民二军旧部(1928.12—1929.9)

1928 年冬,第 2 集团军第 5 方面军在江苏淮阴缩编为新编第 1 师。1929 年 8 月,该师驻湖北汉口。9 月 15 日,开赴宜昌接防,被第 4 师包围缴械,番号撤销,一部分徒手官兵到汉口编为独立第 15 旅①。

历任师长:

岳维峻

曹万顺

②福建地方部队(1930.2—1930.11)

1930 年 2 月 11 日,暂编第 1 师在福建改称新编第 1 师,辖三旅六团。11 月,改称第 49 师②。

历任师长:

张贞

③中央军(1940.2—1948.9)

1940 年 2 月,第 29 军补充旅和第 89、第 110 师所属两个补充团合编为新编第 1 师,辖三团③,隶属第 13 军。1944 年 3 月,改隶第 89 军。1945 年 10 月,转隶第 10 军。1946 年 5

---

① 《陆军各部队成立沿革纪要》,全宗号 787,案卷号 16721。
② 《第 49 师史略及历次战役概要》,全宗号 787,卷宗号 16740。
③ 《国防部本部隶属各部队主官简历驻地与部队沿革手册》,全宗号 783,卷宗号 393。

月,整编为旅,改辖两团,隶属整编第 3 师(第 10 军改称)。8 月,调隶整编第 76 师。1947 年 9 月 11 日至 12 日,在河南灵宝被歼灭,旅长黄永瓒被俘。后重建。1948 年 9 月,改称第 20 师。

历任师长(整编旅旅长):

蔡棨(1940.4—)

刘汉兴(1941.9—1943.6)

黄永瓒(1943.6—1947.9.12 被俘)

吴永烈(1948.1.28—)

④青海马鸿逵部(1948.12—1949)

1948 年底,在甘肃庆阳、平凉地区强征壮丁 2.5 万人,由第 100 师抽调骨干组成新编第 1 师。1949 年 5 月,隶属第 129 军。同年改称第 287 师。

历任师长:

马璋

新编第 2 师(含 1945—1948 年新编第 2 旅)

①广东地方部队(1928—1929)

1928 年,第 49 军等部在胶东缩编为新编第 2 师。1929 年番号撤销。

历任师长:

刘志陆

②福建地方部队(1929—1933.12)

1929 年秋,暂编第 2 师在福建改番号为新编第 2 师。1930 年 2 月 10 日,师长卢兴邦在延平就职。5 月,参加反蒋。6 月,与第 56 师开战,失败。6 月 21 日,卢兴邦被免职,所部改编为福建省防军第 3 旅。1931 年出连城、长汀参加对中央苏区的第二次"围剿"(1931 年 4 月 1 日至 5 月 30 日)。6 月,卢兴邦复任师长。长期驻防永安、沙县。1932 年 12 月在归化、永安,隶属左路军参加对中央苏区的第四次"围剿"(1933 年 1 月 1 日至 4 月 29 日)。1933 年 12 月,改称第 52 师。

历任师长:

卢兴邦

③伪军(1936.12—1945.7)

1936 年 12 月,伪军金宪章部①反正,编为新编第 2 师。隶属第 2 战区第 6 集团军,在山西忻口等地参加太原会战(1937 年 9 月 12 日至 11 月 12 日)。后参加第 2 战区 1939 年冬季攻势(1939 年 12 月 10 日至 1940 年 2 月 2 日)。1940 年 6 月,拨隶第 17 军。1945 年 7 月,该师番号撤销。

---

① 1936 年,金宪章等组织精忠报国社于北平,佯投伪军,分头招募,成立蒙汉自治军步兵第 3 旅,旋由王英拨并其指挥的手枪骑兵两团及宪兵大队,合编为大汉义军。

历任师长:

金宪章

高增级

⑤中央军(1945.10—1947.6)

1945 年 10 月,新编第 26 师缩编为新编第 2 旅,隶属第 67 军。1946 年初,第 67 军番号撤销。9 月,该旅守备山西大同。1947 年 6 月,扩编为暂编第 26 师。

历任旅长:

张士智

⑥中央军(1948.5—1948.9)

1948 年 5 月,山东保安第 5 纵队等在山东烟台改编为新编第 2 旅,隶属第 11 绥靖区。7 月,改隶整编第 8 师。9 月,改称第 147 师。

历任整编旅旅长:

张家宝(1948.5.21—)

新编第 3 师(含 1948 年新编第 3 旅)

①直鲁联军旧部(1929.5—1930.3)

1929 年 5 月,暂编第 1 军在山东烟台、龙口等地缩编为新编第 3 师。1930 年 3 月,改称第 21 师[①]。

历任师长:

刘珍年

②陕西地方部队(1930.5—1930.12)

1930 年 5 月,李云龙旧部在湖北组建新编第 3 师。12 月 10 日,该师番号撤销,所属第 2 旅改编为暂编第 3 旅,主力补充第 34 师。

历任师长:

李云龙

③伪军(1939.4—1943.1)

1939 年 4 月,蒙旗独立旅[②]改编为新编第 3 师,辖步兵二团及骑兵一团,直隶于第 8 战区司令长官部。1941 年,调甘肃靖远。1943 年 1 月,改称新编骑兵第 7 师。

历任师长:

白海风(1939.4.25—)

④中央军(1943.6—1945.4)

1943 年 6 月,在甘肃成立新编第 3 师,隶属第 3 军。1945 年初,改隶第 91 军。4 月,撤

---

①　《陆军各部队成立沿革纪要》,全宗号 787,案卷号 16721。

②　1936 年,绥远境内防共保安总队改称(伪)蒙旗保安总队。1936 年 2 月 21 日,千余官兵反正,编为保安队。1937 年 7 月后编为蒙古混成旅,10 月改编为蒙旗独立旅,辖两团,以方继光为旅长。《各部队各训练机关主官简历驻地与部队沿革手册》,全宗号 627,卷宗号 1117;《国军部队沿革》(二集)。

销番号。

历任师长：

沈元镇(1943.6－1945.1)

邱开基(1945.1－)

⑤中央军(1948.5－1948.9)

1948年5月，在山东烟台成立新编第3旅，隶属第11绥靖区。7月，改称新编第3师，编入第8军。9月，改称第170师。

历任师长(整编旅旅长)：

杨绪钊(1948.5.21－)

新编第4师(含1947－1948年新编第4旅)

①山东土匪部队(1928－1930.4)

1928年，鲁南土匪部在胶东编成新编第4师①。5月，开赴河南禹县。1929年8月在荥泽、河阴(今广武县)②。10月，在临汝讨伐西北军。11月，守备南阳。1930年4月，追随阎锡山反蒋，被撤销番号(1940年改编为新编第36师)。

历任师长：

刘桂堂

②陕西地方部队(1931.4－1931.12)

1931年4月，第12军井岳秀部缩编为新编第4师。12月，改称第86师③。

历任师长：

井岳秀

③西北军(1939.1－1943.1)

1939年1月，独立第28旅在鲁南扩编为新编第4师，隶属鲁苏战区山东游击司令部。1943年1月18日，师长吴化文在临沂率部投敌，该师番号撤销。

历任师长：

吴化文(1939.1.24－1943.1.18 投敌)

④中央军(1943.6－1948.9)

1943年6月，甘肃祁连山森林警察总队改编为新编第4师，隶属第91军④。1947年3月，整编为旅，编入整编第23师(由第91军改称)。1948年9月，改称第173师。

历任师长(整编旅旅长)：

---

① 《蒋介石关于全国各军缩编为师并组织整理委员会分期进行的报告》(1929年3月15日)，《中华民国史档案资料汇编》第5辑第1编军事(1)，第643页。

② 《编遣委员会调查各编遣区现有部队一览表给国民政府呈》(1929年8月23日)，《中华民国史档案资料汇编》第5辑第1编军事(1)，第675页。

③ 《陆军各部队成立沿革纪要》，全宗号787，案卷号16721；《国防部本部隶属各部队主官简历驻地与部队沿革手册》，全宗号783，卷宗号393；《陆军各部队成立沿革纪要(第2辑)》。

④ 《国防部本部隶属各部队主官简历驻地与部队沿革手册》，全宗号783，卷宗号393。

周煦龙(1943.8－1945.5)

薛敏泉(1945.5－)

周嘉彬

新编第 5 师

①国民二军旧部(1929.5－1930.12)

1929 年 5 月,湖北警备第 1 旅(1929 年 2 月由第 2 集团军第 19 军缩编而成)在河南南阳改编为新编第 5 师①。9 月,该师南调,师长邓英率领大部溃逃,所属第 3 团及工兵营缩编为独立第 16 旅,另一部重建新编第 5 师。1930 年 2 月驻鄂西。4 月,奉调安陆②。7 月,一部在监利③。8 月,防守湖南长沙。10 月 9 日,抵达江西九江。11 月初,在高安,7 日占新喻。12 月初,由吉安进攻东固,隶属第 9 路军参加对中央苏区的第一次"围剿"(1930 年 12 月 19 日至 1931 年 1 月 3 日)。12 月 25 日,改称第 25 师④。

历任师长:

李纪才

公秉藩

②国民五军旧部(1929.11－1930.2)

1929 年 11 月,原第 44 师一部编为新编第 5 师,隶属第 4 军。12 月,番号取消。

历任师长:

冯华堂(1929.11.28⑤－)

③陕西地方部队(1934.6－1937.1)

1934 年 6 月,第 17 师所属第 49 旅在河南扩编为新编第 5 师。1937 年 1 月,改称第 167 师。

历任师长:

杨渠统

④川军孙震部(1939.1－1939.9)

1939 年 1 月,在四川绵阳成立新编第 5 师,隶属第 41 军。同年,该师番号撤销,官兵补充第 123 师。

历任师长:

吕康(1939.1.3－)

⑤中央军(1940.3－1940.4)

1940 年 3 月,第 4、第 23 师所属补充团及第 85 军所属野战补充团在湖北改编为新编第

---

① 《国军部队沿革》(一集);《国防部本部隶属各部队主官简历驻地与部队沿革手册》,全宗号 783,卷宗号 393。

② 《要电汇志》,《益世报》(天津)1930 年 4 月 5 日,第 1 张(3)。

③ 《公秉藩将入赣剿匪,新三师将接防监利新堤》,《民国日报》(上海)1930 年 8 月 24 日,第 1 张第 4 版。

④ 《陆军各部队成立沿革纪要》,全宗号 787,案卷号 16721。

⑤ 《蒋中正总统档案·事略稿本》(7),第 115 页。

5 师,下辖三团。4 月,改称预备第 11 师[①]。

历任师长:

不详

⑥中央军(1942—1944.12)

1942 年下半年,军政部第 16 补训处所属部队改编为新编第 5 师,隶属第 76 军。1944 年底,该师番号撤销,官兵编入第 203 师。

历任师长:

廖慷

新编第 6 师

1929 年 4 月 7 日,蒋介石任命第 55 师师长程汝怀为新编第 6 师师长。程未就任。

①川军李家钰部(1931—1935.10)

1931 年,四川边防军李家钰部改编为新编第 6 师。1933 年 11 月 1 日至 1934 年 9 月 22 日"围剿"川陕苏区,由南充向仪陇、巴中东南的曾口场进攻。1934 年,所部改编为 7 个混成旅又 1 个独立团。1935 年 1 月,驻蓬安东北地区。4 月下旬,防守阆中及其以西地区。10 月,整编为三旅十团,改称第 104 师[②]。

历任师长:

李家钰

②西北军石友三部(1938.4—1945.10)

1938 年 4 月,暂编第 9 师改称新编第 6 师[③],隶属第 69 军。1941 年 3 月,所属第 1、第 2 旅分别扩为暂编第 29、新编第 6 师,改隶新编第 8 军。1942 年 9 月,裁撤旅部,改辖三团[④]。1944 年 6 月,拨隶第 29 军。9 月,调隶新编第 8 军。1945 年 10 月 30 日,该师随新编第 8 军在河北邯郸起义。

历任师长:

高树勋(1938.3.28—)

马润昌(1942.3—)

范龙章(1943.12—1945.10.30 起义)

新编第 7 师(含 1946—1948 年新编第 7 旅)

①新桂系军(1929.4)

1929 年 4 月,第 14 师所属第 41 旅扩编为新编第 7 师[⑤]。旋改称第 57 师。

---

① 《国军部队沿革》(二集);《各部队各训练机关主官简历驻地与部队沿革手册》,全宗号 627,卷宗号 1117。

② 周开庆编著:《民国川事纪要(1912 年—1936 年)》,第 454 页。

③ 《各部队各训练机关主官简历驻地与部队沿革手册》,全宗号 627,卷宗号 1117。

④ 《各部队各训练机关主官简历驻地与部队沿革手册》,全宗号 627,卷宗号 1117。

⑤ 《编军》,《大公报》(天津)1929 年 4 月 9 日,第 1 张第 3 版。

历任师长：

杨腾辉

②湘军何键部(1929.4—1930.1)

1929 年 4 月,独立第 5 旅、独立第 2 旅等在湖南合并编为新编第 7 师,下辖三旅六团[①]。8 月,驻岳州、长沙、平江一带[②]。11 月,第 52 师一部编入该师。1930 年 1 月,改称第 15 师。

历任师长：

何键

③宁夏马鸿宾部(1931.1—1933.12)

1931 年 1 月,第 2 集团军暂编第 22 师改称新编第 7 师[③]。同月,师长马鸿宾任甘肃省代理主席,率部到兰州。11 月,该师返回宁夏。1932 年,盘踞陇南的马廷贤残部退入宁夏,被收编为该师第 21 旅。1933 年 12 月 27 日,该师改称第 35 师。

历任师长：

马鸿宾

④宁夏马鸿逵部(1933.12—1937.1)

1933 年 12 月,第 35 师改称新编第 7 师,下辖三旅六团。1937 年 1 月,改称第 168 师。

历任师长：

马鸿逵

⑤川军唐式遵部(1938.5—1947.3)

1938 年 5 月,独立第 13、第 14 旅在安徽青阳并编为新编第 7 师[④],隶属第 50 军。1941 年在陵阳整编,撤销旅部,改辖三团。1945 年 7 月,改隶第 21 军。1946 年 5 月,整编为旅。8 月 10 日至 11 日,该旅在江苏海安的李堡镇被歼灭。1947 年 3 月,番号撤销。

历任师长(整编旅旅长)：

田钟毅(—1943.9)

黄伯光(1943.9—)

⑥中央军(1947.7—1948.9)

1947 年 7 月,交警第 12 总队改编为新编第 7 旅,隶属重庆绥靖公署,担任川滇公路护路任务。1948 年 5 月,驻万县。9 月,调驻湖北宜昌沙市[⑤],改番号为第 223 旅。

历任整编旅旅长：

田动云(—1948.10)

---

① 《陆军各部队成立沿革纪要》,全宗号 787,案卷号 16721。

② 《编遣委员会调查各编遣区现有部队一览表给国民政府呈》(1929 年 8 月 23 日),《中华民国史档案资料汇编》第 5 辑第 1 编军事(1),第 677 页。

③ 《陆军各部队成立沿革纪要》,全宗号 787,案卷号 16721;《国防部本部隶属各部队主官简历驻地与部队沿革手册》,全宗号 783,卷宗号 393。

④ 杨芝灵:《川军新编第七师在皖南活动的情况》,《安徽文史资料》第 20 辑,第 163 页。

⑤ 《联合勤务总司令部抄发整编师旅恢复为军师番号等训令》(1948 年 9 月 19 日)《中华民国史档案资料汇编》第 5 辑第 3 编军事(1),第 320 页。

新编第8师(含1948年新编第8旅)

①湘军何键部(1929.3—1929.12)

1929年3月,唐生智旧部在湖南编成新编第8师①。4月,独立第3旅李云杰部编入该师,不久又调出仍为独立第3旅。8月,驻宝庆、武冈、零陵一带。12月25日,在邵阳改称第16师。

历任师长:

周斓

②西北军(1931.1—1931.11)

1931年1月,西北军留在甘肃的雷中田部改称新编第8师②,驻兰州、定西等地,下辖三旅六团。8月26日,师长雷中田在兰州发动政变,扣留甘肃省主席马鸿宾。11月,该师在定西被杨虎城部第17师击溃,一部编入新编第14师。

历任师长:

雷中田

③新疆地方部队(1933.8—1934.1)

1933年8月,新疆伊犁地方部队改编为新编第8师。12月27日,师长张培元通电联合新编第36师马仲英部共同反对新疆边防督办盛世才。1934年1月,该师攻打塔城,为苏联红军所败。

历任师长:

张培元(1933.8.2—1934.1.3自戕)

④黔军(1935.5—1945.1)

1935年5月,第25军所属第3师③在贵州湄潭改编为新编第8师,辖二旅四团。1936年秋,经湖北崇阳、通城、通山开赴江西修水。1936年12月至1937年4月,在湖北咸宁、蒲圻等地作战④。1937年抗战爆发后,调驻河南郑州、安阳构筑工事。1938年隶属第1战区,参加豫北豫东作战(1938年1月上旬至6月下旬),2月17日奉命炸毁郑州黄河铁桥。6月9日,挖开花园口黄河大堤。

1939年1月,改隶第93军⑤。1939年,改辖三团⑥。1945年4月,该师番号撤销,部队

---

① 《陆军各部队成立沿革纪要》,全宗号787,案卷号16721;《国防部本部隶属各部队主官简历驻地与部队沿革手册》,全宗号783,卷宗号393。

② 《蒋中正总统档案·事略稿本》(10),第17页。

③ 1911年为贵州新军第1团,1916年袁祖铭任团长,1920年扩为贵州第2混成旅,1922年秋改编为贵州省公署警卫团,12月扩为贵州第4师,1925年改称陆军第34师,1926年改称第25军教导师,以第4师并入改编为第22军第5师,1930年缩编为独立第2混成旅。1932年改编为第25军第3师。

④ 《国民党军第十八师朱耀华部与红军在湘鄂赣边区战斗详报》(1936年12月—1937年4月),《中华民国史档案资料汇编》第5辑第1编军事(5),第442页。

⑤ 《90军八年抗战纪实作战经验与观感》,全宗号787,案卷号6753。

⑥ 《各部队各训练机关主官简历驻地与部队沿革手册》,全宗号627,卷宗号1117。

编并于第 10 师①。

历任师长:

蒋在珍(—1939.9.7)

陈牧农(1939.9.7—1940.8)

马叔明(1940.8—1945.2)

胡栋成(1945.2—)

⑤新桂系军(1948.8—1948.9)

1948 年 8 月,在广西成立新编第 8 旅。9 月,改番号为第 224 旅。

历任整编旅旅长:刘昆阳(1948.8.16—)

新编第 9 师(含 1946—1948 年新编第 9 旅)

①新桂系军(1929.4—1929.6)

1929 年 4 月,第 15 师所属第 45 旅在湖北编成新编第 9 师。6 月,该师在沙市登船,尔后被第 4、第 8 师缴械,以其一部补充第 4 师,另 3000 人送至汉口,以 1000 人拨隶南京陆海空军总司令部补充直属部队,其余遣散②。

历任师长:

尹承纲

②青海马步芳部(1931.5—1934.3)

1931 年 5 月,青海马步芳部③改编为新编第 9 师,辖步兵三旅、骑兵一旅共十团。1931 年夏,出兵河西击败马仲英,平定河湟地区、定西、酒泉。1934 年 3 月,改称第 100 师④。

历任师长:

马步芳

③川军邓锡侯部(1938.4—1948.9)

1938 年 4 月,独立第 19 旅与第 126 师所属第 376 旅合并编为新编第 9 师⑤,下辖二旅四团,隶属第 95 军。1942 年 3 月,改辖三团⑥。1946 年 5 月,整编为旅,改辖两团,隶属整编第 39 师(第 95 军改称)。1948 年 9 月,改番号为第 225 师。

历任师长(整编旅旅长):

---

① 《第 10 师历史及沿革略历》,全宗号 787,案卷号 16800。

② 《参谋处公布蒋介石委任胡宗南负责武汉卫戍及各新编师旅长等命令》(1929 年 4 月 7 日)、《蒋介石关于与桂系李宗仁等在鄂湘桂各次作战经过的报告》(1929 年 8 月),《中华民国史档案资料汇编》第 5 辑第 1 编军事(1),第 767、839 页。

③ 前身为甘肃宁海军。1927 年 9 月,改称国民革命军第 2 集团军第 26 师。1928 年底,改编为第 2 集团军暂编第 23 师。1930 年 4 月扩为反蒋联军第 2 方面军暂编第 2 师。

④ 《国防部本部隶属各部队主官简历驻地与部队沿革手册》,全宗号 783,卷宗号 393;《陆军各部队成立沿革纪要(第 2 辑)》;《陆军各部成立沿革纪要》,全宗号 787,案卷号 16721。

⑤ 《国防部本部隶属各部队主官简历驻地与部队沿革手册》,全宗号 783,卷宗号 393;《国军部队沿革》(二集)。

⑥ 《国防部本部隶属各部队主官简历驻地与部队沿革手册》,全宗号 783,卷宗号 393。

杨晒轩(1938.4.26－1948.5.21)

于戒需(1948.5.21－)

新编第 10 师(含 1946－1948 年新编第 10 旅)

①新桂系军(1929.4－1929.6)

1929 年 4 月,第 55 师所属第 163 旅扩编为新编第 10 师。6 月 13 日,在宜昌被第 50 师遣散,所属李奇旅编为新编第 7 旅①。

历任师长:

李宜煊

②黔军(1929.9－1931.12)

1929 年 9 月,贵州东南清乡司令谢彬将第 43 军残部改编为新编第 10 师②,下辖三旅六团。调往鄂西"剿共"。1930 年 7 月 29 日,由宜昌调赴通山、通城、崇阳。8 月,改编为二旅四团③。1931 年 12 月,改称第 85 师。

历任师长:

谢彬

③福建地方部队(1934.1－1935.11)

1934 年 1 月 3 日,陈齐煊部④在福建寿宁改编为新编第 10 师,参加对中央苏区的第五次"围剿"(1933 年 10 月至 1934 年 10 月)。参与对红七、红十军团的作战(1934 年 7 月至 1935 年 1 月)。1935 年 11 月,缩编为独立第 37 旅⑤。

历任师长:

陈齐煊

萧乾

黄懋和(暂代)

④滇军(1938.6－1948.9)

1938 年 6 月,在云南成立新编第 10 师,下辖二旅四团,隶属第 58 军。12 月,在湖南醴陵整编,裁撤旅部,改辖三团⑥。1946 年 5 月,整编为旅,改辖两团。1947 年 7 月,改辖三团。1948 年 9 月,改番号为第 226 师。

历任师长(整编旅旅长):

---

① 《参谋处公布蒋介石委任胡宗南负责武汉卫戍及各新编师旅长等命令》(1929 年 4 月 7 日)、《蒋介石关于与桂系李宗仁等在鄂湘桂各次作战经过的报告》(1929 年 8 月)、《中华民国史档案资料汇编》第 5 辑第 1 编军事(1),第 767、839 页。

② 《陆军各部队成立沿革纪要》,全宗号 787,案卷号 16721。

③ 《谢彬师编竣》、《民国日报》(上海)1930 年 8 月 24 日,第 1 张第 4 版。

④ 1927 年 12 月,福建开办陆军干部学校,即以该校学生为基干成立福建省防军教导团。1931 年改编为福建省防军第 2 混成旅。1932 年 11 月,改称福建省保安第 1 旅。

⑤ 《国防部本部隶属各部队主官简历驻地与部队沿革手册》,全宗号 783,卷宗号 393;《国军部队沿革》(一集)。

⑥ 《国防部本部隶属各部队主官简历驻地与部队沿革手册》,全宗号 783,卷宗号 393。

刘正富（1938.6.27—1940.8）

高振鸿（1940.8—）

鲁道源（兼任）

萧本元（1942.10—1948.4.7）

龚德敏（1948.4.7—）

新编第 11 师（含 1945—1948 年新编第 11 旅）

①陕西地方部队（1929.5—1929.6）

1929 年 5 月 8 日,第 2 集团军暂编第 21 师杨虎城部改称新编第 11 师。6 月 24 日,改称新编第 14 师[①]。

历任师长：

杨虎城

②川军（1930.6—1931.8）

1930 年 6 月,第 22 军所属第 1、第 2、第 3 师缩编为新编第 11 师。10 月驻湖南安乡,参加对洪湖苏区的"围剿"。1931 年 8 月,改称第 59 师。

历任师长：

赖心辉

张英

③黔军（1933.12—1936.5）

1933 年 12 月,新编第 4 旅在福建扩编为新编第 11 师,参加对中央苏区的第五次"围剿"（1933 年 10 月至 1934 年 10 月）。1936 年 4 月,在政和、寿宁、建瓯、屏南作战。5 月 11 日,缩编为独立第 6 旅。

历任师长：

周志群

④中央军（1936.7—1936.9）

1936 年 7 月,补充第 1 旅在陕西汉中扩编为新编第 11 师[②],下辖三团。9 月,改称第 51 师[③]。

历任师长：

王耀武

⑤滇军（1938.6—1947.7）

1938 年 6 月,在云南成立新编第 11 师,下辖二旅四团,隶属第 58 军[④]。12 月,在湖南醴

---

① 《陆军各部队成立沿革纪要》,全宗号 787,案卷号 16721;《国防部本部隶属各部队主官简历驻地与部队沿革手册》,全宗号 783,卷宗号 393。

② 《第 74 军 51、58 师在湖南行动概见图表》,全宗号 787,卷宗号 6658。

③ 《国防部本部隶属各部队主官简历驻地与部队沿革手册》,全宗号 783,卷宗号 393。

④ 《国军部队沿革》（二集）。

陵整编,裁撤旅部,改辖三团。武汉会战中,第 1 集团军未能完成任务,新编第 11 师被番号撤销。1939 年南昌会战中恢复番号。1946 年 5 月,整编为旅,改辖两团。1947 年 7 月,番号裁撤,所辖两个团分别拨归第 183、新编第 10 旅。

历任师长(整编旅旅长):

鲁道源(1938.6.27－1940.7 免兼)

梁得奎(1940.7－1943.2)

侯镇邦(1943.2－)

⑥甘肃地方部队(1945.11－1948.10)

1945 年底,新编第 11 旅改隶第 22 军。1948 年 8 月,改称新编第 11 师。10 月,改称第 228 师。

历任师长(整编旅旅长):

于建玙(－1948.10.16)

新编第 12 师(含 1948 年新编第 12 旅)

①滇军(1929.5－1929.6)

1929 年 5 月 14 日,蒋介石任命胡若愚为新编第 12 师师长[1]。6 月,免职。

②河南地方部队(1930.5－1931.3)

1930 年 5 月,豫南"剿匪"司令袁英所部在河南信阳改编为新编第 12 师,下辖三旅六团。隶属开封绥靖公署,参加对鄂豫皖苏区的"围剿"(1931 年 1 月中旬至 3 月下旬)。1931 年 3 月 2 日,在信阳柳林李家寨车站被歼灭一部,所属第 1 旅旅长侯镇华阵亡。3 月 5 日,大部在李家寨被歼灭。

历任师长:

袁英

③滇军(1938.6－1945.9)

1938 年 6 月,在云南成立新编第 12 师,下辖二旅四团[2],隶属第 58 军。10 月,改隶新编第 3 军。1939 年在江西铜鼓整编,撤销旅部,改辖三团。1945 年 9 月,番号撤销。

历任师长:

龚顺璧(1938.6.27－)

张兴仁(1939.10.6 代理－)

邱秉常(－1942.2)

唐宇纵(1942.2－)

④新桂系军(1948.8－1948.9)

---

① 《又新编两师》,《大公报》(天津)1929 年 5 月 14 日,第 1 张第 3 版;《新编两师长》,《新晨报》1929 年 5 月 14 日,第 2 版。

② 《国军部队沿革》(二集)。

1948 年 8 月,在广西成立新编第 12 旅。9 月,改番号为第 229 旅。

历任整编旅旅长:

杨创奇(1948.8.16—)

新编第 13 师(含 1946—1948 年新编第 13 旅)

①滇军(1929.5—1929.6)

1929 年 5 月 14 日,蒋介石任命张汝骥为新编第 13 师师长[①]。6 月免职。

②国民二军旧部(1930.2—1931.10)

1930 年 2 月,独立第 16 旅在江西扩编为新编第 13 师,下辖二旅四团。6 月,驻吉安。10 月 4 日,弃守吉安。11 月初在临川及其周围地区,7 日向南城推进。12 月初,在临川、崇仁地区维护后方交通,隶属第 9 路军,参加对中央苏区的第一次"围剿"(1930 年 12 月 19 日至 1931 年 1 月 3 日)。冬,移驻湖北麻城、福田河,直属汉口行营。1931 年参加对鄂豫皖苏区的"围剿"(1931 年 1 月中旬至 9 月下旬)。10 月末,由鄂东移防豫南信阳、罗山。10 月,改称第 79 师。

历任师长:

邓英

路孝忱

③甘肃地方部队(1931.11—1932.2)

1931 年 11 月,甘肃地方部队陈圭璋部改编为新编第 13 师,驻平凉、灵台、泾川。1932 年 2 月 9 日,师长陈圭璋被第 17 师师长孙蔚如处死。所属第 1 旅改编为甘肃警备第 1 旅,驻庆阳(1934 年编散)。所属第 5 旅补充新编第 14 师。其余被第 17 师收编和遣散。

历任师长:

陈圭璋

④川军王陵基部(1938.5—1947.4)

1938 年 5 月,川康绥靖公署所辖独立第 17 旅和四川省保安部队二团编成新编第 13 师,下辖二旅四团,隶属第 72 军。11 月,新编第 14 师所属第 2 旅补充该师,下辖三旅。12 月,改隶第 78 军[②]。1943 年 6 月 13 日,转隶第 72 军。1946 年 5 月,整编为旅。1947 年 4 月 26 日,在山东泰安被歼灭,旅长杨本固被俘。

历任师长(整编旅旅长):

刘若弼(1938.5.11—1941.4 免兼)

唐郇伯(1941.4—)

杨本固(—1947.4.26 被俘)

⑤中央军(1947.9—1948.9)

① 《又新编两师》,《大公报》(天津)1929 年 5 月 14 日第 1 张第 3 版;《新编两师长》,《新晨报》1929 年 5 月 14 日,第 2 版。

② 《国防部本部隶属各部队主官简历驻地与部队沿革手册》,全宗号 783,卷宗号 393;《新编第 13 师抗日战史》,全宗号 787,卷宗号 6768。

1947 年 9 月,在皖南成立新编第 13 旅,12 月进驻芜湖。1948 年 5 月,拨隶整编第 88 师。9 月,改番号为第 230 师。

历任整编旅旅长：

唐雨岩

许午言

新编第 14 师(含 1948 年新编第 14 旅)

①陕西地方部队(1929.6－1930.2)

1929 年 6 月 24 日,新编第 11 师改称新编第 14 师。8 月,驻山东莒县,开诸城一带①。9 月,移师河南南阳。12 月,隶属第 7 军。1930 年 2 月 8 日,改称第 17 师。

历任师长：

杨虎城

②河南地方部队(1930.5－1930.11)

1930 年 5 月,第 49 师残部改编为新编第 14 师。11 月 23 日,该师番号撤销,官兵补充新编第 25 师②。

历任师长：

李肖庭

③甘肃地方部队(1931.8－1936.10)

1931 年 8 月,甘肃地方部队鲁大昌部扩充为新编第 14 师,驻岷县、陇西、武都。11 月,收编新编第 8 师残部千余人。1932 年夏,在陇南击退入境川军,收复文县、武都③。1934 年 2 月,开赴宁夏援助马鸿逵击退第 41 军孙殿英部。1935 年 9 月 16 日,在甘肃岷县腊子口被红一方面军击溃三团。1936 年 8 月,在岷县、洮州(今临潭)、西固阻止红二、四方面军北进④。10 月,改称第 165 师。

历任师长：

鲁大昌

④川军王陵基部(1938.5－1942.4)

1938 年 5 月,川康绥靖公署所辖独立第 12 旅及四川保安二团合为新编第 14 师,隶属第 72 军。年底,该师(欠第 1 团)并入新编第 13 师。1939 年,以新编第 16 师所属第 1 旅及第 30 集团军所属补充三团开赴江西,组建新编第 14 师,仍隶属第 72 军⑤。1942 年 2 月,改

---

① 《编遣委员会调查各编遣区现有部队一览表给国民政府呈》(1929 年 8 月 23 日),《中华民国史档案资料汇编》第 5 辑第 1 编军事(1),第 678 页。

② 《新十四师归并》,《民国日报》(上海)1930 年 11 月 23 日,第 1 张第 3 版。

③ 《陆军各部队成立沿革纪要》;《陆军各部队成立沿革纪要》,全宗号 787,案卷号 16721。

④ 《国民党军新编第十四师鲁大昌部关于红军围攻甘肃岷县的战斗详报》(1936 年 8－10 月),《中华民国史档案资料汇编》第 5 辑第 1 编军事(5),第 337 页。

⑤ 《国防部本部隶属各部队主官简历驻地与部队沿革手册》,全宗号 783,卷宗号 393;《各部队各训练机关主官简历驻地与部队沿革手册》,全宗号 627,卷宗号 1117。

称第 34 师。

历任师长：

范楠煊(1938.5.11—)

陈良基(1939.3.2—1942.2)

⑤陕西地方部队(1942.8—1945.6)

1942 年 8 月,独立第 47 旅在河南扩编为新编第 14 师,隶属第 96 军。1945 年 6 月,该师番号撤销。

历任师长：

陈子坚(1942.8—1945.6)

⑥陕西地方部队(1948.9—1948.9)

1948 年 9 月,驻扎湘鄂边境的暂编步兵第 2、第 3 团扩编为新编第 14 旅[①]。旋改番号为第 232 旅。

历任整编旅旅长：

康朴(1948.9.16—)

新编第 15 师(含 1946—1948 年新编第 15 旅)

①川军刘存厚部(1929.7—1933.5)

1929 年 7 月,川陕边防军刘存厚部编为新编第 15 师,下三旅九团。1933 年 5 月,扩编为第 23 军。

历任师长：

刘存厚

②川军王陵基部,1942 年 3 月黄埔军校出身的江涛出任师长(1938.5—1948.9)

1938 年 5 月,川康绥靖公署所辖独立第 11 旅扩为新编第 15 师,隶属第 78 军。12 月,裁撤旅部,改辖三团,改隶第 72 军。1946 年 5 月,整编为旅。1948 年 9 月,改番号为第 233 师。

历任师长(整编旅旅长)：

邓国璋(1938.5.11—)

傅翼(1939.3.2 代理—1939.7.27 实任—1942.3)

江涛(1942.3—1947.9)

唐雨岩(1947.9—1948.7.15)

谭心(1948.7.15—)

新编第 16 师

①新桂系军(1929.9—1929.11)

---

① 台北"国史馆"藏《蒋中正档案》之《革命文献(戡乱部分)》第 25 册,第 47 页。

1929 年 9 月,在广西的新桂系部队编成新编第 16 师。11 月 16 日,参与反蒋,番号撤销。

历任师长:

吕焕炎

杨鼎中

②西北军(1930.10－1930.11)

1930 年 10 月,西北军葛云龙部在河南改编为新编第 16 师。11 月,改称第 33 师[①]。

历任师长:

葛云龙

③川军王陵基部(1938.5－1945.8)

1938 年 5 月,川康绥靖公署所辖独立第 15 旅和四川省保安部队二团编成新编第 16 师,隶属第 78 军。1939 年,以该师所属第 1 旅及第 30 集团军补充三团组建新编第 14 师[②]。所属第 2 旅及第 30 集团军所属独立营合并扩编为新编第 16 师。1943 年 6 月,改隶第 72 军。1944 年底,直隶于第 30 集团军。1945 年 8 月,番号裁撤。

历任师长:

陈良基(1938.5.11－)

吴守权(1939.3.2 代理－1939.7.27 实任－)

新编第 17 师(含 1946－1948 年新编第 17 旅)

①西北军(1929.8－1930.5)

1929 年 8 月,第 13 路军石友三部组建新编第 17 师。1930 年 5 月,随阎锡山反蒋,番号取消。

历任师长:

孙光前

②川军潘文华部(1938.6－1948.9)

1938 年 6 月,川康绥靖公署所辖独立第 16 旅扩编为新编第 17 师。抗战期间驻扎四川新津、乐山,一度由第 95 军代管。1946 年 5 月,整编为旅,隶属整编第 56 师。1947 年 7 月,脱离整编第 56 师建制。11 月,隶属国防部九江指挥部参加大别山"进剿"作战(1947 年 11 月 27 日至 1948 年 2 月底),12 月经黄陂向北进攻。1948 年初,改隶第 15 绥靖区。4 月 15 日至 17 日,在湖北京山东北的三阳店、宋河被歼灭。7 月,第 164 旅番号撤销,官兵补充该旅,开赴汉口[③]。9 月,改番号为第 234 师。

---

① 《陆军各部队成立沿革纪要》,全宗号 787,案卷号 16721。

② 《国防部本部隶属各部队主官简历驻地与部队沿革手册》,全宗号 783,卷宗号 393;《各部队各训练机关主官简历驻地与部队沿革手册》,全宗号 627,卷宗号 1117。

③ 《联合勤务总司令部抄发整编师旅恢复为军师番号等训令》(1948 年 9 月 19 日),《中华民国史档案资料汇编》第 5 辑编第 3 编军事(1),第 320 页。

历任师长(整编旅旅长):

刘树成(1938.6.29—)

徐正纲(—1948.9.16)

冉良臣(1948.9.16—)

新编第 18 师(含 1948 年新编第 18 旅)

①直鲁联军旧部(1929.11—1930.3)

1929年11月,新编第2旅扩编为新编第18师。1930年3月,隶属第27军。同月,因反蒋被撤销番号。

历任师长:

孙殿英(1929.11.16—)

②陕西地方部队(1930.9)

1930年9月,第7军补充第2、补充第5旅合编为新编第18师[①]。不久因军纪败坏,被缴械。

历任师长:

马子修

③川军潘文华部(1938.6—1945.1)

1938年6月,第162师所属第2旅扩编为新编第18师,隶属川康绥靖公署。1939年转隶第56军。1940年下半年,直隶于川陕鄂边区绥靖公署[②]。1944年,拨隶川康绥靖公署。1945年初,番号裁撤。

历任师长:

周成虎(1938.6.29—1943.12)

李元宗(1944.1—1944.7)

④川军潘文华部(1948.7—1948.9)

1948年7月,在湖北洪湖、宜昌等地编成新编第18旅,隶属川鄂边区绥靖公署。9月,改番号为第235师。

历任整编旅旅长:

潘清洲(1948.7.14—)

新编第 19 师(含 1946—1948 年新编第 19 旅)

①陕西地方部队(1929.12—1930.2)

1929年12月,独立第10旅在山东扩编为新编第19师,驻临沂、诸城等地。1930年初,

---

① 《杨虎城关于袭击洛阳进驻西安战斗经过报告》(1930年11月1日),《中华民国史档案资料汇编》第5辑第1编军事(2),第701页。

② 《国民党陆军兵力统计战斗序列表》(1940年7月16日),《中华民国史档案资料汇编》第5辑第2编军事(1),第764页。

响应阎锡山反蒋。2月20日,遭到第55、第46、新编第26师围攻。8月,由利津渡黄河北上。1931年2月,张学良将该部改编为东北边防军第11师。同年夏,改编为正大护路军第1师。12月,改编为第84师①。

历任师长:

高桂滋

②新桂系军(1938.6—1948.9)

1938年6月,在广西南宁成立新编第19师。1939年1月,隶属第46军。同年改辖三团②。1946年5月,整编为旅,改辖两团。1947年2月20日至23日,在山东莱芜被歼灭。后重建。1948年9月,改称第236师。

历任师长(整编旅旅长):

黄固(1938.6.12—1940.6.30)

黄鹤龄(1940.6.30—1941.12免兼)

罗活(1941.12—1944.8)

蒋雄(1944.8—1947.6)

陈开荣(1947.6—1948.9.16)

王佐文(1948.9.16—)

新编第20师

①湘军谭延闿部(1929.12—1930.2)

1929年12月,独立第9旅在湖南扩编为新编第20师,三旅六团。1930年2月8日,改番号为第53师。

历任师长:

李韫珩

②湘军(1930.6—1930.10)

1930年6月,独立第3旅扩编为新编第20师,离开广东北上河南。10月,改称第24师。

历任师长:

许克祥

③河南地方部队(1930.11—1933.10)

1930年11月,新编第5军在河南缩编为新编第20师。1932年6月,在光山及其以南地区,隶属中路军第1纵队参加对鄂豫皖苏区的"围剿"(1932年6月下旬至10月中旬)。1933年7月,该师与第35师一部并编为驻豫绥靖公署"剿匪"军第2纵队(1937年7月,改

---

① 《陆军各部队成立沿革纪要》,全宗号787,案卷号16721。

② 《第4战区司令长官部及各部队简略沿革》,全宗号787,案卷号16767;《国防部本部隶属各部队主官简历驻地与部队沿革手册》,全宗号783,卷宗号393。

称第 166 师)①。

历任师长：

郜子举

④中央军(1938.7—1945.1)

1938 年 7 月,福建保安团改编为新编第 20 师,隶属驻闽绥靖公署②。1939 年 3 月,改隶第 100 军。1941 年 7 月,直属第 9 战区,参加第三次长沙会战(1941 年 12 月 19 日至 1942 年 1 月 15 日)、浙赣会战(1942 年 5 月中旬至 9 月上旬)。1942 年 11 月,转隶第 20 军。1944 年 9 月,拨隶第 9 战区,参加湘粤赣边区作战(1945 年 1 月中旬至 2 月中旬)。1945 年 1 月,该师番号撤销,官兵补充第 59 师。

历任师长：

王继祥(1938.7.3—)

钱东亮(1939.4.25—1941.3)

温鸣剑(1941.3—)

曾粤汉

李子亮(1943.3 代理—)

⑤中央军(1948.7—1948.9)

1948 年 7 月,在胶东编成新编第 20 师,隶属第 8 军。9 月,改称第 237 师。

历任师长：

孙进贤(1948.8—)

新编第 21 师(含 1946—1948 年新编第 21 旅)

①湘军唐生智部(1929.12—1930.10)

1929 年 12 月,独立第 3 旅在湖南扩编为新编第 21 师。1930 年 4 月 9 日,拨隶第 8 军③。10 月改称第 23 师④。

历任师长：

李云杰

②河南地方部队(1931.3—1933.7)

1931 年 3 月 17 日,暂编第 5 师在河南长葛改称新编第 21 师。12 月,一部编入第 80 师。1933 年 10 月,该师与河南保安第 1 团、第 35 师所属两团团、骑兵第 2 旅一部合编为驻豫绥靖公署"剿匪"军第 1 纵队(1934 年 10 月改称第 95 师)⑤。

---

① 《国军部队沿革》(一集)。
② 《国军部队沿革》(二集)。
③ 《蒋中正总统档案·事略稿本》(8),第 19—20 页。
④ 《国防部本部隶属各部队主官简历驻地与部队沿革手册》,全宗号 783,卷宗号 393;《国军部队沿革》(一集);《陆军各部队成立沿革纪要(第 2 辑)》。
⑤ 《国军部队沿革》(一集)。

历任师长：

万殿尊

③川军范绍增部，1943 年黄埔军校出身的李文密出任师长（1939.1－1948.9）

1939 年 1 月，在四川重庆成立新编第 21 师，辖三团及一补充团，隶属第 88 军。1943 年 4 月，该师整编为两个团与一个基干团，基干团与暂编第 33 师基干团对调①。1946 年 5 月，整编为旅。1947 年底，脱离整编第 88 师建制。1948 年 3 月，该旅驻徐州以西的黄口。4 月 3 日，抵达安徽蒙城。6 月下旬经山东曹县、河南民权越过陇海铁路南下，参加豫东作战（1948 年 6 月 16 日至 7 月 6 日），27 日在睢县西北地区被围，6 月 28 日至 7 月 1 日在陈小楼、涧岗集被歼灭，旅长李文密被俘。旋重建。8 月，隶属整编第 12 师。9 月，改称第 238 师。

历任师长（整编旅旅长）：

马昆山（1939.1.14－1940.11）

罗君彤（1940.11 兼任－1946.8）

李文密（1946.8 代理－1948.2.3 实任－1948.7.2 被俘）

徐有成（1948.8.1－）

新编第 22 师（含 1948 年新编第 22 旅）

①湘军唐生智部（1929.12－1930.9）

1929 年 12 月，独立第 4 旅在湖北扩编为新编第 22 师，辖三旅六团。1930 年 4 月，驻咸宁、阳新、大冶、通山、崇阳②。5 月，进占河南鹿邑，进攻淮阳、太康。6 月，驻湖北咸宁、阳新，8 月 6 日，在湖南平江作战。9 月 20 日，改番号为第 77 师③。

历任师长：

罗霖

②中央军（1938.10－1948.10）

1938 年 10 月，第 200 师拨补干部并接收湘赣军管区新兵编成新编第 22 师④，驻守湖南东安。11 月，隶属新编第 11 军。1939 年 2 月，隶属第 5 军（新编第 11 军改称）。1942 年 7 月，脱离第 5 军建制。12 月，改新编第 1 军。1944 年 4 月，转隶新编第 6 军。1948 年 10 月 28 日，在辽宁黑山、打虎山以东地区被歼灭，师长罗英被俘。

历任师长：

邱清泉（1938.10.11－）

廖耀湘（1940.5－）

① 《国防部本部隶属各部队主官简历驻地与部队沿革手册》，全宗号 783，卷宗号 393。
② 《蒋介石关于制定讨伐阎冯部署与作战计划报告》（1930 年 4 月），《中华民国史档案资料汇编》第 5 辑第 1 编军事（2），第 233 页。
③ 《国军部队沿革》（一集）；《国防部本部隶属各部队主官简历驻地与部队沿革手册》，全宗号 783，卷宗号 393。
④ 《国军部队沿革》（二集）。

李涛(1944.7—)

罗英(1947.10—1948.10.28 被俘)

③中央军(1948.4—1948.9)

1948 年 4 月,第 8 训练处在四川编成新编第 22 旅,隶属重庆绥靖公署。10 月,改称第 239 师。

历任整编旅旅长:

吴建新(1948.4.26—)

新编第 23 师(含 1948 年新编第 23 旅)

①川军罗泽洲部(1931.3—1935.3)

1931 年 3 月,罗泽洲部①被授予新编第 23 师番号②。1933 年 11 月 1 日,由南充向仪陇、巴中东南的曾口场进攻,"围剿"川陕苏区。因作战失利,1934 年 9 月 29 日,师长罗泽洲被撤职查办。1935 年 1 月,驻蓬安东北地区。3 月 5 日,在仪陇被歼灭大部。

历任师长:

罗泽洲(—1934.9.29)

唐式遵(代理)

②江西地方部队(1938.10—1944.12)

1938 年 10 月,第 5 师改番号为新编第 23 师③,隶属第 5 战区,下辖二旅四团。11 月在湖南岳阳作战。12 月,改隶第 18 军,裁撤旅部,改辖三团。1939 年 7 月,拨隶第 54 军。10 月,调隶第 87 军④。1944 年 12 月,番号撤销,以该师官兵为基干编成第 205 师。

历任师长:

盛逢尧(1938.11.7—)

钟祖荫

③中央军(1948.4—1948.10)

1948 年 4 月,第 8 训练处在四川编成新编第 23 旅,隶属重庆绥靖公署。10 月,改称第 241 师。

历任整编旅旅长:

李维勋(1948.4.26—)

新编第 24 师(含 1948 年新编第 24 旅)

①杂牌军(1930.1—1930.2)

---

① 1923 年为四川陆军第 3 师第 6 旅第 11 团,团长罗泽州。1923 年扩编为四川陆军独立第 1 旅。1924 年改称四川第 11 混成旅。1925 年扩编为四川陆军第 11 师。1926 年改称国民革命军第 28 军第 4 路。

② 《陆军各部队成立沿革纪要》,全宗号 787,案卷号 16721。

③ 《国军部队沿革》(一集)。

④ 《第六战区抗战纪实附录二:战区及各集团军、军、师沿革及简史》,全宗号 787,案卷号 6714。

1930年1月,第14师所属第40旅扩编为新编第24师。2月,该师与第9师补充团合编为第9师第27旅①。

历任师长:

苏荫森

②东北军,1944年3月黄埔军校出身的夏季屏出任师长(1939.3－1945.2)

1939年3月,骑兵第4师所属第11、第12团改编为新编第24师,隶属第97军。1940年5月,转隶第9军。1945年2月,番号裁撤,官兵拨充第54师。

历任师长:

张东凯(1939.2.25－1942.8)

宋子英(1942.8－1944.3)

夏季屏(1944.3－)

③中央军(1948.4－1948.10)

1948年4月,第8训练处在四川编成新编第24旅,隶属重庆绥靖公署。10月,改称第242师。

历任整编旅旅长:

雷鸣(1948.4.26－)

新编第25师(含1948年新编第25旅)

①河南地方部队(1930.1－1931.7)

1930年1月,第49师补充团②扩编为新编第25师。2月,在河南汝南、正阳。8月,在平汉路南段护路。11月,新编第14师归并该师③。冬,在固始一带,隶属豫鄂皖边区绥靖督办公署,参加对鄂豫皖苏区的"围剿"(1930年11月至1931年3月下旬)。1931年7月,改称第45师。

历任师长:

戴民权

②黔军(1935.5－1935.10)

1935年5月,第25军教导师及川南边防军在贵州赤水合成新编第25师,辖三旅六团及一独立团。旋改辖二旅四团。10月,改称第140师④。

历任师长:

沈久成

---

① 《陆军各部队成立沿革纪要》,全宗号787,案卷号16721;《国防部本部隶属各部队主官简历驻地与部队沿革手册》,全宗号783,卷宗号393。

② 初为建国豫军樊钟秀部一连,1924年逐渐扩充。1927年为第12军独立第3旅,旅长戴民权。1928年缩编为第49师补充团。

③ 《新十四师归并》,《民国日报》(上海)1930年11月23日,第1张第3版。

④ 《国军部队沿革》(一集);《各部队各训练机关主官简历驻地与部队沿革手册》,全宗号627,卷宗号1117。

③川军潘文华部(1939.1—1946.5)

1939 年 1 月,重庆警备第 1 团及川康绥靖公署所属宪兵 3 个营改编为新编第 25 师,下辖二旅四团①,隶属重庆卫戍总司令部。该师一直担任重庆警卫。1946 年 5 月,拨交重庆市政府改编为警察保安总队。

历任师长:

李根固(1939.1.29—)

④中央军(1948.4—1948.9)

1948 年 4 月,在河南成立新编第 25 旅。5 月,隶属整编第 15 师。9 月,改番号为第 243 师。

历任整编旅旅长:

段国杰(1948.8.16—)

新编第 26 师(含 1948 年新编第 26 旅)

①直鲁联军旧部(1930.1—1931.4)

1930 年 1 月,独立第 1 旅改编为新编第 26 师②,下辖二旅四团。4 月,驻山东郯城、临沂。1931 年 3 月 22 日,"围剿"临城悍匪孙美松。4 月,改称第 58 师。

历任师长:

陈耀汉

②中央军(1939.4—1945.10)

1939 年 4 月,陕西抗日义勇军第 1 纵队③改编成新编第 26 师,隶属第 80 军④。1940 年 5 月,该师开赴绥远隶属第 8 战区副司令长官(傅作义)部节制,守备伊克昭盟。1943 年 9 月,转隶第 67 军。1945 年 10 月 25 日至 27 日,在卓资山被歼灭 4000 余人。战后缩编为新编第 2 旅。

历任师长:

何文鼎(1939.4.27—)

张士智(1945.6—)

③中央军(1948.7—1948.9)

1948 年 7 月,在甘肃成立新编第 26 旅,隶属西北军政长官公署。9 月,改番号为第 244 师。

历任整编旅旅长:

王治岐(1948.7.9—)

---

① 《各部队各训练机关主官简历驻地与部队沿革手册》,全宗号 627,卷宗号 1117。

② 《陆军各部队成立沿革纪要》,全宗号 787,案卷号 16721。

③ 抗日战争爆发后,陕西在乡军人张飞生在西安、汉中招募爱国志士编成陕西抗日义勇军第 1 纵队,张任司令,辖 2 个支队及两个补充团。1938 年 10 月,增辖陕西保安第 8 团,何文鼎继任司令。《国军部队沿革》(二集)。

④ 《各部队各训练机关主官简历驻地与部队沿革手册》,全宗号 627,卷宗号 1117。

新编第 27 师(含 1948 年新编第 27 旅)

①山东土匪部队(1930－1931.1)

1930 年初,鲁南抱犊崮土匪孙景泰部改编为新编第 27 师。1931 年 1 月,被缴械撤销番号。

历任师长:

孙景泰

②中央军(1939.8－1945.7)

1939 年 8 月,陕西警备第 1 旅及军政部第 19 补训处所属一团在陕西大荔改编为新编第 27 师①,辖三团,隶属第 10 战区。12 月,开赴朝邑,担任河防。1940 年 5 月,改隶第 80 军②。1945 年 7 月,番号裁撤。

历任师长:

张坤生(1939.6.26－1939.9)

王竣(1939.9.13－1941.5.19 阵亡)

杨显(1941.9－1942.10)

严映皋(1942.10－)

③中央军(1948.7－1948.9)

1948 年 7 月,在甘肃组建新编第 27 旅,驻防临洮,隶属西北军政长官公署。9 月,改称第 245 师。

历任整编旅旅长:

刘漫天(1948.7.16－)

新编第 28 师(含 1948 年新编第 28 旅)

①西北军石友三部(1930.3－1930.5)

1930 年 3 月 25 日,陆海空军总司令部任命石友三部将米文和为新编第 28 师师长③。5 月,米文和随石友三反蒋,番号取消。

历任师长:

米文和

②中央军(1939.5－1944.12)

1939 年 5 月,军委会别动队④第 1 纵队改编为新编第 28 师⑤,驻防贵州东路的黄平、镇

---

① 《第三次参谋长会议第 81 军沿革史》,全宗号 787,案卷号 16796.

② 《各部队各训练机关主官简历驻地与部队沿革手册》,全宗号 627,卷宗号 1117。

③ 《南京总部发表三师长》,《益世报》(天津)1930 年 3 月 27 日,第 1 张(3)。

④ 1933 年 7 月,为收容军校各期失业学生,在庐山开办中央陆军军官学校驻赣暑期研究班,并招收了少数失业青年。10 月,在江西庐山成立军委会南昌行营别动队,后改称军委会别动队,康泽任总队长。

⑤ 《各部队各训练机关主官简历驻地与部队沿革手册》,全宗号 627,卷宗号 1117。

远、施洞口,隶属重庆卫戍司令部。1941 年底,改隶第 66 军。1942 年 6 月,直隶于第 11 集团军,旋转隶第 6 军。1943 年 5 月,拨隶第 71 军。1944 年底,番号裁撤,以该师官兵为基干编成第 207 师。

历任师长:

刘伯龙(1939.5.9—1942.8)

李士奇(—1943.12)

刘又军(1943.12—)

③中央军(1948.7—1948.9)

1948 年 7 月,在甘肃武都成立新编第 28 旅,隶属西北军政长官公署。9 月,改番号为第 246 师。

历任整编旅旅长:

沈芝生(1948.7.16—)

新编第 29 师(含 1946—1948 年新编第 29 旅)

①西北军石友三部(1930.3—1930.5)

1930 年 3 月 25 日,陆海空军总司令部任命石友三部将袁德性为新编第 29 师师长[①]。5 月,随石友三反蒋,番号取消。

历任师长:

袁德性

②中央军(1939.5—1942.6)

1939 年 5 月,军政部第二补训总处一部改编为新编第 29 师,隶属重庆卫戍司令部。1942 年初,改隶第 66 军。6 月,该师番号撤销。

历任师长:

马维骐(1939.5.9—)

③中央军(1943.7—1947.2)

1943 年 7 月,河南周家口警卫团与其他部队组建新编第 29 师,隶属第 31 集团军。1943 年担任中牟一带河防。11 月,隶属暂编第 15 军。1944 年 5 月 1 日,师长吕公良在许昌重伤阵亡。10 月,改隶暂编第 1 军。1945 年 6 月,隶属第 97 军(暂编第 1 军改称)。1946 年 5 月,整编为旅,改辖两团,隶属整编第 52 师(第 97 师改称)。1947 年 2 月,该旅番号撤销,官兵充实第 33、第 82 旅。

历任师长(整编旅旅长):

吕公良(1943.7—1944.5.1 阵亡)

刘汉兴

辛少亭(1946.3.22—)

---

① 《南京总部发表三师长》,《益世报》(天津)1930 年 3 月 27 日,第 1 张(3)。

④中央军(1948.8－1948.9)

1948 年 8 月,甘肃保安第 1、第 3 团组建新编第 29 旅,隶属西北军政长官公署。9 月,改番号为第 247 师。

历任整编旅旅长:

陈倬(1948.9.1－)

新编第 30 师(含 1948 年新编第 30 旅)

①镇嵩军旧部(1930.3－1930.5)

1930 年 3 月 25 日,陆海空军总司令部任万选才部将宋照奎为新编第 30 师师长[1]。5 月,随石友三反蒋,番号取消。

历任师长:

宋照奎

②直鲁联军旧部(1939.5－1942.10)

1939 年 5 月,独立第 45 旅在浙江扩编为新编第 30 师[2],隶属第 3 战区第 10 集团军,旋改隶第 3 战区第 1 游击区。1942 年初,拨隶第 88 军[3]。10 月,该师番号撤销,官兵并编入暂编第 34 师[4]。

历任师长:

张銮基(1939.5.12－)

贾广文(1942.1－)

③中央军(1943.5－1948.10)

1943 年 5 月,驻四川简阳的军政部第 25 补训练处所属部队编成新编第 30 师。8 月,空运印度,隶属新编 1 军。1948 年 10 月 28 日,在辽宁黑山、打虎山以东地区被歼灭,新编第 1 军副军长兼该师师长文小山被俘。

历任师长:

胡素(1943.5－1944.7 兼任－1944.8 免兼)

李鸿(1944.8－1944.12)

唐守治(1944.12－)

文小山(－1948.5.21 兼任－1948.10.28 被俘)

④青海马步芳部(1948.7－1948.9)

1948 年 7 月,在甘肃成立新编第 30 旅,隶属西北军政长官公署。9 月,改番号为第 248 师。

历任整编旅旅长:

---

① 《河南党与军》,《益世报》(天津)1930 年 4 月 22 日,第 1 张(2)。

② 《国防部本部隶属各部队主官简历驻地与部队沿革手册》,全宗号 783,卷宗号 393。

③ 《国军部队沿革》(二集)。

④ 顾祝同:《墨三九十自述》,台北"国防部"史政编译局 1981 年版,第 222 页。

马全义(1948.7.8—)

新编第 31 师

①湘军何键部(1930.5—1931.9)

1930 年 5 月,第 19 师所属第 56 旅与独立第 5 旅、独立第 8 旅在湖南合并为新编第 31 师①,辖三旅六团,隶属第 4 路军。8 月,防守长沙。9 月至 10 月,"围剿"湘鄂赣苏区。同年改辖二旅四团。1931 年 1 月,在江西吉水。2 月至 5 月,"围剿"湘鄂赣苏区。3 月,独立第 10 旅番号撤销,官兵补充该师。7 月,在湖南攸县、安仁,参与对湘赣苏区的"围剿"。9 月,改称第 62 师。

历任师长:

陶广

②晋绥军傅作义部(1939.7—1948.9)

1939 年 7 月,第 35 军所属第 211 旅②第 420 团与第 73 师第 422 团在绥远改编为新编第 31 师,隶属第 35 军。1947 年初,改隶暂编第 3 军。1948 年 9 月,改称第 250 师。

历任师长:

孙兰峰(1939.7.23 代理—1940.10)

安春山(1941.2.14 代理—)

王建业(1947.6—)

新编第 32 师

①湘军何键部(1930.11—1931.9)

1930 年 11 月,独立第 7 旅在湖南扩编为新编第 32 师,下辖二旅四团③,隶属第 4 路军。1931 年 1 月初,进攻湘赣苏区。2 月,独立第 9 旅番号撤销,官兵补充该师。9 月,改称第 63 师④。

历任师长:

陈光中

②晋绥军傅作义部(1939.7—1948.9)

1939 年 7 月,第 35 军所属第 211 旅第 421 团、新编第 10 团编成新编第 32 师,辖三团⑤,隶属第 35 军。1948 年 1 月 13 日,在河北涞水以东被歼灭大部,师长李铭鼎阵亡。2 月,拨隶暂编第 4 军。9 月,改番号为第 251 师。

---

① 《中华民国驻印军各部队沿革及现况概略》,全宗号 787,案卷号 16815。

② 1927 年为第 4 师第 36 团,1931 年春为第 10 师第 20 旅,秋为第 73 师第 211 旅。1936 年改称第 35 军第 211 旅。《国军部队沿革》(二集)。

③ 《陆军各部队成立沿革纪要》,全宗号 787,案卷号 16721。

④ 《国防部本部隶属各部队主官简历驻地与部队沿革手册》,全宗号 783,卷宗号 393。

⑤ 《国防部本部隶属各部队主官简历驻地与部队沿革手册》,全宗号 783,卷宗号 393。

历任师长：

袁庆荣(1939.7.23 代理—)

李铭鼎(1944.4.21—1948.1.13 阵亡)

唐文佐

韩天春(1948.4.18—)

新编第 33 师

①中央军(1940.1—1945.1)

1940 年 1 月,军政部第 14 补训处所属部队在鄂西改编为新编第 33 师。4 月,隶属新编第 11 军。7 月,改隶第 2 军①。1945 年 1 月,番号裁撤,官兵分别编入第 9、第 76 师。

历任师长：

张世希(1940.5—1940.8)

杨宝谷(1940.8—)

钟祖荫(1944.1—)

②中央军(1948.7—1948.9)

1948 年 7 月,第 208 师所属第 1 旅改编为新编第 33 师,隶属第 87 军。9 月,改番号为第 220 师。

历任师长：

陆静澄

新编第 34 师

①湘西地方部队陈渠珍部(1930.12—1937.12)

1930 年 12 月,湘西地方部队陈渠珍部②改编为新编第 34 师,下辖三旅六团③。1936 年 1 月,守备永绥至秀山一线。5 月,驻永绥、保靖、松桃、同仁、巴梅。6 月,所属第 3 旅改编为暂编第 11 旅,该师改辖二旅四团。7 月,由醴陵、汉源移驻辰溪。1937 年隶属第 3 战区第 10 集团军,参加淞沪会战(1937 年 8 月 13 日至 11 月下旬)。10 月,在浙江萧县改称第 128 师。

历任师长：

陈渠珍

顾家齐

②中央军(1940.3—1945.7)

1940 年 3 月,新编第 12 旅、军政部第 26 补训处所属第 3 团及陕西保安处所辖第 1、第 5

---

① 《各部队各训练机关主官简历驻地与部队沿革手册》,全宗号 627,卷宗号 1117。

② 清末时,陈渠珍部为巡防练军,分驻湘西 30 余县。1925 年改称湘西屯边军。1927 年改编为国民革命第 19 独立师,辖三旅。1928 年改编为湖南省第 1 警备军。

③ 《陆军各部队成立沿革纪要》,全宗号 787,案卷号 16721。

团在陕西编成新编第 34 师。5 月,隶属第 36 军。1941 年 6 月,改隶第 57 军①。1944 年 11 月,直隶于第 1 战区司令长官部。1945 年 4 月,调隶第 3 军。7 月,该师番号撤销。

历任师长:

马志超(1940.3－1942.10)

韩增栋(1942.10－)

③中央军(1948.7－1948.9)

1948 年 7 月,第 208 师所属第 2 旅改编为新编第 34 师,隶属第 87 军。9 月,改番号为第 221 师。

历任师长:

王永树

新编第 35 师

①河南地方部队(1931)

1931 年初,河南地方部队崔邦杰部改编为新编第 35 师。7 月,由中牟集中封丘,对长垣、濮阳警戒。8 月,开赴河北大名,解决刘桂堂部。战后返回开封②。8 月,改称第 80 师③。

历任师长:

崔邦杰

②陕西地方部队(1937.7－1938.9)

1937 年 7 月,独立第 20 旅在河南杞县扩编为新编第 35 师④。1938 年隶属第 1 战区,参加豫北豫东作战(1938 年 1 月上旬至 6 月下旬)。5 月,到山东菏泽抗敌。6 月 3 日弃守河南兰封,退驻临汝。9 月,改称第 128 师。

历任师长:

王劲哉

③陕西地方部队与伪军(1939－1945.7)

1939 年上半年,晋南皇协军第 1、第 2 总队反正,编为新编第 35 师,下辖三团,隶属第 2 战区第 4 集团军。参加 1939 年冬季攻势(1939 年 12 月 10 日至 1940 年 2 月 2 日)。1940 年 6 月,独立第 46 旅取消番号,官兵补充该师,隶属第 38 军⑤。1945 年 7 月,改称第 55 师。

历任师长:

姜宏模

戚文平

---

① 《各部队各训练机关主官简历驻地与部队沿革手册》,全宗号 627,卷宗号 1117;《国军部队沿革》(二集)。

② 《刘峙关于击歼石友三与刘桂堂作战报告》(1930 年 8 月),《中华民国史档案资料汇编》第 5 辑第 1 编军事(2),第 536 页;《新卅五师调驻大名枣阳》,《中央日报》1931 年 8 月 15 日,第 1 张第 4 版。

③ 《陆军各部队成立沿革纪要》,全宗号 787,案卷号 16721。

④ 《国军部队沿革》(一集)。

⑤ 《各部队各训练机关主官简历驻地与部队沿革手册》,全宗号 627,卷宗号 1117。

孔从洲

④中央军(1948.7—1948.9)

1948年7月,第208师所属第3旅改编为新编第35师,隶属第87军。9月,改番号为第222师。

历任师长:

周雨寰

新编第36师(含1947—1948年新编第36旅)

①甘肃马家军(1932.3—1936.10)

1932年3月,马仲英部①改编为新编第36师,以甘肃酒泉、金塔、鼎新、玉门、安西、敦煌六县为补给区。8月,进军新疆。11月,败退酒泉。1933年2月,再入新疆。1934年1月初,围攻迪化城。3月,败退至南疆喀什地区。6月,师长马仲英逃亡苏联。余部2万人由马虎山率领东入和田。1936年10月,盛世才联合苏军进攻和田,马虎山逃亡印度,马生贵接任师长,通电投降。

历任师长:

马仲英

马虎山

马生贵

②山东土匪部队,1947年黄埔军校出身的孙鸣玉出任师长(1940—1948.9)

1940年,山东土匪刘桂堂部②改编为新编第36师,隶属鲁苏战区,驻扎鲁南费县。1943年8月投敌,仍保留该师番号。11月15日,师长刘桂堂在费县柱子村被八路军击毙。1945年10月,隶属第12军。1947年2月20日至23日,在莱芜被歼灭。旅重建。6月,整编为旅,拨隶整编第73师。1948年2月,改隶整编第32师。3月21日,在山东淄川被歼灭,旅长张汉铎被俘。由保安部队重新编成。9月,改番号为第252师。

历任师长(整编旅旅长):

刘桂堂(—1943.11.15阵亡)

刘世铭

张里元(1945.3—)

孙鸣玉

曹振铎(—1947.3)

张汉铎(—1948.3.21被俘)

---

① 1929年夏,马仲英(马麟的堂侄,宁海军副营长)在甘肃河湟地区叛乱,在甘肃、青海、宁夏流动作战,被国民军击败。1930年冬,再起于河西,自称"甘青宁联军总司令",驻地张掖。1931年夏,马步芳出兵将马仲英逼退到酒泉。

② 1928年刘桂堂部为新编第4师。1930年4月,追随阎锡山反蒋,被撤销番号。1931年,在中央军围攻下,刘率部返回山东。12月,韩复榘任刘为山东警备军副总指挥,所部编为4个警备旅,驻高唐。1932年6月,北上热河。1933年初投靠日伪军。6月,参加察哈尔抗日同盟军。8月,接受何应钦、宋哲元改编,任察东"剿匪"司令。1934年2月,回师山东,在诸城等地被韩复榘消灭。1937年收集旧部再次投靠日军。1938年底,由胶东开赴鲁中山区。

王禹谟(1948.4.11—)

新编第 37 师

①红军投降部队(1932.10—1933.3)

1932 年 9 月 20 日,红五军第 2 师师长郭炳生投靠蒋介石。10 月 14 日,被任命为新编第 37 师师长,驻江西乐安。1933 年 3 月 21 日,郭炳生在宜黄东陂阵亡,该师番号撤销。

历任师长:

郭炳生(—1933.3.21 阵亡)

②中央军(1940.6—1945.7)

1940 年 6 月,天水行营补充第 1、补充第 2 团和河南自卫军第 1 路等在陕西西安编成新编第 37 师①,隶属新编第 12 军。1942 年 6 月,改隶第 80 军。1945 年 7 月,番号裁撤。

历任师长:

徐保

新编第 38 师

中央军(1941.12—1948.10)

1941 年 12 月,财政部税警总团驻贵州都匀独立部队编成新编第 38 师,隶属第 66 军②。1942 年 5 月,撤入印度,脱离第 66 军建制。8 月,进驻兰姆伽。1942 年 12 月,改隶新编第 1 军。1947 年 9 月,拨隶新编第 7 军。1948 年 10 月 19 日,在长春投诚。

历任师长:

孙立人

唐守治(1944.7—1944.12)

李鸿(1944.12—1947.10)

史说(1947.10—1948.6.6)

陈鸣人(1948.6.6—1948.10.19 投诚)

新编第 39 师

中央军(1941.11—1945.2)

1941 年 11 月,军政部第 12 补训处所属部队改编为新编第 39 师,编入第 66 军,下辖三团。1942 年 2 月,脱离第 66 军建制,直隶于第 11 集团军。8 月,改隶第 5 军。1943 年 1 月,调隶第 6 军。1945 年 2 月,番号裁撤。

历任师长:

成刚

---

① 《国军部队沿革》(二集)。

② 《国防部本部隶属各部队主官简历驻地与部队沿革手册》,全宗号 783,卷宗号 393。

官全斌(1942.2—1943.2)

胡佛(1943.2—1943.9)

洪行(1943.9—1944.12.17 车祸身亡)

傅亚夫(1945.2.3—)

新编第 40 师

国民三军旧部(1943.6—1945.7)

1943 年 6 月,独立第 46 旅与第 40 军补充团并编为新编第 40 师,隶属第 40 军。1945 年 7 月,该师番号取消,官兵补充第 39、第 106 师。

历任师长:

司元恺

崔玉海(1943.6—)

新编第 41 师

中央军(1943—1945.7)

1943 年 10 月,在甘肃组建新编第 41 师,隶属第 42 军。1944 年底,改隶暂编第 5 军,1945 年 7 月,番号裁撤。

历任师长:

褚静亚

慕中岳(1945.5.28—1945.6)

周保黎(1945.6—)

新编第 42 师

中央军(1944.2—1945.7)

1944 年 2 月,独立第 14 旅在河南扩编为新编第 42 师,隶属第 78 军。1945 年 7 月,拨隶第 40 军,旋改称第 144 师。

历任师长:

彭赍良(1944.3—)

谭煜麟

新编第 43 师

中央军(1944.2—1945.7)

1944 年 2 月,在河南编成新编第 43 师,隶属第 78 军。1945 年 7 月,番号裁撤。

历任师长:

黄国书(1944.3—)

新编第 44 师

中央军(1944.2—1945.7)

1944 年 2 月,在河南编成新编第 44 师,隶属第 78 军。1945 年 7 月,番号裁撤。

历任师长:

姚秉勋(1944.3—1945.3)

王公亮(1945.3—)

新编第 45 师

中央军(1944.2—1947.5)

1944 年 2 月,在甘肃编成新编第 45 师,隶属新编第 2 军。1947 年 5 月,整编为第 178 旅。

历任师长:

谢义锋(1944.3—)

郭歧

徐达

新编第 46 师

中央军(1944.2—1947.5)

1944 年 2 月,新编第 18 旅在甘肃扩编为新编第 46 师[①],隶属新编第 2 军。1947 年 5 月,整编为第 179 旅。

历任师长:

徐汝诚(1944.3—)

崔颖春

暂编第 1 师

①福建地方部队(1929.1—1930.2)

1929 年 1 月,独立第 4 师张贞部[②]在福建漳州改称暂编第 1 师[③]。1930 年 2 月 11 日,

---

① 《国防部本部隶属各部队主官简历驻地与部队沿革手册》,全宗号 783,卷宗号 393。

② 1924 年,孙中山大元帅府大本营参谋主任张贞成立福建建国军总指挥部于闽南。1925 年 4 月,成立建国军教导队,又组军士队及学生教育队各一个。1925 年 9 月,奉命将所部与建国粤军学兵营 3 个连并编为第 1 军独立第 1 团,驻广东东莞、虎门。1926 年春改称第 1 师补充团。7 月,扩编为第 4 独立师。9 月 16 日,师长张贞在汕头就职,原补充团为第 2 团,驻福建诏安的建国军警卫总队改编为第 3 团,建国军第 1 混成旅改为第 1 团,驻守闽南长泰、同安边界。1927 年攻取江浙、上海、南京。1928 年由江苏开回漳州,驻防闽南十余县。《第 49 师史略及历次战役概要》,全宗号 787,卷宗号 16740。

③ 《第 49 师史略及历次战役概要》,全宗号 787,卷宗号 16740。

改称新编第 1 师①。

历任师长：

张贞

②西北军(1930.3－1930.4)

1930 年 3 月,河南陆军第 1 混成旅(1929 年成立)扩为暂编第 1 师。4 月,改称第 22 师②。

历任师长：

谷良民

③宁夏马鸿逵部(1930.8－1931)

1930 年 8 月 29 日,马鸿逵部增编暂编第 1 师。1931 年初,取消番号。

历任师长：

马全良

④晋绥军(1937－1939.12)

1937 年,在山西临汾训练的新兵成立 6 个特务团改编为暂编第 1 师③。12 月,该师所辖第 201、第 202 旅扩编为第 201、第 205、第 218 旅,直隶于第 34 军④。重建该师,隶属第 2 战区。1939 年 7 月,改隶第 23 军。12 月,师长续范亭率部投奔八路军,番号取消。

历任师长：

彭毓斌

续范亭

⑤中央军(1941.9－1945.10)

1941 年 9 月,军政部第 6 补训处所属部队在湖北改编为暂编第 1 师,下辖三团及一补充团,隶属 22 集团军。12 月,裁撤补充团⑤。1943 年 1 月,直隶于第 5 战区司令长官部。1945 年 8 月,开赴河南开封。10 月,该师番号撤销,官兵拨入第 47、第 55 军。

历任师长：

王认曲(－1943.3)

曹勋(1943.3－1943.4)

李才桂(1943.4－)

⑥中央军(1949.1)

1949 年初,第 8 绥靖区第 1 纵队⑥在安徽芜湖改编为暂编第 1 师。旋改称第 110 师。

历任师长：

---

① 《张贞师改称》,《民国日报》(上海)1930 年 2 月 11 日,第 1 张第 4 版。

② 《国防部本部隶属各部队主官简历驻地与部队沿革手册》,全宗号 783,卷宗号 393。

③ 《国防部本部隶属各部队主官简历驻地与部队沿革手册》,全宗号 783,卷宗号 393。

④ 《第 2 战区各部队沿革史》,全宗号 787,案卷号 16766。

⑤ 《各部队各训练机关主官简历驻地与部队沿革手册》,全宗号 627,卷宗号 1117。

⑥ 1948 年,廖运泽出任第 8 绥靖区中将副司令兼第 1 纵队司令,收编皖北地区保安团队和地方杂牌部队,以及寿县、凤台一带的零星武装,编成五团,分驻正阳关、寿县、凤台一带。

廖运升

⑦中央军(1949)

1949 年成立暂编第 1 师。同年,该师番号撤销。

历任师长:

盛逢尧(1949.6.16—)

暂编第 2 师(含 1946—1948 年暂编第 2 旅)

①福建地方部队(1928.12—1929)

1928 年 12 月,独立第 14 师①在福建缩编为暂编第 2 师②。1929 年秋,改称新编第 2 师。

历任师长:

卢兴邦

②西北军(1933.4—1936.3)

1933 年 4 月,第 37 师所属第 111 旅李金田部扩编为暂编第 2 师,下辖二旅四团,隶属第 29 军。1936 年 3 月,改称第 143 师③。

历任师长:

刘汝明

③中央军(1943.3—1948.9)

1943 年 3 月,军政部第 15 补训处④所属部队改编为暂编第 2 师,隶属第 93 军。1945 年 1 月,改隶第 76 军。7 月,转隶第 79 军。1946 年 5 月,整编为旅。1947 年上半年,脱离整编第 79 师建制。7 月,该旅进攻陕甘宁解放区的关中、陇东分区。9 月,由关中调赴西安、潼关地区。1948 年 1 月,由铜川南运耀县。5 月,隶属整编第 6 师。9 月,改称第 254 师。

历任师长(整编旅旅长):

王公遐(1943.3—1943.9)

曾晴初(1943.9—1945.3)

石祖德(1945.3—)

沈开樾(—1948.6.1)

陈岗陵(1948.7.12—)

---

① 1913 年在福建龙溪县成立民团总队,卢兴邦为总队长。1918 年,卢收编民团约千人,奉孙中山令编为讨贼军第 2 军(许崇智军)第 3 路第 5 旅第 9 团。1922 年,卢任闽军第 3 路司令,辖 3 个支队。不久,改编为东路讨贼军第 2 军第 1 独立旅。1923 年扩编为东路讨贼军留闽第 1 师,驻扎尤溪、大田、永安、宁洋等县。1927 年 1 月,改编为新编第 1 军独立第 1 师。10 月,被第 11 军遣散。1928 年 3 月,卢兴邦招集旧部编为独立第 14 师。《陆军各部队成立沿革纪要》,全宗号 787,案卷号 16721;《国防部本部隶属各部队主官简历驻地与部队沿革手册》,全宗号 783,卷宗号 393;《军委会关于调查各军师番号清单给国民政府呈》(1928 年 2 月 24 日),《中华民国史档案资料汇编》第 5 辑第 1 编军事(1),第 596 页。

② 《陆军各部队成立沿革纪要》,全宗号 787,案卷号 16721。

③ 《第 68 军沿革史》,全宗号 787,案卷号 16792。

④ 《国防部本部隶属各部队主官简历驻地与部队沿革手册》,全宗号 783,卷宗号 393。

④中央军(1949)

1949 年初,成立暂编第 2 师。4 月 29 日,该师在安徽歙县被歼灭大部,师长郭奉先被俘。

历任师长:

郭奉先(—1949.4.29 被俘)

暂编第 3 师

①镇嵩军旧部(1929.5—1929.11)

1929 年 5 月,第 2 集团军暂编第 19 师改称暂编第 3 师。8 月,驻河北廊坊、杨村、保定①。11 月,改称第 65 师。

历任师长:

万选才

②河北地方部队(1939.4—1943.5)

1939 年 4 月,冀察游击队一部改编为暂编第 3 师,隶属新编第 5 军。1942 年 6 月,师长刘月亭在河南林县被俘。1943 年 5 月 14 日,师长杨克猷投敌,该师番号被撤销。

历任师长:

孙殿英(1940.7 兼任—1941.4 免兼)

刘月亭(1941.4—1942.6 被俘)

杨克猷(—1943.5.14 投敌)

③新疆地方部队(1943.12—1945.7)

1943 年底,在驻新疆迪化成立暂编第 3 师,隶属第 8 战区。1945 年 7 月,番号裁撤。

历任师长:

汤执权(1943.12—)

蒋汉城

④中央军(1949)

1949 年,成立暂编第 6 师。4 月,并入第 74 军。

历任师长:

不详

暂编第 4 师

①镇嵩军旧部(1929.5—1929.11)

1929 年 5 月,第 2 集团军暂编第 20 师改称暂编第 4 师。8 月,驻河南新乡②。11 月,改

---

① 《编遣委员会调查各编遣区现有部队一览表给国民政府呈》(1929 年 8 月 23 日),《中华民国史档案资料汇编》第 5 辑第 1 编军事(1),第 678 页。

② 《编遣委员会调查各编遣区现有部队一览表给国民政府呈》(1929 年 8 月 23 日),《中华民国史档案资料汇编》第 5 辑第 1 编军事(1),第 678 页。

称第 66 师。

历任师长:

刘茂恩

②河南地方部队(1930—1930.1)

1930 年,在河南成立暂编第 4 师。1931 年 1 月 4 日,在宁陵被第 23 师包围缴械。

历任师长:

秦庆霖

③河北地方部队(1939.5—1943.5)

1939 年 5 月,冀察游击队一部编成暂编第 4 师,隶属新编第 5 军。1943 年 5 月 14 日,师长王廷瑛投敌,该师番号撤销。

历任师长:

康翔(1939.5.24—1941.8)

王廷瑛(1941.8—1943.5.14 投敌)

④西北军(1943.12—1945.7)

1943 年 12 月,独立第 4 旅与独立第 5 旅合并为暂编第 4 师,隶属暂编第 4 军。1945 年 1 月,改隶第 27 军(暂编第 4 军改称)。7 月,裁撤番号。

历任师长:

马雄飞(1943.12—)

暂编第 5 师

①河南地方部队(1931.3)

1931 年 3 月,新编第 4 军在河南缩编为暂编第 5 师,旋改称新编第 21 师。

历任师长:

万殿尊

②中央军(1939.6—1945.1)

1939 年 6 月,湖南保安第 1、保安第 2、保安第 3、保安第 4、保安第 5 团在湖南桃源并编为暂编第 4 师,下辖二旅四团,隶属新编第 6 军。1940 年 5 月,转隶第 73 军。1942 年,改辖三团①。1945 年 1 月,番号裁撤,官兵拨充第 15 师。

历任师长:

戴季韬(1939.6.1—1941.9)

郭汝瑰(1941.9—1943.11)

彭士量(1943.11—1943.11.15 阵亡)

梁化中(1944.1—1945.6)

汪之斌

---

① 《各部队各训练机关主官简历驻地与部队沿革手册》,全宗号 627,卷宗号 1117。《国军部队沿革》(二集)。

暂编第 6 师

①伪军(1938.8—1940.2)

1938 年 8 月 6 日,伪皇协军黄宇宙、吴朝汉、李靖汉等部在河南安阳水冶镇反正,编为暂编第 6 师。1940 年 2 月,师长吴朝汉渡黄河时因所乘牛皮筏漏水溺亡,部下离散,部分投奔八路军第 129 师。

历任师长:

吴朝汉

②湘军,1945 年 4 月黄埔军校出身的留光天出任师长(1939.6—1945.6)

1939 年 6 月,湖南新编第 1 旅、新编保安团①和第 128 师伤愈回籍官兵在湖南桃源编成暂编第 6 师,并以湖南新编第 5 团编入,辖二旅四团,隶属新编第 6 军。旋开赴湘潭整补。1940 年 6 月,拨隶第 79 军。11 月,在四川黔江撤销旅部,改辖三团②。1945 年 1 月,改隶第 87 军。4 月,脱离第 87 军建制,配属第 74 军参加湘西会战(1945 年 4 月上旬至 6 月上旬)。战后,该师番号撤销,官兵补充第 134 师。

历任师长:

龙云飞(1939.6.1—1940.11)

赵季平(1940.11—1945.4.8)

留光天(1945.4.8—)

③中央军(1948.9—1949.4)

1948 年 9 月,成立暂编第 6 师。1949 年 4 月,并入第 74 军。

历任师长:

严树荣(1948.9.1—)

洪伟达

暂编第 7 师

①中央军(1939.11—1945.9)

1939 年 11 月,广东保安三团及保安司令部所属教导团合编为暂编第 7 师,下辖二旅四团,隶属暂编第 2 军。1942 年,撤销旅部,改辖三团,所属第 4 团拨隶预备第 6 师③。1945 年 9 月,该师归并第 90 师,番号裁撤。

历任师长:

王作华(1939.12.6—1945.2)

王岳(1945.2—)

---

① 1938 年 3 月,湖南省政府将龙云飞部编为湖南陆军新编第 1 旅,吴恒良部编为湖南陆军新编第 1 团。龙、赵两部为湘西苗民革屯抗日军。

② 《各部队各训练机关主官简历驻地与部队沿革手册》,全宗号 627,卷宗号 1117。《国军部队沿革》(二集)。

③ 《各部队各训练机关主官简历驻地与部队沿革手册》,全宗号 627,卷宗号 1117;《国军部队沿革》(二集)。

②中央军(1949.1—1949.4)

1949 年 1 月,苏北各地保安团队改编为暂编第 7 师,拨隶第 28 军。4 月 23 日,副师长张少武率一团在南京郊外汤山起义。4 月 29 日,在皖南郎溪、广德之间山区被全歼,师长袁英投诚。

历任师长:

袁英(—1949.4.29 投诚)

③中央军(1949.2—1949.5)

1949 年 2 月,江苏保安部队改编为暂编第 7 师,隶属第 123 军。5 月 24 日,在上海被歼灭。

历任师长:

陈邦豪

暂编第 8 师

①中央军(1939.11—1945.9)

1939 年 11 月,广东财政特派员公署所属税警总团一部按(民国)二十六年整理师改编为暂编第 8 师,下辖二旅四团,隶属暂编第 2 军。1942 年,撤销旅部,辖三团①。1945 年 9 月,番号裁撤。

历任师长:

张君嵩(1939.11.23—)

甘竞生(1944—)

②中央军(1949.2—1949.5)

1949 年 2 月,江北各县和江南常熟、太仓等县地方团队改编为暂编第 8 师,隶属第 123 军。5 月 24 日,在上海被歼灭。

历任师长:

孙信符

暂编第 9 师(含 1946—1948 年暂编第 9 旅)

①河北地方部队(1937.12—1938.4)

1937 年 12 月,河北保安第 2 旅等部编为第 1 集团军暂编第 9 师。1938 年 4 月,改称新编第 6 师②。

历任师长:

高树勋

②宁夏马鸿逵部(1939.12—1948.9)

---

① 《各部队各训练机关主官简历驻地与部队沿革手册》,全宗号 627,卷宗号 1117;《国军部队沿革》(二集)。

② 《各部队各训练机关主官简历驻地与部队沿革手册》,全宗号 627,卷宗号 1117。

1939 年 12 月,第 168 师所属第 502 旅①扩编为暂编第 9 师,隶属第 11 军。1946 年 5 月,整编为旅,改辖两团,隶属整编第 18 师(第 11 军改称)。1948 年 9 月,改番号为第 256 师。

历任师长(整编旅旅长):

卢忠良

③中央军(1949.5－1949.9)

1949 年 5 月,在江苏成立暂编第 9 师,隶属暂编第 1 军。9 月,暂编第 1 军所辖各师缩编为第 71 师。

历任师长:

不详

暂编第 10 师(含 1947－1948 年暂编第 10 旅)

①伪军,1943 年 10 月傅作义部下王赞臣出任师长(1939.12－1948.9)

1939 年 12 月,新编第 5 旅扩编为暂编第 10 师,隶属骑兵第 6 军。1940 年 6 月,改隶暂编第 4 军。1942 年 10 月,补充团改隶军部,另以第 35 军所属野补团改编为该师第 3 团,并调隶暂编第 3 军②。1948 年 9 月,改称第 258 师。

历任师长:

安荣昌(1939.11.26－)

梁立柱(－1943.7)

王赞臣(1943.10－)

于霖瑞

王雷震(－1947.7 免兼)

张惠源(1947.7－)

②宁夏马鸿逵部(1947－1948.9)

1947 年初,在宁夏成立暂编第 10 旅。1948 年 9 月,改番号为第 257 师。

历任旅长:

马青云

③中央军(1949.5－1949.9)

1949 年 5 月,在江苏成立暂编第 10 师,隶属暂编第 1 军。9 月,暂编第 1 军所辖各师缩编为第 71 师。

历任师长:

不详

---

① 《国防部本部隶属各部队主官简历驻地与部队沿革手册》,全宗号 783,卷宗号 393。
② 《国防部本部隶属各部队主官简历驻地与部队沿革手册》,全宗号 783,卷宗号 393。

暂编第 11 师

①伪军,1946 年 1 月傅作义部下杨维垣出任师长(1940.1—1948.9)

1940 年 1 月,新编第 6 旅扩编为暂编第 11 师,辖两个团。6 月,隶属暂编第 3 军。1942 年 4 月,增辖一个团①。1948 年 2 月,改隶暂编第 4 军。9 月,改称第 259 师。

历任师长:

王子修(1940.1.18—1946.5)

杨维垣(1946.5—)

张副元(1947.7—)

②中央军(1949.5—1949.9)

1949 年 5 月,在江苏成立暂编第 11 师,隶属暂编第 1 军。5 月 31 日,该师大部在江苏崇明起义。9 月,暂编第 1 军所辖各师缩编为第 71 师。

历任师长:

不详

暂编第 12 师

伪军(1940.6—1947.7)

1940 年 6 月,胶东反正伪军部队、地方保安部队在山东莱阳编成暂编第 12 师,隶属鲁苏战区。1941 年一度隶属第 51 军。1945 年抗战胜利后进驻青岛。12 月,改隶第 96 军。1946 年 6 月 9 日,该师在胶县被歼灭,师长赵保原阵亡。后重建。1947 年 7 月,改编为整编第 211 旅。

历任师长:

赵保原(1940.6—)

张兴仁(—1940.12.16 免代)

邱秉常(1940.12.16—)

赵保原(—1946.6.9 阵亡)

晏子风(1946.7—)

暂编第 13 师

伪军,1941 年 10 月黄埔军校出身的罗折东出任师长(1940.5—1945.6)

1940 年 5 月,反正来归的伪军一部编成暂编第 13 师②,担任浙江绍兴防务。9 月,移防

---

①　《暂编第 11 师王雷震、刘万春部在绥远行动作战经过概编》,全宗号 787,案卷号 6673。

②　系广东黄大伟反正义军三团为基干编组而成。该部官兵系淞沪会战时,国军各师旅失散的旧部及部分青年被敌胁迫入逆,1940 年春敌伪驱其扰福建东山,该部向当地第 75 师输诚。第 25 集团军总司令陈仪令改为丙种师,以第 75 师第 22 旅长史克勤升任师长,辖三团。3 月,成立师部,为第 25 集团军新编师,旋改称暂编第 13 师。《整编第 70 师 139 旅及 277、278 团沿革史》,全宗号 787,案卷号 16810。

江西鹰潭。10月,开赴浙东诸暨安华。1941年5月,隶属第49军。1942年10月,改隶第25军。1945年6月,改称第75师。

历任师长:

史克勤(1940.5—1941.10)

罗折东(1941.10—1945.6.23)

暂编第 14 师

①国民三军旧部(1928.11—1929.5)

1928年11月,第2集团军第9方面军第20军缩编为该集团军暂编第14师。1929年5月,随冯玉祥反蒋,番号撤销(1931年6月改编为39师)。

历任师长:

庞炳勋

②河南地方部队(1930)

1930年8月1日,在山东滕县编成暂编第14师。不久番号取消。

历任师长:

高汝勋

③中央军(1940.5—1947.7)

1940年5月,第92军补充第1团和第21师及第142师补充各一团在河南方城合编为暂编第14师,隶属第92军。1941年5月,改隶骑兵第2军①。1945年12月,隶属第96军(骑兵第2军改称)。1947年7月,改编为整编第212旅。

历任师长:

廖运泽(1940.5—)

李鸿慈(1943.11—1946.6)

汪安澜(1946.6—)

暂编第 15 师

①河南地方部队(1930.9—1930.12)

1930年9月,豫西地方部队编成暂编第15师,隶属第27军。12月底,该师番号撤销。

历任师长:

王翰鸣

②中央军(1940.5—1945)

1940年5月,新编第10旅和军政部第26补训处所属侯占标团、兰州师管区所属马本林团在陕西凤翔合编为暂编第15师,隶属第36军②。1945年7月,改隶第27军,旋改称第

---

① 《暂编第14师李鸿慈部编成及抗战期间行动概见图表》,全宗号787,卷宗号6674。

② 《国防部本部隶属各部队主官简历驻地与部队沿革手册》,全宗号783,卷宗号393。

31 师。

历任师长：

刘宗宽(1940.5－　)

康庄(代理)

李家英(1944.2－　)

③东北军(1945.12－1947.7)

1945 年 12 月,骑兵第 3 师改称暂编第 15 师,隶属第 96 军。1947 年 7 月,改编为整编第 213 旅。

历任师长：

徐长熙(－1947.3)

胡景瑗(1947.3－　)

暂编第 16 师

中央军(1940.6－1945.2)

1940 年 6 月,军政部第 24 补训处所属三团、军政部第 36 补训处所属一团编成暂编第 16 师,隶属新编第 2 军。1941 年 2 月,隶属第 29 军(新编第 2 军改称)。1944 年 6 月,改隶新编第 8 军。9 月,转隶第 13 军。1945 年初,该师番号撤销,官兵拨补第 133、第 134 师。

历任师长：

李强(1940.7－1942.3)

吴求剑(1942.3－1944.6.13)

潘华国(1944.6－　)

万宅仁(1945.2－　)

暂编第 17 师

①马鸿逵部(1928.11－1929.6)

1928 年 11 月,第 2 集团军第 1 方面军第 4 军缩编为该集团军暂编第 17 师。1929 年 5 月,师长马鸿逵率部投蒋。6 月,改称第 64 师。

历任师长：

马鸿逵

②河南地方部队(1930.9－1930.12)

1930 年 9 月,河南地方武装编为暂编第 17 师,隶属第 27 军。12 月,缩编为独立第 3 旅。

历任师长：

王殿阁

③晋绥军傅作义部(1940.8－1948.9)

1940 年 8 月,绥远游击部队改编为暂编第 17 师[①],隶属暂编第 3 军。1947 年初,拨隶第 35 军。1948 年 9 月,改番号为第 262 师。

历任师长:

王雷震(1940.9.7—1943.7)

刘万春(1943.7—1944.10)

朱大纯(1944.10—　)

暂编第 18 师

①陕西地方部队(1928.11—1929.8)

1928 年 11 月,第 2 集团军第 9 军缩编为该集团军暂编第 18 师,驻陕西榆林。1929 年 8 月,扩编为第 12 军[②]。

历任师长:

井岳秀

②滇军(1943.6—1948.10)

1943 年 6 月,滇黔绥靖公署所属第 1 旅改编为暂编第 18 师,隶属昆明行营[③]。1945 年初,改隶第 60 军。6 月,转隶第 93 军。1948 年 10 月 15 日,在辽宁锦州被歼灭,师长景阳被俘。

历任师长:

卢浚泉(1943.6—1945.6)

许义俊

景阳(1947.9—1948.10.15 被俘)

暂编第 19 师

①镇嵩军旧部(1928.11—1929.5)

1928 年 11 月,第 2 集团军第 28 军缩编为该集团军暂编第 19 师,驻河北廊坊、杨柳青一带。1929 年 5 月,改称暂编第 3 师。

历任师长:

万选才

②滇军(1943.6—1945.10)

1943 年 6 月,滇黔绥靖公署所属第 2 旅改编为暂编第 19 师[④],隶属昆明防守司令部。

---

① 1936 年 5 月,成立绥远防共自卫团常备队训练部,辖 6 个大队。1937 年 2 月改编为绥远国民兵团。"七七"事变后改编为三旅。1938 年 2 月,改编为绥远游击军,辖三旅,旋第 3 旅改编为第 35 军骑兵团,复又增编两团,连同前四团共编为两旅。《国防部本部隶属各部队主官简历驻地与部队沿革手册》,全宗号 783,卷宗号 393。又见《国军部队沿革》(二集)。

② 《陆军各部队成立沿革纪要(第 2 辑)》。

③ 《国防部本部隶属各部队主官简历驻地与部队沿革手册》,全宗号 783,卷宗号 393。

④ 《各部队各训练机关主官简历驻地与部队沿革手册》,全宗号 627,卷宗号 1117。

1945 年 10 月,所属一团拨隶第 184 师,番号裁撤。

历任师长:

龙绳武(1943.6—)

暂编第 20 师

①镇嵩军旧部(1928.11—1929.5)

1928 年 11 月,第 2 集团军第 26 军缩编为该集团军暂编第 20 师。1929 年 5 月,改称暂编第 4 师[①]。

历任师长:

刘茂恩

②滇军(1943.6—1948.10)

1943 年 6 月,滇黔绥靖公署第 3 旅改编为暂编第 20 师[②],隶属昆明行营第 1 集团军第 2 路军。1945 年 6 月,改隶第 93 军。10 月,所属一团拨隶第 184 师。1948 年 10 月 1 日,在辽宁义县被歼灭,师长王世高被俘。

历任师长:

安纯三(1943.6—)

李韵涛

王世高(1947.9—1948.10.1 被俘)

暂编第 21 师

①陕西地方部队(1928.11—1929.5)

1928 年 11 月,第 2 集团军第 6 方面军第 10 军缩编为该集团军暂编第 21 师,驻扎胶东,"围剿"直鲁残军顾震、土匪刘桂堂等部。1929 年 5 月 8 日,改称新编第 11 师[③]。

历任师长:

杨虎城

②滇军(1943.6—1948.10)

1943 年 6 月,滇黔绥靖公署第 4 旅等部编成暂编第 21 师[④],隶属昆明行营第 1 集团军第 2 路军。1945 年 6 月,改隶第 60 军。1948 年 10 月 17 日,在长春起义。1949 年 1 月,改编为中国人民解放军第 50 军第 149 师。

历任师长:

马继武(1943.6—1944.2)

---

① 《国军部队沿革》(一集)。

② 《国防部本部隶属各部队主官简历驻地与部队沿革手册》,全宗号 783,卷宗号 393。

③ 《陆军各部队成立沿革纪要》,全宗号 787,案卷号 16721;《国防部本部隶属各部队主官简历驻地与部队沿革手册》,全宗号 783,卷宗号 393。

④ 《国防部本部隶属各部队主官简历驻地与部队沿革手册》,全宗号 783,卷宗号 393。

邱秉常(1944.2—)

陇耀(1946.3—1948.10.17 起义)

暂编第 22 师

①马鸿宾部(1928.11—1931.1)

1928 年 11 月,国民革命军第 2 集团军第 4 方面军第 24 军缩编为该集团军暂编第 22 师。1931 年 1 月,改称新编第 7 师。

历任师长:

马鸿宾

②滇军(1943.6—1948.10)

1943 年 6 月,滇黔绥靖公署第 5 旅改编为暂编第 22 师①,隶属昆明行营第 1 集团军第 2 路军。1945 年 6 月,改隶第 93 军。1947 年 9 月 16 日,在辽宁锦西杨家杖子被歼灭。后重建。1948 年 10 月 15 日,在辽宁锦州被全歼,师长李长雄被俘。

历任师长:

杨炳麟(1943.6—)

龙泽汇(—1948.3.26)

李长雄(1948.3.26 代理—1948.7.28 实任—1949.10.15 被俘)

③中央军(1949.11—1949.12)

1949 年 11 月,湖北省保安部队改编为暂编第 22 师,隶属暂编第 8 军。12 月 26 日,在四川新都县石板滩起义。

历任师长:

郑卓(—1949.12.26 起义)

暂编第 23 师

①青海马麒部(1928.11—1929)

1928 年 11 月,宁海军马麒部改编为第 2 集团军暂编第 23 师。1929 年,该师番号撤销(1931 年 5 月,所部改编为新编第 9 师)。

历任师长:

马麒

②滇军(1943.8—1945.10)

1943 年 8 月,滇黔绥靖公署第 6 旅改编为暂编第 23 师②,隶属昆明行营。1945 年 10 月,该师番号撤销,部队打散后编入滇军各师。

---

① 1940 年成立滇黔绥靖公署第 5 旅(辖二团、护路大队、独立营)。1942 年 9 月,第 7 旅第 5 团编入。《国防部本部隶属各部队主官简历驻地与部队沿革手册》,全宗号 783,卷宗号 393。

② 《各部队各训练机关主官简历驻地与部队沿革手册》,全宗号 627,卷宗号 1117。

历任师长：

潘朔端(1943.6－)

③伪军(1947.8－1948.11)

1947 年 8 月,郝鹏举旧部①整编为暂编第 23 师,下辖暂编第 45、第 46 旅,驻守江苏东台、如皋、南通、靖江、泰兴、海门。1948 年 11 月,扩编为第 106 军,所辖二旅分别改称第281、第 282 师。

历任师长：

毕书文(1948.3.13－)

④中央军(1949.10－1949.12)

1949 年 11 月,湖北省保安部队改编为暂编第 23 师,隶属暂编第 8 军。12 月 26 日,在四川金堂赵镇起义。

历任师长：

戴齐平(－1949.12.26 起义)

暂编第 24 师

①伪军(1940.8－1945.7)

1940 年 8 月,伪军"剿共"军第 2 路张岚峰一部反正,改编为暂编第 24 师,隶属新编第 7军。1941 年 8 月,撤销旅部,改辖三团。1942 年 1 月,以原三团缩编为第 1、第 3 团。2 月,暂编第 25 师所属第 2 团编入该师为第 2 团。② 1945 年 7 月,番号裁撤。

历任师长：

李忠毅(1940.8 兼任－1940.11 专任－1943.9)

夏季屏(1943.9－1944.3)

宋子英(1944.3－),

②滇军(1945.9－1946.7)

1945 年 9 月,滇军独立第 2 旅扩编为暂编第 24 师。10 月,在昆明被缴械,令徒手开南京,至曲靖时,全师自动解散。1946 年 7 月 28 日,师长龙绳祖离职。

历任师长：

龙绳祖

③伪军(1947.7－1948.7)

1947 年 7 月,伪军张岚峰残部③在河南改编为暂编第 24 师,下辖暂编第 5、暂编第 6、暂编第 7 旅,守备马牧集、兰封,隶属第 6 绥靖区参加鲁西南作战(1947 年 8 月 16 日至 9 月 26

---

①　前身为伪徐州绥靖军。抗战胜利后,被国民政府授予新编第 6 路军番号。1946 年 1 月 8 日,郝鹏举自称民主联军总司令,投奔新四军。1947 年 1 月 27 日,投靠蒋介石,在江苏海州就任鲁南绥靖区司令官兼第 42 集团军总司令。2 月7 日,在海州白塔埠被新四军击败。

②　《各部队各训练机关主官简历驻地与部队沿革手册》,全宗号 627,卷宗号 1117。

③　前身为伪第 4 方面军。抗战胜利后被国民政府授予新编第 3 路军番号。

日)。10月,师部率暂编第5、第7旅守备朱集,暂编第6旅驻柳河。11月10日,暂编第7旅在砀山被歼灭,旅长于葆仁被俘。12月22日,暂编第5旅在柳河被歼灭,旅长陈扶民被俘。1948年6月,该师驻安徽灵璧、泗县。7月,该师番号取消,官兵补充第46师。

历任师长:

黄宗颜(－1948.7.9)

④中央军(1949.11－1949.12)

1949年11月,湖北省保安团队一部改编为暂编第24师,隶属暂编第8军。12月26日,在四川新都县石板滩起义。

历任师长:

张整军(－1949.12.26起义)

暂编第 25 师

①伪军,1942年4月黄埔军校出身的刘英出任师长(1940.8－1945.7)

1940年8月,豫皖边区一带反正的汪伪官兵共8000余人编成暂编第25师①,下辖二旅六团,隶属新编第7军。1941年6月,改辖三团。1942年2月,该师一团拨入暂编第26师,第34集团军所属3个突击团编入该师②。6月,撤销旅部,改辖三团。1945年7月,改隶第3军,旋改称第32师。

历任师长:

曹大中(1940.8.13－1942.4)

刘英(1942.4－)

②伪军(1947－1948.10)

1947年,伪军孙良诚部③调驻苏北宿迁、睢宁,改编为暂编第25师,下辖暂编第11、第13旅。7月11日,在众兴被歼灭一团,12日,该师放弃宿迁逃亡睢宁。10月,扩编为第107军,所辖二旅分别改称第260、第261师。

历任师长:

孙良诚(－1948.10.6免兼)

③中央军(1949.10－1949.12)

1949年10月,湖北省保安团第4师改编为暂编第25师,隶属暂编第9军。12月5日,在四川大竹投诚。

历任师长:

宋少华(－1949.12.5投诚)

---

① 《各部队各训练机关主官简历驻地与部队沿革手册》,全宗号627,卷宗号1117。
② 1941年5月,第1、第76、第90各1个补充团编为突击团。《各部队各训练机关主官简历驻地与部队沿革手册》,全宗号627,卷宗号1117;《国防部本部隶属各部队主官简历驻地与部队沿革手册》,全宗号783,卷宗号393。
③ 孙良诚原为第39集团军副总司令,1942年5月在鲁西定陶、菏泽地区率部投敌,改编为伪第2方面军。抗战胜利后被国民政府授予新编第2路军番号。

暂编第 26 师(含 1947－1948 年暂编第 26 旅)

①伪军(1940.8－1945.7)

1940 年 8 月,伪军一部在豫东反正,改编为暂编第 26 师,下辖二旅四团,隶属新编第 7 军[①]。1942 年 2 月,暂编第 25 师一部拨补该师。1945 年 7 月,番号裁撤。

历任师长:

宋克宾(1940.8.13－)

蔡洪范(1940.11.22－)

李树榛

洪士奇

②晋绥军傅作义部(1947.6－1948.9)

1947 年 6 月,新编第 2 旅在察哈尔扩编为暂编第 26 师。10 月,拨入暂编第 4 军。1948 年 2 月,改隶第 35 军。9 月,改称第 267 师。

历任师长:

朱钜林

③伪军(1947－1948.9)

1947 年,伪军孙殿英部[②]在河南改编为新编第 26 旅。1948 年 3 月,由许昌增援洛阳。6 月,隶属整编第 69 师。9 月,改称第 268 师。

历任旅长:

杨汝贤

④中央军(1949.10－1949.12)

1949 年 10 月,湖北省保安部队改编为暂编第 26 师,隶属暂编第 9 军。12 月 5 日,在四川大竹投诚。

历任师长:

高跃东(－1949.12.5 投诚)

暂编第 27 师

①伪军(1941.9－1945.7)

1941 年 9 月 12 日,豫北伪军刘昌义等率 3 万人反正,改编为暂编第 27 师[③],隶属暂编第 15 军。1944 年 6 月,改隶第 85 军,旋即隶属暂编第 15 军。10 月,转隶暂编第 9 军。1945 年 7 月,番号裁撤。

历任师长:

---

① 《各部队各训练机关主官简历驻地与部队沿革手册》,全宗号 627,卷宗号 1117。

② 1943 年 5 月,新编第 5 军军长孙殿英率部投敌,改编为伪第 6 方面军。抗战胜利后接受国民政府授予的新编第 4 路军番号。

③ 《各部队各训练机关主官简历驻地与部队沿革手册》,全宗号 627,卷宗号 1117。

刘昌义（兼任）

萧劲（1943.6－1944.7）

苟吉堂（代理）

王金铎

②伪军（1947.10－1948.9）

1947 年 10 月,整编骑兵第 5 旅改称暂编第 27 师,隶属暂编第 4 军。1948 年 2 月,改隶暂编第 3 军。9 月,改称第 269 师。

历任师长：

慕新亚

暂编第 28 师

河北地方部队（1941.2－1945.7）

1941 年 2 月,暂编第 3 师一部按(民国)二十六年整理师编制扩编为暂编第 28 师,下辖二旅四团,隶属第 69 军。1942 年 4 月 22 日,师长陈光然在鲁西南投降日军。7 月,撤销旅部,改辖三团①。1945 年 7 月,该师番号撤销,官兵补充第 181 师。

历任师长：

米文和（1941.11－）

陈光然（－1942.4.22 投敌）

米文和（兼任）

暂编第 29 师

河北地方部队（1941.3－1945.11）

1941 年 3 月,新编第 6 师所属第 1 旅、新编第 4 旅所属一团与新编第 13 旅所属一团,按(民国)二十六年整理师在河南濮阳合编为暂编第 29 师,隶属新编第 8 军。1942 年 7 月,撤销旅部,辖三团②。1945 年 11 月 30 日,在河北邯郸马头镇起义。

历任师长：

张汉全（1942.3－1943.3）

尹瀛洲（1943.3－1945.11.30）

暂编第 30 师

①河北地方部队（1941.9－1942.5）

1940 年 7 月,冀察战区游击第 1 纵队改编为暂编第 30 师,隶属冀察战区第 1 游击区。1942 年 4 月 22 日,师长赵云祥在鲁西南投靠汪伪政权。5 月 4 日,该师在山东单县损失殆

---

① 《各部队各训练机关主官简历驻地与部队沿革手册》,全宗号 627,卷宗号 1117。
② 《各部队各训练机关主官简历驻地与部队沿革手册》,全宗号 627,卷宗号 1117。

尽,师长朱世勤阵亡。

历任师长:

赵云祥(1941.9—1942.4.22 投敌)

朱世勤(—1942.5.4 阵亡)

②中央军(1942.12—1945.7)

1942 年 12 月,第 19 集团军一部编成暂编第 30 师。1944 年初,隶属暂编第 9 军。10 月,改隶第 96 军。1945 年初,脱离第 96 军建制。6 月,转隶第 97 军,旋改称第 82 师。

历任师长:

路可贞(1942.12 代理—1943.11 免代)

洪显成

③中央军(1947.8—1948.11)

1947 年 8 月,辽宁保安总队编成暂编第 30 师,隶属第 53 军。1948 年 2 月,改称第 116 师。4 月,重建暂编第 30 师,仍隶属第 53 军。11 月 1 日,师长张儒彬率部在沈阳投诚。

历任师长:

刘德裕

张儒彬(1948.7.1—1948.11.1 投诚)

暂编第 31 师

①宁夏马鸿逵部(1941.3—1945.10)

1941 年 3 月,第 17 集团军警备第 1、第 2 旅合编为暂编第 31 师,隶属第 11 军。1945 年 10 月,该师番号撤销。

历任师长:

马宝琳(1941.3.25—1945.4)

王有禄(1945.4—)

②伪军(1947.8—1948.9)

1947 年 8 月,保定绥靖公署第 1 师编成暂编第 31 师,隶属新编第 2 军。1948 年 7 月 15 日至 16 日,师部在冀中定兴被歼灭,师长陈治平被俘。7 月 20 日,守备徐水的第 3 团被歼灭。旋重建。9 月,改番号为第 271 师。

历任师长:

王建业

陈治平(—1948.7.16 被俘)

栾乐山

暂编第 32 师

①中央军(1940.10—1945.6)

1940 年 10 月,浙江省国民自卫团第 1 纵队及浙江保安第 6 团为基干编成暂编第 32

师,隶属暂编第 9 军。1941 年 9 月,改隶第 3 战区第一游击区^①。1942 年初,改隶第 88 军。10 月,开湖南改隶第 86 军。1943 年 2 月,该师因兵员过少而取消番号。8 月,鄂中挺进军第 1 纵队在湖北恩施改编为暂编第 32 师,仍隶属第 86 军。1945 年 6 月,该师番号撤销。

历任师长:

黄权(1940.10.15－1943.2)

金亦吾(1943.2－)

阮齐(－1945.2)

温靖(1945.2－)

②伪军(1947.8－1948.9)

1947 年 8 月,保定绥靖公署第 2 师改称暂编第 32 师,隶属新编第 2 军。1948 年 9 月,改番号为第 272 师。

历任师长:

刘化南

暂编第 33 师

①中央军(1940.10－1945.8)

1940 年 4 月,浙江抗日自卫部队第 1、第 6、第 8 支队和第 5 区总队并编为抗日自卫第 2 纵队,10 月改编为暂编第 33 师^②,隶属暂编第 9 军。1942 年 10 月,改隶第 88 军。1943 年 4 月,该师基干团与新编第 21 师基干团对调。1945 年 8 月,该师番号撤销。

历任师长:

萧冀勉(1940.10.15－)

周淘漉

②伪军(1947.8－1948.9)

1947 年 8 月,伪军高德林部移驻河北通县整顿补充,改编为暂编第 33 师,隶属新编第 2 军。1948 年 9 月,改番号为第 273 师。

历任师长:

刘本厚(－1948.9.1)

郑海楼(1948.9.1－)

暂编第 34 师

中央军(1940.10－1944.12)

1940 年 10 月,浙江省国民自卫团第 3 纵队^③改编为暂编第 34 师,隶属暂编第 9 军。

---

① 《各部队各训练机关主官简历驻地与部队沿革手册》,全宗号 627,卷宗号 1117。
② 《各部队各训练机关主官简历驻地与部队沿革手册》,全宗号 627,卷宗号 1117。
③ 1938 年 1 月,成立第 3 战区游击司令部,该部以浙江省会公安局员警及各地常备队、警察和壮丁编成 4 个游击支队。7 月,游击司令部改编为浙江省国民自卫团总司令部。1940 年,所属支队并编为 3 个纵队。

1942 年 10 月,新编第 30 师番号撤销,官兵补充该师。1943 年 1 月,改隶第 18 军。9 月,转隶第 32 军①。1944 年底,脱离第 32 军建制移驻四川万县,裁撤番号,官兵编入第 202 师。

历任师长:

彭巩英(1940.10.15－1942.3)

朱奇(1942.3－)

贾广文

吴啸亚

暂编第 35 师

中央军(1940.10－1945.1)

1940 年 10 月,浙江地方部队编成暂编第 35 师,隶属第 3 战区第 10 集团军。1941 年 9 月,改隶暂编第 9 军。1943 年 1 月,转隶第 94 军。1945 年 1 月,该师裁撤。

历任师长:

劳冠英(1940.10.15－)

暂编第 36 师

西北军(1940.11－1945.7)

1940 年 11 月,第 68 军所辖独立第 27 旅、第 2 集团军所辖独立第 44 旅合编为暂编第 36 师②,隶属第 68 军。1941 年 5 月,改隶第 30 军。1942 年 3 月,转隶第 68 军。1945 年 7 月,番号取消,官兵补入第 119、第 143 师。

历任师长:

刘汝珍(1940.11－1943.4)

孟绍周

崔贡琛(1943.6 代理－)

暂编第 37 师

晋绥军(1941.1－1948.9)

1941 年 1 月,第 210 旅在山西扩编为暂编第 37 师,隶属第 19 军。1945 年 9 月 10 日至 10 月 12 日,在沁河以东的将军岭及桃川地区被八路军歼灭,师长杨文彩被俘。12 月,暂编第 50 师番号撤销,官兵补充该师。1948 年 7 月 7 日,在祁县被歼大部,师长雷仰汤被俘。旋重建,9 月,改番号为第 274 师。

历任师长:

史泽波(1942.5－1944.2)

杨文彩(1944.2－1945.10.12被俘)

雷仰汤(－1948.7.7被俘)

郭熙春

暂编第 38 师

晋绥军(1940.11－1948.9)

1940 年 11 月,第 217 旅改编为暂编第 38 师[①],隶属第 19 军。1944 年 1 月,所属第 3 团拨归第 68 师。1945 年初,改隶第 33 军。9 月 12 日,在晋东南屯留被八路军歼灭一部。12 月,骑兵第 4 师及山西省防军第 12、第 14 师各一部补充该师。1948 年 9 月,改番号为第 275 师。

历任师长:

钟有德(1942.5－)

侯远村(1942.12 代理－)

温冬生(1944.6－)

卢鸿恩(－1946.3.24)

韩步洲(1946.3.24－1948.6.8)

田尚志(1948.6.8－)

暂编第 39 师

晋绥军(1941.1－1948.9)

1941 年 1 月,第 23 军所属第 196 旅[②]扩编为暂编第 39 师,仍隶属第 23 军。1945 年初,改隶第 43 军。11 月,省防独立第 3 团等部补充该师[③],仍隶属第 43 军。1946 年 8 月 17 日,该师在赵城被歼灭大部。1948 年 7 月 21 日,在忻南小豆罗地区被歼灭。旋重建。9 月,改番号为第 276 师。

历任师长:

鲁应禄(1943.4－1944.7)

周志仁

张景舜(－1946.3.24 免代)

贾宣宗(1946.3.24－)

刘鹏翔

暂编第 40 师

晋绥军(1941.1－1948.9)

---

① 《国防部本部隶属各部队主官简历驻地与部队沿革手册》,全宗号 783,卷宗号 393。

② 1940 年 4 月,独立第 7 旅所属第 33 团为第 196 旅。

③ 《第 2 战区各部队沿革史》,全宗号 787,案卷号 16766。

1941 年 1 月,独立第 2 旅扩编为暂编第 40 师,下辖三团,隶属第 23 军。1945 年 10 月 6 日,在襄垣县虒亭附近被歼灭,残部编为第 68 师第 202 团,另由挺进第 1 纵队等编成暂编第 40 师[①],改隶第 19 军。1948 年 6 月 24 日,该师由平遥开往祁县途中被歼灭大部。旋重建。9 月,改番号为第 277 师。

历任师长:

郭熙春(1942.2 代理—1944.2)

武世权(1944.2 代理—)

卫玉昆(—1946.3.24)

王乾元(1946.3.24—1947.4)

程云峰

曹国忠(1948.9.1—)

暂编第 41 师

晋绥军(1941.1—1945.12)

1941 年初,第 33 军所辖第 200 旅扩编为暂编第 41 师,仍隶属第 33 军[②]。1945 年 12 月,该师番号撤销。

历任师长:

陈震东(1942.11—)

卢鸿恩(—1944.6 免代)

田尚志(1944.6—1945.7)

刘鹏翔(1945.7 代理—)

暂编第 42 师

晋绥军(1941—1945.12)

1941 年初,第 33 军所属第 202 旅扩编为暂编第 42 师[③],仍隶属第 33 军。1945 年初,改隶第 19 军。12 月,该师番号撤销。

历任师长:

温冬生(1942.3—1944.6)

阎俊贤(1944.6—)

暂编第 43 师

晋绥军(1941—1945.12)

[①] 《第 2 战区各部队沿革史》,全宗号 787,案卷号 16766。

[②] 《各部队各训练机关主官简历驻地与部队沿革手册》,全宗号 627,卷宗号 1117;《国军部队沿革》(二集)。

[③] 《各部队各训练机关主官简历驻地与部队沿革手册》,全宗号 627,卷宗号 1117;《国军部队沿革》(二集)。

1941 年初,第 34 军所属第 201 旅扩编为暂编第 43 师,仍隶属第 34 军。1945 年初,改隶第 43 军。12 月,该师番号撤销,官兵补充暂编第 49 师。

历任师长:

刘谦(1942.3—)

高雄(1942.12—1944.11)

张景舜(1944.11—)

暂编第 44 师

晋绥军(1941—1948.9)

1941 年初,第 34 军所属第 205 旅扩编为暂编第 44 师,仍隶属第 34 军。1945 年 12 月 20 日,暂编第 48 师、第 2 战区挺进纵队等补充该师[①]。1948 年 7 月 12 日,该师在榆次西南、太谷以北的大常镇、小常村、西范村、南庄地区被全歼,师长杨栖凤阵亡。旋重建,1948 年 9 月,改番号为第 278 师。

历任师长:

赵恭(1942.5—)

马壮(1943.6—)

王揖(1944.6—1946.3.24)

卫玉昆(1946.3.24—1947.10)

杨栖凤(1947.10—1948.7.12 阵亡)

李子法

暂编第 45 师

晋绥军(1941—1948.9)

1941 年初,第 34 军所属第 218 旅改编为暂编第 45 师,仍隶属第 34 军。1942 年 6 月 17 日,师长王凤山在山西辽县阵亡。1945 年 12 月,所属第 1、第 2、第 3 团拨编第 73 师,另以第 70、暂编第 43、暂编第 39、暂编第 46 师各一部与离石爱乡团、介休人民武装自卫队编成暂编第 45 师[②]。1948 年 9 月,改番号为第 279 师。

历任师长:

王凤山(1942.5—1942.6.17 阵亡)

马儒魁(1942.7 代理—1946.3.24)

赵恭(1946.3.24—)

郑继周(1947.7—)

---

① 《第 2 战区各部队沿革史》,全宗号 787,案卷号 16766。

② 《第 2 战区各部队沿革史》,全宗号 787,案卷号 16766。

暂编第 46 师

晋绥军(1941.2—1949.4)

1941 年 2 月,独立第 7 旅改编为暂编第 46 师[①],隶属第 43 军。1945 年初,改隶第 23 军。10 月 6 日,在襄垣县虒亭附近被歼灭,师长郭溶被俘。12 月,残部缩编为第 68 师第 203 团,另以骑兵第 2 师及省防军第 8 师编为暂编第 46 师,改隶第 33 军。1947 年 5 月 3 日,在阳泉测石驿地区被歼灭。后重建。1948 年 7 月 16 日,该师在太谷以北西范村被歼灭,师长卢鸿恩阵亡。旋再次重建。9 月,改番号为第 280 师。

历任师长:

周建祉(—1942.10)

韩步洲(1942.10—1944.6)

郭溶(1944.6—1945.10.6 被俘)

田尚志(—1946.3.24)

陈震东(1946.3.24—)

卢鸿恩(—1948.7.16 阵亡)

阎俊贤(—1948.10.16)

暂编第 47 师

晋绥军(1941.2—1945.12)

1941 年 2 月,独立第 8 旅改编为暂编第 47 师,隶属第 43 军。1945 年初,改隶第 23 军。10 月 6 日,在襄垣县虒亭附近被歼灭。12 月,缩编为第 68 师第 304 团,该师番号撤销。

历任师长:

孙瑞琨

王维桢(1942.5 代理—被俘)

暂编第 48 师

晋绥军(1941.1—1945.12)

1941 年 1 月,第 61 军所属第 208 旅扩编为暂编第 48 师[②],仍隶属第 61 军。1945 年 12 月 20 日奉令撤销番号,官兵编入暂编第 44 师[③]。

历任师长:

娄福生(1942.3—1944.6.13)

曹国忠(1944.6.13—)

---

① 《第 2 战区各部队沿革史》,全宗号 787,案卷号 16766;《各部队各训练机关主官简历驻地与部队沿革手册》,全宗号 627,卷宗号 1117。

② 《国军部队沿革》(二集)。

③ 《第 2 战区各部队沿革史》,全宗号 787,案卷号 16766。

暂编第 49 师

晋绥军(1941－1948.9)

1941 年 1 月,第 83 军所属第 204 旅扩编为暂编第 49 师[①],仍隶属第 83 军。1945 年 10 月 6 日,在襄垣虒亭附近被歼灭,师长张宏被俘。12 月 1 日,以示范团一团、暂编第 43 师等补充该师,改隶第 43 军[②]。1948 年 5 月 10 日在寿阳以东被歼灭大部,副军长兼该师师长张翼被俘。旋重建。1948 年 9 月,改番号为第 283 师。

历任师长:

卫玉昆(1942.2 代理－1944.6)

张宏(1944.6－1945.10.6 被俘)

郭唐贤(－1946.3.24)

赵世铃(－1947.10)

张翼(1947.10 兼任－1948.5.10 被俘)

杜显甲(1948.7.21－)

暂编第 50 师

①晋绥军(1941.1－1945.12)

1941 年 1 月,第 83 军所属第 206 旅改编为暂编第 50 师,仍隶属第 83 军。1945 年 10 月 6 日,在襄垣虒亭附近被歼灭。12 月,该师番号撤销,官兵补充暂编第 37 师[③]。

历任师长:

郭维新(1942.3－)

王楫(1943.4 代理－1944.6 免代)

雷仰汤(1944.6－1945.4)

樊德鸿(1945.4 代理－)

②中央军(1947.9－1948.11)

1947 年 9 月 1 日,东北第 1 保安区(1946 年 11 月成立,驻地锦西)部队改编为暂编第 50 师,隶属东北行辕锦州指挥所兼冀热辽边区"剿匪"总部秦葫港口司令部。9 月 14 日,在辽宁凌南(今建昌)以东的梨树沟门被歼灭大部。10 月 22 日,第 3 团在朝阳被歼灭。后重建。1948 年 8 月,隶属新编第 5 军。11 月,改番号为第 284 师。

历任师长:

范玉书(1948.6.20－)

吴宝云(1948.7.9－)

---

① 《国军部队沿革》(二集)。

② 《第 2 战区各部队沿革史》,全宗号 787,案卷号 16766。

③ 《第 2 战区各部队沿革史》,全宗号 787,案卷号 16766。

暂编第 51 师

①中央军(1940.11—1945.6)

1940 年 11 月,军政部第 1 补训处所属部队改编为暂编第 51 师①,隶属第 39 军。1945 年 6 月,该师番号撤销,官兵补充第 56 师。

历任师长:

贺光谦(—1942.7)

林茂华(1942.7—1943.6)

史宏熹(1943.6—1945.6)

②中央军(1947.9—1947.10)

1947 年 9 月 1 日,东北第 2 保安区(1946 年 11 月成立,驻地辽阳、沈阳)部队改编为暂编第 51 师。10 月 17 日,师部及第 2 团在阜新新丘被歼灭,师长唐保黄阵亡。10 月 22 日,余部在朝阳被歼灭。

历任师长:

唐保黄(—1947.10.17 阵亡)

③中央军(1948.5—1948.7)

1948 年 5 月,交警部队在辽宁编成暂编第 51 师。7 月,该师番号撤销。

历任师长:

张在平(1948.5.21—1948.6.7)

李汝和(1948.6.7—1948.7.12)

暂编第 52 师

①中央军(1940.11—1945.7)

1940 年 11 月,军政部第 14 补训处所属部队改编为暂编第 52 师②,隶属第 36 军。1945 年 7 月,改隶第 17 军,旋改称第 48 师。

历任师长:

郑坡

林英(1940.12.14—1942.3)

周嘉彬(1942.3—1945.2)

何奇(1945.2—)

②中央军(1947.9—1948.10)

---

① 1937 年 9 月,在重庆行营成立补充兵训练处。1938 年,改称第 1 补充兵训练处。1939 年 3 月,按(民国)二十七年陆军师编制改编。1940 年 4 月,拨归第 39 军建制。《各部队各训练机关主官简历驻地与部队沿革手册》,全宗号 627,卷宗号 1117。

② 1940 年 6 月,平秦师管区拨步兵三团在甘肃平凉编成军政部第 14 补训处,改隶第 36 军。7 月,按(民国)二十七年陆军师编制改编。《各部队各训练机关主官简历驻地与部队沿革手册》,全宗号 627,卷宗号 1117。

1947 年 9 月,驻扎吉林永吉的东北第 4 保安区(1946 年 11 月成立)部队改编为暂编第 52 师,隶属第 60 军。1948 年 10 月 17 日,在长春起义。1949 年 1 月,改编为中国人民解放军第 50 军第 150 师。

历任师长:

刘伯中

李嵩(—1948.10.17 起义)

暂编第 53 师

①西北军(1940.7—1944.12)

1940 年 7 月,骑兵第 9 师一部拨补第 180 师,其余补充新兵改编为暂编第 53 师,隶属第 59 军。1944 年底,该师番号撤销。

历任师长:

张德顺(—1941.4)

翟紫封(1941.4—)

②中央军(1947.9—1948.10)

1947 年 9 月 1 日,东北第 5 保安区(1946 年 11 月成立,驻地九台、西丰、开原)部队改编为暂编第 53 师,隶属新编第 1 军。10 月 20 日,所属第 3 团在德惠被歼灭。1948 年 10 月 31 日,在沈阳起义。

历任师长:

许赓扬(1948.3.13 代理—1948.10.31 起义)

暂编第 54 师

①中央军(1941.4—1945.2)

1941 年 4 月,湘鄂赣边区第 1 挺进纵队①在湖北照(民国)二十六年整理师编制改编为暂编第 54 师。6 月,隶属第 20 军②。1942 年 11 月,直隶于第 9 战区司令长官部。配属第 10 军参加长衡会战(1944 年 5 月下旬至 8 月上旬)。1944 年 8 月 8 日,该师在衡阳全军覆没,师长饶少伟投敌。后重建。参加湘粤赣边区作战(1945 年 1 月中旬至 2 月中旬)。1945 年 2 月,该师番号撤销,官兵补充第 102 师。

历任师长:

孔荷宠(—1943)

饶少伟(1943—1944.8.8 投敌)

尹立言(1945.1 代理—)

---

① 1938 年 5 月 18 日,以江南挺进军总指挥名义在汉口成立豫鄂湘赣边区江北游击区指挥部,招集青年编为 3 个支队。9 月移驻江西武宁,奉令为湘鄂赣边区游击指挥部。1939 年 2 月,编为第 9 战区第 1 游击司令部。7 月,改编为湘鄂赣边区第 1 挺进纵队,均以孔荷宠为司令。

② 《各部队各训练机关主官简历驻地与部队沿革手册》,全宗号 627,卷宗号 1117。

徐经济(1945.2 代理—)

②中央军(1947.9—1948.10)

1947 年 9 月 1 日,东北第 6 保安区(1947 年 2 月成立,驻地辽宁凤城、本溪)部队改编为暂编第 54 师。12 月,隶属新编第 5 军。1948 年 2 月 6 日,该师配属第 52 军作战在辽阳被歼灭。3 月,残部编入第 25 师,由第 2、第 25 师选拔干部,空运锦州重新组建暂编第 54 师,隶属第 52 军,但始终未归建。8 月,拨隶新编第 8 军。10 月 15 日,在锦州被歼灭,师长黄建墉被俘。

历任师长:

谢代蒸

马彻

黄建墉(1948.6.9—1948.10.15 被俘)

暂编第 55 师

①中央军(1940.12—1942.6)

1940 年 12 月,军政部第 8 补训处所属部队改编为暂编第 55 师,隶属第 6 军①。1942 年 6 月,该师番号撤销。

历任师长:

李钧

陈勉吾

②中央军(1943.7—1945.7)

1943 年 7 月,鲁苏战区所辖第 22、第 23 挺进纵队在安徽太和编成暂编第 55 师,先后隶属第 1 战区第 31 集团军、鲁苏豫皖边区第 2 路挺进总指挥部②。1944 年 3 月,转隶第 12 军。10 月,改隶第 85 军。1945 年 7 月,调隶第 27 军,改称第 49 师。

历任师长:

李守正(1943.7—)

③中央军(1947.9—1948.10)

1947 年 9 月 1 日,东北第 7 保安区(1947 年 2 月成立,驻地沈阳)部队改编为暂编第 55 师。12 月,在新民、打虎山间的白旗堡被歼灭一部。1948 年 8 月,隶属新编第 8 军。10 月 15 日,在锦州被歼灭,师长安守仁投诚。

历任师长:

安守仁(—1948.10.15 投诚)

暂编第 56 师

①东北军(1941.5—1944.12)

---

① 《各部队各训练机关主官简历驻地与部队沿革手册》,全宗号 627,卷宗号 1117。
② 《暂编第 55 师成立以来行动概见图表》,全宗号 787,案卷号 6672。

1941 年 5 月,骑兵第 6 师所属一团、第 92 军所属步兵旅编成暂编第 56 师①,隶属第 92 军。1944 年 12 月,该师番号撤销,以该师官兵为基干组成第 204 师。

历任师长:

柴济川(1941.5—1943.4)

孟绍周(1943.4—)

②中央军(1947.9—1948.10)

1947 年 9 月,驻扎长春的东北第 11 保安区部队改编为暂编第 56 师,隶属新编第 7 军。1948 年 10 月 19 日,在长春投诚。

历任师长:

刘德溥

张炳言(1948.5.25—1948.10.19 投诚)

暂编第 57 师

①中央军(1941)

1941 年,军政部第 24 补训处所属部队改编为暂编第 57 师。8 月,改称暂编第 59 师。

②中央军(1941.7—1945.7)

1941 年 7 月,军政部第 36 补训处所属部队改编为暂编第 57 师,隶属第 76 军。1945 年 7 月,改番号为第 135 师。

历任师长:

祝夏年

③中央军(1947.9—1948.11)

1947 年 9 月 1 日,东北第 12 保安区部队在辽宁彰武改编为暂编第 57 师。10 月 7 日,在彰武被歼灭一团。10 月 10 日,另两团(欠 1 个营)在新立屯被歼灭。

历任师长:

不详

④中央军(1948.5—1948.10)

1948 年 5 月,锦州铁路局交警总队改编为暂编第 57 师。8 月,隶属 54 军。11 月,改称第 291 师。

历任师长:

朱茂榛(1948.5.26—1948.10.16)

廖定藩

暂编第 58 师

①中央军(1941.11—1947)

---

① 《国军部队沿革》(二集)。

1941 年 11 月,军政部第 44 补训处所属部队编成暂编第 58 师,隶属新编第 12 军。1942 年 6 月,改隶第 91 军。1945 年 4 月,转隶第 42 军。1946 年上半年,拨隶新编第 2 军。1947 年 5 月,改称第 227 旅。

历任师长:

叶成(1941.11—1946.3.20)

顾葆裕

②中央军(1947.7—1948.2)

1947 年 7 月,东北第 13 保安分区部队改编为暂编第 58 师。8 月,隶属第 52 军。1948 年 2 月 25 日,师长王家善率部在辽宁营口起义(1948 年 3 月,改编为由东北人民解放军独立第 5 师,11 月改称中国人民解放军第 167 师)。

历任师长:

王家善(—1948.2.25 起义)

暂编第 59 师

①中央军(1941.8—1945.7)

1941 年 8 月,暂编第 57 师改称暂编第 59 师,隶属第 36 军[①]。1945 年 7 月,改称第 123 师。

历任师长:

李洁(1941.8—1942.10)

盛文(1942.10—)

②中央军(1947.9—1948.10)

1947 年 9 月,东北第 3、第 9 保安分区部队改编为暂编第 59 师,隶属新编第 3 军。1948 年 10 月 28 日,该师在辽宁黑山、打虎山以东地区被歼灭。11 月 1 日,师长梁铁豹在沈阳投诚。

历任师长:

许颖

鲍步超(1948.3.27 代理—1948.4.18)

梁铁豹(1948.4.18—1948.11.1 投诚)

暂编第 60 师(含 1946—1948 年暂编第 60 旅)

①宁夏马鸿宾部(1943—1948.9)

1943 年,独立第 35 旅扩编为暂编第 60 师,隶属第 81 军。1946 年 5 月,整编为旅。1948 年 9 月,改番号为第 294 师。

历任师长(整编旅旅长):

---

① 《各部队各训练机关主官简历驻地与部队沿革手册》,全宗号 627,卷宗号 1117。

马献文(1945.6—)

马奠邦

马绍翰(1948.5.1—)

②中央军(1947)

1947年8月,成立暂编第60师,隶属东北行辕锦州指挥所兼冀热辽边区"剿匪"总部秦葫港口司令部。9月,被歼灭一部。

历任师长:

不详

③中央军(1948.6—1948.11)

1948年6月,东北第8、第10保安区部队编为暂编第60师。8月,隶属新编第5军。11月,改称第293师。

历任师长:

陈膺华(1948.6.1—)

暂编第61师

①青海马步芳部(1943—1945.12)

1943年3月,第82军补充旅(1937年冬组建)及其他部队并编为暂编第61师,隶属第82军。1945年底,番号裁撤。

历任师长:

马全义

②中央军(1947.9—1948.10)

1947年9月,东北保安第12支队改编为暂编第61师,隶属新编第7军。1948年10月19日,在长春投诚。

历任师长:

邓士富(1948.3.6—1948.10.19投诚)

暂编第62师

①河南地方部队(1944.9—1945.10)

1944年9月,独立第6旅等扩编为暂编第62师,隶属暂编第1军。10月,改隶第89军。12月,暂编第1旅等并入。1945年10月,该师番号裁撤。

历任师长:

苗秀霖

鲍汝澧(1944.12—)

②中央军(1947.9—1948.9)

1947年9月,在辽宁成立暂编第62师,隶属新编第6军。1948年2月27日,在法库被歼灭。8月,残部调锦西重建,改隶第9军,旋直隶于东北"剿总"锦州指挥所。9月,改番号为第 296 师。

历任师长：

刘梓皋(1948.5.18—)

暂编第 63 师

①河南地方部队(1945)

1945 年初，编成暂编第 63 师，隶属第 1 战区，旋裁撤。

②中央军(—1948.9)

1947 年 10 月，东北保安第 6 支队(1946 年 2 月成立，驻扎清原，10 月移驻承德)改编为暂编第 63 师，隶属第 13 军。9 月，改番号为第 297 师。

历任师长：

欧孝全(1948.4.10—)，

暂编第 64 师

河南地方部队(1945.1—1945.7)

1945 年 1 月，豫西地方武装别光汉部编为暂编第 64 师，隶属第 27 军。7 月，番号裁撤。

历任师长：

别光汉(1945.5.28—)

暂编第 65 师

中央军(1945)

1945 年初，在湖南晃县组建暂编第 65 师，隶属第 6 战区。4 月，被裁撤。

历任师长：

李楚藩(1945.2—)

暂编第 66 师

河南地方部队(1945)

1945 年初，暂编第 2、暂编第 3 旅在河南泌阳合并为暂编第 66 师，隶属第 1 战区。参加豫西鄂北会战(1945 年 3 月下旬至 5 月下旬)。抗战胜利后，番号裁撤。

历任师长：

张清秀

刘子奇

预备第 1 师

中央军(1938.1—1945.7)

1938 年 1 月,第 97 师、第 34 师补充团等合编为预备第 1 师,辖三团。7 月,驻陕西咸阳[①]。1938 年 7 月,隶属第 76 军。1939 年 1 月,改隶第 16 军。1945 年 7 月,转隶第 36 军,旋改称第 22 师。

历任师长:

谢辅三(1938.3.3—1942.10)

冯龙(1942.10—)

预备第 2 师(含 1946—1948 年预备第 2 旅)

中央军(1937.9—1948.10)

1937 年 9 月,贵州保安处四团在贵阳编成预备第 2 师,隶属军委会。1938 年 6 月,改隶第 8 军。9 月,该师官兵拨补第 3、第 15 师[②]。10 月底,军政部第 1 补训处所属三团编成预备第 2 师。12 月,隶属第 6 军。1940 年 9 月,该师解除第 6 军建制留驻贵阳,先后隶属军委会、第 11 集团军。1943 年 5 月,改隶第 6 军。1945 年 2 月,转隶第 2 军。1946 年 5 月,整编为旅,改辖两团,隶属整编第 9 师(第 2 军改称)。1947 年 7 月,脱离整编第 9 师建制,改辖三团。1948 年 5 月,拨隶整编第 88 师。10 月,改称第 149 师。

历任师长(整编旅旅长):

冯剑飞(1937.9.20—)

陈明仁(1938.6.30—)

顾葆裕(1942.3—1945.4)

杨宝谷(1945.4—1948.7.12)

预备第 3 师(含 1946 年预备第 3 旅)

①中央军(1937.10—1938.3)

1937 年 9 月 21 日,按整理师编组预备第 3 师。10 月 14 日,所属第 11、第 12 团在安徽芜湖成立。10 月 19 日,所属第 9、第 10 团在江苏淮阴成立。1938 年 1 月,开赴湖北黄陂。3 月,改番号为第 52 师[③]。

历任师长:

冷欣

②中央军(1938.3—1945.7)

1938 年 3 月,第 13 军所属补充第 2 团、第 49 师与第 24 师所属两个补充团在西安按整理师编成预备第 3 师,隶属西安行营。9 月,所属第 10 团拨隶第 5 师,另以陕西师管区新兵

---

① 《国民党陆军兵力统计战斗序列表》(1938 年 7 月 2 日),《中华民国史档案资料汇编》第 5 辑第 2 编军事(1),第 755 页。

② 《国防部本部隶属各部队主官简历驻地与部队沿革手册》,全宗号 783,卷宗号 393。

③ 《第 52 师沿革略历》,全宗号 787,案卷号 16802。

编为第 10 团①。1939 年 1 月,隶属第 16 军。1945 年 7 月,改称第 94 师。

历任师长:

周开勋(1938.3.3—1941.9)

罗泽闿(1941.9—)

陈鞠旅(1941.11—1944.7 兼任—1946.3.20)

③中央军(1945.8—1946.12)

1945 年 8 月,突击总队所属第 2 纵队全部及第 3 纵队(前身为暂编第 11 旅)一部在浙江桐庐编成预备第 3 师,隶属第 98 军。1946 年 5 月,整编为旅,改辖两团,隶属整编第 57 师(第 98 军改称)。12 月 13 日至 19 日,该旅在宿迁以北被歼灭,旅长魏人鉴被俘,番号取消。

历任师长(整编旅旅长):

魏人鉴(—1946.12.19 被俘)

预备第 4 师(含 1946—1948 年预备第 4 旅)

①中央军(1937—1938.3)

1937 年 10 月,在湖南衡阳成立预备第 4 师。1938 年 3 月,改番号为第 190 师②。

历任师长:

梁华盛(1937.9.10—)

②中央军(1938.5—1945.2)

1938 年 5 月,军政部第 5 补训处所属部队合编为预备第 4 师,辖三团。7 月,驻湖北安陆、云梦。10 月,隶属第 75 军③。1945 年 2 月,改番号为第 16 师。

历任师长:

傅正模(—1941.11)

王中柱(1941.11—)

黄一华(—1945.2)

③中央军(1945.8—1948.9)

1945 年 8 月,突击总队所属第 1 纵队全部及第 3 纵队(前身为暂编第 11 旅)一部在江西玉山编成预备第 4 师,隶属第 98 军。1946 年 5 月,整编为旅,改辖两团,隶属整编第 57 师(第 98 军改称)。1948 年 10 月,改称第 158 师。

历任师长(整编旅旅长):

曹耀祖(—1947.1)

龙云骧(1947.1—)

朱则鸣(1948.1—)

---

① 《各部队各训练机关主官简历驻地与部队沿革手册》,全宗号 627,卷宗号 1117。

② 《各部队各训练机关主官简历驻地与部队沿革手册》,全宗号 627,卷宗号 1117。

③ 《国防部本部隶属各部队主官简历驻地与部队沿革手册》,全宗号 783,卷宗号 393。

预备第 5 师

①中央军(1937.11－1938.1)

1937 年 11 月,江苏籍新兵编成预备第 5 师。1938 年 1 月,该师番号撤销,官兵补充第 109 师。

历任师长:

蒋伏生

②中央军(1939.1－1945.4)

1939 年初,鄱阳湖游击司令部所辖 3 个保安团改编为预备第 5 师①,隶属第 29 军。1940 年 5 月,改隶第 70 军。8 月,转隶第 49 军。1941 年 5 月,拨隶第 9 战区第 19 集团军。在赣北参加第二次长沙会战(1941 年 9 月 7 日至 10 月 12 日)、第三次长沙会战(1941 年 12 月 19 日至 1942 年 1 月 15 日)。1942 年初,调隶第 28 军。10 月,改隶第 49 军。1945 年 4 月,直隶于第 3 战区司令长官部,旋番号撤销。

历任师长:

曾戛初(1939.1.3－)

王和华(1943.10－)

预备第 6 师

①中央军(1937.10－1938.12)

1937 年 10 月,上海保安部队改编为预备第 6 师。后隶属第 9 战区第 1 兵团第 9 集团军第 29 军团,参加武汉会战(1938 年 6 月中旬至 11 月中旬)。战后,该师番号撤销,残部并入第 60 师。

历任师长:

范汉杰(1937.10.18－)

吉章简(1937.12.24－)

②中央军(1939.9－1946.2)

1939 年 9 月,江西保安第 5、保安第 9、保安第 11、保安第 12 团在江西赣州编成预备第 6 师②,缩编为三团。10 月,调赴广东梅县、大埔、饶平。11 月,隶属暂编第 2 军,长期驻揭阳,归闽粤赣边区指挥。1942 年,暂编第 7 师所属第 4 团拨隶该师③。1945 年 9 月,直隶于第 9 战区司令长官部。1946 年初,改隶第 100 军。2 月,该师番号撤销。

历任师长:

郭礼伯(1939.1.3－)

---

① 《国军部队沿革》(二集)。

② 《国军部队沿革》(二集)。

③ 《各部队各训练机关主官简历驻地与部队沿革手册》,全宗号 627,卷宗号 1117;《国军部队沿革》(二集)。

吴德泽(1939.4.6—)

预备第 7 师

①中央军(1937.11—1938.7)

1937 年 11 月初,在南京成立预备第 7 师筹备处,后在湖南接收新兵编练成军。1938 年 6 月,拨入第 90 军。7 月,在河南洛阳改称第 53 师①。

历任师长:

曹日晖(1937.10.18—)

②中央军(1939.9—1947)

1939 年 9 月,军政部第 26 补训处所属第 3、第 4、第 8、第 10 团在陕西武功合编成立预备第 7 师②,隶属第 42 军。1944 年 9 月,开赴新疆伊犁平乱,至 1945 年 1 月几乎全军覆没。同年 10 月,在阿克苏重建。11 月,该师番号撤销旋又恢复③。1947 年初,改称第 65 旅。

历任师长:

严明(1939.8.23—1944.4)

李禹祥(1944.4—1947.10)

侯声(1947.10—)

预备第 8 师

中央军(1937.11—1945.7)

1937 年 11 月,川豫军管区各拨壮丁 4000 人并以第 14、第 98 师干部与成都军分校的学生为基干在湖南长沙编成预备第 8 师,下辖三团。1938 年初,隶属第 71 军。5 月,脱离第 71 军建制。参加豫北豫东作战(1938 年 1 月上旬至 6 月下旬)。7 月,驻河南禹县、郏县。8 月④,改隶第 27 军⑤。1943 年 7 月 8 日,师长陈孝强被俘后投降日军。1944 年底,转隶暂编第 5 军。1945 年 7 月,番号裁撤。

历任师长:

凌兆尧(1937.10.18—)

陈素农(1938.12.21—1942.3)

陈孝强(1942.4—1943.7.8 被俘投敌)

林伟宏(1943.12—)

慕中岳(1945.6—)

---

①　《国军部队沿革》(一集);《国防部本部隶属各部队主官简历驻地与部队沿革手册》,全宗号 783,卷宗号 393。

②　《国军部队沿革》(二集)。

③　《国防部本部隶属各部队主官简历驻地与部队沿革手册》,全宗号 783,卷宗号 393。

④　《各部队各训练机关主官简历驻地与部队沿革手册》,全宗号 627,卷宗号 1117。

⑤　《国防部本部隶属各部队主官简历驻地与部队沿革手册》,全宗号 783,卷宗号 393。

预备第 9 师

中央军(1937.10－1945.7)

1937 年 10 月,在湖北武昌成立预备第 9 师,下辖四团。隶属第 1 战区,参加豫北豫东作战(1938 年 1 月上旬至 6 月下旬)。配属第 64 军参加武汉会战(1938 年 6 月中旬至 11 月中旬)。1938 年 9 月,隶属第 70 军建制,由第 79 军指挥。1939 年 2 月,改隶第 49 军。1940 年 8 月,转隶第 70 军[①]。1945 年 7 月,裁撤。

历任师长:

张言传(1937.10.18－1941.2.14 免兼)

胡琏(1941.2.14－1942.3)

陈集辉(1942.3－)

预备第 10 师

中央军(1937.10－1945.6)

1937 年 10 月,浙江杭嘉师管区 2000 人、浙江各医院病愈伤兵、军人监狱的犯人等在杭州合编为预备第 10 师。1938 年,隶属第 10 集团军。7 月,在建德、寿昌附近。1939 年 2 月,改隶第 91 军。7 月,转隶第 86 军。1940 年 5 月,调隶第 10 军[②]。1943 年 12 月 1 日,师长孙明瑾在湖南常德阵亡。1944 年 8 月 8 日,在衡阳全军覆没,师长葛先才投降日军。10 月,重建。1945 年 6 月,改番号为第 190 师。

历任师长:

宣铁吾

蒋超雄(1938.9.13－1940.1.18)

方先觉(1940.1.18－)

孙明瑾(1942.5－1943.12.1 阵亡)

李拔夫(代)

葛先才(1944.1－1944.8.8 投敌)

胡云飞(1945.2－1945.6)

预备第 11 师

①湘军何键部(1937.10)

1937 年 10 月,独立第 32 旅扩编为预备第 11 师,下辖二旅四团,旋即改称第 192 师[③]。

历任师长:

---

① 《各部队各训练机关主官简历驻地与部队沿革手册》,全宗号 627,卷宗号 1117。

② 《各部队各训练机关主官简历驻地与部队沿革手册》,全宗号 627,卷宗号 1117。

③ 《国军部队沿革》(一集)。

胡达

②中央军(1937.12—1938.7)

1937 年底,在湖北孝感成立预备第 11 师。1938 年 6 月,由汉口开赴江西湖口,隶属第 8 军。7 月 23 日,失守九江姑塘。7 月 25 日,取消番号①。

历任师长:

赵定昌

③中央军(1940.4—1945.10)

1940 年 4 月,新编第 5 师改称预备第 11 师,隶属第 85 军②。1944 年 6 月,改隶暂编第 15 军。旋转隶第 29 军。1945 年 10 月,该师番号撤销,官兵并入第 20 军。

历任师长:

蒋当翊(1940.4—)

赵琳(1944.4.23—)

预备第 12 师

中央军(1938.1—1938.2)

1938 年 1 月,河南保安第 1、保安第 2、保安第 3、保安第 4 团编成预备第 12 师。2 月,改称第 195 师③。

历任师长:

彭进之

预备第 13 师

黔军(1938.2—1938.7)

1938 年初,在贵州松桃编成预备第 13 师,下辖四团。5 月,由四川秀山经湖南常德开湖北随县、枣阳。7 月,开武汉转江西新喻,该师改称第 82 师④。

历任师长:

罗启疆(1938.2.21—)

骑兵第 1 师(整编骑兵第 1 旅)

①西北军(1929.5—1930.3)

1929 年 5 月,西北军骑兵一部投奔蒋介石,改编为骑兵第 1 师。8 月,驻河南道口、滑县。1930 年 3 月,由杞县开赴宁陵、柳河以东,重归冯玉祥。

历任师长:

---

① 《徐永昌日记》第 4 册,1938 年 7 月 25 日,第 346 页。
② 《各部队各训练机关主官简历驻地与部队沿革手册》,全宗号 627,卷宗号 1117。
③ 《国防部本部隶属各部队主官简历驻地与部队沿革手册》,全宗号 783,卷宗号 393。
④ 《第 82 师成立经过及参加第三期抗战战前之部署》全宗号 787,卷宗号 16803;《国军部队沿革》(一集)。

张德顺

②晋绥军(1929—1930.4)

1929年,晋绥军一部改编为骑兵第1师。8月,在察哈尔宣北、沽源、赤城各驻一旅①。1930年4月,随阎锡山反蒋,该师番号撤销。

历任师长:

杨兆林

③西北军(1930.11—1932.5)

1930年11月,西北军骑兵第1师刘凤岐率千余人由山东东明开赴曹县,改编为骑兵第1师,下辖步、骑各一旅。1931年,转赴江西南城、宜黄、崇仁、临川、樟树地区。1932年5月,缩编为骑兵第13旅②。

历任师长:

刘凤岐

④东北军(1933.3—1935.7)

1933年3月,骑兵第1旅扩编为骑兵第1师。1935年7月,缩编为骑兵第3师第9团。

历任师长:

张诚德

⑤晋绥军(1936.9—1945.12)

1936年9月,山西警备骑兵第3旅及骑兵第2旅所属一团编成骑兵第1师。1937年9月,隶属骑兵第1军。1938年4月,所属第3团改为步兵团。1939年7月,第2团改为步兵团。1940年,第1团改为步兵团,共编三团③。1942年7月11日,师长赵瑞在平遥被日军俘虏。1945年12月,该师番号撤销,官兵补充第71师。

历任整编旅旅长:

彭毓斌

白濡青

续靖夫

赵瑞(—1942.7.11被俘)

韩春生(1942.10代理—)

⑥中央军(1946.8—1949.1)

1946年8月,骑兵第7师改编为整编骑兵第1旅,驻甘肃静宁。1947年2月28日,进攻陇东庆阳、合水。6月,由庆阳调驻陕西鄜县。7月19日,由西安、潼关驰援鲁西南。12月14日,旅部及所属一团在河南长葛官亭寨被歼灭。1948年6月22日,由山东单县出发,26日抵达开封。隶属徐州"剿总"第2兵团,参加徐蚌会战(1948年11月6日至1949年1

---

① 《编遣委员会调查各编遣区现有部队一览表给国民政府呈》(1929年8月23日),《中华民国史档案资料汇编》第5辑第1编军事(1),第672页。

② 《陆军各部队成立沿革纪要》,全宗号787,案卷号16721。

③ 《国军部队沿革》(二集);《各部队各训练机关主官简历驻地与部队沿革手册》,全宗号627,卷宗号1117。

月 10 日),11 月 12 日由徐州向东救援第 7 兵团黄百韬部,22 日返回徐州。1949 年 1 月 10 日,在河南永城陈官庄地区被歼灭。

历任整编旅旅长:

张绍成

陈陶(1947.7—)

粟鼎(—1948.12.1)

张荣甲(1948.12.1—)

骑兵第 2 师(整编骑兵第 2 旅)

①中央军(1928.12—1932.5)

1928 年 12 月,第 3 集团军所辖骑兵第 11 师改称中央骑兵第 2 师,驻安徽宿县。1932 年 5 月,师部撤销,分编为骑兵第 11、骑兵第 12 旅[①]。

历任师长:

张砺生

蒋侃如

②晋绥军(1929—1930.4)

1929 年,晋绥军一部改编为骑兵第 2 师。8 月,主力驻绥远五原,一旅驻临河。1930 年 4 月,该师随阎锡山反蒋,番号撤销。

历任师长:

郭凤山

③东北军(1933.3—1935.7)

1933 年 3 月,骑兵第 2 旅扩编为骑兵第 2 师,隶属第 53 军,驻察哈尔张家口、怀来,后移驻天津武清。1935 年 7 月,并编为两个团,分别拨隶骑兵第 3、骑兵第 6 师。

历任师长:

黄显声

④晋绥军(1936.9—1945.12)

1936 年 9 月,山西警备骑兵第 4 旅及骑兵第 2 旅所属一团合编成骑兵第 2 师。11 月 20 日,收复绥远百灵庙。1937 年 9 月,隶属骑兵第 1 军。1945 年 12 月,该师番号撤销,官兵补充暂编第 46 师。

历任整编旅旅长:

孙长胜

周原健

沈瑞(1942.5—)

张世科(代理)

---

① 《陆军各部队成立沿革纪要》,全宗号 787,案卷号 16721。

卢鸿恩(1944.6 代理,不久实任—)

⑤中央军(1946.8—1949.12)

1946 年 8 月,骑兵第 9 师改编为整编骑兵第 2 旅。1947 年 5 月,在陇东曲子、悦乐、阜城地区。9 月,调赴陕西潼关地区。1949 年初,该旅(欠第 4 团)集结于咸阳。5 月在泾川,参加关中会战(1949 年 6 月上旬至 7 月下旬)。11 月,开赴四川昭化。12 月 25 日,在德阳起义。

历任整编旅旅长:

白海风(—1948.8.1)

吕纪化(1948.8.1—)

骑兵第 3 师

①晋绥军(1929—1930.4)

1929 年,晋绥军一部改编为骑兵第 3 师。8 月,主力驻察哈尔多伦,一旅驻张家口。1930 年 4 月,该师随阎锡山反蒋,番号撤销。

历任师长:

张诚德

②西北军(1930.10—1932.5)

1930 年 10 月,西北军骑兵第 2 师第 5 旅与第 4 旅一部合编为骑兵第 3 师。12 月,由河南周口开赴江苏涟水。1931 年 7 月,集结河南郑州。1932 年 5 月,改编为骑兵第 14 旅[①]。

历任师长:

张占魁

③东北军(1933.3—1945.12)

1933 年 3 月,骑兵第 3 旅扩编为骑兵第 3 师[②],隶属第 57 军,驻扎山海关,后移驻通州。1935 年 1 月,驻河南潢川及其以南地区。7 月,改编原有三团为两个团,辖第 7、第 10 团,第 10 团编入骑兵第 4 师[③]。余部和第 105 师骑兵团缩编为第 8 团,骑兵第 1 师缩编为第 9 团。第 7、第 8、第 9 团组成骑兵第 3 师,隶属骑兵军[④]。1937 年 8 月,改隶骑兵第 2 军(骑兵军改称)。1938 年 9 月,第 9 团团长张甲清率全团叛变投敌,骑兵第 4 师所属第 10 团拨隶该师,改称第 9 团。1939 年秋,该师无马官兵与骑兵第 6 师的无马官兵合为 1 个步兵旅拨隶第 92 军。1940 年 7 月,骑兵第 6 师所属官兵补充该师。1945 年 12 月,改称暂编第 15 师。

历任师长:

王奇峰

---

① 《陆军各部队成立沿革纪要》,全宗号 787,案卷号 16721。

② 《国军部队沿革》(二集)。

③ 《各部队各训练机关主官简历驻地与部队沿革手册》,全宗号 627,卷宗号 1117。

④ 《何柱国关于各部骑兵改编经过致蒋介石等代电》(1935 年 7 月 30 日),《中华民国史档案资料汇编》第 5 辑第 1 编军事(1),第 217 页。

郭希鹏

徐梁

王照堃(—1943.12)

徐长熙

骑兵第 4 师(整编骑兵第 4 旅)

①晋绥军(1929—1930.4)

1929 年,晋绥军一部编为骑兵第 4 师。8 月,驻绥远包头。1930 年 4 月,该师随阎锡山反蒋,番号撤销。

历任师长:

王英

②西北军(1931.3—1931.12)

1931 年初,西北军一部编成骑兵第 4 师,辖张华棠、祝常德两旅。1931 年 12 月,该师取消番号,张华棠旅改编为骑兵第 16 旅,祝常德旅改编为第 25 师第 74 旅[①]。

历任师长:

关树人

③东北军(1933.3—1939.3)

1933 年 3 月,骑兵第 4 旅扩编为骑兵第 4 师,驻河北卢龙、抚宁地区。1934 年 7 月,驻石门。1935 年 7 月,该师缩编为第 11、第 12 团,骑兵第 3 师选编一团为第 10 团,组成骑兵第 4 师,隶属骑兵军[②]。第 10 团调西北,其余在大名,隶属第 53 军指挥。1936 年 4 月,由大名调灵寿。1937 年 8 月,隶属骑兵第 3 军。1938 年 6 月,改隶第 97 军。9 月,第 10 团拨隶骑兵第 3 师。1939 年 3 月,师部及第 11、第 12 团由河北移师河南涉县,改称新编第 24 师。

历任师长:

郭希鹏

王奇峰

张东凯

④晋绥军(1940.1—1945.11)

1940 年 1 月,晋绥军骑兵第 5、第 11、第 12 团在山西方山马坊镇编成骑兵第 4 师,隶属骑兵第 1 军。1942 年 7 月 11 日,师长杨诚在平遥被日军俘虏。1945 年 12 月,该师番号撤销,官兵补充暂编第 38 师。

历任师长:

杜文若(1940.1—1940.3)

---

① 《陆军各部队成立沿革纪要》,全宗号 787,案卷号 16721。

② 《何柱国关于各部骑兵改编经过致蒋介石等代电》(1935 年 7 月 30 日),《中华民国史档案资料汇编》第 5 辑第 1 编军事(1),第 217 页。

陈济德(1940.3－1942.3)

杨诚(1942.3－1942.7.11 被俘)

杨湛(1942.8 代理－)

燕登榜(1942.10 代理－1945.7)

田尚志(1945.7－)

⑤新疆地方部队(1946.8－1949.9)

1946 年 8 月,骑兵第 12 师和新编骑兵第 1、新编骑兵第 2 师各一部整编为整编骑兵第 4 旅,驻新疆莎车。1949 年 9 月 25 日,在莎车起义。

历任整编旅旅长:

杨廷英

向超中(1946.11 兼任－1947.2 免兼)

唐井然(1947.2－1949.9.25 起义)

骑兵第 5 师(整编骑兵第 5 旅)

①晋绥军(1929－1930.4)

1929 年,晋绥军一部编为骑兵第 5 师。8 月,驻察哈尔柴沟堡、蔚县和山西阳泉各一旅。1930 年 4 月,该师随阎锡山反蒋,番号撤销。

历任师长:

原屏藩

②东北军(1933.3－1935.7)

1933 年 3 月,骑兵第 5 旅改编为骑兵第 5 师,驻河北遵化。1934 年 11 月,在河南唐河、泌阳堵截红二十五军。1935 年 7 月,以该师师部为基干编为第 6 师师部,所属两个团缩编为第 17 团,拨隶骑兵第 6 师。

历任师长:

李福和

③青海马步青部(1936.7－1946.8)

1936 年 7 月,新编骑兵第 2 师改番号为骑兵第 5 师,辖骑兵三旅和步兵一旅,分驻甘肃武威、永登、古浪、土门、民勤、永昌等地。1937 年 8 月,以一部编成暂编骑兵第 1 师。9 月,隶属骑兵第 5 军。1946 年 8 月,整编为整编骑兵第 6 旅[①]。

历任师长:

马步青(兼任)

马呈祥(1942.5 代理－)

马成贤(1944.1－)

韩荣福

---

① 《国防部本部隶属各部队主官简历驻地与部队沿革手册》,全宗号 783,卷宗号 393。

③晋绥军傅作义部(1946.10—1949.9)

1946 年 10 月,新编骑兵第 5 师改称整编骑兵第 5 旅。1947 年 10 月改称暂编第 27 师。1948 年 1 月,组建骑兵第 5 旅,3 月上旬在察哈尔柴沟堡。3 月下旬,进至怀安。7 月,在河北通县。9 月 25 日,由康庄出动,29 日到达集宁以东。11 月驻张家口。12 月 24 日,在张家口被歼灭,旅长王存瑞被俘。1949 年 1 月,重建。9 月 19 日,在绥远归绥起义。12 月,改编为中国人民解放军第 37 军骑兵旅。

历任整编旅旅长:

慕新亚

卫景林(1948.2—)

王存瑞(—1948.12.24 被俘)

安恩达(—1949.9.19 起义)

骑兵第 6 师(整编骑兵第 6 旅)

①晋绥军(1929—1930.4)

1929 年初,晋绥军一部编为骑兵第 6 师。8 月,河北定兴、涞水、南宫各驻一旅。1930 年 4 月,该师随阎锡山反蒋,番号撤销。

历任师长:

孙长胜

②东北军(1933.3—1940.7)

1933 年 3 月,骑兵第 6 旅扩编为骑兵第 6 师,驻河北昌平南口镇。1935 年 1 月,驻河南息县。7 月,该师缩编为第 18 团,以骑兵第 5 师师部和主力为基干编为第 6 师师部及第 17 团,以骑兵第 2 师一部编为第 16 团,组成骑兵第 6 师[①],隶属骑兵军。1937 年 8 月,隶属骑兵第 2 军(骑兵军改称)。1938 年一度隶属东北挺进军。4 月 22 日,师长刘桂五在绥远固阳县阵亡。1939 年 3 月,归还骑兵第 2 军建制。是年秋,该师无马官兵与骑兵第 3 师的无马官兵合编为步兵一旅拨隶第 92 军。1940 年 7 月,官兵补充骑兵第 3 师,番号取消。

历任师长:

白凤翔

刘桂五(—1938.4.22 阵亡)

王照堃(1938.5.10 代理—1939.8.3 实任—)

③陕西地方部队(1941.11—1946.8)

1941 年 11 月,第 22 军所属 5 个骑兵支队合编为骑兵第 6 师,师部驻绥远格尔旗沙圪都,隶属第 22 军。1944 年底,脱离第 22 军。1946 年 8 月在大同,番号裁撤。

历任师长:

左世允(1941.11—)

---

① 《何柱国关于各部骑兵改编经过致蒋介石等代电》(1935 年 7 月 30 日),《中华民国史档案资料汇编》第 5 辑第 1 编军事(1),第 217 页。

胡景通(1943.10—)

④青海马步青部(1946.8—1949.9)

1946 年 8 月,骑兵第 5 师整编为整编骑兵第 6 旅[1],隶属整编骑兵第 1 师。1949 年 9 月 25 日,在新疆迪化起义。

历任整编旅旅长:

马呈祥(兼任)

马成贤

韩荣福(1947.7—1949.9.25 起义)

骑兵第 7 师(整编骑兵第 7 旅)

①中央军(1935.7—1946.8)

1935 年 7 月,骑兵第 1、骑兵第 11、骑兵第 13 旅在河南灵宝合编为骑兵第 7 师,隶属骑兵军。1936 年 11 月 22 日开抵大同。抗战后直属第 2 战区,配属骑兵第 1 军参加平绥路东段方面作战(1937 年 8 月 8 日至 9 月 11 日)。1937 年 10 月,改隶骑兵第 6 军。1939 年 2 月,转隶第 8 战区副司令长官(傅作义)部。10 月,调隶骑兵第 6 军。1940 年 6 月,改隶第 8 战区副司令长官(傅作义)部伊盟守备军。1943 年 9 月,拨隶第 67 军。1945 年 10 月,调隶第 8 战区。1946 年 8 月,改编为整编骑兵第 1 旅。

历任师长:

门炳岳(—1939.10.4 兼任—1940.5)

朱钜林(1940.5—1943.10)

张绍成(1943.10—)

②新疆地方部队(1946.8—1949.9)

1946 年 8 月,暂编骑兵第 1 师整编为整编骑兵第 7 旅[2],隶属整编骑兵第 1 师。1949 年 9 月 25 日,在新疆迪化奇台起义。

历任整编旅旅长:

马振武

韩有文

郭全梁(—1949.9.25 起义)

骑兵第 8 师(整编骑兵第 8 旅)

青海马步芳、马步青部(1940.10—1949.9)

1940 年 10 月,暂编骑兵第 1 师在皖北改称骑兵第 8 师,隶属第 1 战区。长期驻防皖

---

[1] 《国防部本部隶属各部队主官简历驻地与部队沿革手册》,全宗号 783,卷宗号 393。

[2] 《国防部本部隶属各部队主官简历驻地与部队沿革手册》,全宗号 783,卷宗号 393。

北①。隶属第 1 战区副司令长官(汤恩伯)部第 15 集团军,参加豫中会战(1944 年 4 月中旬至 6 月中旬)。抗战胜利后进驻蒙城,旋到徐州接收。1946 年 1 月,调陕西富平,暂编骑兵第 2 师官兵补充该师。3 月,调驻甘肃永登。8 月,新编骑兵第 8 旅补充该师,并整编为骑兵第 8 旅②,隶属整编第 82 师。1949 年 5 月,改隶第 129 军。参加关中会战(1949 年 6 月上旬至 7 月下旬)。7 月退守兰州。8 月底,撤军青海西宁。9 月,大部被歼灭。9 月 11 日,旅长马英在海晏三角城投诚。

历任师长(整编旅旅长):

马彪(—1942.1)

马步康(1942.1—)

韩起禄

马振武

马步康(1946.3.22—)

马步銮(1946.4.5—1949.5.1)

马英(—1949.9.11 投诚)

骑兵第 9 师(整编骑兵第 9 旅)

①西北军(1936.12—1940.7)

1936 年 12 月,第 29 军骑兵司令部所属部队在北平南苑编成骑兵第 9 师,下辖二旅六团。1937 年 10 月,隶属骑兵第 3 军。1938 年配属第 69 军参加徐州会战后期作战。6 月,脱离骑兵第 3 军建制。1939 年 3 月,由山东调湖北归第 77 军节制③。10 月,拨隶第 59 军。11 月,骑兵第 13 旅官兵补充该师,下辖三团。1940 年 7 月,改称暂编第 53 师④。

历任师长:郑大章,张德顺

②晋绥军,1943 年中央军校出身的施建康出任师长(1941.1—1946.8)

1941 年 1 月,绥远骑兵司令部所属四团与骑兵第 12 旅一部合编为骑兵第 9 师,隶属骑兵第 3 军。6 月,骑兵第 14 旅官兵补充该师⑤。1945 年 8 月,新编骑兵第 7 师官兵补充该师,改隶第 8 战区。抗战胜利后进驻甘肃靖远。12 月,移防张掖。1946 年 8 月,返回靖远。8 月,改编为整编骑兵第 2 旅。

历任师长:

李荣春(1941.1.21—1941.10)

张占魁(1941.10—1943.6)

施建康(1943.6 代理—1945.6)

---

① 《骑兵第 8 师马彪部编成及参战经过概见图表》,全宗号 787,案卷号 6690。

② 《国防部本部隶属各部队主官简历驻地与部队沿革手册》,全宗号 783,卷宗号 393。

③ 《第 77 军部队沿革及主官参谋长简历表》,全宗号 787,案卷号 16795。

④ 《各部队各训练机关主官简历驻地与部队沿革手册》,全宗号 627,卷宗号 1117。

⑤ 《各部队各训练机关主官简历驻地与部队沿革手册》,全宗号 627,卷宗号 1117。

白海风

③新疆地方部队(1946.8—1949.9)

1946年8月,骑兵第12师、新编骑兵第1师、新编骑兵第2师各一部在新疆合编为整编骑兵第9旅[①]。1949年9月25日,在喀什起义。

历任整编旅旅长:

张凤仪(代理)

马平林(—1949.9.25起义)

骑兵第10师(整编骑兵第10旅)

①东北军(1933—1938.8)

1933年夏,东北义勇军檀自新部改编为骑兵第10师。1935年3月,移防河南新蔡、汝南、上蔡,隶属开封绥靖公署。7月,隶属骑兵军。1937年2月2日,师长檀自新通电服从中央,开豫南许昌,脱离骑兵军。8月,隶属骑兵第4军。10月,骑兵第4军番号撤销。1938年8月,该师番号取消。

历任师长:

檀自新

②中央军(1941.1—1945.4)

1941年1月,骑兵第12旅一部与察哈尔游击队三团所编成的第30团合编成骑兵第10师,隶属骑兵第3军。1942年7月,转隶第91军。1945年4月,该师番号撤销,一团拨入新编第3师,一团直隶于河西警备总司令部。

历任师长:

谭辅烈(1941.1.30—)

陈延生(—1943.12)

刘裕经(1943.12—)

③宁夏马鸿逵部(1945.12—1949.9)

1945年12月,在宁夏成立骑兵第10师。1946年8月,改编为整编骑兵第10旅[②]。1947年3月26日进占盐池。4月,占三边。11月8日由盐池、定边出动增援陕西榆林。1949年7月,驻甘肃固原瓦亭附近。9月23日,在宁夏投诚。

历任师长(整编旅旅长):

王有禄(—1946.6免代)

马敦厚(1946.6—)

骑兵第11师(整编骑兵第11旅)

①新疆地方部队(1944.1—1945.8)

---

① 《国防部本部隶属各部队主官简历驻地与部队沿革手册》,全宗号783,卷宗号393。

② 《国防部本部隶属各部队主官简历驻地与部队沿革手册》,全宗号783,卷宗号393。

1944 年初,在新疆奇台成立骑兵第 11 师。1945 年 8 月,该师番号撤销。

历任师长:

吴熙志(1944.1—)

向超中

宛凌云(1945.7—)

②晋绥军傅作义部(1946.10—1949.9)

1946 年 10 月,新编骑兵第 6 师整编为骑兵第 11 旅。10 月,进占察哈尔张家口。1947 年 12 月,改隶华北"剿匪"总司令部。1948 年 3 月 25 日,在阳原县被歼灭一部。5 月 22 日,由山西大同驰援应县。9 月 25 日由察哈尔怀来出动,29 日到达集宁以东。11 月 28 日,退守张家口。12 月 24 日在张家口被歼灭,旅长胡逢泰被俘。后重建。1949 年 7 月,驻包头以北的固阳。9 月 19 日,起义。12 月,与整编骑兵第 12 旅改编为中国人民解放军骑兵第 4 师。

历任整编旅旅长:

吕纪化(—1948.5.26)

胡逢泰(1948.5.26—1948.12.24 被俘)

陈秉义(—1949.9.19 起义)

骑兵第 12 师(整编骑兵第 12 旅)

①新疆地方部队(1944.1—1946.8)

1944 年初,在新疆成立骑兵第 12 师,驻喀什、疏勒。1946 年上半年,改隶第 42 军。8 月,与新编骑兵第 1 师、新编骑兵第 2 师合编为整编骑兵第 4、整编骑兵第 9 旅①。

历任师长:

张希良(1944.1—)

②晋绥军傅作义部(1947.5—1949.9)

1947 年 5 月,绥远省保安骑兵师整编为骑兵第 12 旅。参加平汉路北段以西地区作战(1947 年 12 月至 1948 年 1 月)。1948 年初由涿县、良乡、房山地区向涞水、易县扫荡。3 月下旬,开往深井堡。4 月 5 日,车运天津、静海,9 日至 16 日连占大城、青县、河间、任邱等县城。9 月 25 日,由柴沟堡出动,29 日到达集宁以东。9 月 27 日,在集宁被歼灭一部。10 月 24 日,由涿县南下偷袭石家庄。10 月 29 日进占望都,11 月 2 日开赴徐水、固城。12 月由张北、尚义地区撤军绥远。1949 年 7 月,一部驻武川,主力驻二分子。9 月 19 日,在绥远归绥起义。12 月,与整编骑兵第 11 旅改编为中国人民解放军骑兵第 4 师。

历任整编旅旅长:

鄂友三(—1948.6.3 实任—1949.12.9 起义)

---

① 《国防部本部隶属各部队主官简历驻地与部队沿革手册》,全宗号 783,卷宗号 393。

骑兵第 13 旅(1948 年－1949 年)

晋绥军傅作义部(1948－1949.9)

1948 年,在绥远成立骑兵第 13 旅。8 月,守备萨拉齐、察素齐、毕克齐一线。1949 年 7 月,主力驻琅山,一部驻桃力民。9 月 19 日,起义。12 月,改编为中国人民解放军第 36 军骑兵旅。

历任旅长:

高理亭(1948.9.1－1949.9.19 起义)

骑兵第 14 旅(1948 年－1949 年)

青海马步芳部(1948.12－1949.9)

1948 年底,独立骑兵第 5 团扩编为骑兵第 14 旅,下辖两个骑兵团,隶属第 129 军。7 月 28 日,在甘肃陇县固关被歼灭大部。7 月下旬,退至兰州补充。8 月底,撤军青海,旋即被击溃。

历任旅长:

马成贤(1948.12.1－)

骑兵第 15 旅(1948 年－1949 年)

中央军(1948.12－1949.9)

1948 年 12 月,驻甘肃天水马跑泉的陆军骑兵军官学校组建骑兵第 15 旅,下辖两个骑兵二团。1949 年春,移防河西地区。9 月 17 日,旅部及所属第 32 团在民乐被歼灭,旅长王士谊被俘。

历任旅长:

粟鼎(1948.12.1.－)

王士谊(－1949.9.17 被俘)

骑兵第 16 旅(1948 年)

1948 年 12 月,拟以陆军骑兵军官学校为基础组建骑兵第 16 旅,未成军。

历任旅长:

张绍成(1948.11.16－1949.4.1)

罗家模(1949.4.1－)

骑兵第 17 旅(1948 年)

1948 年 12 月,拟以陆军骑兵军官学校为基础在甘肃天水、兰州组建骑兵第 17 旅,未成军。

历任旅长:

谢肇齐(1948.12.1—)

骑兵第 18 旅(1948 年)

1948 年 12 月,拟以陆军骑兵军军官学校为基础在甘肃天水、兰州组建骑兵第 18 旅,未成军。

历任旅长:

罗家模(1948.12.1—)

新编骑兵第 1 师

①东北军(1931.5—1932)

1931 年 5 月,原晋绥军骑兵张诚德部改编为东北新编骑兵第 1 师。1932 年,缩编为独立骑兵第 1 旅。

历任师长:

张诚德

②新疆地方部队(1944.1—1946.10)

1944 年 1 月,成立新编骑兵第 1 师,师部驻新疆伊宁。抗战胜利后进驻乌苏。1945 年 11 月,驻绥来。1946 年 8 月,与骑兵第 12 师、新编骑兵第 2 师合编为整编骑兵第 4 旅、整编骑兵第 9 旅[①]。

历任师长:

崔颖春(1944.1—)

蒋德玉

新编骑兵第 2 师

①青海马步青部(1933.2—1936.7)

1933 年 2 月,甘肃陆军骑兵第 1 师[②]改称新编骑兵第 2 师,驻河西走廊。1933 年冬,阻止第 41 军孙殿英部进入宁夏[③]。1936 年 7 月,改番号为骑兵第 5 师。

历任师长:

马步青

②新疆地方部队(1944.1—1946.8)

1944 年初,成立新编骑兵第 2 师,驻新疆库车、焉耆。1946 年 8 月,与骑兵第 12 师、新

---

① 《国防部本部隶属各部队主官简历驻地与部队沿革手册》,全宗号 783,卷宗号 393。

② 1929 年,原甘肃甘州镇守使马麟部编为暂编第 4 混成旅。1930 年 3 月,改称甘肃陆军暂编第 1 师。7 月,马麟任甘肃"剿匪"司令,10 月改任甘肃保安司令。1931 年 1 月,所部改编为甘肃陆军骑兵第 1 师,辖三旅,马麟为师长。1932 年 1 月马步青任师长。《陆军各部队成立沿革纪要》,全宗号 787,案卷号 16721。又见《陆军各部队成立沿革纪要(第 2 辑)》。

③ 《骑兵第 5 军历史及沿革》,全宗号 787,案卷号 16817。

编骑兵第 1 师合编为整编骑兵第 4 旅、整编骑兵第 9 旅[①]。

历任师长：

宛凌云（1944.1—）

张凤仪

向超中

新编骑兵第 3 师

伪军（1937.8—1945.7）

1937 年 8 月，反正的蒙伪军第 2 师所属第 2 团井得泉部改编为新编骑兵第 3 师，隶属挺进军指挥。配属骑兵第 1 军，参加平绥路东段方面作战（1937 年 8 月 8 日至 9 月 11 日）。1939 年缩编为两个团，9 月隶属第 8 战区。参加 1939 年冬季攻势绥西地区作战（1939 年 12 月 10 日至 1940 年 4 月 3 日）。1940 年 6 月，改隶暂编第 3 军[②]。1942 年 10 月，转隶骑兵第 4 军。1945 年 7 月，该师番号撤销。

历任师长：

井得泉（1938.1.20—）

朱振庭（1941.3—1942.7）

刘万春（1942.7—1943.7）

梁立柱（1943.7—）

新编骑兵第 4 师

晋绥军傅作义部（1937.9—1949.1）

1937 年 9 月，新编骑兵第 2 旅扩编为新编骑兵第 4 师，隶属第 35 军。10 月，改隶骑兵第 6 军。1939 年 2 月，转隶第 8 战区副司令长官（傅作义）部。10 月，调隶骑兵第 6 军。1940 年 6 月，拨隶暂编第 4 军。1942 年 10 月，改隶骑兵第 4 军。1945 年 7 月，直隶于第 12 战区司令长官部。参加绥包战役（1945 年 10 月 18 日至 12 月 7 日）。1946 年 9 月由归绥地区经凉城向集宁进攻，9 月 14 日进占集宁。10 月初由集宁向张家口进逼，参加张垣（张家口）会战（1946 年 9 月 20 日至 11 月 11 日）。1947 年 3 月 8 日进攻雁北地区。7 月，开赴河北，参加平汉路北段以西地区作战（1947 年 6 月至 1948 年 1 月）。1948 年 1 月 13 日，在涞水以东被歼灭大部。3 月下旬，进至怀安。7 月驻廊坊。9 月 28 日，由通县出动，抵达绥远隆盛庄、兴和地区。10 月 4 日，由绥东回援张家口、柴沟堡、宣化。10 月 24 日，由涿县南下偷袭石家庄。10 月 29 日进占望都。11 月 2 日开赴徐水、固城。1949 年 1 月 21 日，在北平接受和平改编。2 月 19 日，改编为中国人民解放军骑兵独立第 5 师，2 月 26 日直属平津前

---

① 《国防部本部隶属各部队主官简历驻地与部队沿革手册》，全宗号 783，卷宗号 393。
② 《各部队各训练机关主官简历驻地与部队沿革手册》，全宗号 627，卷宗号 1117。

线司令部①。

历任师长:

石玉山

王宪章

刘万春(兼任—1946.6)

刘春方(1946.6 代理—1947.12 实任—1949.1.21 起义)

新编骑兵第 5 师

伪军(1938.5—1946.10)

1938 年 4 月,伪蒙军第 3 师所属第 7 团在凉城反正,5 月 11 日编为新编骑兵第 5 师,驻绥远准格尔旗南坪一带整训,隶属东北挺进军。1939 年 2 月,骑兵编为一团,徒步官兵编为一徒步大队,撤销第 2、第 3 团番号。3 月,伪蒙军连长杨兴华反正,编为第 2 团。1940 年 1 月,第 2 团官兵补充第 1 团,新兵与徒步兵编为第 2 团。1941 年 9 月,暂编骑兵第 2 旅官兵补充该师为第 3 团②。1946 年 10 月,改编为整编骑兵第 5 旅。

历任师长:

慕新亚(1938.5.18—)

新编骑兵第 6 师

伪军(1941.9—1946.10)

1941 年 9 月,暂编骑兵第 1、暂编骑兵第 2 旅及独立第 1(1938 年收抚的伪蒙军第 4 团)、第 2 团(1939 年 3 月收抚的伪西北自治军)及骑兵第 5 团合编为新编骑兵第 6 师,辖步兵二团,骑兵一团③。隶属东北挺进军。1945 年 7 月整编,改辖二团。1946 年 10 月,整编为骑兵第 11 旅。

历任师长:

马占山(—1943.10 免兼)

吕纪化(1943.10—)

新编骑兵第 7 师

伪军(1943.1—1945.9)

1943 年 1 月,新编第 3 师改称新编骑兵第 7 师,隶属骑兵第 3 军。1945 年 8 月,该师番号撤销,官兵补充骑兵第 9 师。

历任师长:

---

① 《北平和平解放前后》,第 146—153 页。

② 《东北挺进军总司令部及所属新编骑兵 5、6 师沿革史》,全宗号 787,案卷号 16816。

③ 《国防部本部隶属各部队主官简历驻地与部队沿革手册》,全宗号 783,卷宗号 393;《东北挺进军总司令部及所属新编骑兵 5、6 师沿革史》,全宗号 787,案卷号 16816。

白海风

黄伯光

新编骑兵第 8 师

青海马步芳部(1943.3—1946.8)

1943 年 3 月,第 82 军所辖骑兵第 1 旅扩编为新编骑兵第 8 师,隶属第 82 军。1946 年 8 月,该师与骑兵第 8 师并编为整编骑兵第 8 旅[①]。

历任师长:

马步銮

暂编骑兵第 1 师(含 1946—1947 年暂编骑兵第 1 旅)

①西北军(1928.11—1929.5)

1928 年 11 月,第 2 集团军骑兵第 2 军缩编为该集团军暂编骑兵第 1 师。1929 年 5 月,随同冯玉祥反蒋,取消番号。

历任师长:

席液池

②青海军队(1937.8—1940.10)

1937 年 8 月,青海南部边区警备司令部所属第 1、第 2 旅各一部、骑兵第 5 师一部在西宁组成暂编骑兵第 1 师,下辖三旅。9 月 1 日由西宁出发,进驻陕西乾县、临潼,先后隶属第 8 战区、西安行营。1938 年初,进驻潼关[②]。6 月,第 2 旅调回乾县脱离建制(扩编为暂编骑兵第 2 师),由青海抽调一旅补入该师为第 3 旅,原第 3 旅改称第 2 旅。同月,该师调驻河南扶沟、西华、商水一带。一度隶属第 40 军。1939 年春,调赴河南周家口、安徽界首一带,主力进驻项城,接受第 1 战区第 3 集团军指挥[③]。2 月,在豫东淮阳、皖北作战。8 月 10 日,在淮阳遭受重大损失,开赴豫西休整。1940 年 10 月,调驻皖北的临泉和豫皖边界的沈邱,改称骑兵第 8 师。

历任师长:

马彪(1937.9.9—)

③青海马步青部(1941.5—1946.10)

1941 年 5 月,骑兵第 5 军补充旅改编为暂编骑兵第 1 师,仍隶属骑兵第 5 军。1946 年 10 月,整编为整编骑兵第 7 旅[④]。

历任师长:

韩起禄(1941.5—)

---

① 《国防部本部隶属各部队主官简历驻地与部队沿革手册》,全宗号 783,卷宗号 393。
② 浙江省中国国民党历史研究组编印:《抗日战争时期国民党战场史料选编》二,出版时间不详,第 164 页。
③ 《骑兵第 8 师马彪部编成及参战经过概见图表》,全宗号 787,案卷号 6690。
④ 《国防部本部隶属各部队主官简历驻地与部队沿革手册》,全宗号 783,卷宗号 393。

马振武(1943.6—)

韩有文

④晋绥军傅作义部(1946—1947)

1946 年,在绥远组建暂编骑兵第 1 旅。参加大同、集宁作战(1946 年 8 月 3 日至 9 月 20 日)、张垣(张家口)会战(1946 年 9 月 20 日至 11 月 11 日)。1947 年,该师番号撤销。

历任旅长:

冀家珍

暂编骑兵第 2 师

①西北军(1928.11—1929.5)

1928 年 11 月,第 2 集团军骑兵第 1 军缩编为该集团军暂编骑兵第 2 师。1929 年 5 月,随同冯玉祥反蒋,取消番号。

历任师长:

郑大章

②青海军队(1938.6—1946.1)

1938 年 6 月,暂编骑兵第 1 师所属第 2 旅在陕西乾县扩编为暂编骑兵第 2 师,隶属西安行营。1939 年 1 月,改隶第 10 战区。1939 年 8 月 4 日,移驻鄜县。1940 年转隶第 34 集团军,封锁陕甘宁边区。1941 年,调隶骑兵第 5 军。抗战胜利后进驻同官(今铜川)。1946 年 1 月,该师番号撤销,官兵补充骑兵第 8 师。

历任师长:

马禄(1938.6.18—1946.3.23)

向超中(1945.7—)

暂编骑兵第 3 师

伪军(1942)

1942 年 4 月 16 日,伪东亚同盟军王绳武部反正,被授予暂编骑兵第 3 师番号。不久被取消番号。

历任师长:

王绳武(1942.4—)

教导第 1 师

中央军(1930.4—1931.1)

1929 年 1 月在南京成立陆军教导队,12 月扩编为教导团。1930 年 4 月,扩编为教导第 1 师①,下辖步兵三团、骑兵一团。隶属第 2 军团参加中原大战。5 月 17 日,占领河南商邱。

---

① 《陆军各部队成立沿革纪要》,全宗号 787,案卷号 16721。

7月初,由陇海路输送到津浦路,进攻山东泰安等地。8月底返回陇海路。10月3日占领开封。10月9日从郑州开赴南京浦口。1931年1月,与国府警卫旅合编为国府警卫师。

历任师长:

冯轶裴

教导第 2 师

中央军(1930.1－1930.11)

1930年1月,以中央军校教职学员为骨干,以俘获唐生智部士兵和苏浙皖招募的新兵编成教导第2师,辖二旅六团,又特务、骑、炮、工兵各一团。该师编成后即隶属第2军团在河南参加中原大战。8月31日占领民权,9月30日占领兰封。11月初,进驻徐州,26日改称第4师[①]。

历任师长:

张治中

教导第 3 师

中央军(1930.6－1930.11)

1930年6月,中央军校武汉分校所辖教导第1、教导第2、教导第3、教导第4、教导第5、教导第6团各团改编为教导第3师,下辖四团[②]。6月初,抵达长沙。6月底,返回武汉。8月,由津浦路的南驿乘车返回汉口。同年秋,以新成立的三个补充团编为该师独立旅。11月26日,改称第14师。

历任师长:

钱大钧

荣誉第 1 师

中央军(1938.4－1947.5)

1938年4月,第92、第93、第190师之各荣誉团、第50师荣誉队、湖南保安荣誉团在湖南浏阳合编为荣誉第1师[③]。11月,隶属新编第11军。1939年2月,隶属第5军(新编第11军改称)。1940年4月,改隶新编第11军。1941年5月,隶属第8军(新编第11军改称)。1947年5月,改称第42旅。

历任师长:

宋希濂

林英(1938.2.8代理－)

---

① 《国防部本部隶属各部队主官简历驻地与部队沿革手册》,全宗号783,卷宗号393。
② 《国防部本部隶属各部队主官简历驻地与部队沿革手册》,全宗号783,卷宗号393。
③ 《国防部本部隶属各部队主官简历驻地与部队沿革手册》,全宗号783,卷宗号393。

郑洞国(1939.1.13—)

舒适存(1940.4—)

李弥(1940.9.11—1942.5)

汪波(1942.7—)

王伯勋

荣誉第 2 师

中央军(1943—1946.5)

1942 年 1 月,在四川叙永成立荣誉第 2 师师部。1943 年 5 月到 8 月,接收军政部第 25 补训处官兵 2000 名编为师直属部队,陕西荣誉大队、富隆资简师管区新兵千余名、涪陵荣誉大队、邛大师管区、汉中荣誉兵等编成三团。1944 年一度隶属第 76 军,旋直隶于军委会。1945 年 1 月,拨隶第 52 军。4 月,调隶第 53 军。1946 年 5 月,改称第 67 师[①]。

历任师长:

不详

国民政府警卫师

中央军(1931.1—1932.1)

1931 年 1 月,教导第 1 师与国民政府警卫旅合编为国民政府警卫师。1931 年 6 月,扩编为警卫军,以原有第 1、第 2、第 3 团和中央宪兵第 3 团编为警卫军第 1 师,以原有第 4、第 5、第 6 团及特务团编成警卫军第 2 师。1932 年 1 月,警卫军第 1、第 2 师分别改称第 87、第 88 师[②]。

警卫师师长:

冯轶裴

警卫军第 1 师师长:

冯轶裴(兼任—1931.6.24 病故)

顾祝同

楼景樾

警卫军第 2 师师长:

俞济时

---

① 《国防部本部隶属各部队主官简历驻地与部队沿革手册》,全宗号 783,卷宗号 393。

② 《陆军各部队成立沿革纪要》,全宗号 787,案卷号 16721。

卷三　1928－1945 年各独立旅

独立第 1 旅

①湘军(1928.10—1929.4)

1928 年 10 月,第 8 军在湖南缩编为独立第 1 旅。1929 年 1 月,由酃县进攻八面山,参加对井冈山的"围剿"。4 月,驻湘东茶陵、攸县,番号撤销,官兵补充第 52 师。

历任旅长:

吴尚

②直鲁联军旧部(1929.1—1930.1)

1929 年 1 月,独立第 3 师①缩编为独立第 1 旅。4 月,由湖北孝感向荆门推进。11 月 21 日,一团由霍山增援麻埠,一团由六安出发攻占独山。1930 年 1 月,扩编为新编第 26 师②。

历任旅长:

陈耀汉

③湘军(1931.2—1931.9)

1931 年 2 月,第 15 师所属第 44 旅改编为独立第 1 旅,隶属第 4 路军。9 月,改编为第 62 师第 185 旅③。

历任旅长:

李国钧

④晋绥军(1932.3—1937)

1932 年 3 月,山西警备第 1 旅改编为独立第 1 旅④。1937 年 8 月,在太原改称第 66 师第 204 旅。重建,隶属第 2 战区参加太原会战(1937 年 9 月 12 日至 11 月 12 日)。战后,该旅番号撤销,官兵补充第 68、第 70 师。

历任旅长:

杜春沂

陈庆华

梁述哉

---

① 1927 年 3 月 28 日,山东第 3 混成旅王金韬、陈耀汉部在安徽滁县截击直鲁联军,响应北伐,受编为国民革命军先遣军。6 月,改编为独立第 3 师,王任师长。12 月,北伐军次徐州,王因火灾殒命,陈继任师长。

② 《陆军各部队成立沿革纪要》,全宗号 787,案卷号 16721。

③ 《第四路军部队改编竣事》,《中央日报》1933 年 1 月 23 日,第 1 张第 4 版。

④ 《陆军各部队成立沿革纪要》,全宗号 787,案卷号 16721;《第 2 战区各部队沿革史》,全宗号 787,案卷号 16766。

独立第 2 旅

①湘军(1929.3－1929.4)

1929 年 3 月,独立第 19 师(原第 6 军一部)缩编为独立第 2 旅[①]。4 月,官兵补充新编第 7 师。

历任旅长:

张其雄

②河南地方部队(1930.12－1931.5)

1930 年 12 月,第 29 军所属第 76 师缩编为独立第 2 旅。1931 年 5 月,改编为第 76 师第 227 旅。

历任旅长:

李万林

③晋绥军(1932.3－1941.1)

1932 年 3 月,山西警备第 2 旅改编为独立第 2 旅。1934 年 10 月,隶属第 19 军。1937 年 11 月,一部并入第 68 师。1939 年 7 月,改隶第 23 军。12 月,决死第 2 纵队部分官兵在大宁编入独立第 2 旅。1941 年 1 月,扩编为暂编第 40 师。

历任旅长:

方克猷

周原健

④滇军(1944－1945.9)

1944 年,在云南成立独立第 2 旅,隶属昆明行营。1945 年 9 月,改编为暂编第 24 师。

历任旅长:

龙绳武

独立第 3 旅

①湘军唐生智部(1929.4－1929.12)

1929 年 4 月,第 50 师所属第 149 旅改编为独立第 3 旅。4 月,编入新编第 8 师。不久,脱离建制仍为独立第 3 旅。8 月,驻湖南湘潭。11 月,守备河南邓县。12 月,扩编为新编第 21 师。

历任旅长:

李云杰

②湘军(1929.12－1930.6)

---

① 《鲁涤平到京后报告整理湘政原呈》,《大公报》(天津)1929 年 3 月 11 日,第 1 张第 7 版。

1929 年冬,广东编遣区第 5 师所属第 14 旅①改编为独立第 3 旅。1930 年 6 月,扩编为新编第 20 师。

历任旅长:

许克祥

④河南地方部队(1930.12—1931.6)

1930 年 12 月,第 27 军所属暂编第 17 师缩编为独立第 3 旅。1931 年 6 月 12 日,番号撤销。

历任旅长:

王殿阁

⑤晋绥军(1932.3—1941.1)

1932 年 3 月,山西警备第 3 旅改称独立第 3 旅②。1937 年 9 月,隶属第 33 军。11 月,官兵补充第 68 师③。后重建。1939 年 7 月,隶属第 43 军。1941 年 2 月,官兵补充第 70 师。

历任旅长:

章拯宇

丰玉玺

傅存怀

韩步洲

颜承嘏

⑥粤军(1934)

1934 年初,第 19 路军残部编成独立第 3 旅,旋被遣散。

历任旅长:

黄和春

独立第 4 旅

①直鲁联军旧部(1929—1929.12)

1929 年初,新编第 2 军缩编为独立第 4 旅,驻江苏海州。12 月 10 日,该旅在南京浦口被缴械并撤销番号,官兵补充第 52 师。

历任旅长:

谭曙卿

孙常钧

②湘军唐生智部(1929.4—1929.12)

1929 年 4 月,第 53 师所属第 158 旅在湖北黄安改编为独立第 4 旅。6 月 26 日,由黄

---

① 1925 年为黔军第 4 师独立旅。1927 年春,为第 35 军第 33 团。1927 年 5 月,改称独立第 2 师。10 月,讨伐唐生智,败退至广东连县,为李济深收编,改番号独立第 3 旅。1929 年 4 月,缩编为广东编遣区第 5 师第 14 旅。

② 《陆军各部队成立沿革纪要》,全宗号 787,案卷号 16721。

③ 《第 2 战区各部队沿革史》,全宗号 787,案卷号 16766。

陂、黄安进攻鄂豫边区和豫东南。8 月,驻黄陂、麻城、孝感、黄冈。11 月,守备南漳。12 月,改编为新编第 22 师[①]。

历任旅长:

罗霖

③国民五军旧部(1933.3—1938)

1933 年 3 月,第 44 师所属第 132 旅改称独立第 4 旅,隶属第 26 军。1938 年夏,该旅番号撤销,官兵补充第 32、第 44 师[②]。

历任旅长:

王金镛

④中央军(1940—1943.12)

1940 年,成立独立第 4 旅,隶属第 1 战区。1943 年 12 月,与独立第 5 旅合并为暂编第 4 师。

历任旅长:

杨兆荣

王书明

王辅臣

独立第 5 旅

①湘军(1929.4)

1929 年 4 月,第 52 师所属第 155、第 156 旅编为独立第 5 旅,旋编入新编第 7 师。

历任旅长:

危宿钟

②湘军(1929.11—1930.5)

1929 年 11 月,第 52 师所属第 154 旅改编为独立第 5 旅。1930 年 5 月,番号撤销,官兵补充新编第 31 师[③]。

历任旅长:

阎仲儒

③西北军(1930.9—1943.12)

1930 年 9 月,西北军第 2 路军第 1 军第 1 师所属第 3 旅改编为独立第 5 旅,隶属第 31 军,辖二团。1936 年 7 月,脱离第 31 军建制。1937 年全面抗战爆发后,该旅由安徽舒城经河北石门转赴山西,隶属第 2 战区第 14 集团军参加太原会战(1937 年 9 月 12 日至 11 月 12 日)。1938 年 8 月,拨隶第 9 军。1940 年初,直隶于第 1 战区司令长官部。1943 年 12 月,

---

① 《陆军各部队成立沿革纪要(第 1 辑)》,全宗号 787,案卷号 167755。
② 《各部队各训练机关主官简历驻地与部队沿革手册》,全宗号 627,卷宗号 1117;《陆军各部成立沿革纪要》,全宗号 787,案卷号 16721。
③ 《中华民国驻印军各部队沿革及现况概略》,全宗号 787,案卷号 16815。

与独立第 4 旅合并为暂编第 4 师。

历任旅长：

郑廷珍（－1937.10.6 阵亡）

李继程（代理－1937.10 阵亡）

高增级

马雄飞

独立第 6 旅

①湘军（1929.4）

1929 年 4 月，第 52 师所属第 154 旅改编为独立第 6 旅。旋编入重建的第 52 师。

历任旅长：

门炳岳

②安徽地方部队（1930.10－1930.12）

1930 年 10 月，安徽保安部队改编为独立第 6 旅，拨隶第 15 路军。12 月，在山东泰安遣散。

历任旅长：

马吉第

③黔军（1936.5－1938.7）

1936 年 5 月 11 日，新编第 11 师缩编为独立第 6 旅，下辖二团，驻扎福建宁德。1938 年 7 月，拨并第 26 师。

历任旅长：

周志群

④中央军（1939－1944.9）

1939 年初，在江苏成立独立第 6 旅。7 月，隶属第 89 军。1940 年 10 月 6 日，在泰兴以东的黄桥镇被新四军全歼。旋重建。1943 年 3 月 18 日，该旅在泗阳被新四军歼灭，旅长李仲寰阵亡。旋重建。1944 年，隶属第 19 集团军参加豫中会战。9 月，扩编为暂编第 62 师。

历任旅长：

翁达

纪毓智

李仲寰（－1943.3.18 阵亡）

黄炎

独立第 7 旅

①湘军（1930.2－1930.11）

1930 年 2 月，湖南第 3 警备司令部所属部队改编为独立第 7 旅。8 月，防守长沙。11

月,扩编为新编第 32 师①。

历任旅长：

陈光中

②东北军(1931.5－1933.3)

1931 年 5 月,东北陆军步兵第 1 旅改称独立第 7 旅,下辖三团,驻辽宁沈阳。"九一八"事变时,该旅损失严重,退至关内。1933 年 3 月,改称第 107 师。

历任旅长：

王以哲

张政枋

③晋绥军(1936.9－1941.2)

1936 年 9 月,第 101 师所属第 3 旅改编为独立第 7 旅。1937 年 7 月,隶属第 61 军。12 月,所属官兵编入第 101 师②。旋重建。1939 年 7 月,隶属第 43 军。1941 年 2 月,改编为暂编第 46 师③。

历任旅长：

马延守

梁浩

卢宪高

郭标新

独立第 8 旅

①湘军(1930.3－1930.5)

1930 年 3 月,湖南第 2 警备司令部所属部队编成独立第 8 旅。5 月,该旅番号撤销,官兵编入新编第 31 师④。

历任旅长：

陈汉章

陈渥

②河南地方部队(1930.10－1931.12)

1930 年 10 月,河南地方部队樊钟秀部的警卫师改编为独立第 8 旅。1931 年 12 月,该旅番号撤销,官兵补充第 80 师。

历任旅长：

焦文典

① 《国防部本部隶属各部队主官简历驻地与部队沿革手册》,全宗号 783,卷宗号 393。
② 《国军部队沿革》(一集)。
③ 《第 2 战区各部队沿革史》,全宗号 787,案卷号 16766;《各部队各训练机关主官简历驻地与部队沿革手册》,全宗号 627,卷宗号 1117。
④ 《中华民国驻印军各部队沿革及现况概略》,全宗号 787,案卷号 16815。

③东北军(1931.5—1933.3)

1931 年 5 月,东北陆军步兵第 2 旅改称独立第 8 旅,下辖三团,驻防辽宁打虎山。1933 年 3 月 1 日,改番号为第 108 师[1]。

历任旅长:

丁喜春

④晋绥军(1936.9—1941.2)

1936 年 9 月,第 101 师所属第 1 旅改编为独立第 8 旅。1937 年 9 月,隶属第 33 军参加太原会战。11 月,转隰县,官兵补充第 68 师[2]。旋重建。1939 年 7 月,隶属第 83 军。1941 年 2 月,改编为暂编第 47 师。

历任旅长:

孟宪吉

田树梅

田齐卿

独立第 9 旅

①湘军谭延闿部(1929.4—1929.12)

1929 年 4 月,第 50 师一部在湖南改编为独立第 9 旅。8 月,驻澧县。11 月,收编第 52 师所属第 156 旅一部。12 月,改编为新编第 20 师。

历任旅长:

李韫珩

②中央军(1931.1—1931.2)

1931 年 1 月,第 9 师所属第 27 旅改编为独立第 9 旅。1931 年 2 月,该旅番号撤销,官兵补充新编第 32 师[3]。

历任旅长:

童琨

③东北军(1931.5—1933.3)

1931 年 5 月,东北陆军步兵第 3 旅改称独立第 9 旅,下辖三团,驻扎河北山海关。1933 年 1 月 3 日,撤入关内。3 月,改番号为第 109 师。

历任旅长:

何柱国

④粤军(1936.8—1945)

1936 年 8 月,广东第 1 集团军所属第 4 独立团、第 1 军所属第 1 教导团在广东编成独立

[1]　《第 108 师沿革史》,全宗号 787,案卷号 16805;《陆军各部队成立沿革纪要(第 1 辑)》,全宗号 787,案卷号 16721。

[2]　《第 2 战区各部队沿革史》,全宗号 787,案卷号 16766。

[3]　《陆军各部队成立沿革纪要(第 1 辑)》,全宗号 787,案卷号 16721。

519

第 9 旅。1937 年 8 月,调南路沿海警备,隶属第 12 集团军。1939 年改隶第 9 集团军。6 月,驻潮汕。1940 年,转隶闽粤赣边区总司令部,同年拨隶第 12 集团军。抗战胜利后裁撤。

历任旅长:

李江

王定华

张简苏

喻英奇

华振中

容幹

陈师

温淑海

独立第 10 旅

①湖北地方部队(1929.4—1929.5)

1929 年 4 月,在湖北编成独立第 10 旅。5 月,该旅番号撤销,官兵补充第 56 师。

历任旅长:

康攀林

②陕西地方部队(1929.4—1929.12)

1929 年 4 月,第 45 师所属第 133 旅改称独立第 10 旅,驻鲁南。12 月,改称新编第 19 师[①]。

历任旅长:

高桂滋

③湘军(1930.11—1931.3)

1930 年 11 月,在湖南编成独立第 10 旅,辖两团。1931 年 3 月,该旅番号撤销,官兵补充新编第 31 师。

历任旅长:

戴恢垣

④东北军(1931.5—1933.3)

1931 年 5 月,东北陆军步兵第 4 旅改称独立第 10 旅,下辖三团,驻辽宁兴城。"九一八"事变后入关。1933 年 3 月,改称第 110 师。

历任旅长:

何立中

⑤宁夏马鸿逵部(1937.1—1939.12)

1937 年 1 月,第 15 路军总指挥部所属两独立团编成独立第 10 旅,隶属第 11 军。1939

---

① 《国军部队沿革》(一集);《陆军各部队成立沿革纪要(第 1 辑)》,全宗号 787,案卷号 16721。

年 12 月,该旅番号撤销,官兵补充第 168 师。

历任旅长:

马全良

独立第 11 旅

①新桂系军(1929.5—1929.12)

1929 年 5 月,第 17 师一部在湖北改编为独立第 11 旅。8 月,驻钟祥石牌镇。12 月 7 日,在宜都自称护党救国军,进攻宜昌,被独立第 14 旅和第 51 师击溃。

历任旅长:

万倚吾

②东北军(1931.5—1933.3)

1931 年 5 月,东北陆军步兵第 5 旅改称陆军独立第 11 旅,下辖三团,驻察哈尔宣化。1933 年 3 月,改称第 111 师①。

历任旅长:

董英斌

③川军刘湘部(1936.12—1938.5)

1936 年 12 月,四川暂编陆军独立第 2 旅改编为独立第 11 旅。1938 年 5 月,该旅番号撤销,官兵并入新编第 15 师。

历任旅长:

邓国璋

独立第 12 旅

①新桂系军(1929.5—1930.10)

1929 年 5 月,第 17 师一部在湖北编为独立第 12 旅。8 月,驻仙桃。1930 年 4 月,驻武昌。10 月,该旅番号撤销,官兵补充第 1 师。

历任旅长:

彭进之

②东北军(1931.5—1933.3)

1931 年 5 月,东北陆军步兵第 12 旅改称独立第 12 旅,下辖三团,驻辽宁锦州。12 月 29 日,撤入关内。1933 年 3 月,改称第 112 师②。

历任旅长:

张廷枢

---

① 《国防部本部隶属各部队主官简历驻地与部队沿革手册》,全宗号 783,卷宗号 393;《第 12 军 111 师沿革史部队简介史等史料》,全宗号 787,案卷号 16782。

② 《国防部本部隶属各部队主官简历驻地与部队沿革手册》,全宗号 783,卷宗号 393。

③川军刘湘部(1937.1—1938.5)

1937年1月,四川暂编陆军独立第3旅改编为独立第12旅,辖两团。1938年5月,编入新编第14师。

历任旅长:

范楠煊

④新桂系军(1940)

1940年,在广西组建独立第12旅,隶属第4战区,同年番号撤销。

历任旅长:

海竞强

独立第13旅

①新桂系军(1929.5—1930.4)

1929年5月,第16师残部在湖北改编为独立第13旅。8月,驻江苏江浦。1930年4月,驻海州。4月,该旅番号撤销,官兵补充第11师。

历任旅长:

徐声钰

②东北军(1931.5—1933.3)

1931年5月,东北陆军步兵第6旅改称独立第13旅,下辖三团,驻河北望都。1933年3月,改称第113师。

历任旅长:

李振唐

③川军刘湘部(1936.12—1938.5)

1936年12月,四川暂编陆军独立第5旅在万县改称独立第13旅,辖三团。1937年9月,抵达湖北宜昌,转赴襄阳清剿土匪。10月,经郑州转津浦路,由南京调赴安徽芜湖、宣城、广德。1938年2月,改隶第50军。5月,在青阳县木镇与独立第14旅合编为新编第7师。

历任旅长:

田钟毅

⑤新桂系军(1940)

1940年,在广西组建独立第13旅,隶属第4战区,同年番号撤销。

历任旅长:

梁津

独立第14旅

①湖北地方部队(1929.7—1931.4)

1929年7月2日,湖北警备军第1旅改编为独立第14旅。8月,驻通山、咸宁。1930

年2月,所属第2团与第1师独立旅第1团对调,湖北编遣特派员公署独立第1团拨入该旅。4月,驻宜昌、沙市、石首。8月,调驻武汉。10月,在赣西"围剿"湘鄂赣苏区。1931年4月,改称独立第32旅①。

历任旅长:

彭启彪

刘夷

②东北军(1931.5－1933.3)

1931年5月,东北陆军步兵第23旅改称独立第14旅,下辖三团,驻河北高阳。1933年3月,改称第114师。

历任旅长:

陈贯群

③川军刘湘部(1937.1－1938.5)

1937年1月,四川暂编陆军独立第6旅改编为独立第14旅,下辖三团。11月,驻安徽芜湖。1938年2月,改隶第50军。5月,与独立第13旅合编为新编第7师。

历任旅长:

周绍轩

熊玉璋

④中央军(1940－1942)

1940年,在河南成立独立第14旅,隶属第31集团军。1942年,该旅番号撤销。

历任旅长:

黄永瓒

彭赉良

独立第15旅

①国民二军旧部(1929.9－1931.4)

1929年10月,新编第1师一部在湖北武汉改编为独立第15旅,辖两团②。10月,调大冶、阳新地区。1930年1月,调江西。2月24日至25日,在水南被歼灭4个营。4月,由新淦、横岸调赴安徽安庆。1931年2月,增辖步兵一团。4月10日,改称独立第33旅③。

历任旅长:

唐云山

②东北军(1931.5－1933.3)

---

① 《陆军各部队成立沿革纪要》,全宗号787,案卷号16721;《第92师沿革史略》,全宗号787,案卷号16749;《国防部本部隶属各部队主官简历驻地与部队沿革手册》,全宗号783,卷宗号393。

② 《独立第33旅成立编并战斗经过史略》,全宗号787,案卷号16756。

③ 《国防部本部隶属各部队主官简历驻地与部队沿革手册》,全宗号783,卷宗号393;《国军部队沿革》(一集);《陆军各部队成立沿革纪要(第2辑)》;《陆军各部队成立沿革纪要(第1辑)》,全宗号787,案卷号16721。

1931 年 5 月,东北陆军步兵第 25 旅改称独立第 15 旅,下辖两团,驻辽宁葫芦岛高桥。1933 年 3 月,改番号为第 115 师。

历任旅长:

姚东藩

③川军刘湘部(1937.1－1938.5)

1937 年 1 月,四川陆军边防第 2 路改编为独立第 15 旅,下辖两团。1938 年 5 月,该旅和四川省保安部队两团编成新编第 16 师。

历任旅长:

陈良基

穆肃中

④中央军(1940－1942)

1940 年,在河南成立独立第 15 旅,隶属第 5 战区豫鄂游击总指挥部,参加豫南会战(1940 年 1 月 22 日至 2 月 11 日)。1942 年,该旅番号撤销。

历任旅长:

黄子华

独立第 16 旅

①国民二军旧部(1929.9－1930.2)

1929 年 9 月,新编第 5 师一部在湖北改编为独立第 16 旅。1930 年 2 月,由武穴移驻江西九江。4 月,分驻新淦、峡江、分宜、九江。1930 年 2 月,扩编为新编第 13 师。

历任旅长:

邓英

②东北军(1931.5－1933.3)

1931 年 5 月,东北陆军步兵第 16 旅改称独立第 16 旅,下辖三团,驻北平。1933 年 3 月,改番号为第 116 师。

历任旅长:

缪澄流

③川军刘湘部(1936.12－1938.5)

1936 年 12 月,四川暂编陆军独立第 7 旅改编为独立第 16 旅,下辖三团,驻四川成都。1938 年 5 月,并入新编第 17 师。

历任旅长:

刘树成

独立第 17 旅

①湘军(1929.11－1929.12)

1929 年 11 月,第 52 师所属第 155 旅改编为独立第 17 旅,调郑州隶属唐生智节制。12

月,因随唐反蒋,被取消番号。

历任旅长:

门炳岳

②东北军(1931.5—1933.3)

1931 年 5 月,东北陆军步兵第 24 旅改称独立第 17 旅,下辖三团,驻津浦路河北段①。1933 年 3 月,改番号为第 117 师。

历任旅长:

黄师岳

翁照垣

③川军刘湘部(1937.8—1938.5)

1937 年 8 月,第 161 师所属第 2 旅改编为独立第 17 旅,辖二团。1938 年 5 月,与四川省保安部队二团编成新编第 13 师②。

历任旅长:

刘若弼

独立第 18 旅

①东北军(1931.5—1933.3)

1931 年 5 月,东北陆军步兵第 27 旅改编为独立第 18 旅,下辖三团,驻河北保定。1933 年 3 月,改番号为第 118 师。

历任旅长:

杜继武

②川军邓锡侯部(1937.8—1938.4)

1937 年 8 月,第 45 军特科司令部所属部队改编为独立第 18 旅。1938 年 4 月,与第 126 师所属第 378 旅合编为第 126 师③。

历任旅长:

谢无圻

独立第 19 旅

①东北军(1931.5—1933.3)

1931 年 5 月,东北陆军步兵第 19 旅改称独立第 19 旅,下辖两团,驻辽宁盘山。12 月 29 日撤入关内。1933 年 3 月,改番号为第 119 师。

历任旅长:

---

① 《陆军各部队成立沿革纪要(第 1 辑)》,全宗号 787,案卷号 16721。

② 《新编第 13 师抗日战史》,全宗号 787,卷宗号 6768;《国防部本部隶属各部队主官简历驻地与部队沿革手册》,全宗号 783,卷宗号 393;《国军部队沿革》(二集)。

③ 《国防部本部隶属各部队主官简历驻地与部队沿革手册》,全宗号 783,卷宗号 393;《国军部队沿革》(一集)。

孙德荃

②河南地方部队（1937）

1937年初,陕西警备第2旅改编为独立第19旅,开河南尉氏整编。8月,该旅番号撤销,官兵补充第166师[1]。

历任旅长:

沈玺亭

③川军邓锡侯部（1937.8—1938.4）

1937年8月,第125师所属第1旅改编为独立第19旅。1938年4月,该旅与第126师所属第376旅并编为新编第9师[2]。

历任旅长:

杨晒轩

独立第20旅

①东北军（1931.5—1933.3）

1931年5月,东北陆军步兵第20旅改称独立第20旅,下辖三团,驻辽宁洮南。12月29日撤入关内。1933年3月,改称第120师[3]。

历任旅长:

常经武

②陕西地方部队（1937—1937.7）

1937年初,第17师所属第49旅开赴河南杞县,改编为独立第20旅[4]。7月,扩编为新编第35师。

历任旅长:

王劲哉

③中央军（1937.7—1937.9）

1937年7月,第2师所属补充旅改编为独立第20旅,隶属第3战区第9集团军,参加淞沪会战（1937年8月13日至11月下旬）。9月,该旅番号撤销,官兵补充第61师。

历任旅长:

钟松

④粤军（1938.3—1945）

1938年3月,在广东肇庆成立独立第20旅,隶属第4战区第12集团军,参加1939年冬季攻势作战（1939年12月8日至1940年1月16日）。1940年驻曲江。8月,在潮安改隶第7战区闽粤赣边区。1944年,转隶第7战区第12集团军。参加湘粤赣边区作战（1945年1

① 《国军部队沿革》(一集)。
② 《国防部本部隶属各部队主官简历驻地与部队沿革手册》,全宗号783,卷宗号393;《国军部队沿革》(二集)。
③ 《陆军各部队成立沿革纪要(第1辑)》,全宗号787,案卷号16721。
④ 《国防部本部隶属各部队主官简历驻地与部队沿革手册》,全宗号783,卷宗号393。

月中旬至 2 月中旬）。抗战胜利前,番号被裁撤。

历任旅长:

陈勉吾

俞英奇

张涛

蒋武

独立第 21 旅

东北军(1931.5－1933.1)

1931 年 5 月,东北陆军步兵第 21 旅改称独立第 21 旅,下辖三团,驻吉林宁安。1933 年 1 月 6 日,旅长关庆禄率部在黑龙江绥芬河投降日军。

历任旅长:

赵芷香

张治邦

关庆禄(1932.8.6－1933.1.6 投敌)

独立第 22 旅

东北军(1931.5－1933.1)

1931 年 5 月,东北陆军步兵第 7 旅改称独立第 22 旅,下辖三团,驻吉林双城。"九一八"事变后,旅长苏德臣只身投敌。1932 年 1 月 31 日,该旅在双城战败。1933 年 1 月,残部退入苏联。

历任旅长:

苏德臣

赵毅

独立第 23 旅

东北军(1931.5－1931.9)

1931 年 5 月,东北陆军步兵第 8 旅改称独立第 23 旅,下辖三团,驻吉林长春。9 月下旬,旅长李桂林率部投敌。

历任旅长:

李桂林(－1933.9 投敌)

独立第 24 旅

东北军(1931.5－1933.1)

1931 年 5 月,东北陆军步兵第 9 旅改称独立第 24 旅,下辖三团,驻吉林依兰。"九一八"事变后对日作战。1932 年 1 月,编入吉林自卫军。1933 年 1 月,残部退入苏联。

历任旅长：

邢占清

李杜(1932.8.6—)

独立第 25 旅

①东北军(1931.5—1932.1)

1931 年 5 月,东北陆军步兵第 10 旅改称独立第 25 旅,下辖三团,驻吉林永吉。"九一八"事变后对日作战。1932 年 1 月 18 日,在榆树作战失利,旅长张作舟被俘,余部被冯占海编入吉林抗日义勇军,1933 年 2 月编入第 91 师。

历任旅长：

张作舟(—1932.1.18 被俘)

②西北军(1936.12—1937.9)

1936 年 12 月,第 29 军所属第 9 旅改编为独立第 25 旅,辖二团,隶属第 37 师,驻北平西苑。1937 年 9 月,编入第 179 师①。

历任旅长：

张凌云

王希贤

独立第 26 旅

①东北军(1931.5—1933.1)

1931 年 5 月,东北陆军步兵第 26 旅改称独立第 26 旅,下辖三团,驻哈尔滨。"九一八"事变后对日作战。1932 年 1 月,编入吉林自卫军。1933 年 1 月,残部退入苏联。

历任旅长：

邢占清(1932.8.6—)

王孝芝

②西北军(1936.12—1937.9)

1936 年 12 月,第 29 军所属第 10 旅改编为独立第 26 旅,辖两团,驻河北青县马厂。1937 年 9 月,并入第 180 师。

历任旅长：

李致远

李九思

张宗衡

---

① 《各部队各训练机关主官简历驻地与部队沿革手册》,全宗号 627,卷宗号 1117;《第 77 军部队沿革及主官参谋长简历表》,全宗号 787,案卷号 16795。

独立第 27 旅

①东北军(1931.5—1931.10)

1931 年 5 月,东北陆军步兵第 13 旅改称独立第 27 旅,下辖三团,驻吉林延吉。10 月,旅长吉兴率该旅大部投降日军。

历任旅长:

吉兴(—1931.10 投敌)

②西北军(1936.12—1940.11)

1936 年 12 月,第 132 师所属第 6 旅改称独立第 27 旅,隶属第 132 师,辖两团。1937 年 7 月,驻河北任邱,7 月 21 日开赴北平[1]。1937 年 9 月,隶属第 68 军[2]。1940 年 11 月,与独立第 44 旅合编为暂编第 36 师。

历任旅长:

石振纲

独立第 28 旅

①东北军(1931.5—1933.1)

1931 年 5 月,东北陆军步兵第 18 旅改称独立第 28 旅,下辖三团,驻吉林长春。"九一八"事变后对日作战。1932 年 1 月,编入吉林自卫军。1933 年 1 月,残部退入苏联。

历任旅长:

丁超

杨耀钧(1932.8.6—)

②西北军(1936.12—1937.9)

1936 年 12 月,第 132 师所属补充团与新兵团编成独立第 28 旅,辖二团,驻河北河间,隶属第 132 师。1937 年 9 月,编入第 179 师[3]。

历任旅长:

柴建瑞

③西北军(1938.2—1939.1)

1938 年 2 月,第 3 路军警备旅改称独立第 28 旅,在鲁中游击。1939 年 1 月,扩编为新编第 4 师。

历任旅长:

吴化文

---

① 《第 68 军抗战纪实》,全宗号 787,卷宗号 6750。

② 《暂编第 36 师沿革史》,全宗号 787,案卷号 16813。

③ 《各部队各训练机关主官简历驻地与部队沿革手册》,全宗号 627,卷宗号 1117;《第 77 军部队沿革及主官参谋长简历表》,全宗号 787,案卷号 16795。

独立第 29 旅

①东北军(1931.5—1933.3)

1931 年 5 月,东北陆军步兵第 15 旅改称独立第 29 旅,辖三团,驻黑龙江龙江。7 月,在河北讨伐石友三。1933 年 3 月,改称第 129 师[①]。

历任旅长:

王永胜

②西北军(1936.12—1937.8)

1936 年 12 月,第 29 军所属第 3 旅编成独立第 29 旅,辖二团,驻察哈尔张家口,隶属第 143 师。1937 年 8 月,该旅编入第 119 师。

历任旅长:

田温其

独立第 30 旅

东北军(1931.5—1933.3)

1931 年 5 月,东北陆军步兵第 17 旅改称独立第 30 旅,下辖三团,驻辽宁沈阳。7 月,在河北讨伐石友三。1933 年 3 月,改称第 130 师[②]。

历任旅长:

于兆麟

独立第 31 旅

①东北军(1931.5—1933.3)

1931 年 5 月,东北陆军步兵第 22 旅改称独立第 31 旅,下辖二团,驻热河围场。1933 年初,隶属第 55 军。3 月,部队溃散,番号取消。

历任旅长:

富春

②西北军(1934—1937.8)

1934 年,第 132 师一部扩编为独立第 31 旅,隶属第 132 师。1936 年 12 月,改编为第 132 师第 5 旅。1937 年 1 月,察哈尔察省保安部队第 1、第 2 团编成独立第 31 旅。8 月,该旅番号撤销,并入第 119 师。

历任旅长:

---

① 《国军部队沿革》(一集);《国防部本部隶属各部队主官简历驻地与部队沿革手册》,全宗号 783,卷宗号 393;《第 53 军沿革史》,全宗号 787,案卷号 16789;《第六战区抗战纪实附录二:战区及各集团军、军、师沿革及简史》,全宗号 787,案卷号 6714。

② 《国防部本部隶属各部队主官简历驻地与部队沿革手册》,全宗号 783,卷宗号 393;《第 53 军沿革史》,全宗号 787,案卷号 16789;《第六战区抗战纪实附录二:战区及各集团军、军、师沿革及简史》,全宗号 787,案卷号 6714。

刘景山

陈新起

独立第 32 旅

①中央军(1931.4—1933.7)

1931 年 4 月 10 日,独立第 14 旅改称独立第 32 旅。1932 年 5 月至 7 月,驻江西修水、武宁,"围剿"湘鄂赣苏区。1933 年初,守备临川,参加对中央苏区的第四次"围剿"(1933 年 1 月 1 日至 4 月 29 日)。6 月,由抚州接防宜黄。7 月,扩编为第 92 师①。

历任旅长:

刘夷(1932.5.28—1933.1.31)

柏天民(1933.1.31—)

梁华盛

②湘军何键部(1934.5—1937.10)

1934 年,长沙警备司令部所属警备第 1、第 2 团改编为独立第 32 旅。8 月,由长沙赴宝庆堵击红六军团长征。10 月 24 日,由贵州石阡回师湖南。11 月 12 日,抵达长沙。1937 年 10 月,改编为预备第 11 师②。

历任旅长:

胡达

③中央军(1938—1941)

1938 年,在湖南成立独立第 32 旅。该旅长期在辰溪守备军政部后方仓库。1941 年,番号裁撤。

历任旅长:

袁德性

独立第 33 旅

①国民二军旧部(1931.4—1933.11)

1931 年 4 月 10 日,独立第 15 旅改称独立第 33 旅,由黄埔军校出身的唐云山出任旅长。10 月到达河南潢川,参加对鄂豫皖苏区的"围剿"(1931 年 9 月下旬至 12 月)。1932 年 5 月,抵达江西南昌。6 月,驻安徽舒城。9 月驻安庆。1933 年 11 月,扩编为第 93 师。

历任旅长:

唐云山

②中央军(1938.4—1945)

1938 年 4 月,军委会别动纵队第 1 支队改编为独立第 33 旅,隶属第 3 战区第 32 集团

---

① 《第 92 师沿革史略》,全宗号 787,案卷号 16749。

② 《国军部队沿革》(一集)。

军。1939 年,改隶第 3 战区第 2 游击区。1941 年一度隶属第 100 军。1942 年 3 月,直隶于第 3 战区。9 月,转隶第 70 军。1944 年底,调隶第 3 战区突击第 2 纵队。不久,番号撤销。

历任旅长:

黄镇中

曾振

独立第 34 旅

黔军(1931.4—1937.12)

1931 年 4 月,暂编第 19 旅改称独立第 34 旅[1],驻湖北施南。9 月,由来凤、宣恩进攻鹤峰。10 月下旬,调赴枣阳地区。1932 年 2 月至 6 月,进攻襄阳、枣阳、宜城。8 月至 10 月,驻襄南。1934 年 12 月,由鄂北开赴湖南常德、桃源"围剿"红二、六军团。1935 年 1 月 16 日,进攻大庸。5 月 6 日,经大庸、慈利向石门转移堵击红二方面军。5 月 28 日,由慈利赴四川黔江、彭水。1936 年 5 月,守备云南华坪、永北到丽江以东的金沙江左岸。6 月,抵达贵州盘县。7 月,到榕江、清镇。1937 年 9 月,由滇黔边境进驻黎平。参加淞沪会战(1937 年 8 月 13 日至 11 月下旬)。12 月,撤军至安徽宣城,缩编为 1 个加强团,补充第 4 军第 90 师,一部分干部到贵州松桃,成立预备第 13 师[2]。

历任旅长:

罗启疆

独立第 35 旅

①川军(1935.1—1938.2)

1935 年 1 月,新编第 7 旅改称独立第 35 旅,辖两团,驻湖北谷城。1938 年 2 月,该旅撤销番号,官兵编入第 193 师[3]。

历任旅长:

李宗鉴

②宁夏马鸿宾部(1938—1943)

1938 年,在宁夏成立独立第 35 旅,隶属第 81 军。1943 年,扩编为暂编第 60 师。

历任旅长:

马献文

独立第 36 旅

①湘军谭延闿部(1931.9—1933.5)

---

① 《陆军各部队成立沿革纪要(第 1 辑)》,全宗号 787,案卷号 16721。

② 《国军部队沿革》(一集)。

③ 《国防部本部隶属各部队主官简历驻地与部队沿革手册》,全宗号 783,卷宗号 393。

1931 年 9 月,第 18 师所属第 52 旅在江西改编为独立第 36 旅[1]。1932 年 5 月至 1933 年初,"围剿"赣东北苏区。参加对中央苏区的第四次"围剿"(1933 年 1 月 1 日至 4 月 29 日),战后守备新淦。1933 年 5 月,与第 23 师补充团合编为第 46 师。

历任旅长:

戴岳

②江西地方部队(1933.9—1937.5)

1933 年 9 月,第 5 师独立旅在江西改编为独立第 36 旅,辖二团。1934 年 2 月,防守九江至永修间铁路。4 月至 10 月,"围剿"赣东北苏区。1937 年 5 月,该旅番号撤销,官兵补充第 5 师[2]。

历任旅长:

陈雷

盛逢尧

独立第 37 旅

①河南地方部队(1932.1—1935)

1932 年 1 月 31 日,新编第 2 旅在湖北改称独立第 37 旅,隶属第 10 军。1 月,一部由潜江南进。3 月至 4 月,进攻皂市、天门一线以西的襄北地区。5 月,向鄂中天门至应城公路"进剿"。7 月,进攻襄北苏区。8 月至 10 月,进攻洪湖苏区。1933 年 1 月,驻应城。1934 年,驻阳新。冬,改隶湘鄂赣边区"剿匪"总部。1935 年秋,与暂编第 3 旅合编为第 40 师[3]。

历任旅长:

刘培绪

②中央军(1935.11—1937.12)

1935 年 11 月,新编第 10 师缩编为独立第 37 旅,辖二团[4]。1937 年 9 月,驻宁波。隶属第 3 战区第 10 集团军,参加淞沪会战(1937 年 8 月 13 日至 11 月下旬)。12 月,扩编为第 194 师[5]。

历任旅长:

陈德法

独立第 38 旅

安徽地方部队(1932.1—1936.2)

1932 年 1 月,新编第 5 旅改称独立第 38 旅。5 月,驻鄂中洪湖以东的新堤。8 月至 10

---

[1] 《陆军各部队成立沿革纪要(第 1 辑)》,全宗号 787,案卷号 16721。

[2] 《第六战区抗战纪实附录二:战区及各集团军、军、师沿革及简史》,全宗号 787,案卷号 6714。

[3] 《国防部本部隶属各部队主官简历驻地与部队沿革手册》,全宗号 783,卷宗号 393。

[4] 《国防部本部隶属各部队主官简历驻地与部队沿革手册》,全宗号 783,卷宗号 393。

[5] 《国军部队沿革》(一集)。

月,进攻洪湖苏区。1933 年 6 月,进攻湘鄂边苏区。1935 年 1 月至 4 月,进攻湘鄂川黔苏区。5 月,退守长阳、渔洋关、五峰、鹤峰一线。1936 年 2 月,与暂编第 4 旅、新编第 3 旅合编为第 94 师[①]。

历任旅长:

潘善斋

独立第 39 旅

①晋绥军(1932.4—1933.2)

1932 年 4 月,第 32 军所辖第 198 旅改编为独立第 39 旅,辖三团,仍隶属第 32 军。1933 年 2 月,扩编为第 139 师[②]。

历任旅长:

黄光华

②西北军(1936.12—1937.9)

1936 年 12 月,第 29 军所属第 7 旅编成独立第 39 旅,辖二团及特务一团,驻北平北苑。1937 年 7 月 30 日,在驻地自动解除武装。另由天津市警察保安团改编为独立第 39 旅[③]。9 月,编入第 180 师。

历任旅长:

阮玄武

祁光远

安克敏

独立第 40 旅

①安徽地方部队(1932.3—1935.5)

1932 年 3 月,暂编第 2 旅改称独立第 40 旅[④]。在安徽正阳关参加对鄂豫皖苏区的"围剿"(1932 年 6 月中旬至 9 月下旬)。10 月下旬,调蚌埠担任警备及护路任务。1933 年 5 月,在寿州。1934 年 7 月至 10 月,驻河南商城、六安地区。1935 年 3 月,赴开封。5 月,编入第 95 师。

历任旅长:

宋世科

徐中岳

②西北军(1936.12—1937.8)

---

① 《国防部本部隶属各部队主官简历驻地与部队沿革手册》,全宗号 783,卷宗号 393。
② 《国军部队沿革》(一集)。《第 32 军及各师沿革略史》,全宗号 787,案卷号 16785。
③ 《国防部本部隶属各部队主官简历驻地与部队沿革手册》,全宗号 783,卷宗号 393。
④ 《陆军各部队成立沿革纪要》,全宗号 787,案卷号 16721。

1936 年 12 月,第 29 军所属第 8 旅在察哈尔张家口改编为独立第 40 旅。1937 年 8 月,取销番号。

历任旅长:

夏子明

独立第 41 旅

晋绥军(1932.4—1933.2)

1932 年 4 月,第 32 军所属第 199 旅改编为独立第 41 旅,仍隶属第 32 军。1933 年 2 月,扩编为第 141 师[①]。

历任旅长:

高鸿文

独立第 42 旅

晋绥军(1932.5—1933.2)

1932 年 5 月,第 32 军新兵旅改称独立第 42 旅,辖两团,仍隶属第 32 军。1933 年 2 月,扩编为第 142 师[②]。

历任旅长:

李杏村

独立第 43 旅

安徽地方部队(1932.5—1936)

1932 年 5 月,第 46 师缩编为独立第 43 旅[③]。1934 年 2 月,在江西德安、南昌之间驻防。参与对红七、红十军团的作战(1934 年 7 月至 1935 年 1 月)。1936 年初,该旅编入驻扎南京浦镇的第 85 师,为第 255 旅[④]。

历任旅长:

刘震清

独立第 44 旅

西北军(1933.1—1940.11)

1933 年 1 月,第 26 路军补充旅改编为独立第 44 旅[⑤]。2 月,驻江苏邳县碾庄。6 月,隶属第 42 军。1939 年 3 月,改隶第 68 军。1940 年 11 月,与独立第 27 旅合编为暂编第

---

① 《国军部队沿革》(一集)。

② 《国防部本部隶属各部队主官简历驻地与部队沿革手册》,全宗号 783,卷宗号 393。

③ 《陆军各部队成立沿革纪要》,全宗号 787,案卷号 16721。

④ 《国防部本部隶属各部队主官简历驻地与部队沿革手册》,全宗号 783,卷宗号 393。

⑤ 《暂编第 36 师沿革史》,全宗号 787,案卷号 16813;《陆军各部队成立沿革纪要》,全宗号 787,案卷号 16721。

36 师。

历任旅长：

张华棠

吴鹏举

独立第 45 旅

直鲁联军旧部(1933.4－1939.5)

1933 年 4 月,第 21 师所属第 63 旅在福建改称独立第 45 旅,辖三团。5 月,移驻浙江乍浦。12 月驻蒲城、崇安。隶属南昌行营东路军第 5 路军第 9 纵队,参加对中央苏区的第五次"围剿"(1933 年 10 月－1934 年 10 月)。1937 年 8 月中旬,由安徽祁门、江西浮梁开赴浙江海盐、澉浦。隶属第 3 战区第 8 集团军,参加淞沪会战(1937 年 8 月 13 日至 11 月下旬)。战后退入杭嘉湖地区从事游击作战。1939 年 5 月,改称新编第 30 师[①]。

历任旅长：

张銮基

独立第 46 旅

①国民五军旧部(1933.8－1938.1)

1933 年 8 月,鲍刚部[②]改编为独立第 46 旅,调驻河南内乡、镇平一带整训。1934 年隶属南昌行营北路军第 8 纵队,在江西峡江等地参加对中央苏区的第五次"围剿"(1933 年 10 月至 1934 年 10 月)。1935 年,驻安徽祁门、屯溪。1937 年 9 月,向河北石门集中,隶属第 1 战区第 20 集团军,参加平汉路北段作战(1937 年 10 月至 1938 年 1 月)。1938 年 1 月,并入补充第 2 师(该师旋改称第 110 师)。

历任旅长：

鲍刚

②陕西地方部队(1938.6－1940.6)

1938 年 6 月,陕西警备 2 旅等扩充为独立第 46 旅,隶属第 38 军。1940 年 6 月,并入新编第 35 师。

历任旅长：

孔从洲

③国民四军(1942.6－1943.6)

1942 年 6 月,第 40 军所辖独立第 1、第 2 团编并为独立第 46 旅,隶属第 40 军。1943 年 6 月,与该军补充团合编为新编第 40 师。

历任旅长：

---

① 《国防部本部隶属各部队主官简历驻地与部队沿革手册》,全宗号 783,卷宗号 393。

② 1931 年 6 月为第 37 师第 110 旅,同年 8 月脱离建制。1933 年参加察哈尔抗日同盟军。

司元恺

独立第 47 旅

陕西地方部队(1938.6—1942.8)

1938 年 6 月,陕西警备第 3 旅改编为独立第 47 旅,隶属第 96 军。1942 年 8 月,改称新编第 14 师。

历任旅长:

杨复振

补充第 1 旅

中央军(1933—1936.7)

1933 年秋,保定编练处所属第 4、第 5、第 6 团在江西改编为补充第 1 旅。隶属南昌行营北路军第 3 路军守备队,参加对中央苏区的第五次"围剿"(1933 年 10 月至 1934 年 10 月)。1934 年 9 月,由临川开赴上饶,"围剿"红七军团、红十军团。1935 年 2 月,开赴陕南。下半年,调往四川松潘。1936 年初,转赴汉中。7 月,改编为新编第 11 师①。

历任旅长:

王耀武

新编第 1 旅

①五省联军旧部(1928—1929.12)

1928 年底,第 37 军所属第 79 师缩编为新编第 1 旅。1929 年 8 月,驻山东泰安。12 月,该旅与新编第 4 旅在济南合编为第 55 师。

历任旅长:

岳盛宣

②川军邓锡侯部(1944—1945)

1944 年,在四川成立新编第 1 旅,隶属川康绥靖公署。1945 年初裁撤。

历任旅长:

彭斌

新编第 2 旅

①直鲁联军旧部(1928.12—1929.11)

1928 年底,第 6 军团第 12 军在河北缩编为新编第 2 旅。1929 年 2 月,南下。4 月,驻山东昌邑。11 月,扩编为新编第 18 师。

历任旅长:

---

① 《第 74 军 51、58 师在湖南行动概见图表》,全宗号 787,卷宗号 6658。

孙殿英

②河南地方部队(1930.1—1932.1)

1930年1月,河南地方部队编为新编第2旅,隶属第10军,开湖北广水、随县。10月,到监利。1931年1月至2月,参加对洪湖苏区的"围剿"。3月,固守广水。11月,调赴天门。1932年1月,改称独立第37旅①。

历任旅长:

刘培绪

新编第3旅

①安徽地方部队(1928.7—1929.12)

1928年7月,第33军所属第70师改称新编第3旅。1929年12月,该旅与独立第4旅编成第52师。

历任旅长:

袁家声

韩德勤

②直鲁联军旧部(1930.10—1936.2)

1930年10月,在河南成立新编第3旅。旋调赴湖北沙市。1931年上半年,在仙桃、潜江等地参加对洪湖苏区的"围剿"。8月17日,旅部及第2团在荆门沙洋被歼灭,旅长徐德佐阵亡。1932年3月至4月,进攻皂市、天门一线以西的襄北地区。8月至10月进攻洪湖苏区。1933年6月,进攻湘鄂边苏区。1935年1月,进攻湘鄂川黔苏区。2月"围剿"黔东。3月守备乌江下游,8月驻咸丰。9月1日,驻黔江。1936年2月,与独立第38旅、暂编第4旅并编成第94师②。

历任旅长:

徐德佐(—1931.8.17阵亡)

薛汝平

蒋作均

新编第4旅

①五省联军旧部(1929)

1929年,第47师所属第3、第4、第8团编为新编第4旅③。12月,改编为第55师第164旅。

历任旅长:

---

① 《陆军各部队成立沿革纪要》,全宗号787,案卷号16721。

② 《国军部队沿革》(一集)。

③ 《李松山任新四旅长,归陈调元辖》,《时事新报》1929年10月23日,第1张第2版。

李松山

②黔军(1931.1—1933.12)

1931 年 1 月,福建省防军暂编第 2 旅(原为第 12 师所属第 36 旅)改编为新编第 4 旅。驻闽西,参加对中央苏区的第一、第二、第三次"围剿"。1933 年 7 月,驻邵武地区。12 月,扩编为新编第 11 师。

历任旅长:

周志群

③河北地方部队(1939.7—1942.4)

1939 年 7 月,河北游击部队一部编为新编第 4 旅,隶属第 69 军。1941 年 3 月,脱离第 69 军建制,一部并入新编第 6 师。1942 年 4 月 22 日,旅长王清翰在鲁西南投降日军。

历任旅长:

孟昭进

王清翰(—1942.4.22 投敌)

新编第 5 旅

①安徽地方部队(1930—1932.1)

1930 年,安徽阜阳自卫队改编为新编第 5 旅[①]。6 月,驻六安,进攻霍山,被歼灭大部。11 月 5 日,由英山开赴罗田,参加对鄂豫皖苏区的"围剿",1931 年 3 月 11 日至 12 日,在金家铺和英山被歼灭两个团。1932 年 1 月 31 日,改编为独立第 38 旅。

历任旅长:

潘善斋

②伪军(1937.1—1939.12)

1937 年 1 月,伪军安华亭部在绥远反正,改编为新编第 5 旅。隶属骑兵第 1 军,参加平绥路东段方面作战(1937 年 8 月 8 日至 9 月 11 日)。后隶属第 2 战区第 7 集团军,参加太原会战(1937 年 9 月 12 日至 11 月 12 日)。10 月,隶属骑兵第 6 军。1939 年 2 月,改隶第 8 战区副司令长官(傅作义)部。12 月,改编为暂编第 10 师[②]。

历任旅长:

安荣昌(号华亭)

新编第 6 旅

伪军(1937.1—1940.11)

1937 年 1 月,伪军王子修部在绥远反正,改编为新编第 6 旅。隶属骑兵第 1 军,参加平绥路东段方面作战(1937 年 8 月 8 日至 9 月 11 日)。后隶属第 2 战区第 7 集团军,参加太原

---

① 《陆军各部队成立沿革纪要》,全宗号 787,案卷号 16721。
② 《国防部本部隶属各部队主官简历驻地与部队沿革手册》,全宗号 783,卷宗号 393。

会战(1937年9月12日至11月12日)。1939年3月,隶属第83军,不久改隶第8战区。12月驻包头,暂归第35军指挥,参加第2战区1939年冬季攻势绥西地区作战(1939年12月10日至1940年4月3日)。1940年1月,扩编为暂编第11师①。

历任旅长:

王子修

新编第7旅

①新桂系军(1929)

1929年,第16师一部编成新编第7旅。8月,驻芜湖。同年番号撤销。

历任旅长:

李奇

②川军(1930.6—1935.1)

1930年6月,第22军所属第5师在湖北巴东改编为新编第7师,辖三团②。9月30日,在公安以东的闸口被歼灭一部,缩编为两团。1930年9月至1932年底,参与对洪湖苏区的"围剿"。1932年,特务营扩充为第3团。1933年1月,调驻鄂南。8月,缩编为二团及一营。1934年10月,驻江西浮梁一带参与对红七、红十军团的作战(1934年7月至1935年1月)。1935年1月,改称独立第35旅。

历任旅长:

向成杰

李宗鉴

新编第8旅

陕西地方部队(1931)

1931年,陕西地方部队改编为新编第8旅。8月,由湖北武穴向广济、蔡家河推进。8月19日,在蕲春漕河镇被歼灭,旅长王光宗被俘。

历任旅长:

王光宗

新编第10旅

甘肃地方部队(1931.10—1940.5)

1931年10月,甘肃保安第一大队李贵清部③改编为新编第10旅,辖二团,驻靖远。1933年11月,隶属新编第1军。1934年,西安绥靖公署驻甘行署所辖特务营并入该旅为第

---

① 《国防部本部隶属各部队主官简历驻地与部队沿革手册》,全宗号783,卷宗号393;《国军部队沿革》(二集)。
② 《陆军各部队成立沿革纪要》,全宗号787,案卷号16721。
③ 《陆军各部队成立沿革纪要(第2辑)》。

1 团,该旅原第 1、第 2 团合并为第 2 团。1940 年 5 月,扩编为暂编第 15 师①。

历任旅长:

李贵清

新编第 11 旅

甘肃地方部队(1931.11—1948.8)

1931 年 11 月,甘肃地方武装石英秀部改编为新编第 11 旅,下辖二团。1932 年春,开赴陇东庆阳、合水、西华池驻防。夏,收编新编第 13 师残部,并入第 2 团。1933 年 11 月,拨隶新编第 1 军。1940 年 5 月,改隶第 22 军。同年,转隶晋陕绥边区。1945 年初,一度隶属第 67 军。10 月 25 日,第 1 团在陕北安边起义。以残部重建。1945 年底,拨隶第 22 军。1948 年 8 月,改称新编第 11 师。

历任旅长:

石英秀

刘宝堂

陈国宾

曹又参(—1945.10.25 起义)

于建玙

新编第 12 旅

甘肃地方部队(1939—1940.3)

1939 年,甘肃陇南游击大队改编为新编第 12 旅,隶属第 34 集团军。1940 年 3 月,与军政部第 26 补训处所属第 3 团及陕西保安处第 1、第 5 团在陕西改编为新编第 34 师。

历任旅长:

张俊耀

新编第 13 旅

河北地方部队(1939.7—1942.4)

1939 年 7 月,第 69 军招抚河北沧县伪守备队,改编为新编第 13 旅,隶属第 69 军。1941 年 3 月,脱离第 69 军建制。1942 年 4 月 22 日,旅长黄贞泰在鲁西南定陶、曹县投降日军。

历任旅长:

黄贞泰(—1942.4.22 投敌)

---

① 《国防部本部隶属各部队主官简历驻地与部队沿革手册》,全宗号 783,卷宗号 393。

新编第 14 旅

川军(1940)

1940 年初,四川保安团队一部改编为新编第 14 旅。3 月,抵达湖北宜城,旋补入第 29 集团军各师。

历任旅长:

李耀铣

新编第 15 旅

川军(1940)

1940 年初,四川保安团队一部改编为新编第 15 旅。3 月,抵达湖北宜城,旋补入第 29 集团军各师。

历任旅长:

李承魁

新编第 16 旅

川军(1940)

1940 年初,四川保安团队一部改编为新编第 16 旅。3 月,抵达湖北宜城,旋补入第 29 集团军各师。

历任旅长:

冯皓如

新编第 17 旅

川军(1940)

1940 年初,四川保安团队一部改编为新编第 17 旅。3 月,抵达湖北宜城,旋补入第 29 集团军各师。

历任旅长:

陈杰才

新编第 18 旅

①河南地方部队(1929)

1929 年 11 月 9 日,河南地方武装在密县编为新编第 18 旅,不久被撤销番号。

历任旅长:

张仁山

②中央军(1940.7-1944.2)

1940 年 7 月,第 191 师所属第 572 团扩编为新编第 18 旅,隶属第 42 军。1941 年隶属第 8 战区。1942 年 7 月,改隶第 91 军。1943 年 3 月,扩编为混成旅,开入新疆驻扎哈密。10 月,调隶第 3 集团军。1944 年 2 月,扩编为新编第 46 师[①]。

历任旅长:

徐汝诚

暂编第 1 旅

中央军(1941—1944)

1941 年,反正伪军谭松艇部在河南改编为暂编第 1 旅,隶属暂编第 15 军。1943 年 2 月,泛东挺进军第 4 纵队并入改旅,改隶第 15 集团军。参加豫中会战(1944 年 4 月中旬至 6 月中旬)。1944 年底,并入暂编第 62 师。

历任旅长:

谭松艇

鲍汝澧

暂编第 2 旅

①河南地方部队(1929—1930.7)

1929 年,河南潢川、光山土匪武装改编为暂编第 2 旅。1930 年 7 月 12 日,在湖北英山被红军歼灭。

历任旅长:

李克邦

韩杰

②安徽地方部队(1931—1932.3)

1931 年初,安徽地方部队改编为暂编第 2 旅。在霍邱以南,参加对鄂豫皖苏区的"围剿"(1931 年 1 月中旬至 9 月下旬)。1932 年 3 月,改编为独立第 40 旅[②]。

历任旅长:

宋世科

②中央军(1944—1945)

1944 年,在河南成立暂编第 2 旅,隶属第 15 集团军。参加豫中会战(1944 年 4 月中旬至 6 月中旬)。1945 年初,与暂编第 3 旅合编为暂编第 66 师。

历任旅长:

张清秀

---

① 《国防部本部隶属各部队主官简历驻地与部队沿革手册》,全宗号 783,卷宗号 393;《国军部队沿革》(一集);《第42 军略史》,全宗号 787,案卷号 16786。

② 《陆军各部队成立沿革纪要》,全宗号 787,案卷号 16721。

暂编第 3 旅

①陕西地方部队(1930.12—1935)

1930 年 12 月,新编第 3 师所属第 2 旅改称暂编第 3 旅①。1931 年 1 月至 2 月,参加对洪湖苏区的"围剿"。1932 年 5 月,在鄂南阳新、大冶一带,参加对鄂豫皖苏区的"围剿"(1932 年 5 月初至 10 月中旬)。1935 年秋,与独立第 37 旅合编为第 40 师②。

历任旅长:

李定五

②中央军(1944—1945)

1944 年,在河南成立暂编第 3 旅,隶属第 15 集团军。参加豫中会战(1944 年 4 月中旬至 6 月中旬)。1945 年初,与暂编第 2 旅合编为暂编第 66 师。

历任旅长:

李全

暂编第 4 旅

福建地方部队(1933.9—1936.2)

1933 年 9 月,福建地方部队改编为暂编第 4 旅。1934 年 2 月,驻江西瑞昌,防守九江至永修间铁路。1935 年初,在湖南参与对湘鄂川黔苏区的"围剿"。1936 年 2 月,与独立第 38 旅、新编第 3 旅并编为第 94 师③。

历任旅长:

张连三

暂编第 5 旅

中央军(1935.9—1937.9)

1935 年 9 月,"剿匪"军第一支队改编为暂编第 5 旅,守备贵州石阡、镇远、施洞口。1936 年,在贵州"追剿"红二、六军团。1937 年 7 月,一部编入第 92 师。9 月 20 日,另一部编入第 59 师,该旅番号撤销。

历任旅长:

柳际明

暂编第 11 旅

①湘军(1936.6—1938.3)

---

① 《陆军各部队成立沿革纪要》,全宗号 787,案卷号 16721。
② 《国防部本部隶属各部队主官简历驻地与部队沿革手册》,全宗号 783,卷宗号 393。
③ 《国军部队沿革》(一集)。

1936 年 6 月,新编第 34 师所属第 3 旅改编为暂编第 11 旅。隶属第 3 战区第 10 集团军,参加淞沪会战(1937 年 8 月 13 日至 11 月下旬)。1938 年 3 月,番号撤销,官兵充实第 63 师。

历任旅长:

周燮卿

②伪军(1942—1945)

1942 年,伪军第 13 师在浙江绍兴反正,编为暂编第 11 旅,隶属第 32 集团军。1945 年初,改编为突击总队第 3 纵队(1945 年 8 月分别编入预备第 3、第 4 师)。

历任旅长:

李启蒙

暂编第 12 旅

湘军(1937.5—1938.3)

1937 年 5 月,第 62 师所属第 185 旅改编为暂编第 12 旅。隶属第 3 战区第 10 集团军,参加淞沪会战(1937 年 8 月 13 日至 11 月下旬)。1938 年 3 月,编入第 107 师。

历任旅长:

李国钧

暂编第 13 旅

湘军(1937—1938.3)

1937 年,湘西地方部队编成暂编第 13 旅。隶属第 3 战区第 10 集团军,参加淞沪会战(1937 年 8 月 13 日至 11 月下旬)。1938 年 3 月,编入第 107 师。

历任旅长:

杨永清

暂编第 19 旅

黔军(1930—1931)

1930 年冬,第 22 军所属第 2 师缩编为暂编第 19 旅。1931 年 4 月,改称独立第 34 旅[①]。

历任旅长:

罗启疆

骑兵第 1 旅

①湘军唐生智部(1929)

1929 年,唐生智部骑兵部队编为骑兵第 1 旅。8 月驻洛阳。12 月,随唐生智反蒋,番号

---

① 《陆军各部队成立沿革纪要(第 1 辑)》,全宗号 787,案卷号 16721。

取消。

历任旅长：

安俊才

②中央军(1930—1931)

1930年,成立骑兵第1旅,驻安徽蒙城、涡阳、亳县一带。1931年7月,驻河南考城、红庙一带,警戒驻东明、长垣、濮阳、清丰的刘桂堂部。8月初,到任县集结,赴封丘、长垣驻防[①]。同年番号撤销,部分官兵补充第80师。

历任旅长：

张乔龄

③东北军(1932—1933.3)

1932年,东北陆军新编骑兵第1师改称独立骑兵第1旅。1933年3月,改编为骑兵第1师。

历任旅长：

张诚德

④中央军(1932.5—1935.7)

1932年5月,骑兵教导第1旅改称骑兵第1旅。1933年1月,骑兵第15旅并入该旅[②]。4月,开赴河北密云参加长城抗战。9月,驻江西樟树。1935年7月,在河南灵宝与骑兵第11、第13旅合编为骑兵第7师[③]。

历任旅长：

章鸿春(—1933.2.21)

李家鼎(1933.2.21—)

⑤宁夏马鸿逵部(1937—1945.10)

1937年,在宁夏组建骑兵第1旅,隶属第17集团军。参加1939年冬季攻势绥西地区作战(1939年12月10日至1940年4月3日)。1940年,改隶第11军。1945年10月,番号裁撤。

历任旅长：

马光宗

⑥青海马步芳部(1939)

1939年,在青海西宁组建骑兵第1旅,隶属第82军。同年,番号撤销。

历任旅长：

马步銮

---

① 《刘峙关于击歼石友三与刘桂堂作战报告》(1930年8月),《中华民国史档案资料汇编》第5辑第1编军事(2),第524、535页。

② 《陆军各部队成立沿革纪要》,全宗号787,案卷号16721。

③ 张绍成:《国民党骑兵的建立与灭亡》,《文史资料选辑》第138辑,第88页。

骑兵第 2 旅

①东北军(1931—1933.3)

1931 年"九一八"事变后,撤回关内的辽宁警务处所属 3 个骑兵公安总队改编为陆军独立骑兵第 2 旅。1933 年 3 月,改编为骑兵第 2 师。

历任旅长:

黄显声

②宁夏马鸿逵部(1932.5—1933.10)

1932 年 5 月,在河南组建骑兵第 2 旅[①]。参加对鄂豫皖苏区的"围剿"。1933 年 10 月,该旅一部编入"剿匪"军第 1 纵队(1934 年 10 月改称第 95 师),该旅番号撤销[②]。

历任旅长:

马腾蛟

③宁夏马鸿逵部(1937—1945.10)

1937 年,在宁夏组建骑兵第 2 旅,隶属第 17 集团军。参加 1939 年冬季攻势绥西地区作战(1939 年 12 月 10 日至 1940 年 4 月 3 日)。1940 年,改隶第 11 军。1945 年 10 月,裁撤番号。

历任旅长:

马义忠

骑兵第 3 旅

①东北军(1931.5—1933.3)

1931 年 5 月,东北陆军骑兵第 3 旅改称骑兵第 3 旅,驻扎辽宁彰武。"九一八"事变后,该旅经热河撤入关内,转守山海关。1933 年 3 月,改称骑兵第 3 师。

历任旅长:

张树森

王奇峰

②青海马步芳部(1939)

1939 年,在青海西宁组建骑兵第 3 旅,隶属第 82 军。同年,番号撤销。

历任旅长:

马继援

骑兵第 4 旅

东北军(1931.5—1933.3)

---

① 《陆军各部队成立沿革纪要》,全宗号 787,案卷号 16721。
② 《国防部本部隶属各部队主官简历驻地与部队沿革手册》,全宗号 783,卷宗号 393。

1931 年 5 月,东北陆军骑兵第 1 旅改称骑兵第 4 旅,驻扎吉林通辽。"九一八事变"后入关。1933 年 3 月,改称骑兵第 4 师。

历任旅长:

郭希鹏

骑兵第 5 旅

东北军(1931.5-1933.3)

1931 年 5 月,东北陆军骑兵第 5 旅改称骑兵第 5 旅,驻扎河北抚宁。1933 年 3 月,改称骑兵第 5 师。

历任旅长:

李福和

骑兵第 6 旅

①东北军(1931.5-1933.3)

1931 年 5 月,东北陆军骑兵第 6 旅改称骑兵第 6 旅,驻扎河北榆关。1933 年 3 月,改称骑兵第 6 师。

历任旅长:

白凤翔

骑兵第 7 旅

东北军(1931.5-1931.9)

1931 年 5 月,东北陆军骑兵第 4 旅改称骑兵第 7 旅,驻吉林农安。9 月,旅长常尧臣率部投降日军。

历任旅长:

常尧臣(-1931.9 投敌)

骑兵第 8 旅

东北军(1931.5-1933.1)

1931 年 5 月,东北陆军骑兵第 2 旅改称骑兵第 8 旅,驻黑龙江满洲里。1932 年 1 月 22 日,旅长程志远在齐齐哈尔率部投降日军。

历任旅长:

程志远(-1932.1.22 投敌)

骑兵第 9 旅

东北军(1931.5-1933.2)

1931 年 5 月,热河暂编骑兵第 17 旅改称骑兵第 9 旅,驻开鲁。1933 年 2 月,隶属骑兵第3军,旋即由代旅长李守信率领投降日军。

历任旅长:

崔兴武(－1933.2投敌)

骑兵第10旅

东北军(1931.5－1933.3)

1931年5月,热河暂编骑兵第19旅改称骑兵第10旅,驻扎赤峰。1933年3月日军占热河后,该旅被第41军收编。

历任旅长:

石文华

骑兵第11旅

中央军(1932.5－1935.7)

1932年5月,骑兵第2师一部改编为骑兵第11旅。6月至10月,"围剿"鄂豫皖苏区[①]。1935年7月,在河南灵宝与骑兵第1、第13旅合编为骑兵7师。

历任旅长:

蒋侃如(1932.7.16－1933.7)

谭辅烈(1933.7.24－)

胡兢先(暂代)

骑兵第12旅

①中央军(1932.5－1933.8)

1932年5月,骑兵第2师一部改编为骑兵第12旅[②]。6月至10月,"围剿"鄂豫皖苏区。8月,驻安徽蚌埠。1933年3月驻阜阳。8月,该旅番号撤销。

历任旅长:

孙宝瑜(－1933.8.11)

②中央军(1938.9－1941.1)

1938年9月,第17军团所属骑兵团、第1军所属骑兵团合编为骑兵第12旅,辖两团,隶属第10战区。1940年初,改隶第1战区第34集团军。1941年1月,该旅番号撤销;官兵分别编入骑兵第9、第10师。

历任旅长:

李之山

[①] 《陆军各部队成立沿革纪要》,全宗号787,案卷号16721;张绍成:《国民党骑兵的建立与灭亡》,《文史资料选辑》第138辑,第88页。

[②] 《陆军各部队成立沿革纪要》,全宗号787,案卷号16721;张绍成:《国民党骑兵的建立与灭亡》,《文史资料选辑》第138辑,第88页。

骑兵第 13 旅

①西北军(1932.5—1935.7)

1932 年 5 月,骑兵第 1 师缩编为骑兵第 13 旅[①]。担任平汉路郑州至信阳段护路任务,参加对鄂豫皖苏区的"围剿"(1932 年 6 月下旬至 10 月中旬)[②]。1935 年 7 月,与中央骑兵第 1、第 11 旅在河南灵宝合编成骑兵第 7 师。

历任旅长:

刘凤岐

②西北军(1936.12—1939.11)

1936 年 12 月,第 29 军成立骑兵第 13 旅。1937 年 9 月,改隶第 59 军。1939 年 11 月,番号取消,官兵补充骑兵第 9 师。

历任旅长:

姚景川

骑兵第 14 旅

西北军(1932.5—1941.6)

1932 年 5 月,骑兵第 3 师缩编为骑兵第 14 旅,辖两团[③]。隶属第 1 战区第 2 集团军,参加平汉路北段作战(1937 年 8 月 21 日至 9 月 24 日、1937 年 10 月至 1938 年 1 月)。隶属第 1 战区,参加豫北豫东作战(1938 年 1 月上旬至 6 月下旬)。1938 年底,隶属第 40 军。1941 年 6 月,该旅番号撤销,官兵补充骑兵第 9 师[④]。

历任旅长:

张占魁

骑兵第 15 旅

中央军(1932.5—1933.1)

1932 年 5 月,成立骑兵第 15 旅。担任平汉路郑州至信阳段护路任务,参加对鄂豫皖苏区的"围剿"(1932 年 6 月下旬至 10 月中旬)。1933 年 1 月,驻安徽蚌埠,番号撤销,并入骑兵第 1 旅[⑤]。

历任旅长:

李家鼎

---

① 《陆军各部队成立沿革纪要》,全宗号 787,案卷号 16721。

② 《国民党"豫鄂皖三省剿赤中路军第二纵队"陈继承部与红军作战详报》(1932 年 6—8 月),《中华民国史档案资料汇编》第 5 辑第 1 编军事(3),第 277 页。

③ 《陆军各部队成立沿革纪要》,全宗号 787,案卷号 16721。

④ 《各部队各训练机关主官简历驻地与部队沿革手册》,全宗号 627,卷宗号 1117。又见《国军部队沿革》(二集)。

⑤ 《陆军各部队成立沿革纪要》,全宗号 787,案卷号 16721。

骑兵第 16 旅

西北军(1931)

1931 年 12 月,骑兵第 4 师一部改编为骑兵第 16 旅,旋改称第 26 路军补充旅(1933 年 1 月,改称独立第 44 旅)[①]。

历任旅长:

张华棠

骑兵第 24 旅

直鲁联军旧部(1934.2—1936.6)

1934 年 2 月,第 41 军所属骑兵部队改编为骑兵第 24 旅。4 月,由绥远五原开赴河南许昌。1936 年 6 月,缩编为团,改隶第 2 师。

历任旅长:

于世铭

骑兵第 25 旅

东北义勇军(1933.4—1933.12)

1933 年 4 月,东北义勇军李忠义部改编为骑兵第 25 旅[②]。12 月,缩编为第 40 军骑兵团。

历任旅长:

李忠义

刘振东

新编骑兵第 1 旅

晋绥军(1939.7—1941.1)

1939 年 7 月,晋绥军一部改编为新编骑兵第 1 旅,隶属骑兵第 1 军。1941 年 1 月,编入骑兵第 4 师。

历任旅长:

杜文若

新编骑兵第 2 旅

伪军(1936.12—1937.9)

---

① 《陆军各部队成立沿革纪要》,全宗号 787,案卷号 16721。

② 《军分会统一军令改编义军》,《中央夜报》1933 年 4 月 30 日,《中央夜报》第 1 版。

1936 年 12 月,绥远伪军石玉山部反正[①],编为新编骑兵第 2 旅。隶属骑兵第 1 军,参加平绥路东段方面作战(1937 年 8 月 8 日至 9 月 11 日)。旋隶属第 2 战区第 7 集团军,参加太原会战(1937 年 9 月 12 日至 11 月 12 日)。9 月,扩为新编骑兵第 4 师[②]。

历任旅长:

石玉山

暂编骑兵第 1 旅

伪军(1937.10－1941.9)

1937 年 10 月,反正的伪自治军骑兵第 3 旅第 10 团在绥远编为暂编骑兵第 1 旅,隶属东北挺进军。1941 年 9 月,编入新编骑兵第 6 师[③]。

历任旅长:

吕存义

暂编骑兵第 2 旅

东北挺进军(1938.2－1941.9)

1938 年 2 月,反正的伪绥远游击队编为暂编骑兵第 2 旅,隶属东北挺进军。1941 年 9 月,编入新编骑兵第 6 师[④]。

历任旅长:

刘盛五

暂编骑兵第 3 旅

伪军(1938.5－1941.9)

1938 年 5 月,反正的伪军杨毓青等编为骑兵第 3 旅,隶属东北挺进军。后改编为骑兵第 5 团。1941 年 9 月,编入新编骑兵第 6 师[⑤]。

历任旅长:

韩宇春

---

① 李泰棻:《王英罪恶史》,《文史资料选辑》第 15 辑,第 206 页。
② 《国军部队沿革》(二集)。
③ 《国防部本部隶属各部队主官简历驻地与部队沿革手册》,全宗号 783,卷宗号 393。
④ 《国防部本部隶属各部队主官简历驻地与部队沿革手册》,全宗号 783,卷宗号 393。
⑤ 《东北挺进军总司令部及所属新编骑兵 5、6 师沿革史》,全宗号 787,案卷号 16816。

附录:各军事派系简介

东北军

东北军的前身为张作霖所统辖的奉军。

奉军的前身是清末奉天巡防营。辛亥革命后,奉天巡防营分中、前、左、右、后五路,张作霖为中、前路巡防统领。1912 年扩编为第 24 镇、陆军第 27 师。1917 年扩编为第 27、第 28、第 29 师,吞并黑龙江。1919 年 8 月吞并吉林。1921 年 5 月,拥有东三省和热河、察哈尔等两个特别区,共 5 个师又 23 个混成旅 3 个骑兵旅。1922 年 4 月,直奉战争起,张作霖任镇威军总司令,战后所部扩编为步兵 26 个旅骑兵 5 个旅。1925 年底,张宗昌部与李景林部合称直鲁联军,脱离奉军。1927 年春,奉军南下河南,收编直系吴佩孚一部。1928 年上半年,在晋绥军和西北军进攻下,奉军退出关内。

1928 年 6 月 4 日,张作霖被炸身亡,半个月后张学良就任奉天军务督办。7 月 4 日,就任东三省保安总司令。11 月下旬,奉军整理为步兵 25 个旅、骑兵 4 个旅,另有热河汤玉麟部 1 个师又 3 个旅。12 月 29 日,张学良宣布易帜。31 日,国民政府任命张为东北边防军司令长官。"东北军"的称号取代"奉军"。

1930 年 9 月,张学良以其 9 个步兵旅、3 个骑兵旅编成两军,由于学忠、王树常统领入关,分驻在北平、天津一带。

1931 年 5 月,东北军按国民革命军独立旅的编制进行改编,取消东北某旅的冠称,改为国民革命军独立某旅的冠称,共编步兵旅 24 个,骑兵旅 8 个,驻热河的汤玉麟部改编为第 36 师、独立第 31 旅、骑兵第 9、第 10 旅等。7 月,为讨伐石友三,东北军 3 个旅入关。"九一八"事变后,东北境内 6 个旅撤入关内,5 个旅投靠日军,5 个旅坚持抗击日军。

1933 年 3 月,张学良因热河失陷而引咎辞职。辞职前夕,将直属部队改编为 17 个步兵师和 6 个骑兵师,编组为第 51、第 53、第 57、第 67 军;热河汤玉麟部编为第 55 军,辖第 36 师;东北抗日义勇军第 9 军团冯占海部在察哈尔怀来改编为第 63 军,下辖第 91 师。8 月 26 日,北平军分会取消第 55 军及第 36 师番号。

1934 年 2 月 7 日,国民政府委任张学良为豫鄂皖三省"剿总"副司令。第 67、第 57 军、骑兵军等陆续南下,参加"剿共",第 51、第 53 军留驻河北。

1935 年 6 月 6 日,国民政府在日军的压力下免去于学忠河北省主席职务,改任川陕甘边区"剿匪"总司令,第 51 军随其调赴甘肃。第 53 军仍留驻河北。

7 月,东北军骑兵部队与中央军骑兵部队合并为骑兵军,下辖骑兵第 3、第 4、第 6 师等。

10 月,张学良出任西北"剿总"副总司令。12 月,第 57、第 67 军由河南、湖北调驻陕西。

1936 年 4 月 8 日,军事委员会取消第 63 军番号,保留第 91 师(1942 年 10 月黄埔军校出身的全瑛出任第 91 师师长)。同年 12 月,张学良在西安事变后被蒋介石软禁。1937 年初,东北军主力由西北调往江苏、河南、安徽等地进行整编,由 17 个步兵师共 57 个团整编为 10 个师 40 个团;第 49 军下辖第 105、第 109 师;第 51 军下辖第 113、第 114 师;第 53 军下辖第 116、第 130 师;第 57 军下辖第 111、第 112 师;第 67 军下辖第 107、第 108 师。随着张学良失去自由,东北军作为一个军事集团已经解体。

第 49 军。1938 年 5 月、1947 年、1948 年 2 月黄埔军校出身的李树森、李汝和、郑庭笈分别出任第 109 师师长、第 105 师师长、第 49 军军长。

第 51 军。1947 年 1 月,黄埔军校出身的王匡出任第 113 旅旅长。1947 年 1 月 11 日,第 114 旅在山东峄县被歼灭。1947 年初黄埔军校出身的王严担任整编第 51 师师长。

第 53 军。1948 年 10 月底,该军及所属两师在辽宁铁岭等地被歼灭。

第 57 军。1940 年,军长缪澄流通敌,9 月 21 日被所属第 111 师师长常恩多率部驱逐。11 月,该军被撤销番号,所属两师直隶鲁苏战区。1943 年 4 月,两师编成暂编第 9 军,1944 年 10 月改称第 12 军。1948 年 7 月,第 111 旅被歼灭。8 月,黄埔军校出身的霍守义出任军长。1949 年 1 月,第 112 师被歼灭。

第 67 军。1938 年 1 月,该军及所属第 107 师因在淞沪会战中伤亡过大,被撤销番号。1946 年黄埔军校出身的唐名标出任第 108 师师长。

骑兵军。抗战全面爆发后改称骑兵第 2 军。1939 年 3 月,骑兵第 4 师所属第 11、第 12 团改编为新编第 24 师。1940 年 7 月,骑兵第 6 师撤销番号。1944 年 3 月黄埔军校出身的夏季屏出任新编第 24 师师长。1945 年 12 月,该军因战马损失过多改称步兵第 96 军,由黄埔军校出身的廖运泽出任军长。12 月,骑兵第 3 师改称暂编第 15 师,1948 年 11 月黄埔军校出身的周煦龙出任师长(已改称第 213 师)。

西北军

西北军由中央(北洋)陆军第 16 混成旅冯玉祥部发展而来。1921 年为陆军第 11 师。1924 年第二次直奉战争中,冯玉祥率部在北京发动政变,推翻直系政府,驱逐清逊帝溥仪出宫,改所部为中华民国国民军,任总司令兼第 1 军军长。1925 年春迫于奉、皖两系压力,冯玉祥赴察哈尔张家口就任西北边防督办,所部改称西北边防军,简称"西北军"。1926 年 8 月,西北军被奉、直、山西阎锡山部击败,由南口退守绥远。

1926 年 9 月 17 日,冯玉祥在绥远五原誓师,就任国民军联军总司令,重振国民军。随即出师甘、陕,11 月解西安之围。1927 年 4 月 5 日,武汉国民政府任命冯玉祥为第 2 集团军总司令。5 月 1 日,冯玉祥在西安宣誓就职,出师河南进攻奉军。5 月 30 日,国民军联军正式改称第 2 集团军,下辖 8 个方面军,以孙良诚、靳云鹗、方振武、宋哲元、岳维峻、石敬亭、刘郁芬、刘镇华分任方面军总指挥。9 月,靳云鹗、方振武部脱离该集团军,其中靳云鹗被冯击溃。10 月,第 2 集团军进攻豫东直鲁联军,12 月 16 日攻克徐州。

1928 年 2 月 28 日,国民政府任命冯玉祥为第 2 集团军总司令。4 月,该集团军一部进军鲁西击败孙传芳五省联军,主力进军豫北、冀南,与奉军交战。6 月,该集团军进至北京。此时,拥有 9 个方面军(孙良诚、孙连仲、韩复榘、宋哲元、岳维峻、石敬亭、刘郁芬、刘镇华、鹿钟麟分任方面军总指挥)约 60 万人。北伐战争胜利后,除第 5 方面军岳维峻部划归蒋介石编遣外,其余均由冯玉祥编遣,嫡系部队改编为 14 个师,非嫡系部队编成 10 个暂编师、5 个混成旅,控制山东、河南、陕西、甘肃等地。

1929 年 5 月,冯玉祥举兵反蒋。石友三、韩复榘、马鸿逵、杨虎城、刘镇华等将领接受蒋介石的拉拢,脱离西北军。10 月,西北军再次反蒋,仍以失利告终。1930 年中原大战后期,西北军各部纷纷向蒋介石输诚,吉鸿昌、梁冠英、孙连仲分别被任命为第 22、第 25、第 26 路军总指挥。10 月 18 日,洛阳守军葛云龙部向蒋介石输诚,西北军残部退往山西,被编为第 29 军。

1933 年 5 月,下野两年有余的冯玉祥在察哈尔省张家口召集旧部吉鸿昌、孙良诚、高树勋、方振武等人,成立抗日同盟军。同年 8 月,在蒋介石的压迫下,冯玉祥宣布结束抗日军事行动,所部多被第 29 军收编。

宋哲元部

1931 年 6 月,第 29 军在晋南成军时下辖两个师。1932 年 8 月,军长宋哲元被张学良推荐为察哈尔省主席。1933 年,扩编暂编第 2 师、第 132 师。1935 年 6 月,该军一部移驻北平。10 月 6 日,军部由张家口移驻北平,其主力逐步开赴平津、河北地区。12 月 11 日,国民政府派宋哲元为冀察政务委员会委员长。宋哲元接纳原西北军将领石敬亭、高树勋、石友三等人。至抗战全面爆发前,第 29 军除原辖 4 个师外,还拥有骑兵第 9 师、骑兵第 13 旅、特务旅和 7 个独立旅;河北、天津、察哈尔等地还成立了若干保安部队。1937 年 8 月,宋哲元出任第 1 集团军总司令。9 月 6 日,第 29 军扩编为第 59、第 77、第 68 军和骑兵第 3 军等。该部在对日作战中接连失利,1938 年初退至河南郑州等地。4 月,第 1 集团军番号撤销,宋哲元失去对所部的直接指挥。

第 59、第 77 军长期协同作战。1948 年 11 月 8 日,两军在山东峄县、江苏铜山起义。11 月,第 59 军未起义部队编入第 115 军,1949 年 1 月 10 日在河南永城陈官庄地区被歼灭。3 月,第 77 军残部编成第 125 军,旋缩编成第 360 师。不久改番号为独立第 37 师,8 月撤销番号。

骑兵第 3 军成军时下辖骑兵第 9 师等。1938 年 6 月,骑兵第 3 军撤销番号。1940 年 7 月,骑兵第 9 师改称暂编第 53 师,1944 年底撤销番号。

1949 年 10 月,第 68 军及所属各师在福建漳州、厦门被歼灭,残部退往金门。

韩复榘部

1929 年 5 月,韩复榘率第 20、第 29 师等部在河南投靠蒋介石。1930 年初,移驻山东。中原大战期间扩军,拥有 3 个军和 5 个师的番号,即第 6、第 12、第 14 军,第 20、第 22、第 29、第 73、第 74 师。大战结束后,保留第 20、第 22、第 29、第 74 师。

1931 年 8 月,韩复榘收编石友三一部,成立第 81 师。1932 年 9 月,与胶东刘珍年部为争夺地盘而开战。同年 11 月,刘部奉命南下,山东遂被韩复榘一人控制。

1937 年 9 月,韩复榘出任第 3 集团军总司令,所属部队为 3 个军(第 12、第 55、第 56 军)

共 5 个师(第 20、第 22、第 29、第 74、第 81 师)又 1 个警备旅。

1938 年 1 月,韩复榘因擅自撤军被枪决。3 月,第 56 军番号撤销,第 12、第 55 军独立作战。1944 年 10 月,第 12 军番号撤销。1949 年 10 月,第 55 军在福建厦门被歼灭,残部缩编为第 29 师退往台湾。

警备旅先后改称独立第 28 旅、新编第 4 师,1943 年 1 月 18 日该师投敌,番号撤销。1943 年 4 月,黄埔军校出身的杨蔚出任第 20 师师长。1945 年 7 月,第 22 师撤销番号。1949 年 10 月,第 74、第 81 师在福建漳州、厦门被歼灭。

石友三部

1929 年 5 月,石友三率第 24 师在河南投靠蒋介石,被任命为讨逆军第 13 路总指挥。6 月下旬,所部由河南许昌移驻安徽亳县。11 月,石友三出任安徽省主席、津浦路警备司令,所部移驻蚌埠。12 月 2 日,奉命南下广东的该部在浦口炮击南京。在各方斡旋下,1931 年 1 月,石友三被蒋介石任命为河南清乡总指挥,归韩复榘节制,由蚌埠移驻亳县。3 月,增授 2 个师(新编第 28、第 29 师)的番号。4 月,随阎锡山反蒋,在鲁西南等地作战。9 月,北渡黄河撤军河南安阳地区,再次向蒋介石输诚。10 月,被重新任命为第 13 路总指挥。石截留西北军、晋绥军溃兵,扩充至 6 万余人。1931 年 7 月,举兵反抗张学良,在中央军和东北军的围攻下溃败,残部分由张学良、韩复榘收编。

1932 年,石友三在日本支持下于冀东组织军队。1936 年 1 月,被宋哲元委任为北平保安司令。10 月,出任冀北边区保安司令。1937 年 9 月,所属部队编为第 181 师。次年 4 月扩编为第 69 军。1940 年 4 月,扩编为第 39 集团军,下辖第 69 军(第 181、暂编第 28 师)、新编第 8 军(新编第 6、暂编第 29 师)。当月,石与日军签订互不侵犯协议。新编第 8 军军长高树勋不愿跟从,于 12 月 1 日将石绑架,后活埋。1945 年 7 月,暂编第 28 师番号撤销。9 月,第 69 军番号撤销。11 月,高树勋率新编第 8 军及所属部队在河北邯郸起义。1949 年 7 月,第 181 师番号撤销。

吉鸿昌、张印湘、葛云龙部

1930 年中原大战结束后,葛云龙部先后改编为新编第 16 师、第 33 师。吉鸿昌、张印湘部分别编为第 30、第 31 师。吉鸿昌、张印湘同时分任第 22 路军总指挥、第 30 军军长。三个师在豫南参加"剿共"。1931 年 8 月,吉鸿昌解职。同年底,第 30 师隶属第 30 军。1933 年 6 月,张印湘改任第 42 军军长(旋被撤职),第 30 军划归第 26 路军孙连仲指挥。1938 年 2 月,第 33 师所属官兵拨入第 32 师。

孙连仲部

1931 年初,第 26 路军(下辖第 25、第 27 师和骑兵第 4 师)孙连仲部由山东调往江西。6 月,所属第 25、第 27 师组成第 17 军。1932 年 9 月,撤销第 17 军、第 25 师和骑兵第 4 师的番号,保留第 27 师和独立第 44 旅的番号。1933 年 6 月,第 27 师与独立第 44 旅组成第 42

军。1938 年 11 月 3 日,军长冯安邦在湖北襄阳遭日军空袭身亡,该军番号取消,所属各师拨归第 30 军。1945 年 6 月,第 31 师裁撤。1949 年 12 月,第 30 军及所属各师在四川起义。

抗战期间,孙连仲先后出任第 2 集团军总司令、第 1 战区副司令长官、第 5 战区副司令长官。1943 年 2 月,调任第 6 战区副司令长官,脱离嫡系部队。

梁冠英部

1930 年 9 月,梁冠英率部投靠蒋介石,被任命为第 25 路军总指挥、第 31 军军长,下辖第 32 师、独立第 5 旅。1936 年 5 月,梁冠英调任军事委员会高参,第 25 路军、第 31 军番号撤销。1943 年 12 月,独立第 5 旅与独立第 4 旅合并为暂编第 4 师。1945 年 4 月、7 月,第 32 师、暂编第 4 师先后被裁撤。

国民军

国民一军

见"西北军"

国民二军

前身为陕西陆军第 1 师。1924 年 10 月,在直隶改称国民二军,胡景翼任军长。12 月进军河南。1925 年 4 月,大败镇嵩军,岳维峻继任军长。1926 年 3 月,所部败于直系吴佩孚。11 月,岳维峻被冯玉祥委任为国民军联军南路军总指挥,召集李云龙、卫定一、姜宏模、田玉洁、邓宝珊等在陕旧部,进军河南。1927 年 5 月,所部改编为第 2 集团军第 5 方面军,驻防豫东。1928 年,岳维峻联络樊钟秀部反对冯玉祥。9 月 9 日,兵败,自河南汝南东走皖北。同年冬,残部缩编为新编第 1 师。1929 年 9 月,番号撤销,一部分徒手官兵到汉口编为独立第 15 旅(后改称独立第 33 旅,1931 年 4 月黄埔军校出身的唐云山出任旅长)。

1930 年 4 月,蒋介石任命岳维峻为豫西警备司令,召集国民二军旧部。12 月 10 日,所部与新编第 3 师李云龙部合编为第 34 师。1931 年 3 月,师长岳维峻被红军俘虏。1941 年 5 月 18 日,师长公秉藩战在中条山会战中被俘投敌,该师番号撤销。

李云龙曾任国民二军第 10 师师长。1930 年 5 月,李云龙召集旧部在湖北组建新编第 3 师。12 月 10 日,该师番号撤销,主力补充第 34 师。

1927 年 6 月,原国民二军李纪才部改编为暂编第 2 军。1928 年 3 月,改称第 2 集团军第 19 军。1929 年 5 月,改编为新编第 5 师。9 月,一部编为独立第 16 旅(后改称新编第 13 师、第 79 师),另一部重建新编第 5 师(后改称第 25 师、第 28 师)。1935 年 12 月,第 28、第 79 师在湖南洞口编成第 46 军,1936 年 11 月黄埔军校出身的董钊出任第 28 师师长。1938 年 5 月,撤销第 46 军番号。7 月,以第 79 师为基干在江西编成第 29 军。1939 年 1 月,黄埔军校出身的段朗如出任第 79 师师长。1940 年 5 月,第 29 军撤销番号。

国民三军

前身为中央(北洋)陆军第 15 混成旅。1924 年 10 月,在直隶改称国民三军。1925 年 5 月,进军陕西,授予陕西地方部队井岳秀、杨虎城部(两部转见"陕西地方部队")番号。同年底,军长孙岳率部返回直隶。1926 年 3 月,该军退出北京,所部庞炳勋、梁寿恺等均投靠直系吴佩孚。8 月,该军在南口作战失利,军长孙岳下野。1927 年 3 月,徐永昌部投靠山西阎锡山。

1927 年 4 月,武汉国民政府授予梁寿恺、庞炳勋部暂编第 3、第 5 军番号。6 月,再令两军隶属冯玉祥节制指挥。1928 年 4 月,暂编第 3 军撤销番号。1929 年 5 月,庞炳勋随冯玉祥反蒋。1931 年 6 月 17 日,庞部改编为第 39 师。8 月,庞升任第 40 军军长。1942 年 5 月,庞炳勋被俘降敌。1949 年 1 月 10 日,第 39 师在河南永城陈官庄地区被歼灭。5 月 5 日,军部在河南新乡接受和平改编。

国民四军

1925 年 11 月,奉军郭松龄将所部改组为东北国民军,讨伐张作霖。12 月 24 日兵败。1926 年 1 月,余部由魏益三统率,通电继续反奉,自称国民军第四军军长。3 月,脱离国民军,改称"正义军",5 月,改投吴佩孚,进攻冯玉祥部。12 月,接受国民政府授予的第 30 军番号。1929 年 1 月,缩编为第 54 师。1932 年,师长魏益三辞职。1943 年 10 月,黄埔军校出身的史松泉出任师长。

国民五军

1926 年 1 月 18 日,直鲁联军第 24 师师长方振武在山东肥城通电与国民军合作,所部改称国民军第五军。1926 年 4 月,撤出北京。8 月退往晋北。9 月,"五原誓师"后,方部编为国民军联军第 1 路军,进军陕西。12 月,由陕西进入河南。1927 年 5 月底,改编为第 2 集团军第 3 方面军。9 月,脱离第 2 集团军,改称中央直辖第 9 方面军,移驻湖北。12 月,改称第 11 路军。1928 年初,所属部队改编为第 34、第 41 军,开抵河南商邱、江苏砀山。4 月,改称第 1 集团军第 4 军团。6 月,军至河北。12 月,合并缩编为第 44、第 45 师。

1929 年 4 月 6 日,方振武在天津就任讨逆军第 6 路总指挥。5 月,出任安徽省主席,所部向徐州以西开动。9 月 19 日,在南京被监视。第 45 师师长鲍刚在芜湖率部反蒋。1930 年冬,该师改造为中央军。

1929 年 11 月初,第 44 师反蒋,失败后仍编为第 44 师。1933 年 3 月,该师与独立第 4 旅等在河北编组为第 26 军。1947 年 1 月,整编第 26 师师部及所属第 44 旅在山东苍山、峰县等地被歼灭。

1933 年 5 月,方振武召集旧部鲍刚、张人杰追随冯玉祥,参加察哈尔抗日同盟军。8 月,接任同盟军总司令。10 月,兵败。

1924 年 10 月,山东第 3 混成旅参谋长吕秀文率两团在山东曹州起事,自称国民军第五军。1926 年 5 月 11 日,该部在曹州被张宗昌部毕庶澄缴械。1927 年,吕秀文召集旧部在河南成立第 21 军,隶属冯玉祥节制。北伐战争结束后,番号撤销。

晋绥军

1911 年 10 月,山西省新军举行起义,阎锡山被推选为山西都督,组建军政府。1917 年 8 月扩编为 4 个混成旅;1925 年扩编至 11 个步兵旅。1926 年,与奉军、直军联合进攻西北军,占据绥远特别区,收编国民三军徐永昌部、直系谭庆林部等,军队扩编至 17 个师。

1927 年 4 月 11 日,阎锡山废弃北京政府任命的山西督办,自称晋绥总司令,所部改称晋绥联军。在宁汉对立中,阎锡山拒绝出任武汉政府军事委员会授予的第 3 集团军总司令一职。6 月 1 日,武汉和南京派出的北伐军分别占领郑州、徐州。2 日,阎锡山出兵娘子关,威胁进攻河南的奉军。6 日,就任南京国民政府委任的国民革命军北方军总司令一职。7 月,晋绥军扩充至 10 个军。9 月,再次对奉军作战。10 月,败退山西。

1928 年 2 月,南京国民政府将国民革命军北方军改称第 3 集团军,任命阎锡山为总司令。4 月,晋绥军主力东出娘子关攻占河北保定,一部占领绥东、察南等地。6 月 8 日,抢占北京。阎锡山收编流散在平、津、河北地区的直鲁联军、五省联军残部,拨交蒋介石指挥。北伐战争结束时,晋绥军控制山西、绥远、察哈尔、河北等地。

1928 年 9 月 11 日,阎锡山对外宣称裁去 10 万人,剩余者缩编为 12 个师。1929 年夏季,晋绥军开始扩编,至中原大战前,共编有步兵 10 个军,4 个保安纵队,骑兵 4 个师,炮兵 7 个旅。中原大战失败后,晋绥军退居山西、绥远两省,阎锡山远走大连。张学良主持晋绥军整编,编组第 32、第 33、第 34、第 35 军,各军下设两师,另设护路军、警备司令部、“剿匪”司令部等,共 56 个团。

1931 年 7 月,第 32 军军长商震率第 67 师出兵河北后即留驻冀南,脱离晋绥军。

1931 年 8 月,阎锡山返回太原,重掌晋绥军。1932 年 3 月,增编 3 个独立旅。1933 年,各师扩编为三旅六团制。1935 年 5 月 20 日,将护路军改编为第 101 师。1936 年 9 月,成立骑兵第 1、第 2 师,并将第 101 师所属两个旅改称独立旅。至此,晋绥军拥有 3 个军 10 个师 5 个独立旅。

1934 年,应蒋介石所请,阎锡山派出第 72 师李生达部以及独立第 2 旅赴江西“剿共”。蒋立即升任李为第 19 军军长,以示拉拢。1936 年 5 月 26 日,行政院任命李生达为晋陕绥宁四省边区“剿匪”副总指挥。29 日,李生达在离石被其卫士熊希月暗杀。

1937 年抗战爆发,山西、绥远、陕东等地划归第 2 战区,阎锡山出任战区总司令。11 月太原失守,1938 年 3 月运城陷落,贯穿山西南北的同蒲路被日军占领,晋绥军主力退守晋西。11 月军事委员会重新划分战区,绥远省划归第 8 战区,第 2 战区改辖山西全省和陕西省东北部。1943 年 4 月,陕西东北部划归第 8 战区,阎锡山所能指挥的实际作战地域为晋西南。

在抗战前原有第 19、第 33、第 34、第 35 军的基础上,1937 年,晋绥军成立第 61 军、骑兵第 1 军、骑兵第 2 师。1939 年 3 月,第 35 军随傅作义赴绥远独立发展。7 月,晋绥军成立第

83 军、暂编第 1 军。1940 年 1 月,成立骑兵第 4 师。3 月,成立第 23、第 43 军。同年底,暂编第 1 军裁撤。1941 年前后,将各步兵旅改编为 14 个暂编师。至 1942 年,阎锡山拥有 8 个军 27 个师。抗战胜利后,保留 5 个军共 15 个师,重新控制山西。1949 年 3 月 29 日,阎锡山飞赴南京。4 月,晋绥军大部在太原被歼,一部在大同起义。

傅作义部

1939 年 3 月,傅作义被蒋介石任命为第 8 战区副司令长官,率第 35 军军部及第 101 师由晋东北进入绥西河套,设立副司令长官部。从此,独立发展,自立一派。1939 年 7 月,傅部扩编两个师。1940 年 6 月,增加两个军的番号。1945 年,由 3 个军 8 个师缩减为 2 个军 7 个师。抗战胜利后,傅部东出察哈尔、河北。1947 年 12 月,出任华北"剿匪"总司令。1948 年底,扩充第 7、第 210、第 309、第 310、第 311、第 319、第 320、第 326、第 333 师等。

1949 年 1 月,傅作义率嫡系 11 个师和中央军 14 个师在北平接受和平改编。9 月 19 日,指示嫡系 10 个师(旅)和陕西地方部队两个师在绥远起义。

商震部

1928 年北伐战争结束后,商震先后出任河北省、山西省主席。1931 年 6 月,出任第 32 军军长。7 月,率第 67 师离开山西,独立发展。1932 年,扩充为 3 个师(第 139、第 141、第 142 师)。抗战开始后,商震出任第 20 集团军总司令,1940 年失去对第 32 军的控制。1946 年、1947 年 10 月、1948 年 7 月,黄埔军校出身的刘儒林、周庆祥、萧续武分别出任第 142 师师长、整编第 32 师师长、第 141 师师长。1949 年 1 月,第 139 师被歼灭。

马家军

马家军是指清末、民国时期控制甘肃、青海、宁夏(1928 年 10 月,青海、宁夏建省,此前各为甘肃一部)的回族地方武装,其首领均为甘肃河州(今甘肃临夏回族自治州)人,皆为马姓。清末,主要首领有马安良、马福禄、马福祥、马海晏、马海渊等;北洋时期主要首领有马福祥、马鸿宾、马麒、马廷勷、马璘等。1925 年 10 月,国民军第 2 师师长刘郁芬入主甘肃省。1928 年北伐战争结束后,主要首领有马步芳、马步青、马鸿逵、马鸿宾、马仲英等。

青海马步芳部

1915 年,马麒出任甘边宁海镇守使,组织"宁海军",起用弟弟马麟、子马步青、马步芳等人,形成家族型军队。1926 年,接受冯玉祥部国民军节制。1931 年 5 月,马麒次子马步芳出任国民革命军新编第 9 师师长。1933 年底,马步芳联合宁夏马鸿逵阻止孙殿英部进入宁夏。1934 年 3 月,新编第 9 师改称第 100 师。6 月,马步芳出任新编第 2 军军长。1935 年 8 月起,在青海南部等地区抗击红军。1936 年 11 月至 1937 年 3 月在河西走廊阻击西路军。

抗战期间,新编第 2 军改称第 82 军,增编暂编骑兵第 1 师、暂编骑兵第 2 师、暂编第 61 师、新编骑兵第 8 师等。1942 年 2 月,马步芳部撤离河西走廊地区,退居青海。抗战胜利后,第82军保留第100师(原新编第9师)、骑兵第8旅。1947年初,进入陇东。1949年5月,增编第129军。9月,该军与第82军在甘肃兰州等地溃败。

青海马步青部

1933年2月,马麒长子马步青出任新编骑兵第2师(该师前身为甘肃陆军骑兵第1师马麟部)师长。1936年7月,所部改称骑兵第5师。同年11月至1937年3月在河西走廊阻击西路军。全面抗战爆发后,马步青出任骑兵第5军军长,增辖暂编骑兵第1、第2师。1942年4月,该军由河西走廊撤防至青海柴达木盆地。1943年,马步青脱离军队。1945年6月,该军开赴新疆。1946年8月,整编为整编骑兵第1师,1949年9月25日在新疆起义。

宁夏马鸿宾部

1926年9月,国民军联军进入甘肃,将宁夏镇守使马鸿宾(马福禄之子)所属部队改编为国民军联军第22师。马鸿宾旋兼任甘肃"剿匪"司令,率部进驻陕甘交界地区。1927年9月,扩编为第2集团军第24军,留驻陕西。1928年北伐战争结束后缩编为第2编遣区暂编第22师。1930年11月,接受蒋介石授予的新编第7师番号。1931年初,马鸿宾率该师赴兰州就任甘肃省主席,同年底返回宁夏。1933年12月,新编第7师与第35师互换番号。全面抗战爆发,马鸿宾出任第81军军长,一度率部赴绥西作战,增编暂编第60师。1949年8月,增编第358师。9月19日,率部在宁夏中卫起义。

宁夏马鸿逵部

前身为昭武军、宁夏新军一部,1922年扩编为陆军第5混成旅。1925年改编为西北陆军第7师,马福祥长子马鸿逵任师长。1926年9月,改编为国民军联军第4路军。11月,进入陕西。1927年5月,改称第2集团军第1方面军第4军,进军河南。1929年1月,缩编为第2编遣区暂编第17师。5月,马鸿逵在河南向蒋介石输诚。6月,出任第11军军长。1930年3月,出任讨逆军第15路总指挥,中原大战期间在鲁南作战,战后所部扩充至两个师又两个旅,旋缩编为第35师、骑兵第2旅等,开赴豫南。1932年9月,马鸿逵赴任宁夏省主席。1933年10月,骑兵第2旅番号撤销。同年12月,第35师与新编第7师互换番号。1937年1月,新编第7师改称第168师。抗战期间,出兵一部赴绥西作战,增编暂编第9、第31师和骑兵第10师。抗战胜利后,保留168师、暂编第9师、骑兵第10旅。1947年初,成立暂编第10旅。1948年7月,成立新编第30旅。1949年5月,增编第128军。同年9月,在宁夏溃败。

马仲英部

1928年5月,马仲英(马海渊之孙,原名马步英,曾任宁海军骑兵第11营副营长)在甘肃河湟地区发动兵变,随后在甘肃、青海、宁夏流动作战,被国民军击败。1930年冬,再起兵于河西,自称"甘青宁联军总司令",驻张掖。1931年夏,被马步芳逼退至酒泉。1932年3

月,改编为新编第 36 师。1933 年初,进入新疆。1934 年 6 月,败于盛世才。

川军

1903 年四川成立新军第 33 混成协,1909 年成立第 34 协,组成第 17 镇。辛亥革命后改编为 5 个师,1918 年扩编为 8 个师。1924 年发展到 20 个师 13 个混成旅。1926 年北伐战争开始前,川军内部有七大派别:刘文辉、田颂尧、邓锡侯、刘湘、赖心辉、刘成勋、杨森,共 44 个师、30 个混成旅、19 个独立旅等,以杨森的实力最大。

北伐战争伊始,杨森、刘湘、赖心辉、刘成勋、刘文辉、邓锡侯、田颂尧先后被任命为国民革命军第 20、第 21、第 22、第 23、第 24、第 28、第 29 军军长。虽接受番号,各军之间混战不断。

在 1927 年宁汉对立中,各军军长支持蒋介石。6 月下旬,第 24 军刘文辉部兼并第 23 军刘成勋部,12 月击溃第 22 军赖心辉部。1928 年 1 月,国民政府以杨森收留吴佩孚而将其免去本兼职,任命其部将郭汝栋为第 20 军军长[1]。5 月 17 日,刘湘、郭汝栋合攻杨森。12 月,杨森、赖心辉、李家钰、罗泽洲发动下川东之战,进攻刘湘。1929 年 1 月,刘湘大败杨森,后者失去争霸四川的资本。4 月,李家钰、罗泽洲、杨森、黄隐等在顺庆组织同盟军,发动上川东之战,对刘湘、刘文辉开战,以失败告终。12 月,邓锡侯、田颂尧、杨森等进攻刘湘。内战中,刘文辉发展为川军最大实力派。

1930 年中原大战期间,郭汝栋、赖新辉部调驻鄂西,刘湘等人支持蒋介石,刘文辉、邓锡侯、田颂尧则支持反蒋派。1931 年 3 月,刘湘支持李家钰对抗邓锡侯。5 月、7 月,刘文辉连败李家钰。1932 年 10 月,刘湘联合田颂尧、邓锡侯、李家钰、罗泽洲进攻刘文辉。1933 年 1 月 27 日,行政院派第 29 军军长田颂尧为川陕边区"剿匪"督办。川军投入 38 个团近 6 万人的兵力,分三路围攻红四方面军,历经 4 个月以失败告终。9 月,在"二刘大战"中获胜的刘湘取代刘文辉成为川军最大实力派,川军内战结束。

1933 年 11 月,川军各部围攻红四方面军,至 1934 年 9 月,被毙伤 6 万人,俘虏 2 万人。

1935 年 3 月,蒋介石进入四川主持川军整编。10 月 20 日,第一期裁军基本结束,由 345 个团缩编为 166 个团。其中,刘湘所辖军队为 84 个团[2]。1936 年 2 月,杨森部调驻贵州。1937 年 7 月,川军进行第二期整编,缩编为 23 个师 9 个独立旅共 113 个团。

1935 年和 1937 年川军两次整编各军所辖军队数量表

各部	番号	1935 年 10 月	1937 年 7 月
刘湘	第 21、第 23、第 44 军,两个独立师	11 个师 5 个独立旅共 84 个团	11 个师 7 个独立旅 60 个团

---

① 1927 年 7 月,吴佩孚兵败后进入四川,鼓动杨森与唐生智联合。黄应乾等:《吴佩孚流寓四川五年中的阴谋活动》,《文史资料选辑》第 41 辑,第 189 页。

② 《整编后川军序列表》(1935 年 11 月),四川省档案馆编:《国民党军追堵红军长征档案史料选编(四川部分)》,档案出版社 1986 年版,第 29—44 页。

续表

各部	番号	1935 年 10 月	1937 年 7 月
杨森	第 20 军	3 个师 15 个团	2 个师 8 个团
刘文辉	第 24 军	3 个师 15 个团	2 个师 9 个团
孙震	第 41 军(原第 29 军)	3 个师 19 个团	3 个师 13 个团
邓锡侯	第 45 军(原第 28 军)	5 个师 24 个团	3 个师两个独立旅 16 个团
李家钰	第 47 军	1 个师 9 个团	2 个师 7 个团
合计		26 个师 5 个独立旅 166 个团	23 个师 9 个独立旅 113 个团

抗战中,川军以独立旅和保安部队等编成 11 个师,增加 8 个军的番号,即第 50、第 56、第 67、第 72、第 78、第 88、第 95 军和新编第 12 军,其中 13 个军被派往前线,3 个军留守四川、西康。

1937 年 9 月至 10 月,首批川军陆续出川,为李家钰、邓锡侯、刘湘等部 13 个师又 2 个独立旅,共 15 万人。1938 年 1 月 20 日,刘湘因胃癌去世。5 月,第二批出川军队为王缵绪、王陵基部共 8 个师。1939 年 3 月,第三批出川军队为范绍增部 1 个师和王缵绪部 4 个旅。

杨森部

第 20 军杨森部占据下川东地区。1927 年 5 月,东进湖北宜昌,进攻武汉国民政府。6 月,兵败。1928 年 1 月,因容留吴佩孚,被国民政府免去军长职,所部退入川东。1929 年 1 月 6 日,杨森败于刘湘,实力大减,避居渠县。

1935 年 10 月,第 20 军缩编为 3 个师共 15 个团。1936 年 2 月,调离四川开赴贵州。1937 年 7 月,再次缩编,保留 2 个师 8 个团。抗战期间,杨森出任第 27 集团军总司令,第 20 军转战安徽、湖南等地。1945 年 1 月,杨森改任贵州省主席。1949 年 4 月,第 20 军在皖南宣城被歼灭。重建后分别于 1949 年 12 月、1950 年 1 月在四川起义、投诚。

赖心辉部

第 22 军赖心辉部占据下川南泸州、合江、永川、纳溪、古蔺等地。1926 年 12 月 1 日,该军所属袁品文、陈兰亭等部参加泸州起义。1927 年 12 月,该军败于第 24 军,退守川黔边界。1930 年 5 月,移防鄂西。6 月,该军番号撤销,所部改编为新编第 11 师、新编第 7 旅。1931 年 8 月,新编第 11 师改称第 59 师,1932 年 12 月改造为中央军。新编第 7 旅先后改称独立第 35 旅、第 193 师,1938 年 12 月黄埔军校出身的马励武出任师长。

刘成勋部

第 23 军刘成勋部占据雅安、汉源、荥经等地。1927 年 6 月,该部被第 24 军刘文辉兼并。

刘文辉部

第 24 军刘文辉部占据川南 20 余县。1927 年 6 月,收编第 23 军大部,占西康、邛崃、雅安地区。12 月,击败第 22 军,占泸州、合江、永川、纳溪、古蔺等地。1928 年,因在内战中助刘湘,获得资中、内江、隆昌、荣昌等县。10 月,刘文辉出任四川省主席。1929 年,战败李家珏、罗泽洲等部,占据遂宁、南充、顺庆等县。中原大战期间,支持反蒋派。1932 年 10 月,驻防西康,上、下川南,川东永川、江津,北川遂宁、南充,川西温江、华阳等 81 县,兵力达 12 万之众。1932 年 10 月到 1933 年 9 月,该军与第 21 军刘湘部交战,战后退居西康,所剩兵力不过 2 万人。1935 年 10 月,整编为 3 个师共 15 个团。1937 年 7 月,再次缩编,保留两个师 9 个团。1940 年 6 月一部组成新编第 12 军开赴陕西。1942 年 6 月,撤销新编第 12 军番号。1949 年 12 月 9 日,刘文辉率第 24 军在西康起义。

邓锡侯部

第 28 军邓锡侯部占据华阳、简阳、遂宁、合川、南充、彭县、广汉、金堂、新津、灌县、新都、郫县,以及松(潘)茂(县)等广大地域。1931 年,因李家钰、罗泽洲脱离建制,邓部势力大减。在 1932—1933 年"二刘(刘湘、刘文辉)之战"中支持刘湘。1935 年 5 月,第 28 军改称第 45 军。同年 10 月,缩编为 5 个师共 24 个团。1937 年 7 月,再次缩编,保留 3 个师两个独立旅共 16 个团。抗战中,邓锡侯出任第 22 集团军总司令、川康绥靖公署主任,所属第 45 军开赴湖北等地作战,扩充第 95 军留守四川。1945 年 7 月,第 45 军番号撤销。1949 年 12 月 9日,邓锡侯率第 95 军在成都起义。

田颂尧—孙震部

第 29 军田颂尧部占据以潼川(今三台)为中心的 20 余县。1935 年 4 月,因"剿共"失败被撤职,孙震接任军长,旋改称第 41 军。同年 10 月,缩编为 3 个师共 19 个团。1937 年 7月,再次缩编,保留 3 个师共 13 个团。抗战期间,孙震出任第 22 集团军总司令,所属第 41军转战湖北。1939 年 1 月,增编新编第 5 师(1943 年撤销番号)。1948 年 12 月在河南永城被歼灭,重建后于 1949 年 12 月在四川起义。

李家钰部

1931 年,李家钰部由邓锡侯部分离而出,先后被授予新编第 6 师、第 104 师等番号。1937 年 9 月,扩编为第 47 军。抗战期间,李家钰出任第 36 集团军总司令,第 47 军转战山西、河南等地。1943 年黄埔军校出身的康庄出任所属第 178 师师长。1944 年 5 月,李家钰阵亡。1945 年 7 月,第 47 军与第 45 军合编,保留第 47 军番号。1949 年 2 月黄埔军校出身的杨熙宇出任军长。同年 12 月 21 日,该军在什邡起义。

范绍增部

1927 年 5 月,范绍增脱离杨森部投靠刘湘。1937 年失去军权。1939 年组建第 88 军,仅辖新编第 21 师,开赴皖南等地作战。1942 年 3 月,黄埔军校出身的何绍周接任军长,范绍增拒绝赴任第 10 集团军副总司令,只身返回四川。1943 年黄埔军校出身的李文密出任新编第 21 师师长。

刘存厚部

川陕边防军刘存厚部驻扎在绥定、宣汉等县,兵力较少。1929 年 7 月,编为新编第 15 师。1933 年 5 月,扩编为第 23 军。同年 10 月,刘存厚因轻弃防地被褫职查办。1935 年 10 月,该军缩编为一个师,拨隶刘湘指挥。

郭汝栋部

郭汝栋为杨森部将。1928 年 1 月 27 日,国民政府任命郭汝栋接任第 20 军军长。1929 年,该部占据西阳、秀山、黔江等 8 县,所属部队为 3 个师。1930 年中原大战时,移防鄂西。9 月,所属部队缩编为第 26 师。1934 年 9 月,第 20 军改称第 43 军。1938 年 9 月,郭汝栋辞职,第 43 军番号撤销。1943 年 12 月,黄埔军校出身的曹天戈出任第 26 师师长。

刘湘部

1926 年,刘湘占据以重庆为中心的川东地区。在宁汉对立、蒋桂战争、中原大战中,刘湘均支持蒋介石。1929 年 1 月,刘湘战败杨森,获取川东二十余县。1932 年 10 月,拉拢田颂尧、邓锡侯、李家钰、罗泽洲进攻刘文辉。1933 年 9 月,获胜后的刘湘占有川东、川南、川西地区八十余县,军队扩展至十余万人,取代刘文辉成为川军最大实力派。10 月,就任四川"剿匪"总司令,集中全力与红四方面军作战,1934 年 12 月,出任四川省主席。1935 年 10 月,所部缩编为 11 个师 5 个独立旅共 84 个团。1937 年 7 月,再次缩编,保留 11 个师 7 个独立旅共 60 个团。抗战期间,在原有第 21、第 23、第 44 军的基础上扩编了第 50、第 56、第 67、第 72、第 78 军等。1938 年 1 月 20 日,刘湘因胃癌去世,所部分化为唐式遵、王缵绪、王陵基、潘文华等部。

唐式遵部

抗战期间,唐式遵任第 23 集团军总司令,下属第 21、第 50 军,主要作战地域为皖南。抗战胜利后,第 50 军撤销番号,唐式遵改任武汉行营副主任。1949 年 5 月,第 21 军在上海被歼灭。旋重建,12 月在四川起义。

王缵绪部

抗战期间,王缵绪出任第 29 集团军总司令、四川省主席,所属第 44、第 67 军在湖南等地作战。1943 年 4 月,第 67 军撤销番号。12 月,黄埔军校出身的陈春霖出任所属第 149 师师长。1945 年所属 4 个师整编为 2 个师,保留第 44 军番号,王缵绪改任武汉行营副主任。1948 年 11 月,第 44 军及所属部队在苏北邳县被歼灭。12 月重建,改番号为第 116 军。1949 年 1 月 10 日,残部投诚。旋重建第 44 军,黄埔军校出身的陈春霖出任军长。

王陵基部

抗战期间,王陵基出任第 30 集团军总司令,所属第 72、第 78 军在江西等地作战。1942 年 6 月薛岳推荐亲信沈久成出任第 78 军军长。1942 年 3 月黄埔军校出身的江涛出任所属新编第 15 师师长。1943 年 6 月,因所部作战伤亡过大,王陵基报请撤销第 78 军番号,保留第 72 军番号。1945 年 8 月,新编第 16 师撤销番号。抗战胜利后,王陵基改任江西省主席。1946 年黄埔军校出身的杨文琭、李则尧分别出任第 72 军军长、第 34 师(原新编第 14 师)师长。1947 年 4 月 26 日,新编第 13 旅在山东泰安被歼灭。

潘文华部

抗战期间,潘文华出任川康绥靖公署副主任,兼任川陕鄂边区绥靖公署主任,所属第 56 军留守四川;所属第 23 军在皖南作战,1939 年 3 月被撤销番号,所辖两师改隶第 21 军。

1947 年 7 月撤销整编第 56 师师部,所属整编第 163 旅、第 164 旅于 1948 年 7 月被歼灭,所属新编第 17 旅改称第 234 师(1949 年 12 月 1 日,大部在广西万冈被歼灭)。

1948 年 7 月,召集旧部编成新编第 18 旅(9 月改番号为第 235 旅)。1949 年 12 月 9 日,潘文华率部在四川起义。

滇军

滇军前身为清末陆军第 19 镇。1916 年编成护国军第 1、第 2、第 3 军。

范石生部

前身为护国军第 1 军一部。1923 年 2 月,为驻粤滇军第 3 师。6 月,奉孙中山之命改编为中央直辖滇军第 2 军。1925 年 2 月,改称定滇军。1926 年 11 月,编为国民革命军第 16 军。1929 年 3 月,缩编为广东编遣区第 5 师,1930 年 2 月,改称第 51 师。1935 年,师长范石生辞职。1936 年 8 月,该师遣散,番号撤销。

朱培德部

1916 年朱培德随云南护国军第 2 军开入广东。1925 年 9 月,所部改编为国民革命军第 3 军。1927 年 5 月,增编第 9 军(1928 年 1 月改称第 31 军)。1928 年 9 月,两军分别缩编为第 7、第 12 师。1935 年 7 月,两师组成第 3 军。1937 年 2 月,朱培德病逝。1944 年 4 月黄埔军校出身的李用章、陈子干分别出任第 7、第 12 师师长。1945 年 1 月黄埔军校出身的罗历戎出任第 3 军军长。

龙云—卢汉部

1927 年 2 月 6 日,昆明镇守使龙云、蒙自镇守使胡若愚、昭通镇守使张汝骥等人讨伐唐继尧(原云南护国军第 3 军总司令)。5 月 23 日,唐病故。6 月 14 日,蒋介石任命龙、胡分任第 38、第 39 军军长,张为独立第 18 师师长。同日,胡、张扣押龙云。7 月 22 日,胡在龙部将领进逼下将龙释放。8 月 5 日,蒋介石任命胡若愚兼任第 8 路总指挥,指挥所有滇省军队。8 月 13 日,龙云被云南省务委员会推举为代理省主席。1928 年 1 月,龙云将入滇黔军周西成部驱逐出境,胡若愚退往川南依附刘文辉,张汝骥依附周西成。1 月 17 日,国民政府正式任命龙云为云南省政府主席。20 日,任命龙云为第 13 路军总指挥,免去胡若愚的第 39 军军长。1929 年 5 月,龙云派兵入黔,支持李燊战败周西成。6 月,张汝骥、胡若愚两部逼近昆明,蒋介石将胡、张二人免职查办。1930 年 1 月,龙云俘获张汝骥后将其枪决,胡若愚败退四川泸定后交出兵权只身到上海。龙云统一云南。

1930 年 8 月,滇军奉蒋介石之命出兵广西,10 月 13 日大败而归。1931 年 2 月,龙云废除各师番号,将所部改编为 4 个旅。1935—1936 年间,滇军对路过滇黔边境的红军进行防堵"追剿",龙云出任滇黔绥靖公署主任。抗战前,所部发展到 6 个步兵旅约 3.6 万人。

抗战开始后,组建 3 个军(第 58、第 60、新编第 3 军)共 6 个师北上湖北、江西等地作战,新建 1 个护卫旅和 7 个独立旅留守云南。1940 年 9 月,日军侵入越南,第 60 军开回云南,驻防开远、蒙自等地,第 58 军、新编第 3 军留驻湖南、江西作战。

1941 年,中央军陆续开赴云南,防备日军入侵。1943 年 6 月,滇军各独立旅改编为 5 个暂编师。1945 年抗战胜利后,滇军大部开赴越南受降。9 月 30 日,杜聿明奉蒋介石之命指挥第 5 军进入昆明,包围滇军。同日,裁撤滇黔绥靖公署。10 月 2 日,蒋介石下令免去龙云的云南省主席、昆明行营主任兼陆军副总司令等本兼各职,调任军事参议院院长。在 1945 年整编中,滇军驻云南、越南部队整编为第 60 军和第 93 军共 6 个师。在江西作战的两个军 4 个师缩编为 1 个军 3 个师,保留第 58 军番号。

1946 年 2 月,第 60 军和第 93 军开赴东北。1948 年 10 月,第 93 军在辽宁锦州被歼,第 60 军在吉林长春起义。第 58 军军长鲁道源靠近新桂系,在山东、河南、湖北等地作战。1949 年 2 月,中央军校出身的鲁元代理军长。同年底,该军在广西被歼灭。

1945 年 11 月,卢汉接任云南省主席,于 1949 年将云南保安部队改编为第 74 军、第 93 军。12 月 9 日,卢汉率两军在昆明起义。

黔军

黔军由贵州督军刘显世、总司令王文华及总司令袁祖铭三人接力发展起来。最初以一营巡防军为基础,北伐开始前黔军内部分成袁祖铭、王天培、彭汉章、周西成四派。1926 年 5 月,袁祖铭、王天培、彭汉章部在四川混战中失利,撤往贵州、湘西。7 月,彭汉章、王天培、袁祖铭部分别被授予国民革命军第 9、第 10、第 12 军番号。8 月,驻贵州的周西成部被授予国民革命军第 25 军番号。

彭汉章部

1926 年 9 月,第 9 军进入鄂西与直系吴佩孚部作战。1927 年 2 月 6 日,军长彭汉章在汉口被唐生智逮捕,所部被第 11 军、暂编第 7 军收编。8 月 12 日,彭汉章被唐生智枪杀。

王天培部

1926 年 9 月,第 10 军王天培部进入鄂西与直系吴佩孚部作战。1927 年 3 月,扩编为 6 个师 18 个团,旋经安徽进军鲁南。7 月下旬,由鲁南撤军南下,遭直鲁联军反攻,损失甚巨。8 月 9 日,王天培被蒋介石扣押,11 日被枪杀。12 月,部分部队开赴江西、湖北。1928 年 8 月,该军与第 46 军在江苏扬州合并缩编为第 10 师。1931 年 1 月,番号撤销。

1927 年 12 月,第 10 军第 29 师一部开赴江西,先后改编为第 31 军第 29 师、第 12 师第 36 旅、福建省防军暂编第 2 旅、新编第 4 旅、新编第 11 师、独立第 6 旅。1938 年 7 月,拨并第 26 师。

1927 年 12 月,第 10 军第 30 师一部改编为独立第 2 师,后改用第 51 师第 154 旅、第 22 军第 2 师、暂编第 19 旅、独立第 34 旅等番号,1937 年 12 月撤销番号,干部返回贵州成立预备第 13 师,旋改称第 82 师。1945 年 1 月,番号撤销。

袁祖铭部

袁祖铭接受第 12 军的番号后,迟迟不配合北伐军行动并在湘西滥委官吏。1927 年 1 月 30 日,在湖南常德被唐生智部第 8 军教导师师长周斓捕杀,所部被第 25、暂编第 7 军收编。

李燊部

1926 年 11 月,第 12 军袁祖铭一部编成暂编第 7 军,李燊任军长。1927 年 4 月,改称第 43 军。1928 年 11 月,该军返回贵州,与周西成部发生冲突,于 1929 年 7 月战败。李燊只身赴香港,残部先后改编为新编第 10 师、第 85 师,1935 年 10 月黄埔军校出身的陈铁出任师长。

周西成—毛光翔—王家烈部

1927 年 7 月,周西成出任贵州省主席,在政治上支持新桂系,并出兵云南支持胡若愚、张汝骥。1928 年 11 月,第 43 军李燊部在蒋介石支持下返回贵州。1929 年 5 月 27 日,在李燊和滇军龙云部联合进攻中,周西成受伤而亡,副军长毛光翔继任军长、省主席,仍与新桂系联络。1931 年 11 月,蒋介石支持副军长兼第 1 师师长王家烈出任军长。1932 年王家烈与毛光翔、犹国才(第 2 师师长)之间爆发内战。1933 年 1 月,内战终止,第 25 军中王家烈、犹国才、侯之担、蒋在珍各成一派。4 月,王出任省主席。1935 年初,中央军尾追红军进入贵州。5 月,第 25 军番号撤销,王家烈改任军事参议院参议。黔军作为一个军事集团已不复存在。

王家烈部改编为第 102、第 103 师,由 14 个团缩编为 6 个团;犹国才部得利于龙云的支援,改编为第 121 师。1937 年 12 月,第 103、121 师编成第 86 军,年底撤销番号。1938 年 4 月、8 月,黄埔军校出身的牟廷芳、何绍周分别出任第 121、第 103 师师长。1942 年 5 月,第 102 师改造为中央军。

侯之担被撤职查办,所部 8 个团改编为新编第 25 师,由薛岳部第 59 师副师长沈久成出任师长,1935 年 10 月改称第 140 师,1936 年 10 月黄埔军校出身的王文彦出任师长。

蒋在珍部得到刘湘援助,改编为新编第 8 师。1945 年 4 月,番号撤销。

新桂系军

新桂系军脱胎于陆荣廷的桂系部队,由李宗仁、白崇禧、黄绍竑等人创建。1923 年 7 月,孙中山委任黄绍竑为广西讨贼军总指挥,以白崇禧为参谋长。同年李宗仁将所部改名为定桂军。1924 年 6 月,李、黄两军联合成立"定桂讨贼联军总指挥部",讨伐陆荣廷,9 月获胜。11 月,孙中山命令取消"定桂讨贼联军总指挥部",改组为"广西全省绥靖处",委李宗仁为督办,白崇禧为会办。1925 年 7 月,李、黄、白打败了桂军沈鸿英部、滇军唐继尧部,统一广西。

1926 年 6 月,新桂系军改编为国民革命军第 7 军。北伐战争中,增编第 13、第 15、第 18、第 19 军。1927 年 1 月,收编唐生智部队,发展为一个军事集团。1928 年 4 月,李宗仁出任第 4 集团军总司令。北伐战争结束后,占据广西、湖北、河北等地,嫡系部队整编为第 14、第 15、第 16、第 17、第 55 师等。

1929 年 3 月,蒋桂战争爆发。4 月 1 日,李明瑞、杨腾辉等将领向蒋介石输诚,出任第 15、第 57 师师长;其余部队退往鄂西,缩编为 4 个旅,于 1930 年前后被撤销番号。

1929 年 5 月 5 日,李宗仁在广西梧州就任护党救国军总司令,进攻广东。21 日,大败。6 月,李明瑞、杨腾辉率第 15、第 57 师进入广西,李、白、黄随后通电下野。9 月 27 日,李明瑞等人通电反蒋,宣布广西独立,旋于 10 月 14 日退出南宁。杨腾辉等人欢迎李、白、黄重返广西。11 月下旬,李宗仁在南宁成立护党救国军总司令部,支持张发奎进攻广东。1930 年初,收编湘军团长唐生明,授予第 8 军番号。5 月,联合张发奎部出兵湖南。6 月 3 日,攻占长沙。7 月 4 日,败退广西。10 月,击败入境的滇军龙云部。1931 年 5 月,与广东一起宣布独立,对峙南京国民政府,军队编为第 4 集团军,下辖第 4、第 7、第 8、第 15。1932 年,裁撤第 8 军,第 4 军张发奎部北上向蒋介石输诚。1934 年,新桂系军一部赴赣南参加对中央苏区的第五次"围剿"。同年底在桂北、湘南、黔东等地围追堵截红军长征。1937 年 3 月 3 日,接受国民政府改编,依国军番号编为第 7、第 48 军,共 7 个师,结束了与蒋介石长达 8 年的对峙。

抗战开始后,李宗仁出任第 5 战区司令长官、汉中行营主任等职,白崇禧出任军训部长、桂林行营主任等职,新桂系扩充至 5 个军,即第 7、第 31、第 46、第 48、第 84 军共 14 个师,主力在大别山周边地区作战,一部留守广西。1944 年至 1945 年,缩减为 3 个军共 8 个师。抗战胜利后,白崇禧先后出任国防部长、华中"剿匪"总司令等职。1948 年 4 月,李宗仁出任中华民国副总统。新桂系陆续增编第 56、第 125、第 126 军等。1949 年底,大部在湖南、广西被歼灭,残部逃亡越南等地。

粤军

1920 年 11 月,广东民军、援闽粤军[①]等统称粤军。1922 年 6 月,粤军陈炯明部与孙中山分裂。1924 年 6 月,支持孙中山的粤军改称"建国粤军"。1925 年 9 月,建国粤军第 3 师及第 2 师第 3 旅被蒋介石缴械;建国粤军第 4 师等编为国民革命军第 3 师,拨隶第 1 军。10 月,建国粤军第 1 师扩编为国民革命军第 4 军。11 月,建国粤军第 2 师一部改编为独立第 2 师,拨隶第 1 军。

李济深—陈济棠—余汉谋部

1925 年 10 月,建国粤军第 1 师改编为国民革命军第 4 军,李济深出任军长。1926 年 7 月,该军所属第 10、第 12 师陈铭枢、张发奎部参加北伐,脱离建制。1927 年宁汉对立中,李济深支持蒋介石。10 月,吞并第 5 军李福林部。

1929 年 3 月蒋桂战争前夕,李济深被蒋介石囚禁,所部由陈济棠统率,改编为第 58、第 62、第 63 师。1931 年 6 月,广东与广西宣布独立。陈济棠部扩充为第 1 集团军,辖 3 个军 6 个师、1 个教导师、2 个独立师、5 个独立旅。1932 年起,一部在赣南参加对中央苏区的"围剿"。1933 年 10 月,各军增辖 1 个师。1936 年 6 月 2 日,两广为抵制整编提出北上抗日,两广事变爆发。6 月 25 日,陈部扩编至 5 个军共 78 个团。

蒋介石支持余汉谋接管粤军。1936 年 7 月 18 日,陈济棠辞职。8 月 3 日,余汉谋将粤军 16 个师并编为 10 个师又两个旅共 64 个团。1937 年 4 月 1 日,再一次缩编,保留 44 个团。抗战全面爆发后,余汉谋出任第 12 集团军总司令,所部增编 2 个师,组成 6 个军:第 62、第 63、第 64、第 65、第 66、第 83 军。其中,第 64、第 66、第 83 军北上参加淞沪抗战、南京保卫战、武汉会战等。1938 年 10 月广州失守后,3 个军调回广东。1939 年 1 月,第 83 军番号撤销。1940 年 1 月,第 66 军在桂南会战后番号撤销。8 月,余汉谋出任第 7 战区司令长官,指挥第 62、第 63、第 65 军驻守广东。第 64 军由张发奎率领长期驻守广西。

抗战胜利后,余汉谋调任衢州绥靖公署主任、陆军总司令,失去对所部的直接控制。第 63、第 64 军转战华东战场,于 1948 年 12 月在苏北被歼灭。第 62 军开赴华北战场,1949 年 1 月在天津被歼灭(所属第 157 师在北平和平改编)。第 65 军转战苏北、鲁南、关中等地,于 1949 年底在四川被歼灭。

1949 年,余汉谋出任广州绥靖公署主任、华南军政公署长官,在广东和海南岛重建第 62、第 63、第 64 军。同年 10 月,余汉谋率部撤退,大部被歼灭,余部退往海南岛。1950 年 5

① 该军肇始于 1917 年。时任广东省省长的朱庆澜将其所属亲军 20 个营交给陈炯明。这支部队因受到桂系军阀陆荣廷的排挤,离开广东进入福建,改称"援闽粤军",陈炯明担任总司令。

月，粤军残部撤往台湾。

张发奎部

1927 年 4 月 18 日，武汉中政会免去李济深第 4 军军长职，以张发奎继任。9 月，张发奎率第 4 军由江西返回广东，与李济深发生冲突，12 月兵败。1928 年初，张发奎北上山东追随蒋介石参加北伐。北伐战争结束后，所部缩编为第 4 师。1929 年 9 月 17 日，张发奎率部在湖北宜昌反蒋，经湘西进入广西，与新桂系联合。1929 年底进攻广东，1930 年 5 月进攻湖南，均以失败告终。1932 年初，北上投奔蒋介石，恢复第 4 军番号，下辖第 90 师。1934 年 3 月，增辖第 59 师（1945 年，黄埔军校出身的李子亮出任师长）。

抗日战争中，第 4 军在湖南等地作战。张发奎出任第 4 战区司令长官、第 2 方面军总司令等职，先后在广东、广西指挥作战。抗战胜利后，张发奎出任广州行营主任。1947 年底，改任战略顾问委员会委员。1949 年 4 月，第 4 军在皖南被歼灭。

陈铭枢部

1926 年 11 月，第 4 军所属第 10 师陈铭枢部在湖北武汉扩编为第 11 军。在 1927 年宁汉对立中，陈铭枢支持蒋介石。1927 年 12 月，该军经江西、福建返回广东。1929 年 9 月，缩编为第 60、第 61 师。1930 年中原大战期间转战湘南、山东，被授予第 19 路军、第 19 军等番号，战后调江西参加对中央苏区的"围剿"。1931 年 7 月，增编第 78 师。年底，调驻淞沪地区。1932 年初，参加对日作战。同年 4 月，调福建继续"围剿"中央苏区。1933 年 12 月，陈铭枢举兵反蒋。1934 年 1 月，各师被分散调离，改造为中央军。

李福林部

1911 年，李福林在家乡广东番禺组建 2000 余人的民军。1920 年，所部称福军。1922 年 10 月，改编为东路讨贼第 3 军。1924 年更名为建国粤军第 3 军。1925 年 8 月，改称国民革命军第 5 军。1927 年 10 月，该军被李济深吞并。

湘军

湘军由晚清湖南新军演变而来，辛亥革命后由谭延闿统率。1917 年，孙中山委任程潜为湖南护法军总司令。1919 年 6 月，在谭延闿压迫下，程潜去职，带着不及千人的队伍，到广州投靠孙中山。1920 年 11 月中旬，湘军中拥护程潜的李仲麟、廖家栋等人发动兵变，谭延闿为形势所迫离开湖南，湘军由赵恒惕接掌，后分化为唐生智、贺耀祖、叶开鑫等部，各部均加入国民革命军。

程潜部

程潜投奔孙中山，先后出任广州军政府陆军部次长、大本营军政部长。1924 年 10 月 6 日，被孙中山任命为建国军攻鄂军总司令，所部编为 4 个旅。1926 年 1 月，改编为国民革命军第 6 军。1927 年 4 月,所属第 19 师被蒋介石解散。8 月,第 6 军改称第 18 军。10 月番号撤销。

1927 年 4 月,程潜在武汉重建第 6 军。1928 年 8 月,该军离散,大部投奔何键。

抗战期间,程潜先后出任第 1 战区司令长官、天水行营主任等职务。抗战胜利后,出任武汉行营主任。1948 年 6 月出任湖南省主席、长沙绥靖公署主任,负责组建第 14、第 102 军。1949 年 8 月 4 日,与陈明仁率第 1 兵团在长沙起义。

谭延闿部

1922 年,谭延闿投奔孙中山。1923 年 7 月 16 日,被任命为湖南省长兼湘军总司令。1926 年 3 月,代理国民政府主席。自此,鼎力支持蒋介石。4 月,出任国民党中央政治委员会主席。1928 年 2 月,出任国民政府主席。10 月,改任行政院院长。1930 年 9 月,去世。

1925 年 8 月,谭部改编为国民革命军第 2 军。1927 年 5 月增编第 13 军(1928 年 1 月改称第 14 军)。北伐战争结束后,两军分别缩编为第 18 师、第 50 师。1929 年 11 月,扩编新编第 20 师(1930 年 2 月改称第 53 师)。1933 年 5 月,扩编第 46 师。

1932 年 2 月,第 18、第 50 师组成第 4 军,旋改称第 22 军。1938 年 7 月,该军番号撤销,黄埔军校出身的李芳郴、张琼分别出任两师师长。

1930 年 8 月 5 日,第 53 师编成第 16 军。1938 年 8 月,军、师番号撤销。

1938 年 2 月,黄埔军校出身的桂永清出任第 46 师师长。

唐生智部

1926 年 6 月,湖南陆军第 4 师唐生智部改编为国民革命军第 8 军。该军在攻占湖南、湖北的过程中急剧扩充,先后增编第 18、第 35、第 36 军。在 1927 年宁汉对立中,唐生智支持武汉国民政府,6 月被任命为第 4 集团军总司令。8 月,出兵安徽,讨伐南京国民政府。11 月,在南京国民政府西征军压迫下,唐生智下野,所部退入湖南,接受新桂系收编。1928 年初,第 18 军改称第 12 军,另组第 17 军。6 月,第 17、第 36 军由白崇禧率领赴河北参加北伐。北伐战争结束后,唐部缩编为第 19、第 51、第 52、第 53 师等。1929 年 3 月,蒋桂战争爆发,第 52 师被撤销番号。唐生智在蒋介石的支持下东山再起,赴河北接管旧部,重建第 8 军,开赴河南讨伐西北军。同年 12 月,唐生智举兵反蒋。1930 年 1 月 13 日,所辖第 51 师、第 53 师被缴械,至此,唐生智失去军权。

唐生智余部编为独立第 3 旅(后改称新编第 21 师、第 23 师。1938 年 10 月,黄埔军校出身的李楚瀛出任师长)、独立第 4 旅(后改称新编第 22 师、第 77 师。1938 年 11 月,陈诚的亲信柳际明出任师长)。

何键部

何键原为唐生智部第 35 军军长。1928 年 9 月,第 35 军缩编为第 19 师。1929 年 3 月蒋桂战争中,蒋命令何键重组第 52 师(同年 11 月撤销番号),收拢流散在湘鄂之间的新桂系、唐生智、程潜等残部,编成新编第 7、第 8 师(后分别改称第 15、第 16 师);扩充了新编第 31、第 32 师(后分别改称第 62、第 63 师)。何键部参与了对中共湘鄂赣、湘赣等苏区的围攻和对长征红军的尾追堵截。1936 年 8 月,第 16、第 19、第 63 师由部将刘建绪率领自云南开赴闽浙赣皖边区。1937 年 11 月,何键出任第 3 战区副司令长官,旋改任内政部长,失去对所部的掌管。

1940 年 12 月、1941 年、1945 年 1 月、1945 年 6 月、1945 年 6 月,黄埔军校出身的曹振铎、赵锡田、杨荫、梁化中、刘勋浩分别出任第 16、第 63、第 19、第 15、第 62 师师长。

抗战开始后,何键部增编第 107、第 192 师。1942 年 10 月、1944 年底,黄埔军校出身的黄华国、曾振分别出任师长。

何键部先后被授予第 28、第 70、第 73 军番号。1945 年,黄埔军校出身的李良荣、陈颐鼎、韩浚分别出任各军军长。

叶开鑫部

1927 年 3 月,湖南陆军第 3 师叶开鑫部在皖南宣城改编为国民革命军新编第 5 军。4 月 28 日,改称第 44 军。1928 年 7 月 18 日,该军在湖北武汉被李宗仁第 7、第 19 军缴械遣散。

贺耀祖部

1926 年 8 月 26 日,湖南陆军第 1 师贺耀祖部改编为国民革命军独立第 2 师。1927 年 3 月,扩编为第 40 军。1928 年 5 月,济南惨案后,贺耀祖被免职。8 月,第 40 军缩编为第 8 师。

1932 年 8 月,第 8、第 24 师(1930 年 10 月,由原第 35 军一部改编而成)在江西编成第 37 军。1937 年 11 月,该军改番号为第 76 军。1938 年 7 月和 10 月、1939 年 2 月,黄埔军校出身的李铁军、杨光钰、袁朴分别出任第 76 军军长、第 24 师师长、第 8 师师长。

陈渠珍部

1930 年 12 月,盘踞湘西的陈渠珍部改编为新编第 34 师。1937 年 10 月,改称第 128 师。1938 年 7 月,番号撤销。1939 年 6 月,该师伤愈回籍官兵编成暂编第 6 师。1945 年 4 月,黄埔军校出身的留光天出任师长。

中央军

中央军指的是由黄埔军校毕业生充任各级军官的军队,肇始于黄埔教导团。1925 年 8 月组建国民革命军第 1 军。1926 年北伐战争开始前,第 1 军拥有 5 个师。1927 年 9 月发展到 9 个师,扩编为第 1、第 9、第 32 军。黄埔军校第一期毕业生孙元良、李延年、郑洞国、桂永清、蒋先云、王世和、俞济时等出任团长,其中胡宗南、范汉杰出任师长。

1928 年北伐战争结束后,中央军与其他部队混编为第 1、第 2、第 3、第 9、第 11 师共 5 个师。至抗战开始前,扩充至 35 个师。扩充的方式除新建部队外,还包括对其他派系部队的改造,后者主要通过三种方式完成。第一:将行伍出身的连排长分批抽调进入军校补习,以黄埔军校毕业生补其缺。再将旅团长调军校补习,以该部队黄埔军校毕业的副主官补其缺。第二:首先将中央师与杂牌师的副旅长团附等互调,调查内情。其次将双方各旅中对调一团,最后将部队移防,更换主官。第三:首先更换其部队主官,稍后再逐步更换中下级军官。

抗战前,黄埔军校第一期毕业生李延年、李默庵、关麟徵、刘戡、王敬久、孙元良、夏楚中、宋希濂、陈琪、桂永清、蒋伏生、霍揆彰、李树森、黄杰、李玉堂、黄维、王仲廉、梁华盛、李铁军、陈铁、侯镜如、甘丽初、李及兰、张雪中、陈沛、李仙洲、陈明仁等人升任师长、副师长。1936年 9 月,胡宗南升任第 1 军军长,成为黄埔生中第一个出任军长者。

抗战前,中央军中最为引人瞩目的是陈诚集团的形成。1930 年陈诚由第 11 师师长兼任第 18 军军长,先后增辖第 14、第 52、第 43、第 59、第 98 师,扩编 67、第 94 师。

抗战期间,黄埔军校毕业生纷纷出任军长,李仙洲、陈铁、黄维、王仲廉、李铁军、陈沛、杜聿明、王耀武、郑洞国、范汉杰、丁德隆、陈大庆、董钊、李文等人出任集团军总司令,胡宗南出任战区司令长官。

至 1945 年底,中央军扩充至 129 个师,占国军总数的一半,形成了陈诚、胡宗南、汤恩伯三大军事集团。

陈诚先后出任第 15 集团军总司令、第 3 战区前敌总指挥、武汉卫成总司令、军事委员会政治部部长、湖北省主席、航空委员会委员、中央训练委员会主任委员、三民主义青年团中央团部书记长、中央训练团教育长、第 9 战区司令长官、第 6 战区司令长官、远征军司令长官、第 1 战区司令长官兼冀察战区总司令、军政部长等职务。所属第 18 军扩编为 3 个军,即:第 18、第 54、第 79 军,其亲信出任第 75、第 94、第 99 军军长,笼络的部队有粤军第 4 军、晋绥军第 32 军、东北军第 53 军等。

胡宗南先后升任第 17 军团军团长、第 34 集团军总司令、第 8 战区副司令长官、第 1 战区副司令长官、司令长官。在黄埔将领中,胡宗南升迁较快,最早出任集团军司令(1939 年 8月)和战区司令长官(1945 年 1 月)。胡奉命举办中央陆军军官学校第七分校、国民政府军事委员会战时工作干部训练第四团、陆军大学西北参谋班、游击干训班、骑兵学校、特种兵联合学校、军医学校、警官学校、将校训练班、中美训练班等各种培训机构,利用毕业学生和招募士兵编组了 25 个师之多,再以上述各师成立第 16、第 42、第 36、第 57 军、第 91、新编第 2、暂编第 4、暂编第 5 军等。胡部长期坐镇西北,阻挡日军西进,钳制中共军队、马家军、晋绥军,成为国军最大的一支战略预备军。

汤恩伯于 1935 年 9 月出任第 13 军军长。抗战全面爆发后出任第 20 军团军团长、第 31集团军总司令、鲁苏皖豫边区总司令、第一战区副司令长官、黔桂湘边区总司令、第 3 方面军司令官,成立了第 29、第 78、第 85、第 89、暂编第 9、暂编第 15 军等。

抗战胜利后,中央军成为内战各个战场的主力,至 1949 年底大部被歼,一部分别由浙江舟山、福建、广东、海南岛撤往台湾,其番号包括第 5、第 18、第 19、第 25、第 52、第 54、第 67、第 74、第 85、第 87、第 99 军等。

直鲁联军

李景林与张宗昌两部均属奉军杂牌。1924年12月、1925年4月,二人先后出任直隶军务督办和山东军务督办,并将部队改称直军和鲁军。1925年12月,两部联合,改称"直鲁联军",二人分任正、副总司令。1926年5月,张宗昌、褚玉璞任正、副司令。11月,联军南下上海、南京等地支援孙传芳,对抗北伐军。1927年5月,联军北撤。10月,沿陇海路进攻豫东。1928年4月,败于西北军,大部退守河北,部分退居胶东。6月11日,在天津的部队被阎锡山收编为第3集团军第6军团,后于7月8日移交蒋介石统辖。9月,退居滦东的残部被歼灭,张宗昌、褚玉璞下野。1929年初,张宗昌、褚玉璞率旧部返回胶东,被刘珍年击败。

徐源泉部

北伐战争结束后,第6军团第11军等部缩编为第48师,1929年12月成立第10军,徐源泉先后任师长、军长。1931年5月,增编第41师。该部长年在湖北等地参加"剿共",徐源泉担任鄂北"剿匪"总指挥、鄂西"剿匪"总指挥、鄂湘川边区"剿匪"总司令。全面抗战爆发后,徐出任第26集团军总司令。1939年1月被撤职查办,第10军、第48师番号撤销,官兵合并到第41师。1949年,黄埔军校毕业的邹煜南出任第41师师长。

孙殿英部

1928年12月,第6军团第12军孙殿英部缩编为新编第2旅,由河北移驻皖北。1929年11月扩编为新编第18师。12月,在河南附和唐生智反蒋。1930年1月9日在西平战败。1月14日,孙殿英通电就任阎锡山所委第14军军长。3月,接受蒋介石所委第27军军长。当月,跟随阎锡山反蒋,据守安徽亳县。10月兵败退至河南焦作。

1931年6月,孙部改编为第40师。9月,孙出任第41军军长。1933年6月,孙殿英被国民政府任命为青海屯垦督办。赴宁夏途中,部队扩编为1个步兵军和1个骑兵军,人数近5万。1934年初,进军宁夏失利。2月7日,孙被撤去军长职,第41军及所属第40师番号取消,官兵被晋绥军收编。

1936年,孙殿英受察哈尔省主席、第29军军长宋哲元之邀出任察北保安司令。1937年抗战爆发后,兼任冀北民军司令。1939年4月,所部在豫北改编为新编第5军。1943年5月14日,孙殿英公开投敌,该军番号撤销。抗战胜利后,孙殿英再次向蒋介石输诚。1947年5月,在河南汤阴被解放军俘虏。

刘珍年部

1928年9月,北平行营以蒋介石的名义任命直鲁联军将领刘珍年为暂编第1军军长。此后,刘部先后被授予新编第3师、第21师、第17军等番号。中原大战后,保留第21师番号,驻防胶东。1932年9月,与韩复榘因争夺地盘而开战。同年11月,奉命调往浙江。1933年4月,一部改编为独立第45旅。5月,刘珍年被蒋介石软禁,后于1935年5月13日被枪决。1936 年 4 月黄埔军校出身的李仙洲出任第 21 师师长。1939 年 5 月,独立第 45 旅扩编为新编第 30 师。1942 年 10 月,撤销番号。

五省联军

1923 年 3 月,直系将领孙传芳出任福建军务督理,率部入闽。1924 年 9 月,江浙战争爆发,孙出兵占据浙江。1925 年 10 月,起兵驱逐苏、皖等地奉军。11 月,在南京宣布成立浙、闽、苏、皖、赣五省联军,自任总司令,成为直系后期最具实力的军事集团。1926 年 8 月,分兵三路入赣,11 月 8 日战败后退保江、浙。1927 年 5 月下旬,由江苏南通、扬州北撤。6 月 9 日,退往鲁南。8 月初,回师南下。8 月 17 日,抵达长江北岸。8 月 31 日,在龙潭战败。9 月 2 日北撤。1928 年 4 月,在鲁西南战败。6 月初,集结天津附近,郑俊彦、李宝璋等部被阎锡山改编为第 3 集团军第 5 军团。7 月 8 日,第 5 军团移交蒋介石统辖。9 月,退居滦东的残部被歼灭,孙传芳下野。

王金钰部

北伐战争结束后,第 5 军团缩编为第 47 师,后于 1929 年 12 月成立第 9 军,王金钰任师长、军长。1930 年中原大战结束后,王金钰率部赴江西"剿共",出任湘鄂赣边区清乡"剿匪"督办,第 47 师一部扩编为第 43 师。1931 年 6 月,王金钰辞去军职。1932 年 1 月、1942 年 3 月、1944 年 2 月,陈诚亲信刘绍先、黄埔军校出身的陈瑞河和杨蔚分别出任第 43 师师长、第 9 军军长、第 47 师师长。

曹万顺部

1926 年 10 月,福建陆军第 3 师改编为国民革命军第 17 军。1928 年 7 月,该军大部和北伐军总司令部警卫团合并缩编为第 11 师。1929 年 7 月,陈诚出任师长。

赖世璜部

江西陆军第 4 师赖世璜部先后被授予国民革命军独立第 1 师、第 14 军、独立第 37 师、第 5 师等番号。1927 年 9 月 14 日,赖世璜被免去军长职务,12 月 31 日被枪决。1933 年 9 月,第 5 师一部扩编为第 96 师。1933 年 9 月,两师在江西编成第 36 军(1940 年 2 月番号撤销)。1938 年 9 月,扩编第 167 师。1938 年 10 月,第 5 师改番号为新编第 23 师(1944 年 12 月番号撤销)。1940 年 5 月、1943 年 1 月黄埔军校出身的周士冕、黄翔分别出任第 167、第 96 师师长。

夏超部

1926 年 10 月 7 日,浙江省省长夏超被任命为国民革命军第 18 军军长,其所属部队为浙江保安总队的 3 个团。10 月 20 日,夏超兵败身亡,该军溃散。

周凤岐部

1926 年 12 月,浙江陆军第 3 师周凤岐部被授予国民革命军第 26 军番号。1927 年 9 月 30 日,周辞军长职。1928 年 8 月,该军缩编为第 6 师。1931 年 6 月,在江西成立第 8 军,下辖第 6 师。1935 年 8 月,第 8 军番号取消。1937 年 8 月,在上海成立第 75 军,下辖第 6 师。1941 年 3 月和 11 月,陈诚的亲信施北衡、黄埔军校出身的沈澄年分别出任军长、师长。

陈仪部

1926 年 12 月 17 日,浙江陆军第 1 师陈仪部被授予国民革命军第 19 军番号。12 月 22 日,陈仪被孙传芳拘押。1927 年 3 月中旬,该军番号撤销。

刘宝题部

1927 年 2 月,江西陆军第 3 混成旅刘宝题部在安徽祁门被授予国民革命军新编第 3 军番号。10 月,番号撤销。

王晋部

1927 年 3 月,安徽陆军第 3 混成旅王晋部被授予国民革命军第 27 军番号。10 月,番号撤销。

马祥斌部

1927 年初,蒋介石收编安徽陆军第 2 混成旅马祥斌部为国民革命军独立第 5 师。该师收编皖军第 4 旅全部及第 1 旅一部。6 月 17 日,该师扩编为暂编第 11 军。8 月 4 日,马祥斌被部下劫持至直鲁联军。11 月 8 日,被枪决,该军缩编为独立第 5 师。1929 年 1 月,并入第 56 师。1947 年 10 月,由黄埔军校出身的王有湘出任师长。

陈调元部

1927 年 3 月,中央(北洋)陆军第 6 师与安徽陆军第 2、第 4 混成旅及第 1 混成旅一部编为第 37 军,陈调元任军长。北伐战争结束后,缩编为第 46、第 55 师。1939 年 5 月,陈调元出任山东省主席。1930 年 4 月,第 46、第 55 师组成第 26 军。9 月,陈调元改任安徽省主席,增编第 57 师。1932 年 3 月至 5 月,第 46 师、第 55 师在六安苏家埠附近被红军歼灭大部,陈调元辞省主席职,并失去军权。同年 12 月,第 26 军番号撤销,第 46 师缩编为独立第 43 旅(1936 年撤销番号)。1934 年 12 月,陈调元调任军事参议院院长。1937 年 8 月,第 55、第 57 师在上海编成第 69 军。12 月,番号撤销。1938 年 2 月陈诚亲信李及兰、施中诚分别出任第 55 师、第 57 师师长。

直系吴佩孚部

直系吴佩孚部在北伐战争前驻防河南、湖北等省。1926年8月至10月,该部在湖北大败,退入河南。12月6日,吴佩孚决意联奉(军),遭到部将靳云鹗、田维勤等人反对。靳云鹗等人先后与北伐军沟通,于1927年3月成立河南保卫军。因所部多附靳,吴佩孚率卫队西去,于7月入川,自此失势。

1926年9月6日,湖北陆军第2师师长刘佐龙在湖北汉阳献城投降,所部被授予国民革命军第15军番号。1927年8月,番号撤销。

1927年2月,国民政府任命靳云鹗为第29军军长兼豫鄂边防督办,下辖4个师。5月,改隶西北军,靳云鹗任第2集团军第2方面军总指挥(9月6日,冯玉祥将其免职,当月将其部击溃)。

1927年4月,河南保卫军第15军贺国光部(前身为河南陆军第9师第1旅)改编为新编第4军。秋,该军番号撤销。

1927年5月12日,武汉国民政府任命吴佩孚部将段国璋为第41军军长。当月,被北伐军缴械。

1927年6月,中央(北洋)陆军第27师秦德纯部改编为第2集团军第23军。北伐战争结束后并入西北军。

1927年7月,武汉国民政府任命张联陞(1926年10月,直系陆军暂编第5师师长兼襄郧镇守使张联陞接受国民革命军第9师番号)为第14军军长。张部后被冯玉祥收编,同年撤销番号。

陕西地方部队

杨虎城部

1911年武昌起义爆发后,杨虎城率会众参加陕西民军与清军作战。1916年参加陕西护国军。1917年参加护法战争。1924年北京政变后,任陕北国民军前敌总指挥,先后率部击败镇嵩军和陕西督办吴新田部,遂任国民军第三军第3师师长。1926年4月至11月,与国民军第二军李虎臣等部联合坚守西安孤城,抗击镇嵩军。1927年初就任国民军联军第10路军司令,旋改任国民革命军第2集团军第10军军长,率部东出潼关会攻河南。1929年5月,向蒋介石输诚。1930年10月,被任命为陕西省主席。1932年,拥有第17、第42师以及3个警备旅和直属部队。

1934年6月,蒋介石下令将第17师所属第49旅杨渠统部改编为新编第5师,移驻河南,脱离杨虎城统辖。1936年12月西安事变后,第7军及所属第42师、第38军第17师第49旅王劲哉部、警备第2旅等脱离杨虎城,余部由孙蔚如统领,在抗战爆发后编成第38、第96军共4个师,组成第4集团军,孙蔚如出任总司令。1944年2月,黄埔军校出身的张耀明出任第38军军长。1945年6月,两军合编,保留第38军的番号,下辖第17、第55、第177

师。同月,孙蔚如调任第 6 战区司令长官,抗战胜利后改任武汉行营副主任。1946 年 5 月、1947 年 3 月黄埔军校出身的姚国俊、王作栋分别出任整编第 55、第 17 旅旅长。1949 年 12 月,第 177 师在四川起义。

1937 年,杨虎城被迫出国考察,同年底回国后被软禁,1949 年 9 月被害身亡。

杨渠统部和王劲哉部

1937 年 1 月,新编第 5 师杨渠统部改称第 167 师。9 月,第 167 师、新编第 35 师(由第 17 师第 49 旅王劲哉部编成)在安徽编成第 50 军。11 月,黄埔军校出身的薛蔚英出任第 167 师师长。12 月,第 50 军撤销番号。1938 年 9 月,新编第 35 师改称第 128 师。1943 年 2 月 25 日,该师在湖北咸宁遭到日伪重兵围攻,师长王劲哉被俘,该师番号撤销。

冯钦哉部

1937 年 1 月,第 42 师冯钦哉部扩编为第 42、第 169 师。1939 年 1 月,组建第 98 军。3 月,冯钦哉出任第 14 集团军总司令。10 月,改任第 1 战区副司令长官,失去兵权。1942 年 3 月、8 月,黄埔军校出身的曹玉珩、彭克定分别出任第 169、第 42 师师长。1944 年底,第 98 军番号撤销。

高桂滋部

该军源于陕西靖国军。1919 年时该部为陕西靖国军总司令部直辖步兵营。1922 年,高部随陕西陆军第 1 师胡景翼出潼关。1924 年,扩编为国民二军第 3 补充旅。1926 年,改编为河南毅军第 5 混成旅。1926 年 12 月,改编为国民革命军独立第 8 师。1927 年 6 月,扩编为暂编第 19 军。1928 年 1 月,改称第 47 军。1930 年,因参加反蒋被取消番号。1931 年,被张学良收编为第 84 师。1934 年 10 月后长驻陕西。1947 年,黄埔军校出身的何文鼎出任师长。

井岳秀部

1911 年为陕西北路巡防军三大队,井岳秀任统领。1923 年为国民三军第 3 师,1924 年为陕西陆军第 1 师,1927 年为国民军联军第 9 路军。1928 年,编为第 2 集团军第 9 军。1931 年 12 月,改称第 86 师。长期驻守陕西榆林。1936 年 2 月 1 日,井岳秀因手枪走火身亡。1938 年 7 月,以第 86 师为基干编成第 22 军。1949 年 9 月 19 日,该军在绥远接受和平改编。

河南地方部队

樊钟秀部

樊钟秀部为河南地方部队。1924 年 10 月,被孙中山授予建国豫军番号。1925 年加入国民二军。1926 年 9 月、1927 年 6 月,先后拒绝蒋介石的授予的第 13 军、第 45 军番号。

1928 年 4 月,攻击西北军。10 月初,兵败退入皖北蒙城一带,樊钟秀通电下野。12 月 8 日,该军在涡阳、蒙城溃散。1930 年初,樊钟秀召集旧部参加反蒋,后于 6 月被炸身亡。9 月,所部在河南太康改编为新编第 5 军。11 月,缩编为新编第 20 师。1937 年 7 月,改称第 166 师。1938 年 2 月,黄埔军校出身的马励武出任师长。

1926 年 9 月,原樊钟秀部旅长任应岐被任命为国民革命军第 12 军军长。1928 年 12 月,所部缩编为第 49 师。1930 年 2 月,任应岐参加反蒋,第 49 师被撤销番号,以其一部改编为新编第 14、新编第 25 师。11 月,新编第 14 师番号撤销,官兵补充新编第 25 师。1931 年 7 月,新编第 25 师改称第 45 师。1937 年 10 月,番号撤销。

镇嵩军

镇嵩军是 1912 年由豫西地方部队组成的军队,同年刘镇华出任统领。1925 年 4 月,被国民二军战败。1926 年初,进军陕西。11 月,在西安败于西北军。1927 年 5 月该军加入西北军,编为国民革命军第 2 集团军第 8 方面军,下辖第 23、第 26、第 28 军。1929 年 5 月,投靠蒋介石。1930 年初随阎锡山反蒋。5 月,刘茂恩(刘镇华之弟)率一部再次投蒋,被任命为第 15 军军长,下辖第 64、第 65 师。1941 年 4 月黄埔军校出身的李纪云出任第 65 师师长。1944 年 6 月,刘茂恩出任河南省主席。1947 年 10 月至 11 月,整编第 15 师师部及第 64 旅在河南被歼灭。

1930 年 8 月,蒋介石任命张钫为讨逆军第 20 路军总指挥,负责收编河南各部队(多为镇嵩军旧部)。张钫以王振、张治公、宋天才等为第 27、第 29、第 32 军军长,李万如、范龙章、赵冠英、王殿阁、李万林、王凌云等为师长。中原大战结束后,第 20 路军缩编为第 75、第 76 师。1938 年 8 月,张钫出任军事参议院副院长,失去军权。1945 年 1 月,第 75 师被裁撤。2 月,黄埔军校出身的刘平出任第 76 师师长。

参考文献

一、档案资料

（一）中国第二历史档案馆藏档案

《105 师在沧州、上海、无锡、宣城战役》，全宗号 787，案卷号 6556

《189 师在大别山》，全宗号 787，案卷号 6667

《193 师肖（萧）重光部抗战以来参加重大战役时间地点》，全宗号 787，案卷号 6561

《61 军八年抗战纪实》，全宗号 787，案卷号 6747

《65 军及 158、159 师在湖南》，全宗号 787，案卷号 6661

《74 军抗战以来参战经过概要》，全宗号 787，案卷号 6551

《90 军八年抗战纪实：作战经验与观感》，全宗号 787，案卷号 6753

《第 105 师战史资料》，全宗号 787，卷宗号 6771

《第 108 师抗战期间行动参战经过概见图表及战斗伤亡损耗补充战绩表》，全宗号 787，案卷号 6665

《第 108 师沿革史》，全宗号 787，案卷号 16805

《第 10 军第 190 师六年抗战行动》，全宗号 787，案卷号 6647

《第 10 师历史及沿革略历》，全宗号 787，案卷号 16800

《第 119 师沿革史》，全宗号 787，案卷号 16806

《第 12 军 111 师沿革史部队简介史等史料》，全宗号 787，案卷号 16782

《第 13 师作战史略》，全宗号 787，案卷号 16736

《第 143 师沿革史》，全宗号 787，案卷号 16807

《第 152 师抗战纪实》，全宗号 787，案卷号 6764

《第 153 师抗战纪实》，全宗号 787，案卷号 6765

《第 159 师简史及京沪线抗战纪实》，全宗号 787，案卷号 16808

《第 15 师战史》，全宗号 787，案卷号 16741

《第 160 师莫福如部抗战期间行动概见表及要图》，全宗号 787，案卷号 6662

《第 16 军历史概况》，全宗号 787，案卷号 16783

《第 184 师参战经过概要及战绩损耗表》,全宗号 787,案卷号 6684

《第 186 师八年抗战各阶段作战纪实》,全宗号 787,案卷号 6766

《第 1 集团军历史概要及史料》,全宗号 787,案卷号 16770

《第 20 军抗战史料》,全宗号 787,案卷号 6773

《第 20 军历史概要》,全宗号 787,案卷号 16784

《第 21 军战史资料》,全宗号 787,卷宗号 6774

《第 21 师战史略纪》,全宗号 787,案卷号 16737

《第 26 军 32、41、134 师在赣、湘行动概见图表》,全宗号 787,卷宗号 6649

《第 26 军 41 师黄继陶部行动概见表及战绩表》,全宗号 787,卷宗号 6652

《第 27 集团军抗战时期各阶段作战经过及经验教训》,全宗号 787,案卷号 6544

《第 2 战区各部队沿革史》,全宗号 787,案卷号 16766

《第 30 军抗战纪实》,全宗号 787,案卷号 6745

《第 32 军及各师沿革略史》,全宗号 787,案卷号 16785

《第 33 军 73 师在山西省行动概见图表》,全宗号 787,卷宗号 6657

《第 36 军赵锡光部编成及行动图表》,全宗号,案卷号 6629

《第 3 集团军所属各部队编成历史概况报告书》,全宗号 787,案卷号 16772

《第 40 师陈士章部行动概见表》,全宗号 787,卷宗号 6651

《第 40 师沿革略史》,全宗号 787,案卷号 16801

《第 41 军抗战纪实》,全宗号,案卷号 6746

《第 42 军略史》,全宗号 787,案卷号 16786

《第 42 师成立及作战经过》,全宗号 787,卷宗号 16739

《第 44 军沿革史略》,全宗号,案卷号 16787

《第 48 师战史》,全宗号 787,案卷号 16744

《第 49 军 26 师行动概见图表》,全宗号 787,卷宗号 6648

《第 49 师史略及历次战役概要》,全宗号 787,案卷号 16740

《第 4 军 102 师抗战期间行动概见图表》,全宗号 787,案卷号 6664

《第 4 军第 59 师作战报告摘要》,全宗号 787,卷宗号 6550

《第 4 军第 90 师抗战纪实》,全宗号 787,案卷号 6772

《第 4 军抗战纪实》,全宗号 787,案卷号 6742

《第 4 战区司令长官部及各部队简略沿革》,全宗号 787,案卷号 16767

《第 51 师战斗略史》,全宗号 787,案卷号 16742

《第 52 军抗战期间行动概见图表及历次作战经过一览表》,全宗号 787,案卷号 6633

《第 52 军略史》,全宗号 787,案卷号 16788

《第 52 师沿革略历》,全宗号 787,案卷号 16802

《第 53 军沿革史》,全宗号 787,案卷号 16789

《第 53 师编成及参战经过概见表》,全宗号 787,卷宗号 6654

《第 54 军 198 师抗战纪实》，全宗号 787，案卷号 6767

《第 54 军 36 师李志鹏部抗战期间编成及行动参战经过概见图表》，全宗号 787，案卷号 6650

《第 54 师战史》，全宗号 787，案卷号 16745

《第 56 师史略》，全宗号 787，案卷号 16743

《第 59 军抗战作战要史大纲》，全宗号 787，卷宗号 6776

《第 5 师在襄樊一带对王俊杰部战斗详报》，全宗号 787，卷宗号 1236

《第 60 师陈沛部抗敌经过》，全宗号 787，卷宗号 6555

《第 60 师在山东讨伐丰玉玺李生达傅作义之战斗详报》，全宗号 787，卷宗号 1227

《第 61 军梁培璜部行动概见图表》，全宗号 787，卷宗号 6636。

《第 63 军八年抗战纪实》，全宗号 787，案卷号 6749

《第 63 军抗战期行动概见图表及敌我伤亡统计表》，全宗号 787，案卷号 6637

《第 65 军行动参战补充概见表》，全宗号 787，案卷号 6638

《第 65 军历史及沿革略史》，全宗号 787，案卷号 16791

《第 66 师肖荫轩部行动概见图表》，全宗号 787，卷宗号 6655

《第 68 军抗战纪实》，全宗号 787，卷宗号 6750

《第 68 军抗战史料》，全宗号 787，案卷号 6778

《第 68 军沿革史》，全宗号 787，案卷号 16792

《第 6 集团军 8 年来抗战纪实（一）》，全宗号 787，案卷号 6736

《第 6 战区各军师沿革简史》，全宗号 787，案卷号 16768

《第 70 军历史及第 76 军编成概况》，全宗号 787，案卷号 16793

《第 72 军抗战纪实》，全宗号 787，案卷号 6751

《第 74 军 51、58 师在湖南行动概见图表》，全宗号 787，卷宗号 6658

《第 75 军抗战概要》，全宗号 787，案卷号 6752

《第 75 师行动及参战经过概要》，全宗号 787，案卷号 6646

《第 77 军部队沿革及主官参谋长简历表》，全宗号 787，案卷号 16795

《第 80 军 165 师行动概见图表》，全宗号 787，卷宗号 6663

《第 80 军和 98 军战史资料》，全宗号 787，案卷号 6779

《第 82 师成立经过及参加第三期抗战战前之部署》，全宗号 787，案卷号 16803

《第 83 军编成参战经过及在晋省行动概见图表》，全宗号 787，案卷号 6639

《第 83 师沿革略历》，全宗号 787，案卷号 16747

《第 84 军编成及参战经过概见表》，全宗号 787，案卷号 6640

《第 88 军沿革及部队历史》，全宗号 787，案卷号 16797

《第 89 师沿革略史》全宗号 787，案卷号 16748

《第 92 师沿革史略》，全宗号 787，案卷号 16749

《第 93 师抗战纪实》，全宗号 787，案卷号 6759

《第 98 军抗战纪实》，全宗号 787，案卷号 6754

《第六战区抗战纪实附录二：战区及各集团军、军、师沿革及简史》，全宗号 787，案卷号 6714

《第三次参谋长会议第 81 军沿革史》，全宗号 787，案卷号 16796

《第三方面军抗战纪实（一）》，全宗号 787，案卷号 6734

《东北挺进军总司令部及所属新编骑兵 5、6 师沿革史》，全宗号 787，案卷号 16816

《独立第 196 旅贾宣宗部行动编成及参战经过概见表与战绩一览表》，全宗号 787，卷宗号 6685

《独立第 33 旅成立编并战斗经过史略》，全宗号 787，案卷号 16756

《独立第 4 旅战史资料》，全宗号 783，卷宗号 393

《国防部本部隶属各部队主官简历驻地与部队沿革手册》，全宗号 783，卷宗号 393

《国防部人事命令》，全宗号 762，卷宗号 860、861、862

《国防部人事命令》，全宗号 774，卷宗号 3126、3127、3128

《国防部人事命令》，全宗号 783，卷宗号 047、406、407、408、409、410、411、412、413、414、415、416

《国民党军队各旅整编》，全宗号 773，案卷号 837

《国民革命军第 10 军战史》，全宗号 787，案卷号 16727

《国民革命军第 20 路军所属 75、76 两师成立之沿革史》，全宗号 787，卷宗号 16726

《国民革命军第 24 军史略》，全宗号 787，案卷号 16728

《国民革命军第 6 师战史（第 1、2 册）》，全宗号 787，案卷号 16731

《国民革命军陆军第 5 师战史》，全宗号 787，案卷号 16730

《国民革命军新编第 2 旅战史》，全宗号 787，案卷号 16754

《陆军兵力统计战斗序列表》，全宗号 787，卷宗号 2642

《陆军第 112 师抗战八年中重要战役经改概要》，全宗号 787，案卷号 6557

《陆军第 143 师李曾志部抗战以来各战役节略》，全宗号 787，案卷号 6558

《陆军第 28 师抗战一年来作战经过概要》，全宗号 787，卷宗号 6553

《陆军第 35 军战史》，全宗号，案卷号 16729

《陆军第 47 师抗战第一期各重要战役报告书》，全宗号 787，卷宗号 6547

《陆军第 55 师沿革编制及战史编纂概要书》，全宗号 787，案卷号 1210

《陆军第 70 军及第 19 师抗战以来作战经过报告》，全宗号 787，案卷号 6549

《陆军第 7 军抗战期间作战经过概要表》，全宗号 787，案卷号 6546

《陆军第 96 军部队沿革史概况报告书》，全宗号 804，案卷号 380

《陆军第 99 师沿革史略》，全宗号 787，案卷号 16750

《陆军各部队成立沿革纪要（第 1 辑）》，全宗号 787，案卷号 16721

《陆军沿革史草案》，全宗号 787，卷宗号 575

《陆军暂编 46 师、55 师在山西行动概见图表》，全宗号 787，卷宗号 6671

《骑兵第 3、4 师在绥西、孝义、中阳等地行动概见图表》，全宗号 787，卷宗号 6689

《骑兵第 5 军历史及沿革》，全宗号 787，案卷号 16817

《骑兵第 8 师马彪部编成及参战经过概见图表》，全宗号 787，案卷号 6690

《前第 8 军第 12、17、36 各军沿革及作战经过概要》，全宗号 787，案卷号 16735

《青海省主席马步芳陈报所部改编情形》(1939 年 11—12 月)，全宗号 1，案卷号 3487

《全国陆军各部队现有人马统计表》，全宗号 806，卷宗号 2810

《讨逆军指挥官及军师长姓名》(1930 年)，全宗号 787，卷宗号 1243

《新编第 12 军部队编成及历史》，全宗号 787，案卷号 16798

《新编第 13 师抗日战史》，全宗号 787，卷宗号 6768

《新编第 55 师曹福林部历次作战经过概见图表》，全宗号 787，案卷号 6681

《新编第 7 军战史资料》，全宗号 787，案卷号 6780

《新编骑兵第 3 师抗战期间行动概见图表》，全宗号 787，卷宗号 6691

《暂编 17 师抗战期间在绥行动概见表及战斗补充战绩一览表》，全宗号 787，案卷号 6668

《暂编第 11 师王雷震、刘万春部在绥远行动作战经过概编》，全宗号 787，案卷号 6673

《暂编第 14 师李鸿慈部编成及抗战期间行动概见图表》，全宗号 787，卷宗号 6674

《暂编第 36 师沿革史》，全宗号 787，案卷号 16813

《暂编第 55 师成立以来行动概见图表》，全宗号 787，案卷号 6672

《暂编第 9 军霍守义部在鲁苏行动概见表》，全宗号 787，卷宗号 6641

《暂编骑兵第 10 师沿革略历》，全宗号 787，卷宗号 16762

《整编第 174 旅王景宋部抗战期间行动概见表》，全宗号 787，案卷号 6684

《整编第 70 师 139 旅及 277、278 团沿革史》，全宗号 787，案卷号 16810

《整编第 70 师 140 旅(107 师)抗战期间行动概见表战斗伤亡损耗补充及战绩一览表》，全宗号 787，案卷号 6682

《整编第 70 师 140 旅部队历史》，全宗号 787，案卷号 16811

《中华民国驻印军各部队沿革及现况概略》，全宗号 787，案卷号 16815

(二)台北"国史馆"藏档案

《国民政府档案》
《蒋中正档案》之《筹笔》《革命文献》《特交文卷》《特交文电》

(三)军事科学院图书馆藏档案

《国军部队沿革》(一集)
《国军部队沿革》(二集)
《陆军各部队成立沿革纪要(第 2 辑)》(1936 年 8 月)

二、文献资料汇编

北京市档案馆编:《北平和平解放前后》,北京出版社,1988

《蒋中正总统档案·事略稿本》第1—21册,台北"国史馆"2003—2005

李云汉主编:《中国国民党党务发展史料(组织工作上)》,(台北)中国国民党中央党史委员会,1993

辽宁省档案馆编:《奉系军阀密电》第4册、第5、6册合集,中华书局,1986

罗家伦/秦孝仪:《革命文献》第20、第21、第22、第24、第27、第79、第94、第95辑,(台北)中国国民党中央委员会党史史料编纂委员会,1978

内蒙古自治区档案馆:《绥远九一九和平起义档案史料选编》,内蒙古人民出版社,1986

彭明主编:《中国现代史资料选辑》第2册,中国人民大学出版社,1988

秦孝仪主编:《中华民国重要史料初编——对日抗战时期》,(台北)中国国民党中央委员会党史委员会,1981—1985

荣孟源主编:《中国国民党历次代表大会及中央全会资料》,光明日报出版社,1985

陕西省档案馆编:《国民党军追堵红军长征档案史料选编(陕西部分)》,中国档案出版社,1994

四川省档案馆编:《国民党军追堵红军长征档案史料选编(四川部分)》,档案出版社,1986

四川省文史研究馆:《四川军阀史料》第4辑,四川人民出版社,1987

云南省档案馆编:《国民党军追堵红军长征档案史料选编(云南部分)》,档案出版社,1987

章伯锋主编:《北洋军阀》第5卷,武汉出版社,1990

赵正楷、陈存恭合编:《徐永昌先生函电言论集》,台北"中研院"近代史研究所,1996

浙江省中国国民党历史研究组编印,《抗日战争时期国民党战场史料选编》(一、二、三),出版时间不详

中国第二历史档案馆编:《中国国民党第一、二次全国代表大会会议史料》上册,江苏古籍出版社,1986年

中国第二历史档案馆编:《中华民国史档案资料汇编》第4辑,江苏古籍出版社,1991

中国第二历史档案馆编:《中华民国史档案资料汇编》第5辑第1编军事(一、二、五),江苏古籍出版社,1994

中国第二历史档案馆编:《中华民国史档案资料汇编》第5辑第2编军事(一、二、三、四),江苏古籍出版社,1998

中国第二历史档案馆编:《中华民国史档案资料汇编》第5辑第3编军事(一、二),江苏古籍出版社,1998

中国第二历史档案馆编:《抗日战争正面战场》,江苏古籍出版社,1987

中国人民解放军历史资料丛书编审委员会编：《辽沈战役》，解放军出版社，1993

三、回忆录、口述历史

《184 师海城起义》，《鞍山文选》第 4 辑

蔡射受：《淮海魔影》，《江西文史资料选辑》第 11 辑

曹福谦：《补充马福祥、马鸿逵父子的几件事》，《文史资料选辑》第 37 辑

曹福谦：《第八军进入云南及其复灭》，《云南文史资料选辑》第 4 辑

曹天戈：《蒋军残余流窜云南被歼的经过》，《文史资料选辑》第 55 辑

曹艺：《蒋军二〇三师的组建和覆灭》，《杭州文史资料》第 13 辑

岑朝录：《国民党军第十九兵团及黔西南地区武装部队地方政府起义概略》，《黔西南州文史资料选辑》第 3 辑

陈克非：《我从鄂西溃退入川到起义的经过》，《文史资料选辑》第 23 辑

陈士章：《黄伯韬的起家和败亡》，《文史资料选辑》第 21 辑

陈松：《桂系军阀的溃灭》，《文史资料存稿选编》第 20 卷，中国文史出版社，2002

陈廷祺：《青年军三十七军在上海战役中的被歼》，《文史资料选辑》第 66 辑

陈弦秋：《黔军加入国民革命军北伐简述》，《贵州文史资料》第 25 辑

陈弦秋：《辛亥以后二十五年间贵州军政概述》，《文史资料选辑》第 15 辑

陈扬汉：《一九二九年常德兵变真相》，《湖南文史资料》第 7 辑

陈月如：《新 5 军南逃片段》，《凤县文史》第 5 辑

陈正风：《转战豫中》，《文史资料选辑》第 130 辑

成都市政协文史资料办公室：《四川军队抗战事迹概述》，《成都文史资料选辑》第 10 辑

程奎郎：《回忆国民党一〇一军起义》，《贵州文史资料》第 7 辑

程思远：《蒋桂新军阀战争的内幕》，《文史资料选辑》第 60 辑

戴霖：《国民党一一六军覆灭记》，《安徽文史资料》第 20 辑

单栋：《蒋军一二三军在京杭线上被歼经过》，《文史资料选辑》第 66 辑

邓维华：《国民党二七二师在盘县的起义和叛变记述》，《六盘水文史》第 2 辑

董其武：《戎马春秋》，中国文史出版社，1986

董其武：《绥远和平起义后实现解放区化、解放军化的历程》，《内蒙古文史资料》第 18 辑

范汉杰：《锦州战役回忆》，《文史资料选辑》第 20 辑

方鼎英：《黄埔军校"清党"回忆》，《文史资料选辑》第 60 辑

方靖：《对〈陈诚军事集团发展史纪要〉的订正和补充》，《文史资料选辑》第 72 辑

方暾：《从建立到起义的国民党一一八军》，《湖北文史资料》第 9 辑

方耀：《国民党二十八军被歼经过》，《南京文史集萃》（1986 年 7 月）

冯少云：《国民党机械部队简史》，《上海文史资料选辑》第 36 辑

傅英道：《第十六兵团在川西起义前后》，《文史资料选辑》第 50 辑

高树勋：《石友三酝酿投敌和被捕杀的经过》，《文史资料选辑》第 40 辑

顾草萍：《怀念盐城起义组织者戴心宽同志》，《山东文史资料选辑》第 27 辑

顾祝同：《墨三九十自述》，台北"国防部"史政编译局，1981

桂灿：《忆张冲同志》，《文史资料选辑》第 91 辑

郭汝瑰：《郭汝瑰回忆录》，四川人民出版社，1987

行定远：《国民党暂三军赴援东北前后》，《内蒙古文史资料选辑》第 17 辑

何煌荣：《四川防区制时期第二十九军的形成和发展》，《四川文史资料选辑》第 5 辑

何基沣：《二十九军在喜峰口的抗战》，《文史资料选辑》第 14 辑

何聘儒：《蒋军镇压台湾人民起义纪实》，《文史资料选辑》第 18 辑

贺粹之：《我任第十二军军长的回忆》，《河南文史资料选辑》第 33 辑

贺贵严等：《济南五三惨案亲历记》，中国文史出版社，1987

侯汉佑：《侯之担部防守乌江的溃败》，《文史资料选辑》第 62 辑

侯镜如：《平津战役蒋军被歼纪要》，《文史资料选辑》第 20 辑

侯镜如等：《蒋介石王朝在京沪杭最后的挣扎》，《文史资料选辑》第 32 辑

胡锻夫：《第七十一军辽西作战和被歼经过》，中国人民政治协商会议全国委员会文史资料研究委员会《辽沈战役亲历记》编审组：《辽沈战役亲历记》，文史资料出版社，1985

胡俊：《近二十年来云南地方军队概述》，《云南文史资料选辑》第 6 辑

胡士芬：《我所知道的李弥》，《传记文学》第 56 卷第 5 期

胡啸华：《回忆抗战中国民党六十三师》，《邵阳文史》第 8 辑

黄福荫：《新编第三军辽沈战役被歼记》，《文史资料存稿选编》第 20 卷，中国文史出版社，2002

黄广源：《反复无常的石友三》，《文史资料选辑》第 52 辑

黄广源：《孙良诚投敌及其下场》，《文史资料选辑》第 54 辑

黄霖：《从武汉到潮汕——贺龙警卫连长随军见闻记》，人民出版社，1982 年

黄维：《对〈陈诚军事集团发展史纪要〉一文的更正和意见》，《文史资料选辑》第 72 辑

黄应乾：《刘湘、刘文辉混战始末》，《文史资料选辑》第 33 辑

黄云涛：《国民党第二军驻防滇西活动情况》，《云南文史资料选辑》第 32 辑

贾毅、贾维记录整理：《半生风雨录——贾亦斌自述》，中国文史出版社，1996

江华等：《策动汪伪第二方面军第四军起义的经过》，《文史资料选辑》（上海）第 40 辑

姜明文：《陆军独立步兵第七旅沿革》，《辽宁文史资料》第 14 辑

解云祥：《保卫田家镇要塞经过》，《武汉会战》，中国文史出版社，1989

赖锡安：《李仙洲率部入鲁反共纪实》，《文史资料选辑》第 40 辑

李汉冲：《参加十九路军在江西"剿匪"的回忆》，《文史资料选辑》第 45 辑

李汉魂：《我是沙场过客》，《天津文史资料选辑》第 39 辑

李汉魂：《我是沙场过客—北伐战争回忆片段》，《文史资料选辑》第 112 辑

李芷萱：《国民党第九军在辽宁锦西行动概要》，全国政协文史资料委员会：《文史资料存稿选编》第 11 卷，中国文史出版社，2002

李秾:《第二十九集团军出川抗战史料》,《四川文史资料选辑》第 30 辑

李泰棻:《王英罪恶史》,《文史资料选辑》第 15 辑

李文定:《豫北敌后抗战记》,《中原抗战》,中国文史出版社,1995

李文开:《南京北大门——浦镇守军八十师被歼记》,《文史资料选辑》第 65 辑

李勋:《浴血兰封》,《中原抗战》,中国文史出版社,1995

李以劻:《蒋介石下野后在福州召开的军事会议前后》,《文史资料选辑》第 32 辑

李犹龙:《胡宗南部逃窜西昌和覆灭实录》,《文史资料选辑》第 50 辑

李子亮等:《京沪地区蒋军的江防守备及崩溃实况》,《文史资料选辑》第 65 辑

李祖明:《一四〇师参加台儿庄战役前后》,《贵阳文史资料选辑》第 15 辑

李佐:《关于滇军沿革和六十军历史变迁概况》,《云南文史资料选辑》第 20 辑

梁冠英:《二十五路军受蒋介石收编和被消灭的经过》,《文史资料选辑》第 52 辑

梁华盛:《一九〇师在德安的抗战活动》,《德安文史》第 2 辑

廖光龙:《国民党一一〇师的重建和义乌起义的经过》,《淮南文史资料》第 6 辑

廖运泽:《我的戎马生涯》,《安徽文史资料》第 35 辑

廖运周:《国民党一一〇师的组建及淮海战场举义经过》,《淮南文史资料》第 6 辑

林毓棠:《云南起义经过纪实》,《文史资料选辑》第 98 辑

凌云上:《桂系主力在衡宝被歼经过》,《文史资料选辑》第 55 辑

刘措宜:《抗战胜利后蒋介石收编伪军经过》,《文史资料选辑》第 36 辑

刘德:《统一战线的一曲凯歌——刘、邓、潘起义前后纪实》,《成都文史资料》第 21 辑

刘国举:《天津解放战役一八四师被歼纪实》,《天津文史资料选辑》第 31 辑

刘化南:《回忆解放战争前国民党军在保定的军事活动》,《保定文史资料选辑》第 2 辑

刘茂恩等:《刘茂恩先生访问纪录》,(台北)近代中国出版社,1992

刘茂恩口述、程玉凤撰著:《刘茂恩回忆录》,(台北)台湾学生书局,1996

刘万春:《回忆我与蒋介石的几次接触》,《文史资料选辑》第 93 辑

刘万春:《绥远"九·一九"起义的亲身经历》,《文史资料选辑》第 69 辑

刘伟民:《刘放吾将军与缅甸仁安羌大捷》,上海书店出版社,1995

刘毅翔:《左翼总指挥袁祖铭》,《贵州文史资料选辑》第 25 辑

刘应铭:《我对贺龙将军两次来铜仁和出师北伐的回忆》,《铜仁文选》第 1 辑

刘映元:《四十一军进攻宁夏的经过》,《内蒙古文史资料》第 19 辑

刘玉章:《戎马五十年——刘玉章回忆录》,作者,1975

刘忠:《进军解放西康改造二十四军起义部队》,《成都文史资料》第 22 辑

路耀林:《赵云祥部队起义的前前后后》,《文史资料选辑》(上海)第 40 辑

罗平野:《镇江江防第四军的覆灭》,《文史资料选辑》第 65 辑

罗友伦等:《罗友伦先生访问纪录》,台北"中研院"近代史研究所,1994

罗再启:《陆军补充师的成立和参加抗日经过》,《贵阳文史资料选辑》第 21 辑

吕永祯:《关于国民党 39 军 103、91 师起义、投诚的经过》,《昆明文史资料选辑》第 4 辑

马葆珩：《孙传芳五省联军的形成与消灭》，《文史资料选辑》第 18 辑

马培清：《东北军骑兵师吴起镇被歼目睹记》，《文史资料选辑》第 62 辑

马培清：《马鸿宾三十五师在陇东阻击红军纪实》，《甘肃文史资料选辑》第 5 辑

马英：《昆明起义经过》，《文史资料选辑》第 86 辑

马子华：《我所知道的卢汉》，《文史资料选辑》第 86 辑

慕寿山、石佩玖：《新十一旅参加反共战争及三边起义》，《甘肃文史资料选辑》第 5 辑

那维张：《张学良将军的卫队》，《辽宁文史》第 17 辑

庞盛文：《李宗仁与"杂牌"》，《湖北文史资料》第 18 辑

培万：《七十二军整编前后》，《宜宾文史资料选辑》第 10 辑

彭国桢、张润三：《吉鸿昌与二十二路军》，《文史资料选辑》第 52 辑

彭松龄：《何键军事集团的形成和瓦解》，《湖南文史资料选辑》第 3 辑

钱大钧：《钱大钧上将八十自传》，台北"国防部"史政编译局，1979

覃道善：《陈诚及其军事集团概况》，《文史资料存稿选编》第 20 卷

覃异之：《我所认识的蒋经国》，《文史资料选辑》第 73 辑

青海省政协文史资料研究组：《马步芳封建军事集团的形成及消灭》，《文史资料选辑》第 27 辑

屈鸣：《关于孙良诚及其所部》，《传记文学》第 53 卷第 4 期

全国政协文史资料研究委员会等编：《邓宝珊将军》，文史资料出版社，1985

全国政协文史资料研究委员会等编：《青海三马》，中国文史出版社，1988

阮玄武：《方振武生平》，《安徽文史资料》第 20 辑

沈叔明等：《东北军一〇九师直罗镇被歼始末》，《文史资料选辑》第 62 辑

沈醉等：《我们所知道的郑介民》，《文史资料选辑》第 90 辑

施有仁：《第五十四军在塔山作战经过》，《辽沈战役亲历记》，中国文史出版社，1985

施有仁：《蒋军长江败退和淞沪溃逃的狼狈情形》，《文史资料选辑》第 32 辑

宋海潮：《天津战役第三三三师被歼记》，《天津文史资料选辑》第 31 辑

宋瑞珂：《陈诚及其军事集团的兴起和没落》，《文史资料选辑》第 81 辑

宋希濂：《我在西南的挣扎和被歼灭经过》，《文史资料选辑》第 50 辑

宋希濂：《鹰犬将军——宋希濂自述》，中国文史出版社，1986

宋希濂：《远征军在滇西的整训和反攻》，《文史资料选辑》第 8 辑

宋聿修：《刘汝明生平概况》，《开封文史》第 6 辑

孙锡华：《我所知道的陈渠珍》，《湖南文史资料选辑》第 24 辑

汤尧：《国军大陆撤守前最后的一张王牌》，《传记文学》第 63 卷第 6 期

唐精武：《汤玉麟放弃热河的实况》，《文史资料选辑》第 14 辑

田宝琴：《东西常村御敌记》，全国政协《晋绥抗战》编写组：《晋绥抗战——原国民党将领抗日战争亲历记》，中国文史出版社，1994

万式炯：《周西成与李桑之战》，《贵阳文史资料选辑》第 12 辑

王华岑:《冯玉祥与民众抗日同盟军》,《文史资料选编》第 19 辑

王凌云:《国民党新四军从产生到灭亡》,《陕西文史资料选辑》第 37 辑

王凌云:《豫西旧社会军匪横行的概况》,《文史资料选辑》第 38 辑

王凌云:《在抗战胜利后的内战战场上》,《河南文史资料选辑》第 33 辑

王留观等:《樊钟秀和建国豫军》,《河南文史资料》第 1 辑

王若坚:《三四三师组建与起义概述》,《黔西南州文史资料选辑》第 8 辑

王天锡:《大革命时期的国民革命军第十军与军长王天培之死》,《贵州文史资料选辑》第 25 辑

王维桢:《在稷山县下王尹村痛击日军》,全国政协《晋绥抗战》编写组编:《晋绥抗战——原国民党将领抗日战争亲历记》,中国文史出版社,1994

王惜时:《田家镇保卫战简记》,《武汉会战——原国民党将领抗日战争亲历记》,中国文史出版社,1989

魏益三遗稿:《我由反奉到投冯投吴投蒋的经过》,《文史资料选辑》,第 51 辑

文强:《孙殿英投敌经过》,《文史资料选辑》第 64 辑

文强:《中原王汤恩伯》,《文史资料选辑》第 32 辑

吴德均:《卢部自 1922 年至 1938 年历次改编番号的年考》,《龙溪文史资料》第 4 辑

吴光骏:《二刘之战战前各军驻地表》,《四川文史资料选辑》第 33 辑

吴戾天:《我所知道的张灵甫》,《陕西文史资料选辑》第 17 辑

吴铁城:《吴铁城回忆录》,(台北)三民书局股份有限公司,1981 年第 3 版

习贤德:《革命实践研究院档案中的王惕吾与余纪忠》,《传记文学》第 89 卷第 2 期

夏重九:《与吉鸿昌同时被害的任应岐》,《河南文史资料选辑》第 12 辑

肖青:《段绳武生平事迹》,《河北文史资料选辑》第 13 辑

谢秉直:《方振武被囚后四十五师的命运》,《江苏文史资料选辑》第 3 辑

熊焕文:《国民党青年军二〇五师第一团在北平起义忆记》,《广州文史资料》第 19 辑

熊顺义:《第一二四师在武汉会战中》,《文史资料选辑》第 102 辑

熊先煜:《二七五师起义的前前后后》,《遵义文史》第 3 辑

徐文仲:《国民党八十九军独立第六旅起义经过》,《遵义文史》第 3 辑

徐宪章:《回忆国民党军第二十七师内部的一些情况》,《乐安文史》第 3 辑

杨波清:《马仲英入新随军见闻》,《文史资料选辑》第 27 辑

杨伯涛:《陈诚军事集团发展史纪要》,《文史资料选辑》第 57 辑

杨如轩:《江西征战亲历记》,《江西文史资料》第 27 辑

杨锡九:《晋绥军第二十三军沿革史略》,中国人民政治协商会议全国委员会文史资料委员会:《文史资料存稿选编》第 17 卷,中国文史出版社,2002

杨锡九:《晋绥军第三十三军沿革史略》,《文史资料存稿选编》第 17 卷

杨锡九:《晋绥军第四十三军沿革史略》,《文史资料存稿选编》第 17 卷

杨芝灵:《川军新编第七师在皖南活动的情况》,《安徽文史资料》第 20 辑

杨芝灵:《川军新七师在皖南活动的情况》,《安徽文史资料》第 20 辑

杨仲璜等:《国民党二十二军参加抗日战争的片段回忆》,《陕西文史资料选辑》第 18 辑

佚名:《二七二师资料》,《黔西南州文史资料选辑》第 8 辑

尹呈佐:《一支抗日的湖北部队——一九七师》,《湖北文史资料》第 12 辑

于达等:《于达先生访问记录》,台北"中研院"近代史研究所,1989

于翔麟:《孙良诚其人其事》,《传记文学》第 54 卷第 1 期

喻天鉴:《守卫南京的第四十五军被歼经过》,《文史资料选辑》第 65 辑

岳冠军:《川军参加武汉会战及大洪山战役经过》,《武汉会战——原国民党将领抗日战争亲历记》,中国文史出版社,1989

岳寿椿:《第四十三军参加中条山抗战的概况》,《晋绥抗战——原国民党将领抗日战争亲历记》,中国文史出版社,1994

张醇言:《段沄与八十七军》,《传记文学》第 82 卷第 2 期

张从典:《我所知道的刘和鼎及其部队》,《建瓯文史》第 7 辑

张钫:《第二十路军始末回忆》,《风雨漫漫四十年》,中国文史出版社,1987

张光玮:《新桂系的第十三军》,《广西文史资料》第 3 辑

张剑华:《皖南事变前后的国民党五十三师》,《安徽文史资料选辑》第 20 辑

张景周、程华亭:《国民革命军第三十三军始末记》,《安徽文史资料》第 20 辑

张明镐:《蒋介石在溪口》,《文史资料选辑》第 73 辑

张朋园等:《王微先生访问记录》,台北"中研院"近代史研究所,1996

张汝弼:《我任胡宗南人事处长的见闻》,《贵阳文史资料选辑》第 3 辑

张瑞成:《我在国民党青年军 208 师工作的回忆》,《长泰文史资料》第 11 辑

张绍成:《国民党骑兵的建立与灭亡》,《文史资料选辑》第 138 辑

张曙东:《第三军血战中条山》,《云南文史资料选辑》第 27 辑

张述孔:《流氓军阀孙殿英》,《文史资料选辑》第 7 辑

张文鸿:《桂系部队在粤桂边境的覆灭》,《文史资料选辑》第 55 辑

张西铎:《石友三投敌反攻及其下场》,《文史资料选辑》第 64 辑

张宣武:《关于"广德、泗安的防御战"的再加订正和补充》,《文史资料选辑》第 31 辑

张轸:《南洛、金陵寺、八里屯之战》,《徐州会战——原国民党将领抗日战争亲历记》,中国文史出版社,1985

张轸:《一一〇师参加台儿庄左翼作战的回忆》,《河南文史资料》第 23 辑

张子慧:《鄂友三简介》,《乌兰察布文史》第 4 辑

张宗衡:《回忆张自忠将军》,《文史资料选辑》第 94 辑

赵星洲:《川军将领潘文华一生》,《成都文史资料选辑》第 8 辑

赵秀崑:《罗广文起义的心路历程》,《传记文学》第 58 卷第 2 期

赵秀崑等:《罗广文在四川编练新军和率领第十五兵团起义经过》,《文史资料选辑》第 50 辑

赵毅:《长城抗战前热河形势一瞥》,《文史资料选辑》第 14 辑

郑洞国:《我的戎马生涯——郑洞国回忆录》,团结出版社,1992

郑庭笈:《对〈国民党机械化部队简介〉的补充》,《文史资料选辑》第 138 辑

郑庭笈:《蒋军四平街解围战役中的八棵树争夺战》,《文史资料选辑》第 42 辑

郑正:《刘和鼎部在建宁被歼的回忆》,《文史资料选辑》第 45 辑

政协陕西省文史资料研究委员会:《回忆杨虎城将军》,陕西人民出版社,1986

中国人民解放军历史资料丛书编审委员会:《平津战役》,解放军出版社,1991

中国人民政治协商会议全国委员会文史资料委员会《淮海战役亲历记》编审组编:《淮海战役亲历记——原国民党将领的回忆》,文史资料出版社,1983

中国人民政治协商会议全国委员会文史资料研究委员会《武汉会战》编审组编:《武汉会战——原国民党将领抗日战争亲历记》,中国文史出版社,1989

钟大钧:《闽北卢兴邦部史略》,《福建文史资料》第 4 辑

周东郊:《盛世才是怎样取得新疆统治权的》,《文史资料选辑》第 46 辑

周更声:《国民党第一补充旅的前前后后》,《湖北文史资料》2002 年第 1 期

周振强:《蒋介石的铁卫队——教导总队》,《文史资料选辑》第 12 辑

朱崇文:《蒋军整二十六师马励武部峄枣被歼记》,《文史资料选辑》第 28 辑

朱鼎卿:《从就任湖北省政到川西起义的经过》,《湖北文史资料》第 9 辑

朱忠民:《汤恩伯与伪军孙良诚的勾结》,《文史资料选辑》第 54 辑

朱宗震编:《陈铭枢回忆录》,中国文史出版社,1997

邹亚平:《国民党 328 师起义始末》,《遵义文史》第 3 辑

四、报纸、期刊

《晨报》1926 年、1927 年

《大公报》(天津)1928 年、1929 年

《广州民国日报》1927 年

《国民革命军日报》1928 年

《国民革命军总司令部公报》

《国民政府公报》

《汉口民国日报》1927 年

《民国日报》(上海),1927 年、1930 年

《申报》1925 年、1927 年

《时事新报》1929 年、1931 年

《世界日报》1927 年

《新晨报》1929 年

《益世报》(天津)1930 年

《中央日报》1931 年、1932 年、1933 年

五、日记、年谱

黄杰:《老兵忆往》,(台北)黎明文化事业有限公司,1988

黄杰:《两湖行役》,台北"国防部"史政编译局,1986

秦孝仪:《总统蒋公大事长编初稿》卷三—卷七,出版单位不详,1978

《徐永昌日记》第 4 册,台北"中研院"近代史研究所,1990

《张上将自忠年谱简编》编辑委员会编:《张上将自忠年谱简编》,中国传媒大学出版社,2011

中国第二历史档案馆编:《蒋介石年谱初稿》,档案出版社,1992

六、研究论著、人物传记

北京军区《华北野战部队战史》编写组:《中国人民解放军华北野战军战史》,解放军出版社,2011

曹剑浪:《中国国民党军简史》,解放军出版社,2010

陈训正编:《国民革命军战史初稿》,(台北)文海出版社,1972

陈予欢:《黄埔军校将帅录》,广州出版社,1998

成都军区政治部联络部:《解放战争时期西南地区国民党起义投诚部队番号及其主官》,成都军区政治部联络部,1958

程一民、李鸿庆:《盗陵将军孙殿英》,中国书籍出版社,1994

第二野战军战史编委会:《中国人民解放军第二野战军战史》,解放军出版社,1990

第四野战军战史编写组:《中国人民解放军第四野战军战史》,解放军出版社,1998

第一野战军战史编审委员会:《中国人民解放军第一野战军战史》,解放军出版社,1995

甘肃省地方史志编纂委员会等编纂:《甘肃省志》第 10 卷《军事志》,甘肃人民出版社,2001

高兴恩等编纂:《国民革命军陆军第五军军史》,台北"国防部"史政编译室,2002

顾振一,汪兆鹤编撰:《敌后浴血战——八十九军战史》,(台北)中原出版,1995

贵州省地方志编纂委员会:《贵州省志·军事志》,贵州人民出版社,1995

郭廷以:《中华民国史事日志》第 1—4 册,台北"中研院"近代史研究所,1979、1984—1985

"国防部"军务局史政处编纂:《国民革命军陆军第十八军军史》,台北"国防部"军务局史政处,1998

"国防部"史政编译局:《国民革命军青年军军史》,台北"国防部"史政编译局,2001

"国防部"史政编译局编:《国民革命军第七十五军军史》,台北"国防部"史政编译局,1999

"国防部"史政编译局编:《抗日战史》,台北"国防部"史政编译局,1984

"国防部"史政编译局编纂:《戡乱战史》,台北"国防部"史政编译局,1981—1984

"国防部"史政局编:《剿匪战史》,台北"国防部"史政局,1962

国民革命军建军史编纂委员会:《国民革命建军史》第 3 部,台北"国防部"史政编译局,1992

韩信夫、姜克夫主编:《中华民国大事记》,第 2、第 3、第 5 册,中国文史出版社,1997

河南省地方史志编纂委员会:《河南省志》第 22 卷《军事志》,河南人民出版社,1995

湖北省地方志编纂委员会:《湖北省志·人物》,湖北人民出版社,2000

湖南省志编纂委员会:《湖南省志》第 5 卷《军事志》,中国文史出版社,1994

军事科学院军事历史研究部编著:《中国人民解放军全国解放战争史》第 1—5 卷,军事科学出版社,1993－1997

匡珊吉等:《顺泸起义》,四川大学出版社,1988

孔庆泰:《国民党政府政治制度史》,安徽教育出版社,1998

辽宁省地方志编纂委员会办公室:《辽宁省志·军事志》,辽宁科学技术出版社,1999

刘凤翰:《国民党军事制度史》,中国大百科全书出版社,2009

刘凤翰:《抗战期间国军扩展与抗战》,台北"国防部"史政编译室,2004

刘凤翰:《战前的陆军整编》,台北"国防部"史政编译室,2002

刘国铭:《中国国民党九千将领》,中华工商联合出版社,1993

刘绍唐:《民国人物小传》第 15 册,(台北)传记文学出版社,1994

刘绍唐:《民国人物小传》第 17 册,(台北)传记文学出版社,1998

刘熙明:《伪军——强权竞逐下的卒子(1937－1949)》,(台北)稻乡出版社,2002

陆林周等:《青海省志》第 56 卷《军事志》,青海人民出版社,2001

南京军区《第三野战军战史》编辑室:《中国人民解放军第三野战军战史》,解放军出版社,1996

内蒙古自治区志·军事志编纂委员会编:《内蒙古自治区志·军事志》,内蒙古人民出版社,2002

宁夏军事志编纂委员会编:《宁夏军事志》,宁夏人民出版社,2001

戚厚杰等编著:《国民革命军沿革实录》,河北人民出版社,2001

邱子静编著:《民族战士邱清泉》,(台北)黎明文化事业股份有限公司,1987

三军大学:《国民革命军战役史第五部——戡乱》,第 4、第 5、第 6、第 7、第 9 册,台北"国防部"史政编译局,1993

沈克勤:《孙立人传》(下),(台北)台湾学生书局,1998

四川省人民政府参事室等,《川康实力派与蒋介石》,四川大学出版社,1993

孙建中:《国民革命军陆军第五十二军军史》,台北"国防部"史政编译室,2003

王莆林:《陆军第六十四军抗战戡乱经过纪要》,编著者,1982

河北省地方志编纂委员会编:《河北省志》第 75 卷《军事志》,军事科学出版社,2000

谢本书:《龙云传》,四川民族出版社,1988

新疆维吾尔自治区地方志编纂委员会等编:《新疆通志》第 28 卷《军事志》,新疆人民出

版社,1997

杨维真:《从合作到决裂——论龙云与中央的关系 1927～1949》,台北"国史馆",2002

张光宇:《第一次国共合作时期的国民革命军》,武汉大学出版社,1989

张杰民:《烽火西南话戡乱》,(台北)武陵出版有限公司,1993

赵雍之:《戎马关山话当年——陆军第五十四军史略》,出版者不详,1997

中国工农红军第二方面军战史编辑委员会编:《中国工农红军第二方面军史》,解放军出版社,1992

《中国工农红军第二十五军战史》编审委员会编:《中国工农红军第二十五军战史》,解放军出版社,1990

中国工农红军第四方面军战史编辑委员会编:《中国工农红军第四方面军战史》,解放军出版社,1991

中国工农红军第一方面军史编审委员会编:《中国工农红军第一方面军史》,解放军出版社,1993

中国人民解放军历史资料丛书编审委员会编著:《解放战争时期国民党军起义投诚(综合册)》,解放军出版社,1997

中国人民解放军历史资料丛书编审委员会:《济南战役》,解放军出版社,2004

中国人民解放军重庆警备区编:《重庆市军事志》,中国人民解放军重庆警备区,1996

中国人民解放军总部编印:《中国人民解放战争军事文集》第 1—4 集,中国人民解放军总部,1949—1951

中央陆军军官学校校务委员会编:《中央陆军军官学校史稿》第 6 册,(台北)龙文出版社,1990

周开庆编著:《民国川事纪要(1912 年—1936 年)》,(台北)四川文献研究社,1974

周开庆编著:《民国川事纪要(1937 年—1950 年)》,(台北)四川文献月刊社,1972

朱信泉等:《民国人物传》第 7 卷,中华书局,1993

刘东社:《直罗镇战役暨 109 师重建的若干问题——西安事变纵横考之二》,《陕西教育学院学报》,1999 年第 2 期

刘凤翰:《国军(陆军)在台澎金马整编经过(1950—1981 年)》,《中华军史学会会刊》第 7 期(2002 年)

刘凤翰:《抗战后的"剿共"与整军》,《国父建党革命一百周年学术讨论集》第三册,(台北)近代中国出版社,1995

刘凤翰:《长城抗战六十周年》,《近代中国》第 95 期(1993 年)

刘凤翰:《冯玉祥与北伐》,《中华军史学会会刊》第 2 期(1997 年)

刘凤翰:《陈诚与抗战后之整军》,《近代中国》第 117、第 118 期(1997 年)

吕芳上:《近代中国制度的移植与异化》,《一九二○年代的中国》,(台北)"中华民国"史料研究中心编辑,2002 年

吴庆君:《东北军热河抗战及其结局》,《辽宁师范大学学报》(社科版),1985 年第 5 期

郑为元:《组织改革的权力、实力与情感因素:撤台前后的陆军整编(1949—58)》,《军事史评论》第 12 期(2005 年 6 月)

人名索引

杨自立	106,357	于戒需	388,430
姚北辰	64,291	于霖瑞	460
姚秉勋	244,380,453	于世铭	551
姚 纯	91,317	于学忠	28,116,199,555
姚东藩	322,329,524	于一凡	39,327,328
姚葛民	174,407	于泽霖	114,322
姚观顺	18	于兆麟	338,530
姚国俊	96,248,280,581	于兆龙	176,266,303
姚景川	550	于镇河	57,87
叶 成	156,193,483	余伯泉	352,403
叶 芳	17,379	余程万	72,283
叶会西	360	余汉谋	12,130,132,135,136,159,182,
叶剑英	12		274,284,572
叶 敬	269,380	余建勋	150,201,369
叶开鑫	25,105,195,276,573,575	余锦源	45,106,147,223,373
叶佩高	115,232,378	余启佑	400
叶 琪	24,37,53,89,275	余 韶	317
叶 挺	12,35,195	余宪文	19,52,55
叶 肇	136,351,356	余亚农	102,265
叶植楠	314,315	余有王	281
易 简	42	余仲麒	50
易 瑾	286	俞方皋	63
尹呈佐	331	俞济时	18,150,164,215,262,283,284,
尹承纲	21,429		311,509,575
尹集生	397	虞 咸	331
尹 俊	236,240	喻英奇	206,412,520
尹立言	480	袁秉道	87,102
尹先甲	221	袁德性	445,531
尹瀛洲	252,470	袁涤青	377
尹钟岳	55,331	袁国驯	336
尹作干	230	袁家声	86,538
应鸿纶	322	袁杰三	278
犹国才	67,570,571	袁九鹏	282
游联璋	336	袁品文	62,209,565
于厚之	153,246	袁 朴	49,158,228,575
于建玙	432,541	袁庆荣	184,204,205,214,448

后　　记

　　本书写作历时 13 年之久,期间得到众多师友的指导、鼓励和帮助。因个人能力有限,书中许多内容有待完善,错误有待修正,尚祈各位读者不吝赐教。本人联系方式:wbly2005@126.com

李宝明

2014 年 10 月 15 日